区域、空间与环境

汉代学术的文化地理学考察

李沈阳 著

中国社会科学出版社

图书在版编目（CIP）数据

区域、空间与环境：汉代学术的文化地理学考察 / 李沈阳著. -- 北京：中国社会科学出版社，2025.1.
ISBN 978-7-5227-4719-4

Ⅰ．B247.05

中国国家版本馆 CIP 数据核字第 202589TH83 号

出 版 人	赵剑英
责任编辑	胡安然
责任校对	王　真
责任印制	李寡寡

出　　版	中国社会科学出版社
社　　址	北京鼓楼西大街甲 158 号
邮　　编	100720
网　　址	http://www.csspw.cn
发 行 部	010-84083685
门 市 部	010-84029450
经　　销	新华书店及其他书店

印　　刷	北京明恒达印务有限公司
装　　订	廊坊市广阳区广增装订厂
版　　次	2025 年 1 月第 1 版
印　　次	2025 年 1 月第 1 次印刷

开　　本	710×1000　1/16
印　　张	29.25
字　　数	470 千字
定　　价	159.00 元

凡购买中国社会科学出版社图书，如有质量问题请与本社营销中心联系调换
电话：010-84083683
版权所有　侵权必究

序

近一个时期以来，随着新出简牍的不断涌现，与简牍有关的研究成为汉史研究的热门显学，以简牍为中心的研究成果迭出，蔚成风气。李沈阳君未逐潮流，仍在故地勤奋耕耘，积十余载之功，完成了这部《区域、空间与环境：汉代学术的文化地理学考察》，这一方向属于学术史与人文地理学的结合，在当下之汉史学界，虽非绝学，但足可称为冷门。更为重要的是，就汉代学术史而言，前人已进行了大量工作，先有顾颉刚先生所著《秦汉的方士与儒生》（原名即为《汉代学术史略》），又有熊铁基先生所著《汉代学术史论》，具体专题的研究也是时有所见。但是，关于汉代学术地理的研究多限于具体区域的范围，而且很多还只是在相关研究中的兼及，尚未见关于汉代学术地理的综合性研究。当然，这并不说明汉代学术地理研究缺乏价值；相反，这一课题对于汉代学术史以及汉代社会研究都具有十分重要的意义。

汉代在中国古代学术史的地位一直被前贤推重。冯友兰先生认为："自孔子至淮南王为子学时代。自董仲舒至康有为经学时代。在经学时代中，诸哲学家无论有无新见，皆须依傍古代即子学时代哲学家之名，大部分依傍经学之名，以发布其所见。其所见亦多以古代即子学时代之哲学中之术语表达之。此时诸哲学家所酿之酒，无论新旧，皆装于古代哲学，大部分为经学之旧瓶内。"[1] 熊铁基先生进而认为："汉代是中国传统学术的源头。"[2] 的确，汉代辑春秋战国以来诸子学说之大成，形成了较为完整的

---

[1] 冯友兰：《中国哲学史》上册，中华书局1984年版，第465页。
[2] 熊铁基：《汉代学术的历史地位》，《华中师范大学学报》2003年第5期。

学术流派与学术传承，完成了基本学术典籍整理，建立起较为规范的学术范式，是中国古典学术的形成期。

　　对这一时期的学术地理考察可以弥补以往学术史研究以时间主线，立足线性变化的不足。通过引进地理空间概念，形成多维时空的研究背景，从更为多元、宏阔的视角辨其源流、明其走向、察其流变，进而构建立体多维的汉代学术史。另外，对于形成中的中国古典学术进行学术地理研究，对于解构中国古典学术的内在机理与发展脉络同样具有重要意义。

　　立足多维时空背景，可以更为清晰地考察汉代学术源流。汉代学术是在春秋战国诸子百家基础上形成的，产生的环境不同、土壤不同、传播的路径不同，造就了各具特色的百家争鸣。侯外庐先生曾总结道："儒、墨以鲁国为中心，而儒家传播于晋、卫、齐，墨家则向楚、秦发展。道家起源于南方原不发达的楚、陈、宋，后来可能是随着陈国的一些逃亡贵族而流入齐国。楚人还保留着比较原始的'巫鬼'宗教，同样在北方偏于保守的燕国和附近的齐国，方士也很盛行，后来阴阳家就在齐国发展起来。法家主要源于三晋。周、卫位于各国之间的交通孔道，是商业兴盛之区，先后产生了不少专作政治交易的纵横家。"[①] 这种列国分野与学脉流传至汉代仍存。考察其学术地理分布，依据不同的地理所在按图索骥，可以上溯其源头及流变，从源头上把握中国古典学术的特色与性格。作者在书中已注意到此点，一些问题的论述溯至商周，颇有见地。其实，学术与所在地域与族群的文化起源与传承密切相关，其真正源头或可溯至文明史的起始。比如，在讨论语言起源时，我曾注意到现代方言的分区与文明起源时期族群文化的分区仍有相合之处。比如，大汶口文化中期山东地区四个类型的分布区域与山东方言的四片完全吻合，北庄类型与山东方言的东区东莱片正相吻合，呈子类型则与东区东潍片基本一致，五村类型与山东方言的西区西齐片相吻合，大汶口类型则与西区西鲁片基本一致。这就告诉我们，山东方言的分区在大汶口文化中期即基本形成，同样，它又说明，在这一历史时期，不同文化类型的人们已有了各自区域内的相对稳定的语言习惯

[①] 侯外庐主编：《中国思想史纲》，上海书店出版社2008年版，第54页。

与语言特色。①

　　立足多维时空背景,可以清晰地考察汉代文明区域内上下400余年的学术变迁与整合。以往探讨汉代学术的发展多立足大尺度的模拟路径,把握其发展趋势,很多问题难以知其所以然。由学术地理的切入则以数字分析与量化考察为工具,建立起立足社会科学范式的数字路径,将大范围与长时段的学术史研究置入类似于考古学的探方之中,对汉代学术的各方位、各切面进行全面考察,得出较为明晰可信的结论。比如,该书中对汉代学术人物、学术著作与学术活动的区域分布进行了全面统计,在此基础上,分区域进行量化分析,对两汉时期区域学术发展水平、区域学术面貌、学术流派分布、学术的空间传播等进行探讨,完整勾勒出两汉时期学术整合与学术中心变迁的基本状况。在这种范式下得出的结论并非只是线索与趋势,而是可以追溯、可以进一步细化的基础性成果。

　　立足多维时空背景,可以更为清晰地考察区域内学术状况,通过区域内小范围的细分研究,深化汉代学术史研究。以汉代鲁地学术地理为例,据《汉书·地理志》,鲁地"东至东海,南有泗水,至淮,得临淮之下相、睢陵、僮、取虑"。② 该书认为,鲁地包括鲁国、东海、泗水、东平等郡国。据书中统计,西汉鲁地可明确具体籍贯的学术人物中,东海21位,鲁国20位,东平6位;在28部著作中,东海13部,鲁国8部,东平7部,各地并不平衡。若在此基础上继续细分,又可发现各地之内仍然轻重不一。如东海之学术地理以兰陵为重,东海其他地方明显逊色。更为重要的是,人们往往将鲁地学术视为传统儒学大本营,据鲁国与东平人物著作统计,此两地学术均为传统儒学,为同一学术流派,但兰陵学术之基础为荀子之学。荀子赵人,游于齐、秦,仕于楚,曾两度出任楚兰陵令,后定居于此,讲学著述,弟子颇多,因此成为西汉兰陵学术基础。刘向称:"兰陵多善为学,盖以孙卿也。长老至今称之曰:'兰陵人喜字为卿,盖以法孙卿也。'"③ 荀子之学与传统儒学各为一统,兰陵学术与鲁国与东平学术

---

① 参见马新、齐涛《中国远古社会史论》,科学出版社2003年版,第146页。
② 《汉书》卷二八下《地理志下》,第1662页。
③ (汉)刘向叙录:《荀卿新书三十二篇》,载(清)王先谦撰,沈啸寰、王星贤点校《荀子集解》,《新编诸子集成》本,中华书局1988年版,第559页。

有明显区分。若由此作进一步发掘，或可对区域学术地理、经济地理与政区地理等诸多地理层面关系有别开生面的结论。

　　以上所言，只是一隅所感。但有一点是可以肯定的，即汉代学术地理研究中研究范式与手段的拓展，必将有力促进这一领域的研究进展，进而推动整个汉代学术史的研究。

　　沈阳君十多年前曾从我进行博士后研究工作，该书底本系其出站报告，经过十年淬炼，终于杀青。付梓之际，聊缀数言以贺之，且为序。

马　新
2024 年 6 月 10 日于山东大学

目　　录

绪　论 ……………………………………………………………… 1
　一　综合、分域与专题：学术史的回顾 ……………………… 1
　二　理论、对象与内容：本研究的思路 ……………………… 22

研究编

第一章　多视角下的汉代区域划分 ………………………… 31
　第一节　汉代的行政区划 …………………………………… 31
　　一　汉代的行政区划 ……………………………………… 31
　　二　行政区划的意义 ……………………………………… 34
　第二节　汉代的刺史部与州制 ……………………………… 34
　　一　刺史部及其分察郡国 ………………………………… 35
　　二　州制与所属郡国 ……………………………………… 38
　　三　刺史部与州制的比较 ………………………………… 41
　第三节　《史记·货殖列传》的区域划分 …………………… 43
　　一　《史记·货殖列传》的区域划分 ……………………… 44
　　二　对《史记·货殖列传》分区的认识 …………………… 49
　第四节　《汉书·地理志》的区域划分 ……………………… 50
　　一　《汉书·地理志》的分区 ……………………………… 52
　　二　对《汉书·地理志》分区的认识 ……………………… 61

第二章　汉代学术区域的划分 ……………………………………… 63
第一节　汉代学术区域的划分原则 ……………………………… 63
一　春秋战国学术区域的延续性 ……………………………… 64
二　汉代人的区域感知 ………………………………………… 65
三　具体问题具体分析 ………………………………………… 66
第二节　汉代学术区域的划分 …………………………………… 67
一　司马迁与班固区域划分的比较 …………………………… 67
二　汉代学术区域的划分 ……………………………………… 69

第三章　汉代学术载体的区域分布 …………………………………… 79
第一节　汉代学术人物的区域分布 ……………………………… 79
一　西汉学术人物的区域分布 ………………………………… 80
二　东汉学术人物的区域分布 ………………………………… 83
三　学术人物的静态分布与动态分布 ………………………… 87
第二节　汉代学术著作的区域分布 ……………………………… 96
一　西汉学术著作的区域分布 ………………………………… 97
二　东汉学术著作的区域分布 ………………………………… 99
第三节　汉代博士的区域分布 …………………………………… 102
一　西汉博士的区域分布 ……………………………………… 102
二　东汉博士的区域分布 ……………………………………… 104

第四章　汉代学术中心的空间变动 …………………………………… 106
第一节　学术中心确立的指标 …………………………………… 106
一　学术载体数量 ……………………………………………… 106
二　人均指标 …………………………………………………… 107
三　学术活动 …………………………………………………… 117
第二节　学术中心的区域内变动 ………………………………… 120
一　学术区域的演进 …………………………………………… 120
二　区域内学术中心变动的分析 ……………………………… 135

第三节　学术中心的区域间变动 ·················· 137
　　　一　汉初学术中心的下移 ···················· 137
　　　二　西汉中后期中央学术的伸展与学术中心的变动 ······ 150
　　　三　东汉前期学术中心的变动 ·················· 160
　　　四　东汉末年学术中心的兴衰 ·················· 176

第五章　汉代区域学术面貌 ·························· 182
　　第一节　战国时期的区域学术特色 ·················· 182
　　　一　战国诸子的区域化及其传播 ················ 183
　　　二　战国时期区域学术面貌 ·················· 187
　　第二节　汉初的区域学术特色 ···················· 188
　　　一　鲁地、齐地和燕地的学术特色 ·············· 188
　　　二　诸侯国的学术面貌 ···················· 189
　　第三节　西汉中期至东汉时期区域学术特色的变动 ······ 191
　　　一　区域学术特色的融汇 ·················· 191
　　　二　区域学术特色的变迁 ·················· 194

第六章　汉代学术的空间传播 ······················ 198
　　第一节　地方官学的发展与学术传播 ················ 198
　　　一　地方官学的发展 ······················ 198
　　　二　地方官吏的兴学 ······················ 199
　　第二节　私家教授与学术传播 ···················· 203
　　　一　西汉的私家教授 ······················ 203
　　　二　东汉的私家教授 ······················ 205
　　　三　私家教授与学术传播 ·················· 221

第七章　汉代学术区域演进的环境因素 ················ 226
　　第一节　自然因素 ·························· 226
　　　一　自然环境与区域学术状况 ················ 226

二　地形地貌与都城选择 ·· 228
　　三　地理位置与区域学术发展 ·· 233
第二节　社会经济因素 ·· 239
　　一　行政决策 ·· 239
　　二　人口因素 ·· 249
第三节　人文因素 ·· 256
　　一　历史遗风与地方学术氛围 ·· 256
　　二　个体的作用 ·· 257
　　三　学术发展的惯性 ·· 261

结　语 ·· 265
　　一　汉代的核心经济区、政治区和文化区 ························· 265
　　二　汉代学术中心与核心经济区、政治区、文化区的关系 ········ 267

资料编

第八章　汉代学术人物简况表 ·· 271

第九章　汉代学术著作简目表 ·· 395

附　录 ·· 425
　附录一　汉代易学人才的分布及其变动 ··································· 425
　　一　西汉易学人才的分布 ·· 425
　　二　东汉易学人才的分布 ·· 428
　　三　汉代易学人才分布的变动 ·· 430
　　四　汉代易学人才分布变动的影响因素 ····························· 431
　　五　易学人才分布与易学传授中心 ··································· 433
　附录二　汉代《诗经》学人才的分布及其变动 ························ 434
　　一　西汉《诗经》学人才的籍贯与地理分布 ····················· 435

二　东汉《诗经》学人才的籍贯与地理分布 …………………… 437
　　三　汉代《诗经》学人才地理分布的变动 …………………… 439
　　四　汉代《诗经》学人才地理分布变动的环境因素 ………… 441
　　五　结语 ………………………………………………………… 443

参考文献 ………………………………………………………… 445

后　记 …………………………………………………………… 455

绪　　论

学术史是汉代历史研究中长盛不衰的问题之一，涌现的成果不计其数，在研究视角、研究方法和材料运用等方面均取得显著成就。对这些成果进行全面总结和系统分析不是本研究的重点所在。下面仅就从文化地理学视角探讨汉代学术的成果，并进行梳理和评价①，以提出本研究的思路。

一　综合、分域与专题：学术史的回顾

到目前为止，虽然还没有研究者从文化地理学视角对汉代学术进行整体性考察，但属于这一研究视角的成果不断问世。这些成果从内容上大致可以分成三个方面：一是综合研究，主要划分汉代学术文化区域；二是分域研究，主要关注不同区域的学术状况；三是专题研究，主要探讨汉代人才分布和学术中心变动等②。这些成果为本研究提供了基础，同时存在值得深入研究之处。

1. 综合研究

卢云较早关注到中国文化的地域特征，对汉晋文化区域作过系统的划分。他综合《史记·货殖列传》和《汉书·地理志》的记载，将西汉的文

---

① 如下文所述，本研究借鉴文化地理学框架对汉代学术进行考察，因此在进行学术史回顾时，侧重梳理和评价汉代学术区域的划分、学术载体的空间分布、区域学术发展水平及其特色、学术传播、地理环境与学术关系等方面的成果。

② 对众多汉代学术地理研究成果进行分类，需要研究者具备宽阔视野。这里的综合研究、分域研究和专题研究，即是笔者在向臧知非先生请教相关问题后确定的。谨致谢忱！另，这三个方面的研究成果颇似张伟然提道的文化地理的三种研究进路，他提道：一种是像做专门史似的，做断代研究；一种是就某一种文化现象展开分析，类似于部门地理研究；还有一种是以区域为中心，就其历史文化的空间发展过程进行研究，目前这方面的成果最多。参见张伟然《中国历史文化地理研究的核心问题》，《江汉论坛》2005 年第 1 期。

化区域分为11个，有的包括若干个亚区：关中文化区（包括三辅亚区、六郡亚区和河西亚区）、巴蜀文化区（包括汉中亚区和巴蜀亚区）、齐地文化区、鲁地文化区、楚地文化区（包括东楚亚区、西楚亚区和南楚亚区）、燕地文化区（包括燕地北部亚区、涿蓟亚区）、赵地文化区（包括太行山东亚区、太原上党亚区、种代石北区）、韩魏周宋文化区（包括梁宋亚区、周地亚区、韩地亚区）、郑卫文化区、越文化区（包括东越闽越亚区、南越亚区）和西南夷文化区。东汉①时期，由于缺乏像《史记·货殖列传》和《汉书·地理志》这类系统的文化地理数据，所以无法详细地描绘出当时文化区域的全貌②。其中的一些区域，如郑卫，在《史记·货殖列传》和《汉书·地理志》中归属的区域并不一致，还需要进一步分析。

　　王子今把秦汉划分为12个文化区域，分别是：关中、齐鲁、赵地、滨海、江南、河洛、北边、巴蜀、陈夏、西南夷、南越、西北边陲，简要地叙述了各个区域的人文地理和文化特色③。他从交通文化出发，提出了北边文化区和滨海文化区两个新的文化区划，是此前研究者尚未涉及的；着重利用考古文物资料，对改善研究区域文化忽视考古资料的现象大有裨益；既把握整个秦汉时期全国的文化面貌，又没有忽视区域文化间的联系及其与统一文化的关系④。在这三个方面，王先生的著作具有开创性，深化了秦汉区域文化研究。另外，他没有就分区的依据进行说明，区域和区域之间难免存在重叠之处。如，"滨海"区域应该包括齐的广大部分，但

---

　　① 对于23—220年的历史称为东汉还是后汉，张磊夫给予区分，并选择使用后汉，"由于这段时期的京城洛阳位于前汉京城长安的东部，所以很多人将该朝代称为'东汉'。但我更愿意将之称为'后汉'。原因之一，正史《后汉书》和当时其他的主要文本使用'后汉'。原因之二，先秦时期东周比以前朝西周衰弱很多；公元4世纪早期，当北方的晋朝统治被摧毁后，流亡政权逃至南方，史称东晋。在这两个例子中，东部的继承者均是西部的弱小版，但是后汉完全可以和前汉相匹敌"（参见［澳］张磊夫《洛阳大火：公元23—220年的后汉史》，邹秋筠译，北京大学出版社2023年版，前言）。在魏晋南北朝时期，学者撰写的这段历史作品多以"后汉"冠名，如吴谢承的《后汉书》、晋袁宏的《后汉纪》、晋薛莹的《后汉记》、晋华峤的《后汉书》、晋谢沈的《后汉书》、晋张莹的《后汉南记》、晋袁山松的《后汉书》、晋张璠的《后汉纪》、南朝宋范晔的《后汉书》等，由此看来，张磊夫的观点有其道理。另外，"东汉"同样是长期沿用的称呼，本研究未强求统一。
　　② 参见卢云《汉晋文化地理》，陕西人民教育出版社1991年版，第485、489页。
　　③ 参见王子今《秦汉区域文化研究》，四川人民出版社1998年版。
　　④ 曾磊：《汉代两都交通沿线区域学术地理研究》，硕士学位论文，北京师范大学，2007年。

齐又与鲁归在"齐鲁"中。

孙家洲深入分析秦汉的"区域"概念，指出汉代存在二分法、四分法和十三分法三种不同的"区域"概念，它们所涵盖的范围互不相同：二分法既指东南—西北，又指关东—关西的对立；四分法以东、西、南、北四个方位为序，把已知的"天下"划分四个区域，有时是泛指，有时是虚指；十三分法则把天下分为十三部和十三分野区。这些区域概念既对远古文化有所传承，也充分反映了汉代的历史特色①。

丁毅华通过比较《史记·货殖列传》和《汉书·地理志》的区域划分，认为后者的划分更加接近汉代实际状况，进而从经济交流、军事征服和人口流动等方面总结了区域文化间融合的原因，认为各区域文化的差异主要是由各地的自然条件不同、生产和生活方式各异、经济和社会发展的不平衡，以及一定的历史原因造成的②。

刘跃进等认为秦汉区域文化的划分应该注意自然地理因素。在此基础上，他把秦汉文化区域分为8个：第一个是三辅文化区，主要包括京畿长安周围的京兆、左冯翊、右扶风三个地区，是关中的核心地区；第二个是河西文化区，主要包括安定、天水、陇西、武威、金城、张掖、酒泉、敦煌等地；第三个是巴蜀文化区，包括巴、蜀、益州、犍为、牂柯、越嶲、哀牢等地；第四个是幽并文化区，包括魏、赵、钜鹿③、信都、勃④海、广阳、涿郡、渔阳、辽西、辽东、玄菟、右北平、上谷、中山、代郡、真定、常山、上党、五原、定襄、雁门、太原、河东及河套地区的朔方、西河及上郡等地；第五个是江南文化区，包括长江以南各郡国；第六个是齐鲁文化区，包括北部的平原、济南、北海、千乘，西部的泰山、东平、山阳以及山东半岛的琅邪、城阳、胶东、东莱等

---

① 孙家洲：《论汉代的"区域"概念》，《北京社会科学》1999年第2期。
② 丁毅华：《秦汉时期各区域文化间的碰撞与交融》，收入其所著《丁毅华史学论文自选集》，湖北人民出版社2002年版，第104—112页。
③ 原文作"巨鹿"。按："钜鹿"是《汉书·地理志》正文中的郡名（参见《汉书》卷二八上《地理志上》，第1575页），本研究从之，除引文外，统一作"钜鹿"。
④ 原文作"渤海"，即"勃海"，两者并见于汉代传世文献，"勃海"是《汉书·地理志》正文中的郡名（参见《汉书》卷二八上《地理志上》，第1578页），本研究从之，除引文外，统一作"勃海"。

地；第七个是河洛文化区，包括黄河北岸的河内、东郡等地，西部的河南、陈留、颍川等地，南部的汝南、淮阳等地；第八个是荆楚文化区，东部主要包括东海、临淮、广陵，西部以南阳为界，湖南虽然是其南界，但是"南楚"的政治文化中心集中在长江中游的江夏、六安、九江、庐江、广陵等地[①]。这样的划分兼顾自然地理和历史地理，注意到部分区域划分的复杂性，值得研究者借鉴。但揆诸汉代历史，有些区域并不与汉人观念一致。在《史记·货殖列传》和《汉书·地理志》中，齐和鲁都是并列区域。对于汉代人的区域感知，我们应该充分重视。

侯二朋在分析东汉人物地域分布时，把东汉郡国划分为8个区域：燕赵地区，包括右北平、渔阳、上谷、代郡、定襄、云中、雁门、太原、常山、上党、魏郡、赵国、钜鹿、清河、安平、河间、勃海、广阳、涿郡、中山；西北地区，包括五原、西河、朔方、上郡、北地、安定、汉阳、武都、陇西、金城、武威、敦煌；关中地区，包括右扶风、左冯翊、京兆、弘农、河东；中原地区，包括河内、河南、南阳、汝南、陈国、颍川、陈留、梁国、沛国；齐鲁地区，包括东郡、齐国、济北、东平、任城、济阴、山阳、彭城、鲁国、泰山、济南、平原、乐安、东莱、北海、琅邪、东海；吴楚越地区，包括广陵、吴郡、会稽、下邳、九江、庐江、丹阳、江夏、豫章、南郡、长沙、桂阳、南海、零陵；巴蜀地区，包括汉中、巴郡、广汉、蜀郡、犍为；西南地区，包括越嶲、益州、牂柯、武陵、郁林、合浦、苍梧[②]。但这样划分依据何在，作者并未说明。而在汉代人心目中，如班固《汉书·地理志》体现出的那样，西北地区与关中地区属于一个区域，齐和鲁则应分开。

雷虹霁以《史记》《汉书》和《方言》为中心，详细探讨了西汉的三种分区方法：第一，根据《史记·货殖列传》中有关西汉时期经济区域的资料，可以梳理出15个商业经济区，即关中区、巴蜀区、陇西区、三河

[①] 刘跃进、刘燕梅：《秦汉区域文化的划分及其意义》，《淮阴师范学院学报》（哲学社会科学版）2006年第4期。

[②] 侯二朋：《东汉人物地域分布研究》，硕士学位论文，兰州大学，2006年。按：牂柯，原文作"牂柯"，两者并见于汉代传世文献，"牂柯"是《汉书·地理志》正文中的郡名（参见《汉书》卷二八上《地理志上》，第1602页），本研究从之，除引文外，统一作"牂柯"。

区、种代区、赵中山区、郑卫区、燕区、齐区、邹鲁区、梁宋区、西楚区、东楚区、南楚区和颍川南阳区;第二,根据《汉书·地理志》,可以将西汉的风俗区划分为25个:关中区、陇西六郡(含武都郡)区、河西四郡区、巴蜀(含西南夷)区、河内、河东、周地区、郑国区、陈国区、颍川区、南阳区、赵中山区、太原上党区、钟代①石北区、定襄云中五原朔方诸郡(含燕地雁门郡)区、蓟(燕)区、上谷至辽东诸郡(燕北)区、朝鲜诸郡区、齐地区、鲁地区、宋地区、卫地区、楚地区、吴地区和越地(南越)区;第三,依据《方言》可以将西汉时期的语言分为12个区域:秦晋区、梁益区、周韩郑区、赵魏区、卫宋区、齐鲁区、东齐海岱区、燕代区、北燕朝鲜区、陈楚区、南楚区和吴越区②。进一步分析可以发现,《史记·货殖列传》是否以商业经济为依据划分区域及划分为多少个区域,学界尚存在争议(详后);把西汉风俗区分为25个,不仅数量较多,有些区域如颍川区和南阳区在《汉书·地理志》中是作为一个区域叙述的;而从方言区名称出现的次数看,《方言》出现较多频次的名称是:秦、晋;东齐、海、岱;关西;楚;南楚;关东;陈、魏、宋、楚;宋、楚;关之东、西;齐;南楚之外;赵、魏;吴、越;北燕;齐、鲁;江、湘;南楚、江、湘;江、淮、南楚;陈、楚;江、淮、陈、楚;宋、鲁;吴、楚;梁、益③。

薛小林留意到,汉代存在五州习惯用法,每一州所指区域并不确实,但在大致范围上还是有共识的:"西州"主要指益州和凉州,"北州"主要包括并州、冀州和幽州,"东州"与原齐地大致吻合,有青州、兖州和徐州,"南州"的核心部分就是荆州和交州。"中州"则与司隶校尉区大体一致。不易判断的情况是扬州、豫州和朔方。他还重点梳理了西州范围的变化:"西州"最初专指益州地区,但是随着西北边疆之开拓,"西州"所指渐延及凉州、朔方;由于西北一隅对两汉国势的影响远大

---

① 《史记·货殖列传》称"种、代"(参见《史记》卷一二九《货殖列传》,第3263页),《汉书·地理志》则称"钟、代"(参见《汉书》卷二八下《地理志下》,第1656页)。由于两者分区依据不同,本研究从原文,未作统一处理。

② 雷虹霁:《秦汉历史地理与文化分区研究:以〈史记〉〈汉书〉〈方言〉为中心》,中央民族大学出版社2007年版,第196—197页。

③ 宋玉昆:《西汉方言区的划分》,广陵书社2007年版,第267页。

于西南地区，"西州"概念的重心渐次转移到凉州、朔方地区了①。中州与东、西、南、北四州并立，组成五州，或许是受阴阳学家五方与五行配合观念的影响，这有助于反思研究者把中州视为十三州组成部分的推论逻辑。

表1　　　　　　　　秦汉文化区域划分主要观点简表

研究者	区域划分		备注
卢云	关中、巴蜀、齐地、鲁地、楚地、燕地、赵地、韩魏周宋、郑卫、越和西南夷		西汉
王子今	关中、齐鲁、赵地、滨海、江南、河洛、北边、巴蜀、陈夏、西南夷、南越、西北边陲		秦汉
孙家洲	二分法	东南—西北（关东—关西）	
	四分法	东、西、南、北	
	十三分法	冀州、幽州、并州、兖州、豫州、青州、徐州、荆州、扬州、凉州、益州、交趾、朔方	十三部
		秦地、魏地、周地、韩—郑、陈、赵地、燕地、齐地、鲁地、宋地、卫地、楚地、吴地、粤地	十三分野
刘跃进	三辅、河西、巴蜀、幽并、江南、齐鲁、河洛、荆楚		
侯二朋	燕赵、西北、关中、中原、齐鲁、吴楚越、巴蜀、西南		东汉
雷虹霁	关中、巴蜀、陇西、三河、种代、赵中山、郑卫、燕、齐、邹鲁、梁宋、西楚、东楚、南楚、颍川南阳		经济区
	关中、陇西六郡、河西四郡、巴蜀、河内、河东、周地、郑国、陈国、颍川、南阳、赵中山、太原上党、钟代石北、定襄云中五原朔方诸郡、蓟、上谷至辽东诸郡、朝鲜诸郡、齐地、鲁地、宋地、卫地、楚地、吴地、越地		风俗区
	秦晋、梁益、周韩郑、赵魏、卫宋、齐鲁、东齐海岱、燕代、北燕朝鲜、陈楚、南楚、吴越		语言区
薛小林	西州、北州、东州、南州、中州		

---

① 薛小林：《汉代地理观念中的"西州"》，《西域研究》2012年第4期。另可参见薛小林《争霸西州：匈奴、西羌与两汉的兴衰》，社会科学文献出版社2020年版，第7页脚注1、第298页。

除了笼统的区域划分外（表1），还有研究者从特定角度对汉代进行区域划分。崔向东"综合各项因素，并充分考虑两汉四百多年时间的区域变化，我们将豪族分布划分为七大地域：关东地域、关中地域、西北地域、北部边郡地域、西南地域、江淮地域和长江以南地域"①。尧荣芝认为文学区域划分除了借鉴司马迁和班固的分区，还要依据汉代文学本身的发展规律，依据自然地理面貌，依据经济发展的类型，依据行政区划的基础，等等。借助这些依据和原则，她把汉代文学的区域划分为关中地区、齐鲁中原地区、燕赵晋地区、楚越地区、巴蜀地区、陇西地区等六个大区②。

据上所述，研究者在汉代区域划分问题上分歧较大，举凡区域名称、数量、范围和依据等，不尽相同。这一方面体现了区域划分的现实，如周振鹤所言，"文化区的划分往往是文化地理研究的归宿，但划分文化区又是相当困难的工作，如果夸大点说，简直是有多少文化因子，就有多少种分区"③。另一方面也透露出区域划分的难度。

2. 分域研究

关中。更多的研究成果没有关注区域划分，而是直接对不同区域的学术状况进行分析。关中是西汉都城所在区域，关中学术是研究者关注的一个重点。张鹤泉评估了东汉关中的学术地位，认为自东汉以来，由于首都自长安迁至洛阳，关中所处的地位已同西汉时期有很大的不同。关中地区地位的变化自然要影响到这里的文化发展，可是关中毕竟曾是文化发展的地区，所以东汉时代的关中在文化发展上仍不失为一个重要的地方④。喻曦探讨了西汉时期关中陵邑人物的地域分布状况，指出西汉时期关中地区形成了独具一格的文化圈，其中影响较大的文人名士多居住在各个陵邑，陵邑名人儒士在关中文化圈中的地位举足轻重；平陵邑的名士大儒人数最多，占人物总数的24.4%，远远超过排名第二的杜陵邑。茂、杜名士数量仅一人之差，由于二邑人物总数不同，文人比例有9%与13.3%的差距。茂陵之前诸陵邑的文人比例略有起伏亦是此因。总的来说，随着社会稳定

---

① 崔向东：《汉代豪族地域性研究》，中华书局2012年版，第30页。
② 尧荣芝：《两汉文学地域性研究》，博士学位论文，四川师范大学，2012年。
③ 周振鹤主著：《中国历史文化区域研究》，复旦大学出版社1997年版，"序论"。
④ 张鹤泉：《东汉关中地区文化发展的特征及影响》，《史学集刊》1995年第2期。

和经济恢复，陵邑文人的分布呈上升趋势①。唐会霞分析了关中私学对关中学术发展的促进作用，认为关中的私学教育极大地补充了官学的不足，培养了大批人才，提升了关中的政治文化地位②。

鲁地。鲁地兰陵经学的发展在汉代引人注目。高梅总结了兰陵经学发展的两个因素——荀子的影响和汉朝的尊经重儒政策，认为儒学大师荀子曾在这里长期活动，使儒家思想得到广泛的传播，为两汉时期兰陵儒学的勃发打下了基础；汉武帝以后，儒学独尊，儒术成为国家培养和选拔人才的一个重要标准。把某种学术和利禄直接联系起来，是对这种学术最有力的提倡。因此，尊孔谈经的人日益增多，而东海兰陵儒士尤多以经学致身通显③。范玉秋高度评价了汉代兰陵经学取得的成就，认为兰陵作为汉代经学的重镇，兰陵经学的兴盛对汉代经学的发展有着重要影响。在经学的传承发展上，兰陵经学承先启后，于《诗》《书》《礼》《易》《春秋》五经皆有所创发，开辟出新的解经路向和解经风格，为汉代经学的发展做出了贡献。同时，兰陵诸儒也以自身的努力促进了汉代经学时代的真正到来④。

吴越。吴从祥概述了从秦到西汉再到东汉吴越的学术发展，认为自秦以来，吴越便沦为边缘地带，其文化发展远远落后于关中及河洛一带。……在西汉时期，经学对吴越并没有产生太大的影响。西汉一朝吴越名士屈指可数，仅严忌、严助、严葱奇、朱买臣、郑吉三兄弟等十余人，这些名士或以文章著称，或以军功闻名，在经学方面并无多少成就。到了东汉时期，经学在吴越得到了极大的发展，名儒、经师辈出⑤。这点可以从秦汉吴越人物列入《汉书》和《后汉书》的情况得到验证。董楚平提道：《汉书》为吴越地区人物立传者，仅严助、朱买臣、郑吉三人，严与朱都是太湖平原的吴人，郑吉是会稽人。《后汉书》为吴越地区人物立传者，有23人，其中，钱塘江以南有14人，主要集中在山阴、上虞、

---

① 喻曦：《西汉陵邑人物的地域分布初探》，《中国历史地理论丛》2011年第2期。
② 唐会霞：《两汉时期关中地区私学考察》，《教育学术月刊》2012年第12期。
③ 高梅：《两汉时期兰陵儒学的勃发》，《临沂师范学院学报》2003年第2期。
④ 范玉秋：《两汉兰陵经学管窥》，《管子学刊》2012年第1期。
⑤ 吴从祥：《东汉时期经学在吴越的传播及其影响》，《湖州师范学院学报》2011年第3期。

余姚一线①。此外，王永平对东汉时期江南士人涌现的原因进行总结，认为中原士人的南徙促进南北士人间的交流、东汉朝廷循吏倡行教化、江南地区的经济开发与世家大族的壮大，是江南地区士人队伍及其素质大有提高的三个原因②。吴越学术从人才分布的角度看主要是北部。滕雪慧认为，作为文化载体的人才随着时间的推移不断得到积累，并形成了自身的优势。在空间上，人才分布则呈现出集中在江南运河、浙东运河所在的吴越北部地区的特点。其中的原因在于经济的不断发展为人才的培养提供了必要的物质基础；交通的便利对当地经济、文化起了极大的促进作用；儒家文化的推广使得人才的培养朝专业化方向发展，为人才大量生产提供了社会支持③。

江南。高敏对比了从西汉到东汉江南知名士人的分布情况，认为西汉200多年间出生在江南地区的入仕者及知名人士仅有17位，而且朱建之前7位的均在秦末汉初，因秦末农民起义与楚汉战争而入仕，属于在特殊情况下涌现的入仕者，在正常情况下出生在江南地区的入仕者仅有10位。可见广大的江南地区在西汉时期几十年中才出现一个入仕者。郑吉系"以卒伍从军"，因"数出西域"才得以为郎入仕，不属于以人才出众而入仕，即西汉200多年中，江南地区涌现出来的人才仅有9位，其中，会稽吴2位、九江寿春2位、庐江舒2位，其余均为泛指楚人，他们大都是下级小吏或卒伍，由于立军功和其他特殊原因而致仕，官位也一般不高，至于岭南与西南地区，几乎百年间无一人入仕。东汉时期出生在江南地区的入仕者及知名人士凡75位，其中73位男性，2位女性。从年代来看，属于东汉末年者20余位，愈到东汉末期，江南地区涌现出来的人才愈多。从江南的不同地域来说，人才的分布面虽大都集中于会稽、吴郡、豫章、广陵、

---

① 董楚平：《汉代的吴越文化》，《杭州师范学院学报》（人文社会科学版）2001年第1期。按：吴从祥认为："西汉一朝，吴越没有产生大儒名师，而到了东汉时期，这一情况发生了很大变化。今见于范晔《后汉书》的东汉吴越名士有25人之多，史籍明确记载具有经学背景的共13人，占总数的一半以上。"（参见吴从祥《东汉时期经学在吴越的传播及其影响》，《湖州师范学院学报》2011年第3期）他的统计数字比董楚平的分别少2人和1人。

② 王永平：《两汉时期江南士人行迹述略》，《中国史研究》1997年第4期；王永平：《东汉时期江南士人群体的兴起》，《江苏社会科学》1997年第2期。

③ 滕雪慧：《汉代吴越人才分布特点及原因初探》，《江苏教育学院学报》2005年第4期。

九江、庐江诸郡，但新增了零陵、桂阳、长沙、苍梧、襄阳、丹阳诸郡，这反映出江南得到开发的地区迅速扩张①。

巴蜀。巴蜀学术从西汉到东汉同样经历长足发展。杨更兴探讨了巴蜀的学术地位，认为巴蜀经学在整个西汉经学中的地位无足轻重；东汉时期，巴蜀地区的学术文化远没有西汉时期那样丰富多彩。不过这一时期的巴蜀经学相比于西汉，却有了长足的发展，（入《后汉书·儒林传》的巴蜀学者有6人，有资格出任博士的人也明显多了）其在汉代经学中的地位也明显提高②。巴蜀内部学术的发展也不平衡，从作为学术载体的学术人物分布状况来看，两汉时期，西南人才分布南北悬殊，由北向南，依次递减。北部成都平原蜀、广汉二郡，两汉士人共112位，是西南士人总数（187位）的59.8%；南部南中地区（牂柯、永昌二郡）在两汉400多年间，仅收录3人，为西南士人总数的1.6%。西南北部和南部两地士人的比例悬殊太大。两汉时期西南人才分布所呈现出的北南悬殊的地理特征，受到这时期北南两地区经济文化发展水平的制约，与这时期西南的开发进程和格局有直接的联系。而北南两地经济文化的极大差异，亦导致两汉时期北部先进的经济文化向南部的渗透。在这一进程中，又形成由北向南，分区依次递减的人才分布状况。可见，两汉西南的人才分布状况与该地区经济文化发展水平息息相关，密不可分③。李桂芳认为巴蜀两地人才虽然有共性，都有剽悍之风，但巴人"少文学"，"质直""敦厚"，勇猛善战，蜀地"多班采文章"，"汉征八士，蜀有四焉"，因此在西汉时期，蜀位于所出书籍、博士、教授和公卿等人才最多的齐鲁梁宋、关中平原、成都平原和东南吴会四大地区的成都平原，东汉时期，蜀仍然是文化发达的四大重点区域之一④。

---

① 高敏：《从东汉时期入仕者与知名人士出生地的分布状况看东汉江南经济的发展》，《郑州大学学报》（哲学社会科学版）2003年第3期，收入其所著《秦汉魏晋南北朝史论考》，中国社会科学出版社2004年版，第66—75页。
② 杨更兴：《两汉巴蜀经学略论》，《青岛大学师范学院学报》2006年第2期。
③ 黎小龙：《两汉时期西南人才地理特征探析》，《西南师范大学学报》（哲学社会科学版）1995年第2期。
④ 李桂芳：《试论两汉时期巴蜀人才的地域差异及影响》，载段渝主编《巴蜀文化研究》（第3辑），巴蜀书社2006年版，第286—292页。另可参见李桂芳《试论两汉时期巴蜀人才的地域差异及影响》，《中华文化论坛》2005年第4期。

岭南。今天的岭南在汉代属于学术边缘区域，其中偶有学术人物进入载入正史。张荣芳勾勒了秦汉苍梧郡的文化发展历程，认为秦汉之前的岭南地区是百越民族聚居之地，民风淳朴，文化落后；汉武帝统一岭南后，苍梧郡的文化面貌却有了很大变化，公私办学积极，民俗日益汉化，学术活动频繁，各类人才空前涌现，尤其是先后出现了陈钦、陈元、陈坚卿祖孙三代，士燮、士壹、士䵋、士武兄弟四人等全国闻名的经学家，文化可谓盛极一时，不仅超过了汉代岭南的南海、合浦、郁林、桂阳等郡，成为当时岭南地区最先进的地区，即使在全国范围而言，苍梧郡亦跻身文化先进地区之列①。毛庆耆总结了陈钦、陈元父子在《春秋》学上的两大贡献：一是在《左氏春秋》学的师承过程，特别是陈钦起了承先启后的作用，其直接承受者是陈元；二是陈元在古今文经学斗争中，力争为《左氏春秋》立博士②。

荆湘。与岭南学术状况相似的还有荆湘。杨立新认为，秦汉时代，中原黄河流域才是历史大舞台的中心。在当时的版图上，无论是探究政治经济的布局还是追溯人文的迹象，荆湘以及整个江南地区还曾是色彩贫淡的一隅。但从历史的视角看，秦汉时期荆湘的学术还有待缓慢地发展，西汉一代，江汉地区整个的学术面貌已难以复原，经历了一个较长的学术沉寂阶段；从东汉光武开始，江陵、江夏一带的学术活动又开始零星地见于记载。江汉的学术文化发展到初平、建安刘表坐镇荆州期间，迎来了一个高潮③。因此，东汉末年荆州的学术状况成为研究者关注的重点，学界还提出"荆州学派"的命题，研究者就此展开广泛的论述，发表了一系列成果。这些成果探讨的问题集中在三个方面：一是刘表与荆州学派的形成问题，认为刘表是荆州学派的创建者和领导者；二是荆州学派的发展及其衰落问题，认为荆州学派的思想呈现多元化的发展趋势，但随着刘表的去世等因素的影响，荆州学派骤然衰落；三是荆州学派在中国古代学术史中地位，认为荆州学派开创了魏晋南北朝学术的新潮流，影响了此后学术的发

---

① 张荣芳：《两汉时期苍梧郡文化述论》，收入其所著《秦汉史论集（外三篇）》，中山大学出版社1995年版，第179—206页。
② 毛庆耆：《岭南陈元父子的经学贡献》，《古籍整理研究学刊》1998年第6期。
③ 杨立新：《秦汉荆湘地区的学术文化》，《江汉论坛》1990年第5期。

展趋势①。

　　河西。河西走廊位于汉朝与西域、中亚等地的交通要道上，在西汉中期即受到重视，但学术的显现却始于两汉之际。熊崧策的硕士学位论文对此有深入的研究，指出西汉时期移民对河西的充实以及中原先进文化的传入，加上较长时间的和平安定环境，敦煌逐渐具备了良好的学术土壤，为本土士人走上历史舞台创造了条件。大概在两汉之交，敦煌士人开始在史籍中出现，张奂在政治上和学术上都代表着东汉敦煌学者的巅峰②。包括敦煌在内的河西走廊主要是学术交流纽带。孙少华认为西域多姿多彩的学术文化是通过河西走廊传入汉朝的，而汉王朝丰富的文化与学术也通过这里传播进西域，可以说，河西走廊是双方文化学术交流的重要纽带与历史见证③。李智君以河西与陇西为考察单位，勾勒了其在汉代学术地理中的格局，认为河陇西汉的学术地理呈现一边倒的分布态势，即集中于东部今陕、甘两省交界以北，秦昭襄王长城以南极为狭小的范围内。学术旨趣偏重兵家技巧与边塞战事方面。尽管河西经汉武帝的强力开拓，移民屯田，使其谷籴常贱，贤于内郡，但移民带来的学术繁荣远没有到来。东汉时期，在相对稳定的发展环境下，河陇形成了两个明显的学术区域，即黄河以内的陇上与黄河以西的河西地区。而黄河河谷及沿岸冲积平原地区，还没有从这两个区域中分化出来④。他还指出：从学术地理的角度来看，在秦汉时期，河陇学术地理完成了从陇上到河西的学术地理空间的扩展，但从学术的积累程度而言，河西还没有超越陇上成为学术中心区。如河西列传人物占总人数的24%，而陇上人数则高达76%。学术著作的分布亦有明显的地域分异，陇上的著作占64%，而河西只占36%。但两个地域学术发展的趋势则有所不同，陇上已经从秦汉的统一

---

① 李叶亚：《荆州学派研究》，硕士学位论文，华中科技大学，2009年。
② 熊崧策：《汉晋敦煌士人学术研究》，硕士学位论文，兰州大学，2009年。
③ 孙少华：《秦汉河西走廊上的文化学术交流及其文学影响》，《齐鲁学刊》2009年第5期。
④ 李智君：《边塞环境与河陇汉代学术地理格局》，载王日根、张侃、王蕾主编《厦大史学》第3辑，厦门大学出版社2010年版，第137—151页。另可参见李智君《关山迢递：河陇历史文化地理研究》，上海人民出版社2011年版，第86页。在该书中，作者探讨了河陇——以陇上黄土高原和河西走廊为主体的历史文化地理，其中涉及秦汉的主要见于第三章"边塞环境与河陇汉代学术地理格局"。

中获得福祉,一举跃上学术发展的波峰,而河西则属于上升期,波峰还远没有到来①。

河南。刘太祥把河南诸郡国划分为四个文化区:河内郡和东郡称为"豫北文化区",河南、弘农郡称为"豫中文化区",梁国、淮阳郡(陈国)、陈留郡称为"豫东文化区",颍川、南阳、汝南称为"豫南文化区"。他比较了各区域在西汉和东汉的学术状况,认为在西汉时期,豫北区的河内郡所出书籍居河南第四位,士人居第四位,五经博士居第二位,私人教授居第二位,东郡书籍居河南第二位。豫中区的河南郡所出书籍居河南的第一位,士人居第二位,五经博士居第三位,私人教授居第三位。豫东区的梁国所出书籍居河南的第二位,士人居第一位,五经博士居第一位,私人教授居第一位。把这五种文化要素综合考查,河南诸郡国文化发达区域应是梁国、河南、河内。而豫南文化区的南阳、汝南、颍川虽然也出了不少人才,但所出书籍、五经博士和私人教授显然落后于上述三个郡国。东汉时期,豫南的南阳、汝南、颍川文化迅速发展。南阳郡出著作47部,位居河南第一,士人位居第一,五经博士位居第二,私人教授位居第二;汝南郡著作居河南第二,士人居第二,五经博士居第二,私人教授居第一;颍川著作居河南第四,士人居第三,五经博士居第二,私人教授居第一。豫南这三郡成为河南东汉文化发达区域。豫东的梁国、淮阳文化地位下降,但陈留却异军突起,著作位居河南第三位,士人位居第三位,五经博士位居第一位,私人教授位居第二位,成为文化发达的郡。豫中的弘农郡产生了9位私人教授,位居河南第五位,河南郡仍然稳步发展,但文化地位有所下降,所出著作位居河南第五位,士人位居第五位,私人教授位居第七位。豫北的河内郡、东郡的文化地位与西汉相比,可以说是一落千丈。河内郡所出著作由西汉的河南第四位下降到第九位,士人由西汉的第四位下降到第六位,五经博士由西汉第二位下降到第五位,私人教授由西汉的第二位下降到第八位。东郡所出的书籍由西汉的第三位下降到第十位。出现这种变动的影响因素有各郡的自然条件、经济发展水平、政治地

---

① 李智君:《边塞农牧文化的历史互动与地域分野》,博士学位论文,复旦大学,2005年。另可参见李智君《关山迢递:河陇历史文化地理研究》,上海人民出版社2011年版,第93页。

位和文化传统等①。实际上，河南内部也存在差异。王子今总结了秦汉时期陈夏地区的文化特色，认为秦汉时期是陈夏地区文士学者群起的区域，陈夏学人在秦汉文化事业中有突出的贡献②。胡宝国认为西汉时汝南、颖川不属于同一文化区。颖川属韩之故地，汝南在西楚地界，两地风俗明显有别。此外，颖川受法家传统影响，"高仕宦，好文法"，士人对政治有浓厚的兴趣。东汉汝、颖士风趋同应该是汝南向颖川靠拢，而不是相反。因此就学术而论，自东汉初至顺帝年间，汝颖地区曾涌现出一批经学大师，颖川张兴、丁鸿以及汝南戴凭、钟兴、许慎、周举、蔡玄，均蜚声海内。顺帝以后，汝颖地区又涌现出一批风格迥异的名士。与荀淑同时代及稍后的汝颖名士如韩韶、钟皓、陈寔、杜密、陈蕃、范滂、许劭等人，在学术上大多没有或少有建树，只有汝南袁氏家族足可称道③。持类似观点的还有刘晓满。他认为两汉河南诸郡国的文化发展是不平衡的，文化区域不断地变迁。西汉文化发达的河南、河内、梁国等郡国，到东汉就转移到了南阳、汝南、颖川、陈留等郡，形成了各具特色的文化区域。文化区域的变迁主要是由各郡的地理环境、经济状况、政治地位和文化传统等因素所决定④。

上述成果围绕某一区域的学术地位、学术区域再划分和区域学术发展历程进行探讨，为全面研究打下了基础。

3. 专题研究

专题研究集中在两个问题上，一是考察不同类型人物的地域分布。如上所述，学术界除了关注不同区域学术人物分布外，还对两汉不同类型人物分布进行研究。张忠栋在考察淮北和南阳的开国中兴人物、渭河平原的人物、黄土高原和河西走廊的武将后，着重分析了两汉士人的分布状况，指出各区域士人总量从高到低的排列顺序：山东丘陵、淮北平原、黄河平原、渭河平原、黄土高原、四川盆地和东南丘陵。他还观察到两汉士人变动的变化：东汉黄河平原以东的士人减少，黄河以西的士人增

---

① 刘太祥：《河南汉代文化格局及成因》，《周口师范高等专科学校学报》1999 年第 4 期。
② 王子今：《秦汉时期陈夏地区的区域文化特色》，《许昌师专学报》1999 年第 1 期。
③ 胡宝国：《汉魏之际的汝颖名士》，《文史知识》2010 年第 11 期。
④ 刘晓满：《河南两汉文化区域变迁原因探讨》，《南都学坛》2006 年第 1 期。

加；东汉南方的士人增加；西汉士人集中于东方，东汉士人逐渐散布全国[1]。

侯二朋分析了东汉三公九卿、守相、博士和武人的地域分布，对于博士，他认为巴蜀地区自西汉而东汉，博士在各个时期数目和比例是在逐渐上升的；关中地区，除西汉后期和东汉中期所占该时期全国博士数比例较大外，都没有突出的表现；齐鲁地区在整个西汉时期都占有绝对优势，不论是在各个时期的比例还是全国总的比例都在以上，但是这个绝对优势是逐渐削弱的，只保持到东汉前期，到东汉中后期其优势已被中原所取代；燕赵地区就总的趋势来看，博士也是在增加的；中原地区在西汉时跻身第二，但远落后于齐鲁，东汉中期以后，形势急转，取代齐鲁，到东汉后期博士数已占全国博士数的61.5%，然而，由于东汉初齐鲁博士基数过大，就整个东汉来看，中原博士数仅占全国博士数的36.1%[2]。影响东汉人物地域分布的因素主要有经济、政治、文化、教育等方面。

范正娥考察了两汉博士[3]和太学生的地域分布，注意到西汉时期的博士分布以徐州、司隶和豫州为多，其中，徐州的鲁国、东海、琅邪和司隶的扶风居多；东汉时期徐州和司隶的锐减，益州和荆州则突飞猛进。而西汉时期的太学生以荆州的南阳和徐州的琅邪、东海、鲁分布较多，东汉时期的则以司隶、豫州和兖州较多。博士和太学生地域分布不均衡与求学条件（政治稳定、经济发达、交通便利等）和文化氛围等因素有密切关系[4]。

曾磊统计出史籍所见汉代博士总数为245人，其中西汉127人，东汉100人，不可考者18人。其分布状况，以州为单位而言，西汉所出博士的数量从高到低依次为豫州、徐州、司隶、青州、兖州、冀州、扬州、益

---

[1] 张忠栋：《两汉人物的地理分布》，《三代秦汉魏晋史研究论集》，大陆杂志社1967年版，第139—142页。
[2] 侯二朋：《东汉人物地域分布研究》，硕士学位论文，兰州大学，2006年。
[3] 两汉博士的数量，"从汉武帝设立太学，迄于东汉末年，据史能够考实的博士共有167人，其中西汉100人（含王莽时期），东汉67人"（参见范正娥《两汉时期太学师生的地域分布及其成因》，《衡阳师范学院学报》2007年第2期）。当然，汉代博士数量还有其他说法，参见下引曾磊著作。
[4] 范正娥：《两汉时期太学师生的地域分布及其成因》，《衡阳师范学院学报》2007年第2期。

州、幽州，东汉各地所出博士的数量从高到低依次为豫州、兖州、益州、青州、司隶、荆州、冀州、徐州、扬州、并州、凉州；以区域为单位而言，如果单纯就籍贯来看，西汉博士大多集中在鲁国及其周边地区、东海郡、琅邪郡、齐郡及其周边地区、长安及其周边地区。相比西汉而言，东汉时期齐鲁地区明显衰落下来，出身集中地由齐鲁地区转移到中州地区[①]。

王香梅以察举人才（包括有德之才、有能之才和有文之才）为对象，以州为单位，探讨两汉察举人才的地域分布状况，认为从静态角度看，西汉时期的察举人才相对集中在司隶校尉部和徐州刺史部、冀州刺史部、兖州刺史部，其他的州相对较少，甚至荆州刺史部和交州刺史部在正史中没有明确记载；东汉时期察举人才相对较多的州有豫州刺史部、司隶校尉部、扬州刺史部、益州刺史部、兖州刺史部、荆州刺史部、徐州刺史部、青州刺史部，而有的州察举人才稀少，如并州刺史部7人次、交州刺史部3人次。从动态角度看，西汉时期人才相对集中的州，如司隶校尉部、徐州刺史部、冀州刺史部、兖州刺史部在东汉三阶段人才也相对集中，但有些州，如扬州刺史部、益州刺史部、荆州刺史部、凉州刺史部、幽州刺史部在东汉的三个阶段人才地域分布的数量有明显的增加，从东汉后期以后增加尤为明显[②]。此外扬州地区在东汉末期人才数量居首位，大大超过了西汉时期人才分布较为发达的州。而一个地区的人才多少与当地的经济发展程度、政治地位、文化发展状况分不开的，同时一个地区的人才越多也必然会促进当地的经济发展、政治地位上升、文化的繁荣[③]。

二是确定学术中心及其变动。早在20世纪20年代，鲁迅即指出："汉

---

① 曾磊：《汉代两都交通沿线区域学术地理研究》，硕士学位论文，北京师范大学，2007年，第19—20页。在后来的著作中，作者修改了两汉博士统计数字，"根据统计，史籍所见汉代博士总数为198人，其中西汉119人，东汉68人，时代不可考者11人"。同时，西汉与东汉博士的空间分布也有调整，"西汉各地博士籍贯的数量从高到低依次为徐州41人、司隶13人、青州11人、豫州10人、兖州8人、冀州5人、扬州3人、幽州2人、益州1人、凉州1人"，"东汉各地博士籍贯数量从高到低依次为豫州10人、兖州10人、益州6人、青州5人、荆州5人、司隶4人、冀州4人、徐州3人、扬州2人、凉州1人、幽州2人"（参见曾磊《门阙、轴线与道路：秦汉政治理想的空间表达》，广西师范大学出版社2020年版，第167—168页）。

② 王香梅：《汉代察举人才地域分布探略》，硕士学位论文，江西师范大学，2010年。

③ 王香梅：《汉代察举人才地域分布探略》，第32页。

高祖虽不喜儒，文景二帝，亦好刑名黄老，而当时诸侯王中，则颇有倾心养士，致意于文术者。楚、吴、梁、淮南、河间五王，其尤著者也。"①楚、吴、梁、淮南、河间五个王国可谓汉初学术中心所在，这个论断成为此后研究者探讨西汉学术中心的滥觞。曾祥旭认为汉初存在吴、梁、楚、河间、淮南五个学术集团，其中，吴、梁以散文和辞赋创作为主，楚、河间保持儒学特色，淮南国刘安以道家思想胜出②。黑琨认为存在齐、楚、淮南、河间四个学术中心：最早封国的齐国和楚国，前者集合了诸子百家各派学术，而以黄老、阴阳五行等为主要内容；后者则纯尚儒学，尤以《诗》学为特色。景武之际，在淮南、河间两地形成了风格迥异的两个学术中心，淮南以道家为主，兼及儒家和其他学派；河间则以儒学，特别是古文经学为主要特色③。张玉认为存在楚、梁、淮南、河间四个学术中心，但用梁代替了齐：诸侯王在经济实力不断增强的基础上，承先秦养士之风，广纳宾客，先后形成了以楚元王刘交为首的楚学术中心，以梁孝王为首的梁文学中心，以淮南王为首的淮南学术中心和以河间王刘德为首的河间学术中心④。邓骏捷的观点略同于此，认为西汉学术"从横向组成的角度来看，大体上分成了三类学术集团：以中央政府为主的皇朝学术中心，以诸侯藩王为主的地方学术中心，以各地私学为主的民间学术中心。武帝以前，梁国文学、淮南道家、河间儒学等地方学术中心一直与皇朝学术分庭抗礼，武帝时期逐步被取缔，实现了皇朝学术的大一统"。"刘交不但学《诗》传《诗》，在被封为楚元王后，并以穆生、白生、申公为中大夫，韦孟为傅，聚集了一批儒学之士，形成汉初最早的儒学中心。"⑤成祖明探讨了西汉中期河北的河间国的学术状况，指出在西汉景武之世的二十六年间，天下俊雄大儒几乎尽集河间，而河间搜遗典、修礼乐、开馆阁、建三雍、兴庠序等活动，造就和培养了大批人才，天下儒者几乎与河间皆有千

---

① 鲁迅：《汉文学史纲要》，人民文学出版社1973年版，第40页。
② 曾祥旭：《论汉初学术集团和学风建设》，《求索》2004年第10期。
③ 黑琨：《西汉前期诸侯王国学术之繁盛及其原因初探》，《社会科学家》2008年第5期。
④ 张玉：《西汉献王刘德与河间学术中心》，《邢台学院学报》2009年第1期。
⑤ 邓骏捷：《西汉楚元王家族学术文化传统探论》，《烟台大学学报》（哲学社会科学版）2011年第1期。

丝万缕的联系。儒学之在民间兴盛，已势不可挡①。

从历史的角度看，汉代学术中心不是固定不变的，而是呈现动态转移的趋势。在这方面，卢云较早地进行了探讨。他认为西汉时期有四个文化发达区域：一是齐鲁梁宋地区，主要包括济南、齐郡、平原、千乘、北海、菑川、高密、东海、琅邪、楚国、鲁国、梁国、沛郡、颍川、汝南、河南、河内、陈留、东郡、东平、泰山、山阳、济阴、成阳、淮阳等25个郡国。二是关中平原，主要为京兆与右扶风。三是成都平原，主要为蜀郡一带。四是东南地区，主要为九江郡至会稽郡北部一带②。东汉时期的文化发达区域也有四个：一是豫兖青徐司，东起琅邪、东海、西至河南、南阳，北达河内魏郡，南及淮河；二是三辅地区；三是吴会地区，指吴郡与会稽郡北部的山会平原一带；四是蜀地，指蜀郡、广汉、犍为一带③。他还探讨了文化重心与政治中心的分合关系，认为西汉时代的政治中心在关中，文化重心在齐鲁，两者恰好分布在帝国中轴线的东西两端；东汉时期的政治中心在洛阳，文化重心由西汉时代的齐鲁地区西移到洛阳周围的南阳、颍川、汝南、陈留、河南一带。政治中心与文化重心的关系问题，实质上就是中央政权与文化重心区知识分子的关系问题④。刘跃进、刘燕梅认为西汉时期的文化中心在齐鲁地区，荆楚地区为另一文化中心。东汉则转到河洛地区，而三辅文人则上升为第二位。这可能由于三辅地区曾经是西汉的政治文化中心而积累起来的结果⑤。李传军认为西汉时期的文化发达地区深受此前先秦时期区域文化的影响，集中于黄河中下游的关东中原齐鲁地区。东汉时期，虽然关西地区文化繁兴，名儒辈出，整个帝国的人文地理格局发生了微妙的变化，但关东地区作为全国人文渊薮的地位并没

---

① 成祖明：《西汉景武之世的河间学术》，《河北学刊》2005年第4期。
② 卢云：《西汉时期的文化区域与文化重心》，载中国地理学会历史地理专业委员会历史地理编委会编《历史地理》第5辑，上海人民出版社1987年版，第152—175页。
③ 卢云：《东汉时期的文化区域与文化重心》，载中国社会科学院近代研究所近代文化史研究室编《中国文化研究集刊》第4辑，复旦大学出版社1987年版，第155—187页。
④ 卢云：《区域控制与历史发展——论秦汉时期政治中心与文化重心及其相互关系》，《福建论坛》（文史哲版）1987年第4期。
⑤ 刘跃进、刘燕梅：《秦汉区域文化的划分及其意义》，《淮阴师范学院学报》（哲学社会科学版）2006年第4期。

有改变，只是关东区域内的文化区域格局和人才中心略有迁移，这主要表现在齐鲁故地人文教育的衰落和中州地区儒学的发展和繁荣[1]。曹道衡认为从西汉到东汉，学术文化中心从关中转移到洛阳，光武帝的迁都洛阳，使关中地区失去了全国政治中心的地位，但是凭借长期的文化传统，一时似未见衰落。随着朝廷的东迁，太学和国家藏书也都东迁洛阳，西方的才学之士也都去洛阳而不是长安求官，在这种情况下，关中地区的文化中心地位，不得不为洛阳所替代[2]。刘玉堂、陈邵辉的论文着重论述了东汉末年荆州的学术状况，认为汉末荆州在刘表统治期间，学术文化勃然兴起，一度取代洛阳成为当时全国的学术文化中心。刘表去世后，荆州的学术文化骤然衰落，此后数百年的时间里未能复兴[3]。曾磊认为西汉时学术重心出现多极化现象，长安、洛阳以及齐鲁地区都是重要的学术重心。东汉时，学术重心则统一到洛阳、陈留、颍川、南阳为中心的中州地区。就两都交通沿线区域而言，长安、洛阳及其附近区域学术文化相对发达，西汉时侧重于长安及其附近地区，东汉时侧重于洛阳及其附近地区。而长安、洛阳之间区域学术文化在汉代一直相对薄弱[4]。

尧荣芝依据书籍和士人数量，把两汉不同区域分为四个层次，首先是司隶校尉和豫州；其次是徐州、青州和兖州；再次是荆州；最后是西南州郡，"无论是西汉还是东汉，无论是全部书籍还是全部士人，司隶和豫州始终是排在前2名。司隶部是两汉'三辅'和'三河'之地，即西都和东都的核心区，是两汉政治、经济、文化的中心，其文化很发达是理所当然的。豫州所辖郡县有汝南、颍川、沛郡、梁国、鲁国、陈国等，沛郡是汉高祖的家乡，西汉皇族都以沛郡为籍贯，所以士人人数所占比重很大。而且沛郡也是曹操的家乡，许多跟随的文武官员也来自沛郡，加上曹氏、夏侯家族，士人人数也很多。鲁国是周文化中心，又是儒学基地，研习儒家经典的成就很显著。汝南、颍川为中原腹地，交通中枢，人口众多，为繁

---

[1] 李传军：《秦汉时期的地域官脉及其成因——从"关西出将，关东出相"谈起》，《青岛大学师范学院学报》2006年第1期。
[2] 曹道衡：《关中地区与汉代文学》，《文学遗产》2002年第1期。
[3] 刘玉堂、陈邵辉：《刘表与汉末荆州学术文化》，《江汉论坛》2001年第4期。
[4] 曾磊：《汉代两都交通沿线区域学术地理研究》，硕士学位论文，北京师范大学，2007年。也可参见曾磊《门阙、轴线与道路：秦汉政治理想的空间表达》，第172页。

华都会。特别是东汉建都洛阳，这里的重要位置更加突出。颍川也是夏禹建都之地，有着悠久的历史文化熏陶，成为学术文化发达之地。徐州、青州、兖州三州所出书籍和士人紧跟豫州之后，也成为较发达地区。荆州在西汉所出书籍和士人都很少，只有几人，与发达的荆楚文学相比，荆楚学术文化却很落后，这应该与荆楚重巫风重楚辞而轻经学研究的风气有关。但荆楚在东汉所出士人却跃居第三，达124人，主要原因是南阳郡作为开国皇帝光武帝的故乡，有众多刘氏族成员，以及来自南阳跟随光武帝打天下的一帮知识阶层，他们的加入，使得沉寂的荆州异常活跃。益州，作为偏居于西南的州郡，所出书籍和士人人数却一直很稳定的居于中间地位，学术文化属于较为发达地区"[①]。这些论述中颇有值得借鉴之处：一是慎重对待具有文学作品的皇族，是把他们按居住地划入京师还是按籍贯划入郡国所属区域？二是注意文学与学术文化之间的错位，二者并非同步的，如荆楚文学之发达与学术文化之落后。

区域学术的发展和学术中心的变动受到很多因素的影响。葛剑雄从人口迁移的角度，以三辅地区、蜀地和淮南吴越地区——吴会区为考察对象，论证了人口迁移对区域学术发展的促进作用，总结了区域学术文化发展的影响因素：一是移民素质的高低关系到能否推动迁入地学术的发展："就文化传播的作用而言，移民的数量虽也有关系，但移民的文化素质影响更大，在一定条件下甚至是起决定性的……实关中的移民以及东汉末年迁入蜀、吴的移民，由于文化素质较高，很快就引起了迁入地的长足进步。"二是文化中心与政治中心的关系："文化中心的转移尽管滞后于政治中心的转移，但终究不能长期独立于政治中心，东汉长安的衰落和洛阳的繁荣就是明证。"三是区域经济是区域文化长期发展基础："尽管政治力量和社会传统可以在一定程度上促进和维持文化的繁荣，但起决定作用的还是经济基础。真正的文化发达必须有相应的经济基础，秦汉期间文化最发达的地区一般也都是经济发达地区。"[②] 这些论断对于从文化地理学视角深入思考汉代学术的演进有很大的启发意义。

---

① 尧荣芝：《两汉文学地域性研究》，博士学位论文，四川师范大学，2012年。
② 葛剑雄：《秦汉时期的人口迁移与文化传播》，《历史研究》1992年第4期。

此外，张巍探讨了西汉《易》学的传授中心，认为西汉时期《易》学传播非常兴盛，体现出以地域为中心的特点。以田何、杨何、梁丘贺、费直等为代表的齐地《易》学较为发达，丁宽、焦延寿、田王孙、京房等《易》学家为梁地《易》学发展作出了巨大贡献，而施雠、高相则为楚地《易》学的优秀代表。此外，燕地、京师等地也有诸多优秀的《易》学家[①]。

这些成果明确了汉初的学术中心，从宏观上指出西汉、东汉的学术中心分别在关中、洛阳，但对西汉中期到东汉中期学术中心的变动关注不够。

通过上文的简要叙述可以看出，经过诸多学人的努力，从文化地理学视角研究汉代学术取得一定的成绩，这主要体现在以下几个方面：一是勾勒了汉代基本区域的学术状况。汉代虽然是统一国家，但学术区域的差别是存在的。卢云、刘跃进、王子今等人对汉代文化区域进行了互有差异的划分。在此基础上，研究者探讨了不同区域的学术概况，如岭南、河西走廊、河洛、楚地、吴越等。不可否认，有些研究成果属于概观式的，有些则比较深入，如刘太祥对汉代河南文化格局的分析和胡宝国对颍川、汝南文化的研究，都为我们具体了解汉代区域学术提供了基础。二是评价了不同区域的学术地位。王子今指出区域文化研究存在的一个偏向是没有避免片面地非客观地夸大本地区文化的历史作用。从上述研究成果来看，研究者基本能够客观地评价区域学术地位，如吴从祥对吴越文化发展程度的认识、杨更兴对西汉巴蜀经学地位的界定和杨立新对荆湘人文地位的判断。这些评价在当今地域文化研究中夸大本地区文化作用的背景下，更显得可贵。三是认识到区域之间学术发展的不平衡。与经济发展存在不平衡一样，汉代各区域在学术上的发展也不同步，有些区域保持先秦时期发展的态势，继续发展，属于学术发达区域或学术中心，如卢云分别概括了西汉和东汉的发达区域；有些区域在先秦时期处于学术边缘，汉代则发展显著；有些区域在西汉时期发展较慢，东汉时则加速发展，如巴蜀，这些情况表明汉代区域之间学术发展的不平衡。在总结区域学术状况的基础上，

---

① 张巍：《西汉地方〈易〉学中心考》，《五邑大学学报》（社会科学版）2007年第2期。

有研究者也关注到区域内部学术发展的不平衡，如黎小龙以人才分布为切入点，对西南地区南、北两部的比较，再如滕雪慧对吴越人才空间分布不平衡的分析。

另外，目前的汉代区域学术研究也存在一些有待于加强的地方。第一，区域研究存在不平衡现象，有些区域受到研究者的重视，有较多的成果问世，如齐鲁、河洛、关中、荆州等；有些区域则受到的关注不够，如岭南、河西、燕赵等。出现这种局面的原因，可能是这些区域在汉代有较少的学术人物，也可能是研究者对文献的爬梳还不全面。第二，学术中心的总结尚显笼统，研究者一般认识到汉初存在四五个地方学术中心，但西汉后期和东汉的学术中心何在以及学术中心的地位变动如何，研究者鲜有论述。汉代跨越公元前后各200多年，学术中心不是固定不变的，仅仅说西汉时在齐鲁或者关中，东汉时在河洛，这样的论断忽视了不同阶段学术中心的变动，过于宏观，无法从细节上观察各区域的学术演变情况。第三，影响区域学术发展的因素分析得不够。学术区域的发展演变受到许多因素的影响，朝廷政策、交通状况、人为因素等都会或多或少地影响一个区域学术地位的变迁，目前的研究成果多侧重学术现象的描述，对学术现象背后的影响因素有待深入研究。

二 理论、对象与内容：本研究的思路

汉代学术研究经过顾颉刚、冯友兰、徐复观、侯外庐、任继愈、金春峰、熊铁基等学者的努力，主要思想家和著作的思想轮廓已从历史学角度得到展现，而从其他视角，运用跨学科理论关注的则较少。当前，学术界认识到需要重估汉代学术的历史地位，而在汉代传世文献已为学者熟知、新材料有待发现的情况下，采用新的研究视角，运用跨学科研究方法审视已有资料，不失为深化汉代学术研究和认识的一个趋势。

1. 理论观照

20世纪90年代初，历史地理学家谭其骧积极推动人文地理研究，指出："一个地区的人文地理现象的存在与否、复杂程度及发展变化的速度除了同样受到自然条件的制约以外，很大程度上取决于人类的活动和人类社会的发展变化。……我们可以研究春秋战国时期的学术思想的地理分布

和差异，可以研究唐代诗人、学者、艺术家的地理分布。"① 谭先生讲的历史时期"学术思想的地理分布和差异"，以及"诗人、学者、艺术家的地理分布"，从学科分类而言属于历史人文地理内容，而如何研究这些问题，不妨借助文化地理学的理论框架。

文化地理学是人文地理学的分支学科之一，主要研究文化现象在地理空间中的形成、分布、组合、演变及其与环境的关系②。自20世纪20年代诞生之后至70年代，文化地理学以文化区为核心概念，逐渐形成五大研究主题，即文化生态学、文化源地、文化扩散、文化区和文化景观。20世纪80年代以来，国际地理学界又出现了新文化地理学，其关注主体间性的意义系统，赋予区域以意义，并以在此基础上形成的"地方"为核心概念，但尚未呈现完整的研究框架③。

文化地理学虽然诞生于西方，在中国作为独立的学科是半个世纪之后的事，但中国对文化地理学的学习绝不是简单地照搬和模仿，而是在研究过程中根据国情，提出适合中国历史文化的理论和方法，丰富了文化地理学的中国研究框架。张伟然提出可以将"文化水平"和"文化面貌"作为中国历史文化地理研究的两个核心问题，前者可以设定指标体系进行量化分析，如文化人物、文化成果、文化设施等等；后者则主要讨论其区域分异，诸如方言、宗教、风俗之类④，充实了文化地理学框架。

---

① 谭其骧：《积极开展历史人文地理研究》，《复旦学报》（社会科学版）1991年第1期。
② 吴楠、张君荣：《文化地理学：研究区域发展的魅力》，《中国社会科学报》2016年1月6日第1版。卢云也指出：文化地理学是关于人类文化空间组合与地域分异规律的科学，是人文地理学的一个重要分支。其研究对象相当丰富，主要包括文化景观的形态描述与成因分析、文化源地与文化传播、文化与生态环境的关系、文化区域的划置、结构与变迁等（参见卢云《汉晋文化地理》，第2—3页）。
③ 按：笔者对文化地理学的关注，主要在阅读和思考学者论著基础上确立本研究的框架。诸多论著给予笔者极大的启发如蓝勇：《对中国历史文化地理研究的思考》，《学术研究》2002年第1期；张伟然：《中国历史文化地理研究的核心问题》，《江汉论坛》2005年第1期；周尚意：《文化地理学研究方法及学科影响》，《中国科学院院刊》2011年第4期；钱俊希、朱竑：《新文化地理学的理论统一性与话题多样性》，《地理研究》2015年第3期；唐晓峰：《文化地理学释义：大学讲课录》，学苑出版社2012年版。
④ 张伟然：《中国历史文化地理研究的核心问题》，《江汉论坛》2005年第1期。

2. 研究对象

"学术"是现当代研究者经常使用的一个词汇，在汉代虽然已经出现"学术"，但其含义不同于今天。《史记·老子韩非列传》：申不害"学术以干韩昭侯"①。《后汉书·张霸传》："桓帝即位，（裴）优遂行雾作贼，事觉被考，引（张）楷言从学术。"② 两段引文中"学术"的意思显然是学习某种"术"，"学术"不是专有名词。但这并意味着汉代没有学术，只不过它们的划分更加具体。汉初的《淮南子·要略》在叙及先秦学术时，分别论述儒者之学、墨家之学、管子之学、刑名之学、商鞅之学和纵横之学；司马谈的《论六家要旨》把先秦各思想流派归纳为六家，"夫阴阳、儒、墨、名、法、道德，此务为治者也，直所从言之异路，有省不省耳"③；西汉后期的刘向及其子刘歆在整理官府藏书时对图书进行分类，把分类编目命名为《七略》。班固的《汉书·艺文志》即以《七略》为基础而著，把图书分为六艺、诸子、诗赋、兵书、数术和方技六类。其中，诸子有十家，除去《论六家要旨》所列出的六家，另外加上纵横家、杂家、农家和小说家四家。

这六类不仅反映了汉代人的知识分类，而且涵盖汉代学术的范围：前三类侧重人文，属于"学"；后三类偏重技术，属于"术"。对此，李零有过精彩的论述，"刘向、刘歆和班固，他们是把古书分为六类，前三类是属于'学'，后三类是属于'术'。汉以来的知识结构，大家看重的是'学'，即六艺、诸子、诗赋（略相当于后来的经、史、子、集），而不是'术'，即兵书、数术、方技"④。当然，属于"术"的一些内容，在今天看来近乎"荒诞"，在当时社会中却有专人研习，而且受到很大的重视，"从现在的考古发现看，后三类在古代很流行，对了解古代的知识背景很重要"⑤。因此不能用今天的科学观念去衡量、取舍古代的学术内容。本研究从这个认识出发，认为《汉书·艺文志》所列学问类别都属于汉代学术。

---

① 《史记》卷六三《老子韩非列传》，第2146页。
② 《后汉书》卷三六《张楷传》，第1243页。
③ 《史记》卷一三〇《太史公自序》，第3288—3289页。
④ 李零：《简帛古书与学术源流》，生活·读书·新知三联书店2004年版，第422页。
⑤ 李零：《简帛古书与学术源流》，第208页。

从文化地理学视角考察学术,亦即学术地理①,主要研究"学术"这一文化现象的空间分布、区域差异及其与自然环境的关系,具体而言包括学术区域的划分、区域学术水平与面貌,学术的空间传播、学术演进的地理环境因素以及学术景观——学术活动的场域,如太学、州县学和各类私学等,因此属于历史文化地理组成部分,"文化不仅具有地域性,同时还具有显著的历史承袭性,各类文化现象的地理特征,无不具有一个历史的形成过程。探究历史时期文化的空间组合与地域分异,阐述当代文化景观与文化区域的历史成因,这就是历史文化地理"②。

3. 主要内容

参照文化地理学研究框架,汉代学术地理研究内容可以相应地分为学术生态学、学术源地、学术扩散、学术区、学术景观以及学术水平和学术面貌。但仔细思考可以发现,文化源地主要探讨文化最初产生之地,而汉代学术主要传承自先秦,已不是探讨其发源地的时段,而历经2000多年风雨侵蚀,汉代聚落、建筑、服饰等物质文化景观已难觅其踪,思想意识、生活方式、风俗习惯、宗教信仰等非物质文化景观也是专题史研究对象,这就需要对文化地理学主题进行取舍。

基于这些考虑,结合汉代出土文献与传世文献等资料情况,本研究主要探讨以下方面。

第一,学术区域的划分,对应文化地理学框架中的文化区。从文化地理学视角考察汉代学术,首先要尝试划分学术区域,这是研究的前提和基

---

① 关于学术地理的内涵、研究对象和研究内容等,可参见夏增民《历史学术地理刍议——以20世纪80年代以来的历史学术地理研究为例》,《华中科技大学学报》(社会科学版)2006年第6期。据笔者目力所及,严耕望的《战国学术地理与人才分布》揭橥"学术地理"一词,考察诸子和学派的地域分布,并涉及不同地域学术特色,可视为学术地理的事实研究;夏增民的《历史学术地理刍议——以20世纪80年代以来的历史学术地理研究为例》从理论上对"学术地理"要素做出说明,可视为学术地理的理论研究;曾磊的《汉代两都交通沿线区域学术地理研究》和李智君的《边塞环境与河陇汉代学术地理格局》分别探讨汉代两都交通沿线和河陇的学术地理,可视为学术地理的个案研究(分别参见严耕望《严耕望史学论文选集》,中华书局2006年版,第27—59页;夏增民《历史学术地理刍议——以20世纪80年代以来的历史学术地理研究为例》,《华中科技大学学报》(社会科学版)2006年第6期;曾磊《汉代两都交通沿线区域学术地理研究》,硕士学位论文,北京师范大学,2007年;李智君《边塞环境与河陇汉代学术地理格局》,载王日根、张侃、王蕾主编《厦大史学》第3辑,厦门大学出版社2010年版,第137—151页)。

② 卢云:《汉晋文化地理》,第3页。

础。为此需要综合战国学术区域的划分状况、汉代人的区域感知和自然地理等因素依据划分区域。

第二，区域学术发展水平，对应文化地理学框架中的文化水平。从历史上看，学术区域间因历史传统、地理环境等因素存在差异，学术载体空间分布的不均衡是常见现象，反映出区域间学术发展水平的差异。那些学术载体数量占优势的区域形成学术发达区或学术中心。

第三，区域学术面貌，对应文化地理学框架中的文化面貌。任何学术都是在一定地域内完成的，不可避免地带有地域特色。自战国起，学术流派分布即呈现地域化特征，随着秦汉统一国家的建立，区域学术特征呈现继承与交融态势，学术的区域特色会逐渐消弭，但不同时期经常有区域性学术派别在传承。

第四，学术的空间传播，对应文化地理学框架中的文化扩散。区域学术一经形成与发展，除在本区域继续发展外，也会扩散到其他区域。从传播途径上看，主要有三种情况：教育传播、移民传播和著作传播。

第五，学术发展的地理环境因素，对应文化地理学框架中的文化生态学。学术发展有其自身的脉络，也会受其地理环境因素影响。地理环境包括自然环境、社会环境和人文环境，自然环境如地形、区位、气候等，社会环境如政治、经济和人口等，人文环境如历史传统、文化氛围等，均在学术区域演进中扮演着重要角色。

此外，为了划分学术区域，必须重视汉代人的区域感知，而判断区域学术水平的一个外显指标是学术载体的数量，因此，本研究又增加了两部分内容：一是多视角下的区域划分。为避免以今人区域观念代替汉代人的，本研究对汉代的区域观念，如行政区划、州制和刺史部，以及《史记》《汉书》中的区域划分进行梳理和比较，以求同析异，最大程度地利用汉人区域划分方法。二是学术载体的区域分布。划分学术区域后，可将学术人物和学术著作等学术载体归入相应区域，以了解区域学术发展水平。而在这个过程中，必须警惕以学术人物籍贯作为划分依据的不足，如同曾磊所言：单纯凭借知识人籍贯进行统计，并进而分析特定历史时期的文化发达区，虽然在总体的文化发达区的把握上具有相当的准确性，但在具体分析某一地区的文化面貌时难免失之偏颇。因此，在进行区域学术文化的研究时,除了对知识人籍贯统计之外,还应分析知识人的文化活动,考察他们的活动地域①。

如上所述,从文化地理学视角考察汉代学术,并不意味着完全套用文化地理学框架,以之作为"取舍"汉代学术内容的标准,在具体研究过程中,笔者一方面借鉴国内历史文化地理学者依据中国实际对文化地理学框架做出的补充和修订;另一方面依据汉代学术状况设计内容,希望对汉代学术史研究有所裨益,正如薛小林所言,"历史学研究的对象是过去的'人及人类社会',一切当代的事情都会成为未来历史学家研究的'历史'。所以,但凡一切研究当代人及人类社会的理论和方法,在某种程度上都可以为历史学者用以研究过去。历史学者吸收借鉴其他人文社会科学成熟的理论和方法来分析历史问题,毫无疑问可以丰富看待问题的维度,并使研究得以深入"②。

---

① 曾磊:《汉代两都交通沿线区域学术地理研究》,硕士学位论文,北京师范大学,2007年,第17页。也可参见曾磊《门阙、轴线与道路:秦汉政治理想的空间表达》,第164、166页。
② 薛小林:《争霸西州:匈奴、西羌与两汉的兴衰》,第18页。

研究编

第一章

多视角下的汉代区域划分

从文化地理学视角考察汉代学术，首先考虑的一个问题是学术区域的划分。区域划分的标准有很多，如李孝聪所言："区域本身意味着综合性与可比性。区域本来应当是自然形成的，不是人为地事先划定的。可是，在人文地理研究中，'区域'往往是由研究者来划定。其界线的划分，既有按综合自然作出的区划，也有按现代行政作出的区划，或者按现代经济作出的区划。"[1] 标准不同，划分的范围也不尽相同。然而无论哪种划分，如果面对的地域相同，其间必然存内在联系。因此，在对汉代学术区域做出划分之前，简要回顾一下汉代历史上存在的区划可为学术区域的划分提供参考。

第一节 汉代的行政区划

汉朝在承袭秦朝郡县制行政区划制度的同时，又推行封国制，这两种并行体制称郡国制。两汉时期虽郡国并存，但除了汉初的几十年时间之外，主要以郡县制为主，这也成为此后中国行政区划的基础。

一 汉代的行政区划

西汉 200 多年间，行政区划及其变动很大。初期版图小于秦朝：北方

---

[1] 李孝聪：《中国区域历史地理》，北京大学出版社 2004 年版，第 2 页。

河套地区为匈奴占有，南方五岭以南为赵佗割据，东南和西南地区也脱离了中央政权的管辖。汉初全境40余郡中，大部分属诸侯王国所有，朝廷直接管辖的不过15郡。景帝前元三年（前154年）平定吴楚"七国之乱"以后，王国地位降格，辖郡逐渐被削减，诸侯王特权被剥夺，王国与郡同为一级行政区划。同时，文、景二帝相继执行以亲制疏和众建诸侯的策略，使王国数目越来越多，辖地却越来越小。西汉中期，武帝大力开拓三边，不但恢复秦朝时的版图，而且扩展不少，在河套地区、河西走廊、五岭以南、西南夷地区、鸭绿江流域及朝鲜半岛北部，共设置20多个新郡，此外还将东南沿海的闽越和东瓯并入会稽郡。至元封三年（前108年），西汉版图达到极盛。武帝又继承文、景二帝削弱诸侯王国的做法，施行"推恩令"，进一步蚕食王国封域[①]。至太初元年（前104年），汉朝共有109个郡国，其中郡91个，王国18个。天汉（前100年—前97年）以后，经过昭帝、宣帝和元帝初元三年（前46年），陆续裁撤7个边郡，废除1个王国，新设置2个郡，使得郡国总数减少至103个，但版图变化不大。元、成、哀、平四帝时，诸侯王国不时地有所设置和废除，郡国的名称亦时有更改，但长期稳定在103个之数。《汉书·地理志》所载郡国名目即为平帝元始二年（2年）时的行政区划[②]。

王莽秉政时期，取消刘氏诸侯王国，将许多郡予以析分，使得郡的数目增加不少。到天凤[③]元年（14年），总共有125个郡。其后，郡名、郡境经常变更，一郡至五易名而还复其故，十分混乱。

东汉初年沿用西汉元始间郡国之名，至建武十三年（37年）方有所并省。《续汉书·郡国志五》载：

[①] 马孟龙剖析了"推恩令"是如何达到蚕食诸侯王国辖地的目的，指出：景帝中六年以后，诸侯王国不辖侯国成为定制。汉武帝借"推恩"的名义，令诸侯王把王国土地分封给子弟，析置王子侯国。因为诸侯王国不能辖有侯国，王子侯国必须转属周围的汉郡管辖，王国疆域因此受到蚕食（参见马孟龙《西汉郡国更置与侯国迁徙——兼论西汉千乘郡的始置年代》，《中国史研究》2012年第4期）。

[②] 关于西汉政区的沿革，可参见（宋）徐天麟《西汉会要》，上海人民出版社1977年版，第731—744页；也可参见周振鹤《西汉政区地理》，人民出版社1987年版，第7—19页。

[③] 根据辛德勇的研究，王莽新朝使用年号在史籍中多为始建国、天凤和地皇，而事实上，这些年号的标准称呼应该始建国、始建国天凤和始建国地皇。之所以使用前三者，完全是简略写法（参见辛德勇《建元与改元：西汉新莽年号研究》，中华书局2013年版，第314—315页）。

世祖中兴，惟官多役烦，乃命并合，省郡、国十，县、邑、道、侯国四百余所。至明帝置郡一，章帝置郡、国二，和帝置三，安帝又命属国别领比郡者六，又所省县渐复分置，至于孝顺，凡郡、国百五、县、邑、道、侯国千一百八十①。

具体而言，光武帝建武十三年（37年）省并10个西汉王国：以广平属钜鹿，真定属常山，河间属信都，城阳属琅邪，泗水属广陵，菑川②、高密、胶东属北海，六安属庐江，广阳属上谷。明帝永平十二年（69年），哀牢王内属，以其地置哀牢、博南二县，并割益州西部都尉所领六县合为永昌郡③。章帝元和元年（84年），分东平国三县（任城、亢父、樊）置任城国④。和帝永元二年（90年），分泰山郡置济北国，分乐成（本西汉之信都）、涿郡、勃海复置河间国，永元八年复置广阳郡⑤。安帝为了加强对边疆内附少数部族的管理，将广汉属国、蜀郡属国、犍为属国、张掖属国、张掖居延属国、辽东属国从原郡中划出来，治民比郡。顺帝时期，郡国建制变动不大，惟永建四年（129年），分会稽置吴郡⑥。桓、灵二帝后，郡国又稍有增置，名称亦有更改，共增置3个郡国：桓帝建和元年（147年）复置阜陵国，延熹元年（158年）分中山置博陵郡，灵帝时复分蜀郡北部设置汶山郡；中平五年（188年）置南安郡⑦。

从行政区域的角度看，《汉书·地理志》载西汉平帝时期的郡国有103个，县邑有1314个。《续汉书·郡国志》载顺帝时期的郡国有105个，县

---

① 《后汉书》，第3533页。
② 按：甾、菑和淄同见于汉代传世文献，"菑"是汉代官印的正式用法（参见辛德勇《秦汉政区与边界地理研究》，中华书局2009年版，第65页；另可参见李解民《尹湾简牍〈东海郡下辖长吏名籍〉所载地名考异》，载《中国典籍与文化》编辑部编《中国典籍与文化论丛》第6辑，中华书局2000年版，第362—380页）。但在《汉书·地理志》正文中，"甾川"是诸侯国名称（参见《汉书》卷二八下《地理志下》，第1634页），本研究从之，除引文外，统一作"甾川"。
③ 《后汉书》卷八六《西南夷传》，第2849页。
④ 《续汉书·郡国志三》，《后汉书》，第3452页。
⑤ 《后汉书》卷四《和帝纪》，第170、182页。
⑥ 《后汉书》卷六《顺帝纪》，第257页。
⑦ 关于东汉行政区划的变更，可参见（宋）徐天麟《东汉会要》，上海古籍出版社2006年版，第536—537页；也可参见李晓杰《东汉政区地理》，山东教育出版社1999年版，第3—14页。

邑有 1180 个。两汉时郡国属县虽有分合变化，但其变迁大致有迹可循，可以为研究学术区域提供基础。

二　行政区划的意义

了解和认识汉代的行政区划及其变动，对于划分学术区域以及确定学术人物的区域归属具有很大的意义。

首先，行政区划是划分学术人物区域归属的前提。区域都是由数量不等的郡国构成的，史籍在记载学术人物时一般都注明其籍贯。根据这一点，我们才能把不同籍贯的学术人物划入相应的区域中。因此明确学术人物所属的行政区划是确定其归属区域的前提。

其次，从西汉到东汉行政区划的名称多有变动，如东汉时的乐安国乃西汉时千乘郡于永平七年（64年）改名，陈国乃是西汉的淮阳国于章和二年（88年）改名。了解这些郡国名称上的改变，我们在确定学术人物的区域归属时才不至于茫然无措。

最后，从西汉到东汉，部分行政区划的范围有所变动，如琅邪，西汉为郡，辖县 51 个，人口 1079100；东汉为国，辖县 13 个，人口 570967，辖地和人口都减少了。再如会稽郡，西汉辖县 26 个，人口 1032604；东汉辖县 14 个，人口 481196，其中的原因是顺帝时分会稽郡置吴郡。这提醒我们在对比区域学术载体数量的增减时，必须考虑到行政区划范围的变动。

第二节　汉代的刺史部与州制

在汉代人使用的区域名称中，刺史部与州也是经常出现的概念，如绪论中所述，许多研究者在探讨两汉不同类型人物的地域分布时，也多以刺史部或州作为单位。关于汉代刺史部与州的数量、中州问题、刺史部与司隶校尉的关系以及性质等，史籍的记载不仅粗略，且存在矛盾，顾颉刚、谭其骧、曹尔琴、周振鹤和辛德勇等前贤都进行卓有成效的研究，试图还原二者的面貌①。下文依据史籍和前贤研究，分别列出西汉与东汉刺史部与州的分察和所辖郡国。

一　刺史部及其分察郡国

武帝元封五年（前106年），在郡国之上始设刺史部，除近畿七郡外，把郡国分为十三部，每部设刺史，定为常制。《汉书·地理志》载："武帝攘却胡、越，开地斥境，南置交阯，北置朔方之州，兼徐、梁、幽、并夏、周之制，改雍曰凉，改梁曰益，凡十三〔部〕，置刺史。"② 征和四年（前89年），又设司隶校尉一职，掌察京师百官与近畿七郡。从西汉后期到东汉，刺史名称、权力、治所等有变动，如省朔方部入并州部、改交阯部为交州部等，但其监察范围大致稳定。表2列出了谭其骧主编《简明中国历史地图集》所载西汉与东汉十四部分察郡国情况。

表2　　　《简明中国历史地图集》载两汉刺史部分察郡国表

西汉十四部分察郡国		《续汉书·郡国志》十三部分察郡国	
部名	分察郡国	部名	分察郡国
并州刺史部	太原郡、上党郡、云中郡、定襄郡、雁门郡、代郡	并州刺史部	上党郡、太原郡、上郡、西河郡、五原郡、云中郡、定襄郡、雁门郡、朔方郡
冀州刺史部	魏郡、清河郡、钜鹿郡、广平郡、信都郡、常山郡、赵国、真定国、中山国、河间国	冀州刺史部	魏郡、钜鹿郡、常山国、中山国、安平国、河间国、清河国、勃海郡
交阯刺史部	南海郡、苍梧郡、郁林郡、合浦郡、交阯郡、九真郡、日南郡	交州刺史部	南海郡、苍梧郡、郁林郡、合浦郡、交阯郡、九真郡、日南郡

---

① 顾颉刚：《两汉州制考》，《"中研究"历史语言研究所集刊外编·蔡元培先生六十五岁庆祝论文集》，北平，1933年，第855—902页；谭其骧：《〈两汉州制考〉跋》《讨论两汉州制致顾颉刚先生书》，收入其所著《长水集》（上册），人民出版社1987年版，第44—48、22—43页；曹尔琴：《汉代州郡的设置及其分布》，《中国历史地理论丛》1991年第4期；周振鹤：《汉武帝十三刺史部所属郡国考》，《复旦学报》（社会科学版）1993年第3期；辛德勇：《两汉州制新考》，收入其所著《秦汉政区与边界地理研究》，第93—178页。

② 《汉书》卷二八上《地理志上》，第1543页。按：引文中的"交阯"即"交趾"，两者并见于汉代传世文献，"交阯"是《汉书·地理志》正文中的郡名（参见《汉书》卷二八上《地理志上》，第1629页），本研究从之，除引文外，统一作"交阯"。

续表

西汉十四部分察郡国		《续汉书·郡国志》十三部分察郡国	
部名	分察郡国	部名	分察郡国
荆州刺史部	南郡、南阳郡、江夏郡、武陵郡、桂阳郡、零陵郡、长沙国	荆州刺史部	南郡、南阳郡、江夏郡、武陵郡、桂阳郡、零陵郡、长沙国
凉州刺史部	安定郡、天水郡、陇西郡、金城郡、武威郡、张掖郡、酒泉郡、敦煌郡	凉州刺史部	陇西郡、汉阳郡、武都郡、金城郡、安定郡、北地郡、武威郡、张掖郡、酒泉郡、敦煌郡、张掖属国、张掖居延属国
青州刺史部	齐郡、济南郡、千乘郡、平原郡、北海郡、东莱郡、菑川国、胶东国、高密国	青州刺史部	平原郡、东莱郡、济南国、乐安国、北海国、齐国
朔方刺史部	北地郡、上郡、西河郡、朔方郡、五原郡	/	/
徐州刺史部	东海郡、琅邪郡、临淮郡、楚国、泗水国、广陵国	徐州刺史部	东海郡、广陵郡、琅邪国、彭城国、下邳国
兖州刺史部	东郡、陈留郡、山阳郡、泰山郡、东平国、定陶国、城阳国、淮阳国	兖州刺史部	东郡、陈留郡、山阳郡、泰山郡、东平国、任城国、济北国、济阴郡
扬州刺史部	九江郡、庐江郡、豫章郡、丹阳郡、会稽郡、六安国	扬州刺史部	九江郡、丹阳郡、庐江郡、会稽郡、吴郡、豫章郡
益州刺史部	蜀郡、广汉郡、汉中郡、武都郡、巴郡、犍为郡、越嶲郡、牂柯郡、益州郡	益州刺史部	蜀郡、广汉郡、汉中郡、巴郡、犍为郡、越嶲郡、牂柯郡、益州郡、永昌郡、广汉属国、蜀郡属国、犍为属国
幽州刺史部	涿郡、勃海郡、上谷郡、渔阳郡、右北平郡、辽西郡、辽郡东、玄菟郡、乐浪郡、广阳国	幽州刺史部	涿郡、上谷郡、渔阳郡、右北平郡、辽西郡、辽东郡、玄菟郡、乐浪郡、广阳郡、代郡、辽东属国
豫州刺史部	颍川郡、汝南郡、沛郡、梁国、鲁国	豫州刺史部	颍川郡、汝南郡、沛国、梁国、陈国、鲁国
司隶部	京兆、左冯翊、右扶风、河东郡、河内郡、河南郡、弘农郡	司隶校尉部	河南、河内郡、河东郡、弘农郡、京兆、左冯翊、右扶风

资料来源：谭其骧主编：《简明中国历史地图集》，中国地图出版社1991年版，"西汉十四部分察郡国表""《续汉书·郡国志》十三部百五郡国表"。

《中国行政区划通史·秦汉卷》同样列举西汉与东汉十三部刺史和司

隶校尉所属郡国情况（表3）。

表3　　　　《中国行政区划通史·秦汉卷》载两汉十三部
刺史与司隶所属郡国

部名	西汉分察郡国	东汉分察郡国
并州刺史部	上党郡、云中郡、定襄郡、雁门郡、代郡、太原郡	上党郡、太原郡、雁门郡、代郡、云中郡、五原郡、朔方郡、上郡、西河郡、北地郡
冀州刺史部	常山郡、真定国、中山国、赵国、魏郡、钜鹿郡、广平郡、清河国、河间国、广川国	魏郡、钜鹿郡、常山郡、中山郡、信都郡、清河郡、赵公国
交趾刺史部	南海郡、苍梧郡、合浦郡、郁林郡、交趾郡、九真郡、日南郡、儋耳郡、珠崖郡	南海郡、苍梧郡、郁林郡、合浦郡、交趾郡、九真郡、日南郡
荆州刺史部	南阳郡、南郡、江夏郡、长沙国、桂阳郡、零陵郡、武陵郡	南阳郡、南郡、江夏郡、零陵郡、桂阳郡、武陵郡、长沙郡
凉州刺史部	安定郡、陇西郡、天水郡、酒泉郡、张掖郡、敦煌郡	陇西郡、天水郡、金城郡、安定郡、武威郡、张掖郡、酒泉郡、敦煌郡
青州刺史部	平原郡、齐郡、济南郡、千乘郡、甾川国、北海郡、胶东国、胶西国、东莱郡	济南郡、平原郡、千乘郡、北海郡、东莱郡、齐公国
朔方刺史部	朔方郡、五原郡、上郡、西河郡、北地郡	（并入并州）
徐州刺史部	鲁国、楚国、东海郡、泗水国、广陵国、临淮郡、琅邪郡	琅邪郡、东海郡、楚郡、临淮郡、广陵国、鲁公国
兖州刺史部	陈留郡、大河郡、山阳郡、济阴郡、东郡、泰山郡、城阳国、淮阳国、济北国	陈留郡、东郡、济阴郡、东平郡、泰山郡、山阳郡
扬州刺史部	会稽郡、丹阳郡、九江郡、六安国、庐江郡、豫章郡	九江郡、丹阳郡、庐江郡、会稽郡、豫章郡
益州刺史部	巴郡、蜀郡、汉中郡、广汉郡、犍为郡、武都郡、汶山郡、沈黎郡、越嶲郡、牂柯郡、象郡、益州郡	汉中郡、巴郡、广汉郡、蜀郡、犍为郡、越嶲郡、牂柯郡、益州郡、武都郡
幽州刺史部	勃海郡、燕国、涿郡、山谷郡、渔阳郡、右北平、辽西郡、辽东郡、乐浪郡、真番郡、玄菟郡、临屯郡	勃海郡、涿郡、上谷郡、渔阳郡、右北平、辽西郡、辽东郡、玄菟郡、乐浪郡

续表

部名	西汉分察郡国	东汉分察郡国
豫州刺史部	颍川郡、汝南郡、沛郡、梁国	颍川郡、汝南郡、淮阳郡、梁郡、沛郡
司隶校尉	京兆、左冯翊、右扶风、河东郡、河内郡、河南郡、弘农郡	河南郡、河内郡、河东郡、弘农郡、京兆、左冯翊、右扶风

资料来源：周振鹤、李晓杰、张莉：《中国行政区划通史·秦汉卷》（第二版），复旦大学出版社2017年版，第113—114、602—603页。

说明：

1. 西汉所属郡国系元封五年（前106年）情况，东汉系建武十三年（37年）情况，其时合计司隶校尉共十三刺史部。

2. 司隶校尉的性质与十三刺史部存在差别，这点已为诸多研究者共识。如辛德勇指出："司隶校尉并不是与部刺史相当的监察官，故司隶校尉辖区也不可能是监察区，总体上仍然应当属于一个专门维护京畿地区社会秩序的特别治安区。"（参见辛德勇《秦汉政区与边界地理研究》，中华书局2009年版，第130页）本研究为叙述方便，把它与十三刺史部并列。

表3中的数据因选择时间点不同于表2，刺史部的数量与分察郡国略有差异。前者如建武十一年（35年）省朔方刺史部入并州，所以在表3中东汉时期无朔方刺史部；后者如昭帝始元六年（前81年）设置金城郡，光武帝时省之而并入陇西郡，后又复之，所以在表2中西汉时期凉州刺史部有金城郡而在表3中西汉时期无。除此之外，两汉时期刺史部分察郡国基本一致，唯因数量多寡，范围有所增减。

另外，同一刺史部在不同时期所属郡国也会变化，如《中国行政区划通史·秦汉卷》所言："此处百二郡国的名目当大致不会有什么问题，然各刺史部所属郡国却不能保证必无参差。大约冀、幽、并、荆、扬、凉、益、交趾各郡可保其无误，兖、豫、青、徐四部所属或容个别调整（因该四部边界犬牙交错），然亦不会过于离谱。"[①]

二　州制与所属郡国

州制与刺史部既有联系又有区别。《汉书·武帝纪》载："初置刺史部

[①] 周振鹤、李晓杰、张莉：《中国行政区划通史·秦汉卷》（第二版），复旦大学出版社2017年版，第114页。

十三州"①。注引师古曰:"《汉〔旧〕仪》云初分十三州,假刺史印绶,有常治所。常以秋分行部,御史为驾四封乘传。到所部,郡国各遣一吏迎之界上,所察六条。"说明刺史部刚设置时的监察对象是以州为范围。以往学者在提及二者时,容易混为一谈,实际情况是从"汉代州制出现和发展的历程来看,州与刺史部的性质,最初显然并不相同。因而,论述西汉州制的创设和变迁,不能再像古往今来的学者那样将州与刺史部混为一事;同样,也不能简单将司隶校尉与刺史部或是州混同为一事"②,因此西汉州分辖数量不等的郡国(表4)。

表4　　　　元封五年(前106年)十二州所辖郡国表

州名	所辖郡国
中州③	右内史、左内史、弘农郡、河内郡、河南郡、河东郡
冀州	常山郡、赵国、魏郡、中山国、真定国、钜鹿郡、广平郡、清河国、河间国、广川国
幽州	上谷郡、渔阳郡、右北平郡、辽西郡、玄菟郡、乐浪郡、真番郡、临屯郡、涿郡、燕国、勃海郡
并州	太原郡、上党郡、雁门郡、代郡、定襄郡、云中郡、西河郡、朔方郡、五原郡、北地郡、上郡

---

① 《汉书》卷六《武帝纪》,第197页。辛德勇认为"州"系衍字,当时只是设立十三刺史部,没有什么十三州(参见辛德勇《秦汉政区与边界地理研究》,第131页)。

② 辛德勇:《秦汉政区与边界地理研究》,第129页。又,韩茂莉也持类似观点,认为"就空间与政治而论,十二州与十三刺史部是既有区别又相互重叠的两套区划",进而梳理了两汉州数的演变:西汉之州始于文帝前元十二年(前168年)根据《禹贡》九州(冀、兖、青、徐、扬、荆、豫、梁、雍)而设置的视察区,但一年之后将其用作监察区,使视察区与监察区合二为一。汉武帝元封三年(前108年)改为十二州(冀、兖、青、徐、扬、荆、豫、益、凉、幽、并、中),其中,益州为梁州所改,凉州为雍州所改,幽、并、中三州为新增;两年之后,武帝在十二州的基础上设置十三刺史部(冀、兖、青、徐、扬、荆、豫、益、凉、幽、并、朔方、交趾)作为监察区,其中,朔方与交趾刺史部系由并州和扬州界内分置,其余刺史部与州重叠;征和四年(前89年)又设置司隶校尉,使西汉的监察区增至四十个。平帝时,交趾刺史部演变为独立的一州,与原有的十二州合计十三州。新朝时期,州名和州数多有变化。建武十八(42年)年,全国共有十一州(冀、兖、青、徐、扬、荆、豫、益、凉、幽、并),司隶校尉(领辖中州)和交趾刺史部,总计十三个政治区。兴平元年(194年),献帝分凉州的河西四郡置雍州,又于建安八年(203年)改交趾刺史部为交州,由此,东汉州数增至十四个(参见韩茂莉《中国历史地理十五讲》,北京大学出版社2015年版,第185—188页)。

③ 作为与冀州、兖州等州并列的"中州"在汉代史籍中没有明确记载,辛德勇根据司隶校尉的监察之地,推测应该存在中州(参见辛德勇《秦汉政区与边界地理研究》,第107页)。

续表

州名	所辖郡国
兖州	东郡、陈留郡、大河郡、淮阳国、济阴郡、山阳郡、泰山郡、城阳国、济北国
豫州	颍川郡、汝南郡、沛郡、梁国
青州	平原郡、济南郡、千乘郡、齐郡、甾川国、北海郡、胶东国、胶西国、东莱郡
徐州	琅邪郡、东海郡、楚国、临淮郡、泗水国、广陵国、鲁国
荆州	南阳郡、南郡、江夏郡、武陵郡、长沙国、零陵郡、桂阳郡
扬州	六安国、九江郡、庐江郡、丹阳郡、会稽郡、豫章郡、郁林郡、苍梧郡、南海郡、交趾郡、合浦郡、象郡、九真郡、日南郡、儋耳郡、珠崖郡
凉州	陇西郡、天水郡、安定郡、张掖郡、酒泉郡、敦煌郡
益州	武都郡、汉中郡、广汉郡、巴郡、蜀郡、越嶲郡、犍为郡、汶山郡、沈黎郡、牂柯郡、益州郡

资料来源：辛德勇：《秦汉政区与边界地理研究》，中华书局2009年版，第142—143页。

从西汉到东汉，州名有所变动，州与刺史部联系更紧密。《续汉书·百官志》："外十二州，每州刺史一人，六百石。……建武十八年（43年），复为刺史，十二人各主一州，其一州属司隶校尉。"[①] 根据《续汉书·郡国志》的记载，十二州所辖郡国如表5所示。

表5　　　　《续汉书·郡国志》载十二州所辖郡国表

州名	所辖郡国
冀州	魏郡、钜鹿、常山、中山、安平、河闲、清河、赵国、勃海
幽州	涿郡、广阳、代郡、上谷、渔阳、右北平、辽西、辽东、玄菟、乐浪、辽东属国
并州	上党、太原、上郡、西河、五原、云中、定襄、雁门、朔方
兖州	陈留、东郡、东平、任城、泰山、济北、山阳、济阴
豫州	颍川、汝南、梁国、沛国、陈国、鲁国
青州	济南、平原、乐安、北海、东莱、齐国

---

① 《后汉书》，第3617页。

续表

州名	所辖郡国
徐州	东海、琅邪、彭城、广陵、下邳
荆州	南阳、南郡、江夏、零陵、桂阳、武陵、长沙
扬州	九江、丹阳、庐江、会稽、吴郡、豫章
凉州	陇西、汉阳、武都、金城、安定、北地、武威、张掖、酒泉、敦煌、张掖属国、张掖居延属国
益州	汉中、巴郡、广汉、蜀郡、犍为、牂柯、越嶲①、益州、永昌、广汉属国、蜀郡属国、犍为属国
交州	南海、苍梧、郁林、合浦、交趾、九真、日南

资料来源：《续汉书·郡国志》，（南朝宋）范晔撰，（唐）李贤等注：《后汉书》，中华书局1965年版。

如辛德勇所指出的那样，《后汉书》关于东汉州制的记载时有冲突。既然说"十二人各主一州，其一州属司隶校尉"，那就意味着包括司隶校尉所领之州的总数是十二；然而在上表中没有体现司隶校尉所领之州（"中州"），而且交州成立于献帝建安八年（196年），晚于《续汉书·郡国志》所记顺帝永和五年（140年）前后的状况②。

三 刺史部与州制的比较

对比刺史部与州制可以发现，十三部刺史中有十一部采用《禹贡》《职方》里州的名称，据此可以称一部为一州，刺史部的监察范围往往以州为对象。成帝绥和元年（前8年），大司空何武等奏请改刺史为州牧，其中有言："今部刺史居牧伯之位，秉一州之统，选第大吏，所荐位高至九卿，所恶立退，任重职大。"哀帝建平二年（前5年），御史大夫朱博又奏请改州牧为刺史，提道："部刺史奉使典州，督察郡国吏民安宁。"③ 无论称部刺史"秉一州之统"还是"奉使典州"，都透露刺史部与州存在一

---

① "越嶲"，原作"越巂"，二者并见于汉代传世文献，"越嶲"是《汉书·地理志》正文中的郡名（参见《汉书》卷二八上《地理志上》，第1600页），本研究从之，除引文外，统一作"越嶲"。
② 辛德勇：《秦汉政区与边界地理研究》，第163—165页。
③ 《汉书》卷八三《朱博传》，第3406页。

定程度的对应关系。

另外，两者之间也有区别：第一，汉代州的数量，有九州、十二州等不同说法，加上隐形的"中州"，则又有十三州。不同时期州的数量和名称不尽相同，而这无法与十三刺史部完全对应。第二，刺史部分察与州所属郡国既有重叠又有差异，有的州与刺史部相差甚远，较明显的是岭南的南越故地在州制中属于扬州，在刺史部中属于交阯。辛德勇以为十三刺史部是在十二州制的基础上，从扬州中析置交阯刺史部，从并州中析置朔方刺史部①，可以解释这个差异。第三，州与刺史部的性质有所区别，刺史部是监察区，而州最初是作为视察区出现的，它们是两套区划，成立时间不同。《晋书·地理志》载："顺帝永和九年，交阯太守周敞求立为州，朝议不许，即拜敞为交阯刺史。桓帝分立高兴郡，灵帝改曰高凉。建安八年（203年），张津为刺史，士燮为交阯太守，共表立为州，乃拜津为交州牧。"② 说明交州的成立晚于交阯刺史部，二者的区别显而易见。

虽然说，东汉末年之前的司隶校尉和十三刺史部无法对地方直接行使管辖权力，因此不能视为行政体系中的一环，直到灵帝中平五年（188年），州由监察区成为郡以上的行政区③，但二者的存在毕竟反映了汉代人的区域观念，而且其中的划分暗含着文化因素的区别。平帝元始五年（5年），王莽在上奏中提道："圣王序天文，定地理，因山川民俗以制州界。汉家地广二帝三王，凡十〔二〕州，州名及界多不应经。《尧典》十有二州，后定为九州。汉家廓地辽远，州牧行部，远者三万余里，不可为九。谨以经义正十二州名分界，以应正始。"④ 其中的"因山川民俗以制州界"，即表明划分州的标准是自然地理和民俗，这也提示研究者在划分区域应该重视行政区，探讨行政区及其变动可以为划分学术区域提供参考⑤。更为

---

① 辛德勇：《秦汉政区与边界地理研究》，第144页。
② 《晋书》卷一五《地理志下》，第464—465页。按：校勘记引《斠斗注》云："永和终于六年，疑'九'为'六'之误。"
③ 周振鹤、李晓杰、张莉：《中国行政区划通史·秦汉卷》（第二版），第114、607页。
④ 《汉书》卷九九上《王莽传上》，第4077页。
⑤ 韩茂莉提道，历史时期划界的原则主要有二，即"随山川形便"和"犬牙交错"，前者依托自然障碍，后者则体现人为因素（参见韩茂莉《中国历史地理十五讲》，北京大学出版社2015年版，第215页）。第一个原则与王莽奏称的"因山川民俗以制州界"异名同实。

重要的是,"人们对于行政区的归属感与对文化的归属感是一致的,我们常常用政区的名字作为文化区的名字"①。

第三节 《史记·货殖列传》的区域划分

《货殖列传》是《史记》中较受关注的一卷,其内容除了概述各地的物产与商贾之外,还对汉朝的区域作了划分,这引起了后世研究者的争论:司马迁的划分标准到底是什么?在他的观念中,汉朝可以分为哪些区域?② 本节将在梳理《货殖列传》的基础上,总结和分析司马迁提道的区域(表6)。

表6   《史记·货殖列传》分区简表

区域	次级区域	范围
关中	关中	关中自汧、雍以东至河、华
	巴蜀	南御滇僰,僰僮。西近邛笮
	"河西"	天水、陇西、北地、上郡

---

① 唐晓峰:《文化地理学释义:大学讲课录》,学苑出版社2012年版,第57页。
② 雷虹霁提道:早有学者注意到《史记·货殖列传》中的分区情况,并尝试做了具体划分(参见冯志毅《司马迁的经济地理分区:〈史记·货殖列传〉读后》,《兰州学刊》1984年第2期;邓福秋:《西汉前期的商业经济区和全国性统一市场:读〈史记·货殖列传〉札记》,《中国史研究》1986年第4期;罗文:《从〈禹贡〉、〈货殖列传〉看古代经济区划研究》,《衡阳师专学报》1992年第5期;史念海:《中国历史地理学区域经济地理的创始》,《中国历史地理论丛》1996年第3期等)。以往的研究主要关注《货殖列传》的两个问题,第一是分区的性质,有经济地理区、商业经济区、经济区划、区域经济地理等等,对分区的具体认识也有很大不同,有的分为4大区11亚区,有的分为4个一级经济区和11个二级经济区,有的分为3大商业区等,但研究者所关注的从经济角度划分汉代区域的内涵则是基本一致的(参见雷虹霁《汉文化形成时期的多样性与区域性特点——以汉代历史文献为中心的考察》,《南都学坛》2009年第4期)。第二是分区的数量,张文华提道:"司马迁采用了两级区划方案,对全国经济地理进行了细致的分区研究。其一级区划是将全国分为山西、山东、江南和龙门碣石北四大经济区(侯甬坚称之为物产区),二级区划是将这四大经济区进一步细分为若干小区。但对于二级小区的数目及其归属等却有较大争议。目前对于二级经济区的数目至少有4种观点:韦苇的13说,葛剑雄的17说,侯甬坚的17说(与葛剑雄的17说略异),吴宏岐的18说。"(参见张文华《近十年来〈史记·货殖列传〉研究综述》,《淮阴师范学院学报》2005年第4期)

续表

区域	次级区域	范围
三河	三河	三河在天下之中，若鼎足
种、代	种、代	种、代，石北也
中山	赵、中山	（温、轵）西贾上党，北贾赵、中山
郑、卫	郑、卫	（北邻邯郸）近梁、鲁
燕	燕	南通齐、赵，东北边胡
齐	齐	（泰山）其阴则齐。……齐带山海，膏壤千里
邹、鲁	鲁	泰山之阳则鲁……邹、鲁滨洙、泗
梁、宋	梁、宋	自鸿沟以东，芒、砀以北，属巨野，此梁、宋也
越、楚	西楚	自淮北沛、陈、汝南、南郡，此西楚也
	东楚	彭城以东，东海、吴、广陵，此东楚也
	南楚	衡山、九江、江南、豫章、长沙，是南楚也
	岭南	九疑、苍梧以南至儋耳者，与江南大同俗，而杨越多焉
颍川、南阳	颍川、南阳	颍川、南阳，夏人之居也……南阳西通武关、郧关，东南受汉、江、淮

资料来源：（汉）司马迁：《史记》卷一二九《货殖列传》，中华书局1959年版。

说明：表中引号内的名称为笔者拟定，其他区域名称均本于《史记·货殖列传》。

一 《史记·货殖列传》的区域划分

1. 关中

司马迁说的关中包含三个次级区域：三辅、巴蜀，天水、陇西、北地，以及上郡四郡。三辅即狭义的"关中"，这一区域原先以农业生产为主，民风淳朴，承继着西周先王的遗风，"自虞夏之贡以为上田，而公刘适邠，大王、王季在岐，文王作丰，武王治镐，故其民犹有先王之遗风，好稼穑，殖五谷，地重，重为邪"。随着商业的发展以及西汉徙陵政策的推行，来自关东的大量人口迁入三辅，引起各种变化：民风由淳朴转向巧诈，经济生活方式由农业转向商业，"及秦文、〔德〕、缪居雍，隙陇蜀之货物而多贾。献公徙栎邑，栎邑北却戎翟，东通三晋，亦多大贾。〔孝〕①、昭治咸阳，因以汉都，长安诸陵，四方辐凑并至而会，地小人众，故其民

---

① "〔 〕"内的文字原分别为"孝""武"，校点者修改为"德""孝"。下同。

益玩巧而事末也。"巴蜀位于关中南面，"南御滇僰，僰僮。西近邛筰"，相对封闭，只是通过栈道联通外界，"四塞，栈道千里，无所不通"。但这里物产丰富，"地饶卮、姜、丹沙、石、铜、铁、竹、木之器"，称得上是"沃野"。天水、陇西、北地和上郡位于三辅北部和西北部，这里"与关中同俗"，而畜牧业发达，"西有羌中之利，北有戎翟之畜，畜牧为天下饶"。三辅、巴蜀和四郡构成广义上的"关中"，在自然环境方面，三辅和巴蜀宜农，四郡宜牧，资源比较丰富，条件较为优越；在政治方面，从西周的丰、镐到秦国的雍和栎邑，从秦朝的咸阳到西汉的长安，三辅作为行政中心所在地已有千余年时间，而这必然引起人口、资源等的聚集；在经济上，关中是汉朝的富裕之地，"关中之地，于天下三分之一，而人众不过什三；然量其富，什居其六"①。

2. 三河

河东、河内和河南三郡总称"三河"，相当于今山西南部和河南东北部。《史记·货殖列传》称"三河在天下之中，若鼎足，王者所更居也，建国各数百千岁，土地小狭，民人众，都国诸侯所聚会，故其俗纤俭习事"②，透露出三河的几个地理特征：一是历史悠久，从尧到殷商再到东周，三河是"王者所更居"之地；二是交通便利，三河处"天下之中"，具有连接四方的天然条件；三是风俗俭省，三河土地狭小，人口众多，因此风俗节俭，精于世故。

3. 种、代

司马迁在谈到杨、平阳陈③两地的贸易时提道：二地"西贾秦、翟，北贾种、代"。种、代相当于今山西北部、内蒙古与山西交界处。这里"地边胡，数被寇。人民矜懻忮，好气，任侠为奸，不事农商。然迫近北夷，师旅亟往，中国委输时有奇羡。其民羯羠不均，自全晋之时固已患其僄悍，而武灵王益厉之，其谣俗犹有赵之风也。"④ 据此可知，种、代民风

---

① 《史记》卷一二九《货殖列传》，第3261—3262页。
② 《史记》卷一二九《货殖列传》，第3262—3263页。
③ 平阳陈，司马贞《史记索隐》曰："杨，平阳，二邑名，在赵之西。'陈'盖衍字。以下有'杨平阳陈掾'，此因衍也。"（参见《史记》卷一二九《货殖列传》引，第3263页）
④ 《史记》卷一二九《货殖列传》，第3263页。

剽悍，"憬忮"（强直刚戾）、"羯羠"（性慓悍）和"慓悍"是其写照；经济生活方式应以畜牧为主，"不事农商"的背后也透露这点。

4. 中山

中山相当于今河北省中南部，这一区域"地薄人众，犹有沙丘纣淫地余民，民俗懁急，仰机利而食。丈夫相聚游戏，悲歌忼慨，起则相随椎剽，休则掘冢作巧奸冶，多美物，为倡优。女子则鼓鸣瑟，跕屣，游媚贵富，入后宫，遍诸侯"①。"懁急"，裴骃《史记集解》引徐广曰："懁，急也，音绢。一作'儇'，一作'惠'也，音翾也。"可见中山的风俗比较急躁，男性既有慷慨悲歌的性情，也容易作奸犯法；女性能歌善舞，曾充斥于各诸侯国的后宫。宣帝时，杨恽在回复孙会宗的信中还说："家本秦也，能为秦声。妇，赵女也，雅善鼓瑟。"②《盐铁论·散不足》："今富者钟鼓五乐，歌儿数曹。中者鸣竽调瑟，郑舞赵讴。"③ 两者都揭示出赵地女性能歌善舞的一面。

5. 郑、卫

司马迁提道的郑、卫不是汉初的区划名称，应该指春秋、战国时的故国，其范围相当于今河南、山东、河北交界的地方。郑、卫的风俗呈现两个特征：一是"俗与赵相类"，与上文的种、代和中山从风俗上可划为同一区域，即民风彪悍重义气，这种风气也体现在野王上，"濮上之邑徙野王，野王好气任侠，卫之风也"；二是由于接近梁、鲁，注重名节，"微重而矜节"④。当然，在经济生活方式上，郑、卫应以农业为主，异于种、代和中山。

6. 燕

《史记·货殖列传》说："夫燕亦勃、碣之间一都会也。""燕"应该指蓟，否则不能称都会⑤。燕的范围大致相当于今河北北部和辽宁大部，

---

① 《史记》卷一二九《货殖列传》，第3263页。
② 《汉书》卷六六《杨敞传》，第2896页。
③ 王利器校注：《盐铁论校注》卷六《散不足第二十九》，中华书局1992年版，第353页。
④ 《史记》卷一二九《货殖列传》，第3264页。
⑤ 又，《汉书·地理志》云："蓟，南通齐、赵、勃、碣之间一都会也。"注引师古曰："蓟县，燕之所都也。"（《汉书》卷二八下《地理志下》，第1657页）可间接证明此处的"燕"是指"蓟"。

但司马迁主要叙述了"上谷至辽东"的经济与风俗情况。自然环境方面，燕地广人稀，资源尚称丰富，有"鱼盐枣栗之饶"。社会环境方面，这里靠近少数民族，多次遭到侵扰，风俗上"大与赵、代俗相类，而民雕捍少虑"①。"雕捍"，司马贞《史记索隐》曰："人雕捍，言如雕性之捷捍也。"因此燕地民众彪悍，做事较少考虑后果。

7. 齐

齐地相当于今泰山以东的山东地区，自然环境优越，背依泰山，面向大海，"膏壤千里"。经济生活方式虽以农业为主，但手工业中的丝织业、制盐业也很发达，自姜太公确立"通商工之业，便鱼盐之利"②的经济策略后，齐地的工商业非常发达，尤其是齐地"宜桑麻"，纺织业发展迅速，西汉时在齐地设立三服官③，生产宫廷所需的丝织品。东汉前期的王充说纺织刺绣成为齐国"恒女无不能"的手工技艺。齐地的风俗，"宽缓阔达，而足智，好议论，地重，难动摇，怯于众斗，勇于持刺，故多劫人者，大国之风也"④。其中的"足智，好议论"预示着齐地学术发展的巨大潜力。

8. 邹、鲁

邹原称"邾"，是西周时分封的位于鲁国旁的小国，深受鲁国文化的影响⑤。邹与鲁位于今山东西南部的泗河流域，这里地势平坦，经济上"颇有桑麻之业，无林泽之饶"；文化上继承周公的传统，"俗好儒，备于礼，故其民龊龊。……地小人众，俭啬，畏罪远邪"⑥。周公之后，孔子也给鲁地留下极大影响，他去世后葬在鲁城北，"弟子及鲁人往从冢而家者百有余室，因命曰孔里。鲁世世相传以岁时奉祠孔子冢，而诸儒亦讲礼乡饮大射于孔子冢。孔子冢大一顷。故所居堂弟子内，后世因庙藏孔子衣冠

---

① 《史记》卷一二九《货殖列传》，第3265页。
② 《史记》卷三二《齐太公世家》，第1480页。
③ 三服官，《汉书·元帝纪》注引李斐曰："齐国旧有三服之官。春献冠帻縰为首服，纨素为冬服，轻绡为夏服，凡三。"（参见《汉书》卷九《元帝纪》，第285页）这是以"三服"（首服、冬服、夏服）之官为三服官。也有研究者理解为有"服官"三所（参见王子今《西汉"齐三服官"辨正》，《中国史研究》2005年第3期）。
④ 《史记》卷一二九《货殖列传》，第3265页。
⑤ 如雷虹霁提道过，孟子曾在邹定居，子思也曾至邹讲学（参见雷虹霁《秦汉历史地理与文化分区研究：以〈史记〉〈汉书〉〈方言〉为中心》，第62页）。
⑥ 《史记》卷一二九《货殖列传》，第3266页。

琴车书，至于汉二百余年不绝"①。随着时代的变化，邹、鲁的风俗趋向功利，"好贾趋利，甚于周人"②。

9. 梁、宋

梁、宋的范围，"自鸿沟以东，芒、砀以北，属巨野，此梁、宋也"，相当于今山东、河南、安徽等省的交界地。这里与邹、鲁一样，是《货殖列传》提道的有先王遗风的区域之一，文献记载中的圣人尧、舜、汤都曾在这里留下遗迹，"昔尧作〔于〕成阳，舜渔于雷泽，汤止于亳，其俗犹有先王遗风"。风俗上，梁、宋"重厚多君子，好稼穑，虽无山川之饶，能恶衣食，致其蓄藏"③。

10. 越、楚

司马迁把"越、楚"分为三个次级区域：西楚、东楚和南楚，各区域具有不同的习俗。西楚指"自淮北沛、陈、汝南、南郡"，相当于今安徽北部、江苏西北、河南东南和湖北大部。这里土地比较贫瘠，民众难得有积蓄，风俗上"剽轻，易发怒"。西楚内部的习俗也有差异：陈"通鱼盐之货，其民多贾"；下邳的徐、僮、取虑三县都位于淮水以北，风俗上"则清刻，矜己诺"④。东楚指"彭城以东，东海、吴、广陵"，相当于今山东东南部、安徽东北部、江苏大部等。东楚的风俗具有多样性特征，一是总体上"类徐、僮"，即上文提道的"清刻，矜己诺"，这透露出淮水南北部风俗的相似性；二是东海郡位于徐、僮、取虑之北，与齐地接壤，风俗也类似，"朐、缯以北，俗则齐"；三是浙江以南与越相同，"浙江南则越"⑤。南楚指"衡山、九江、江南、豫章、长沙"，相当于今河南东南部、安徽南部、湖北东部、湖南、江西、广西北部等。南楚的风俗"大类西楚"，即"剽轻，易发怒"，也有自己的特色，"南楚好辞，巧说少信"⑥。

---

① 《史记》卷四七《孔子世家》，第1945页。
② 《史记》卷一二九《货殖列传》，第3266页。
③ 《史记》卷一二九《货殖列传》，第3266页。
④ 《史记》卷一二九《货殖列传》，第3267页。按：《史记·吴王濞列传》：汉高祖分封刘濞时提道，"上患吴会稽轻悍，无壮王填之；诸子少，乃立濞于沛，为吴王"（参见《史记》卷一〇六《吴王刘濞传》，第2821页）。其中提道的"轻悍"也可视为楚、越风俗的描写。
⑤ 《史记》卷一二九《货殖列传》，第3267页。
⑥ 《史记》卷一二九《货殖列传》，第3268页。

11. 岭南

在叙述完南楚后，司马迁还提道岭南的情况，范围是"九疑、苍梧以南至儋耳者"，相当于今两广和海南。岭南的风俗"与江南大同俗，而杨越多焉"①。"江南"指南楚②，即岭南的习俗与南楚类似。

12. 颍川、南阳

颍川相当于今河南许昌、平顶山一带，南阳相当于今河南西南和湖北北部。两地被称为"夏地"，表明他们历史很悠久。《史记·货殖列传》言颍川、南阳是夏人之居的依据是"禹居阳翟"，但阳翟属于颍川，因此文中的"夏人政尚忠朴，犹有先王之遗风"说的是颍川，所以后文接着说"颍川敦愿"。南阳则不同。首先是南阳多移民。《史记·货殖列传》云："秦末世，迁不轨之民于南阳。"③ "不轨之民"中，有一部分是曾经的罪犯。如《史记·秦本纪》云：秦昭襄王"二十七年（前280年），（司马）错攻楚。赦罪人迁之南阳。"④ 其次是南阳的风俗相对驳杂，这与南阳所处的交通位置有关，"南阳西通武关、郧关，东南受汉、江、淮"⑤。

二 对《史记·货殖列传》分区的认识

首先，《史记·货殖列传》的区域划分是司马迁根据自己的认识，在实地考察的基础上而形成的，在一定程度上反映了那个时代的区域划分理念，具有重要的学术价值。司马迁称自己"二十而南游江、淮，上会稽，探禹穴，窥九疑，浮于沅、湘；北涉汶、泗，讲业齐、鲁之都，观孔子之遗风，乡射邹、峄；厄困鄱、薛、彭城，过梁、楚以归。于是迁仕为郎中，奉使西征巴、蜀以南，南略邛、笮、昆明，还报命"⑥。从这段记载来

---

① 《史记》卷一二九《货殖列传》，第3268页。
② 《史记》中提道的"江南"的范围还存在争论，形成两种观点：一是指丹阳。裴骃《史记集解》引徐广曰："高帝所置。江南者，丹阳也，秦置为鄣郡，武帝改名丹阳。"二是指大江之南，张守节《史记正义》云："秦置鄣郡在湖州长城县西南八十里，鄣郡故城是也。汉改为丹阳郡，徙郡宛陵，今宣州地也。上言吴有章山之铜，明是东楚之地。此言大江之南豫章长沙二郡，南楚之地耳。徐、裴以为江南丹阳郡属南楚，误之甚矣。"（参见《史记》卷一二九《货殖列传》引，第3268页）
③ 《史记》卷一二九《货殖列传》，第3269页。
④ 《史记》卷五《秦本纪》，第213页。
⑤ 《史记》卷一二九《货殖列传》，第3269页。
⑥ 《史记》卷一三〇《太史公自序》，第3293页。

看，他曾漫游江淮，到达会稽，渡过沅江、湘江，向北过汶水、泗水，在鲁地观礼，向南过薛、彭城，寻访楚汉相争遗迹传闻，经过大梁，而归长安。他还担任汉武帝的近侍郎中，奉命使巴蜀，最南到了昆明。经过一番经历，司马迁对各地的地理条件、人情世故、经济状况等有了直观感受，他所做出的区域划分，可能比当今学者今天所做的划分更切合西汉中期的实际情况。

其次，在描述划分的区域时，司马迁除了使用汉代名称外，还多次使用先秦诸侯国的名称，如郑、卫、邹等都是先秦时的古国；再如楚，也是指战国之楚，所以《史记·货殖列传》所述楚的范围远远超过汉初楚国的范围。这样在地域界定上容易出现重叠，雷虹霁指出：郑、卫地区与三河以及颖川南阳在地域分布上有所重合①。

最后，《史记·货殖列传》使用的区域名称中，有一些是泛指，可以确定大致范围，如，"关中""齐""鲁""郑、卫""邹、鲁""梁宋"等；有些则边界模糊，难以确定，如"羌中""石北""山东""山西""岭南、沙北""沂、泗水以北"等；有些是确指，可以对照郡国勾勒出其边界，如，"天水、陇西、北地、上郡""三河""西楚""东楚""南楚""颖川、南阳"等；还有一些区域本身存在歧义。司马迁在叙述河东郡时提道："杨、平阳北贾种、代。""代"，据雷虹霁的分析可能指代郡，也可能指景帝三年以后之代国②。如此，"代"到底指哪里，司马迁并未明确。

第四节　《汉书·地理志》的区域划分

《汉书·地理志》在记载了郡国情况后，又根据刘向和朱赣的记录对各地的分野和风俗加以辑录，"汉承百〔王〕之末，国土变改，民人迁徙，成帝时刘向略言其〔地〕分，丞相张禹使属颖川朱赣条其风俗，犹未宣究，故辑而论之，终其本末著于篇"③，并将汉代划分为十三个分野区，每

---

① 雷虹霁：《秦汉历史地理与文化分区研究：以〈史记〉〈汉书〉〈方言〉为中心》，第55页。
② 雷虹霁：《秦汉历史地理与文化分区研究：以〈史记〉〈汉书〉〈方言〉为中心》，第46—47页。
③ 《汉书》卷二八下《地理志下》，第1640页。

个分野区包含若干风俗区（表7）。

表7　　　　　　　　《汉书·地理志》分区简表

名称	分野	范围	风俗分区
秦地	东井、舆鬼之分野	自弘农故关以西，京兆、扶风、冯翊、北地、上郡、西河、安定、天水、陇西，南有巴、蜀、广汉、犍为、武都，西有金城、武威、张掖、酒泉、敦煌，又西南有牂柯、越嶲、益州，皆宜属焉	故秦地
			陇西（含武都）
			河西
			巴蜀
魏地	觜觿、参之分野	其界自高陵以东，尽河东、河内，南有陈留及汝南之召陵、㶍强、新汲、西华、长平，颍川之舞阳、郾、许、鄢陵，河南之开封、中牟、阳武、酸枣、卷，皆魏分也	河内
			河东
周地	柳、七星、张之分野	河南洛阳、谷成、平阴、偃师、巩、缑氏，是其分也。	周地
韩地	亢、角、氐之分野	韩分晋得南阳郡及颍川之父城、定陵、襄城、颍阳、颍阴、长社、阳翟、郏，东接汝南，西接弘农得新安、宜阳，皆韩分也。及《诗风》陈、郑之国，与韩同星分焉	郑国
			陈国
			颍川、南阳
赵地	昴、毕之分野	北有信都、真定、常山、中山，又得涿郡之高阳、鄚、州乡；东有广平、钜鹿、清河、河间，又得勃海郡之东平舒、中邑、文安、束州、成平、章武，河以北也；南至浮水、繁阳、内黄、斥丘；西有太原、定襄、云中、五原、上党。上党，本韩之别郡也，远韩近赵，后卒降赵，皆赵分也	赵、中山
			太原、上党
			种、代、石北
			定襄、云中、五原
燕地	尾、箕分野	东有渔阳、右北平、辽西、辽东，西有上谷、代郡、雁门，南得涿郡之易、容城、范阳、北新城、故安、涿县、良乡、新昌，及勃海之安次，皆燕分也。乐浪、玄菟，亦宜属焉	蓟
			上谷至辽东
			玄菟、乐浪
齐地	虚、危之分野	东有菑川、东莱、琅邪、高密、胶东，南有泰山、城阳，北有千乘，清河以南，勃海之高乐、高城、重合、阳信，西有济南、平原，皆齐分也	齐地
鲁地	奎、娄之分野	东至东海，南有泗水，至淮，得临淮之下相、睢陵、僮、取虑，皆鲁分也	鲁地
宋地	房、心之分野	沛、梁、楚、山阳、济阴、东平及东郡之须昌、寿张，皆宋分也	宋地
卫地	营室、东壁之分野	东郡及魏郡黎阳，河内之野王、朝歌，皆卫分也	卫地

续表

名称	分野	范围	风俗分区
楚地	翼、轸之分野	南郡、江夏、零陵、桂阳、武陵、长沙及汉中、汝南郡,尽楚分也	楚地
吴地	斗分野	会稽、九江、丹阳、豫章、庐江、广陵、六安、临淮郡,尽吴分也	吴地
粤地	牵牛、婺女之分野	苍梧、郁林、合浦、交趾、九真、南海、日南,皆粤分也	粤地

资料来源:(汉)班固:《汉书》卷二八上《地理志上》,中华书局1962年版。

一 《汉书·地理志》的分区

1. 秦地

秦地包含的范围比较广泛,相当于今陕西、宁夏大部、甘肃大部、四川盆地等,汉代时"自弘农故关以西,京兆、扶风、冯翊、北地、上郡、西河、安定、天水、陇西,南有巴、蜀、广汉、犍为、武都,西有金城、武威、张掖、酒泉、敦煌,又西南有牂柯、越巂、益州,皆宜属焉"[①]。从风俗区别的角度看,秦地可分为四个不同的区域:

一是"故秦地",即狭义的关中。关中风俗受到两方面的影响:传统与西汉的徙陵政策。故秦地本是周人的发源地,后稷、公刘、大王、文王和武王都曾在这里留下遗迹,因此"其民有先王遗风,好稼穑,务本业,故《豳诗》言农桑衣食之本甚备"。汉初,汉高祖接受刘敬的建议推行徙陵政策,"后世世徙吏二千石、高赀富人及豪桀并兼之家于诸陵",引起了故秦地风俗的变化,致使这里"五方杂厝,风俗不纯。其世家则好礼文,富人则商贾为利,豪桀则游侠通奸。濒南山,近夏阳,多阻险轻薄,易为盗贼,常为天下剧。又郡国辐凑,浮食者多,民去本就末,列侯贵人车服僭上,众庶放效,羞不相及,嫁娶尤崇侈靡,送死过度"[②]。可见在经济生

[①] 《汉书》卷二八下《地理志下》,第1641页。
[②] 《汉书》卷二八下《地理志下》,第1642—1643页。按:东汉赵岐亦称三辅风俗之杂,"三辅者,本雍州之地。世世徙公卿吏二千石及高赀皆以陪诸陵。五方之俗杂会,非一国之风,不但系于《诗·秦》、《豳》也。其为士,好高尚义,贵于名行。其俗失则趣势进权,唯利是视。"参见(汉)赵岐《三辅决录·原序》,(汉)赵岐等撰,(清)张澍辑,陈晓捷注《三辅决录 三辅故事 三辅旧事》,三秦出版社2006年版。

活方式上，故秦地有从农到商的趋势；在社会风俗上，有从淳朴到驳杂的转变。

二是陇西区，包括天水、陇西、安定、北地、上郡、西河。此六郡中，天水、陇西二郡"山多林木，民以板为室屋"，安定、北地、上郡、西河"皆迫近戎狄，修习战备，高上气力，以射猎为先"。总体上看，陇西六郡习武风气比较浓厚，进入汉代后，良家子①多被选入皇帝卫队，"汉兴，六郡良家子选给羽林、期门，以材力为官，名将多出焉。孔子曰：'君子有勇而亡谊则为乱，小人有勇而亡谊则为盗。'故此数郡，民俗质木，不耻寇盗"②。此外，《汉书·地理志》还在叙述巴蜀时还提道武都郡，称"武都近天水，俗颇似焉"③，因此从风俗划分的角度看，武都可以归入陇西区。

三是河西区，包括武威、张掖、酒泉、敦煌等郡。这几个地方本来属于匈奴，在汉武帝出击匈奴之后，成为汉朝的辖地。"武威郡，故匈奴休屠王地。武帝太初四年开"；"张掖郡，故匈奴昆邪王地，武帝太初元年开"；"敦煌郡，武帝后元年分酒泉置"；"酒泉郡，武帝太初元年开"④。为充实边境，汉武帝采取移民政策，"其民或以关东下贫，或以报怨过当，或以悖逆亡道，家属徙焉"。从经济生活方式看，河西四郡地域辽阔，适合畜牧，"地广民稀，水草宜畜牧，故凉州之畜为天下饶"。从社会风俗看，则相对淳朴，"保边塞，二千石治之，咸以兵马为务；酒礼之会，上下通焉，吏民相亲。是以其俗风雨时节，谷籴常贱，少盗贼，有和气之应，贤于内郡。此政宽厚，吏不苛刻之所致也"⑤。

---

① 宋艳萍认为，"良家子是指有一定赀产，不在商贾、医、巫、百工之列，没有家族犯罪史，能遵循伦理道德，品行端正的人家"（参见宋艳萍《汉代"良家子"考》，《南都学坛》2012年第1期）。

② 《汉书》卷二八下《地理志下》，第1644页。

③ 《汉书》卷二八下《地理志下》，第1646页。《华阳国志》云：武都郡"土地险阻，有麻田氐傁，多羌戎之民。其人半秦，多勇戆"参见（晋）常璩撰，严茜子点校《华阳国志》卷二《汉中志》，齐鲁书社2010年版，第23页。表明武都风俗类似秦地。

④ 《汉书》卷二八下《地理志下》，第1612—1614页。另外，关于此四郡设置的时间，有研究者认为存在失误（参见周振鹤《西汉政区地理》，商务印书馆2017年版，第157—168页）。尤其是敦煌郡，现有的传世文献和出土文献均无法提供定论（参见白军鹏《敦煌汉简校释》，上海古籍出版社2018年版，第11页）。

⑤ 《汉书》卷二八下《地理志下》，第1645页。

四是巴蜀区。巴蜀本是南夷之地，后来被秦国兼并。这里"土地肥美，有江水沃野，山林竹木疏食果实之饶。南贾滇、僰僮，西近邛、莋马旄牛。民食稻鱼，亡凶年忧"，自然环境比较优越，但民俗却不值得称道，"俗不愁苦，而轻易淫泆，柔弱褊阸。景、武间，文翁为蜀守，教民读书法令，未能笃信道德，反以好文刺讥，贵慕权势。及司马相如游宦京师诸侯，以文辞显于世，乡党慕循其迹。后有王褒、严遵、扬雄之徒，文章冠天下。由文翁倡其教，相如为之师，故孔子曰：'有教亡类'"。巴蜀还应包括犍为、牂柯、越嶲三郡，此三郡"皆西南外夷，武帝初开置"，但"民俗略与巴、蜀同"①。

2. 魏地

魏地相当于今山西南部、河南北部等，汉代时"自高陵以东，尽河东、河内，南有陈留及汝南之召陵、㶏强、新汲、西华、长平，颍川之舞阳、郾、许、傿陵，河南之开封、中牟、阳武、酸枣、卷，皆魏分也"②。魏地有两个风俗区：

一是河内区。河内是商朝旧都城所在，周灭商后，为了治理殷民，监视原商王室的贵族，将蔡叔、管叔、霍叔分封于邶、鄘、等地，史称"三监"。周公东征后，三国全部归武王的弟弟康叔。《史记·卫康叔世家》载：康叔治国，"能和集其民，民大说"③。从风俗上看，"康叔之风既歇，而纣之化犹存，故俗刚强，多豪桀侵夺，薄恩礼，好生分"④。

二是河东区。河东自然条件优越，"土地平易，有盐铁之饶"，传承着先王遗留的教化，"本唐尧所居……至成王灭唐，而封叔虞"，"其民有先王遗教，君子深思，小人俭陋"⑤，风俗不同于河内。

3. 周地

周地相当于今河南洛阳及其周围，汉代时"河南洛阳、谷成、平阴、偃师、巩、缑氏，是其分也"⑥。洛阳在西周时期交通便利，东周时期成为

---

① 《汉书》卷二八下《地理志下》，第1645页。
② 《汉书》卷二八下《地理志下》，第1646—1647页。
③ 《史记》卷三七《卫康叔世家》，第1590页。
④ 《汉书》卷二八下《地理志下》，第1647页。
⑤ 《汉书》卷二八下《地理志下》，第1648—1649页。
⑥ 《汉书》卷二八下《地理志下》，第1650页。

国都，因而商业比较发达。《史记》载苏秦"出游数岁，大困而归。兄弟嫂妹妻妾窃皆笑之，曰：'周人之俗，治产业，力工商，逐什二以为务。今子释本而事口舌，困，不亦宜乎！'"① 可见其家人看来，工商才是本业，口舌之辩是末业，这是周地商业风气浓厚的体现。《汉书·地理志》提道周地时没有指出其风俗之美，而是罗列其不少缺点，其中就有喜好经商："周人之失，巧伪趋利，贵财贱义，高富下贫，憙为商贾，不好仕宦"②。憙，《汉书·贾谊传》："遇之有礼，故群臣自憙。婴以廉耻，故人矜节行。"③ 注引师古曰："憙，好也，好为志气也。"看来周地由于商业发达，导致百姓爱慕钱财，不愿意为官。

4. 韩地

韩地相当于今河南东、中、南三部分，汉代时"韩分晋得南阳郡及颍川之父城、定陵、襄城、颍阳、颍阴、长社、阳翟、郑，东接汝南，西接弘农得新安、宜阳，皆韩分也"④。从社会风俗的角度看，韩地可以分成三个区域：

一是郑国。郑国面积狭小，地势险峻，风俗上，"山居谷汲，男女亟聚会，故其俗淫"⑤。同时，郑国的实用主义风气较为浓厚，"晋、楚两强构成的军事压力促成了实用观念在郑国政治家群体中的流行。……郑国的政治文化之所以日益变得实用主义，就是因其不利的地缘政治位置而遭受比其他国家更为严重的军事威胁"⑥，早期法家的代表人物子产和邓析都是郑国人。

二是陈国。陈国在武王时被分封给舜的后裔妫满，春秋末年为楚国所灭。陈国的妇女地位尊贵，信奉巫鬼，"妇人尊贵，好祭祀，用史巫，故其俗巫鬼"⑦。

---

① 《史记》卷六九《苏秦列传》，第 2241 页。按：如果赵鼎新的判断"商业文化可能在当时城市民众的日常生活中占据了主流地位"属实（参见赵鼎新《东周战争与儒法国家的诞生》，夏江旗译，北京联合出版公司 2020 年版，第 140 页），那么苏秦亲属对其嘲讽的言语也反映战国时期的一般风气，而不仅仅是周地。
② 《汉书》卷二八下《地理志下》，第 1651 页。
③ 《汉书》卷四八《贾谊传》，第 2257 页。
④ 《汉书》卷二八下《地理志下》，第 1651 页。
⑤ 《汉书》卷二八下《地理志下》，第 1652 页。
⑥ 赵鼎新：《东周战争与儒法国家的诞生》，夏江旗译，第 79 页。
⑦ 《汉书》卷二八下《地理志下》，第 1653 页。

三是颍川、南阳。颍川、南阳虽然在《汉书·地理志》中同时提道，但两地风俗却有所差别。南阳本是禹的故国，"夏人上忠，其蔽鄙朴"。战国末年，韩国为秦国所灭，秦"徙天下不轨之民于南阳"，南阳风俗变得"夸奢，上气力，好商贾渔猎，藏匿难制御也"。颍川则有浓厚的法家传统，西汉中后期才得到改善，"颍川，韩都。士有申子、韩非，刻害余烈，高〔仕〕宦，好文法，民以贪遴争讼生分为失。韩延寿为太守，先之以敬让；黄霸继之，教化大行，狱或八年亡重罪囚……颍川好争讼分异，黄、韩化以笃厚"①。

5. 赵地

赵地相当于今河北大部、山西东部以及内蒙古的河套平原，汉代时"北有信都、真定、常山、中山，又得涿郡之高阳、鄚、州乡；东有广平、钜鹿、清河、河间，又得渤海郡之东平舒、中邑、文安、束州、成平、章武，河以北也；南至浮水、繁阳、内黄、斥丘；西有太原、定襄、云中、五原、上党。上党，本韩之别郡也，远韩近赵，后卒降赵，皆赵分也"②。社会风俗上，赵地可分为四个区域③。

一是赵、中山。这里土地贫瘠，人口众多，商纣王曾在沙丘"以酒为池，县肉为林，使男女倮相逐其间，为长夜之饮"④。恶劣的自然环境与放纵的风气使得这里的风俗趋向轻浮，"丈夫相聚游戏，悲歌忼慨，起则椎剽掘冢，作奸巧，多弄物，为倡优。女子弹弦跕躧，游媚富贵，遍诸侯之后宫"⑤，如汉文帝慎夫人、尹姬和汉武帝王夫人是邯郸人，汉文帝窦皇后为清河人，汉武帝钩弋赵婕妤为河间人，汉武帝李夫人为中山人。邯郸作为赵国的国都，风俗颇杂，"北通燕、涿，南有郑、卫、漳、河之间一都会也。其土广俗杂，大率精急，高气势，轻为奸"⑥。

二是太原、上党。"太原、上党又多晋公族子孙，以诈力相倾，矜夸

---

① 《汉书》卷二八下《地理志下》，第1654页。
② 《汉书》卷二八下《地理志下》，第1655页。
③ 严耕望以为可分为两个区，"赵地广，中隔太行，故东南部与西北部地理环境颇殊，风俗亦有不同"（参见严耕望《严耕望史学论文选集》，中华书局2006年版，第84页）。
④ 《史记》卷三《殷本纪》，第105页。
⑤ 《汉书》卷二八下《地理志下》，第1655页。
⑥ 《汉书》卷二八下《地理志下》，第1656页。

功名，报仇过直，嫁取送死奢靡"①。

三是钟、代、石、北。"钟、代、石、北，迫近胡寇，民俗懻忮，好气为奸，不事农商，自全晋时，已患其剽悍，而武灵王又益厉之。故冀州之部，盗贼常为它州剧"②。

四是定襄、云中、五原。定襄和云中是战国时赵武灵王赶走娄烦等少数民族后占据，五原是汉武帝北击匈奴后设置。这一区域本是戎狄之地，后来才迁入内地人口，"颇有赵、齐、卫、楚之徙"。注引师古曰："言四国之人被迁徙来居之。"但风俗质朴，"其民鄙朴，少礼文，好射猎"③。

6. 燕地

燕地相当于今河北大部、辽宁东部和朝鲜北部，汉代时"东有渔阳、右北平、辽西、辽东，西有上谷、代郡、雁门，南得涿郡之易、容城、范阳、北新城、故安、涿县、良乡、新昌，及勃海之安次，皆燕分也。乐浪、玄菟，亦宜属焉"④。在风俗上，燕地可分为三个区域：

一是蓟。蓟"南通齐、赵，渤、碣之间一都会"，其风俗深受战国后期燕国太子丹的影响，"太子丹宾养勇士，不爱后宫美女，民化以为俗，至今犹然。宾客相过，以妇侍宿，嫁取之夕，男女无别，反以为荣。后稍颇止，然终未改"。"其俗愚悍少虑，轻薄无威，亦有所长，敢于急人，燕丹遗风也"⑤。

二是上谷至辽东。这里地广人稀，多次受到北方少数民族的侵扰，但"有鱼盐枣栗之饶。北隙乌丸、夫余，东贾真番之利"，具有发展商业的空间，风俗"与赵、代相类"⑥。

三是玄菟、乐浪。这里"皆朝鲜、濊貉、句骊蛮夷"。商朝末年，箕子曾到过此地，传授给当地人礼仪、耕田和养蚕之术。曾经，玄菟、乐浪风俗淳朴，一度路不拾遗、夜不闭户，"其民终不相盗，无门户之闭，妇

---

① 《汉书》卷二八下《地理志下》，第1656页。
② 《汉书》卷二八下《地理志下》，第1656页。
③ 《汉书》卷二八下《地理志下》，第1656页。
④ 《汉书》卷二八下《地理志下》，第1657页。
⑤ 《汉书》卷二八下《地理志下》，第1657页。
⑥ 《汉书》卷二八下《地理志下》，第1657页。

人贞信不淫辟。其田民饮食以笾豆，都邑颇放效吏及内郡贾人，往往以杯器食"。随着武帝后朝鲜纳入汉朝的版图以及行政制度的推展①，当地风俗变得浇薄起来，"郡初取吏于辽东，吏见民无闭臧，及贾人往者，夜则为盗，俗稍益薄。今于犯禁浸多，至六十余条"②。

7. 齐地

齐地相当于今泰山以北的山东半岛。这里历史悠久，"少昊之世有爽鸠氏，虞、夏时有季崱，汤时有逢公柏陵，殷末有薄姑氏，皆为诸侯，国此地"。西周初年，齐地被分封给姜太公，其范围"东有甾川、东莱、琅邪、高密、胶东，南有泰山、城阳，北有千乘，清河以南，勃海之高乐、高城、重合、阳信，西有济南、平原，皆齐分也"。齐地风俗深受太公治齐策略的影响，一是工商业发达，"太公以齐地负海舄卤，少五谷而人民寡，乃劝以女工之业，通鱼盐之利，而人物辐凑"，此后风俗发生改变，"其俗弥侈，织作冰纨绮绣纯丽之物，号为冠带衣履天下"。二是注重学术，"初太公治齐，修道术，尊贤智，赏有功，故至今其土多好经术，矜功名，舒缓阔达而足智"。当然，齐地风俗也有不利的一面，"其失夸奢朋党，言与行缪，虚诈不情，急之则离散，缓之则放纵"③。

8. 鲁地

鲁地相当于今山东西南部和江苏北部，于西周初年被分封给周公，后由周公之子伯禽代为，"东至东海，南有泗水，至淮，得临淮之下相、睢陵、僮、取虑，皆鲁分也"。风俗上，鲁地深沐圣人之化，"故孔子曰'齐一变至于鲁，鲁一变至于道'，言近正也。濒洙泗之水，其民涉度，幼者扶老而代其任"。后来风俗衰落，"孔子闵王道将废，乃修六经，以述唐虞三代之道，弟子受业而通者七十有七人。是以其民好学，上礼义，重廉耻"。到汉代，周公与孔子早已逝去，他们的教诲也逐渐消退，加之"地狭民众，颇有桑麻之业，亡林泽之饶"，鲁地的风俗发生深刻的变化，"俗俭啬爱财，趋商贾，好訾毁，多巧伪，丧祭之礼文备实寡"。鲁地风俗的

---

① 按：乐浪郡，武帝元封三年（前108年）开；玄菟郡，武帝元封四年（前107年）开（参见《汉书》卷二八下《地理志下》，第1626—1627页）。

② 《汉书》卷二八下《地理志下》，第1658页。

③ 《汉书》卷二八下《地理志下》，第1659—1661页。

突出特点是好学，"其好学犹愈于它俗"。在西汉中后期社会日益经学化的背景下，鲁地的学者多至卿相，所以《汉书·地理志》称："汉兴以来，鲁东海多至卿相。"①

9. 宋地

宋地相当于今山东、河南和江苏交界的地方，以及安徽北部，汉代时的"沛、梁、楚、山阳、济阴、东平及东郡之须昌、寿张，皆宋分也"。宋地有着厚重的文化传统，"昔尧作游成阳，舜渔雷泽，汤止于亳"；西周初年，周公平定武庚之乱后，分封商纣王的庶兄微子启建立宋国，治理原先商朝的遗民，宋国保存商文化的成分最多，宋地之民"犹有先王遗风，重厚多君子，好稼穑，恶衣食，以致畜藏"。宋国后来被齐、楚、魏三国占领，"魏得其梁、陈留，齐得其济阴、东平，楚得其沛"，宋地的风俗也出现分化，"沛楚之失，急疾颛己，地薄民贫，而山阳好为奸盗"②。

10. 卫地

卫地略相当于今河南、山东、河北的交界地，以及河南沁阳，汉代时的"东郡及魏郡黎阳，河内之野王、朝歌，皆卫分也"。卫国的历史非常曲折，西周初年周公平定武庚之乱后，分封武王的弟弟康叔建立卫国，定都朝歌，后来，国都几次迁徙，"卫本国既为狄所灭，文公徙封楚丘，三十余年，子成公徙于帝丘"，领土不断缩小，"成公后十余世，为韩、魏所侵，尽亡其旁邑，独有濮阳"。濮阳被秦国占领后，卫国被迫迁徙到野王，直到秦二世时卫君被废为庶人，卫国的历史才算结束。从自然环境看，濮水流经卫地，使得"卫地有桑间濮上之阻"。"阻"，注引师古曰："阻者，言其隐陋得肆淫僻之情也。"卫地的男女借助这种自然环境，"亟聚会，声色生焉，故俗称郑卫之音"。然而卫地的风俗并不柔弱，反而凸显刚强的一面，"周末有子路、夏育，民人慕之，故其俗刚武，上气力"，"野王好气任侠，有濮上风"。西汉时期，当地太守采取以暴制刚的措施，"二千石治者亦以杀戮为威"；韩延寿担任东郡太守时，"承圣恩，崇礼义，尊谏争，至今东郡号善为吏"。卫地风俗的不足之处在于"颇奢靡，嫁取送死过度"③。

---

① 《汉书》卷二八下《地理志下》，第1662—1663页。
② 《汉书》卷二八下《地理志下》，第1663—1664页。
③ 《汉书》卷二八下《地理志下》，第1664—1665页。

11. 楚地

楚地范围广大，相当于今湖南全部、湖北大部以及两广、河南东南、安徽等部分，汉代时"南郡、江夏、零陵、桂阳、武陵、长沙及汉中、汝南郡，尽楚分也"。楚国早期的历史还存在难解之处，西周成王时，"封文、武先师鬻熊之曾孙熊绎于荆蛮，为楚子，居丹阳"。经过十余世到武王熊达时，楚国成为大国，再到庄王时，"总帅诸侯，观兵周室，并吞江、汉之间，内灭陈、鲁之国"。战国后期受到秦国的逼迫，楚国迁都于陈，后又迁于寿春。楚国自然环境比较优越，但生产方式比较落后，"有江汉川泽山林之饶；江南地广，或火耕水耨。民食鱼稻，以渔猎山伐为业，果蓏蠃蛤，食物常足"。财富分配相对平均，"故呰窳偷生，而亡积聚，饮食还给，不忧冻饿，亦亡千金之家"。风俗上，楚地"信巫鬼，重淫祀"。楚地之内，风俗又呈现差异性，"汉中淫失枝柱，与巴蜀同俗。汝南之别，皆急疾有气势"①。据《华阳国志》记载，东汉之后，汉中风俗发生变化，"厥壤沃美，赋贡所出，略侔三蜀。……自（田）叔之后，世修文教，有俶傥之士，异人并挺。……自建武以后，群儒修业"②。

12. 吴地

吴地相当于今江苏、安徽两省之淮水以南区域和江西、浙江、福建等地，汉代时"会稽、九江、丹阳、豫章、庐江、广陵、六安、临淮郡，尽吴分也"。商朝末年，古公亶父之子太伯、仲雍为让国于弟公季而奔向吴地，受到当地民众的拥戴。武王时，仲雍的后裔周章被分封为吴君③。春秋末年，吴国势力大增，"阖庐举伍子胥、孙武为将，战胜攻取，兴伯名于诸侯"，到其子夫差时被越国灭亡。吴地风俗呈现多样化的特征：首先，民众受君主的影响大多勇敢，"吴、粤之君皆好勇，故其民至今好用剑，轻死易发"。其次，吴地的学术文化比较发达，"始楚贤臣屈原被谗放流，作《离骚》诸赋以自伤悼。后有宋玉、唐勒之属慕而述之，皆以显名。汉兴，高祖王兄子濞于吴，招致天下之娱游子弟，枚乘、邹阳、严夫子之徒

---

① 《汉书》卷二八下《地理志下》，第1665—1666页。
② 《华阳国志》卷二《汉中志》，第15—16页。
③ 太伯所奔之吴究竟位于吴越，还是位于渭水流域，学术界尚存在争论（参见王明珂《华夏边缘：历史记忆与族群认同》，浙江人民出版社2013年版，第172页）。

兴于文、景之际。而淮南王安亦都寿春，招宾客著书。而吴有严助、朱买臣，贵显汉朝，文辞并发，故世传《楚辞》"。最后，吴地女性较多，"初淮南王异国中民家有女者，以待游士而妻之，故至今多女而少男"①。

13. 粤地

粤地相当于今广东、广西和越南的中南部，汉代时"苍梧、郁林、合浦、交阯、九真、南海、日南，皆粤分也"②。这一区域纳入中原王朝版图的时间较晚，主要在武帝时归属汉朝，武帝"定越地，以为南海、苍梧、郁林、合浦、交阯、九真、日南、珠崖、儋耳郡"③。越地"处近海，多犀、象、毒冒、珠玑、银、铜、果、布之凑，中国往商贾者多取富焉"④，具有通商的良好自然条件，"粤产素多奇瑰之货，番禺为都会，商贾凑集，贸迁易以致富。加以夷獠聚集，习尚轻悍，斗争射利，未尝知学。感（董）正清白，偷俗自尔日变。建安中，正卒，葬番禺之东，众为刻碑表曰：'有汉征士董君之墓'"⑤。

二 对《汉书·地理志》分区的认识

首先，《汉书·地理志》为后世探讨汉代行政区划和各地状况提供了丰富的资料。《隋书·经籍志》云："武帝时，计书既上太史，郡国地志，固亦在焉。而史迁所记，但述河渠而已。其后刘向略言地域，丞相张禹使属朱贡条记风俗，班固因之作《地理志》。其州国郡县山川夷险时俗之异，经星之分，风气所生，区域之广，户口之数，各有攸叙，与古《禹贡》《周官》所记相埒。"⑥ 可见《汉书·地理志》记载的内容包括沿革、户口、物产、风俗、经济等，无论从历史地理学还是文化地理学的视角看，都提供丰富的研究资料。

其次，《汉书·地理志》的十三个分野区，其依据的标准之一是刘向

---

① 《汉书》卷二八下《地理志下》，第1667—1668页。
② 《汉书》卷二八下《地理志下》，第1669页。
③ 《汉书》卷六《武帝纪》，第188页。
④ 《汉书》卷二八下《地理志下》，第1670页。
⑤ （明）欧大任撰，刘汉东校注孙顺霞、孔繁士分校：《百越先贤志校注》卷三《董正》，广西人民出版社1992年版，第74页。
⑥ （唐）魏徵、令狐德棻：《隋书》卷三三《经籍志》，中华书局1973年版，第987—988页。

的"地分",即将地理分区与天上的二十八宿对应,但行政区划变动较大,有的设置无常,而星宿在短时间内变动极小,因此以分野作为分区依据的方式值得推敲。班固在分野时的标准也不尽完全遵循星宿,最明显的例子是宋地和卫地。宋地之所以独立分野,是因为"宋虽灭,本大国,故自为分野"①;卫地之所以独立分野,是因为卫国经历"凡四十世,九百年,最后绝,故独为分野"②。从这些方面看,我们不能完全照搬《汉书·地理志》的分区,要根据实际情况具体地分析。

再次,《汉书·地理志》对一些郡县的归属还不确定。如,在叙述鲁地情况时提道:"东平、须昌、寿良,皆在济东,属鲁,非宋地也,当考。"在叙述宋地分野时却说:"东平及东郡之须昌、寿张,皆宋分也。"③ 东平以及东郡的部分县邑到底归在鲁地还是宋地,这里说得并不明确。有时存在错误,如在叙述宋地情况时提道,齐、楚、魏三国灭宋后,"魏得其梁、陈留"。陈留在战国初期已属于魏,并非三国瓜分后宋才得到④。

最后,《汉书·地理志》的分区同时考虑分野和风俗,有时难免顾此失彼。雁门郡在分野上属于燕地,但行文中却放在赵地:"定襄、云中、五原,本戎狄地,颇有赵、齐、卫、楚之徙。其民鄙朴,少礼文,好射猎。雁门亦同俗,于天文别属燕。"⑤ 同样的情况还有代,分野上属于燕,行文中也放在赵地叙述。

这些分析显示出,《汉书·地理志》在历史地理学和民俗学等方面都具有重要的价值,其所做出的分区反映了西汉后期到东汉前期时人对汉代区域划分的认识,应当引起我们的重视。对于它的分区情况,则需要具体地辨别。

---

① 《汉书》卷二八下《地理志下》,第1664页。
② 《汉书》卷二八下《地理志下》,第1665页。
③ 《汉书》卷二八下《地理志下》,第1663页。
④ 杨宽:《战国史》,上海人民出版社1955年版,第127页。
⑤ 《汉书》卷二八下《地理志下》,第1656页。

第二章

汉代学术区域的划分

如果说文化区是文化地理学的核心概念①，或是历史文化地理的归宿②，学术区域就是从文化地理学视角下研究学术的重要内容。在文化区类型上，研究者区分为三种：形式文化区，指一种或多种相互间有联系的文化特征所分布的地域范围，具有集中的核心与模糊的边界，如风俗区、语言区等；功能文化区，指在非自然状态下形成的，受政治、经济或社会功能影响的文化特质所分布的空间区域，如政区、教区等；乡土文化区，指既存在于区域内居民的心目之中，也得到区域外人们广泛认可的区域，如东方、西方等③。本研究中的学术区域属于第一种类型，即形式文化区。

第一节 汉代学术区域的划分原则

现有的研究成果表明，在汉代统一国家中，各地仍保留着自己的特色，这些特色体现在家族、游侠、文化等很多方面④，这为我们划分学术区域提供了前提条件。下面在考虑汉代人区域认识的基础上，提出本研究

---

① 周尚意：《文化地理学研究方法及学科影响》，《中国科学院院刊》2011年第4期。
② 蓝勇：《对中国历史文化地理研究的思考》，《学术研究》2002年第1期。
③ 唐晓峰：《文化地理学释义：大学讲课录》，第146—148页。
④ 可参见崔向东《汉代豪族地域性研究》，中华书局2012年版；彭卫《古道侠风》，中国青年出版社1998年版；王子今《秦汉区域文化研究》，四川人民出版社1998年版。

划分学术区域的标准,并确定汉代学术区域的大致范围。

一 春秋战国学术区域的延续性

汉代学术区域的划分应考虑它的继承性,即与春秋战国时期学术区域的联系。春秋战国是诸侯国并立的时期,也是学术上"百家争鸣"的时期。受地理环境、文化传统以及诸侯国策略差异的影响,各国学术发展形成两个大的特点。

一是区域学术发展的不平衡性。严耕望在研究战国学术地理时指出:先秦学术兴盛,大抵在大河中流之南北、河淮平原中北部,东北逾泰山至滨海一带,此即三晋核心地带与宋陈鲁齐地区也;长江流域盖唯荆楚核心之较小地区而已;东南吴越地区,已无盛国,地近荒芜;东北之燕,与赵之西境,地处边陲,文化落后,惟晚期燕国颇受阴阳家之影响;渭水流域之秦,则政主专制,民尚武勇,宜无学者之产生①。这就把当时各国学术的发展程度分成两个层次:发达区,如齐、鲁、晋、宋;欠发达区,如吴越、赵、燕、秦。

二是区域学术有着自己的特色。严先生又指出:儒家兴于鲁,墨家兴于宋,道家兴于淮北陈蔡地区,阴阳、兵、医兴于东齐,名、法、纵横兴于三晋,文学赋家兴于荆楚②。侯外庐也曾对先秦学术的地域性进行过总结,认为儒家起于鲁,传于齐、晋卫;墨家起于宋,传于鲁、楚、秦;道家起于南方,在楚、齐、燕有不同的分支;法家源于三晋,盛行于秦;阴阳家以齐国较多,后来流行于楚、秦;纵横家出于周、卫,周游列国③。两位先生的区别在于:严先生以为纵横家兴于三晋,侯先生则以为源于周卫。无论如何,区域学术特色还是存在的,只不过随着时间的推移和士人流动性的加快,各种学术在空间上逐渐传播开来,形成相互吸收和融合的趋势。

---

① 严耕望:《严耕望史学论文选集》,第53页。
② 严耕望:《严耕望史学论文选集》,第53页。
③ 侯外庐主编:《中国思想史纲》(上),中国青年出版社1980年版,第59页。另,李学勤指出,墨子曾亲到楚国,献书于楚惠王,战国中期楚地墨学尤盛,信阳长台关1号墓出土的竹简中《墨子》佚篇可印证这点(参见其所著《简帛佚籍与学术史》,江西教育出版社2001年版,第10页)。

春秋战国时期形成的学术区域和区域学术特色是历史长期发展的产物，它们一旦形成，沉淀下来，就会成为文化传统的组成部分，影响到后世的感知，正如雷虹霁所论，"春秋战国时期，诸侯林立，与政治多元相对应，各国在文化上的发展也是不平衡的，哲学思想的多元化是突出的表现。秦汉时期，虽然政治上进入大一统，文化上的多元和多区域特点并未消失。因此，秦汉的文化区域与以往是有联系的，即区域文化传统的承袭"①。《汉书·地理志》划分的区域范围在一定程度上也反映了先秦学术的地域差异。

二 汉代人的区域感知

汉代学术区域的划分应该考虑汉代人的感知。从春秋战国到汉代，政治形势发生的一个转折性变化是从列国并立到政治统一。汉朝重建统一政权后，把思想、习俗等的混一作为施政的目标。汉宣帝时，王吉在上疏中把风俗的整齐作为大一统的标准："《春秋》所以大一统者，六合同风，九州共贯也。"并对当时参差不齐的风俗表示担忧："百里不同风，千里不同俗，户异政，人殊服，诈伪萌生，刑罚亡极，质朴日销，恩爱浸薄。"② 东汉前期，班固发挥了孔子的话，把风俗的统一视为天下治理的前提条件，"孔子曰：'移风易俗，莫善于乐。'言圣王在上，统理人伦，必移其本，而易其末，此混同天下一之乎中和，然后王教成也"③。

在汉朝风俗混一的背景下，区域之间的界线容易变得模糊，但不能就此忽视汉代人对区域差别的感知。李孝聪在研究中国区域历史地理时提道："文化有着很强的地域色彩和地域差异，从文化特征的地域差异分析入手，进而划分出文化分区，是区域文化历史地理研究的一个重要方法。需要注意的问题的是，对历史时期文化地理的研究，应尽量利用反映当时人的认知的史料，而不是依据今人观察到的一种分区方案。因为关于文化研究的理论，分区模式都是现代感知的产物，未必能够真实

---

① 雷虹霁：《秦汉历史地理与文化分区研究：以〈史记〉〈汉书〉〈方言〉为中心》，第274页。
② 《汉书》卷七二《王吉传》，第3063页。
③ 《汉书》卷二八下《地理志下》，第1640页。

地反映过去时代人们感觉中的文化区。"① 这个观点落实到汉代,提醒我们在划分汉代学术区域时必须充分考虑到汉代人的区域感知②,如薛小林所论"西州"概念③,而不能完全把今天的区域现状倒推回去,确定汉代的学术区域。

三 具体问题具体分析

汉代跨越公元前后各 200 多年时间,生活在不同朝代的士人,由于视角的不同,划分的区域不尽相同。现在保存下来的汉代人对区域的划分主要体现在《史记·货殖列传》和《汉书·地理志》中,前者划分的标准主要是经济④,后者划分的标准是分野和风俗,两者都是汉代人对他们生活时代进行的区域划分。但司马迁生活在西汉中期,班固生活在东汉前期,前后间隔约百年时间,划分标准、生活时代的不同以及其他因素的加入,使得两者划分的区域范围有基本相同的,也有前者列有而后者删除,以及后者增设而前者未列的。对这些应该进行具体的分析。

综合上面几点考虑,本研究在划分汉代学术区域时,对于《史记·货殖列传》和《汉书·地理志》划分范围基本相同的区域予以继承,对于两者之间存在差异的,则找出其差异所在,结合《史记》《汉书》和《后汉书》中同时代人的认识和自然地理的差异,进行相应的调整。

---

① 李孝聪:《中国区域历史地理》,第 6 页。
② 崔向东提道:汉代人的分区方法有很多,如:依据国别划分地域、依据经济区域划分地域、依据行政区域划分地域、依据方位划分地域、依据天文划分方位、依据风俗划分地域和依据方言划分地域。这些分区方法显示出汉代人已经形成多种地域观念(参见崔向东《汉代豪族地域性研究》,中华书局 2012 年版,第 24—26 页)。
③ 薛小林指出,"'西州'地域概念的提出并不是无所谓的,而是时人根据自己时代的历史动向发展出来的一个重要地域观念,是当时政治、经济、文化、民族诸方面综合作用的结果"(参见薛小林《汉代地理观念中的"西州"》,《西域研究》2012 年第 4 期。另可参见薛小林《争霸西州:匈奴、西羌与两汉的兴衰》,第 324 页)。
④ 《史记·货殖列传》的分区标准在后世引起较大的争议,有经济地理区、商业经济区、经济区划、区域经济地理等说法,但在叙述到每个区域时,司马迁无不重视各区域的风俗及其变化(参见本研究第一章第三节的论述)。

第二节　汉代学术区域的划分

学术区域的划分是一件十分棘手的事情，既要照顾到自然地理①，又要考虑各地不同的学术状况。同时，学术区域的确定最终要落实到行政区划上，而汉代的行政区划，尤其在郡国比较密集的黄淮平原，往往郡国交错，极不规整，任何一种分区都存在很大的难度，都会引起不等的争议。解决这个问题的关键是根据研究视角的不同②，确定一种尽可能符合当时人感知的分区方法，把研究的问题解释清楚。为此，本研究继承《史记·货殖列传》和《汉书·地理志》区域划分中相似的区域范围，比较、分析两者差异所在，在不同中寻找相同的部分，进而借鉴历史地理学知识，确定汉代学术区域的大致范围。

一　司马迁与班固区域划分的比较

司马迁和班固依据不同的标准，各自对他们生活时代的汉朝疆域进行了区域划分。两人的划分有相似之处，也有差异之处。相似之处透露出：从西汉到东汉，一些区域的大致范围得到当时人的认可，并传承着，这是我们"后人"在划分汉代区域时应该重视的地方；差异之处则显示出：两人划分理念的不同和对同一区域范围的不同认识③。

---

① 李孝聪根据导致地域差异性发生、发展的主要因素，把全国分为八个宏观大区：西北地区、西南地区、中原地区、长江中下游地区、东南沿海地区、岭南地区、东北地区、蒙古地区。参见李孝聪《中国区域历史地理》，北京大学出版社2004年版，第7页。下文在划分汉代学术区域时，尽量顾及到区域历史地理状况。

② 张伟然反思了以指标作为文化区域划分的依据问题，"20世纪90年代后期，一个新的问题出现在历史文化地理学者面前：我们可以按照现代科学概念，设定种种文化指标，勾画出古代的文化区域，然而，这些所谓区域是否符合古人的亲身感受？如果不符合，这种研究结论到底有多少学术意义？……对分区指标的考量和选定，却是一个主观过程。可以说，研究者选择什么样的分区指标，就有什么样的分区方案。比较极端的情况是，有多少种分区指标，就会有多少种分区结果"参见张伟然《历史文化地理研究中的"软"与"硬"》，《云南大学学报》（社会科学版）2018年第1期。

③ 在对比《史记·货殖列传》与《汉书·地理志》分区差异时，也应考虑两者之间因时代和形势变迁而导致的区域变迁，如东汉时西州的出现。薛小林指出："'西州'一词在《史记》中尚未出现，可能在司马迁的时代这一地域概念尚未出现，或者已经出现但并未流行。在《汉书》中出现四次，均指西南夷地区；在《后汉书》中出现三十六次，仅三次指西南地区，其他均指西北凉州及其邻近地区。"（参见薛小林《争霸西州：匈奴、西羌与两汉的兴衰》，第2页，脚注1）

1. 基本一致的区域

《史记·货殖列传》和《汉书·地理志》有六个区域的核心范围基本一致。第一个区域是关中。《史记·货殖列传》和《汉书·地理志》所说的关中都包括秦国故地、巴蜀、陇西和河西等区域，只不过随着汉武帝开疆拓宇的进展，《汉书·地理志》的关中囊括的郡国更多。

第二个区域是齐。《史记·货殖列传》称"齐"，《汉书·地理志》称"齐地"，两者所述的范围一致。这一区域自汉初开始就纳入汉朝的统治范围，不存在新开拓疆域的问题，一致性程度较高。

第三个区域是鲁。《史记·货殖列传》称"邹、鲁"，《汉书·地理志》称"鲁地"，名称不同，范围大体一致，一个较为明显的区别是东海郡在《史记·货殖列传》中属东楚，在《汉书·地理志》中属鲁地。与齐相似，这一区域也不存在因新开拓疆域而扩大范围的问题。

第四个区域是燕。《史记·货殖列传》和《汉书·地理志》所述的核心范围一致，不同之处在于后者的范围大于前者。武帝年间，随着朝鲜的平定，汉朝的东北疆域相应地拓展，汉朝在那里新设置了郡国，《汉书·地理志》把这些郡国也涵盖其中。

第五个区域是赵。《史记·货殖列传》把赵分为两个次级区域：种、代和赵、中山，两者合起来大致相当于《汉书·地理志》说的"赵地"。

第六个区域是粤。《史记·货殖列传》把岭南的广大区域放在"南楚"之后附带说明，其范围属于《汉书·地理志》说的"粤地"，后者还包括新设置的郡国。

对照汉朝疆域图可以发现，《史记·货殖列传》和《汉书·地理志》说的核心范围基本一致的区域，除了鲁之外，都位于汉朝的沿边或沿海：秦地位于西北、西南边境，齐地的东边是大海，燕地位东北边境，赵位于北方边境，粤位于南部边境。

2. 存在差异的区域

最难划分的区域是太行山以东的黄淮平原一带。这里郡国交错，涉及《史记·货殖列传》的五个区域：梁宋、三河、郑卫、颍川南阳和越楚中的西楚。《汉书·地理志》则把这一带分成七个区域：宋地、卫地、楚地、吴地、魏地、周地和韩地。两者的分区都有不足之处：《史记·货殖列传》

说的郑卫与颍川、南阳存在较大重叠，而《汉书·地理志》的一些郡国被划分到不同的区域中，如，汝南分属楚地和魏地，颍川分属魏地和韩地，河南分属卫地和魏地，河南分属魏地和周地等。仔细对比两者的分区，还是能够发现它们的共同之处。这可以从三个层面分析。

一是《史记·货殖列传》的次级区域与《汉书·地理志》的一级区域相对应的区域。这样的区域有两个：《史记·货殖列传》说的东楚相当于《汉书·地理志》说的吴地，南楚相当于楚地。二是《史记·货殖列传》的多个区域（包括次级区域）相当于《汉书·地理志》的一个区域。这样的区域有一个：梁宋和西楚相当于宋地。三是《史记·货殖列传》的多个区域相当于《汉书·地理志》的多个区域。这样的区域有一个：三河、颍川南阳和郑卫相当于魏、周、卫、韩四地。

经过这样一番比对，《史记·货殖列传》和《汉书·地理志》的分区大致对应起来，它们的差别，或者在于边境新设置郡国是否纳入的问题，或者在于中原郡国归属哪个区域的问题，这就为本研究划分汉代学术区域提供了参照。

二　汉代学术区域的划分

依据上述原则和分析，本研究把汉代学术区域划分为巴蜀、关中、河洛、荆楚、梁宋、鲁地、齐地、吴越、燕地、粤地和赵地十一个。

1. 巴蜀

巴蜀在汉代是否归入关中尚存不一致的说法。《史记·货殖列传》和《汉书·地理志》把它列在关中区来叙述，这可从《史记》和《汉书》的记载中得到印证：秦汉之际，项羽与范增在谋划立诸侯时，"与范增疑沛公，业已讲解，又恶背约，恐诸侯叛之，阴谋曰：'巴、蜀道险，秦之迁民皆居之。'乃曰：'巴、蜀亦关中地。'"① 从对话语气来看，其中不乏为了把汉高祖排挤出去而刻意把巴蜀划入关中的成分，既然巴蜀属于关中，把他分封于此也就实现了"怀王与诸将约，先入定关中者王之"② 的

---

① 《汉书》卷三一《项籍传》，第 1809 页。
② 《汉书》卷一上《高帝纪上》，第 16 页。

约定。但在实际分封过程中，项羽又把巴蜀从关中排除，他"立沛公为汉王，王巴、蜀、汉中。而参分关中，王秦降将以距塞汉道。乃立章邯为雍王，王咸阳以西。长史司马欣，故栎阳狱吏，尝有德于梁；都尉董翳，本劝章邯降。故立欣为塞王，王咸阳以东至河；立翳为翟王，王上郡"①。显然，"三分关中"中的"关中"并不包括巴蜀。有意思的是，在分封后不久，汉高祖就"还定三秦"，引起项羽的勃然大怒。为此，张良还特意给他写信，称"汉王失职，欲得关中，如约即止，不敢东"②。这意味着在张良看来，三秦之地也属于关中。由此可见，巴蜀是否属于关中与当事者的意图密切相关。

基于这一点，同时考虑到巴蜀在历史地理上是个相对独立的区域③，本研究把巴蜀作为独立的学术区域，其涵盖的郡国主要是巴郡（郡治④江州，今重庆市北）、广汉（郡治梓潼，今四川梓潼）、蜀郡（郡治成都，今四川成都市）、犍为（郡治僰道，今四川宜宾西南）、益州（郡治滇池，今云南晋宁东）以及周边的牂柯（郡治故且兰，在今贵州福泉市境内）、越嶲（郡治邛都，今四川西昌东南）等郡国。

需要注意的是：从地形上看，巴蜀具有多样性。史籍中所说的"地称天

---

① 《汉书》卷三一《项籍传》，第 1809 页。
② 《汉书》卷三一《项籍传》，第 1811 页。
③ 刘跃进、刘燕梅认为，两汉是可以作为一个总体加以论述的。但是，与秦代相比，就有诸多的差异。譬如关中地区，秦代的行政划分是北自九原、云中，西至北地、陇西，东部则以黄河为界，弘农故关以西的河内、弘农、京兆、冯翊、扶风均归其辖管。在当时人的心目中，西南地区甚至包括了今天四川部分地区。而《续汉书·郡国志》则将益州和凉州从关中地区划分开来，但是又东过黄河，将河内、河南诸郡归属司吏部辖管。因此，从区域文化研究的角度看，与其笼统地将关中地区作为一个整体研究，不如分为三辅地区、巴蜀地区与河西地区更为合理。参见刘跃进、刘燕梅《秦汉区域文化的划分及其意义》，《淮阴师范学院学报》（哲学社会科学版）2006年第 4 期。
④ 这里讲的"郡治"及其今天的位置，主要指西汉时期，系据周振鹤、李晓杰、张莉《中国行政区划通史·秦汉卷》（第二版，复旦大学出版社 2017 年版）而定。很多郡国的名称和治所、国都在两汉时期有所变动，如梁郡（国）在西汉时的名称变化为：梁国（前 202 年—前 181 年）——后吕国（前 181 年—180 年）——梁国（前 180 年—前 179 年）——砀郡（前 179 年—178 年）——梁国（前 178 年—前 169 年）——砀郡（前 169 年—前 168 年）——梁国（前 168 年—3 年）——梁郡（3 年—5 年）——梁国（5 年—8 年），在东汉时名称变化为：梁郡（27 年—79 年）——梁国（79 年—220 年）。而王莽时，梁国被改称陈定郡（参见周振鹤、李晓杰、张莉《中国行政区划通史·秦汉卷》第二版，复旦大学出版社 2017 年版，第 272、686 页）。这些与本研究的主旨关系不大，所以没有一一列出。

府，原曰华阳"①"蜀沃野千里，号为陆海"②"土地山原多平，有牛马桑蚕。人自先汉以来，傀伟倜傥，冠冕三巴"③ 等词汇，多是用来形容今天的四川盆地。而在盆地的南部和西南部，则以山地为主，如涪陵郡，"土地山险水滩，人多戆勇，多獽蜑之民。县邑阿党，斗讼必死。无蚕桑，少文学"④；牂柯郡"郡特多阻险"⑤；永昌郡"绝域荒外，山川阻深，生民以来，未尝通中国也"⑥。自然环境的差异对巴蜀内部学术发展不平衡产生重要影响。

2. 关中

关中在汉代有"大关中"和"小关中"之别⑦。《史记·货殖列传》和《汉书·地理志》划分的关中都是"大关中"，而且都把关中作为独立的区域，随着汉朝疆域的开拓，尤其是汉武帝年间河西等地纳入汉朝的版图，关中的范围逐渐增大，但基本的区域保持不变。对本研究而言，关中包括三个次级区域：一是三辅，即京兆（治所在长安，今陕西西安市西北）、左冯翊（治所在长安，今陕西西安市高陵区）和右扶风（治所在长安，今陕西咸阳市东北）三郡。二是陇西，主要指北地（郡治马领，今甘肃庆阳市西北）、上郡（郡治肤施，今陕西榆林市东南）、西河（郡治平定，今内蒙古准噶尔旗西南）、安定（郡治高平，今宁夏固原市）、天水（郡治平襄，今甘肃通渭西）、陇西（郡治狄道，今甘肃临洮）六郡。《汉书·地理志》云："汉兴，六郡良家子选给羽林、期门。"⑧"六郡"，注引

---

① 《华阳国志》卷三《蜀志》，第 26 页。
② 《华阳国志》卷三《蜀志》，第 30 页。
③ 《华阳国志》卷一《巴志》，第 13 页。
④ 《华阳国志》卷一《巴志》，第 12 页。
⑤ 《华阳国志》卷四《南中志》，第 52 页。
⑥ 《华阳国志》卷四《南中志》，第 56 页。
⑦ 辛德勇认为，"所谓'关中'地区，是一个以都城长安为核心的地域圈层，其最核心的部位，是秦朝和西汉初期的内史，也就是汉朝后来的三辅地区，大致与自然地理上的关中渭河平原相当，这可以称之为'小关中'；再向外延展，在汉武帝元鼎三年以前，则南有大巴山、三峡地带以西的巴、蜀、汉中地区，北有今山陕间黄河河道以西秦汉两朝疆域内上郡以南所有地域，这可以称之为'大关中'"（参见辛德勇《秦汉政区与边界地理研究》，中华书局 2009 年版，第 279 页。另可参见王子今《秦汉区域地理学的"大关中"概念》，《人文杂志》2003 年第 1 期）。也有研究者用广义、狭义进行区别，分别对应大关中和小关中（参见葛剑雄《秦汉时期的人口迁移与文化传播》，《历史研究》1992 年第 4 期）。
⑧ 《汉书》卷二八上《地理志上》，第 1644 页。

师古曰："六郡谓陇西、天水、安定、北地、上郡、西河。"三是河西，主要指武威（郡治姑臧，今甘肃武威市西北）、张掖（郡治觻得，今甘肃张掖市甘州区西北）、酒泉（郡治禄福，今甘肃酒泉市肃州区）和敦煌（郡治敦煌，今甘肃敦煌市西）等郡。需要注意的是，《汉书·地理志》说秦地的范围"自弘农故关以西"，其中的"弘农故关"即故函谷关，位于今河南灵宝市境。但汉武帝元鼎"三年（前114年）冬，徙函谷关于新安"①，大大地向东迁移了，弘农郡（郡治弘农，今河南灵宝西北）也属于关中，本研究参考汉代刺史部和州制，把弘农划入关中。

3. 河洛

学术区域划分最难的是太行山以东的黄淮一带。本研究通过细致的分析，找出《史记·货殖列传》和《汉书·地理志》对这一带划分的共同之处。另外，李孝聪在研究河南区域历史地理时指出："豫东和豫西是人们根据河南地貌宏观差异的不同称谓，虽然是从自然地理方面的划分，但是可能更意味着东、西两地文化风俗有别"②。有鉴于此，本研究把这一带划分为河洛和梁宋两个区域。

河洛在先秦时期主要指河水和洛水两条河流。《易·系辞》云："河出图，洛出书。"到汉代，河洛又多出一层含义，成为区域名称。司马迁"见父于河洛之间"③；《汉书·郊祀志》云："昔三代之居皆河洛之间，故嵩高为中岳，而四岳各如其方，四渎咸在山东。"④ 河洛作为区域名称已经得到汉代人的认可，在今天也被视为独立的文化区域⑤。本研究中河洛的范围相当于《汉书·地理志》说的魏地大部分及周地、韩地和卫地，或者《史记·货殖列传》说的三河和郑卫，主要包括河东（郡治安邑，今山西夏县西北）、河南（郡治洛阳，今河南洛阳市东）、河内（郡治怀

---

① 《汉书》卷六《武帝纪》，第183页。注引应劭曰："时楼船将军杨仆数有大功，耻为关外民，上书乞徙东关，以家财给其用度。武帝意亦好广阔，于是徙关于新安，去弘农三百里。"辛德勇认为此次"广关"不仅仅是因为杨仆的请求，而是涉及汉朝地域政策与大关中布防方略的大调整（参见辛德勇《汉武帝"广关"与西汉前期地域控制的变迁》，《中国历史地理论丛》2008年第2期）。

② 李孝聪：《中国区域历史地理》，第226页。

③ 《汉书》卷六二《司马迁传》，第2715页。

④ 《汉书》卷二五上《郊祀志上》，第1205页。

⑤ 李振宏：《大陆学界河洛文化研究的现状及问题》，《中原文化研究》2013年第2期。

县，今河南武陟西南）、颍川（郡治阳翟，今河南禹州市）、南阳（郡治宛县，今河南南阳市）、陈留（郡治陈留，今河南开封市祥符区东南）、汝南（郡治平舆，今河南平舆北）及周边的东郡（郡治濮阳，今河南濮阳西南）等。

4. 荆楚

楚是先秦大国。战国时的纵横家苏秦对楚威王说："楚，天下之强国也；王，天下之贤王也。西有黔中、巫郡，东有夏州、海阳，南有洞庭、苍梧，北有陉塞、郇阳，地方五千余里，带甲百万，车千乘，骑万匹，粟支十年。"① 楚国都城曾几次迁徙，后人对它的称呼也有多种。首先可称为"荆楚"，大致相当于《史记·货殖列传》所说的南楚；迁都于陈时，可称为"陈楚"，大致相当于《史记·货殖列传》所说的西楚；迁都于寿春，可称为"越楚"，大致相当于《史记·货殖列传》所说的东楚。在这三个称呼中，"荆楚"略同于《汉书·地理志》中的楚地，在汉代使用较多。司马迁在《淮南衡山王列传》后感慨："夫荆楚僄勇轻悍，好作乱，乃自古记之矣。"② 班固在《汉书·淮南衡山济北王传》中称："夫荆楚剽轻，好作乱，乃自古记之矣。"③ 本研究用"荆楚"一词，使《汉书·地理志》所述的楚地更加明确，包括南郡（郡治江陵，今湖北荆州市江陵区）、江夏（郡治安陆，今湖北云梦）、桂阳（郡治郴县，今湖南郴州市）、武陵（郡治义陵，今湖南溆浦南）、长沙（国都临湘，今湖南长沙市）、汉中（郡治西城，今陕西安康市西）、零陵（郡治零陵，今广西全州西南）等郡国。

5. 梁宋

宋是先秦古国，有着悠久的历史，但除了春秋时期宋襄公在位，国势达到鼎盛外，在战国时期并不显赫。公元前286年，宋国被齐、楚、魏三国瓜分。《史记·货殖列传》把梁宋作为一个区域可能基于其习俗之美，《汉书·地理志》则基于其曾经的大国地位，"宋虽灭，本大国，故自为分野"④。

---

① 《史记》卷六九《苏秦列传》，第2259页。
② 《史记》卷一一八《淮南衡山王列传》"赞"，第3098页。
③ 《汉书》卷四四《淮南衡山济北王传》，第2157页。
④ 《汉书》卷二八下《地理志下》，第1664页。

两者所述的范围大致相同。宋国"为齐、楚、魏所灭,参分其地。魏得其梁、陈留,齐得其济阴、东平,楚得其沛"①。"魏得其梁"后曾迁都于此,称梁国,所以这里使用"梁宋"作为区域的名称②,主要包括沛郡(郡治相县,今安徽濉溪西北)、梁国(国都睢阳,今河南商丘市西南)、山阳(郡治昌邑,今山东巨野东南)、楚国(国都彭城,今江苏徐州市)、济阴(即定陶国,国都定陶,今山东定陶稍西北)、淮阳(国都陈县,今河南淮阳)等郡国。

6. 鲁地

鲁地在《史记·货殖列传》中称"邹鲁","邹、鲁滨洙、泗",但司马迁没有指明其范围。《汉书·地理志》则说鲁"东至东海,南有泗水,至淮,得临淮之下相、睢陵、僮、取虑"③。其中,临淮郡的下相、取虑、僮、睢陵位于淮河以北,所以本研究中的鲁地包括鲁国(国都鲁县,今山东曲阜市)、东海(郡治郯县,今山东郯城西)、泗水(国都凌县,今江苏泗阳西北)、东平(国都或在无盐,今山东东平东南)等郡国。

7. 齐地

齐地与鲁地在许多研究成果中往往被视为一个文化区域,但在汉代,齐、鲁代表着不同的文化传统。秦汉之际,郦食其劝汉高祖平定齐地,称:"诸田宗强,负海岱,阻河济,南近楚,齐人多变诈,足下虽遣数十万师,未可以岁月破也。"④汉初,邹阳欲为梁孝王杀爰盎事开脱,向齐人王先生求计时说:"邹鲁守经学,齐楚多辩知,韩魏时有奇节,吾将历问

---

① 《汉书》卷二八下《地理志下》,第1664页。
② 梁宋作为区域名称在当今也得到很多研究者的认可。史念海在研究战国秦汉时期黄河流域及其附近地区经济发展时,将关东分为三河、燕赵、齐鲁、梁宋和颍(川)南(阳)五个区域(参见史念海《河山集》(三集),人民出版社1988年版,第118页)。王子今亦曾撰文论述汉代梁宋的商路(参见王子今《两汉时期"梁宋"地区的商路》,《河南科技大学学报》(社会科学版)2004年第4期)。但各家所论梁宋的范围并不一致,史念海界定的范围基本以汉初的梁国为界,王子今则以梁国及其邻近地区为讨论对象。此外,王朝阳在探讨秦汉时期梁宋经济发展与环境条件时,将梁宋的范围划得更大,"北至古黄河,南至古睢水,西至开封,东至徐州作为研究范围,大体上相当于今天的豫东、鲁西南以及安徽省的北部及江苏省的西北部地区"(参见王朝阳《战国秦汉时期梁宋地区经济发展与环境条件研究》,硕士学位论文,河南大学,2005年)。
③ 《汉书》卷二八下《地理志下》,第1662页。
④ 《汉书》卷四三《郦食其传》,第2108页。

之。"① 言辞中透露出齐、鲁传统的差异。《汉书·儒林传》云："宣帝即位，闻卫太子好《穀梁春秋》，以问丞相韦贤、长信少府夏侯胜及侍中乐陵侯史高，皆鲁人也②，言穀梁子本鲁学，公羊氏乃齐学也，宜兴《穀梁》。"③ 其中提道的"鲁学""齐学"两词透露出在韦贤和史高的思想里，齐、鲁两地学术不同，不能混为一谈。《史记·货殖列传》和《汉书·地理志》都把齐、鲁分开叙述。《史记·货殖列传》："齐带山海。"裴骃《史记集解》引徐广曰："《齐世家》：'齐自泰山属之琅邪，北被于海，膏壤二千里。'"④ 说的范围比较笼统。《汉书·地理志》则把齐地四至说得较为明确，主要包括济南（郡治东平陵，今山东章丘西北）、甾川（国都剧县，今山东寿光南）、东莱（郡治掖县，今山东莱州）、北海（郡治营陵⑤，今山东昌乐东南）、琅邪（郡治东武，今山东诸城）、高密（国都高密，今山东高密西南）、胶东（国都即墨，今山东平度东南）、泰山（郡治奉高邑，今山东泰安东）、城阳（国都莒县，今山东莒县）、千乘（郡治千乘，今山东高青东北）、平原（郡治平原，今山东平原南）诸郡国及勃海（郡治浮阳，今河北沧州市东南）在黄河以南部分，这也是本研究划定齐地的范围。

8. 吴越

《史记·货殖列传》把越与楚放在一起叙述，分为东楚、西楚和南楚三个次级区域，范围非常广阔，相当于《汉书·地理志》中的吴、楚、粤三地和宋、魏二地的部分区域。比较而言，司马迁说的楚略同于春秋战国时期楚国的范围，班固说的吴地更符合汉代的实际状况，因此本研究以《汉书·地理志》的分区为准，名称上则采用"吴越"一词。这主要基于两个思考：一是吴、越作为曾经存在的两个诸侯国，地理接壤，习俗、语言相通。《吕氏春秋·知化》："吴之与越也，接土邻境，壤交通属，习俗

---

① 《汉书》卷五一《邹阳传》，第 2353 页。
② 按：《汉书·夏侯胜传》："初，鲁共王分鲁西宁乡以封子节侯，别属大河，大河后更名东平，故（夏侯）胜为东平人。"（参见《汉书》卷七五《夏侯胜传》，第 3155 页）这里说他是"鲁人"，就其籍贯而言。
③ 《汉书》卷八八《儒林传·瑕丘江公传》，第 3618 页。
④ 《史记》卷一二九《货殖列传》，第 3265 页。
⑤ 治所无考，严耕望以为在首县营陵（参见严耕望《严耕望史学论文选集》上，中华书局2006 年版，第 112 页），本研究暂从之。

同，言语通。"① 二是在汉代"吴越"一词较为流行。《史记·三王世家》："夫广陵在吴越之地，其民精而轻。"② 严助上书汉武帝时称："自汉初定已来七十二年，吴越人相攻击者不可胜数，然天子未尝举兵而入其地也。"③ 两段引文中提道的"吴越"都是作为地域名称出现的。吴越的范围相当于《汉书·地理志》说的吴地，包括会稽（郡治吴县，今江苏苏州市）、九江（郡治寿春，今安徽寿县）、豫章（郡治南昌，今江西南昌市）、庐江（郡治舒，今安徽庐江西南）、广陵（国都广陵，今江苏扬州西北）、丹阳（郡治宛陵，今安徽宣城宣州区）、六安（国都六县，今安徽六安市）、临淮（郡治徐县，今江苏泗洪南）等郡国。

9. 燕地

燕地在《史记·货殖列传》和《汉书·地理志》都是独立的分区，前者所述的范围比较模糊，"南通齐、赵，东北边胡。上谷至辽东……北邻乌桓"④。汉武帝在元封三年（前108年）出兵平定朝鲜，设置玄菟、真番、乐浪、临屯四郡，《汉书·地理志》在叙述燕地时把这四郡也计算在内，比《史记·货殖列传》的范围要大，但基本区域未变。本研究中的燕地主要包括渔阳（郡治渔阳，今北京密云西南）、广阳（国都蓟，今北京市）、右北平（郡治平刚，今内蒙古宁城西南）、辽西（郡治且虑，当在今辽宁义县北）、辽东（郡治襄平，今辽宁辽阳市）、上谷（郡治沮阳，今河北怀来东南）、涿郡（郡治涿县，今河北涿州市）、乐浪（郡治朝鲜，今朝鲜平壤市南）、玄菟（郡治高句丽，今辽宁新宾满族自治县西）等郡国和勃海郡在黄河以北的区域。

10. 粤地

粤地在《史记·货殖列传》中没有具体的名称，仅仅笼统地称"九疑、苍梧以南至儋"。在《汉书·地理志》则称"粤地"，也就是越地。《汉书·异姓诸侯王表》："秦既称帝……内锄雄俊，外攘胡粤，用壹威权，为万世安。"⑤

---

① 陈奇猷：《吕氏春秋新校释》，上海古籍出版社2002年版，第1562页。
② 《史记》卷六〇《三王世家》，第2116页。
③ 《汉书》卷六四《严助传》，第2777页。
④ 《史记》卷一二九《货殖列传》，第3265页。
⑤ 《汉书》卷一三《异姓诸侯王表》，第364页。

注引师古曰："粤，古越字。"粤地的范围，《汉书·地理志》比《史记·货殖列传》所述广些，主要包括苍梧（郡治广信，今广西梧州市）、郁林（郡治布山，今广西桂平市西）、合浦（郡治合浦，今广西合浦东北）、交趾（郡治羸陵，今越南河内市西北）、九真（郡治胥浦，今越南清化省清化市西北）、南海（郡治番禺，今广东广州市）等郡。

11. 赵地

赵地在《汉书·地理志》中是一个独立的分区，在《史记·货殖列传》中被分为种、代和赵、中山两个次级区域来叙述，两者所述的范围大致相同，主要包括太原（郡治晋阳，今山西太原市西南）、清河（郡治清阳，今河北清河东南）、信都（国都信都，今河北冀州市）、上党（郡治长子，今山西长子西）、真定（国都真定，今河北正定南）、常山（郡治元氏，今河北元氏西北）、中山（国都卢奴，今河北定州）、广平（郡治广平，今河北鸡泽东）、钜鹿（郡治钜鹿，今河北平乡西南）、魏郡（郡治邺县，今河北临漳西南）、河间（国都乐成，今河北献县东南）、定襄（郡治成乐，今内蒙古和林格尔西北）、云中（郡治云中，今内蒙古托克托东北）、五原（郡治九原，今内蒙古包头市西）、朔方（郡治朔方，今内蒙古杭锦旗东北）、雁门（郡治善无，今山西右玉西北）、代郡（郡治代县，今河北蔚县东北）、赵国（国都邯郸，今河北邯郸市）等郡国。

汉代学术区域及其对应的行政区划，如表8所示：

表8　　　　　　　　汉代学术区域与行政区划对照表

区域名称	行政区划
巴蜀	巴郡、广汉郡、蜀郡、犍为郡以及周边的牂柯郡、越嶲郡等郡国
关中	京兆、左冯翊和右扶风、北地、上郡、西河、安定、天水、陇西、武威、张掖、酒泉和敦煌等郡国
河洛	河东郡、河内郡、河南郡、颍川郡、南阳郡、陈留郡、东郡、汝南郡[①]等郡国

---

①　汝南郡，在《史记·货殖列传》中属于"西楚"，在《汉书·地理志》中分属魏地和楚地。汝南郡的学术人物多集中于北部，其习俗"急疾有气势"，不同于楚地，所以本研究将它划到河洛。

续表

区域名称	行政区划
荆楚	南郡、江夏郡、桂阳郡、长沙国、汉中郡等郡国
梁宋	沛郡、梁国、山阳郡、楚国、济阴郡、淮阳国等郡国
鲁地	鲁国、东海郡、泗水国、东平郡①等郡国
齐地	济南郡、甾川国、东莱郡、北海郡、琅邪郡、高密国、胶东国、泰山郡、城阳国、千乘郡、平原郡等郡国及勃海郡在黄河以南部分
吴越	会稽郡、九江郡、豫章郡、庐江郡、广陵国、丹阳郡、六安国、临淮郡等郡国
燕地	渔阳郡、广阳国、右北平郡、辽西郡、辽东郡、上谷郡、涿郡、乐浪郡、玄菟郡等郡国
粤地	苍梧郡、郁林郡、合浦郡、交趾郡、九真郡、南海郡、日南郡等郡
赵地	清河郡、信都郡、上党郡、真定国、常山郡、中山国、广平国、钜鹿郡、魏郡、河间国、定襄郡、云中郡、五原郡、朔方郡、雁门郡、代郡、赵国等郡国

说明：汉代郡国设置多有变动，已如前述。本表主要以《汉书·地理志》所载郡国为准，对于此前和此后的郡国，则在行文过程中根据其沿革轨迹归入相应的区域。

张伟然在"区域研究的新走向笔谈"中提道："我们平常所谓的区域其实有多种不同的性质。其中至少有两种，一种是地理事象本身空间分布差异而形成的区域，如气候区、地貌区、风俗区、某某文化景观区；另一种则是研究者选取的观察区域。前者是客观的、内在的，后者是主观的，甚至可以讲是随意的。从理论上讲，区域研究应该以事象客观分布的区域为单元，但在实际操作中，那种区域往往不可能先验而存在，因而在研究过程中只能尽量向目标靠拢，即选取有某种依据的区域，并随时准备调整空间范围。"② 因此，本研究中学术区域的划分界限也不是绝对和整齐划一的，这是需要说明的一点。

---

① 东平国，《汉书·地理志》未明确其归属的区域，从自然地理的角度看，东平在济水以东，即《汉书·地理志》所称"皆在济东"（参见《汉书》卷二八下《地理志下》，第1663页），所以本研究将它划到鲁地。

② 张伟然：《用区域研究锻造本土的思维工具》，《史学月刊》2004年第4期。

第三章

汉代学术载体的区域分布

根据文化地理学的观点，文化的存在需要实体基础，这就是文化载体。文化载体一般分为两大类：物化载体和人化载体，前者如建筑物、器物、物质符号、象征物等，后者如思想、语言、交往方式等①。文化地理学关于文化载体的论述为考察学术载体提供了思考。夏增民认为，学术形态作为一种精神性的存在，总是要有一定的载体才能体现出来。学术载体主要是指学者群体、人才群体等主体性载体和书籍等客体性载体②。熊铁基在研究汉代学术时也提道："学术有载体才能流传。什么是学术载体呢？主要是两个：一是人，人的头脑；二是物，有文字图形的物，又主要是书籍，故书籍又称'载籍'。"③ 两位研究者都指出学术载体指学术著作和学术人物，这与文化地理学的观点不谋而合，也是本研究中学术载体的含义。

第一节 汉代学术人物的区域分布

汉代学术的内涵既有别于今日，汉代学术人物的类型也异于今日。《儒林传》和《文苑传》的传主是学术人物，那些冠以"儒宗""大儒"

---

① 唐晓峰：《文化地理学释义：大学讲课录》，第 15 页。
② 夏增民：《历史学术地理刍议——以 20 世纪 80 年代以来的历史学术地理研究为例》，《华中科技大学学报》（社会科学版）2006 年第 6 期。
③ 熊铁基：《汉代学术史论》，高等教育出版社 2013 年版，第 15 页。

"宿儒""名儒"和"博士"等学术"头衔"的也是，而那些能够教授生徒、以明经取得职位和进行著述的同样也是。只是囿于资料有些学术人物的籍贯未能确定，如《汉书·朱云传》载其"年四十，乃变节从博士白子友受《易》"①。白子友既为博士，自然属学术人物，但未知其籍贯；有些虽知其籍贯但无法明确，如申公有弟子免中徐公，东平王式又曾师事徐公②，徐公属学术人物，但免中位于何处，尚未可知，"苏林曰：'免中，县名也。'李奇曰：'邑名也。'师古曰：'李说是也。'"③ 除此之外，汉代能够确定籍贯的学术人物共 943 位，下文列出不同时代的区域分布状况。

一 西汉学术人物的区域分布

根据《史记》《汉书》《后汉书》等史籍的记载，共搜集到西汉学术人物 408 位，其中，籍贯明确的 367 位（表 28），籍贯未明的 41 位（表 29）。能够明确籍贯的学术人物的区域与郡国归属情况如表 9 所示。

表9　　　　　西汉学术人物区域分布简表　　　　　单位：人

区域名称	籍贯	姓名	小计	合计
齐地	琅邪	王中、徐良、皮容、伏理、殷崇、王璜、鲁伯、邴丹、贡禹、公孙文、东门云、诸葛丰、左咸、王扶、房凤、师丹、王同、王吉、王骏、梁丘贺、梁丘临、纪逡、筦路、王仲	24	80
	齐	辕固生、周堪、炔钦、浮丘伯、即墨成、衡咸、薛方、邹阳、甘忠可、胡母生、服光、待诏臣饶、赣遂、栗融、刘敬、田何、羊胜、公孙诡	18	
	千乘	欧阳生、兒宽、欧阳地余、欧阳高、欧阳政	5	
	甾川	长孙顺、杨何、公孙弘、任公、公孙光	5	
	济南	伏生、张生、林尊、终军、伏孺	5	
	临淄	严安、宋邑、唐安、阳庆、主父偃	5	
	泰山	毛莫如、栗丰、冥都	3	
	平原	高嘉、高容、东方朔	3	

---

① 《汉书》卷六七《朱云传》，第 2912 页。
② 《汉书》卷八八《儒林传·王式传》，第 3610 页。
③ 《汉书》卷八八《儒林传·申公传》注引，第 3609 页。

续表

区域名称	籍贯	姓名	小计	合计
齐地	北海	禽庆、苏章、逢汾	3	80
	勃海	鲍宣、隽不疑、赵定	3	
	胶东	庸生、徐万且	2	
	东莱	费直、张霸	2	
	城阳	衡胡	1	
	胶西	盖公	1	
鲁地	鲁	荣广、公孙臣、皓星公、高堂生、徐延、徐襄、间丘卿、夏侯敬、徐生、申公、冯宾、夏侯都尉、夏侯始昌、周霸、扶卿、许生、朱云、白生、穆生、制氏、申咸、毛亨	23	70
	东海	发福、孟卿、殷嘉、徐明、匡衡、疏广、萧望之、孟喜、褚大、缪生、徐偃、白光、王臧、马宫、于定国、后仓、严彭祖、翼奉、毋将永、师中、澓中翁	21	
	鲁国	孔霸、孔光、孔安国、孔延年、孔襄、孔子建、韦玄成、韦赏、韦贤、桓公、丙吉、眭孟、叔孙通、颜安乐、阙门庆忌、孔骥、田生、孔武、孔忠、孔衍	20	
	东平	嬴公、唐长宾、王式、夏侯胜、夏侯建、蔺卿	6	
梁宋	沛郡	蔡千秋、闻人通汉、庆普、庆咸、唐林、唐尊、高相、高康、邓彭祖、瞿牧、施雠、戴崇、褚少孙、薛广德、陈咸、刘交、刘友、陈参	18	58
	梁	丁姓、周庆、戴德、戴圣、桥仁、杨荣、陈翁生、丁宽、焦延寿、龙德、韩安国、田王孙、鲁赐、萧秉、项生	15	
	山阳	张就、张无故、张长安、张游卿、龚遂、江公、萧奋、陈汤、曹竟、大江公	10	
	楚国	申章昌、龚胜、龚舍、陆贾、曹羽、朱建、司马季主、王子张	8	
	淮阳	枚乘、枚皋、彭宣、黄霸、泠丰、臣寿	6	
	济阴	魏相	1	
关中	京兆	杜参、许商、谷永、国由、徐禹、刘郢客、刘隐、刘歆、刘向、刘荣、刘钦、刘辟强、刘伋、刘德、刘德、刘去、刘越、单安国、安丘望之、毛延寿、刘白、龚宽、阳望、刘安、张竦	25	50

续表

区域名称	籍贯	姓名	小计	合计
关中	右扶风	云敞、涂恽、徐敖、士孙张、平晏、吴章、张山拊、李寻、郑宽中、王嘉、梧育、陈敞、杜邺、平当、张敞	15	50
	左冯翊	司马谈、司马迁、冯商、王吉	4	
	北地	公孙昆邪、王围	2	
	陇西	李陵、李广	2	
	弘农	杨仆	1	
	天水	狄山	1	
河洛	河南	桑钦、乘弘、锜华、虞初、贾谊、周王孙、张苍、陈平、杜子春、缑氏、李吉、宋孟、贾嘉、刘带	14	43
	河内	赵子、食子公、息夫躬、蔡义、吕步舒、张恢、张禹、郑子侯	8	
	颍川	满昌、晁错、贾山、孙宝、堂溪惠、张良	6	
	汝南	尹更始、尹咸、桓宽、翟方进、何比干	5	
	陈留	假仓、许晏、樊并	3	
	东郡	赵玄、京房	2	
	河东	姚平、唐昌	2	
	卫	蔡公、五鹿充宗	2	
	南阳	直不疑	1	
赵地	赵	吾丘寿王、毛公、贯公、贯长卿、聊苍、田叔	6	27
	上党	冯立、冯参、冯野王、冯逡、冯奉世	5	
	广川	孟旦、段仲、董仲舒、秦恭	4	
	魏郡	盖宽饶、贾护	2	
	清河	胡常、张禹	2	
	太原	郇越、郇相	2	
	钜鹿	路温舒、侯芭	2	
	代郡	赵绾	1	
	邯郸	蔡癸	1	
赵地	雁门	班伯	1	27
	常山	王禹	1	

续表

区域名称	籍贯	姓名	小计	合计
吴越	九江	陈侠、张邯、朱谱、严望、严元、谢曼卿、梅福、召信臣、被公	9	17
	会稽	朱买臣、严助、盛吉	3	
	庐江	文翁、许子威	2	
	吴	严忌	1	
	临淮	韩信	1	
	淮南	贲生	1	
巴蜀	蜀郡	严君平、扬雄、司马相如、何武、赵宾、张宽	6	13
	广汉	杨宣、严象、赵翘	3	
	犍为	王褒、犍为文学	2	
	巴郡	落下闳、胥君安	2	
燕地	涿郡	韩生、蒯通、王尊、崔发	4	7
	燕	韩婴、韩商、徐乐	3	
荆楚	汉中	杨王孙	1	1
粤地	苍梧	陈钦	1	1

资料来源：本研究资料编"表28 西汉学术人物简况表"。

二 东汉学术人物的区域分布

根据《后汉书》《全后汉文》《隋书·经籍志》等史籍的记载，共搜集到东汉学术人物651位，其中籍贯明确的576位（表30），籍贯未明的75位（表31）。能够明确籍贯的学术人物的区域与郡国归属情况如表10所示。

表10　　　　　　　东汉学术人物区域分布简表　　　　　单位：人

区域名称	籍贯	姓名	小计	合计
河洛	南阳	魏满、冯良、韩歆、延笃、尹勤、赵康、刘弘、宋京、宋均、宋意、宗资、刘珍、尹敏、贾复、樊安、樊瑞、樊鯈、樊英、郭丹、孔乔、任隗、任延、张堪、李生、张衡、何颙、邓弘、邓禹、樊晔、来歙、高凤、洼丹、朱穆、卓茂、宋忠、谢该、刘嘉、张机、朱明叔、许慈、邓×①、邓甫德、刘苍、刘辅、刘京、刘庄、阴长生、邓绥、樊准	49	165

---

① 原名佚失。参见《后汉书》卷一六《邓禹传》，第618页。

续表

区域名称	籍贯	姓名	小计	合计
河洛	汝南	唐羌、周磐、周燮、蔡玄、应奉、应劭、戴凭、廖扶、许峻、许曼、李巡、袁安、袁敞、袁京、袁良、袁彭、袁汤、钟兴、周防、周举、郭宪、李咸、郅恽、张充、张酺、蔡衍、高获、许慎、彭汪、应瑒、程秉、许劭	32	165
	颍川	李修、唐溪典、钟皓、丁鸿、冯异、李膺、陈纪、张兴、刘陶、荀爽、荀悦、刘子奇、唐扶、繁钦、白仲职、邯郸淳、韩融、陈寔、张鲂、郭弘、郭躬、杜密、綦册君、荀季卿、刘德昇、刘根、司马徽	27	
	陈留	蔡朗、陈龛、李充、刘昆、刘轶、杨伦、张迁、边让、边韶、史弼、范冉、申屠蟠、爰延、张升、楼望、蔡邕、蔡质、杨匡、仇览、范丹、王孙骨、阮谌、路粹、阮瑀、蔡文姬、潘勖	26①	
	河南	屈伯彦、郑安世、郑兴、郑众、侯霸、孟郁、服虔、孙堪、刘宏、刘骎骈、刘毅、刘宠、刘炟、刘复、刘羡、刘睦	16	
	河内	向长、张玄、蔡茂、李章、杜乔、王奂、卫飒、司马朗	8	
	东郡	索卢放、张恭祖、赵畅、赵咨	4	
	河东	乐详、王乔、杨仲续	3	
关中	右扶风	朱勃、曹众、井丹、士孙瑞、杜林、傅毅、矫慎、马廖、马日䃅、马融、马芝、马续、马严、马援、法真、班彪、班固、班超、窦武、窦章、耿况、耿弇、何敞、贾逵、孔奋、孔嘉、孔奇、梁鸿、鲁恭、鲁丕、苏竟、韦彪、李育、班昭、吕叔公、秦彭、曹喜、贾徽、马皇后、徐幹	40	95
	京兆	第五元先、高恢、祁圣元、韦著、杨政、挚恂、苏顺、刘龚、宋登、赵牧、第五伦子、乐恢、赵岐、杜笃、冯豹、冯衍、廉范、玉况、朱宠、樊光、杜度、孙晨	22	
	安定	梁景、皇甫规、李恂、王符、梁商、梁松、梁竦、梁宽、梁熤	9	
	弘农	刘宽、杨宝、杨彪、杨秉、杨赐、杨修、杨震、辛缮	8	
	敦煌	侯瑾、张奂、张芝、盖勋、汜贶、汜乎、汜咸、令狐溥	8	
	北地	傅燮、傅幹	2	

---

① 根据仓修良的研究，魏晋南北朝时期几乎各地都有"耆旧传""先贤传"等作品记载本地的先贤、风土人情等内容。这些作品后来大多失传（参见仓修良《方志学通论》（增订本），华东师范大学出版社2013年版，第80页）。东汉陈留郡等学术人物的剧增，与后人辑补《陈留耆旧传》等的传世有关，让后世知道更多陈留的学术人物。

续表

区域名称	籍贯	姓名	小计	合计
关中	左冯翊	王隆、王汉、骆异孙	3	95
	陇西	徐淑、秦嘉	2	
	关中	田君	1	
巴蜀	广汉	李胜、折像、李尤、翟酺、董扶、杜真、任安、冯颢、王涣、段翳、杨厚、杨统、景鸾、李业、郑伯山、杨序、杨充、刘宠、段恭、朱仓、王商、冯信、郭玉、王祐、王狄、李仁、李助、尹默、杨春卿、昭约、寇懂	31	70①
	蜀郡	王阜、杨由、杨终、张霸、张楷、赵典、任末、何英、郑廑、何汶、赵谦、何长、张宁、赵宁、罗衍、杨珧、林闾、赵温、张光超	20	
	犍为	杜抚、董钧、周循、韩子方、谢夐、张纲、张浩、任永、定生	9	
	巴郡	冯绲、冯允、谯玄、杨仁、任文孙、谯瑛、任文公、周舒	8	
	牂柯	尹珍	1	
	夜郎	尹贡	1	
齐地	北海	赵祐、郎𫖮、郎宗、牟融、甄承、甄普、甄宇、周泽、淳于恭、逢萌、郑玄、公沙穆、徐幹、巴茂、临硕、刘熙、夏承、徐房、王修、伏晨	20	58
	琅邪	承宫、徐业、赵昱、綦母君、伏黯、伏恭、伏无忌、伏湛、徐子盛、干吉、伏偃	11	
	平原	高诩、祢衡、襄楷、李子云、王君公、杨太伯	6	
	勃海	郭凤、苑康、高承、鲍永、纪叔阳	5	
	东莱	司马均、刘宠、刘丕	3	
	乐安	牟长、牟纡、欧阳歙	3	
	泰山	刘恭、刘洪、田君、彦之章	4	
	齐国	吴良	1	
	甾川	巫光	1	
	济北	戴宏	1	
	青州	徐从事	1	
	济南	徐巡	1	

---

① 与陈留郡情况类似,东汉巴蜀学术人物的增加与《华阳国志》的传世有很大关系。

续表

区域名称	籍贯	姓名	小计	合计
梁宋	沛	施延、史岑、桓谭、陈宣、李昺、徐防、徐宪、桓典、桓麟、桓鸾、桓荣、桓焉、桓郁、桓彬、赵孝、华佗、陈宠、丁仪、丁廙、陈忠、徐宣、张陵	22	54
	山阳	张匡、鲁峻、丁恭、侯成、刘表、郗虑、仲长统、度尚、檀敷、单扬、王粲	11	
	济阴	曹曾、曹祉、孙期、马江、张驯、祝睦	6	
	梁国	夏恭、夏牙、葛龚、宗诚、宗绀、宗整	6	
	陈国	颍容、虞诩、张汉植、邵巡、袁涣	5	
	彭城	刘恺、姜肱、樊阿	3	
	淮阳	薛汉	1	
吴越	会稽	澹台恭、董春、顾奉、贺纯、包福、包咸、韩说、赵晔、王充、魏朗、虞成、虞凤、虞光、虞钦、吴君高、周昕、周长生、郑云、焦贶、綦毋俊、陈修、董昆、邹邠、魏伯阳	24	52
	豫章	程曾、何汤、唐檀、徐稺、雷义、陈重、张遐	7	
	广陵	陈琳、刘瑜、徐淑、吴普、张纮、赵炳	6	
	吴郡	皋弘、高彪、姚俊、沈友、陆绩	5	
	九江	夏勤、召驯、朱伓	3	
	临淮	袁太伯、袁文术、严佛调	3	
	庐江	周荣、左慈	2	
	丹阳	李南	1	
	下邳	周纡	1	
鲁地	鲁	孔龢、孔宙、孔融、孔长彦、孔季彦、孔僖、孔昱、曹褒、曹充、寒朗、孔仁、孔志	12	23
	东平	刘梁、魏应、郑均、何休、刘桢、虞叔雅	6	
	东海	卫宏、王良、刘虞、萧周、徐宣	5	
荆楚	汉中	李法、李固、李郃、李颉、祝龟、樊志张、陈术	7	20
	南郡	胡广、王延寿、王逸、胡硕	4	
	江夏	黄香、黄琼、刘焉	3	
	汉阳	任棠、赵壹、姜岐	3	
	桂阳	刘常、胡绍	2	
	零陵	周不疑	1	

续表

区域名称	籍贯	姓名	小计	合计
赵地	太原	郭太、刘茂、周党、王允	4	18
	清河	吴伉、甘始、李梵	3	
	河间	刘淑、张超	2	
	魏郡	李封、许淑	2	
	钜鹿	韩伯高、苏统	2	
	中山	鲑阳鸿、刘祐	2	
	赵国	张禹	1	
	上党	鲍昱	1	
	代	范升	1	
燕地	涿郡	崔烈、崔琦、崔寔、崔駰、崔瑗、崔篆、高诱、卢植	8	11
	范阳	郦炎	1	
	渔阳	阳球	1	
	乐浪	王景	1	
粤地	苍梧	陈元、徐征、士燮	3	10
	南海	董正、黄豪、杨孚	3	
	合浦	姚文式、张重	2	
	郁林	养奋	1	
	高兴	李进	1	

资料来源：本研究资料编"表30 东汉学术人物简况表"。

三 学术人物的静态分布与动态分布

学术人物的静态分布与动态分布是受曾大兴启发而提出的。他在分析文学家的地理分布时指出："文学家的地理分布有两种状态，一种是静态分布，一种是动态分布。静态分布即其出生成长之地的分布，动态分布即其流寓迁徙之地的分布。"[①] 他还对两者孰轻孰重做过判断，"就文学家的'静态分布'与'动态分布'这两种状态而言，'静态分布'是最基本的，

---

① 曾大兴：《文学地理学概论》，商务印书馆2017年版，第90页。

也是最主要的。"① 具体到本研究,学术人物的静态分布应指其出生成长之地的分布,动态分布即其游学、教授等学术活动之地的分布,两者合起来能够更客观地评价区域学术发展水平。静态分布因涉及学术人物的籍贯,需要具体分析。

1. 学术人物的籍贯

学术人物的祖居地、出生地和成长地可能存在不一致,给确定其"籍贯"带来一定难度。葛剑雄提道四种情况,显示出学术人物籍贯的复杂性,"中国人通常所说的籍贯是多种含义的。第一种,既是本人的出生地,也是本人生长成人的地方。第二种,是本人的出生地,却不是本人生长成人的地方,或者只是出生至成人中一段时间的居住地。第三种,是父母双方或父亲一方的出生地,本人却很少居住过,或者从未去过。第四种,是父亲上一代或上若干代的出生地,既不是父亲的出生地,更不是他生长成人的地方"②。曾大兴也提醒研究者注意区分祖籍、籍贯和客籍:祖籍是祖居之地,籍贯是出生成长之地,客籍是流寓迁徙之地,而"文学地理学所讲的文学家籍贯,是指其出生成长之地,即指其本籍"③。

现实情况更复杂。学术人物有生于本籍学于本籍但后来却迁往他地的,如勃海高城人鲍宣,哀帝时"既被刑,乃徙之上党,以为其地宜田牧,又少豪俊,易长雄,遂家于长子"④;河东人杨仲续,"乐益部风俗,因留家新都,代修儒学"⑤;济南人伏孺,"武帝时,客授东武,因家焉"⑥;齐人田

---

① 曾大兴:《中国历代文学家之地理分布》,商务印书馆2013年版,第21页。静态分布为何比动态分布重要,曾先生也有过分析,"一个文学家迁徙流动到一个新的地方,自然会在一定程度上受到新的地理环境的影响,自然会对新的所见、所闻、所感,作出自己的理解、判断或者反应,并把这一切表现在自己的作品当中。问题是,这种理解、判断、反应和表现,并不是被动的,而是要经过他自己意识中的'先结构'的过滤的,因而其理解、判断、反应和表现本身,就带上了原籍的色彩,也即生命的原色。从这个意义上讲,出生成长之地对一个文学家的影响,是要大过他的迁徙流动之地的。也就是说,文学家的'静态分布'的意义,是要大过其'动态分布'的"(参见曾大兴《中国历代文学家之地理分布》,第24页)。
② 葛剑雄:《历史人才分布研究中值得注意的三个问题》,载缪进鸿、郑云山主编《中国东南地区人才问题国际研讨会论文集——中国东南地区人才的历史、现状、未来与振兴对策(1992年11月3日至6日,杭州—湖州)》,浙江大学出版社1993年版,第30—34页。
③ 曾大兴:《文学地理学概论》,第66—67页。
④ 《汉书》卷七二《鲍宣传》,第3094页。
⑤ 《后汉书》卷三〇上《杨厚传》注引《益部耆旧传》,第1047页。
⑥ 《后汉书》卷二六《伏湛传》,第893页。

何,"汉兴,田何以齐田徙杜陵,号杜田生"①。田何、伏孺、鲍宣和杨仲续分别出生和成长于勃海、河东、济南和齐,出生地和成长地一致,属于葛剑雄所说第一种含义下的籍贯,也就是曾大兴所言的籍贯或本籍;可对其子女而言,如鲍宣之子鲍永可能出生于勃海高城,也可能出生于上党长子,面临出生地与成长地不一致的情况,属于葛剑雄所说的第二种含义下的籍贯,却不符合曾大兴所言的籍贯或本籍。

对这些人物而言,客籍或者说其迁往之地的学术活动比仅仅统计其籍贯更反映区域学术发展状况,而在以往的研究中,研究者可能更侧重对本籍的关注,并以之为考察区域文化的指标,"中国古代文学地理研究……是为了建构时空并置交融的新型文学史范式,因此,它迫切需要展开贯通中国历代文学的空间形态及其演变规律研究。但就已有研究成果来看,仅曾大兴所著《中国历代文学家之地理分布》时贯通代,有重要突破。然此书所研究的地理分布限于籍贯地理,重在本土文学地理研究。而从文学地理研究的内涵而言,应该从重在文人籍贯地域的静态、平面、单向的研究走向重在文人活动地域的动态、立体、多元的研究,考虑到古代文人一生大部分时间在外求学、任职游历,因而文人活动地域显然比籍贯地域更为重要"②。实际上,其游学和教授之地更能反映和提升一个区域的学术水平。因此本研究在确定学术人物的籍贯时,一般随其父著籍,但在分析区域学术状况时,同时注重他们在该区域的学术活动。

2. 宗室学术人物的籍贯

两汉宗室,指两汉皇帝的同姓亲属,亦即汉高祖兄弟及其子孙后代③,不仅数量巨大,而且有不少成员或有作品被著录,或受过不同程度的教育。他们的籍贯归属,是在研究汉代人才分布时绕不开的问题,也是分歧

---

① 《汉书》卷八八《儒林传》"序",第3597页。
② 梅新林:《中国古代文学地理形态与演变》,复旦大学出版社2006年版,第9页。按:如果把"文人活动地域"视为"动态分布"的话,它又比"籍贯地域更为重要",说明梅新林在动态分布与静态分布之间更看重前者,不同于曾大兴的观点。
③ 易小平:《两汉宗室文人籍贯考辨——基于目前三种籍贯推断方式的讨论》,《北京社会科学》2016年第4期。按:两汉宗室文人数量,不同研究者之间因收录标准不同,也有差别,曾大兴收录26人,刘跃进收录47人(参见易小平《两汉宗室文人籍贯考辨——基于目前三种籍贯推断方式的讨论》,《北京社会科学》2016年第4期)。本研究收录宗室学术人物27人。

颇大的问题（表11）。

表11　　　　　　　　　两汉宗室学术人物籍贯归属

宗室	血缘或亲缘	籍贯分歧				
		梅新林	刘跃进	曾大兴	易小平	本研究
刘安	汉高祖之孙，淮南厉王之子	沛郡沛县	九江	京兆长安	九江寿春	京兆长安
刘苍	光武帝之子	南阳蔡阳	东平国	南阳蔡阳	河南洛阳	南阳蔡阳
刘宠	汉明帝之玄孙，即陈愍王	（河南洛阳）	/	（河南洛阳）	/	河南洛阳
刘炟	光武帝之孙，汉章帝	（河南洛阳）	/	（河南洛阳）	/	河南洛阳
刘德	刘辟强之子	京兆长安	楚国	京兆长安	京兆长安	京兆长安
刘德	汉景帝之子，即河间献王	（京兆长安）	河间国	（京兆长安）	京兆长安	京兆长安
刘辅	光武帝之子，即沛献王	（南阳蔡阳）	南阳郡	（南阳蔡阳）	河南洛阳	南阳蔡阳
刘复	北海靖王刘兴次子，刘睦之弟	京兆长安	南阳郡	河南洛阳	河南洛阳	河南洛阳
刘宏	即汉灵帝	河南洛阳	/	河南洛阳	河间	河南洛阳
刘伋	刘向长子	（京兆长安）	/	（京兆长安）	/	京兆长安
刘交	汉高祖同父异母弟	沛郡沛县	楚国	沛郡沛县	沛郡沛县	沛
刘京	光武帝之子，即琅邪孝王	（南阳蔡阳）	琅邪郡	（南阳蔡阳）	河南洛阳	南阳蔡阳
刘睦	光武帝兄刘縯之孙，北海靖王刘兴之子	京兆长安	南阳郡	河南洛阳	河南洛阳	河南洛阳
刘辟强	楚元王刘交之孙	京兆长安	楚国	京兆长安	楚国	京兆长安
刘钦	汉宣帝之子，即淮阳宪王	京兆长安	沛郡	京兆长安	京兆长安	京兆长安
刘去	景帝子广川惠王刘越之孙，即广川王	（京兆长安）	沛郡	（京兆长安）	广川	京兆长安

续表

宗室	血缘或亲缘	籍贯分歧				
		梅新林	刘跃进	曾大兴	易小平	本研究
刘荣	汉景帝之子,即临江闵王	(京兆长安)	/	(京兆长安)	/	京兆长安
刘䯄骆	刘复之子	(河南洛阳)	南阳郡	(河南洛阳)	东郡临邑河南洛阳	河南洛阳
刘羡	汉明帝之子,封陈敬王	(河南洛阳)	/	(河南洛阳)	/	河南洛阳
刘向	刘德之子	京兆长安	楚国	京兆长安	京兆长安	京兆长安
刘歆	刘向之子	京兆长安	楚国	京兆长安	京兆长安	京兆长安
刘隁①	汉高祖之曾孙,封阳丘侯	京兆长安	/	京兆长安	齐国临淄济南杨丘	京兆长安
刘毅	刘睦之子	京兆长安	南阳郡	河南洛阳	北海	河南洛阳
刘郢客	汉高祖之侄,楚元王刘交之子	(京兆长安)	楚国	(京兆长安)	/	京兆长安
刘友	汉高祖之子,即赵幽王	沛郡沛县	沛郡	沛郡沛县	左冯翊栎阳京兆长安	沛
刘越	汉景帝之子,即广川惠王	京兆长安	沛郡	京兆长安	京兆长安	京兆长安
刘庄	光武帝之子,即汉明帝	(南阳蔡阳)	/	(南阳蔡阳)	/	南阳蔡阳

资料来源:

1. 梅新林:《中国古代文学地理形态与演变》,复旦大学出版社 2006 年版。

2. 刘跃进:《秦汉文学地理与文人分布》,中国社会科学出版社 2012 年版。

3. 曾大兴:《中国历代文学家之地理分布》,商务印书馆 2013 年版,"表 4 两汉文学家之地理分布简表"。

4. 易小平:《两汉宗室文人籍贯考辨——基于目前三种籍贯推断方式的讨论》,《北京社会科学》2016 年第 4 期。

说明:

1. "/"表示作者在其论著中未收录该人物。

2. "( )"内的籍贯系笔者根据著籍原则推断。

---

① "隁",《汉书·王子侯表》作"偃"。又,"阳丘侯"之"阳"作"杨"(参见《汉书》卷一五上《王子侯表上》,第 431 页)。

对同一个人物的著籍不同，主要由于研究者遵循的标准不同①。梅新林把汉高祖和光武帝三代以内的宗室著籍为祖籍，即沛郡沛县和南阳蔡阳，三代以下的则分别著籍于京师长安和洛阳，"按惯例，籍贯应限于三代以内，三代以上为祖籍。则自刘邦建立汉朝，刘氏王族居于长安之后，三代之下的后裔，皆应以所居长安为籍贯，以沛县为祖籍（西汉诸王分封郡国，但邸第多在长安）。据此，刘氏王族著名文学家中，以刘邦本人及刘邦同父异母之刘交、刘邦子刘友、孙刘安计入原籍外，文帝子刘武②、景帝子刘胜、庶子刘越、武帝刘彻、刘彻子刘弗陵、宣帝子刘钦、刘邦曾孙刘偃，楚元王刘交孙刘辟强、刘辟强子刘德、孙刘向、刘向子刘歆、江都王刘建女刘细君，皆应计籍于首都长安"③。同理，"对于刘邦王族与刘秀王族成员的文学家应重新归籍，刘邦王族中北海王刘兴之子刘复、刘睦以及刘睦子刘毅应仍归籍于长安，而不是沛县④。光武帝刘秀之子刘苍应随其父归籍于南阳蔡阳，即今湖北枣阳。汉章帝刘炟子刘宏⑤生于洛阳，应归籍于京都洛阳所在河南郡"⑥。

曾大兴则把皇室第一、二代人物列入原籍，此后的则列入京师，"皇室第一代文学家的籍贯不难认定，但是第二代、第三代及以后各代的籍贯就不太容易认定了。皇室第二代，有的出生在'龙兴之地'，即第一代皇

---

① 易小平认为《秦汉文学地理与文人分布》在著籍时较为随意，似乎没有一定的标准，"如刘跃进《秦汉文学地理与文人分布》对汉代诸帝第二代籍贯的认定就比较随意：高帝子刘恢、刘友籍贯从沛，而刘恒从其封国代；景帝子刘彻、刘越从沛，而刘德、刘余、刘胜从其封国河间、鲁、中山；光武帝刘辅从南阳，而刘苍、刘英、刘京从其封国东平、楚、琅邪"（参见易小平《两汉宗室文人籍贯考辨——基于目前三种籍贯推断方式的讨论》，《北京社会科学》2016年第4期）。所以下文讨论未涉及该著作。

② 按：汉高祖之孙刘安计入原籍沛，则文帝子刘武，亦即汉高祖之孙，也应计入原籍沛。作者此处计入首都长安，未知何据。

③ 梅新林：《中国古代文学地理形态与演变》，第44页。

④ 按：此处言刘睦、刘复和刘毅"归籍于长安，而不是沛县"，殊不可解，疑误。易小平也认为，"刘睦、刘复、刘毅籍贯也都不在长安，梅著误"（参见易小平《两汉宗室文人籍贯考辨——基于目前三种籍贯推断方式的讨论》，《北京社会科学》2016年第4期）。

⑤ 按：刘宏即汉灵帝，为汉章帝玄孙。此处言"子"，疑误。

⑥ 梅新林：《中国古代文学地理形态与演变》，第49页。按：刘缜字伯升，乃光武帝之兄。《后汉书·光武纪》称光武帝籍贯为南阳蔡阳，刘缜籍贯亦为南阳蔡阳。"刘秀子刘苍应随其父归籍于南阳蔡阳"，则刘缜子刘兴亦应归籍南阳蔡阳，而刘兴子刘复和刘睦、刘睦子刘毅，根据本研究的著籍标准，应归入河南洛阳。

帝的原籍，有的出生在京师，有的则出生在其父辈的封地。这一代的籍贯比较复杂，如果史书上没有关于他们的出生年代的记载，这一代人的籍贯是很难认定的。皇室第三代及以后各代，其籍贯要么在京师，要么在其父祖的封地，看似不难认定，其实也很困难。因为历代诸侯、亲王的封地虽然可以认定，但是有不少人其实并不住在封地，而是住在京师，有的则时而封地，时而京师。因此他们的后人，究竟出生在其封地，还是出生在京师，实际上也很难认定"。所以他采取的标准是把"皇室第一代、第二代文学家的籍贯系于开国皇帝的原籍，第三代及以后各代的籍贯则大多系于京师"①。

两位学者著籍的标准比较单一，可操作性强，无须缜密的考证和推断，只要需要明确世系即可，差别在于是否把第三代及其之后的宗室著籍于京师。与他们相比，易小平遵循的标准相对复杂。他建议，虽然两汉无籍贯记载的宗室文人的籍贯归属确实不出从开国皇帝原籍、从京师或从诸侯王封国这三种方式，但应该更精确些，"开国皇帝兄弟籍贯一般在原籍，但第二代及以后大多数不在原籍；景帝以后诸帝第二代籍贯一般在京师；诸侯王第一代籍贯从其父原籍或京师，第二代及以后籍贯一般从封国，但特殊情况例外"②。在实际中，有些宗室的出生地难以确定，导致其籍贯模棱两可，如刘恒、刘恢和刘友，"刘恒生于汉四年（前203），生地可能是成皋，也可能是当时的首都栎阳。刘恢、刘友出生更晚，当在汉四年以后生于栎阳或长安"；如刘隁，"刘偃为刘安（齐悼惠王子，封杨丘共侯，非淮南王刘安——笔者）子，可能生于临淄，也可能生于杨丘，不应系于长安"；再如刘复子刘骊骙，可能生于其父封侯之前，则为洛阳人；也可能生于其父封侯之后，则为东郡临邑人。所以他也指出，"当然上述概括只具有理论意义，并不能替代实际考证。因为从微观层面来看，对汉代任何一位没有籍贯记载的宗室文人的籍贯认定，都必须结合他们的世系、排行、生年、生地和婚龄等情况进行专门考证，而不是简单地甚至随意地按某种

---

① 曾大兴：《中国历代文学家之地理分布》，第9页。
② 易小平：《两汉宗室文人籍贯考辨——基于目前三种籍贯推断方式的讨论》，《北京社会科学》2016年第4期。

方式或某种原则进行推断"①。

  基于宗室学术人物籍贯资料的失载和考证的困难②，同时考虑到以下三点，本研究倾向于曾大兴的观点，但又略作修改，即把两汉宗室的第一代和第二代分别著籍于沛郡沛县和南阳蔡阳，从第三代起分别著籍于京兆长安和河南洛阳。第一，对两汉宗室学术人物籍贯的缜密和反复探索不是本研究的重点，因此对第三代及其之后的宗室都著籍于京师，这也符合钱穆的论断，"汉初侯国百四十余人，国除之后，子孙即占籍者亦无多，以汉表所载成哀间复除之家数之，惟淮南安侯宣虎等十余家，盖为封侯而就国之证。其余则占籍三辅者殆十之八九"③。第二，两汉宗室共有学术人物27位，数量不多，而且这27位中的7位（刘交、刘德、刘钦、刘德、刘向、刘歆、刘越）的籍贯得到梅新林、曾大兴和易小平的认可（由于刘跃进未在著作中提及著籍原则，这里暂不讨论），存在分歧的只有20人，他们无论著籍何处不会影响研究结论。第三，从文帝开始，汉朝列侯即不愿就国。文帝前元二年（前178年）冬十月下诏："朕闻古者诸侯建国千余，各守其地，以时入贡，民不劳苦，上下欢欣，靡有违德。今列侯多居长安，邑远，吏卒给输费苦，而列侯亦无由教训其民。其令列侯之国，为吏及诏所止者，遣太子。"④ 三年（前

---

① 易小平：《两汉宗室文人籍贯考辨——基于目前三种籍贯推断方式的讨论》，《北京社会科学》2016年第4期。按："刘偃，齐王肥曾孙"疑误。刘偃父刘安，刘安父刘肥，则刘偃乃齐王肥之孙。

② 由于资料有限，诸多人物籍贯需要推测，如易小平论证汉灵帝刘宏籍贯河间的过程为："灵帝刘宏，河间孝王刘开曾孙。据《后汉书·章帝八王传》，章帝申贵人生河间孝王开，和帝永元二年（90）封，殇帝延平元年（106）就国。薨后子政嗣。顺帝阳嘉元年（132），'封政弟十三人皆为亭侯'。解渎亭侯刘淑之封，当在此年。'淑卒，子苌嗣。苌卒，子宏嗣，为大将军窦武所立，是为灵帝'。《后汉书·孝灵帝纪》：'桓帝崩，无子，皇太后与父城门校尉窦武定策禁中，使守光禄大夫刘儵持节，将左右羽林至河间奉迎。建宁元年（168）春正月壬午，城门校尉窦武为大将军。己亥，帝到夏门亭，使窦武持节，以王青盖车迎入殿中。庚子，即皇帝位，年十二。'建宁元年刘宏12岁，则生于桓帝永寿三年（157），在其曾祖刘开就国河间之后51年和其祖刘淑封解渎亭侯之后25年，故刘宏为河间人，不是洛阳人"（参见易小平《两汉宗室文人籍贯考辨——基于目前三种籍贯推断方式的讨论》，《北京社会科学》2016年第4期）。这就需要满足两个条件：刘宏之父刘淑一直居住在河间和刘宏出生于河间。然而《后汉书》仅言"淑卒，子〔苌〕嗣。〔苌〕卒，子宏嗣，为大将军窦武所立，是为灵帝"（《后汉书》卷五五《章帝八王传·河间孝王开传》，第1809页），无法支撑这个条件。

③ 钱穆：《秦汉史》，生活·读书·新知三联书店2004年版，第268页。

④ 《汉书》卷四《文帝纪》，第115页。

177年）冬十一月又下诏："前日诏遣列侯之国，辞未行。丞相朕之所重，其为〔朕〕率列侯之国。"①透露出列侯就国之难，因此到景帝后元二年（前142年）冬十月，干脆"省彻侯之国"②。武帝即位后，丞相窦婴和太尉田蚡"欲令列侯就国"，然而"诸外家为列侯，列侯多尚公主，皆不欲就国，以故毁日至窦太后"③。列侯不愿就国的原因，如钱穆所说，是京师的优越条件，"盖诸列侯衣食租税，居京师，交通显贵，服用奢靡，就国则胥不可得耳"④。列侯不就国，透露出其子女一般跟随他们本人生活于京师。

从两汉宗室学术人物的经历来看，他们至少在少时均生活于京师。西汉时，汉高祖之子刘长于高祖十一年（前196年）被立为淮南王，"当是时（文帝时），自薄太后及太子诸大臣皆惮厉王，厉王以此归国益恣，不用汉法，出入警跸，称制，自作法令，数上书不逊顺"⑤。刘安生于文帝初，据此可以推断，他小时候是随其父在京师长安度过的。楚元王家族中，汉高祖的异母弟刘交归入沛县，刘交之子刘郢客少时居住于长安，"高后时，以元王子郢客为宗正，封上邳侯。元王立二十三年薨，太子辟非先卒，文帝乃以宗正上邳侯郢客嗣，是为夷王"⑥。刘交之孙刘辟强主要生活于京师，"初，（其父）休侯富既奔京师，而王戊反，富等皆坐免侯，削属籍。后闻其数谏戊，乃更封为红侯。太夫人与窦太后有亲，恶山东之寇，求留京师，诏许之，富子辟强等四人供养，仕于朝"⑦。刘辟强之子刘德"少时数言事，召见甘泉宫，武帝谓之'千里驹'。昭帝初，为宗正丞，杂治刘泽诏狱"⑧，也主要生活于京师。刘德之子刘向"年十二，以父德任为辇郎。既冠，以行修饬擢为谏大夫"⑨；刘向之子刘歆"少以通《诗》《书》能属文召见成帝，待诏宦者署，为黄门郎"⑩，两人的主

---

① 《汉书》卷四《文帝纪》，第119页。
② 《汉书》卷五《景帝纪》，第150页。
③ 《汉书》卷五二《田蚡传》，第2379页。
④ 钱穆：《秦汉史》，第268页。
⑤ 《汉书》卷四四《淮南王传》，第2136页。
⑥ 《汉书》卷三六《楚元王传》，第1923页。
⑦ 《汉书》卷三六《楚元王传》，第1925页。
⑧ 《汉书》卷三六《楚元王传》，第1927页。
⑨ 《汉书》卷三六《楚元王传》，第1928页。
⑩ 《汉书》卷三六《楚元王传》，第1967页。

要经历都是在京师。宣帝之子刘钦，"宣帝崩，元帝即位（前49年），乃遣宪王之国"①。因此，刘安、刘郢客、刘辟强、刘德、刘向、刘伋、刘歆以及河间献王刘德都计入京兆长安。

东汉时，王侯也多居住于京师。光武帝之子刘辅于"建武十五年（39年）封右翊公。十七年，郭后废为中山太后，故徙辅为中山王，并食常山郡。二十年，复徙封沛王。……二十八年，就国"②，可见刘辅无论是被封为右翊公还是中山王、沛王，应该没有前往封地，直到建武二十八年（52年）之前都住在京师，"建武末，沛王辅等五王居北宫，皆好宾客，更遣请（井）丹，不能致"③。光武帝兄刘缜之子刘兴于建武"二十七年，始就国。明年，以鲁国益东海，故徙兴为北海王。三十年，封兴子复为临邑侯"，其中透露出刘复的早年极有可能是在京师度过的，这从其兄刘睦的经历中可以得到印证，刘睦"少好学，博通书传，光武爱之，数被廷纳。显宗之在东宫，尤见幸待，入侍讽诵，出则执辔"④。明帝子"陈敬王羡，永平三年封广平王。建初三年（78年），有司奏遣羡与钜鹿王恭、乐成王党俱就国。肃宗性笃爱，不忍与诸王乖离，遂皆留京师。明年，案舆地图，令诸国户口皆等，租入岁各八千万。羡博涉经书，有威严，与诸儒讲论于白虎殿。七年，帝以广平在北，多有边费，乃徙羡为西平王，分汝南八县为国。及帝崩（88年），遗诏徙封为陈王，食淮阳郡，其年就国"⑤。刘羡的生年未详，但从他在明帝永平三年（60年）被封王到章帝去世而就国的28年时间里，应该生活于京师。根据本研究的著籍标准，刘辅归入南阳蔡阳，刘复、刘睦和刘羡都归入河南洛阳。

第二节 汉代学术著作的区域分布

学术著作是学术人物精神活动的产品。受时代和资料限制，汉代流传

---

① 《汉书》卷八〇《宣元六王传》，第3312页。
② 《后汉书》卷四二《光武十王传》，第1427页。
③ 《后汉书》卷八三《逸民传》，第2765页。
④ 《后汉书》卷一四《宗室四王三侯传》，第556页。
⑤ 《后汉书》卷五〇《孝明八王传》，第1667—1668页。

下来的学术著作,有的难以确定作者,如《汉书·艺文志》著录有"封禅议对十九篇"①,原注曰:"武帝时也。"有的确定了作者但未知其籍贯,如《后汉艺文志》著录有曹寿"急就篇解一卷"②,曹寿籍贯未见记载;有的是集体著作,如李固去世后,其"弟子赵承等悲叹不已,乃共论固言迹,以为《德行》一篇"③。注引谢承《书》曰:"固听授弟子,颍川杜访、汝南郑遂、河内赵承等七十二人,相与哀叹悲愤,以为眼不复瞻固形容,耳不复闻固嘉训,乃共论集《德行》一篇。"说明《德行》是李固72位弟子的集体之作。这些作品都无法归入特定区域。除此之外,汉代能够确定作者及其籍贯的作品共818部,这是本研究可以利用的资料。

一 西汉学术著作的区域分布

根据《汉书·艺文志》的记载,结合陈国庆编《汉书艺文志注释汇编》④,西汉时能够确定作者及其籍贯的著作共141部(著作目录参见本研究的资料编),其区域分布情况如表12所示。

表12　　　　　　　　西汉学术著作区域分布简表　　　　　　单位:部

区域名称	郡国	数量	合计
鲁地	东海	13	28
	鲁	8	
	东平	7	
关中	京兆	18	25
	左冯翊	4	
	北地	2	
	陇西	1	
齐地	齐	7	24
	琅邪	5	

---

① 《汉书》卷三〇《艺文志》,第1709页。
② (清)姚振宗撰,马小方整理:《后汉艺文志》,载王承略、刘心明主编《二十五史艺文经籍志考补萃编》(第七卷),清华大学出版社2011年版,第100页。
③ 《后汉书》卷六三《李固传》,第2089页。
④ 陈国庆编:《汉书艺文志注释汇编》,中华书局1983年版。

续表

区域名称	郡国	数量	合计
齐地	千乘	4	24
	临淄	2	
	济南	2	
	甾川	2	
	平原	1	
	勃海	1	
河洛	河南	7	17
	河内	2	
	东郡	2	
	颍川	2	
	汝南	2	
	卫	2	
梁宋	楚	6	18
	梁	5	
	沛郡	3	
	淮阳	2	
	山阳	2	
巴蜀	蜀郡	8	9
	犍为	1	
燕地	燕	6	7
	涿郡	1	
赵地	赵	3	7
	广川	2	
	常山	1	
	邯郸	1	
吴越	会稽	3	6
	临淮	2	
	吴	1	

资料来源：本研究资料编"表32 西汉学术著作简目表"。

《汉书·艺文志》在叙述五经传承时透露出汉代经学的烦琐风气："后

世经传既已乖离，博学者又不思多闻阙疑之义，而务碎义逃难，便辞巧说，破坏形体；说五字之文，至于二三万言。"① 注引师古曰："言其烦妄也。桓谭《新论》云秦近君能说《尧典》，篇目两字之说至十余万言，但说'曰若稽古'三万言。"既然"烦妄"，则其价值可想而知，因此秦恭"增师法至百万言"②，在《汉书·艺文志》中却没有他的作品信息，说明秦恭和同时代许多学术人物的作品很快就散佚。或许这是《汉书·艺文志》著录西汉人作品不多的一个原因。在 141 部作品中，鲁地、关中和齐地的数量虽然位居前列，但与河洛、梁宋的差距不大，难以据此判断西汉不同区域的学术发展程度。

二 东汉学术著作的区域分布

根据清姚振宗《后汉艺文志》③的记载，东汉时能够确定作者与籍贯的著作共 677 部（著作目录参见本研究的资料编），其区域分布情况如表 13 所示。

表 13　　　　　　　　东汉学术著作区域分布简表　　　　　　单位：部

区域名称	郡国	数量	合计
河洛	南阳	65	213
	汝南	42	
	河南	37	
	陈留	35	
	颍川	28	
	河东	3	
	河内	3	
关中	右扶风	91	128
	京兆	12	
	安定	7	

---

① 《汉书》卷三〇《艺文志》，第 1723 页。
② 《汉书》卷八八《儒林传·张山拊传》，第 3605 页。
③ （清）姚振宗：《后汉艺文志》，载王承略、刘心明主编《二十五史艺文经籍志考补萃编》第七册，清华大学出版社 2011 年版。

续表

区域名称	郡国	数量	合计
关中	敦煌	7	128
	弘农	5	
	左冯翊	3	
	陇西	2	
	北地	1	
齐地	北海	67	86
	泰山	7	
	琅邪	6	
	济北	1	
	青州	1	
	济南	1	
	乐安	1	
	平原	1	
	甾川	1	
吴越	会稽	32	54
	吴郡	8	
	豫章	5	
	临淮	4	
	广陵	2	
	九江	1	
	庐江	1	
	闽中	1	
巴蜀	广汉	22	48
	蜀郡	21	
	犍为	4	
	夜郎	1	
梁宋	沛	22	45
	山阳	14	
	梁	6	
	陈国	2	
	淮阳	1	

续表

区域名称	郡国	数量	合计
燕地	涿郡	31	37
	范阳	3	
	乐浪	3	
鲁地	东平	15	31
	鲁	9	
	东海	7	
荆楚	南郡	13	18
	汉中	2	
	汉阳	1	
	江夏	1	
	零陵	1	
赵地	太原	3	11
	钜鹿	3	
	代郡	1	
	河间	1	
	清河	1	
	上党	1	
	魏郡	1	
粤地	苍梧	3	6
	南海	3	

资料来源：本研究资料编"表33 东汉学术著作简目表"。

范晔《后汉书》缺《艺文志》，清姚振宗撰《后汉艺文志》广为搜罗，收录东汉人各类作品，其数量远远多于西汉，且区域分布情况与学术人物大体对应（除齐地的郑玄因作品数量巨大而使得齐地排名高于巴蜀），在一定程度上反映各区域的学术发展程度。

第三节　汉代博士的区域分布

博士在汉代首先是一种官职，担任这种官职的人必须具有相当高的学术造诣。《汉书》载："博士，秦官，掌通古今，秩比六百石，员多至数十人。"[①] 既然"掌通古今"，则必定具有一定的知识才行，因此，博士是学术人物的重要组成部分，他们的区域分布状况也反映了区域学术的发展程度。

一　西汉博士的区域分布

张汉东的《论秦汉博士制度》综合前人研究成果，共考订西汉博士109位，有籍贯可考的91位；东汉博士64位，有籍贯可考的48位[②]。曾磊对张表的谬误疏漏也进行纠正，共考订两汉博士196位[③]。其中，西汉121位，东汉66位，时期不明的9位。西汉博士中，有籍贯可考者99位，其区域分布如表14所示。

表14　　　　　　　　西汉博士区域分布简表　　　　　　单位：人

区域名称	籍贯	姓名	小计	合计
鲁地	鲁国	叔孙通、公孙臣、申培、孔襄、周霸、阙门庆忌、孔安国、孔延年、高堂生、大江公、孔武、孔霸、韦贤、眭孟、朱云、孔光、冯宾、孔䎬、白生、孔忠、江公、孔衍	21	38
	东海	徐偃、缪生、褚大、后仓、褚少孙、严彭祖、匡衡、翼奉、申咸、王良、白光、疏广、殷嘉	13	
	东平	夏侯胜、夏侯建、王式、唐长宾	4	

[①]《汉书》卷一九下《百官公卿表下》，第726页。
[②] 张汉东：《论秦汉博士制度》，载安作璋、熊铁基《秦汉官制史稿》，齐鲁书社2007年版，第409—492页。
[③] 曾磊：《两汉博士表》，载雷依群、徐卫民主编《秦汉研究》第2辑，三秦出版社2007年版，第357—378页。

续表

区域名称	籍贯	姓名	小计	合计
齐地	琅邪	贡禹、王吉、师丹、左咸、殷崇、徐良、邴丹	7	19
	齐	辕固生、胡母生、炔钦	3	
	千乘	欧阳高、欧阳地余、欧阳生	3	
	济南	张生、林尊	2	
	甾川	公孙弘、长孙顺	2	
	北海	逢汾	1	
	乐安	欧阳歙	1	
梁宋	梁国	鲁赐、田王孙、戴圣、周庆、丁姓	5	13
	沛郡	薛广德、施雠、翟牧	3	
	楚	龚舍、申章昌	2	
	山阳	江公、张长安	2	
	淮阳	彭宣	1	
河洛	河内	蔡义、张禹、食子公	3	9
	河南	贾谊、乘弘	2	
河洛	陈留	许晏	1	9
	河东	姚平	1	
	汝南	翟方进	1	
	颍川	晁错	1	
关中	右扶风	张山拊、郑宽中、吴章、苏竟、士孙张、平当	6	8
	京兆	许商	1	
	天水	狄山	1	
赵地	赵	贯长卿、贯公、毛苌	3	5
	广川	董仲舒	1	
	清河	胡常	1	
吴越	九江	严望、严元、朱普	3	3
燕地	燕	韩婴、韩商	2	2
巴蜀	蜀郡	何武	1	2
	巴郡	胥君安	1	

资料来源：曾磊：《两汉博士表》，载雷依群、徐卫民主编《秦汉研究》第2辑，三秦出版社2007年版，第357—378页。

由上表可见，西汉博士的区域分布与学术人物的分布大体一致，主要的差别在于鲁地的博士数量多于齐地而学术人物少于齐地，其中，孔氏家族出现多位博士；此外，河洛的博士比关中多一位而学术人物少于关中。

二　东汉博士的区域分布

东汉博士中，籍贯可考者51位，其区域分布如表15所示。

表15　　　　　　　东汉博士区域分布简表　　　　　　单位：人

区域名称	籍贯	姓名	小计	合计
河洛	陈留	蔡朗、李充、杨伦、爰延、王孙骨	5	17
	南阳	洼丹、刘弘、许慈、朱穆、樊英	5	
	汝南	郭宪、周防、许慎	3	
	东郡	赵咨、赵畅	2	
	河内	张玄	1	
	颍川	张兴	1	
齐地	北海	甄宇、郑玄、刘熙	3	9
	勃海	高承、郭凤	2	
	琅邪	伏恭、承宫	2	
	乐安	牟长	1	
	平原	高诩	1	
鲁地	鲁国	曹充、曹褒、孔志、孔仁	4	6
	东海	萧周	1	
	任城	魏应	1	
关中	右扶风	李育、鲁恭、鲁丕	3	4
	敦煌	侯瑾	1	
巴蜀	蜀郡	罗衍、杨珤	2	4
	犍为	董钧、杜抚	2	
梁宋	淮阳	薛汉	1	3
	沛郡	桓荣	1	
	山阳	丁恭	1	

续表

区域名称	籍贯	姓名	小计	合计
赵地	代郡	范升	1	3
	中山	鲑阳鸿	1	
	魏郡	李封	1	
吴越	会稽	澹台恭、焦贶	2	2
荆楚	汉中	李法、李颉	2	2
燕地	涿郡	卢植	1	1

资料来源：曾磊：《两汉博士表》，载雷依群、徐卫民主编《秦汉研究》第 2 辑，三秦出版社 2007 年版，第 357—378 页。

东汉籍贯可考的博士数量远少于西汉，其区域分布除了河洛最多之外，齐、鲁等地的差距不大，大体呼应学术人物的区域分布。

通过学术人物（包括博士）与学术著作的区域分布可以看出：从西汉到东汉，区域内部学术人物和学术著作集中的郡国出现变动，区域间学术人物和学术著作集中的区域也出现变动。这两个层面体现出汉代学术中心的空间变动。

第四章

汉代学术中心的空间变动

历史文化地理学"文化水平"概念的提出意味着区域学术发展程度存在差异。从区域自身看,在两汉400多年的时间里,区域学术发展水平呈现变动;从全国范围看,区域学术发展也不同步,发展程度较高的区域可称为学术中心[1],较低的区域可称为学术边缘。它们形成不同层面的学术中心。学术中心区的形成有其自身条件和外在因素的影响,随着时间的推移,当这些条件和因素发生变动时,其学术中心地位可能丧失,而边缘区则在多种因素的促进下,发展为新的中心。

第一节 学术中心确立的指标

区域学术发展水平是个相对抽象的概念,如何把这个概念操作化,使之成为可观察和可测量的指标,既要考虑不同区域学术载体的数量,也要考虑人均指标;既要考虑学术人物籍贯与其成长经历的关系,也要考虑不同区域学术活跃程度。

一 学术载体数量

学术中心的确定不能仅仅依据学术人物的数量,但学术人物数量的多寡可

---

[1] 本研究为了展现汉代学术区域发展的不平衡和更加客观地比较这种不平衡,采用"学术中心""指标"等术语。

反映不同区域学术发展程度。学术较为发达的区域能够为学术人物的出现提供优越的环境和氛围，较多学术人物的出现则是学术环境和氛围的直接体现。有鉴于此，本研究在确定学术中心时，把学术人物数量作为一个重要指标。

学术载体中学术的著作数量是否纳入学术中心指标体系需要具体分析。就汉代实际情况而言，有些学术人物仅有一部著作，如《隋书·经籍志》著录有河内修武人卫飒"史要十卷"①，有些学术人物却有多部，如北海高密人郑玄"所注《周易》《尚书》《毛诗》《仪礼》《礼记》《论语》《孝经》《尚书大传》《中候》《乾象历》，又著《天文七政论》《鲁礼禘祫义》《六艺论》《毛诗谱》《驳许慎五经异义》《答临孝存周礼难》，凡百余万言"②，仅《后汉艺文志》就梳理出50余部。如果把学术著作数量纳入指标体系，得出的结论可能失真：不同郡国出现同等数量的学术人物，不能断定一个郡国的学术水平高于另外一个。学术著作未完全纳入指标体系的另一个原因是，汉代诸多学术人物没有著作传世或被著录，如东莱牟平人刘宠之父刘丕"博学，号为通儒"③，显然属于学术人物。但遍检《后汉书》《后汉艺文志》和《隋书·经籍志》等资料，均未见其有著作被著录。因此本研究在计算学术载体数量时，学术著作只是参考。

二 人均指标

需要注意的是，单纯地以学术人物数量作为指标而忽略区域人口总量，同样存在片面性。我们很难认同人口超过100万的区域与人口只有50万的如果出现同等数量的学术人物，二者的学术发展程度处于同一水平。在此，人均指标成为深化学术发展水平指标体系的必然要求，正如葛剑雄所指出的那样：对历史上人才发达地区的确定不能仅考虑人才绝对数量，更应考虑人均指标，"人才既然是全部人口的一部分，是某一具体人口的产物，就必须考虑他们与全部人口的关系、在全部人口中所占的比例，而不仅是他们的绝对数字"④。

---

① 《隋书》卷三五《经籍志》，第961页。
② 《后汉书》卷三五《郑玄传》，第1212页。
③ 《后汉书》卷七六《循吏传·刘宠传》，第2477页。
④ 葛剑雄：《历史上"人才分布"之考量》，《北京日报》2012年10月15日第19版。

1. 西汉各区域人均指标

西汉时期，各郡国、区域人口分布呈现不均衡状态，至西汉后期，其分布情况及每百万人出现学术人物的比率如表16所示。

表16　　西汉元始二年（2年）各区域每百万人学术人物比率　　单位：人

区域名称	郡国	郡国人口数	区域人口总量	学术人物总量	每百万人学术人物比率（%）
鲁地	东平国	607976	2893828	70	24.19
	东海郡	1559357			
	泗水国	119114			
	鲁国	607381			
齐地	泰山郡	726604	7107948	80	11.25
	琅邪郡	1079100			
	平原郡	664543			
	千乘郡	490720			
	济南郡	642884			
	北海郡	593159			
	东莱郡	502693			
	齐郡	554444			
	甾川国	227031			
	成阳郡①	205784			
	胶东国	323331			
	高密国	192536			
	勃海郡	905119			
梁宋	沛郡	2030480	5804025	58	9.99
	梁国	106752			
	山阳郡	801288			
	济阴郡	1386278			
	淮阳国	981423			
	楚国	497804			

---

① 按：原文如此。《汉书·地理志》载城阳国"户五万六千六百四十二，口二十万五千七百八十四"（参见《汉书》卷二八下《地理志下》，第1635页），疑"成阳郡"为"城阳国"。

续表

区域名称	郡国	郡国人口数	区域人口总量	学术人物总量	每百万人学术人物比率（%）
关中	京兆	682468	5735381	50	8.72
	左冯翊	917822			
	右扶风	836070			
	弘农郡	475954			
	武都郡	235560			
	陇西郡	236824			
	金城郡	149648			
	天水郡	261348			
	武威郡	76419			
	张掖郡	88731			
	酒泉郡	76726			
	敦煌郡	38335			
	安定郡	143294			
	北地郡	210688			
	西河郡	698836			
	上郡	606658			
吴越	临淮郡	1237764	4584699	17	3.71
	广陵国	140722			
	庐江郡	457333			
	九江郡	780525			
	会稽郡	1032604			
	丹阳郡	405170			
	豫章郡	351965			
	六安国	178616			
赵地	魏郡	909665			
	钜鹿郡	827177			
	常山郡	677956			
	清河郡	875422			
	赵国	349952			

续表

区域名称	郡国	郡国人口数	区域人口总量	学术人物总量	每百万人学术人物比率（%）
赵地	广平国	198558	7472304	27	3.61
	真定国	178616			
	中山国	668080			
	信都国	304384			
	河间国	187662			
	太原郡	680488			
	上党郡	337766			
	云中郡	173270①			
	定襄郡	163144			
	雁门郡	293454			
	代郡	278754			
	朔方郡	136628			
	五原郡	231328			
河洛	河内郡	1067097	13687538	43	3.14
	河南郡	1740279			
	河东郡	962912			
	颍川郡	2210973			
	汝南郡	2596148			
	陈留郡	1509050			
	东郡	1659028			
	南阳郡	1942051			
巴蜀	广汉郡	662249	4248040	13	3.06
	犍为郡	489486			
	越嶲郡	408405			
	益州郡	580463			
	牂柯郡	153360			
	巴郡	708148			
	蜀郡	1245929			

① 按：葛剑雄作"143270"，《汉书·地理志》作"173270"（分别参见葛剑雄《西汉人口地理》，商务印书馆2014年版，第113页；《汉书》卷二八下《地理志下》，第1620页）。

第四章　汉代学术中心的空间变动

续表

区域名称	郡国	郡国人口数	区域人口总量	学术人物总量	每百万人学术人物比率（%）
燕地	上谷郡	117762	2809537	7	2.49
	渔阳郡	264116			
	右北平郡	320780			
	辽西郡	352325			
	辽东郡	272539			
	玄菟郡	221845			
	乐浪郡	406748			
	涿郡	782764			
	广阳国	70658			
粤地	南海郡	94253	1372290	1	0.73
	郁林郡	71162			
	苍梧郡	146160			
	交趾郡	746237			
	合浦郡	78980			
	九真郡	166013			
	日南郡	69485			
荆楚	江夏郡	219218	1955821	1	0.51
	汉中郡	300614			
	桂阳郡	156488			
	武陵郡	185758			
	零陵郡	139378			
	南郡	718540			
	长沙国	235825			

资料来源：梁方仲：《中国历代户口、田地、田赋统计》，上海人民出版社1980年版，甲表3. 前汉各州郡国户口数及每县平均户数和每户平均口数，第14—17页。

说明：各区域学术人物数量见本研究"表9　西汉学术人物区域分布简表"。

由表16可见，各区域间人口数量差别很大，人口最多的河洛有1300余万，最少的粤地仅有130余万，而由于河洛庞大的人口数量和粤地较少的学术人物数量，两地每百万人口出现学术人物的比率都不高，称不上学术发达区。因此，学术发达区同时需要较多的学术人物数量和较少的人口数量，这样的区域有鲁、齐、梁宋和关中四个——与卢云所说西汉文化发达区中的两个（齐鲁梁宋地区和关中平原）相吻合。在其他区域中，赵、燕两地的人口数量分别与齐、鲁相当，但学术人物相对较少；吴越和巴蜀人口数量相当，学术人物同样较少；荆楚无论人口还是学术人物数量都较少，这些区域都不属于学术发达区。

2. 东汉各区域人均指标

进入东汉后，各郡国和区域人口分布较西汉后期有所变动，但继续呈现不均衡状态，其分布情况及学术人物比率如表 17 所示。

表 17　　东汉永和五年（140 年①）各区域每百万人学术人物比率　　单位：人

区域名称	郡国	郡国人口数	区域人口总量	学术人物总量	每百万人学术人物比率（%）
关中	弘农郡	199113	1262004	95	75.28
	京兆	285574			
	左冯翊	145195			
	右扶风	93091			
	陇西郡	29637			
	武都郡	81728			
	金城郡	18947			
	安定郡	29060			
	北地郡	18637			
	武威郡	34226			
	张掖郡	26040			
	张掖属国	16952			
	张掖居延属国	4733			
	酒泉郡	46631②			
	敦煌郡	29170			

①《郡国志》所载数字是永和五年还是其他年份的，尚有争论。对这些争论的简单梳理，可参见［澳］张磊夫《洛阳大火：公元 23—220 年的后汉史》，邹秋筠译，第 248—251 页。

②《续汉书·郡国志》脱漏口数，此系袁延胜推算（参见袁延胜《东汉人口问题研究》，博士学位论文，郑州大学，2003 年，第 31 页）。

续表

区域名称	郡国	郡国人口数	区域人口总量	学术人物总量	每百万人学术人物比率（%）
关中	上党郡	127403	1262004	95	75.28
	西河郡	20838			
	云中郡	26430			
	上郡	28599			
梁宋	梁国	431283	2986920	54	18.41
	沛国	251393①			
	陈国	547572②			
	山阳郡	606091			
	济阴郡	657554			
	彭城国	493027			
河洛	河南	1010827	9832933	165	16.78
	河内郡	801558			
	河东郡	570803			
	颍川郡	1436513			
	汝南郡	2100788			
	陈留郡	869433			
	东郡	603393			
	南阳郡	2439618			
鲁地	鲁国	411590	1760432	23	13.06
	东平国	448270			
	任城国	194156			
	东海郡	706416			
齐地	泰山郡	437317	5206880	58	11.14
	济北国	235897			
	琅邪国	570967			
	济南国	453308			

① 《续汉书·郡国志》载沛国户200495户，口251393人，户口比1.25，显然偏低。袁延胜认为必有一误（参见袁延胜《东汉人口问题研究》，第30页）。

② 《续汉书·郡国志》载陈国户112653户，口1547572人，计每户13.47人，远远高于汉代平均水平。袁延胜综合考虑后认为其口为547572人（参见袁延胜《东汉人口问题研究》，第30页）。

续表

区域名称	郡国	郡国人口数	区域人口总量	学术人物总量	每百万人学术人物比率（%）
齐地	平原郡	1002658	5206880	58	11.14
	乐安国	424075			
	勃海郡	1106500			
	东莱郡	484393			
	齐国	491765			
巴蜀	巴郡	1086049	6974671	70	10.04
	广汉郡	509483			
	广汉属国	205652			
	蜀郡	1350476			
	蜀郡属国	475629			
	犍为郡	411378			
	犍为属国	37187			
	牂柯郡	267253			
	越嶲郡	623418			
	益州郡	110802			
	永昌郡	1897344①			
吴越	广陵郡	410190	5359811	52	9.70
	九江郡	432426			
	下邳国	611083			
	丹阳郡	630545			
	庐江郡	424683			
	会稽郡	481196			
	吴郡	700782			
	豫章郡	1668906			
粤地	南海郡	250282	2066166	10	4.84
	苍梧郡	466975			

---

① 张磊夫认为，"这个数据超过了益州总人口的四分之一，这看起来不合比例。我不太认同这个数据，它可能是因为当地的富庶带来了较高的税收，而这又被视为人头税所致"。参见［澳］张磊夫《洛阳大火：公元23—220年的后汉史》，邹秋筠译，第98页。

续表

区域名称	郡国	郡国人口数	区域人口总量	学术人物总量	每百万人学术人物比率（%）
粤地	郁林郡	71162①	2066166	10	4.84
	合浦郡	86617			
	交趾郡	880560②			
	九真郡	209894			
	日南郡	100676			
荆楚	南郡	747604	4223874	20	4.73
	江夏郡	265464			
	零陵郡	1001578			
	桂阳郡	501403			
	长沙郡	1059372			
	武陵郡	250913			
	汉中郡	267402			
	汉阳郡	130138			
燕地	安平国	655118	2890124	11	3.81
	涿郡	633754			
	广阳郡	280600			
	上谷郡	51204			
	渔阳郡	435740			
	右北平郡	53475			
	辽西郡	81714			
	辽东郡	281714③			
	辽东属国	116592④			
	玄菟郡	43163			
	乐浪郡	257050			

① 《续汉书·郡国志》未载口数，此系袁延胜推算数字（参见袁延胜《东汉人口问题研究》，第32页）。

② 《续汉书·郡国志》未载口数，此系袁延胜推算数字（参见袁延胜《东汉人口问题研究》，第32页）。

③ 《续汉书·郡国志》载辽东郡户64158户，口81714人，每户1.27口。袁延胜认为口数应为281714（参见袁延胜《东汉人口问题研究》，第31页）。

④ 《续汉书·郡国志》未载口数，此系袁延胜推算数字（参见袁延胜《东汉人口问题研究》，第31页）。

续表

区域名称	郡国	郡国人口数	区域人口总量	学术人物总量	每百万人学术人物比率（%）
赵地	魏郡	695606	4565884	18	3.94
	钜鹿郡	602096			
	常山国	631184			
	中山国	658195			
	河间国	634421			
	清河国	760418			
	赵国	188381			
	太原郡	200124			
	五原郡	22957			
	定襄郡	13571			
	雁门郡	24900			
	朔方郡	7843			
	代郡	126188			

资料来源：梁方仲：《中国历代户口、田地、田赋统计》，上海人民出版社1980年版，甲表7. 后汉各州郡国户口数及每县平均户数和每户平均口数，第22—25页。

说明：各区域学术人物数量见本研究"表10 东汉学术人物区域分布简表"。

由表17可见，东汉时各区域人口的数量与西汉末相比，关中、梁宋、河洛、鲁地、齐地和赵地都不同程度地下降了，燕地基本持平，只有巴蜀、吴越、粤地和荆楚有所增加，这四个区域基本位于长江以南，反映了东汉人口的变动态势。另外，各区域学术人物数量都增加了，但由于增加的幅度和人口的数量不同，每百万人口出现学术人物的比率变化较大，最明显的是关中，跃升到第一位；其次是河洛，排在第二位，进入学术发达区之列；最后是巴蜀和吴越，大大缩小了与西汉学术发达区齐、鲁的差距，两地学术人物的总量甚至都超过鲁地。

从表16与表17的对比来看，汉代学术区域每百万人出现学术人物的比率的变动呈现两个方向变化，一是增加，有关中、河洛、梁宋、巴蜀、吴越、粤地、荆楚、燕地和赵地九个区域，其中上升幅度最大的是关中；二是减少，有齐地和鲁地两个区域，其中，下降幅度最大的是鲁地（表

18)。上升的区域透露出从西汉到东汉区域学术水平的提高,而下降的区域只是相对性的,它们在东汉时学术人物的绝对数量方面还是超过西汉,透露出各区域学术水平的普遍提高。

表18　　汉代学术区域每百万人学术人物比率变动　　　单位:%

区域名称	西汉	东汉	升降
关中	8.72	75.28	66.56
河洛	3.14	16.78	13.64
梁宋	9.99	18.41	8.42
巴蜀	3.06	10.04	6.98
吴越	3.71	9.70	5.99
荆楚	0.51	4.73	4.22
粤地	0.73	4.84	4.11
燕地	2.49	3.81	1.32
赵地	3.61	3.94	0.33
齐地	11.25	11.14	-0.11
鲁地	24.19	13.06	-11.13

三　学术活动

无论学术人物数量还是人均学术指标,都假设学术人物处于"静态",即在籍贯所在地出生和求学、教授。事实上,学术人物的出生之地、求学之地和教授之地的关系呈现多样化情态:有生于故乡且学于故乡的,有生于故乡而学于他乡的,还有未在籍贯所在地出生、求学的,这表明以学术人物籍贯统计数量作为衡量区域学术水平指标存在局限,还不足以确定学术中心区域。对此,夏增民批评道:"如果仔细检视这些成果(指人才地理分布——笔者),我们就会发现,这些研究基本上大多是同一模式,即罗列籍贯,然后加以原因分析;原因也是同一化的,无外乎经济发展程度、文化水平高下以及教育兴盛诸项。后期此类论述多套用此模式,毫无新意。"[①] 曾磊

---

① 夏增民:《历史学术地理刍议——以20世纪80年代以来的历史学术地理研究为例》,《华中科技大学学报》(社会科学版)2006年第6期。

以汉代博士的空间分布为例，证实单纯以人物籍贯为依据的缺陷，"就两都交通沿线区域而言，西汉籍贯可考的博士仅有2人，长安、洛阳各1人，仅占西汉籍贯可考博士总数的2.1%。东汉籍贯可考者也仅有2人，占东汉籍贯可考博士的2.6%。可见，无论是西汉的长安还是东汉的洛阳，所出的博士数量是十分少的，作为东汉首都的河南尹甚至没有一人"，但不能就此认为长安和洛阳学术不发达，因为在这两地活动的博士非常多，"西汉长安有61人次，洛阳7人次，共占西汉总人次的44.7%。东汉长安有9人次，洛阳64人次，霸陵1人次，华阴1人次，黾池1人次，共占东汉总人次的37.11%"[①]。他提出的解决方法是同时"分析知识人的文化活动，考察他们的活动地域，以及他们的活动对所在地造成的影响"，"这种统计以人物活动地点为对象，一定程度上避免了上述籍贯统计的失真"[②]。

在具体研究中，"活动地域"容易辨认，但"知识人"是否在所有"活动地域"都从事过文化活动则难确定。乐浪讷邯人王景的仕途经历大致可分两段：前段在洛阳，先是辟司空伏恭府，后因治河才能升任侍御史、河堤谒者。在这个阶段，未见关于他学术活动的记载。后段在地方，建初七年（82年）任徐州刺史，其间曾作《金人论》，反对迁都长安；次年任庐江太守，其间"驱率吏民，修起芜废，教用犁耕，由是垦辟倍多，境内丰给。遂铭石刻誓，令民知常禁。又训令蚕织，为作法制，皆著于乡亭，庐江传其文辞"[③]，后卒于官。可见在王景仕途中，除任职徐州刺史期间留有作品外，其他阶段都未见涉及学术活动的记载。如果把洛阳、东海郯县（东汉前期徐州刺史治所）和庐江都作为王景学术活动场所，缺乏资

---

① 曾磊：《汉代两都交通沿线区域学术地理研究》，硕士学位论文，北京师范大学，2007年，第20—21页。此后，作者对数据进行修订，"就汉代两都地区而言，西汉籍贯可考的博士仅有2人，长安、洛阳各1人，仅占西汉籍贯可考博士总数的2.1%，东汉则无籍贯可考者"，"如果查看汉代博士的活动分布，我们可以得出另一种结论。西汉长安有121人次，洛阳2人次，共占西汉总人次的57.7%，如果将整个司隶地区全部计算在内，则共占西汉总人次的63.3%。东汉长安有1人次，洛阳67人次，共占东汉总人次的44.7%，如果将整个司隶地区全部计算在内，则共占东汉总人次的52.6%"（参见曾磊《门阙、轴线与道路：秦汉政治理想的空间表达》，第170页）。数字虽然有所变化，作者观点是一致的。

② 曾磊：《汉代两都交通沿线区域学术地理研究》，硕士学位论文，北京师范大学，2007年，第17页。也可参见曾磊《门阙、轴线与道路：秦汉政治理想的空间表达》，第166—167页。

③ 《后汉书》卷七六《循吏传·王景传》，第2466页。

料支撑，因此，"活动地域"是否属于"文化活动"区域需要具体分析。

概括而言，汉代学术活动按照主体来看主要有以下三种。一是个体的教学。教和学相互依存，教包括居家教授和客授，学包括在本地求学和到外地游学。教学达到一定规模，教学所在地极有可能成为一时的学术中心。史载《鲁诗》学家申公从楚国"归鲁退居家教，终身不出门。复谢宾客，独王命召之乃往。弟子自远方至受业者千余人"[1]。虽然囿于史料限制，无法明确有多少学子同时受教，但千余人的教授使得鲁地成为《鲁诗》的传播中心。二是诸侯王的学术活动。汉武帝之前，诸侯国权力较大，那些有意于学术的诸侯王凭借各种优势组织不同的学术活动。淮南王刘安"招致宾客方术之士数千人，作为《内书》二十一篇，《外书》甚众，又有《中篇》八卷，言神仙黄白之术，亦二十余万言"[2]；河间献王刘德"修礼乐，被服儒术，造次必于儒者，山东诸儒〔多〕从而游"[3]。为了安置这些儒者，他特意修筑日华宫，"河间王德筑日华宫，置客馆二十余区，以集学士。自奉养不逾宾客"[4]；梁孝王刘武"招延四方豪桀，自山东游士莫不至，齐人羊胜、公孙诡、邹阳之属"[5]。这些"宾客方术之士""山东诸儒""山东游士"和"名儒宿德"聚集在诸侯王周围，使得汉初的吴越、赵地和梁宋出现一个个地方学术中心。西汉中期之后，随着中央集权的推行，诸侯王结客受到打击，但仍有很多士人不时地聚集于诸侯王身边，如北海敬王刘睦"千里交结，自名儒宿德，莫不造门"[6]。三是朝廷的学术活动。朝廷的学术活动多种多样，如整理图书。汉成帝"使谒者陈农求遗书于天下。诏光禄大夫刘向校经传诸子诗赋，步兵校尉任宏校兵书，太史令尹咸校数术，侍医李柱国校方技"[7]。可以预测，在整理期间，有众多学者参与。再如延揽特殊人才。汉灵帝爱好辞赋文艺，于光和元年（178年）设立鸿都门学，"时其中诸生，皆敕州、郡、三公举召能为尺牍

---

[1] 《汉书》卷八八《儒林传·申公传》，第3608页。
[2] 《汉书》卷四四《淮南王传》，第2145页。
[3] 《汉书》卷五三《景十三王传》，第2410页。
[4] （晋）葛洪撰，周天游校注：《西京杂记》卷四，第194页。
[5] 《汉书》卷四七《文三王传》，第2208页。
[6] 《后汉书》卷一四《宗室四王三侯传》，第556页。
[7] 《汉书》卷三〇《艺文志》，第1701页。

辞赋及工书鸟篆者相课试，至千人焉"①，从而使洛阳成为特殊人才的聚集地。朝廷的学术活动无疑吸引不同类型士人前往京师，不仅强化了京师的学术地位，还能加快学术中心的形成。

无论何种形式的学术活动，都有不等数量的学术人物参与，形成规模和存续时间各异的学术中心，这是学术人物数量和人均学术指标无法体现出来的，同样是确定学术中心的重要指标。

第二节　学术中心的区域内变动

从春秋战国到秦汉，随着社会的发展和教育的普及等，越来越多的人得到接受教育的机会。他们中的一些通过深入研习经学，或者留名于学术传承谱系中，或者列入史籍的传记，或者著有学术作品。在一定程度上，学术人物和学术著作数量的多寡是衡量区域学术发达与否的标志之一。而在同一区域，随着时间的推移，不同郡国学术人物和学术著作的数量也会发生变动，透露区域学术区域的演进。

一　学术区域的演进

1. 巴蜀

巴蜀地处西南，自然资源丰富，但资源的优势直至西汉末年才体现在经济发展上，这从史料对成都描述的前后对比中可以发现，"史公《货殖传》述巴蜀物产之饶，但尚未称成都为'一都之会'，《盐铁论》亦未列入'天下名都'。至西汉末年，蜀郡已为全国人口稠密地区之一，成都一县著籍民户七万六千余，仅次于长安；加以工商发达，已得与洛阳、邯郸、临淄、宛并列为天下五都"②。在这之前，西汉时期的巴蜀仅出现13位学术人物，分布在四郡：蜀郡有6位，广汉有3位，犍为有2位，巴郡有2位，其中，巴郡和蜀郡各有1位博士；另外有9部学术著作，其中蜀

---

① 《后汉书》卷八《灵帝纪》注，第341页。
② 严耕望：《严耕望史学论文选集》，第176—177页。

郡有8部，犍为有1部，很难说学术中心的出现与确立问题。

东汉时，巴蜀学术发展迅速，共出现70位学术人物和48部学术著作，学术人物超过齐、鲁和梁宋，而每百万人出现学术人物的比率位居第六，更反映学术水平的普遍提高。《华阳国志》赞美道："降及建武、明、章以来，出者，则能内贯朝揆，外播五教，赞和鼎味，经纶治要，上答泰阶，下允民照；处者，则利居槃桓，皓然玄蹈，天爵玩之，人爵则笑，悬车门肆，夷、惠齐绍。若斯之伦，海内服其英名，洙、泗方其焕耀矣。"① 其中不乏饱学之士，"益部自建武后，蜀郡郑伯邑、太尉赵彦信，及汉中陈申伯、祝元灵、广汉王文表，皆以博学洽闻，作《巴蜀耆旧传》"②，以致常璩发出"虽鲁之咏洙泗，齐之礼稷下，未足尚也。故'汉征八士，蜀有四焉'"③ 的感慨。

东汉巴蜀学术的发展并不均衡，取得长足进步的主要是巴郡、蜀郡、广汉和犍为北部所在的平原区域，南部和西南部的学术尚属起步阶段。在学术人物中，广汉有31位，蜀郡有20位，巴郡有8位，犍为有9位，四郡占巴蜀总数的97.14%，其中，蜀郡和犍为各有2位博士；在学术著作中，广汉有22部，蜀郡有21部，犍为有4部，巴郡的未搜集到，四郡占总数的97.92%。巴郡、蜀郡和广汉位于巴蜀北部，是较早与中原文化接触的地区，出现的学术人物和学术著作最多，是巴蜀的学术发达区。即使犍为的杜抚和董钧，一是武阳人，一是资中人，两县皆位于犍为北部，毗邻蜀郡治所成都。巴蜀的其他郡国，牂柯、越巂、汶山、沈黎、益州和永昌等，无论在西汉还是东汉都处于落后地位，文化发展较为缓慢。如巴蜀西部，"章帝时，蜀郡王阜为益州太守，治化尤异，神马四匹出滇池河中，甘露降，白鸟见，始兴文学，渐迁其俗"④；巴蜀南部，牂柯直到桓帝时才有学者，"桓帝时，郡人尹珍自以生于荒裔，不知礼义，乃从汝南许慎、应奉受经书图纬，学成，还乡里教授，于是南域始有学焉"⑤；巴蜀西南

---

① 《华阳国志》卷一〇下《先贤士女总赞》，第175页。
② 《华阳国志》卷一一《后贤志》，第184页。
③ 《华阳国志》卷三《蜀志》，第32页。
④ 《华阳国志》卷四《南中志》，第46页。
⑤ 《后汉书》卷八六《西南夷传》，第2845页。

部，(晋宁郡，本益州也。元鼎初属牂柯、越嶲)"郡土大平敞，原田，多长松皋，有鹦鹉、孔雀、盐池、田渔之饶，金银、畜产之富。俗奢豪，难抚御，惟文齐、王阜、景毅、李颙及南郡董和为之防检，后遂为善"①。因此，巴蜀在西汉时学术较为落后，尚无学术中心；东汉时广汉、蜀郡、巴郡和犍为占巴蜀学术人物的绝大多数，可谓学术中心。

2. 关中

先秦时期，秦国虽然是宗周故地，但学术并不发达。就儒家而言，严耕望说："孔门弟子，(秦)尚见两人，及商鞅变法有成，秦政尚法，能以客卿游仕于秦者亦惟有法家；其次纵横家；墨家节俭功利之教稍能立足；其余诸家则少活动之余地矣。"② 西汉时关中有50位学术人物（其中博士8位），虽然与传统的学术发达区齐、鲁、梁宋等相比逊色，比起先秦时已经有很大的进步。关中学术人物主要分布在三辅：京兆有25位，占关中总数的50%；右扶风有15位，占关中总数的30%；如果再加上左冯翊的4位，三辅共占关中总数的88%。在25部学术著作中，京兆有18部，左冯翊有4部，三辅占总数的88%，三辅是关中学术人物和学术著作的盛产地。陇西六郡和河西四郡等区域较少有学术人物出现，如北地有2位，陇西有2位。

东汉时期，关中学术人物和著作分布的格局基本未变，在95位学术人物中（其中博士4位），右扶风有40位，占总数的42.11%；京兆有22位，占总数的23.16%；左冯翊有3位，三辅占总数的68.42%。在128部学术著作中，右扶风有91部，占总数的71.09%；京兆有12部，左冯翊有3部，三辅占总数的82.81%。其他区域的学术也比西汉有所发展：弘农有5部学术著作、8位学术人物，其中的6位（杨宝、杨彪、杨秉、杨赐、杨修、杨震）来自杨氏家族；安定有7部学术著作、9位学术人物，其中的4位（梁商、梁竦、梁松、梁扈）来自梁氏家族；敦煌有7部学术著作、8位学术人物。

三辅虽然是两汉关中出现学术人物和学术著作最多的区域，但三辅

---

① 《华阳国志》卷四《南中志》，第53页。
② 严耕望：《严耕望史学论文选集》，第53页。

学术人物的分布不平衡，大量集中在陵邑，其他县邑较少。据《汉书·地理志》记载，西汉时右扶风领21县，其中陵邑3个（安陵、茂陵、平陵），陵邑籍学术人物有14位[①]，占右扶风总数（15位）的93.33%；左冯翊领24县，其中陵邑有4个（万年、云陵、长陵、阳陵），陵邑籍学术人物有1位（冯商），占左冯翊总数（4位）的25%；京兆领12县，其中陵邑有4个（霸陵、杜陵、南陵、奉明），陵邑籍学术人物有4位[②]，占京兆总数（25位）的16%。西汉三辅共有辖县57个，其中陵邑11个，占县邑总数的19.30%，陵邑籍学术人物则占总数的43.18%，远远高于平均水平。东汉时期，关中学术人物集中于陵邑的局面仍在继续。东汉时右扶风辖县减至15个，陵邑籍学术人物有35位[③]，占右扶风总数（40位）的87.5%；京兆辖县降至10个，陵邑籍学术人有物13位[④]，占京兆总数（22位）的59.09%；左冯翊辖县减至13个，未搜集到陵邑籍学术人物。三辅共辖县邑38个，其中陵邑8个[⑤]，占三辅县邑总数的21.05%，陵邑学术人物则占三辅总数的73.85%。陵邑从西汉到东汉都是三辅学术人物的高产地。其中，长安属于三辅，虽然学术人物不多，但长安作为西汉的政治中心，其学术地位不是学术人物数量完全反映出来的。张晓虹指出：西汉关中地区的学术活动又以长安及陵邑地区最为集中[⑥]，东汉时期关中地区仍是陕西学术文化最发达的地区，其

[①] 栖育、陈敞、杜邺、张敞、李寻、平晏、士孙张、涂恽、王嘉、吴章、云敞、张山拊、郑宽中、平当。

[②] 杜参、毛延寿、张竦、安丘望之。

[③] 班彪、班固、班昭、曹众、杜林、傅毅、矫慎、马廖、马日磾、马融、马续、马严、马援、秦彭、马芝、班超、曹喜、窦武、窦章、耿况、耿弇、何敞、贾逵、孔奋、孔嘉、孔奇、梁鸿、鲁丕、苏竟、韦彪、朱勃、鲁恭、贾徽、马皇后、徐幹。

[④] 苏顺、杜笃、杜度、冯豹、冯衍、廉范、玉况、朱宠、韦著、第五伦子、乐恢、赵岐、王汉。

[⑤] 南陵和云陵于西汉末废，奉明于东汉初废。

[⑥] 据张晓虹统计，终西汉一代，各陵县共出士人44位，加上京师长安的更高达57位，占关中地区士人总数的87.9%；长安与陵县共出书籍42部，占关中地区总数的80.8%；而博士及私家教授的分布更能体现出这种集中分布的特点：西汉五经博士，陕西共有11位，只有张禹一人为左冯翊莲勺人，其余10位均为京师或陵县地区人氏，占博士总数的90.9%，其中仅平陵一地就出8位博士，几占全部博士的72.7%；私家教授的分布也具有相同的特点，即只有张禹一人逸出陵县地（参见张晓虹《文化区域的分异与整合：陕西历史地理文化研究》，上海书店出版社2004年版，第92页）。

间英才辈出①，即包含对长安地位的肯定。

值得一提的是，随着西北边塞出土文献的增多，我们对该区域学术文化发展也有新的认识。有研究者提道：肩水金关汉简中除《齐论语》外，还有较为完整的《孝经》与《左传》《国语》的部分残简，这表明以肩水金关为代表的汉代西北地区关隘，不仅是军事堡垒，还是大漠之中的文化中心②。边塞的很多戍卒来自遥远的学术文化区域，他们聚集在一起，客观上推动了学术文化的传播。

3. 河洛

河洛是成周故地。公元前771年周平王迁都于河洛的洛阳，"五伯更帅诸侯以尊周室，故周于三代最为长久。八百余年至于赧王，乃为秦所兼"③，然而彼时学术却不发达，不仅未见有载诸史籍的儒家，道、墨、阴阳等各家人才也只有苏秦、苏代、苏厉、白圭4位④。延续到西汉时，河洛出现的学术人物不多，有43位，其中博士有9位。学术人物分布较为分散：河南有14位、河内有8位、颍川有6位、汝南有5位，这四郡占总数的76.74%；在17部学术著作中，河南有7部，河内、东郡、颍川、卫和汝南各有2部。无论学术人物还是学术著作，不仅没有数量突出的郡国，相差也不大，显示出西汉河洛学术人物分布得比较广泛。

这种状况到东汉时发生巨大变化。首先，学术人物和学术著作大幅度增加。东汉时河洛共有165位学术人物（其中博士17位），是西汉的3.8倍多；有学术著作213部，是西汉的12倍多，体现学术的长足进步。其

---

① 张晓虹从《后汉书》中共检得陕籍士人94位，而三辅地区就有77位，若再加上不属于三辅，但属关中地区的弘农郡华阴县的话，则共有士人85位，占全部的90.4%。其中，长安及陵县地区就占了49位，约为士人总数的52.1%。这说明此时陕西学术文化仍集中在关中地区，而长安及陵县地区也还是关中学术文化最发达的地区；与西汉时期不同的是，此时汉中地区有士人8位，其中有2位是博士，同时还有1位私家教授传授经学，这与西汉汉中地区无硕儒分布的状况相比，学术文化大有改观；而陕北地区自东汉中期以后，为游牧的氐、羌系民族占据，学术文化无从谈及，仍为学术文化空白区（参见张晓虹《文化区域的分异与整合：陕西历史地理文化研究》，第104页）。

② 王楚宁、张予正、张楚蒙：《肩水金关汉简〈齐论语〉研究》，北京联合大学文化遗产保护协会编：《文化遗产与公众考古》（第四辑），2017年，第66—74页。

③ 《汉书》卷二八下《地理志下》，第1650页。

④ 严耕望：《严耕望史学论文选集》，第32、44页。

次，学术载体呈现集中化趋势。南阳有学术人物49位，占河洛总数的29.70%；学术著作65部，占30.52%；汝南有学术人物32位，占19.40%；学术著作42部，占19.72%；陈留有学术人物26位，占15.76%；学术著作35部，占16.43%。颍川有学术人物25位，占总数的16.36%；学术著作28部，占13.15%。四郡的学术人物合起来占81.21%，学术著作合起来占79.81%，成为东汉河洛学术的发达地①。再次，河南与河内学术发展较快。河南和河内的学术人物较西汉都有增长，分别出现16位和8位，其中河南开封的郑氏家族出现3位（郑兴、郑众、郑安世），郑兴、郑众都是当时的学术大师。可见从西汉到东汉，河洛的学术中心逐渐形成，并转移到豫南和豫东，具体而言就是南阳、汝南、陈留和颍川四郡②。刘太祥指出：这四郡在西汉时的学术并不发达，从学术载体——学术人物与著作来看，西汉共出书籍282部，南阳郡仅有两部；西汉士人共510位，南阳郡占9位；西汉五经博士96位，南阳郡无1位；私人教授197位，南阳郡占1位③。此外，汝南郡：书籍3部，士人11位，五经博士1位；陈留郡：书籍1部，士人8位，五经博士1位；颍川郡：书籍4部，士人6位，五经博士1位④。从不发达到全国领先，河洛在东汉发生了重要变动。

---

① 刘太祥指出：东汉时期，豫南的南阳、汝南、颍川文化迅速发展。南阳郡出著作47部，位居河南第一，士人位居第一，五经博士位居第二，私人教授位居第二；汝南郡著作居河南第二，士人居第二，五经博士居第二，私人教授居第一；颍川著作居河南第四，士人居第三，五经博士居第二，私人教授居第一。豫南这三郡成为河南东汉文化发达区域。陈留郡，东汉时著作位居河南第三位，士人位居第三位，五经博士位居第一位，私人教授位居第二位，成为文化发达的郡（参见刘太祥《河南汉代文化的格局及成因》，《周口师范高等专科学校学报》1999年第4期）。刘先生统计的四郡学术人物和学术著作数量与本研究不同，但结论是相通的，都指出四郡在东汉河洛学术中所占的主导地位。

② 卢云也以为：东汉时期，南阳、颍川、汝南、河南、陈留一带文化最为发达，该区士风对全国影响也最大，说明该区已成为当时的文化重心所在（参见卢云《东汉时期的文化区域与文化重心》，载中国社会科学院近代研究所近代文化史研究室编《中国文化研究集刊》第4辑，复旦大学出版社1987年版，第155—187页）。

③ 参见崔向东、王金阳《两汉南阳豪族的官僚化和士族化》，《社会科学辑刊》2010年第4期。

④ 刘太祥：《河南汉代文化的格局及成因》，《周口师范高等专科学校学报》1999年第4期。按：如前所述，曾磊统计的西汉博士数量是121位。

4. 荆楚

春秋战国时期的楚国地域广大，学术方面值得称道者是其文学的兴盛。严耕望说："先秦学术，兴于河淮之间，南播荆楚，岂非固宜！而道墨似较儒术为多，其他各家则少可称述。所特异者，中原之地，诗道息，散文盛，而荆楚赋体大兴，足与北土散文相拮抗，此中国文学之异彩也。"① 战国后期受秦国的逼迫，楚国将政治中心迁移到陈蔡故地，这里是道家的地理中心，"大抵在淮水以北之楚境，即陈蔡故地，北至于宋，实陈宋等国旧疆，涡、汜、颍、汝流域"，风土人情本不同于荆楚，"荆楚为真正楚国故地，中古时代，荆楚民风褊狭轻剽，而富感情，先秦不能大异，此与道家思想各居极端，产生道家思想之可能性不大"②。荆楚的文化传统主要体现在文学方面。

楚文化在汉初社会有着广泛的影响，诚如李开元所言："楚为刘邦集团之故国，其核心成员，基本上皆为楚人，对楚有深厚的文化归属感。"③ 然而西汉时荆楚出现的学术人物并不多，仅有汉中的杨王孙1位。东汉时期，荆楚学术人物增加到20位，其中汉中有7位，南郡有4位，江夏和汉阳各有3位。在18部学术著作中，南郡有13部，汉中有2部，桂阳、汉阳等各有1部，说明东汉大部分时间里荆楚没有形成学术中心。东汉末年，天下大乱，荆州在刘表的领导下保持安宁，成为士人避难和讲学的场所，"关西、兖、豫学士归者盖有千数，表安慰赈赡，皆得资全。遂起立学校，博求儒术，綦母闿、宋忠等撰立《五经》章句，谓之后定"④，是荆楚乃至中原的学术中心。因此从汉初到东汉后期，荆楚没有出现学术中心；东汉末年，荆州成为荆楚的学术中心。

5. 梁宋

梁宋是西汉时期的又一个学术发达地，共出现58位学术人物和18部学术著作。在学术著作中，楚有6部，梁有5部，沛有3部；在学术人物

---

① 严耕望：《严耕望史学论文选集》，第53页。
② 严耕望：《严耕望史学论文选集》，第35页。
③ 李开元：《汉帝国的建立与刘邦集团——军功受益阶层研究》，生活·读书·新知三联书店2000年版，第166、168页。
④ 《后汉书》卷七四下《刘表传》，第2421页。

中，沛有18位，梁有15位，分别占梁宋总数的31.03%和25.86%，表明西汉梁宋的学术中心是在沛和梁。其他郡国，除山阳（10位）和楚国（8位）外，淮阳、济阴的学术并不发达。

从西汉到东汉，梁宋的学术人物分布发生较大变动。沛继续保持高效的人才产出，有22位学术人物，占总数（54位）的40.74%，与西汉相比，比重有所增加。山阳仍出现11位学术人物，所占比重增加到20.37%，反衬出其他郡国学术人物的减少。沛与山阳之外，济阴和梁国各有6位，陈国有5位，彭城有3位。在45部学术著作中，沛有22部，占总数的48.89%；梁有6部，占总数的13.33%，不仅远低于沛，也低于山阳（14部，占31.11%）。

沛能够在西汉和东汉保持产出学术人物和学术著作的连续性，原因略有不同。西汉时，易学发源于齐地，逐渐向周边的鲁、梁宋等地扩散，易学的施、孟、梁丘、高氏和费氏五大派别都诞生于这一地带。受此影响，沛郡及其周围的梁、东海等郡国是易学的传播中心，涌现的易学人才较多：琅邪有8位（梁丘贺、梁丘临、王吉、王骏、鲁伯、邴丹、王璜、王同），沛有7位（邓彭祖、施雠、戴崇、翟牧、高相、高康、徐宣），梁有4位（焦延寿、田王孙、丁宽、项生），东海有4位（孟喜、白光、殷嘉、毋将永），鲁国有2位（周霸、朱云）。东汉时，沛的辖县和人口较西汉下降不少，西汉有2030480人，辖县37个；东汉则有251393人，辖县21个，然而学术人物比西汉增加4位，说明人口数量与学术人物数量之间并不成正比。东汉时沛能够保持学术人物的连续性主要归因于当时学术的家族化趋向：龙亢桓氏家族有7位（桓典、桓麟、桓鸾、桓荣、桓焉、桓郁、桓彬），铚县徐氏家族有2位（徐宪、徐防）。学术世家的出现为地方社会提供源源不断的学术人物，避免沛出现学术人物剧减的局面。与沛的稳定性相比，西汉梁宋的另一个学术人物集中地——梁则趋向衰落。汉初，梁国学术的兴盛是由于在相对宽松的政治环境下诸侯王对学术的重视、提倡和实践，西汉中期随着中央对诸侯王政策的转变，包括梁和楚在内的诸侯国学术中心遭到毁灭性的打击，这可能导致其在东汉时少有学术人物出现。

6. 鲁地

先秦时期的鲁国是儒家的大本营。据严耕望统计，在其时86位可考的儒家中，鲁国45位，齐国12位，卫国8位①，鲁国占总数的52.33%，可谓一枝独秀。长期浸润在周公和孔子的遗风中，鲁国形成好学的传统，即使在秦汉之间的动荡岁月中，这种传统仍然保留着，"及高皇帝诛项籍，引兵围鲁，鲁中诸儒尚讲诵习礼，弦歌之音不绝，岂非圣人遗化好学之国哉？于是诸儒始得修其经学，讲习大射乡饮之礼。叔孙通作汉礼仪，因为奉常，诸弟子共定者，咸为选首，然后喟然兴于学"②。西汉时期，鲁地70位学术人物中，东海有21位，占鲁地总数的30%；鲁国有20位，占总数的28.57%，这还不包括统称"鲁人"的23位；在28部著作中，东海有13部，鲁国有8部，东平有7部。众多的学术著作和学术人物表明：东海和鲁国是西汉鲁地的学术发达区。《汉书·地理志》云："汉兴以来，鲁东海多至卿相。"③从侧面说明鲁与东海出现学术人物之多。有研究者统计：西汉45位丞相中，除武帝朝的赵周地域不明外，明确为关西人者只有田蚡、李蔡、公孙贺、朱博、王喜5位，占6.67%；明确可知为关东人或祖上为关东人的，占86.67%，而鲁地、东海多至7人④。这些丞相大多具有儒学背景。《汉书·匡张孔马传》称："自孝武兴学，公孙弘以儒相，其后蔡义、韦贤、玄成、匡衡、张禹、翟方进、孔光、平当、马宫及当子晏咸以儒宗居宰相位，服儒衣冠，传先王语，其酝藉可也。"⑤"以儒宗居宰相位"正透露出宰相的儒学背景。

东汉时期，在鲁地23位学术人物中，鲁国有12位，其中9位（孔稣、孔宙、孔融、孔长彦、孔季彦、孔僖、孔昱、孔仁、孔志）又来自孔氏家族；在31部学术著作中，鲁国有9部。这两个指标显示出鲁国在鲁地的重要学术地位和孔氏家族在鲁国的学术分量。东海的学术载体则大量减少，仅有5位学术人物和7部学术著作。西汉时东海郡有358414户，1559357人，辖县38个；东汉时有148784户，766416人，辖县13个。从西汉到东汉，户口和辖县减少，但西汉时出现学术人物较多的兰陵、郯、戚等县，

---

① 严耕望：《严耕望史学论文选集》，第32页。
② 《汉书》卷八八《儒林传》"序"，第3592页。
③ 《汉书》卷二八下《地理志下》，第1663页。
④ 王子今：《秦汉区域文化研究》，第259页。
⑤ 《汉书》卷八一《匡张孔马传》"赞"，第3363页。

东汉时仍属东海，说明辖县的减少不是东海郡学术人物数量下降的主要原因。西汉时期东海出现学术人物之多得益于兰陵学术的发达，而兰陵学术的发达与荀子在此为官、居住与讲学密切相关。荀子虽是赵人，但游于齐、秦，仕于楚，一生曾两度出任兰陵令，后定居于此，讲学著述，培养了一批人才，为西汉兰陵学术发展奠定基础。刘向称："兰陵多善为学，盖以孙卿也。长老至今称之曰：'兰陵人喜字为卿，盖以法孙卿也。'"① 胡元仪《郇卿别传》也称："郇卿弟子今知名者，韩非、李斯、陈嚣、毛亨、浮丘伯、张苍而已，当时甚盛也。至汉时，兰陵人多善为学，皆卿之门人也。汉人称之曰：'兰陵人喜字为卿，法郇卿也。'教泽所及，盖亦远矣。"② 两段引文都说明荀子在兰陵的学术影响之大。到东汉时，随着时间的流逝，荀子的影响渐趋衰弱，兰陵学术人物已不复西汉时的盛景，这或许是导致东海郡学术人物减少的原因之一③。

7. 齐地

春秋与战国初期，齐地学术本来不如鲁地，战国后期，经过君主的提倡和支持，齐国学术有超越鲁国之势，"至战国末年，齐国儒学已不在鲁地之下矣"④。齐地学术的发展态势一直持续到西汉时期，共出现80位学术人物（其中博士19位）和24部学术著作，学术人物总数在各区域中高居榜首，每百万人出现学术人物比率和学术著作均位居第二。东汉时，齐地共有学术人物58位（其中博士9位），学术著作86部，学术人物总量在各区域中位列第五，每百万人出现学术人物的比率位居第五，学术著作位居第三（主要为郑玄撰），透露出齐地学术发展速度的相对缓慢。

齐地内部学术的发展并不平衡。西汉时琅邪郡有24位学术人物，占齐地总数的30%；学术著作有5部，占20.83%，而东莱、北海、泰山、高密、胶东等郡国出现的学术人物和学术著作都在5位和4部以下，这些数

---

① （汉）刘向叙录：《荀卿新书三十二篇》，载（清）王先谦撰，沈啸寰、王星贤点校《荀子集解》，中华书局1988年版，第559页。
② （清）王先谦：《考证下》引，载（清）王先谦《荀子集解》，第39页。
③ 按：高梅的《两汉时期兰陵儒学的勃发》（《临沂师范学院学报》2003年第2期）和范玉秋的《两汉兰陵经学管窥》（《管子学刊》2012年第1期）二文，力证两汉兰陵经学之盛，但未留意到东汉兰陵经学之衰落。
④ 严耕望：《严耕望史学论文选集》，第33页。

字表明西汉时期齐地的学术重镇在琅邪。东汉时琅邪的学术人物则下降到 11 位,占齐地总量的 18.97%,其中 5 位(伏湛、伏黯、伏恭、伏晨、伏无忌)出自伏氏家族,体现出琅邪学术人物总体上的衰落和家族化趋势。北海的学术在东汉时崛起,共出现 20 位学术人物和 67 部学术著作,分别占齐地总量的 34.48% 和 77.91%。学术人物中,郎宗、郎顗为父子传业,甄宇、甄普、甄承为家世传业,受到世人的叹服,"诸儒以承三世传业,莫不归服之"①;郑玄"称为纯儒,齐、鲁间宗之"②,堪称一代儒宗。北海之外,平原和勃海分别有 6 位和 4 位学术人物,东莱、乐安和泰山均有 3 位,齐国、济北、济南也都远远少于北海,表明东汉时齐地的学术重镇从琅邪转向北海。北海学术人物的增多与辖县安丘学术的发展密切相关。在 20 位学术人物中,有 7 位(郎顗、郎宗、牟融、甄承、甄普、甄宇、周泽)来自安丘,其中 5 位(郎顗、牟融、甄宇、甄承、周泽)有教授门徒的经历,或许正是这些学者的教授活动,推动了安丘学术的发展。

8. 吴越

吴越虽然地处汉朝东南部,但很早与中原联系在一起。文献记载的商朝末年的太伯、仲雍奔吴和西周初年的周章被封为吴君,使吴越文化带有中原文化的烙印。春秋战国时期,除了越王勾践和吴王阖闾、夫差父子在位时间之外,吴越大多数时间湮没于学术史中。公元前 223 年,秦将王翦率军攻入寿春,俘虏楚王负刍;次年,又降服越君,设置会稽郡,吴越正式纳入统一王朝的版图。与政治上的归属明显而剧烈相比,文化上的融合则缓慢得多,学术人物和学术著作的出现更非一蹴而就。西汉时吴越有 17 位学术人物③,其中九江有 9 位,会稽有 3 位;有学术著作 6 部,会稽有 3 部,临淮有 2 部,吴有 1 部。西汉时吴越虽然出现的学术人物不多,然而

---

① 《后汉书》卷七九下《儒林传下·甄宇传》,第 2580 页。
② 《后汉书》卷三五《郑玄传》,第 1212 页。
③ 滕雪慧根据《史记》《汉书》《后汉书》《三国志》中涉及的汉代吴越人物,并参考《论衡》《吴郡志》《鲁迅辑录古籍丛编》中的谢承《后汉书》《会稽先贤传》、虞预《会稽典录》以及《两汉三国学案》《江苏省通志史稿·选举志》《浙江通志·选举》等材料,搜集到西汉有吴地的严忌、严助、严葱奇、朱买臣以及山阴的郑吉三兄弟等 15 位(参见滕雪慧《汉代吴越人才分布的特点及原因初探》,《江苏教育学院学报》2005 年第 4 期)。滕雪慧的统计数字比本研究的要多,但由于作者未提供详细的人才名单,这里还是按 13 人计算。

淮南国刘安招揽数千宾客方术之士著书立说①，使淮南成为吴越的学术研究中心②。

西汉吴越学术人物的主要活动时代可分为两个时期：一是景、武时，计有4位（文翁、朱买臣、严助、严忌）；二是西汉后期，计有8位（陈侠、张邯、朱谱、严望、严元、谢曼卿、梅福、召信臣）。从籍贯上看，会稽、庐江二郡的学术人物主要活动在景、武时期，而九江郡的学术人物主要活跃于西汉后期，这归功于战国后期以来九江学术氛围的形成。战国后期，面对秦国的威胁，楚国的西部界限不断东移，都城一再迁徙，先是迁到陈（今河南淮阳），再迁于钜阳（一说在今安徽阜阳北，一说距陈不远），又迁于寿春（今安徽寿县）③。与政治中心东移相并行的是文化中心的东移。丁毅华指出："综观战国后期天下大势的发展，给人印象最深的，是一'武'一'文'的两个东进，前者是秦军东向的凌厉的军事攻势，后者是楚文化的东移，其影响从长江中游扩大到，东部沿海地区。仅仅数十年时间，东部近海的邹鲁吴越一线，已经是楚文化的天下了。"④今天安徽寿县及其周围的考古发掘表明楚文化的精华大半集中到这里。汉初，淮南王刘安亦都寿春，执掌淮南大权40余年，给地方社会带来极大的影响。《汉书·地理志》云："初淮南王异国中民家有女者，以待游士而妻之，故至今多女而少男。"⑤刘安因谋反自杀后，国除为九江郡。从战国后期到西汉中期，九江郡的文化一直较为发达，这种趋势延续到西汉后期，有利于学术人物的出现。

东汉时，吴越学术人物有了显著增长，出现52位，其中会稽有24位，占总数的46.15%，有4位（虞成、虞凤、虞光、虞钦）来自虞氏家族。

---

① 《汉书》卷四四《淮南王传》，第2145页。
② 按：淮南王刘安和后文提道的河间献王刘德虽然著籍于京兆长安，但他们组织的学术活动主要在封国内开展的，因此其籍贯归属并不影响淮南和河间二国成为一时的地方学术中心。
③ 参见王勇《楚文化与秦汉社会》，湖南大学出版社2009年版，"绪论"。
④ 丁毅华：《秦文化、楚文化和汉文化》，收入其所著《丁毅华史学论文自选集》，湖北人民出版社2002年版，第96—97页。
⑤ 《汉书》卷二八下《地理志下》，第1668页。按："多女而少男"，注引如淳曰："得女宠，或去男也。"臣瓒曰："《周官》职方云'扬州之民，二男而五女'，此风气非由淮南王安能使多女也。"师古不同意如淳和臣瓒的观点，认为"二说皆非也。志亦言土地风气既足女矣，因淮南之化，又更聚焉"。

豫章有7位，广陵有6位，吴郡有5位，九江有3位。在54部学术著作中，会稽有32部，占总数的59.26%；吴郡有8部，豫章有5部，临淮有2部。考虑到东汉时吴郡由会稽郡分置，会稽的户数从223048户降至123090户，人口从1032640人降至481196人，辖县从26个降至14个，会稽郡学术的发展引人注目。因此，汉初吴越的学术中心在淮南王国，此后会稽郡学术发展迅速，成为吴越学术载体的重镇，这与滕雪慧的分析一致。她在研究吴越人才空间布局中提道："在空间上，人才分布则呈现出集中在江南运河、浙东运河所在的吴越北部地区的特点。"[1]

9. 燕地

燕位于北方边境，自春秋以来学术不甚发达。战国晚期受阴阳家的影响，颇多方术之士。《史记·封禅书》："自齐威、宣之时，驺子之徒论著终始五德之运，及秦帝而齐人奏之，故始皇采用之。而宋毋忌、正伯侨、充尚、羡门高最后皆燕人，为方仙道，形解销化，依于鬼神之事。"[2] "最后"，司马贞《史记索隐》曰："最后犹言甚后也。服虔说止有四人，是也。小颜云自宋无忌至最后凡五人，刘伯庄亦同此说，非也。"西汉时期，燕地有7位学术人物，其中涿郡4位，笼统地称"燕人"的3位；在7部学术著作中，涿郡有1部，称"燕人"的6部。燕地的学术人物和学术著作虽然都少，却在西汉学术格局中占有一席之地，这主要归功于韩婴开创的《韩诗》和韩氏《易》学派。但韩氏《易》在西汉时传承范围很窄，"唯韩氏自传之"[3]，东汉则未见传承者；《韩诗》的影响则波及燕、赵，"燕赵间言《诗》者由韩生"[4]，实际上传人有限，远不及《齐诗》和《鲁诗》。

东汉时期，燕地的学术著作有37部，其中涿郡有31部，占燕地总数

---

[1] 滕雪慧：《汉代吴越人才分布的特点及原因初探》，《江苏教育学院学报》2005年第4期。
[2] 《史记》卷二八《封禅书》，第1368—1369页。
[3] 《汉书》卷八八《儒林传·韩婴传》，第3613页。西汉传承韩氏《易》者，见于记载的主要有两人：一是韩婴的后人韩生。他在宣帝时"以《易》征，待诏殿中"（《汉书》卷八八《儒林传·韩婴传》，第3613页）。二是司隶校尉盖宽饶，他原本跟随孟喜学《易》，后来从韩生受《易》。据《汉书·盖宽饶传》：宣帝时，盖宽饶不满宣帝"用刑法，信任中尚书宦官"的做法，"引《韩氏易传》言：五帝官天下，三王家天下，家以传子，官以传贤，若四时之运，功成者去，不得其人则不居其位"（《汉书》卷七七《盖宽饶传》，第3247页）。其中提道的《韩氏易传》，应该是盖宽饶所受之韩氏《易》。
[4] 《汉书》卷八八《儒林传·韩婴传》，第3613页。

的83.78%；学术人物增长到11位，其中涿郡有8位，5位（崔烈、崔寔、崔骃、崔瑗、崔篆）来自安平崔氏家族：崔篆，王莽时为郡文学，建武初"客居荥阳①，闭门潜思，著《周易林》六十四篇"②。崔篆之孙崔骃，"年十三能通《诗》《易》《春秋》，博学有伟才，尽通古今训诂百家之言"③。崔骃之子崔瑗"锐志好学，尽能传其父（崔骃）业……明天官、历数、《京房易传》、六日七分"④。崔瑗之子崔寔"少沉静，好典籍"⑤。崔寔从兄烈"有文才，所著诗、书、教、颂等凡四篇"。范晔称赞道："崔氏世有美才，兼以沉沦典籍，遂为儒家文林。"⑥安平崔氏家族涌现的学术人物支撑了东汉燕地学术人物的增长；其他郡国，范阳、渔阳和乐浪三郡各1位，自辽东至上谷的广大区域难得有学术人物出现。因此，燕地的学术传承，西汉时体现在韩婴及其后裔，东汉时体现在涿郡崔氏家族。

10. 粤地

粤地纳入秦朝版图的时间较晚。秦始皇三十三年（前214年），"遣诸逋亡及贾人赘婿略取陆梁，为桂林、南海、象郡，以适戍"⑦。秦末汉初，赵佗在南越称王，控制了粤地，直到汉武帝时期被平定。武帝元鼎六年（前111年），"令征西南夷，平之。遂定越地，以为南海、苍梧、郁林、合浦、交阯、九真、日南、珠崖、儋耳郡"⑧。粤地远离中原，文化发展较

---

① 赵尔阳认为，"荥阳"当作"荧阳"，"结合乾嘉以来的诸家及当代学者的相关论述，对照出土或传世的汉代简文、封泥、碑铭及铜器铭文，尤其是《肩水金关汉简》五卷图版释文，'荧'字在两汉当从火，'荧阳'为标准写法。今本《史记》《汉书》当为后人窜改或传抄致误"（参见张德芳主编《甘肃省第三届简牍学国际学术研讨会论文集》，上海辞书出版社2017年版，第264—268页）。其说可从。考虑到"荥阳"传承已久，是《汉书·地理志》正文中河南郡辖县名称（参见《汉书》卷二八上《地理志上》，第1555页），本研究暂仍其旧。
② 《后汉书》卷五二《崔骃传》，1705页。
③ 《后汉书》卷五二《崔骃传》，第1708、1722页。
④ 《后汉书》卷五二《崔骃传》，第1722页。
⑤ 《后汉书》卷五二《崔骃传》，第1725页。
⑥ 《后汉书》卷五二《崔骃传》，第1732页。
⑦ 《史记》卷一五《六国年表》，第757页。
⑧ 《汉书》卷六《武帝纪》，第188页。按：《史记·南越列传》云武帝平定越地，"遂为九郡"（《史记》卷一一三《南越列传》，第2977页）。九郡，裴骃《史记集解》引徐广曰："儋耳，珠崖，南海，苍梧，九真，郁林，日南，合浦，交阯。"据周振鹤的研究，汉武帝平定南越后置有十郡，即在徐广所言九郡外加上象郡（参见周振鹤《象郡考》，《中华文史论丛》1984年第3期）。对本研究而言，无论九郡还是十郡，不影响分析结论，都说明粤地纳入汉朝的版图较晚。

为缓慢。如九真郡，地处今越南北部，直到建武初任延为太守时才改变过去的落后状况，"九真俗以射猎为业，不知牛耕，民常告籴交阯，每致困乏。延乃令铸作田器，教之垦辟。田畴岁岁开广，百姓充给。又骆越之民无嫁娶礼法，各因淫好，无适对匹，不识父子之性，夫妇之道。延乃移书属县，各使男年二十至五十，女年十五至四十，皆以年齿相配。其贫无礼娉，令长吏以下各省奉禄以赈助之。同时相娶者二千余人。是岁风雨顺节，谷稼丰衍。其产子者，始知种姓"①。这段话谈到九真郡生产和生活两个方面的变化：农业生产从"射猎"转向农耕，婚姻生活从"各因淫好"到接受礼法的约束。在此之前，元帝时的贾捐之曾提道："骆越之人父子同川而浴，相习以鼻饮，与禽兽无异，本不足郡县置也。"②说明粤地生产生活方式要落后于中原。

学术方面，西汉时粤地仅有苍梧陈钦1位，东汉时则有10位，其中，陈钦和东汉的陈元是父子，学术成就较高。陈钦"习《左氏春秋》，事黎阳贾护，与刘歆同时而别自名家"。"别"，原注曰："以《左氏》授王莽，自名《陈氏春秋》，故曰别也。"说明陈钦对《春秋》的解读有着自己的体系，自成一家。陈元"少传父业，为之训诂，锐精覃思，至不与乡里通"③。从《后汉书·儒林传》的记载来看，他们父子侧重古学。

11. 赵地

战国时期的赵国是"战国七雄"之一，然而赵国所处的地理位置以及历史遗风没有给学术发展提供良好的环境：这里临近少数民族，百姓具有质朴、习武的倾向；这里既有商纣王淫乱遗留的恶习，又有"以诈力相倾"的晋国公族后裔。战国初期，赵地曾经深受儒学的影响。20世纪70年代，考古工作者在河北平山的战国墓葬群中发掘有青铜器④，其中一件的铭文"反复引用《诗经》，并有同于《左传》《大戴礼记》的文句，其所体现的政治思想，与儒家有密切关联"。据李学勤的研究：中山的华化和儒学在中山的流行，和魏国一度统治该地有关。中山国自公元前406年

---

① 《后汉书》卷七六《循吏传·任延传》，第2462页。
② 《汉书》卷六四《贾捐之传》，第2834页。
③ 《后汉书》卷三六《陈钦传》，第1229—1230页。
④ 李学勤、李零：《平山三器与中山国史的若干问题》，《考古学报》1979年第2期。

被魏文侯占领，到公元前378年复国，"魏人占领中山，大概有二十多年，起了把华夏文化进一步传播到中山的作用。当时魏君是文侯，他师事孔子弟子子夏，使魏国成为儒学的重要中心"①。战国后期，赵国却出现了几位重要学者：慎到，法家代表人物之一，《汉书·艺文志》著录其作《慎子》三十二篇；公孙龙，名家代表人物，《汉书·艺文志》著录其作《公孙龙子》十四篇；毛公，《汉书·艺文志》著录其作《毛公》九篇；荀子，先秦儒家的集大成者，《汉书·艺文志》著录其作《孙卿子》三十三篇；虞卿，《春秋》学者，《汉书·艺文志》著录其作《虞氏春秋》十五篇，又著录《虞氏微传》二篇。

赵国学术的后起发展趋势延续到西汉，赵地共有27位学术人物（其中博士5位），但分布比较分散：称"赵人"的有6位，上党有5位，其中的4位（冯立、冯参、冯野王、冯逡）来自冯氏家族；广川有4位，魏郡、清河、钜鹿、太原等各有2位。学术著作有7部，其中广川有2部，常山和邯郸各有1部，还有笼统称"赵"的3部。这些数字看不出赵地的学术中心，但汉初的河间王国在献王统治期间，广搜图书，"四方道术之人不远千里，或有先祖旧书，多奉以奏献王者，故得书多，与汉朝等"②；招纳贤士，"河间王德筑日华宫，置客馆二十余区，以集学士。自奉养不逾宾客"③，聚集了一大批儒者，"山东诸儒〔多〕从而游"④，使河间国成为赵地的学术中心。东汉时期，赵地有18位学术人物（其中博士5位），分布在9个郡国；有11部学术著作，分布在7个郡国。因此，两汉时期，除汉初的河间国在短期内成为学术中心外，赵地在此后时间里不仅出现的学术人物少，也没有形成显著的学术中心。

二 区域内学术中心变动的分析

20世纪60年代，美国区域规划专家弗里德曼（J.R. Friedman）提出了"核心—边缘"的理论，用来解释区际和城乡之间非均衡发展的过程。

---

① 李学勤：《东周与秦代文明》，上海人民出版社2014年版，第65页。
② 《汉书》卷五三《景十三王传》，第2410页。
③ （晋）葛洪撰，周天游校注：《西京杂记》卷四，第194页。
④ 《汉书》卷五三《景十三王传》，第2410页。

该理论认为，任何一个国家都是由核心区域和边缘区域组成。核心区域往往由一个城市或城市集群及其周围的区域所组成，这里是城市集聚区，工业发达，技术水平较高，资本集中，人口密集，经济增长速度快；边缘区域往往指农村，这里农业呈停滞状态，产业结构老化，效率低下，粗放型经营生产方式为主，人口向外迁移，相对于核心区域来说是经济较为落后的区域①。用核心—边缘理论来看待汉代学术地理，可以给我们很多有益的启示。

首先，学术载体比较多的区域往往存在核心区与边缘区。核心区提供了本区域主要的学术人物和学术著作，是本区域学术地位的保证。核心区之外的郡国可谓边缘区。西汉时，齐地的学术核心区在琅邪，鲁地的在东海和鲁国，梁宋的在沛郡、梁国和山阳，吴越的在淮南，燕地的在燕国，关中的在三辅，赵地的在河间国。东汉时，齐地的学术核心区在北海国，鲁地的在鲁国，梁宋的在沛国，河洛的在南阳、汝南、陈留和颍川四郡，关中的在三辅，吴越的在会稽，巴蜀的在广汉和蜀郡，燕地的在涿郡，荆楚的在荆州。

其次，随着时间的推移，核心区与边缘区可以互动。学术核心区的形成受到自身条件和外在因素的影响，一旦这些条件和因素发生变动，核心区可能会丧失其核心地位；边缘区则在多种有利因素的促进下，发展为核心区。齐地的北海西汉时有3位学术人物，东汉时则出现20位学术人物和67部学术著作，从边缘区发展为核心区。鲁地的东海在西汉有21位学术人物和13部学术著作，东汉则仅有5位学术人物和7部学术著作，从核心区转为边缘区。梁宋的梁国在西汉时有15位学术人物和4部学术著作，东

---

① 汪宇明：《核心—边缘理论在区域旅游规划中的运用》，《经济地理》2002年第3期。笔者按：核心—边缘理论是许多中国史研究者常用的术语，不过着眼点略异。许倬云着眼于经济、社会的视角，指出中国古代社会存在核心区、中间区和边陲区，"核心区人多地狭，可是文化发展居领导地位，也是政治权力的中心。边陲区则人少地广，又往往必须与民族主流以外的人群杂居混处，中枢政治权力在边陲不光打折扣，而社会性的组织可能取代若干政府的功能。……在核心区与边陲区之间，另有一层中间区。中间区经济发展上居于核心区的高水平与边陲区的低水平之间，政治上已明确的地方政府，代表核心区的政治权力，却不再具有边陲区的自治程度"（参见许倬云《求古编》，新星出版社2006年版，第1页）。鲁西奇着眼于控制力，区分了核心区与边缘区（参见鲁西奇《中国历史的空间结构》，广西师范大学出版社2014年版，第158页）。本研究借用这个术语，着眼于学术。

汉时有6位学术人物和6部学术著作，失去核心区地位。吴越的淮南国是西汉时的核心区，同时期的会稽郡有3位学术人物和3部学术著作；东汉时淮南国除，会稽出现24位学术人物和32部学术著作，成为吴越新的核心区。燕地的燕国在西汉时是核心区，同时期的涿郡仅有4位学术人物和1部学术著作；东汉时燕国国除，涿郡出现8位学术人物和31部学术著作，成为燕地新的核心区。核心区与边缘区的互动透露出区域学术发展不平衡的态势。

第三节　学术中心的区域间变动

汉代疆域辽阔，受地理条件、人文传统和区位条件等多种因素的影响，形成不同的学术区域。与经济发展存在不平衡一样，各区域在学术上的发展也不同步，有些区域保持先秦时期的发展态势，继续前进；有些在先秦时期处于学术边缘，在汉代则发展显著；有些在西汉时期发展较慢，东汉时则显山露水，表明区域之间学术发展的不平衡。根据不同时期、不同区域学术人物和学术著作的多寡等指标，我们可以探讨汉代学术中心的区域间变动。

一　汉初学术中心的下移

这里所说的汉初是指从西汉王朝的建立到汉武帝建元年间（前140年—前135年）这段时期[①]。有研究者用"后战国时代"[②]来形容这段历

[①] 西汉历史的分期，学界一般分为汉初、西汉中期和后期三个阶段，如葛剑雄从人口的视角把西汉分为三个阶段：从历史记载看，西汉的人口变化，可分为三个阶段：第一阶段从汉初至武帝初（前202年—前134年），第二阶段武帝中、后期（前133年—前87年），第三阶段从昭帝初至平帝元始二年（前86年—公元2年）（葛剑雄：《西汉人口地理》，商务印书馆2014年版，第23页）。苏秉琦从考古发掘的视角把西汉分为三个阶段：西汉初期，也就是汉武帝以前的六七十年；西汉中期，即武帝至宣、元帝前后，是西汉帝国最巩固强盛的时期；西汉后期则包括王莽时代。把东汉分为两个阶段，界限大致以和帝至安帝前后（苏秉琦：《战国秦汉考古》，上海古籍出版社2014年版，第83—87、153页）。从学术发展的角度看，西汉中期与后期之间的变动难以辨清，所以本研究把两者并为一个阶段。

[②] 雷戈：《论"后战国时代"》，《学术月刊》2004年第9期。

史,指出汉初历史与战国的相似性。"后战国时代"的说法,从学术史的角度而言揭示出汉初学术界与战国的相似性:中央学术的衰落与地方学术中心的兴起。

1. 中央的学术状况

在秦汉之际的大变局中,出身基层社会的汉高祖集合了主要来自社会底层的各色人士攻入关中,推翻秦朝的统治;又打败项羽,重新建立统一王朝。汉高祖及其追随者纷纷进入上层统治机构,成为汉初的"军功受益阶层"。此后的很长时间里,政治权力基本由其把持,"汉初军功受益阶层,从高帝时期出现,经惠帝、吕后、文帝、景帝,直到汉武帝末年从历史舞台上消失,大约存在了一百余年的时间。在高帝、惠帝、吕后、文帝期之约五十年间,汉初军功受益阶层完全支配着汉帝国之各级政权,为其间汉帝国政治之主导和支柱。"[①] 一个典型的事例是,文帝在选择丞相时,曾"以皇后弟窦广国贤有行,欲相之,曰:'恐天下以吾私广国。'久念不可,而高帝时大臣余见无可者,乃以御史大夫嘉为丞相,因故邑封为故安侯"[②]。"见",师古曰:"见谓见在之人。"仔细揣摩这段话可知,申屠嘉继任丞相不是由于他的才能多么出众,而是跟随汉高祖打天下的大臣中实在没有合适的人选了。申屠嘉在汉高祖时只担任"队率""都尉",履历不算出众,但属于开国功臣,选择他透露出汉初丞相职位的人选主要限定在功臣。

汉初军功集团最明显的特色之一是质朴少文[③]。清赵翼《廿二史札记·汉初布衣将相之局》曾总结过他们的身份,"汉初诸臣,惟张良出身最贵,韩相之子也。其次则张苍,秦御使;叔孙通,秦待诏博士。次则萧何,沛主吏掾;曹参,狱掾;任敖,狱吏;周苛,泗水卒史;傅宽,魏骑将;申屠嘉,材官。其余陈平、王陵、陆贾、郦商、郦食其、夏侯婴等,皆白徒。樊哙则屠狗者,周勃则织薄曲吹箫丧事者,灌婴则贩缯者,娄敬

---

① 李开元:《汉帝国的建立与刘邦集团:军功受益阶层研究》,第240—241页。
② 《汉书》卷四二《申屠嘉传》,第2100页。
③ 如价值观方面,于迎春提道:秦末汉初涌现的这一批人,其不经琢磨、文饰的率性任意,仍然给人印象至深。他们那混乱而庸俗的人生价值,多来自个人的经验、民间的观念;他们粗糙而壮硕的灵魂,始终为其生活现实感所笼罩(参见于迎春《秦汉士史》,北京大学出版社2000年版,第37页)。

则挽车者。一时人才皆出其中，致身将相，前此所未有也"①。质朴少文使得汉初君臣具有基层民众的率真，也限制了他们执掌大权后应有的长远治国眼光，所以才有了陆贾"时时前说称《诗》《书》。高帝骂之曰：'乃公居马上得之，安事《诗》《书》'"②的传世对话。在治国策略上，汉初统治者奉行静默无为的原则：

> 孝惠、高后之时，海内得离战国之苦，君臣俱欲无为，故惠帝拱己，高后女主制政，不出房闼，而天下晏然，刑罚罕用，民务稼穑，衣食滋殖③。
>
> 及孝文即位，躬修玄默，劝趣农桑，减省租赋。而将相皆旧功臣，少文多贤，惩恶亡秦之政，论议务在宽厚，耻言人之过矢。化行天下，告讦之俗易。吏安其官，民乐其业，畜积岁增，户口寖息④。
>
> （景帝时）窦太后好黄帝、老子言，帝及太子诸窦不得不读《黄帝》、《老子》，尊其术⑤。

上述引文中，无论是惠帝的"拱己"，吕后的"不出房闼"，文帝的"躬修玄默"，还是景帝的"不得不读《老子》"，都体现出汉初帝王执行静默无为的治国策略⑥。地方上也是如此。史载曹参任齐国丞相时，"天下

---

① （清）赵翼著，王树民校证：《廿二史札记校证》，中华书局1984年版，第36页。
② 《汉书》卷四三《陆贾传》，第2113页。
③ 《汉书》卷三《高后纪》"赞"，第104页。
④ 《汉书》卷二三《刑法志》，第1097页。
⑤ 《史记》卷四九《外戚世家》，第1975页。
⑥ 选择这种策略是有为之还是不得已而为之，见仁见智。阎步克怀疑汉初统治者没有真正理解黄老思想的意思，以为"黄老思想本身是一问题；而统治者从中理解了什么，则又是一问题……缺乏文化的汉统治者对此未必能真正参悟……信奉此说的曹参为相，饮酒不穑政事；汲黯治郡，'卧闺阁内不出'；直不疑为官，'唯恐人知其为吏迹'。但这不过反映了汉初统治者承秦之弊，在未找到更好的统治术之前不敢轻举妄动"（参见阎步克《秦政、汉政与文吏、儒生》，《历史研究》1986年第3期）。无独有偶，胡适也持类似看法，称"汉高帝也有点魄力，有点气度，但太没有学识了，单靠一点无赖的聪明，造成了第二个统一帝国。统一事业刚成功，他就死了，这个偌大帝国又落在一个凶顽无识的妇人手里。几十年之中，大家都只是苟且敷衍过日子，从没有一个通盘的计划，也从没有一个长治久安的规模，名为无为而治，其实只是姑息偷安而已"（参见胡适《中国中古思想史长编》，安徽教育出版社1999年版，第284页）。

初定，悼惠王富于春秋，参尽召长老诸先生，问所以安集百姓。而齐故诸儒以百数，言人人殊，参未知所定。闻胶西有盖公，善治黄老言，使人厚币请之。既见盖公，盖公为言治道贵清静而民自定，推此类具言之。参于是避正堂，舍盖公焉。其治要用黄老术，故相齐九年，齐国安集，大称贤相"①。"贵清静而民自定"是静默无为策略的另一种表述，同样要求统治者不能有过多干预百姓的生产和生活。萧何死后，曹参继为汉相，把他在齐国的治术推广到天下，大获成功。当时人们称颂道："萧何为法，斠若画一；曹参代之，守而勿失。载其清静，民以宁一。"②

汉初统治阶层无论是质朴少文的特色还是崇尚黄老的倾向，都限制了中央学术事业的开展。《汉书·儒林传》称：高祖时"尚有干戈，平定四海，亦未皇庠序之事也。孝惠、高后时，公卿皆武力功臣。孝文时颇登用，然孝文本好刑名之言。及至孝景，不任儒，窦太后又好黄老术，故诸博士具官待问，未有进者"③。《汉书·武帝纪》"赞"也称："汉承百王之弊，高祖拨乱反正，文景务在养民，至于稽古礼文之事，犹多阙焉"④。可见，从高祖到惠帝、高后，再到文帝、景帝，朝廷的"庠序之事"几乎处于空置状态，"稽古礼文之事"也没有完全开展。这些资料显示出：汉初朝廷崇尚黄老无为，当时的经济、社会状况也不允许大规模开展文化事业。因此，汉初的长安虽然是政治中心，但尚未成为学术中心⑤。

2. 区域性学术中心的形成

汉初朝廷拱己无为的策略不能压制地方学术活力的积蓄与迸发，许多区域或者有学术人物在自发地传承学术，如齐与鲁；或者在诸侯王的支持下吸纳宾客，整理典籍，著书立说，如楚、梁、河间、淮南等。这两种情况都促进了所在区域学术的发展，推动了地方学术中心的形成。

---

① 《汉书》卷三九《曹参传》，第 2018 页。
② 《史记》卷五四《曹相国世家》，第 2031 页。
③ 《汉书》卷八八《儒林传》"序"，第 3592 页。
④ 《汉书》卷六《武帝纪》，第 212 页。
⑤ 汉初朝廷不是没有学术事业。钱穆说："汉初学术，中朝与诸侯王国自异。如萧何之定律令，叔孙之定仪法，张苍之定章程，韩信之定军法，此亦古代所谓王官之学。"（参见钱穆《秦汉史》，生活·读书·新知三联书店 2004 年版，第 84 页）但这些学术事业与地方的声势相比，相对寂静。

梁宋的梁国。梁宋的范围在各区域中比鲁地大，但汉初的梁宋却是学术人物和学术著作的多产地，是名副其实的地方学术中心，尤其以梁国为代表。

汉文帝前元十二年（前168年），文帝次子刘武从淮阳王徙封梁王，是为梁孝王。梁国与齐国一样，是汉初的大国，地理环境优越，"居天下膏腴地，北界泰山，西至高阳，四十余城，多大县"。"七国之乱"时，刘武带兵抵御吴王刘濞的进攻，功劳极大，深得太后的关爱，"赏赐不可胜道"。这些条件为梁孝王招揽宾客提供了便利，"孝王筑东苑，方三百余里，广睢阳城七十里，大治宫室，为复道，自宫连属于平台三十余里。得赐天子旌旗，从千乘万骑，出称警，入言跸，拟于天子。招延四方豪桀，自山东游士莫不至"①。

根据史书的记载，曾在梁国的知名士人有以下数位：

邹阳，齐人，曾仕于吴王，"吴王濞招致四方游士，阳与吴严忌、枚乘等俱仕吴，皆以文辩著名"②。他在劝谏吴王之后不久，即与枚乘、严忌离开吴国，到了梁国。羊胜、公孙诡嫉妒邹阳有才能，进谗言于梁王，邹阳下狱论死。他担心身死而事不明，为后人诟病，在狱中上梁王书以自我表白。《汉书·艺文志》列其为纵横家，著录其作"邹阳七篇"。

枚乘，字叔，淮阳人，初为吴王濞郎中，后为梁孝王门客，是作赋高手，"梁客皆善属辞赋，乘尤高"③。汉武帝初年去世。《汉书·艺文志》著录其作"枚乘赋九篇"，今存《七发》是他的代表作。

枚皋，字少孺，枚乘之子，是与司马相如齐名的文学家，但风格不同，"枚皋文章敏疾，长卿制作淹迟，皆尽一时之誉。而长卿首尾温丽，枚皋时有累句，故知疾行无善迹矣。扬子云曰'军旅之际，戎马之间，飞书驰檄，用枚皋；廊庙之下，朝廷之中，高文典册，用相如'"④。《汉

---

① 《汉书》卷四七《文三王传》，第2208页。尧荣芝认为梁国文人聚集的原因与其地缘相近有关：梁孝王梁国为先秦魏国以大梁为中心的东部区域，"北至泰山，西至高阳"，区域广阔。因为地理上的便利而采取就近原则，是梁园文人聚集梁国的因素之一［参见尧荣芝《梁孝王文人集团的地域成因》，《四川师范大学学报》（社会科学版）2012年第1期］。

② 《汉书》卷五一《邹阳传》，第2338页。

③ 《汉书》卷五一《枚乘传》，第2365页。

④ （晋）葛洪撰，周天游校注：《西京杂记》卷三，第160—161页。

书·艺文志》著录其作"枚皋赋百二十篇",可见其作品数量之大。

司马相如,字长卿,蜀郡成都人,景帝时任武骑常侍,但景帝不喜欢辞赋,后梁孝王带领文士朝见时,司马相如"因病免,客游梁,得与诸侯游士居,数岁,乃著《子虚之赋》"①。

公孙诡,具体情况不明,《汉书·文三王传》称其"多奇邪计,初见(梁孝王)日,王赐千金,官至中尉,号曰公孙将军"②。梁孝王怨恨袁盎等阻挠景帝立自己为嗣,与公孙诡、羊胜合谋刺杀袁盎等议臣10余人,景帝派使者到梁国进行追捕,公孙诡被迫自杀。《西京杂记》载其《文鹿赋》。

丁宽,字子襄,梁人,师事田何,《易》学家。丁宽还是出色的军事家,"景帝时,宽为梁孝王将军距吴楚,号丁将军"③。《汉书·艺文志》著录其作"丁氏八篇"。

韩安国,字长孺,梁成安人也,后徙睢阳,"尝受《韩子》、杂说邹田生所。事梁孝王,为中大夫"④。

这些士人聚集在梁国,除参与政治外,也常常在一起以文为乐。《西京杂记》卷四载:"梁孝王游于忘忧之馆,集诸游士,各使为赋(枚乘为《柳赋》……路乔如为《鹤赋》……公孙诡为《文鹿赋》……邹阳为《酒赋》……公孙乘为《月赋》……羊胜为《屏风赋》),韩安国作《几赋》,不成,邹阳代作。……邹阳、安国罚酒三升,赐枚乘、路乔如绢,人五匹。"⑤

鲁地。鲁是仅次于齐地的汉代经学派别开创地。在这里,申公开创了《鲁诗》,高堂生开创了《礼》。

申公一度在楚国为官,从楚国退隐后,"归鲁退居家教,终身不出门。复谢宾客,独王命召之乃往。弟子自远方至受业者千余人,申公独以《诗经》为训故以教,亡传,疑者则阙弗传"。由"弟子自远方至受业者千余

---

① 《汉书》卷五七上《司马相如传上》,第2529页。
② 《汉书》卷四七《文王三传》,第2208页。
③ 《汉书》卷八八《儒林传·丁宽传》,第3597—3598页。
④ 《汉书》卷五二《韩安国传》,第2394页。
⑤ (晋)葛洪撰,周天游校注:《西京杂记》卷四,第178、191页。

人"可以想见当时申公在鲁传授《诗》的规模。申公弟子中知名的非常多，"弟子为博士十余人，孔安国至临淮太守，周霸胶西内史，夏宽城阳内史，砀鲁赐东海太守，兰陵缪生长沙内史，徐偃胶西中尉，邹人阙门庆忌胶东内史，其治官民皆有廉节称。其学官弟子行虽不备，而至于大夫、郎、掌故以百数"①。其中，鲁地见诸史籍记载的申公弟子至少有7位（许生、周霸、阙门庆忌、孔安国、缪生、王臧、徐偃）。高堂生虽然在汉代首先传授《礼》，但真正大规模传播《礼》的是鲁人徐生。《汉书·儒林传》称："汉兴，鲁高堂生传《士礼》十七篇，而鲁徐生善为颂。"②注引苏林曰："《汉旧仪》有二郎为此颂貌威仪事。有徐氏，徐氏后有张氏，不知经，但能盘辟为礼容。天下郡国有容史，皆诣鲁学之。"说明鲁地是汉初《礼》学的传授中心。

鲁是周公的封国，鲁地民众深受圣人教化的熏染，保持好学的风气。在这样的学术氛围中，鲁地的儒生人数很多。早在秦朝时，秦始皇"即帝位三年，东巡狩郡县，祠驺峄山，颂功业。于是从齐鲁之儒生博士七十人，至于泰山下"③。"齐鲁之儒生博士七十人"中应该有不少来自鲁地。西汉建立后，开国功臣仍然保留民间的习俗，在朝堂上"饮争功，醉或妄呼，拔剑击柱"，鲁国薛人叔孙通"知上益厌之，说上曰：'夫儒者难与进取，可与守成。臣愿征鲁诸生，与臣弟子共起朝仪。'……于是通使征鲁诸生三十余人"④。从上下文的内容看，叔孙通所征的"鲁诸生"应该是研习《礼》学的，说明鲁地有一批士人从事《礼》的传承。

齐地。齐承战国后期学术发展的余绪，在汉初成为经学传授中心之一。《史记·儒林列传》在叙述汉初经学传授情形时说："言《诗》于鲁则申培公，于齐则辕固生，于燕则韩太傅。言《尚书》自济南伏生。言《礼》自鲁高堂生。言《易》自菑川田生。言《春秋》于齐鲁自胡母生，于赵自董仲舒。"⑤其中提道汉初传授《诗》《书》《礼》《易》和《春秋》

---

① 《汉书》卷八八《儒林传》，第3608页。
② 《汉书》卷八八《儒林传》，第3614页。
③ 《汉书》卷二五上《郊祀志上》，第1201页。
④ 《汉书》卷四三《叔孙通传》，第2126页。
⑤ 《史记》卷一二一《儒林列传》，第3118页。

的学者共8位，齐以4位（辕固生、伏生、田何、胡母生）高居榜首，是名副其实的汉代经学派别开创地。

辕固生、伏生、田何和胡母生还广收弟子，扩大经学的传播范围。辕固生以治《诗》为景帝时的博士，后因病免官。武帝初年被征召，不久又被罢免。居家期间，他在齐地招收弟子，是齐地《诗》学的祖师。《史记·儒林列传》称："齐言《诗》皆本辕固生也。"①《汉书·儒林传》称："诸齐以《诗》显贵，皆固之弟子也。"② 伏生在秦朝时为博士，冒着生命危险保存《尚书》并进行传授，"汉定，伏生求其《书》，亡数十篇，独得二十九篇，即以教于齐、鲁之间。齐学者由此颇能言《尚书》，山东大师亡不涉《尚书》以教"③。从"齐学者由此颇能言《尚书》"以及"山东大师亡不涉《尚书》以教"二语可知，《尚书》在齐地传播规模比较大。秦朝焚书坑儒，《易》作为筮卜之书未受到禁毁，"及秦禁学，《易》为筮卜之书，独不禁，故传受者不绝也"④。从孔子到汉初有着相对明确的传授谱系，六传至菑川田何，田何成为汉代易学的开创者。《史记·儒林列传》："要言《易》者本于杨何之家。"⑤《汉书·儒林传》："要言《易》者本之田何。"⑥ 杨何是田何的再传弟子，司马迁言"本于杨何"，班固言"本之田何"，两者的着眼点不同⑦。胡母生在景帝时任博士，后"年老，归教于齐，齐之言《春秋》者宗事之"⑧。除这些著名学者外，齐地还散落着大量的儒生。惠帝时，曹参任齐相，"尽召长老诸先生，问所以安集百姓。而齐故诸儒以百数，言人人殊，参未知所定"⑨。"齐故诸儒以百数"，说明民间有上百位儒生。

---

① 《史记》卷一二一《儒林列传》，第3124页。
② 《汉书》卷八八《儒林传·辕固传》，第3612页。
③ 《汉书》卷八八《儒林传·伏生传》，第3603页。
④ 《汉书》卷八八《儒林传》"序"，第3597页。
⑤ 《史记》卷一二一《儒林列传》，第3124页。
⑥ 《汉书》卷八八《儒林传》"序"，第3597页。
⑦ 徐复观说："司马迁本五经博士之成规以立《儒林列传》，便说'言《易》者本于杨何之家'。《汉书·儒林传》溯自汉初，故谓'要言《易》者本之田何'。传赞言五经博士之始，故举杨何而不能举田何，两者并无矛盾。"（参见徐复观《徐复观论经学史二种》，世纪出版集团、上海书店出版社2002年版，第74页）
⑧ 《汉书》卷八八《儒林传·胡母生传》，第3616页。
⑨ 《汉书》卷三九《曹参传》，第2018页。

黄老学是汉初占主导地位的意识形态。《史记·乐毅列传》勾勒黄老学的传承谱系时提道，"乐臣公学黄帝、老子，其本师号曰河上丈人，不知其所出。河上丈人教安期生，安期生教毛翕公，毛翕公教乐瑕公，乐瑕公教乐臣公，乐臣公教盖公。盖公教于齐高密、胶西，为曹相国师"①。从这个谱系中可以看出，盖公从乐臣公习得黄老学后，在齐地的高密和胶西（国都高密，今山东高密西南）传授，使齐地成为汉初黄老学的发源地。根据丁原明的研究，"战国黄老学大概先产生于南方楚地，而后发展于齐地，从而形成两个发源中心，并各以其独特的风格推动着整个黄老学的演进"②。西汉建立后，发源于齐地的黄老学发展为汉初黄老学的体系："在西汉前期占统治地位的黄老学说，应属于北方黄老学派。它孕育于齐国的稷下学宫，经乐瑕公、乐成公等传至盖公、曹参；顺应西汉初年休养生息的政治需要而进入宫廷，从而成为处于时代主导地位的政治学术思想。"③

可见，齐地是汉初《齐诗》《公羊春秋》《尚书》和《易》的发源地和传播中心，是黄老学的主要来源部分，也是大批儒生生活的地方，这三个方面体现出齐地在汉初的重要学术地位，是地方学术中心之一。

吴越的淮南国。刘安系汉高祖之孙，于文帝前元十六年（前164年）袭封淮南王，都寿春。"淮南王安为人好书，鼓琴，不喜弋猎狗马驰骋，亦欲以行阴德拊循百姓，流名誉。招致宾客方术之士数千人。"④淮南王召集的宾客，司马贞《史记索隐》注引《淮南要略》云："安养士数千，高才者八人，苏非、李尚、左吴、陈由、伍被、毛周、雷被、晋昌，号曰'八公'也。"⑤这些人物中，只有伍被列入《汉书》传记，知道他是楚人，是淮南王宾客中的佼佼者，"是时淮南王安好术学，折节下士，招致英隽以百数，被为冠首"⑥。徐复观把这些宾客分为两大类：第一类是高诱《序》中所说的"苏飞、李尚、左吴、田由、雷被、毛被、伍被、晋昌等八人，是以道家思想为主，而又挟有纵横家之术，这是《淮南子》中老庄

---

① 《史记》卷八〇《乐毅列传》，第2436页。
② 丁原明：《黄老学论纲》，山东大学出版社1997年版，第72页。
③ 郑杰文：《西汉前期黄老的文化派别》，《管子学刊》2002年第2期。
④ 《汉书》卷四四《淮南王传》，第2145页。
⑤ 《史记》卷一一八《淮南衡山列传》，第3082页。
⑥ 《汉书》卷四五《伍被传》，第2167页。

思想分野的人物。此外则属于儒家分野，有如高《序》所说的诸儒大山、小山之徒"①。儒家中应该有不少研习《易》学的。《汉书·艺文志》著录有"《淮南道训》二篇"②。原注云："淮南王安聘明《易》者九人，号九师〔说〕。"宋王应麟云："淮南王聘善为《易》者九人，从之采获，故中书著曰'淮南九师'。文中子谓'九师兴而《易》道微'。"③ 由此推论，当时淮南曾聚集了一批对《易》有研究的士人，惜乎囿于史料的限制，他们的具体情况还不明确。

在学术上，淮南王与其宾客留下大量著作，仅《汉书·淮南王传》和《艺文志》就著录有以下数种：

《内书》二十一篇，《外书》《中篇》八卷。《汉书·淮南王传》："作为《内书》二十一篇，《外书》甚众，又有《中篇》八卷，言神仙黄白之术，亦二十余万言。"④《内书》，疑即《汉书·艺文志》提道的"《淮南内》二十一篇"。《外书》，疑即《汉书·艺文志》著录的"《淮南外》三十三篇"。

《离骚传》《颂德》《长安都国颂》。《汉书·淮南王传》云："时武帝方好艺文，以安属为诸父，辩博善为文辞，甚尊重之。每为报书及赐，常召司马相如等视草乃遣。初，安入朝，献所作《内篇》，新出，上爱秘之。使为《离骚传》，旦受诏，日食时上。又献《颂德》及《长安都国颂》。每宴见，谈说得失及方技赋颂，昏莫然后罢。"⑤

此外还有《淮南道训》二篇、《淮南王赋》八十二篇、《淮南王群臣赋》四十四篇以及兵学类著作。《汉书·艺文志》："右兵权谋十三家，二百五十九篇。省伊尹、太公、《管子》《孙卿子》《鹖冠子》《苏子》、蒯通、陆贾、淮南王二百五十九种，出《司马法》入礼也。"⑥

赵地的河间国。河间献王刘德，西汉景帝刘启之子，汉武帝刘彻异母

---

① 徐复观：《两汉思想史》（第二卷），第123页。
② 《汉书》卷三〇《艺文志》，第1703页。
③ （宋）王应麟著，张三夕、杨毅点校：《汉制考　汉艺文志考证》，中华书局2011年版，第124页。
④ 《汉书》卷四四《淮南王传》，第2145页。
⑤ 《汉书》卷四四《淮南王传》，第2145页。
⑥ 《汉书》卷三〇《艺文志》，第1757页。

兄，于景帝前元二年（前 155 年）封为河间王，都乐城，在位 26 年，汉武帝元光五年（前 130 年）春正月病逝。献王在位期间，采取多种举措发展学术，在汉代学术史中占有重要地位。

首先，河间献王搜集、整理了一批古籍。史载河间献王"修学好古，实事求是。从民得善书，必为好写与之，留其真，加金帛赐以招之。由是四方道术之人不远千里，或有先祖旧书，多奉以奏献王者，故得书多，与汉朝等"，数量非常巨大。他搜集的图书种类侧重先秦旧籍，"淮南王安亦好书，所招致率多浮辩。献王所得书皆古文先秦旧书，《周官》《尚书》《礼》《礼记》《孟子》《老子》之属，皆经传说记，七十子之徒所论。其学举六艺，立《毛氏诗》《左氏春秋》博士"①。根据《汉书》记载，河间献王整理的古籍主要有以下几种：

《河间周制》十八篇。《汉书·艺文志》著录有"《河间周制》十八篇"②。注曰："似河间献王所述也。"

《乐语》《乐元语》。《汉书·食货志下》："（王）莽乃下诏曰：'夫《周礼》有赊贷，《乐语》有五均，传记各有斡焉。'"③ 注引邓展曰："《乐语》，《乐元语》，河间献王所传，道五均事。"臣瓒曰："其文云：'天子取诸侯之〔土〕以立五均，则市无二贾，四民常均，强者不得困弱，富者不得要贫，则公家有余，恩及小民矣。'"

《乐记》。《汉书·艺文志》："武帝时，河间献王好儒，与毛生等共采《周官》及诸子言乐事者，以作《乐记》，献八佾之舞，与制氏不相远。"④

《对上下三雍宫》三篇。《汉书·艺文志》著录有"河间献王《对上下三雍宫》三篇"⑤。又，《后汉书·张纯传》："纯以圣王之建辟雍，所以崇尊礼义，既富而教者也。乃案七经谶、明堂图、河间《古辟雍记》、孝武太山明堂制度，及平帝时议，欲具奏之。"⑥ 原注曰："武帝时，河间献王德献雅乐，对三雍宫，有其书记也。"

---

① 《汉书》卷五三《景十三王传》，第 2410 页。
② 《汉书》卷三〇《艺文志》，第 1725 页。
③ 《汉书》卷二四下《食货志下》，第 1179—1180 页。
④ 《汉书》卷三〇《艺文志》，第 1712 页。
⑤ 《汉书》卷三〇《艺文志》，第 1726 页。
⑥ 《后汉书》卷三五《张纯传》，第 1196 页。

河间献王搜集和上奏的图书，清戴震有所总结："今三家《诗》亡，而《毛诗》独存。昔儒论治《春秋》，可无公羊、穀梁，不可无左氏。当景帝、武帝之间，六艺初出，群言未定，献王乃立毛氏《诗》、左氏《春秋》博士，识固卓卓。《景十三王传》称：'献王所得书皆古文先秦旧书：《周官》《尚书》《礼》《礼记》《孟子》《老子》之属，皆经传说记，七十子之徒所论。'陆德明《经典释文序录》云：'景帝时，河间献王好古，得古《礼》献之。或曰：河间献王开献书之路，时有李氏，上《周官》五篇，失《事官》一篇，乃购十金不得，取《考工记》以补之。'陆引'或曰'者，无明据也。然本传列献王所得书，首《周官》，汉经师未闻以教授，马融《周官传》谓入于秘府，五家之儒莫得见是也，其得自献王无疑。郑康成《六艺论》云：'河间献王古文《礼》五十六篇，其十七篇与高堂生所传同而字多异，《记》百三十一篇。'斯即本传所列《礼》、《礼记》，谓古文《礼》与《记》矣。《周礼》六篇，郑亦系之献王，又为陆氏得一证。大、小戴传《仪礼》，又各传《礼记》，往往别有采获，出百三十一篇者殆居多。司马贞以今文《孝经》为献王所得颜芝本，是书本传不列。虽颜芝河间人，不必至献王始得也。献王自著书，《艺文志》有《对上》《下》《三雍宫》三篇；又与毛生等共采《周官》及诸子言乐事者，作《乐记》。成帝时，王禹献二十四卷《记》者是，《汉志》题曰《王禹记》，以别《乐记》二十三篇也。史称献王学举六艺，王入朝，献雅乐及对诏策所问三十余事，悉不传。凡献王所得书，或亡或存，其可知者如此"①。在这段话里，戴震肯定了河间献王在西汉中期立《毛诗》和《左传》为博士的远见，把与河间献王相关的作品分成三类：一是他搜集的，如《周官》和古文《礼》《记》等；二是他撰写的，如《对上》《下》《三雍宫》等；三是他参加编撰的，如《乐记》等。这些作品没有超出《汉书》的记载。

　　其次，河间国聚集了大批儒者。河间献王爱惜士人，为了安置这些士人，他特意修筑日华宫。《西京杂记》卷四载："河间王德筑日华宫，置客

---

① （清）戴震著，赵玉新点校：《戴震文集》卷一《河间献王传经考》，中华书局1980年版，第1—2页。

馆二十余区，以集学士。自奉养不逾宾客。"①《汉书》中提道的河间国知名学术人物有：毛公，赵人，治《诗》，曾为河间献王博士；贯公，赵人，师事贾谊治《左传》，为河间献王博士；贯长卿，赵人，贯公之子，治《左传》和《毛诗》；王定，河间献王内史丞，传授《乐记》给常山王禹。

根据上面的叙述可知，在汉初中央无暇顾及学术事业时，位于赵地的河间国在刘德的领导下，搜集图书，善待士人，使得河间国成为汉初的地方学术中心之一。

除了楚、梁、河间和淮南之外，汉初的其他封国也有集结宾客士人的情况，如北方的燕国。燕刺王刘"旦壮大就国，为人辩略，博学经书杂说，好星历数术倡优射猎之事，招致游士"②。其中的"游士"应该属于学术人物。再如吴国。《汉书·邹阳传》："汉兴，诸侯王皆自治民聘贤。吴王濞招致四方游士，阳与吴严忌、枚乘等俱仕吴，皆以文辩著名。"③ 邹阳、严忌、枚乘已如上述，他们后来都去了梁国。此外还有衡山国。《盐铁论·晁错》："日者，淮南、衡山修文学，招四方游士，山东儒、墨咸聚于江、淮之间，讲议集论，著书数十篇。然卒于背义不臣，谋叛逆，诛及宗族。"④ 囿于资料的限制，这些诸侯国招致的士人与著述情况现在很难厘清。

总之，在汉初结客之风比较浓厚的氛围中，一些诸侯王招贤纳士，吸引了大批士人，有的还与士人一起探讨学术，或整理古籍，或进行著述，对繁荣学术文化做出贡献，这些王国都可称为地方学术中心，如徐复观所论："两汉承先秦余绪，游士之风尚盛。此即诸侯王及富贵者门下的宾客。宾客之品类不齐，多随主人之所好而集。但有一共同点，他们都是社会上比较富有活力的一群。诸侯王中若有好学自修之人，则其所集者多在学术上有某种成就之士；于是宾客之所集，常称为某种学术的活动中心，亦为名誉流布之集中点。"⑤

---

① （晋）葛洪撰，周天游校注：《西京杂记》卷四，第194页。
② 《汉书》卷六三《武五子传》，第2751页。
③ 《汉书》卷五一《邹阳传》，第2338页。
④ 王利器校注：《盐铁论校注》卷二《晁错第八》，第113页。
⑤ 徐复观：《两汉思想史》（第一卷），华东师范大学出版社2004年版，第107页。

二 西汉中后期中央学术的伸展与学术中心的变动

这里所说的西汉中后期是指从汉武帝到西汉覆亡。传统上认为汉武帝时期是西汉的鼎盛时期，昭宣二帝属于中兴时期，这段时间内汉朝政治比较稳定，但从元帝开始就埋下衰落的种子，此后则走向衰落。《汉书》称元帝"牵制文义，优游不断，孝宣之业衰焉"①；成帝"建始以来，王氏始执国命，哀、平短祚，莽遂篡位，盖其威福所由来者渐矣"②。西汉政局从鼎盛趋向没落，但西汉的学术却得到普及和发展，学术中心也发生了较大的变动。

1. 中央学术的伸展

从汉初到西汉中期，社会形势发生巨大变动。汉武帝即位时，"汉兴六十余载，海内艾安，府库充实，而四夷未宾，制度多阙。上方欲用文武，求之如弗及"③。用"文"的方面，如建元六年（前135年）窦太后之崩堪称转折性的时事件，它为汉武帝征用儒家提供了契机，"及窦太后崩，武安君田蚡为丞相，黜黄老、刑名百家之言，延文学儒者以百数，而公孙弘以治《春秋》为丞相封侯，天下学士靡然乡风矣。"④ 此后，"孝宣承统，纂修洪业，亦讲论六艺，招选茂异，而萧望之、梁丘贺、夏侯胜、韦玄成、严彭祖、尹更始以儒术进，刘向、王褒以文章显"⑤。中央学术事业有了极大的伸展。

首先，帝王的学术素养普遍提高。西汉帝王从武帝开始，具有较高的经学素养。史载千乘人儿宽"有俊材，初见武帝，语经学。上曰：'吾始以《尚书》为朴学，弗好，及闻宽说，可观。'乃从宽问一篇"⑥。说明汉武帝在见到儿宽之前已经对《尚书》有所了解。昭帝则接受过《诗经》教育。汉武帝"召见（蔡）义，说《诗》，甚说之，擢为光禄大夫给事中，

---

① 《汉书》卷九《元帝纪》，第299页。
② 《汉书》卷一〇《成帝纪》，第330页。
③ 《汉书》卷五八《公孙弘卜式儿宽传》"赞"，第2634页。
④ 《汉书》卷八八《儒林传》"序"，第3593页。
⑤ 《汉书》卷五八《公孙弘卜式儿宽传》"赞"，第2634页。
⑥ 《汉书》卷八八《儒林传·欧阳生传》，第3603页。

进授昭帝"①；韦贤"征为博士，给事中，进授昭帝《诗》，稍迁光禄大夫詹事，至大鸿胪"②。宣帝在民间时，"依倚广汉兄弟及祖母家史氏，受《诗》于东海澓中翁"③。此后的元帝和哀帝都学习过《诗》："张生兄子游卿为谏大夫，以《诗》授元帝"；韦贤之子"玄成及兄子赏以《诗》授哀帝"④。

其次，图书得到搜集和系统整理。汉代的图书搜集，最早可上溯到秦汉之际。史载汉高祖占领咸阳后，"诸将皆争走金帛财物之府分之，（萧）何独先入收秦丞相御史律令图书臧之"⑤。这是汉代第一次收集图书。天下平定后，汉高祖又"命萧何次律令，韩信申军法，张苍定章程，叔孙通制礼仪，陆贾造《新语》"⑥。具体来讲，律令方面，萧何"攟摭秦法，取其宜于时者，作律九章"⑦；兵法方面，"张良、韩信序次兵法，凡百八十二家，删取要用，定著三十五家"⑧；礼仪方面，叔孙通"颇采古礼与秦仪杂就之"⑨。总体来看，汉初的主要任务是稳定社会秩序，休养生息，对于文化事业，无暇顾及，于是有了汉武帝时期的搜集整理活动。"迄孝武世，书缺简脱，礼坏乐崩，圣上喟然而称曰：'朕甚闵焉。'于是建藏书之策，置写书之官，下及诸子传说，皆充秘府。"⑩ 这次活动有几个措施对后世影响很大：一是形成副本制度。《隋书·经籍志》云："武帝置太史公，命天下计书，先上太史，副上丞相。"⑪ 标志着西汉图书收藏制度的初步完善。二是设置专门写书的官职。三是确定藏书场所，"外则有太常、太史、博士之藏，内则有延阁、广内、秘室之府"。四是搜集图书的范围"下及诸子传说"，不限于经学。昭宣之后，西汉王朝走向衰落，到成帝时，图书

---

① 《汉书》卷六六《蔡义传》，第2898页。
② 《汉书》卷七三《韦贤传》，第3107页。
③ 《汉书》卷八《宣帝纪》，第236—237页。
④ 《汉书》卷八八《儒林传·申公传》，第3609—3610页。
⑤ 《汉书》卷三九《萧何传》，第2006页。
⑥ 《汉书》卷一下《高帝纪下》，第81页。
⑦ 《汉书》卷二三《刑法志》，第1096页。
⑧ 《汉书》卷三〇《艺文志》，第1762—1763页。
⑨ 《汉书》卷四三《叔孙通传》，第2126页。
⑩ 《汉书》卷三〇《艺文志》，第1701页。
⑪ 《隋书》卷三二《经籍志》，第905页。

散乱，成帝再次整理图书，"使谒者陈农求遗书于天下。诏光禄大夫刘向校经传诸子诗赋，步兵校尉任宏校兵书，太史令尹咸校数术，侍医李柱国校方技"①。刘向去世后，其子刘歆继承父业，完成了这项事业。这次校书活动使先秦以来的估计都有了明确的名称、版本、篇目、叙录和正文，并在文字、内容上得到校勘、辨伪，中国古籍的基本形态大致确定下来②。

最后，太学成为最高教育机构。汉武帝时，董仲舒在天人三策中提出"养士"的建议："夫不素养士而欲求贤，譬犹不〔琢〕玉而求文采也。故养士之大者，莫大〔虖〕太学。太学者，贤士之所关也，教化之本原也。今以一郡一国之众，对亡应书者，是王道往往而绝也。臣愿陛下兴太学，置明师，以养天下之士，数考问以尽其材，则英俊宜可得矣。"③ 汉武帝接受这个建议，设置五经博士。又为博士设立弟子员，对博士弟子的挑选和出路作了谋划："为博士官置弟子五十人，复其身。太常择民年十八以上仪状端正者，补博士弟子。郡国县官有好文学，敬长上，肃政教，顺乡里，出入不悖，所闻，令相长丞上属所二千石。二千石谨察可者，常与计偕，诣太常，得受业如弟子。一岁皆辄课，能通一艺以上，补文学掌故缺。其高第可以为郎中，太常籍奏。即有秀才异等，辄以名闻。其不事学若下材，及不能通一艺，辄罢之，而请诸能称者。"④ 此后，博士弟子的人数越来越多，增至百人、千人，乃至几千人，"昭帝时举贤良文学，增博士弟子员满百人，宣帝末增倍之。元帝好儒，能通一经者皆复。数年，以用度不足，更为设员千人，郡国置《五经》百石卒史。成帝末，或言孔子布衣养徒三千人，今天子太学弟子少，于是增弟子员三千人。岁余，复如故。平帝时王莽秉政，增元士之子得受业如弟子，勿以为员，岁课甲科四十人为郎中，乙科二十人为太子舍人，丙科四十人补文学掌故"⑤。

从西汉中期之后，历代帝王均接受过不同程度的经学教育，他们大都重视学术事业，通过搜集和整理图书，使得政治中心长安成为藏书之所；

---

① 《汉书》卷三〇《艺文志》，第 1701 页。
② 西汉搜集与整理图书的具体情况，可参见拙文《汉代图书的搜集与整理述论》，《中国出版》2010 年第 22 期。
③ 《汉书》卷五六《董仲舒传》，第 2512 页。
④ 《汉书》卷八八《儒林传》，第 3594 页。
⑤ 《汉书》卷八八《儒林传》，第 3596 页。

通过兴建太学，招收大批士人在此学习；通过设置博士，吸引了一批对经学深有造诣的学者。这些因素为关中学术中心地位的确立提供前提。

2. 关中：学术中心的兴起

西汉定都长安，为关中学术发展提供了良好的机遇。学术的进步不是一蹴而就的，学术人物的出现更不是一朝一夕能够增多的。关中学术要想比肩甚至超越传统的学术发达区，还要等待一段时间，尤其是等待政治中心所在地带来的各种有利因素发挥出作用，才能实现政治中心与学术中心的重叠。因此我们看到，西汉时期，关中学术人物的总数落后于齐、鲁、梁宋和河洛，而且学术人物主要出现在西汉中期之后，如5位（阳陵冯商、长安谷永、平陵士孙张和苏竟、夏阳司马谈）研习过《易》的士人中，除司马谈生活在西汉中期外，其他4位都活跃在西汉后期：冯商和士孙张是元帝时的少府五鹿充宗的弟子，谷永活跃在成帝时，苏竟在平帝时"以明《易》为博士讲《书》祭酒"①。

同时，随着汉武帝设立太学，以及图书、经学大师等学术资源向长安的集中，长安逐渐成为士人游学的主要目的地，这样的事例很多：

（汝南上蔡人翟方进）辞其后母，欲西至京师受经。母怜其幼，随之长安，织履以给方进读，经博士受《春秋》②。

（南阳宛人卓茂）元帝时学于长安，事博士江生，习《诗》、《礼》及历算，究极师法，称为通儒③。

（九江寿春人梅福）少学长安，明《尚书》、《穀梁春秋》，为郡文学，补南昌尉④。

（河内轵人张禹）至长安学，从沛郡施雠受《易》，琅邪王阳、胶东庸生问《论语》，既皆明习，有徒众，举为郡文学⑤。

（梓潼人哀章）学问长安⑥。

---

① 《后汉书》卷三〇上《苏竟传》，第1041页。
② 《汉书》卷八四《翟方进传》，第3411页。
③ 《后汉书》卷二五《卓茂传》，第869页。
④ 《汉书》卷六七《梅福传》，第2917页。
⑤ 《汉书》卷八一《张禹传》，第3347页。
⑥ 《汉书》卷九九上《王莽传上》，第4095页。

（钜鹿宋子人耿纯）学于长安，因除为纳言士①。

（南阳宛人朱祐）为人质直，尚儒学……初学长安②。

（南阳宛人任延）年十二，为诸生，学于长安，明《诗》、《易》、《春秋》，显名太学，学中号为"任圣童"③。

（南阳安众人刘隆）及壮，学于长安，更始拜为骑都尉④。

如此多的士人涌向长安求学，说明长安具备学术上的巨大吸引力，已经成为西汉中后期的学术中心。

3. 楚、河间、淮南、梁：诸侯国学术中心的中断

汉初诸侯王国"宫室百官同制京师"⑤，拥有治民权，为诸侯国吸引士阶层奠定了基础。许多诸侯王也着意的拉拢士人，培养自己的力量。随着西汉加强中央集权策略的实施，诸侯国的生存空间日益狭窄，学术中心地位趋向衰落和中断。

楚国分封的时间最早（前201年），确立学术中心的地位也最早。与梁、河间、淮南三个诸侯国依靠宾客支撑起学术繁荣的局面不同，楚国的学术规模要小得多，见于史籍的成员主要有楚元王刘交、元王子郢客、申公、穆生和白生等。学术特色以传承《诗》为主，刘交、刘郢客、申公三人都研习《诗》，甚至还有著作传世。楚元王在位23年，继任的刘郢客在位4年。嗣后郢客子刘戊为王，穆生因其不设醴而称病离去，申公也因为受到胥靡之刑而返回鲁国，穆生的下落未知。此后楚元王的后裔中，刘辟强、刘德、刘向、刘伋、刘歆等都属于学术人物，但主要生活于长安。楚国作为学术中心，约存在27年。

汉武帝元光五年（前130年），河间献王刘德去世。此后继位的共王、刚王、顷王、孝王等乏善可陈，成帝时的惠王刘良虽"修献王之行"，但具体行为无从得知。王莽时，河间王国绝嗣。河间国存在的时间虽然较

---

① 《后汉书》卷二一《耿纯传》，第761页。
② 《后汉书》卷二二《朱祐传》，第770—771页。
③ 《后汉书》卷七六《循吏传·任延传》，第2460页。
④ 《后汉书》卷二二《刘隆传》，第780页。
⑤ 《汉书》卷一四《诸侯王表》，第394页。

长，但除了献王之外，未见其后裔支持和从事学术事业。河间献王在位26年，河间国作为学术中心持续了20多年的时间。

汉武帝元狩元年（前122年），淮南王刘安的"谋反"事迹被发现后，"吏因捕太子、王后，围王宫，尽捕王宾客在国中者，索得反具以闻。上下公卿治，所连引与淮南王谋反列侯、二千石、豪桀数千人，皆以罪轻重受诛"[1]。受到株连的当然包括刘安招致的"宾客方术之士"。《汉书·五行志》云："使者行郡国，治党与，坐死者数万人。"[2] 淮南王自杀后，淮南国被除为九江郡，学术一蹶不振。从刘安袭封淮南王到其自尽，淮南国作为学术中心存在40多年时间。

汉景帝中元六年（前144年），梁孝王刘武病逝，他在位24年，其中前7年基本留住京师长安，直到第8年才前往封国，因此梁作为学术中心也就17年左右的时间。梁孝王去世后，景帝把梁国一分为五，分别封孝王的五个儿子为王，但没有一个能继承梁孝王的学术事业，梁国作为学术中心的盛景已不复存在。

4. 梁宋、齐地、鲁地：学术中心的延续

诸侯国作为学术中心，其兴起得益于诸侯王对学术的支持和参与，其衰落也与诸侯王的去世直接相关联，可谓其兴也骤，其亡也骤。与他们相比，传统学术发达区则有着深厚的学术积淀，能稍稍远离政治上的直接影响，避免学术的大起大落，在较长时间里保持相对稳定的状态。西汉时，梁宋、齐地和鲁地作为学术发达区基本延续着学术中心的地位。

汉初，《汉书·儒林传》记载五经只有8家：《诗》有齐（辕固生）、鲁（申公）、韩（韩婴）3家[3]，《书》《易》《礼》各有1家（伏生、田何、高堂生），《春秋》有2家（胡母生、董仲舒）。西汉中期后，随着朝

---

[1] 《汉书》卷四四《淮南王传》，第2152页。
[2] 《汉书》卷二七《五行志》，第1424页。
[3] 按：中华人民共和国成立之后，在战国后期楚国的地域内出土了一些与《诗经》相关的简牍，如安徽阜阳双古堆汉墓发掘的《诗经》、上海博物馆藏战国楚竹书中的《诗论》。尤其是阜阳汉简《诗经》，有研究者认为它很可能是流传于楚地的一个流派，"汉代诗学以毛、鲁、齐、韩四家最为有名，但出土简牍却与四家诗学并不相同。阜阳汉简《诗经》多通假字、假借字，与《毛诗》不是一个系统，也不是鲁、齐、韩三家《诗》中的任何一家，可能是流传于楚地的诗学流派"（参见邬文玲等著《当代中国简帛学研究》，中国社会科学出版社2011年版，第152页）。

廷对经学的重视和经学作为利禄之途的形成，越来越多的士人对五经做出不同的解释。钱穆云："自汉武帝置《五经》博士，说经为利禄之途，于是说经者日众。说经者日众，而经说益详密，而经之异说亦益岐。"① 根据《汉书·儒林传》的记载，当时的各家之学主要有：

> 《易》有孟（喜）、施（雠）、梁丘（贺）之学。
> 施有张（禹）、彭（宣）之学。
> （孟）有翟（牧）、孟（喜）、白（光）之学。
> 梁丘有士孙（张）、邓（彭祖）、衡（咸）之学。
> 《易》有京氏（房）之学。
> 《易》有高氏学。
> 《尚书》世有欧阳氏学。
> 《尚书》有大、小夏侯（夏侯胜、夏侯建）之学。
> 大夏侯有孔（霸）、许（商）之学。
> 小夏侯有郑（宽中）、张（无故）、秦（恭）、假（仓）、李（寻）氏之学。
> 《鲁诗》有韦氏学。
> 《鲁诗》有张（长安）、唐（长宾）、褚（少孙）氏之学。
> 张家有许氏（晏）学。
> 《齐诗》有翼（奉）、匡（衡）、师（丹）、伏（理）之学。
> 《韩诗》有王（吉）、食（子公）、长孙（顺）之学。
> 《礼》有大戴（德）、小戴（圣）、庆氏（普）之学。
> 大戴（《礼》）有徐氏（良），小戴有桥（仁）、杨氏（荣）之学。
> 《公羊春秋》有颜（安乐）、严（彭祖）之学。
> 颜家有泠（丰）、任（公）之学……复有筦（路）、冥（都）之学。
> 《穀梁春秋》有尹（更始）、胡（常）、申章（昌）、房（凤）之学。

---

① 钱穆：《两汉经学今古文平议》，商务印书馆2001年版，第218页。

这里一共提道了52家（其中没有计算东莱费直的古文《易》和鲁孔安国的古文《尚书》），其区域分布如表19所示：

表19　　　　　《汉书·儒林传》载经学流派区域分布　　　　　单位：家

区域名称	籍贯	姓名	小计	合计
梁宋	沛	施雠、翟牧、邓彭祖、高氏、褚少孙、庆普	6	14
	梁	杨荣、陈翁生、戴德、戴圣、桥仁	5	
	山阳	张无故、张长安	2	
	楚	申章昌	1	
齐地	琅邪	梁丘贺、师丹、伏理、徐良、筦路、房凤	6	11
	菑川	长孙顺、任公	2	
	齐	衡咸	1	
	千乘	欧阳氏	1	
	泰山	冥都	1	
鲁地	东海	孟喜、白光、翼奉、匡衡、严彭祖	5	11
	鲁	孔霸、韦氏、颜安乐	3	
	东平	唐长宾、夏侯胜、夏侯建	3	
河洛	河内	张禹、王吉、食子公	3	9
	淮阳	彭宣、泠丰	2	
	陈留	假仓、许晏	2	
	汝南	尹更始	1	
	东郡	京房	1	
关中	平陵	士孙张、郑宽中、李寻、平当	4	5
	长安	许商	1	
赵地	信都	秦恭	1	2
	清河	胡常	1	

资料来源：（汉）班固：《汉书》卷八八《儒林传》，中华书局1962年版。

经学中出现师法和家法，学术界对这一现象的评价见仁见智①。不可否认的是，在当时的条件下，师法、家法的出现在一定程度上反映了西汉

---

① 关于师法和家法，可参见丁进《汉代经学中的家法和师法辨析》，《湖南大学学报》2011年第5期。

中期后经学的开创程度。钱穆尝云："凡《儒林传》所载'由是某经有某家之学'者，其事皆晚出。""汉博士经学，分经分家而言'师法'，其事实起于昭、宣之后。"① 上述52家中，梁宋、齐、鲁占总数的69.23%，它们既是汉初的学术中心，也是西汉中后期的学术开创地。

梁宋。西汉中期后，梁国作为曾经的学术中心已经没落，楚国的学术也仅在家族内传承，但梁宋仍保持学术中心的地位：一是梁宋成为《礼》的主要传承地。汉初《礼》的开创地本来在鲁地，一直到宣帝时，东海的后仓还是最明《礼》学。西汉后期，《礼》的继续开创地转向梁宋。后仓四大弟子都是梁宋人：沛郡的闻人通汉、庆普和梁的戴德、戴圣兄弟，且多居高官，"孝公（按：庆普字孝公）为东平太傅。德号大戴，为信都太傅；圣号小戴，以博士论石渠，至九江太守。由是《礼》有大戴、小戴、庆氏之学。通汉以太子舍人论石渠，至中山中尉"。这3人开创的《大戴礼》《小戴礼》和《庆氏礼》在宣帝时皆立博士，弟子的籍贯也以梁宋居多："普授鲁夏侯敬，又传族子咸，为豫章太守。大戴授琅邪徐良斿卿，为博士、州牧、郡守，家世传业。小戴授梁人桥仁季卿、杨荣子孙。仁为大鸿胪，家世传业，荣琅邪太守。由是大戴有徐氏，小戴有桥、杨氏之学。"② 在这个谱系③中，庆咸是沛人，桥仁和杨荣是梁人。二是沛郡诞生了《易》学两大派别：施氏《易》和高氏《易》。施氏《易》由沛人施雠所创，施雠从田王孙受《易》，授河内张禹与琅邪鲁伯。高氏《易》由沛人高相开创，高相治《易》大致与费直同时，自称出于丁宽，授子高康与兰陵毋将永。此外，沛郡的《易》学家还有翟牧，师事孟喜，为博士；戴崇，师事河内张禹，为九卿；邓彭祖，师事五鹿充宗，官至真定太傅。

齐地。齐地学术在西汉中期之后仍然保持发展：第一，出现了《易》

---

① 钱穆：《两汉经学今古文平议》，第217、211页。
② 《汉书》卷八八《儒林传·孟卿传》，第3615页。
③ 对于《汉书·儒林传》的传承谱系，有研究者认为其中存在虚构之处，"一些人——西汉后半期繁荣的儒生学派的成员？或是班固本人？——不愿承认经学学派的创始人学术渊源模糊，于是虚构了一些师徒关系，将西汉后半期的经学学派与《史记》中赫赫有名的大儒联系起来"（参见蔡亮《巫蛊之祸与儒生帝国的兴起》，付强译，北京师范大学出版社2020年版，第118页）。与此相比，《史记·儒林列传》勾勒的汉武帝之前的五经传承谱系中的许多儒生，不仅全名不详，仅以"某生"（姓+生）代替，也不记载其学术渊源和家庭背景。

学两大派别。一派是琅邪诸人梁丘贺开创的梁丘《易》。梁丘贺从太中大夫京房和田王孙受《易》，传子梁丘临。另一派是东莱人费直开创的费氏《易》。费直以治《易》为郎，官至单父令，授琅邪王璜。此外，西汉后期还有很多齐人在传承《易》：琅邪鲁伯，师事沛郡施雠，为会稽太守；齐衡咸，师事五鹿充宗，为王莽讲学大夫；泰山毛莫如，师琅邪鲁伯，至常山太守；琅邪邴丹，师事琅邪鲁伯，著清名。第二，涌现出诸多经学世家。琅邪伏氏家族：伏氏家族自伏孺从济南迁居琅邪东武后，世传经学，伏孺孙理"为当世名儒，以《诗》授成帝，为高密太傅，别自名学"[1]。到东汉时，伏氏家族成为显赫的经学世家，"初，自伏生已后，世传经学，清静无竞，故东州号为'伏不斗'云"[2]。千乘欧阳家族：欧阳生"事伏生，授儿宽……宽授欧阳生子，世世相传，至曾孙高子阳，为博士。高孙地馀长宾以太子中庶子授太子，后为博士，论石渠……地馀少子政为王莽讲学大夫。由是《尚书》世有欧阳氏学"[3]。欧阳学成为《尚书》在东汉影响最大的流派。清唐晏称："欧阳氏正传，乃伏生别派也。然此派流传最盛，所造就者名才尤众，桓春卿门下遂有杨伯起，为东京名臣，已后直至三国未绝。"[4] 琅邪王氏家族：王吉"兼通《五经》，能为驺氏《春秋》，以《诗》《论语》教授，好梁丘贺说《易》，令子骏受焉"[5]。虽然这一家族在东汉时稍显沉寂，在魏晋南北朝时期成为天下闻名的经学世家。平原高氏家族：高嘉"以《鲁诗》授元帝，仕至上谷太守"；高嘉孙容"少传嘉学，哀平间为光禄大夫"[6]。

鲁地。鲁与齐类似，在西汉中期之后能够继续保持学术的发展。首先，东海兰陵人孟喜开创孟氏《易》学派。孟喜从田王孙受《易》，授同郡白光和沛翟牧，后两者皆为博士，孟氏《易》分化出翟、孟、白三家之学。其次，孔氏家族继续保持兴盛。孔"安国、延年皆以治《尚书》为武帝博士。安国至临淮太守"；孔霸"治《尚书》，事太傅夏侯胜，昭帝末年

---

[1] 《后汉书》卷二六《伏湛传》，第893页。
[2] 《后汉书》卷二六《伏湛传》，第898页。
[3] 《汉书》卷八八《儒林传·欧阳生传》，第3603页。
[4] （清）唐晏著，吴东民点校：《两汉三国学案》，中华书局1986年版，第143页。
[5] 《汉书》卷七二《王吉传》，第3066页。
[6] 《后汉书》卷七九下《儒林传下·高诩传》，第2569页。

为博士，宣帝时为太中大夫，以选授皇太子经，迁詹事，高密相"①；孔光，"成帝初即位，举为博士，数使录冤狱，行风俗，振赡流民，奉使称旨，由是知名"②。再次，出现了经学世家韦氏家族。韦贤师从申公弟子瑕丘江公，"兼通《礼》《尚书》，以《诗》教授，号称邹鲁大儒"③。他"传子玄成"，"玄成及兄子赏以《诗》授哀帝，至大司马车骑将军"④。最后，东海郡成为鲁地传承《齐诗》的主要区域。夏侯始昌师承齐地的辕固生，传给东海的后仓，后仓又传给同郡匡衡、萧望之和翼奉。

三　东汉前期学术中心的变动

安帝（106—125年在位）可谓东汉前后期的分界⑤。在他之前，和帝统治了17年（88—105年在位），《后汉书·和帝纪》评论说："自中兴以后，逮于永元，虽颇有弛张，而俱存不扰，是以齐民岁增，辟土世广。偏师出塞，则漠北地空；都护西指，则通译四万。岂其道远三代，术长前世？将服叛去来，自有数也？"⑥和帝时的东汉无论内政（"齐民岁增"）还是外交（"通译四方"）都保持发展的态势。和帝之后的殇帝在位几个月，接着就是安帝，然而范晔对他的评价却变了。《安帝纪》："孝安虽称尊享御，而权归邓氏，至乃损彻膳服，克念政道。然令自房帷，威不逮

---

① 《汉书》卷八一《孔光传》，第3352页。
② 《汉书》卷八一《孔光传》，第3353页。
③ 《汉书》卷七三《韦贤传》，第3107页。
④ 《汉书》卷八八《儒林传》，第3609页。
⑤ 对于东汉史分期问题，不同研究者的观点互有差异。王云度从政治、经济等各方面情况综合考察，把东汉史分成四期：东汉前期（光武帝建武元年至和帝元兴元年，即25—106年）、东汉中期（殇帝延平元年至顺帝永和六年，即106—142年）、东汉后期（顺帝永和六年至灵帝中平五年，141—183年）、东汉晚期（少帝光熹元年至献帝延康元年，189—220年）（参见王云度《东汉史分期刍议》，《南都学坛》1991年第1期）。赵国华则分为五个时段：光武是政权重建时段，明、和是稳定发展时段，安、顺是急剧转折时段，桓、灵是衰颓败坏时段，献帝是名存实亡时段。这五个时段前后衔接，即从光武之兴，明、和之治到桓、灵之衰，献帝之亡，恰成一个王朝的兴亡史（参见赵国华《东汉史研究需要补偏救弊》，《史学月刊》2011年第5期）。日本学者对此也有所讨论，如东晋次分为光武、明、章，和安，顺、桓、灵三个时期（参见［日］东晋次《东汉时代的政治与社会》，付晨晨、薛梦潇、刘莹译，上海古籍出版社2023年版，第26页）。本研究在此依据范晔的叙述和评价，分成前后两个时期，但现有资料不足以把这两个时期区域学术状况的差别揭示出来，因此在行文中分为东汉前期和末年两个阶段。
⑥ 《后汉书》卷四《和帝纪》，第195页。

远，始失根统，归成陵敝。"① "始失根统"表明，对范晔而言，从和帝到安帝是东汉历史的一个转折点，东汉自此走向衰落。

1. 关中：学术中心的加强

长安在两汉之际遭到战乱破坏，但时间不长，而且长安作为西汉的政治中心已经 200 余年时间；作为学术中心，从汉武帝时算起，业已 150 多年。政治中心可能在较短的时间里遭到毁坏，学术中心的衰落则需要较长的时间才能显露出来。这就是葛剑雄所说的"文化中心转移的滞后现象"，"在政治中心转移以后，原来依靠政治中心的地位而形成的文化中心一般还能继续存在相当长一段时间。西汉故都长安不是唯一的例子，所以我把这称之为文化中心转移的滞后现象"②。进入东汉后，关中学术继续发展③，学术人物占东汉学术人物总数④的 16.49%，学术著作占 18.91%，二者都仅次于河洛，而每百万人出现学术人物比率则上升到第一位，远远超过齐、鲁、梁宋等传统学术发达区。

东汉前期，关中仍保持学术中心地位。首先，关中的三辅仍然是游学目的地。当时的京师洛阳是士人游学的主要目的地，但也有不少士人游学三辅：

(陈留外黄人范冉) 到南阳，受业于樊英。又游三辅，就马融通经，历年乃还⑤。

(敦煌渊泉人张奂) 少游三辅，师事太尉朱宠，学《欧阳尚书》⑥。

---

① 《后汉书》卷六《安帝纪》，第 243 页。
② 葛剑雄：《秦汉时期的移民与文化传播》，《历史研究》1992 年第 4 期。
③ 王子今认为，"东汉时期，关中区的文化领导地位显著削弱"（参见王子今《秦汉区域文化研究》，第 27 页）。从学术人物和学术著作的数量来看，本研究认为关中的文化领导地位丧失于东汉末。又，崔向东则认为，"东汉时期，关中虽不再是都城所在，但关中二百多年的文化优势仍然保持并继续发展。东汉时，关中产生许多经学大师，与关东一样，仍是文化中心区"（参见崔向东《汉代豪族地域性研究》，中华书局 2012 年版，第 188 页）。崔先生的观点与本研究的判断一致。
④ 因为籍贯未明确的学术人物中可能有属于关中的而导致难以计算，所以这里所说的"学术人物总数"指籍贯明确的。下同。
⑤ 《后汉书》卷八一《独行传》，第 2688 页。
⑥ 《后汉书》卷六五《张奂传》，第 2138 页。

（汉中南郑人李固）改易姓名，杖策驱驴，负笈追师三辅，学《五经》，积十余年①。

（北海高密人郑玄）以山东无足问者，乃西入关，因涿郡庐植，事扶风马融②。

如此多的学子涌向三辅，说明那里有他们值得拜师的对象。事实上直到安帝、顺帝时，三辅还聚集着不少士人，所以《后汉书》有"时三辅多士"③之言。

其次，关中的私家教授仍然发达。东汉前期，除了官学之外，关中的许多学术人物从事私家教授，如杨政、宋登、法真和马融等。据唐会霞统计，西汉私学教师近百人，分布在40多个郡国，其中关中籍教师共有26位，占当时全国私学教师的25%左右；东汉时期，关中地区从业的私学教师共有32位，占全国私学教师的24%以上④。在私人教授中，关中涌现出一批冠以儒宗、大儒、名儒等称号的人物：右扶风郿人法真号称"关西大儒"，右扶风茂陵人马融"为世通儒"，右扶风平陵人贾逵"为诸儒宗"，右扶风平陵人韦彪"雅称儒宗"，弘农华阴人刘宽"称为通儒"，右扶风茂陵人杜林"时称通儒"，京兆长陵人乐恢"为名儒"，右扶风平陵人鲁丕"为当世名儒"。游学目的地和私家教授的发达，证明关中仍然是学术传播中心。

最后，关中出现了一批学术世家。西汉前期，关中尚未出现学术世家；西汉后期，随着徙陵政策的推行，来自不同区域的官宦子弟、地方豪族等迁居关中，生活在一起，引起习俗的交融，也促成了社会阶层的分化。《汉书·地理志》云："其世家则好礼文，富人则商贾为利，豪桀则游侠通奸。"⑤"好礼文"的世家自然属于学术世家。到东汉，这样的世家已很多：

---

① 《后汉书》卷六三《李固传》注引谢承《书》，第2073页。
② 《后汉书》卷三五《郑玄传》，第1207页。
③ 《后汉书》卷八〇上《文苑传上·苏顺传》，第2617页。
④ 唐会霞：《两汉时期关中地区私学考察》，《教育学术月刊》2012年第12期。
⑤ 《汉书》卷二八下《地理志下》，第1642页。

弘农华阴杨氏家族。杨氏家族本来以军功起家，秦汉之际的杨喜因追杀项羽有功，封赤泉侯。杨息曾孙杨敞在昭帝时任丞相，封安平侯，未见在学术上有成就。西汉后期，杨敞曾孙杨宝"习《欧阳尚书》。哀、平之世，隐居教授"，成为杨氏家族第一个明确研习经学的子弟，且确立以《欧阳尚书》为家学的传统。杨宝之子杨震"少好学，受《欧阳尚书》于太常桓郁，明经博览，无不穷究"①。杨震之子杨秉"少传父业，兼明《京氏易》，博通书传，常隐居教授"②。杨秉之子杨赐"少传家学，笃志博闻"③。杨赐之子杨彪"少传家学。初举孝廉，州举茂才，辟公府，皆不应。熹平中，以博习旧闻，公车征拜议郎"④。杨氏家族无论在仕途还是学术上都达到鼎盛。范晔称赞道："自震至彪，四世太尉，德业相继，与袁氏俱为东京名族云。"⑤

右扶风安陵班氏家族。班氏家族与楚同姓，秦始皇末年班壹迁居楼烦，"致马牛羊数千群。值汉初定，与民无禁，当孝惠、高后时，以财雄边"。班壹之子班孺"为任侠"。班孺玄孙班况在成帝时徙昌陵，昌陵罢后，遂居长安。班况长子班伯"少受《诗》于师丹……郑宽中、张禹朝夕入说《尚书》、《论语》于金华殿中，诏伯受焉"⑥；次子班斿"博学有俊材，左将军〔史〕丹举贤良方正，以对策为议郎，迁谏大夫、右曹中郎将，与刘向校秘书。每奏事，斿以选受诏进读群书。上器其能，赐以秘书之副"⑦；三子班稚，班稚之子班彪，"才高而好述作，遂专心史籍之间。武帝时，司马迁著《史记》，自太初以后，阙而不录，后好事者颇或缀集时事，然多鄙俗，不足以踵继其书。彪乃继采前史遗事，傍贯异闻，作后

---

① 《后汉书》卷五四《杨震传》，第1759页。
② 《后汉书》卷五四《杨震传》，第1769页。
③ 《后汉书》卷五四《杨震传》，第1775页。
④ 《后汉书》卷五四《杨震传》，第1786页。
⑤ 《后汉书》卷五四《杨震传》，第1790页。按：曾磊评论说："'东京名族'的说法，值得注意。考察杨氏活动可知，他们的主要活动地域是在东京洛阳。"（参见曾磊《门阙、轴线与道路：秦汉政治理想的空间表达》，第181页）似乎凸显"东京"的地域意味。然而仔细揣摩原文可知，范晔说的"东京"也指东汉。
⑥ 《汉书》卷一〇〇上《叙传上》，第4197—4198页。
⑦ 《汉书》卷一〇〇上《叙传上》，第4203页。

传数十篇"①。班彪之子班固,"年九岁,能属文诵诗赋,及长,遂博贯载籍,九流百家之言,无不穷究"②。班固之妹班昭,"所著赋、颂、铭、诔、问、注、哀辞、书、论、上疏、遗令,凡十六篇。子妇丁氏为撰集之,又作《大家赞》焉"③。可见在秦汉时期,班氏家族成功地从游牧家族转变为学术世家。

右扶风茂陵马氏家族。马氏家族的历史可以追溯到战国时期的赵奢,他号称"马服君",子孙因以为氏。武帝时,马氏家族以吏二千石自邯郸徙茂陵,马通以功封重合侯。两汉之际,马氏由武转文,马援"尝受《齐诗》,意不能守章句"④。马援之子马廖"少习《易经》,清约沉静"⑤。马援兄之子马严"从平原杨太伯讲学,专心坟典,能通《春秋左氏》,因览百家群言"⑥。马严之子马续"七岁能通《论语》,十三明《尚书》,十六治《诗》,博观群籍,善《九章算术》。顺帝时,为护羌校尉,迁度辽将军,所在有维恩称"⑦。马续之兄马融"才高博洽,为世通儒,教养诸生,常有千数"⑧。

安定乌氏梁氏家族。梁氏家族的先人是春秋时期晋国的大夫梁益耳,进入汉代后,梁子都从河东迁居北地,其子梁桥在汉武帝时以赀千万徙往茂陵,哀、平之末时又回到安定。两汉之际,梁统性情刚毅而好法律,为政严猛,其子梁松"博通经书,明习故事,与诸儒修明堂、辟雍、郊祀、封禅礼仪,常与论议,宠幸莫比。光武崩,受遗诏辅政"。梁松之子梁扈"历位卿、校尉。温恭谦让,亦敦《诗》《书》"⑨。梁松之弟梁竦"少习《孟氏易》,弱冠能教授……著书数篇,名曰《七序》。班固见而称曰:'孔子著《春秋》而乱臣贼子惧,梁竦作《七序》而窃位素餐

---

① 《后汉书》卷四〇上《班彪传上》,第1324页。
② 《后汉书》卷四〇上《班彪传上》,第1330页。
③ 《后汉书》卷八四《列女传》,第2792页。
④ 《后汉书》卷二四《马援传》,第827页。
⑤ 《后汉书》卷二四《马援传》注引《东观记》,第853页。
⑥ 《后汉书》卷二四《马援传》,第858页。
⑦ 《后汉书》卷二四《马援传》,第862页。
⑧ 《后汉书》卷六〇上《马融传》,第1972页。
⑨ 《后汉书》卷三四《梁松传》,第1170页。

者惭'"。梁㧕之孙梁商"少持《韩诗》，兼读众书传记，天资聪敏，昭达万情"①。

除了这些显赫的学术世家之外，还有右扶风平陵窦氏家族和右扶风茂陵孔氏家族。窦氏家族发迹于两汉之际的窦融，他"以豪侠为名，拔起风尘之中"；窦融玄孙窦武"少以经行著称，常教授于大泽中，不交时事，名显关西"②；另一位玄孙窦章"少好学，有文章，与马融、崔瑗同好，更相推荐"③。孔氏家族的孔奋"少从刘歆受《春秋左氏传》，歆称之，谓门人曰：'吾已从君鱼受道矣'"；孔奋之弟孔奇"博通经典，作《春秋左氏删》"；孔奋之子孔嘉"官至城门校尉，作《左氏说》云"④。

总结这些学术世家的家族史可以发现，他们的祖上大多在西汉时通过军功或为官而显名，在两汉之际逐渐士族化，到东汉时期繁衍为学术世家，不仅增加了关中学术人物的数量，也强化了东汉时期关中的学术中心地位。同时，学术世家的涌现，说明关中的风俗已不同于往昔。桓帝延熹二年（159年），尚书令陈蕃等人推荐处士豫章徐稚、彭城姜肱、汝南袁闳、京兆韦著和颍川李昙，桓帝询问："徐稚、袁闳、韦著谁为先后？"陈蕃回答说："闳生出公族，闻道渐训。著长于三辅礼义之俗，所谓不扶自直，不镂自雕。至于稚者，爰自江南卑薄之域，而角立杰出，宜当为先。"⑤ 陈藩回答的重点是突出徐稚，但其中把礼义视为三辅的传统，这是《汉书·地理志》在描述关中风俗时没有提道的，透露出三辅学术自西汉中期之后持续发展的趋势，逐渐改变了世人对关中质朴少文的印象。

2. 河洛：新的学术中心之确立

东汉时期，河洛的学术人物和学术著作较西汉有大幅度增加，前者从43位增加到165位，占东汉学术人物总数的28.65%，其中博士从9位增加到17位，占东汉博士总数⑥的33.33%；后者从17部增加到213部，占

---

① （东汉）刘珍等撰，吴树平校注：《东观汉记校注》卷一五《传九·梁商》，第613页。
② 《后汉书》卷六九《窦武传》，第2239页。
③ 《后汉书》卷二三《窦融传》，第821页。
④ 《后汉书》卷三一《孔奋传》，第1098—1099页。
⑤ 《后汉书》卷五三《徐稚传》，第1747页。
⑥ 指籍贯明确的博士总数。下同。

总数的31.46%，学术载体数量均远超其他区域。虽然因人口众多，每百万人出现学术人物的比率低于关中和梁宋，但无法否认河洛既是政治中心所在地，又是学术中心。河洛的学术中心地位体现在以下两个方面：政治中心洛阳拥有的学术资源和河洛学术世家的涌现。

东汉定都洛阳，洛阳成为政治中心①。受此影响，学术资源也向洛阳集中：第一，洛阳聚集了一批学者。两汉之际的战乱波及到长安后，曾经在此生活和从事学术研究的士人纷纷逃离。东汉建立后，待局势稳定下来，在光武帝的感召下，许多士人又奔向洛阳，范升、陈元、郑兴、杜林、卫宏、刘昆、桓荣等都是一代经学大师，他们集中于洛阳，无形中提高了洛阳在学术上的影响力和号召力。同时，光武帝在五经博士的基础上，又增加到十四家，"《易》有施、孟、梁丘、京氏，《尚书》欧阳、大小夏侯，《诗》齐、鲁、韩，《礼》大小戴，《春秋》严、颜，凡十四博士，太常差次总领焉"②。各家在此传经授徒，"以家法教授"，又吸引了大批士人前来受业。

第二，洛阳容纳了大量学子。东汉太学的规模总体上超过西汉，容纳的学子更多。光武帝在全国尚未统一的情形下，即"修起太学，稽式古典，笾豆干戚之容，备之于列，服方领习矩步者，委它乎其中。中元元年（56年），初建三雍"③。顺帝"感翟酺之言，乃更修黉宇，凡所造构二百四十房，千八百五十室。试明经下第补弟子，增甲乙之科员各十人，除郡国耆儒皆补郎、舍人。本初元年（146年），梁太后诏曰：'大将军下至六百石，悉遣子就学，每岁辄于乡射月一飨会之，以此为常。'自是游学增盛，至三万余生"④。这么多学子在洛阳求学，使得洛阳成为当时最大的经学传授中心。

---

① 鲁西奇指出，"东汉帝国的核心区当包括司隶校尉部所统的'三河'（河南、河内、河东）、'三辅'（京兆、左冯翊、右扶风）以及南阳、颍川、陈留、梁国、魏郡（邺）、赵国（邯郸）、常山、太原、上党诸郡国，大致相当于今陕西中部、河南北部、山西与河北南部的黄河中下游两岸地，而其中'三河'又是最基本的核心区"（参见鲁西奇《中国历史的空间结构》，第179页）。鲁先生从控制力的角度，认为三河是东汉最基本的核心区，这也可间接地证明洛阳的政治中心地位。
② 《后汉书》卷七九上《儒林传上》"序"，第2545页。
③ 《后汉书》卷七九上《儒林传上》"序"，第2545页。
④ 《后汉书》卷七九上《儒林传上》"序"，第2547页。

第三，洛阳成为游学目的之地。洛阳作为京师，东汉的最高学府——太学位于此，大批知名经师聚集于此，理所当然成为外地士人游学的主要目的地①。仅据《后汉书》记载，游学洛阳的士人不计其数，如：右扶风茂陵人孔奇"游学洛阳"②；犍为武阳人张晧"少游学京师，永元（89—105年）中，归仕州郡，辟大将军邓骘府"③；南阳西鄂人张衡"少善属文，游于三辅，因入京师，观太学，遂通《五经》，贯六艺"④；南阳襄乡人何颙"少游学洛阳"⑤。此外还有很多士人游学洛阳⑥。从籍贯上看，游学的士人主要来自南阳、汝南、颍川和巴蜀、齐、鲁，也不乏吴越之会稽、燕之涿郡等较为偏远的地方⑦，说明洛阳作为学术中心影响力的扩大。

第四，河洛出现了众多学术世家，比较著名的有：

汝南汝阳袁氏家族。袁氏家族发迹于西汉后期的袁良。袁良"习《孟氏易》，平帝时举明经，为太子舍人"。此后，《孟氏易》成为袁氏家族的家学，世代承袭。袁良之孙袁安"少传良学"⑧，官至司徒。袁安之子袁京"习《孟氏易》，作《难记》三十万言"，曾任蜀郡太守；另一子袁敞"少传《易经》教授，以父任为太子舍人"，官至司空。袁京之子袁彭"少传父业，历广汉、南阳太守"；袁彭之弟袁汤"少传家学，诸儒称其节，多历显位"⑨，官至司空。

---

① 刘太祥总结道：游学地区是地方郡国和京师洛阳，以游学洛阳者为最多，达37位，且主要是游太学（参见刘太祥《汉代游学之风》，《中国史研究》1998年第4期）。
② 《后汉书》卷三一《孔奋传》，第1099页。
③ 《后汉书》卷五六《张晧传》，第1815页。
④ 《后汉书》卷五九《张衡传》，第1897页。
⑤ 《后汉书》卷六七《党锢传·何颙传》，第2217页。
⑥ 如会稽上虞人王充"少孤，乡里称孝。后到京师，受业太学，师事扶风班彪"（《后汉书》卷四九《王充传》，第1629页）。南阳宛人董班"少游太学，宗事李固，才高行美，不交非类"（《后汉书》卷六三《李固传》注引《楚国先贤传》，第2088页）。陈留浚仪人符融"少为都官吏，耻之，委去。游太学，师事少府李膺"（《后汉书》卷六八《符融传》，第2232页）。济阴定陶人张驯"少游太学，能诵《春秋左氏传》"（《后汉书》卷七九上《儒林传上·张驯传》，第2558页）。这样的例子很多。
⑦ 刘太祥指出：从光武帝建国到东汉灭亡，游学者51人，来自全国30多个郡国，游学者籍贯又进一步扩大，中原的南阳、汝南、颍川，巴蜀和齐鲁仍保持领先地位，而酒泉、会稽、吴郡、岭南等地也出现了一些游学之士。甚至西南夷的牂柯郡也有游学之士（参见刘太祥《汉代游学之风》，《中国史研究》1998年第4期）。
⑧ 《后汉书》卷四五《袁安传》，第1517页。
⑨ 《后汉书》卷四五《袁安传》，第1522—1524页。

河南开封郑氏家族。郑氏家族发迹于两汉之际的郑兴。郑兴"少学《公羊春秋》，晚善《左氏传》，遂积精深思，通达其旨，同学者皆师之。天凤（14—19年）中，将门人从刘歆讲正大义，歆美兴才，使撰条例、章句、传诂，及校《三统历》"①。郑兴的学问倾向于古学，成绩斐然，开创了郑学一派。《后汉书》本传称其"好古学，尤明《左氏》、《周官》，长于历数，自杜林、桓谭、卫宏之属，莫不斟酌焉。世言《左氏》者多祖于兴，而贾逵自传其父业，故有郑、贾之学"。郑兴之子郑众"年十二，从父受《左氏春秋》，精力于学，明《三统历》，作《春秋难记条例》，兼通《易》、《诗》，知名于世"②，曾受章帝诏作《春秋删》十九篇。郑众子安世"亦传家业，为长乐、未央厩令"③。

南阳湖阳樊氏家族。据资料记载，樊氏是周仲山甫的后裔，西汉后期从事农业和商业，其中，樊重和樊宏慷慨乐施，是乡里的知名人物。樊宏之子樊儵转向学术，"就侍中丁恭受《公羊严氏春秋》"，曾删定《公羊严氏春秋》章句，世号"樊侯学"④。樊宏族孙樊瑞"好黄老言，清静少欲"。樊瑞之子樊准"少励志行，修儒术"⑤。

南阳安众宋氏家族。宋氏家族发展于东汉初的宋伯。宋伯在建武初任五官中郎将，其子宋均以"父任为郎，时年十五，好经书，每休沐日，辄受业博士，通《诗》《礼》"⑥。宋均族人宋京"以《大夏侯尚书》教授，至辽东太守"。宋京之子宋意"少传父业，显宗时举孝廉，以召对合旨，擢拜阿阳侯相。建初中，征为尚书"⑦。

此外还有南阳新野邓氏家族、陈留东昏刘氏家族和汝南平舆许氏家族。邓氏家族发迹于两汉之际的邓禹，他"年十三，能诵诗，受业长安"⑧，其间结识了后来的光武帝。邓禹之孙邓弘"少治《欧阳尚书》，授

---

① 《后汉书》卷三六《郑兴传》，第1216页。
② 《后汉书》卷三六《郑兴传》，第1223—1224页。
③ 《后汉书》卷三六《郑兴传》，第1226页。
④ 《后汉书》卷三二《樊宏传》，第1122页。
⑤ 《后汉书》卷三二《樊宏传》，第1125页。
⑥ 《后汉书》卷四一《宋均传》，第1411页。
⑦ 《后汉书》卷四一《宋均传》，第1414页。
⑧ 《后汉书》卷一六《邓禹传》，第599页。

帝禁中,诸儒多归附之"①。邓弘之子邓甫德为开封令,"学传父业"②。刘氏家族是西汉梁孝王的后裔,西汉后期的刘昆"少习容礼平帝时,受《施氏易》于沛人戴宾";刘昆之子刘轶"传昆业,门徒亦盛"③。许氏家族先祖的情况未明,到东汉时,许峻"善占卜之术……所著《易林》,至今行于世";许峻之孙许曼"少传峻学"④。

对比关中学术世家的成长史可以发现一个有趣的现象:《后汉书》记载河洛学术世家追溯的历史多在西汉末年之后,比关中学术世家可追溯的历史要晚很多。

3. 梁宋、鲁地与齐地:学术中心的衰落

梁宋。东汉时,梁宋学术人物数量与西汉相比下降不少,在学术人物总数中的占比从西汉时的15.80%下降至东汉时的9.38%;学术著作的数量虽然有所增加,但占比从12.77%下降至6.65%,不仅落后于河洛和关中两个区域,而且被巴蜀超过,透露出梁宋学术的相对衰落。因人口数量远远少于河洛,梁宋的每百万人出现学术人物比率尚居第二位。梁宋学术的亮点是沛郡龙亢桓氏家族的崛起。

桓荣祖上本是齐人,后迁徙到龙亢。他"少学长安,习《欧阳尚书》,事博士九江朱普"⑤。桓荣之子桓郁"敦厚笃学,传父业,以《尚书》教授,门徒常数百人"⑥。桓郁之中子桓焉"能世传其家学"。桓焉之孙桓典"复传其家业,以《尚书》教授颍川,门徒数百人"⑦。桓焉弟之子桓鸾"学览《六经》,莫不贯综"。桓焉兄之子桓麟"所著碑、诔、赞、说、书凡二十一篇"。原注曰:"案挚虞《文章志》,麟文见在者十八篇,有碑九首,诔七首,《七说》一首,《沛相郭府君书》一首。"桓麟之子桓彬少与蔡邕齐名,"所著《七说》及书凡三篇,蔡邕等共论序其志,金以为彬有过人者四:夙智早成,岐嶷也。学优文丽,至通也。仕不苟禄,绝高也。

---

① 《后汉书》卷一六《邓禹传》,第615页。
② 《后汉书》卷一六《邓禹传》,第618页。
③ 《后汉书》卷七九上《儒林传上·刘昆传》,第2549—2550页。
④ 《后汉书》卷八二下《方术传下·许曼传》,第2731页。
⑤ 《后汉书》卷三七《桓荣传》,第1249页。
⑥ 《后汉书》卷三七《桓荣传》,第1254页。
⑦ 《后汉书》卷三七《桓荣传》,第1257—1258页。

辞隆从窊，絜操也。乃共树碑而颂焉"①。通过桓氏家族的学术历程可以发现，从桓荣到桓郁再到桓焉，祖孙三代以传授《尚书》为主，而且开创了自己的家学，"初，荣受朱普学章句四十万言，浮辞繁长，多过其实。及荣入授显宗，减为二十三万言。郁复删省定成十二万言。由是有《桓君大小太常章句》"②。但自桓焉之后，桓氏的学术方向发生改变，第四代的桓麟以文学见长、桓鸾通览六经，第五代的桓彬同样以文学见长，只有桓典重新传授《尚书》，这可能是上述引文使用"复"字的原因。桓氏家族不仅贡献了7位学术人物，还教出了一批弟子，如九江鲍骏、豫章何汤、颍川丁鸿、赵国张禹、汝南张酺等。范晔曾评论说："伏氏自东西京相袭为名儒，以取爵位。中兴而桓氏尤盛，自荣至典，世宗其道，父子兄弟代作帝师，受其业者皆至卿相，显乎当世。"③

鲁地。鲁地学术人物在东汉时下降得最明显，从70位降至23位，在西汉学术人物总数中的占比从19.07%降至3.99%，其中，博士从38位降到6位，在博士总数中的占比从西汉时的38.38%降到东汉时的11.76%。学术著作方面，鲁地虽然有所增加，从西汉时的28部增加到东汉时的31部，但增加的数量有限，且总数被河洛、关中、巴蜀、吴越等地超过。同时，每百万人出现学术人物的比率也从西汉时的第一位降至第四位，透露出鲁地学术地位的相对下降。学术人物中，孔子后裔占据三分之一，其十九世孙孔僖"与崔篆孙骃复相友善，同游太学，习《春秋》"④。孔僖之子长彦和季彦，"长彦好章句学，季彦守其家业，门徒数百人"⑤。同为孔子十九世孙的孔宙"少习家训，治《严氏春秋》"⑥。孔宙之子孔昱"少习家学"⑦；另一子融幼有异才，曾任北海相，"所著诗、颂、碑文、论议、

---

① 《后汉书》卷三七《桓荣传》，第1259—1261页。
② 《后汉书》卷三七《桓荣传》，第1256页。
③ 《后汉书》卷三七《桓荣传》，第1261页。
④ 《后汉书》卷七九上《儒林传上·孔僖传》，第2560页。
⑤ 《后汉书》卷七九上《儒林传上·孔僖传》，第2563页。
⑥ (宋)洪适：《隶释》卷七《泰山都尉孔宙碑》，《隶释 隶续》，中华书局1986年版，第81页。
⑦ 《后汉书》卷六七《党锢传·孔昱传》，第2213页。

六言、策文、表、檄、教令、书记凡二十五篇"①。其实，孔氏家族自孔安国以下，世传《古文尚书》和《毛诗》，从《后汉书》的记载来看，进入东汉后，孔氏家族的学问有分化趋势，孔僖和孔宙都研习《春秋》，尚在五经之列；孔融所学，则属于文学。

齐地。齐在西汉时出现的学术人物最多，东汉时虽然下降不多，但在学术人物总数中的占比从西汉时的 21.80% 降至 10.07%，学术著作占比从 17.02% 降至 12.70%，每百万人出现学术人物的比率则从第二位降至第五位。考虑到东汉学术的普及化程度比西汉更高，以及边远区域学术载体数量有较大提高两个因素，齐地各项指标的下降透露出其学术中心地位的衰落。东汉时期，齐地学术发展出现经学大师郑玄和琅邪伏氏家族。

根据《后汉书》本传的记载，郑玄的学术影响主要体现在三个方面：一是撰有众多的著述。郑玄"门人相与撰玄答诸弟子问《五经》，依《论语》作《郑志》八篇。凡玄所注《周易》《尚书》《毛诗》《仪礼》《礼记》《论语》《孝经》《尚书大传》《中候》《乾象历》，又著《天文七政论》《鲁礼禘祫义》《六艺论》《毛诗谱》《驳许慎五经异义》《答临孝存周礼难》，凡百余万言"②。二是教授了一批知名弟子。郑玄门人中，"山阳郗虑至御史大夫，东莱王基、清河崔琰著名于世。又乐安国渊、任嘏，时并童幼，玄称渊为国器，嘏有道德，其余亦多所鉴拔，皆如其言"③。三是开拓了经学研究方向。东汉时期的经学，不仅有古文、今文之别，还有烦琐的章句之学。郑玄"质于辞训，通人颇讥其繁。至于经传洽孰，称为纯儒，齐鲁间宗之"，"自秦焚《六经》，圣文埃灭。汉兴，诸儒颇修艺文。及东京，学者亦各名家。而守文之徒，滞固所禀，异端纷纭，互相诡激，遂令经有数家，家有数说，章句多者或乃百余万言，学徒劳而少功，后生疑而莫正。郑玄括囊大典，网罗众家，删裁繁诬，刊改漏失，自是学者略知所归"④。清皮锡瑞云："汉时以经有数家，家有数说，学者莫知所从；

---

① 《后汉书》卷七〇《孔融传》，第 2279 页。
② 《后汉书》卷三五《郑玄传》，第 1212 页。按：注引谢承《书》称郑玄"所注与此略同，不言注《孝经》，唯此书独有也"。
③ 《后汉书》卷三五《郑玄传》，第 1212 页。
④ 《后汉书》卷三五《郑玄传》，第 1212—1213 页。

郑君兼通今古文，沟于合一；于是经生皆从郑氏，不必更求各家。"①

琅邪东武伏氏家族是济南伏生的后裔，后迁居琅邪东武，学术方面从《尚书》改为《齐诗》。伏理开创了《齐诗》伏氏学，其子湛"少传父业，教授数百人。成帝时，以父任为博士弟子。五迁，至王莽时为绣衣执法"②。伏湛弟黯"以明《齐诗》，改定章句，作《解说》九篇，位至光禄勋"，伏黯子恭"少传黯学……初，父黯章句繁多，恭乃省减浮辞，定为二十万言"③。伏湛曾孙伏晨"谦敬博爱，好学尤笃，以女孙为顺帝贵人，奉朝请，位特进"。伏晨子无忌"亦传家学，博物多识"。伏氏家族自西汉到东汉传承经学数百年，因此《后汉书》称道："初，自伏生已后，世传经学，清静无竞，故东州号为'伏不斗'云"④。与同时期沛郡桓氏家族不同的是，伏氏家族主要以传承《齐诗》为主，而且伏恭在担任常山太守期间，还把这门学问传播到赵地。献帝时，曹操杀伏皇后，诛伏氏，国除。

齐地经学世家还有北海安丘的甄氏家族和乐安千乘的欧阳氏家族。甄氏家族的甄宇"习《严氏春秋》，教授常数百人。建武中，为州从事，征拜博士，稍迁太子少傅"；其子甄普又传给甄承，"承尤笃学，未尝视家事，讲授常数百人。诸儒以承三世传业，莫不归服之。建初中，举孝廉，卒于梁相。子孙传学不绝"⑤。欧阳家族自汉初欧阳生传《伏生尚书》，到东汉初的欧阳歙八世，皆为博士。欧阳歙子复无子，国除。欧阳家族的历史也说明：文化传承是士族延续的前提条件，士族的繁荣壮大还有赖于其他因素⑥。

4. 巴蜀与吴越：学术的发展

西汉时期的巴蜀和吴越学术均不发达，出现的学术人物和学术著作相对较少。东汉时，两地学术有较大发展，成为学术空间传播扩大的例证。

---

① （清）皮锡瑞著，周予同注释：《经学历史》，中华书局2004年版，第95页。
② 《后汉书》卷二六《伏湛传》，第893页。
③ 《后汉书》卷七九下《儒林传·伏恭传》，第2571页。
④ 《后汉书》卷二六《伏湛传》，第897—898页。
⑤ 《后汉书》卷七九下《儒林传·甄宇传》，第2580页。
⑥ 田余庆提道："千乘欧阳生，世传伏氏《尚书》，始自西汉文景之时，至东汉初年的欧阳歙，八世皆为博士，欧阳歙本人且超擢大司徒。但欧阳氏并未能凭借家学而成显族。《后汉书》歙传犹谓其'门单'"（参见田余庆《东晋门阀政治》，北京大学出版社1996年版，第355页）。

第四章　汉代学术中心的空间变动

巴蜀。西汉时，巴蜀无论学术人物总量还是每百万人出现学术人物的比率在所有区域中皆位列第八，学术著作总量则位居第十，反映了西汉巴蜀学术的落后；东汉时，学术人物总量在所有区域中位列第三，在学术人物总数中的占比从西汉时的 3.54% 升至东汉时的 12.15%，学术著作占比从西汉的 6.38% 升至 7.09%，每百万人出现学术人物的比率从第八位升至第六位，但学术载体的绝对数量增幅较大，超过像鲁地这样的传统学术发达区。此外还有三个方面值得注意：一是经学名师的增多，著录其门庭的学子动辄成百上千。

> （犍为资中人董钧）常教授门生百余人①。
> （犍为武阳人杜抚）受业于薛汉，定《韩诗章句》。后归乡里教授。沉静乐道，举动必以礼。弟子千余人②。
> （广汉新都人杨厚）修黄老，教授门生，上名录者三千余人③。
> （广汉绵竹人董扶）还家讲授，弟子自远而至④。
> （广汉绵竹人任安）学终，还家教授，诸生自远而至⑤。
> （蜀郡成都人赵典）少笃行隐约，博学经书，弟子自远方至⑥。

这些经学名师的弟子中，不乏来自其他区域的士人。会稽山阴人赵晔曾经"到犍为资中，诣杜抚受《韩诗》，究竟其术"⑦。广汉新都段翳也吸引了来自冀州的士人，段翳"明经术，妙占未来……又有人从冀州来学"⑧。

二是学术世家的出现。西汉时，巴蜀还没有出现知名的经学世家。到了东汉，这样的世家开始出现并多了起来。广汉新都的杨氏家族"代修儒

---

① 《后汉书》卷七九下《儒林传下·董钧传》，第 2577 页。
② 《后汉书》卷七九下《儒林传下·杜抚传》，第 2573 页。
③ 《后汉书》卷三〇上《杨厚传》，第 1050 页。
④ 《后汉书》卷八二下《方术传下·董扶传》，第 2734 页。
⑤ 《后汉书》卷七九上《儒林传上·任安传》，第 2551 页。
⑥ 《后汉书》卷二七《赵典传》引，第 947 页。
⑦ 《后汉书》卷七九下《儒林传下·赵晔传》，第 2575 页。
⑧ 《华阳国志》卷一〇中《先贤士女总赞·广汉士女》，第 142 页。

学，以《夏侯尚书》相传"①。杨春卿"善图谶学，为公孙述将"；杨春卿子杨统"从犍为周循学习先法，又就同郡郑伯山受《河洛书》及天文推步之术……作《家法章句》及《内谶》二卷解说，位至光禄大夫，为国三老"②。杨统仲子杨序"道业侔父……授门徒三千人"③。如同文化发达区的学术世家一样，杨氏家族也形成自己的家学《夏侯尚书》，不过受环境等因素的影响，其家学中夹杂了谶纬和术数。像杨氏这样的家族还有很多。杨颖在研究东汉巴蜀士族文化时总结说，家族成员具有普遍的文化素养，且在地方拥有持续的影响力的大族，大致可以归入士族的范畴。就《华阳国志》而言，"冠族""郡冠首""冠冕大姓""甲族"之类所描述的基本上都可以说是当地士族。考巴、蜀、汉中三志，共列举19个郡，具名之县114个，其中提及本地"大姓""冠族""郡冠首""四姓""八族""冠冕大姓""甲族"等类似情况者有36县，占总数的31.6%④。从中可见学术世家的数量之多。

三是列入正史的学术人物增多。西汉时期，巴蜀虽然有学术人物，但没有人进入《汉书·儒林传》的传承谱系，也没有人出任朝廷的经学博士⑤。这种状况在东汉得到扭转，有6位（杜抚、杨仁、任末、景鸾、任安、董钧）学术人物进入《后汉书·儒林传》，有2位（李尤和李胜）进入《后汉书·文苑传》。事实上整个东汉时期，巴蜀学术都保持强劲的发展势头。《华阳国志·蜀志》曾自豪地称：

> 降及建武以后，爰迄灵、献，文化弥纯，道德弥臻。赵志伯三迁台衡，子柔兄弟相继元辅，司空张公宣融皇极，太常仲经为天下材英，广陵太守张文纪号天下整理，武陵太守杜伯持能决天下所疑，王稚子震名华夏，常茂尼流芳京尹。其次，张俊、秦宓，英辩博通；董

---

① 《后汉书》卷三〇上《杨厚传》注引《益部耆旧传》，第1048页。
② 《后汉书》卷三〇上《杨厚传》，第1047页。
③ 《华阳国志》卷一〇中《先贤士女总赞·广汉士女》，第142页。
④ 杨颖：《从〈华阳国志〉看东汉巴蜀地区的士族文化》，《淮阴师范学院学报》2006年第5期。
⑤ 杨更兴：《两汉巴蜀经学略论》，《青岛大学师范学院学报》2006年第2期。

扶、杨序，究知天文；任定祖训徒，同风洙泗。其孝悌则有，姜诗感物瘗灵，禽坚精动殊俗，隗通石横中流，吴顺赤乌来巢。其忠贞，则王皓陨身不倾，朱遵绊马必死，王累悬颈州门，张任守节故主。其淑媛，则有元常、纪常、程珙及吴几先络，郫之二姚，殷氏贞女，赵公夫人。自时厥后，龙宗有鳞，凤集有翼，搢绅邠右之畴，比肩而进，世载其美。是以四方述作有志者，莫不仰其高风，范其遗则，擅名八区，为世师表矣。其忠臣孝子，烈士贞女，不胜咏述。虽鲁之咏洙泗，齐之礼稷下，未足尚也。故"汉征八士，蜀有四焉"①。

引文中所提道的人物大约三类：第一类是学术方面的，如董扶、杨厚、任安等，这些人都可以与中原学术人物相媲美。第二类是道德方面的，如忠孝之士、贞节之女。第三类是仕宦方面的，许多人位至三公这样的高官。这三类人物的出现体现了巴蜀文化的全面发展。

吴越。吴越学术在东汉发展较快。虽然从占比上看，在学术人物总数中的占比从西汉时的4.63%升至东汉时的9.03%，学术著作从4.26%升至7.98%，每百万人出现学术人物比率从第六位降至第七位，但数值从3.71升至9.7，透露出学术普及程度的提高，且学术人物和学术著作的绝对数量均超过像鲁地这样的传统学术发达区。东汉吴越学术中，较知名的是一个学术世家和一位学术名人。

会稽余姚虞氏家族自虞国任东汉日南太守起世代为官：虞国弟虞光官零陵太守，虞光子虞成官品舆令，虞成子虞凤治《易》经，虞凤子虞歆官日南太守，虞歆子虞翻官三国吴国骑都尉。至此，余姚虞氏已成为江左豪族，并开始以学术显世。虞翻回顾道："臣高祖父故零陵太守光，少治孟氏《易》，曾祖父故平舆令成，缵述其业，至臣祖父凤为之最密。臣亡考故日南太守歆，受本于凤，最有旧书，世传其业，至臣五世。"②

会稽上虞人王充"博通众流百家之言"③。但是，王充在他生活的时代并不显现，他"所作《论衡》，中土未有传者，蔡邕入吴始得之，恒

---

① 《华阳国志》卷三《蜀志》，第32页。
② 《三国志》卷五七《吴书·虞翻传》注引《翻别传》，第1322页。
③ 《后汉书》卷四九《王充传》，第1629页。

秘玩以为谈助。其后王朗为会稽太守，又得其书，及还许下，时人称其才进。或曰，不见异人，当得异书。问之，果以《论衡》之益，由是遂见传焉。"① "蔡邕入吴"在东汉末年，此时距离王充时代已过去近百年时间。

四　东汉末年学术中心的兴衰

东汉末年，政治局势发生剧烈变动，中央权威的衰落使得地方势力逐渐兴起，进而形成群雄割据的局面。在动荡的局势中，关中和洛阳经历不同程度的骚乱，导致两地学术中心的式微。

1. 洛阳与长安：学术中心的破坏

东汉定都洛阳，使得学术资源转向洛阳，洛阳成为当时的政治中心和学术中心。在这两重中心之间，学术中心地位的建立得益于政治中心地位的确定，一旦政治中心遭到人为的破坏，学术中心地位必将受极大影响。东汉末年洛阳学术中心地位的丧失即源于董卓对洛阳城的毁坏。

董卓字仲颖，陇西临洮人，汉末拥兵自重，不肯接受朝廷拜为少府的征召，驻兵于河东以观时变。恰逢京都大乱，何进被杀，董卓趁机进京，控制了中央政权。此后，董卓废少帝，立汉献帝，自任相国、太师等职。在他的控制下，洛阳非常混乱。《后汉书·董卓传》载："是时洛中贵戚室第相望，金帛财产，家家殷积。卓纵放兵士，突其庐舍，淫略妇女，剽虏资物，谓之'搜牢'。人情崩恐，不保朝夕。及何后葬，开文陵，卓悉取藏中珍物。又奸乱公主，妻略宫人，虐刑滥罚，睚眦必死，群僚内外莫能自固。卓尝遣军至阳城，时人会于社下，悉令就斩之，驾其车重，载其妇女，以头系车辕，歌呼而还。又坏五铢钱，更铸小钱，悉取洛阳及长安铜人、钟虡、飞廉、铜马之属，以充铸焉。故货贱物贵，谷石数万。"② 后迫于压力，董卓于献帝初平元年（190年）放弃洛阳，移都长安。临行前，"尽徙洛阳人数百万口于长安，步骑驱蹙，更相蹈藉，饥饿寇掠，积尸盈路。卓自屯留毕圭苑中，悉烧宫庙官府居家，二百里内无复孑遗。又使吕

---

① 《后汉书》卷四九《王充传》注引袁山松《书》，第1629页。
② 《后汉书》卷七二《董卓传》，第2325页。

布发诸帝陵，及公卿已下冢墓，收其珍宝"①。董卓毁坏的不仅是洛阳城，还有洛阳的学术事业。"及董卓移都之际，吏民扰乱，自辟雍、东观、兰台、石室、宣明、鸿都诸藏典策文章，竞共剖散，其缣帛图书，大则连为帷盖，小乃制为縢囊。"②

关中在东汉时保持西汉后期学术的发展趋势，但地处西北，毗邻少数民族，一旦民族关系紧张，极易受到侵扰。自安帝开始，羌族不断起事，多次攻打关中的核心区三辅。东汉末年，长安遭受毁坏。献帝初平三年（192年），司徒王允成功诛杀董卓，但董卓的部下李傕、郭汜又攻陷长安，"时，长安中盗贼不禁，白日虏掠，傕、汜、稠乃参分城内，各备其界，犹不能制，而其子弟纵横，侵暴百姓。是时谷一斛五十万，豆麦二十万，人相食啖，白骨委积，臭秽满路"③。献帝兴平二年（195年），李傕、郭汜发生内讧，在长安城中各自拥兵相攻，同年，献帝逃离长安。"初，帝入关，三辅户口尚数十万，自傕、汜相攻，天子东归后，长安城空四十余日，强者四散，赢者相食，二三年间，关中无复人迹。"④ 因此鲁西奇认为："关中之衰落，可上溯两汉之际，而实自永初（107—113年，汉安帝年号）发端，至东汉末乃彻底残破，故魏晋人乃视关中为荒残夷狄之区。"⑤ 政治、社会的动荡给关中学术事业带来毁灭性打击。董卓迁都长安时，收藏在洛阳的典籍既经散落，而"王允所收而西者，裁七十余乘，道路艰远，复弃其半矣"⑥。到达长安后，王允"皆分别条上。又集汉朝旧事所当施用者，一皆奏之。经籍具存，允有力焉"⑦。这批经籍也遭到毁坏，"后长安之乱，一时焚荡，莫不泯尽焉"⑧。

2. 荆州：学术中心的骤起骤落

关中和洛阳作为学术中心衰落了，但汉代学术经过数百年发展，社会

---

① 《后汉书》卷七二《董卓传》，第2327—2328页。
② 《后汉书》卷七九上《儒林传上》"序"，第2548页。
③ 《后汉书》卷七二《董卓传》，第2336页。
④ 《后汉书》卷七二《董卓传》，第2341页。
⑤ 鲁西奇：《中国历史的空间结构》，第48页。
⑥ 《后汉书》卷七九上《儒林传上》"序"，第2548页。
⑦ 《后汉书》卷六六《王允传》，第2174页。
⑧ 《后汉书》卷七九上《儒林传上》"序"，第2548页。

中已经积累大量的学术能量，这些能量不可能在短时内消耗殆尽，它必定会流动，寻找较为安定的区域。东汉末年，很大一部分流向刘表控制下的荆州。

刘表字景升，山阳高平人，与同郡张俭等号为"八顾"。"顾者，言能以德行引人者也。"① 初平三年（192 年），董卓被杀，李傕、郭汜进据长安，想联合刘表为外援，以朝廷命诏封刘表为镇南将军、荆州牧。刘表控制下的荆州，领土广大，"南接五领，北据汉川，地方数千里，带甲十余万"，相对保持安定，他本人又"招诱有方，威怀兼洽，其奸猾宿贼更为效用，万里肃清，大小咸悦而服之"②，在荆州营造了一个相对中原来说比较安全的割据势力，许多逃避战乱的士人来到这里讲学著述，使得荆州成为东汉末年的学术中心。

根据《后汉书》和《三国志》等史料的记载，荆州学术在刘表的支持下获得很大发展。首先，荆州的学校教育得到恢复和壮大。刘表曾"起立学校"，为士人教授和求学提供固定的场所，荆州学校的规模和制度也远超出郡国学校的范畴。唐长孺将荆州州学与洛阳太学进行一番比较后认为："荆州学校的规模和制度远远逸出郡国学校的范畴，不妨说是洛阳太学的南迁"，有三百余名"洪生巨儒"朝夕讲诲的荆州州学是"效法洛阳太学而设置的乃是全国唯一的官学"③。《刘镇南碑》也称：刘表"武功既亢，广开雍泮，设俎豆，陈罍彝，亲行乡射，跻彼公堂，笃志好学，吏子弟受禄之徒，盖以千计"④。

其次，荆州收藏了大批图书。经过汉末战乱，藏于洛阳的图书散佚严重，许多士人被迫携带图书流转他地，刘表"求遗书，写还新者，留其故本，于是古典坟集，充满州间"⑤。荆州官学搜集和保存的典籍为学术传承保留火种。

---

① 《后汉书》卷六七《党锢传》"序"，第 2187 页。
② 《后汉书》卷七四下《刘表传》，第 2421 页。
③ 唐长孺：《汉末学术中心的南移与荆州学派》，《襄阳师专学报》（哲学社会科学版）1989 年第 2 期。
④ （清）严可均辑，马志伟审订：《全三国文》卷五六《刘镇南碑》，商务印书馆 1999 年版，第 572 页。
⑤ 《全三国文》卷五六《刘镇南碑》，第 572—573 页。

最后，荆州聚集了大批士人。刘表"博求儒术"，吸引了大批士人，"关西、兖、豫学士归者盖有千数"①。其中的知名者有：

宋忠，字仲子，南阳章陵人，曾任荆州五业从事。其研究以《易》专长，《隋书·经籍志》著录其作有《周易注》十卷，《太玄经注》九卷，《法言注》十三卷，《世本》四卷。此还，他还注释过《易纬》《乐纬》《春秋纬》和《孝经纬》等。

司马徽，字德操，颍川人，著名经师，专研《左氏春秋》，善鉴识人才。《三国志》云："颍川司马徽清雅有知人鉴，（庞）统弱冠往见徽，徽采桑于树上，坐统在树下，共语自昼至夜。"②

颍容，字子严，陈国长平人，"博学多通，善《春秋左氏》，师事太尉杨赐。郡举孝廉，州辟，公车征，皆不就。献帝初平（190—193 年）中，避乱荆州，聚徒千余人。刘表以为武陵太守，不肯起。著《春秋左氏条例》五万余言，建安中卒"③。

赵岐，字邠卿，京兆长陵人。献帝兴平元年（194 年），"诏书征岐，会帝当还洛阳，先遣卫将军董承修理宫室。岐谓承曰：'今海内分崩，唯有荆州境广地胜，西通巴蜀，南当交阯，年谷独登，兵人差全。岐虽迫大命，犹志报国家，欲自乘牛车，南说刘表，可使其身自将兵来卫朝廷，与将军并心同力，共奖王室。此安上救人之策也。'承即表遣岐使荆州，督租粮。岐至，刘表即遣兵诣洛阳助修宫室，军资委输，前后不绝。时孙嵩亦寓于表，表不为礼，岐乃称嵩素行笃烈，因共上为青州刺史。岐以老病，遂留荆州"④。赵岐多所述作，著《孟子章句》《三辅决录》传于时。

王粲，字仲宣，山阳高平人，"年十七，司徒辟，诏除黄门侍郎，以西京扰乱，皆不就，乃之荆州依刘表"⑤。王粲至荆州后，积极参与到刘表的文教事业，撰有《荆州文学记官志》。

綦毋闿，生平未详，王粲《荆州文学记官志》称："五载之间，道化

---

① 《后汉书》卷七四下《刘表传》，第 2421 页。
② 《三国志》卷三七《蜀书·庞统传》，第 953 页。
③ 《后汉书》卷七九下《儒林传下·颍容传》，第 2584 页。
④ 《后汉书》卷六四《赵岐传》，第 2124 页。
⑤ 《三国志》卷二一《魏书·王粲传》，第 597—598 页。

大行，耆德故老綦毋闿等，负书荷器，自远而至者三百有余人……"①《英雄记》云："州界群寇既尽，表乃开立学官，博求儒士，使綦毋闿、宋忠等撰《五经章句》，谓之《后定》。"② 綦毋闿既被称为"耆德故老"，又参与《五经章句》的撰写，属于学术人物无疑。

祢衡，字正平，平原般人。献帝兴平（194—195年）中，避难荆州，"刘表及荆州士大夫先服其才名，甚宾礼之，文章言议，非衡不定。表尝与诸文人共草章奏，并极其才思。时衡出，还见之，开省未周，因毁以抵地。表怃然为骇。衡乃从求笔札，须臾立成，辞义可观。表大悦，益重之"③。

杜夔，字公良，河南人，"以知音为雅乐郎，中平五年（188年），疾去官。州郡司徒礼辟，以世乱奔荆州。荆州牧刘表令与孟曜为汉主合雅乐"④。

邯郸淳，一名竺，字子叔，颍川人，"博学有才章，又善《苍》《雅》、虫、篆、许氏字指。初平时，从三辅客荆州"⑤。

繁钦，字休伯，颍川人，"以文才机辩，少得名于汝、颍。钦既长于书记，又善为诗赋。其所与太子书，记喉转意，率皆巧丽"⑥。

士孙萌，字文始，扶风人，士孙瑞之子。《三辅决录》云："少有才学，年十五能属文。初，董卓之诛也，萌父瑞知王允必败，京师不可居。乃命萌将家属至荆州依刘表。"⑦ 即在献帝初平三年（192年），士孙萌与王粲一起投奔荆州刘表，二人在荆州过往甚密。士孙萌离任之际，王粲作《赠士孙文始诗》。

---

① （清）严可均辑，许振生审订：《全后汉文》卷九一《荆州文学记官志》，商务印书馆1999年版，第921页。按：谢志平认为"闿"应当作"闾，与繁体闿形近而误"，而"'毋'又常讹为'母'"（参见谢志平《东汉儒家学者丛考》，中山大学出版社2019年版，第214—215页）。据此，綦毋闾与綦毋闿是同一人。本研究除引文外，统一作"綦毋闿"。
② 《三国志》卷六《刘表传》注引王粲《英雄记》，第212页。
③ 《后汉书》卷八〇下《文苑传下·弥衡传》，第2657页。
④ 《三国志》卷二九《魏书·方技传》，第806页。
⑤ 《三国志》卷二一《魏书·王粲传》注引《魏略》，第603页。
⑥ 《三国志》卷二一《魏书·王粲传》注引《魏略》，第603页。按：《三国志·魏书·赵俨传》云："赵俨字伯然，颍川阳翟人也。避乱荆州，与杜袭、繁钦通财同计，合为一家。"（《三国志》卷二三《魏书·赵俨传》，第668页）则繁钦也曾避乱荆州，在荆州生活过。
⑦ 《三辅决录》卷二，《三辅决录 三辅故事 三辅旧事》，第63页。

由于荆州聚集了当时的一些知名士人，使得荆州成为诸多士人的游学目的地。梓潼涪人尹默因"益部多贵今文不崇章句，默知其不博，乃远游荆州，从司马德操、宋仲子等受古学。皆通诸经史，又专精于左氏《春秋》，自刘歆条例，郑众、贾逵父子、陈元、服虔注说，咸略诵述，不复按本"。梓潼涪人李仁"与同县尹默俱游荆州，从司马徽、宋忠等学"①。

荆州学派从建安三年（198年）刘表控制荆州八郡开始，到建安十三年（208年）刘表卒，其子刘琮投降曹操止，大约存在10年时间。在这10年时间里，刘表"遂训六经，讲礼物，谐八音，协律吕，修纪历，理刑法，六略咸秩，百氏备矣"②。其中虽不乏溢美之辞，但荆州在搜集图书、吸纳士人、兴办学校和著书立说等超越同时期的其他区域，是东汉末年的学术中心。随着刘表的去世，他扶植的荆州学派随之解体③。

通过上文的分析可以看出：从西汉到东汉，区域内部存在学术核心区与边缘区的分别，区域间也存在核心区与边缘区的分别。核心区与边缘区的互动也就是汉代学术中心的区域内变动和区域间变动，体现了学术区域的演进，也奠定三国学术区域的格局，"在汉魏之交，由于北方的战乱与士人的播迁，各地的文化面貌有了很大的变化。东汉末年士人的流动，引起了荆州的襄阳、幽州的涿蓟以及辽东、岭南一带短暂的文化繁荣。但随着三国鼎立局面之确立与北方经济、文化的复苏，文化发达区域又逐渐恢复到了东汉时代的基本格局。曹魏境内的文化发达区域，仍然基本上局限于关中平原、南阳盆地、司豫兖青徐地区；蜀汉境内，巴蜀文化发达区进一步扩大至巴西郡，并以巴西为最盛；而在孙吴境内，文化最发达的仍是吴郡和会稽北部一带，而与吴郡毗连的丹阳之发展，则使两汉时吴、会一带的文化发达区域进一步扩大。"④

---

① 《三国志》卷四二《蜀书·李譔传》，第1026页。
② 《全后汉文》卷九一《荆州文学记官志》，第921页。
③ 对于东汉末年荆州的学术地位，胡宝国说："荆州作为学术中心只是一种暂时的、表面的现象。真正的学术中心在汉晋时期始终不离中州"，而"所谓'中州'，是指以洛阳为中心，以兖州、豫州为主体的中原地区。当然，这只是一种大致的划分，从文化区域的角度看，一些临近兖、豫的地区很可能也应归属中州。"（参见胡宝国《汉代政治文化中心的转移》，收入其所著《汉唐间史学的发展》，商务印书馆2003年版，第227、221页）胡先生论述同样强调东汉末年荆州的学术中心地位。
④ 邹逸麟主编：《中国历史人文地理》，科学出版社2001年版，第433页。

第五章

汉代区域学术面貌

在汉朝统一国家中，各地仍存在着学术差异，不仅区域学术发展水平不平衡，区域学术特色也不尽相同。区域学术经过长期积累，其水平和特色逐渐得到认同，具有地方性，汉代人使用的"邹鲁守经学"①"齐学""鲁学"② 等言词即是例证。随着统一程度的加深，区域学术特色呈现继承与交融的态势，逐渐融汇于经学中。

第一节　战国时期的区域学术特色

战国时期，各诸侯国不仅是并列的政治单位，也有着自然地理的区别，"晚世之时，六国诸侯，溪异谷别，水绝山隔，各自治其境内，守其分地，握其权柄，擅其政令"③。各国之间因历史传统、地理环境等因素的差异形成不同的学术特色，诸子各学派的流传分布即有其地域特点④。

---

① 《汉书》卷五一《邹阳传》，第2353页。
② 《汉书》卷八八《儒林传·瑕丘江公传》，第3618页。
③ 刘文典撰，冯逸、乔华点校：《淮南鸿烈集解》卷二一《要略》，中华书局1989年版，第711页。
④ 中国文化的区域性差异早在史前时期就已经展现出来，苏秉琦等根据文化面貌的不同，把考古学文化分成六大区块：陕豫晋邻境地区、山东及邻省一部分地区、湖北和邻近地区、长江下游地区、以鄱阳湖—珠江三角洲为中轴的南方地区、以长城地带为重心的北方地区（参见苏秉琦、殷玮璋《关于考古学文化的区系类型问题》，《文物》1981年第5期）。在《中国文明起源新探》一书中，苏秉琦又作了修改，分为以燕山南北长城地带为重心的北方、以山东为中心的东方、以关中（陕西）、晋南、豫西为中心的中原、以环太湖为中心的东南部、以环洞庭湖与（转下页）

一 战国诸子的区域化及其传播

20世纪初,傅斯年《战国子家叙论》考察了战国时期的思想流派与思想家,其中《论战国诸子之地方性》一节专门论述不同诸侯国和区域的诸子分布。

对于齐国,他认为"春秋战国时,齐在诸侯中以地之大小比起来,算最富的(至两汉尚如此),临淄一邑的情景,假如苏秦的话不虚,竟是一个近代大都会的样子。地方又近海,或以海道交通而接触些异人异地,并且从早年便成了一个大国,不像邹鲁那样的寒酸。姜田两代颇出些礼贤下士的侯王。且所谓东夷者,很多是些有长久传说的古国,或者济河岱宗以东,竟是一个很大的文明区域。又是民族迁徙自西向东最后一个层次。那么,齐国自能发达他的特殊文化,而成到了太史公时尚为人所明白见到的'泱泱乎大国风',正是一个很合理的事情。齐国所贡献于晚周初汉的文化大约有五类(指宗教、五行论、托于管晏的政论、齐儒学、齐文辞——笔者)"①。虽然邻近儒学大本营,齐国儒学还不同于鲁国,"儒者的正统在战国初汉均在鲁国,但齐国自有他的儒学,骨子里只是阴阳五行,又合着一些放言侈论。这个齐学在汉初的势力很大,武帝时竟夺鲁国之席而为儒学之最盛者,政治上最得意的公孙弘,思想上最开风气的董仲舒,都属于齐学一派。公羊氏《春秋》,齐《诗》,田氏《易》,伏氏《书》,都是太

(接上页)四川盆地为中心的西南部、以鄱阳湖—珠江三角洲一线为中轴的南方,并指出,"六大区系并不是简单的地理划分,主要是着眼于其间各有自己的文化渊源、特征和发展道路。这又集中体现于每一大区系中范围不大的历史发展中心区域。它与各区系内其他分支,即'类型'之间,又有着发展的不平衡性,同时各大区系间也还会存在一些文化交汇的连接带。各大区系不仅各有渊源、各具特点和各有自己的发展道路,而且区系间的关系也是相互影响的"(参见苏秉琦《中国文明起源新探》,人民出版社2013年版,第26页)。到春秋战国时期,"由于不同封地在地域、政治和文化上有着很大的差别,许多诸侯国不得不根据当地的历史传统采取不同的政策。因此,由周王宗室及其亲密盟友所建立的诸侯国肇建之初即在政治和文化上互有差异,而且这些差异在日积月累中不断扩大"(参见赵鼎新《东周战争与儒法国家的诞生》,夏江旗译,第45页)。因此,战国时期区域学术差别可谓此前区域文化发展及其差异的积累。囿于篇幅,本研究不再详细回溯这一历程的细节,而是以其"结果"作为本章讨论的起点。

① 傅斯年:《战国子家叙论 史学方法导论〈史记〉研究》,上海古籍出版社2012年版,第27页。

常博士中最显之学。鲁学小言詹詹，齐学大言炎炎了"①。据此，齐国的学术特色主要是指宗教、五行论、托于管晏的政论、齐儒学、齐文辞，其中齐儒学又称齐学，在汉初颇具声势。

对于鲁国，他认为"鲁国人揖让之礼甚讲究，而行事甚乖戾（太史公语），于是拿诗书礼乐做法宝的儒家出自鲁国，是再自然没有的事情。盖人文既高，仪节尤备，文书所存独多，又是个二等的国家，虽想好功矜伐而不能。齐楚之富、秦晋之强，有时很足为师，儒之学发展之阻力，若鲁则恰成发展这一行的最好环境。'儒是鲁学'这句话，大约没有疑问罢？且儒学一由鲁国散到别处便马上变样子"②。如同鲁国儒学传播到齐国发生变异一样，传播到其他区域也如此，"儒者在鲁国根深蒂固，竟成通国的宗教。儒者一至他国，则因地而变，在鲁却能保持较纯净的正统，至汉而多传经容礼之士。所以在鲁之儒始终为专名，一切散在列国之号为儒者，其中实无所不有，几乎使人疑儒乃一切子家之通名"③。据此，鲁国的学术特色是正宗的儒学，堪称鲁学，其中礼学尤其具有代表性。

对于三晋及相邻的周郑，他认为晋国在原来本不是一个重文贵儒、提倡学术的国家，"晋所以伯，师武臣之力也"。但"晋国接近周郑，周郑在周既东之后，虽然国家衰弱，终是一个文化中心，所以晋国在文化上受周郑的影响多（《左传》中不少此例）。待晋分为三之后，并不保存早年单纯军国的样子了，赵之邯郸且与齐之临淄争奢侈，韩魏地当中原，尤其出来了很多学者，上继东周之绪，下开名法诸家之盛④。据此，这一带的学术底色可谓是儒学，但后来名法更加凸显，子产、邓析、申不害、慎到、公孙龙等是其代表。

对于南国，傅斯年认为其涵盖陈、蔡、许、邓、息、申一带，地处楚北夏南，"自春秋末年这一带地方思想的风气，大略有下列几个头绪：厌世达观者如孔子适陈、蔡一带所遇之接舆、长沮、桀溺、荷蓧丈人等。独行之士许行等。这一带地方又是墨家的一个重镇，且这一带的墨学者在后

---

① 傅斯年：《战国子家叙论 史学方法导论〈史记〉研究》，第33页。
② 傅斯年：《战国子家叙论 史学方法导论〈史记〉研究》，第33页。
③ 傅斯年：《战国子家叙论 史学方法导论〈史记〉研究》，第37—38页。
④ 傅斯年：《战国子家叙论 史学方法导论〈史记〉研究》，第34—35页。

来以偏于名辩著闻。果下文所证所谓苦县之老子为老莱子，则此一闻人亦是此区域之人"①。可见，这一带多厌世达观和独行之士，这些士人的出现又与该地的文化氛围密切相关。

对于宋国，他认为"大约宋人富于宗教性，心术质直，文化既古且高，民俗却还淳朴，所以学者倍出，思想疏通致远而不流于浮华。墨家以宋为重镇，自是很自然的事情"②，即是说宋国学术以墨家为主，又出现很多学者，如孔子的弟子司马耕、原宪，以及计然、宋钘、墨子、惠施、庄子等。宋国经济直到司马迁时代仍然发达，淮阳是与邯郸、临淄等并列的都会，"睢阳，亦一都会也"③。宋国学术的发展态势一直持续到西汉。

对于齐楚，他认为"战国文辞，齐楚最盛，各有其他的地方色彩"④，即是说该地楚辞发达，屈原、宋玉、唐勒和景差是其中的代表人物。

而对于秦国学术，傅斯年则提出疑问："秦国若干风气似晋之初年，并无学术思想可言，不知《商君书》一件东西是秦国自生的政论，如管晏政论之为齐学一样？或者是六国人代拟的呢？"⑤

傅斯年以诸侯国/区域为标准勾勒了不同诸侯国/区域的学术面貌。同时，《论战国诸子之地方性》名为"战国"，却极少提到通常所说"战国七雄"中的燕（附在齐下）、赵二国，对韩、赵、魏三国则以三晋指代，还提道周、郑、宋等在战国时已没落的诸侯国。

严耕望较早从文化地理学角度揭示战国学术人才分布的集中地带，认为"先秦学术兴盛，大抵在大河中流（三门峡以下）之南北、河淮平原中北部、东北逾泰山至海滨一带。此即三晋核心地带与宋陈鲁齐地区也；长江流域盖惟荆楚核心之较小地区而已"⑥。这一地带诸子的分布呈现地域化特征，"儒兴于鲁，墨兴于宋，道兴于淮北陈蔡地区，阴阳、兵、医兴于东齐，名、法、纵横兴于三晋，文学赋家兴于荆楚，大抵各有其自然地理环境与历史文化传统之背景也。儒、墨、道、兵各即其地为中心

---

① 傅斯年：《战国子家叙论　史学方法导论〈史记〉研究》，第35—36页。
② 傅斯年：《战国子家叙论　史学方法导论〈史记〉研究》，第34页。
③ 《史记》卷一二九《货殖列传》，第3266页。
④ 傅斯年：《战国子家叙论　史学方法导论〈史记〉研究》，第33页。
⑤ 傅斯年：《战国子家叙论　史学方法导论〈史记〉研究》，第36页。
⑥ 严耕望：《严耕望史学论文选集》，第53页。

向外传播。墨学西北传入三晋，影响名家之兴起，南传而为别墨，亦与名家为近。儒、道西传三晋，助成法家之兴盛；东传至齐，道衍为黄老，儒则颇与阴阳合流。其他诸家亦各以本土为中心，而传播范围则较狭"①。地带周边的吴越、秦地和燕地学术则不发达，"吴越僻在东南，春秋之末，吴越骤兴骤减，所谓昙花一现而已，当孔墨时代尚见一二学徒，盖其时吴越尚盛。其后地几荒芜，学人绝迹。燕国偏在北鄙，开发较晚，固宜与吴越等伦矣"②。"秦君提倡实业而尊显倮、清，正与耕战政策相配合。至于学术则非所措意，无学者，著名学者游秦似以仅荀卿、韩非而已"③。"秦本宗周故地，学术发展，不应远落后尘，然自丰镐陷犬戎，秦亦戎狄之属，风俗尚武，不重学术"④。要之，严耕望以学术人才数量为一句划分了战国学术"兴盛"与"落后"区，揭示"兴盛"区的不同学术面貌。

侯外庐等同样注意到诸子分布的地域特征，并描绘其大致格局，"儒、墨以鲁国为中心，而儒家传播于晋、卫、齐，墨家则向楚、秦发展。道家起源于南方原不发达的楚、陈、宋，后来可能是随着陈国的一些逃亡贵族而流入齐国。楚人还保留着比较原始的'巫鬼'宗教，同样在北方偏于保守的燕国和附近的齐国，方士也很盛行，后来阴阳家就在齐国发展起来。法家主要源于三晋。周、卫位于各国之间的交通孔道，是商业兴盛之区，先后产生了不少专作政治交易的纵横家。如果说在春秋时代文化中心偏于邹、鲁，则战国时代的文化已无此种局限"。难得可贵的是，他还从文化生态学角度分析诸子分布的地域差异，"这样的分布并不是偶然的，因为当时的各国在历史传统、社会与经济发展程度等方面，都或多或少地具有自己的特点。例如有些地区受西周文化影响较深，儒家学说就容易发生、发展和传播（如邹、鲁）；有些地区受西周文化影响较浅，那里就便于成长摆脱'先王'传统的思想流派（如秦、楚）"⑤。

---

① 严耕望：《严耕望史学论文选集》，第53页。
② 严耕望：《严耕望史学论文选集》，第53页。
③ 严耕望：《严耕望史学论文选集》，第51页。
④ 严耕望：《严耕望史学论文选集》，第53页。
⑤ 侯外庐主编：《中国思想史纲》（上），中国青年出版社1980年版，第59—60页。

二 战国时期区域学术面貌

根据三位学者的述论，我们可以把战国时期不同区域学术面貌呈现出来（表20）。

表20　　　　　　　　　　　战国时期区域学术面貌

区域	不同学者概括的学术面貌		
	傅斯年	严耕望	侯外庐
鲁	儒家	儒家，墨家	儒家，墨家
齐	宗教，五行论，托于管晏的政论，齐儒学，齐文辞	阴阳家，兵家，医家，儒家	儒家，道家，方士，阴阳家
燕		地处边陲，文化落后	方士
三晋	名法	名家，法家，纵横家	法家，儒家
秦	无学术思想可言	学术则非所措意	墨家
陈宋	墨家	道家，墨家，儒家	道家
周	名法		纵横家
卫		儒家	儒家，纵横家
南国/荆楚	厌世达观者，独行之士，墨家，文辞	文学赋家	墨家

资料来源：

1. 侯外庐主编：《中国思想史纲》（上），中国青年出版社1980年版。
2. 严耕望：《战国学术地理与人才分布》，《严耕望史学论文选集》，中华书局2006年版。
3. 傅斯年：《战国子家叙论　史学方法导论〈史记〉研究》，上海古籍出版社2012年版。

当然，表格只是从静态角度呈现不同区域的学术面貌。事实上，不同区域学术一直在交流和相互吸收中。白奚认为，"人们通常所说的百家争鸣，主要就是在稷下学宫中通过这些方式（指期会争鸣等——笔者）进行的"，"在稷下学宫中，有齐国本土的学者如淳于髡、田骈、邹衍、尹文、接子、邹奭、鲁仲连等，他们是齐文化的主要代表。来自异国的学者在学宫中也占了相当的比例，如慎到、荀子都是赵人，宋钘、兒说为宋人，环渊为楚人，等等。这么多著名学者从四面八方聚集到一起，列国文化大汇合，不同地域和类型的文化得以进行广泛的接触和交流"①，这些动态方面是表格无法体现的。

第二节 汉初的区域学术特色

景帝时，梁孝王担心其派人刺杀袁盎的事情败露而被诛杀，请宾客邹阳为其开脱，邹阳问计于齐人王先生，后者分析之后告诉他事情很难办。邹阳不甘心，称："邹鲁守经学，齐楚多辩知，韩魏时有奇节，吾将历问之。"② 其中的"邹鲁""齐楚"和"汉魏"是地域名称，对应的"经学""辩知"和"奇节"则透露不同地域的特色。从学术角度而言，至少在邹阳生活的时代，汉朝不少区域和诸侯国尚呈现不同的学术特色。

一 鲁地、齐地和燕地的学术特色

如同邹阳没有遍举他生活时代所有的地域及特色一样，我们也无法描述汉朝所有区域的学术面貌。下面主要依据《汉书·儒林传》的记载，揭示鲁地、齐地和燕地的特色。

1. 鲁地的鲁学

鲁地与齐地一样，是汉初地方学术中心之一，学术特色是鲁学。不同于齐学的恢弘驳杂，鲁学相对注重名物训诂。如申公传《诗》，"以《诗经》为训故以教，亡传，疑者则阙弗传"③，秉承一种谨慎的态度，正是下文钱穆和蒙文通所言鲁学"纯谨""谨笃"治学风格的体现④。鲁学的典籍除与齐学对应的《穀梁春秋》《鲁诗》和《鲁论》外，尚有《礼》。

2. 齐地的齐学

汉初，齐地是地方学术中心之一，齐学既是经学派别，也是齐地学术

---

① 白奚：《稷下学研究：中国古代的思想自由与百家争鸣》，生活·读书·新知三联书店1998年版，第64页。
② 《汉书》卷五一《邹阳传》，第2353页。
③ 《汉书》卷八八《儒林传》，第3608页。
④ 对于齐学与鲁学差别等问题，可参见拙文《汉代齐学与鲁学研究综述》，《管子学刊》2017年第1期。

特色的概括。齐人传经，如傅斯年所言，自战国以来就颇受阴阳五行学说影响，治学风格倾向夸诞。钱穆认为："齐学恢奇驳杂，是鲁学纯谨不同之验也。"① 蒙文通认为："就汉世言之，鲁学谨笃，齐学恢宏，风尚各殊者，正以鲁固儒学之正宗，齐乃诸子之所萃聚也。"② 两位学者所言"恢奇驳杂""恢宏"等词可视为齐学治学风格的概括：恢弘驳杂，注重阐发经典义理，而阴阳灾异则是其极致。齐学的治学风格体现在作为支撑的典籍如《公羊春秋》《齐诗》和《齐论》中。

3. 燕地的《韩诗》

虽然燕地在西汉时期出现的学术人物只有7位，但汉初的燕地可是《诗经》传授中心之一，《韩诗》是其主要特色。韩婴"推诗人之意，而作内外传数万言，其语颇与齐、鲁间殊，然归一也"。他虽然也传授《易》，直到宣帝时仍为司隶校尉盖宽饶引用，但影响较小，"燕赵间好《诗》，故其《易》微，唯韩氏自传之"③。

二 诸侯国的学术面貌

汉初，朝廷奉行无为政策，诸侯王则拥有政治和经济大权，且招贤纳士，吸引诸多游士，一度"重现"战国时期诸侯王宾客盈廷景象。游士聚集于诸侯王周围，根据其不同学术爱好，或著述立论，或驰骋文辞，形成不同的诸侯国学术面貌。

1. 楚国的《诗》学

汉高祖六年（前201年），刘邦封其异母弟刘交为楚元王。刘交到楚国后，任命曾经一起研习《诗》的穆生、白生、申公担任中大夫。穆生的具体情况未明，白生，《汉书·儒林传》注引服虔曰："白生，鲁国奄里人。"④ 申公是《鲁诗》大师。刘交本人"好书，多材艺"⑤，对《诗》有很深的造诣，史载他著有《元王诗》传世。在刘交的影响下，他的儿子都

---

① 钱穆：《两汉经学今古文平议》，第222页。
② 蒙文通：《经史抉原》，上海人民出版社2006年版，第85页。
③ 《汉书》卷八八《儒林传》，第3613页。
④ 《汉书》卷三六《楚元王传》引，第1921页。
⑤ 《汉书》卷三六《楚元王传》，第1921页。

得读《诗》，其中刘郢客也跟随《诗》学大师浮丘伯学习。刘交的后裔中，刘辟强和刘歆等都通《诗》，《诗》成为楚元王家族的家学。据此，汉初的楚国以刘交为中心，聚集了一些对《诗》有研究的士人，《诗》学成为楚国的特色学术。

2. 河间国的古学和子学

河间国的学术以古学和诸子学为特色。史载"献王所得书皆古文先秦旧书，《周官》《尚书》《礼》《礼记》《孟子》《老子》之属，皆经传说记，七十子之徒所论。其学举六艺，立《毛氏诗》《左氏春秋》博士"①。《周官》《尚书》《礼》《礼记》和《毛诗》《左氏春秋》显属古学，而《孟子》《老子》则属诸子。

河间还搜集到许多典籍的"珍本"，既有六艺也有诸子，"汉初，有高堂生传《十七篇》，又有古经，出于淹中，而河间献王，好古爱学，收集余烬，得而献之，合五十六篇，并威仪之事。而又得《司马穰苴兵法》一百五十五篇，及《明堂阴阳》之记，并无敢传之者。唯古经十七篇与高堂生所传不殊，而字多异。……汉初，河间献王又得仲尼弟子及后学者所记一百三十一篇献之，时亦无传之者。至刘向考校经籍，检得一百三十篇，向因第而叙之。而又得《明堂阴阳记》三十三篇、《孔子三朝记》七篇、《王史氏记》二十一篇、《乐记》二十三篇，凡五种，合二百十四篇"②。其中的《明堂阴阳》"无敢传之者"，"仲尼弟子及后学者所记""无传之者"，都在河间国得以传承。

3. 淮南国的子学与诗赋

《汉书》本传称"淮南王安亦好书，所招致率多浮辩"③。注引师古曰："言无实用耳。"淮南学术的代表当推《汉书·艺文志》著录的《淮南内》二十一篇和《淮南外》三十三篇。此外，还涉及六艺中的《易》，以《淮南道训》两篇为代表；诗赋，以淮南王赋八十二篇和淮南王群臣赋四十四篇为代表；术数，以《淮南杂子星》十九卷为代表。要之，淮南国学术以诸子和诗赋为主要特色，兼及术数、兵书等。

---

① 《汉书》卷五三《景十三王传》，第2410页。
② 《隋书》卷三二《经籍志》，第925页。
③ 《汉书》卷五三《景十三王传》，第2410页。

4. 梁国的诗赋

梁国的学术大抵以诗赋为特色。史载梁孝王"招延四方豪桀，自山东游士莫不至"①。游士中有很多擅长诗赋者，他们流传下来的作品也多是诗赋，如《汉书·艺文志》著录有枚乘赋九篇、枚皋赋百二十篇、司马相如赋二十九篇，《西京杂记》载有路乔如《鹤赋》、公孙诡《文鹿赋》、邹阳《酒赋》、公孙乘《月赋》、羊胜《屏风赋》和邹阳代替韩安国所作《几赋》。

第三节 西汉中期至东汉时期区域学术特色的变动

汉初区域和诸侯国的学术特色延续至武帝时。此后，随着中央学术的伸展和博士制度的实施，学术人物往京师集中，带来区域学术的交融。同时，随着中央集权的推进，诸侯国的权力被极大削弱，学术中心地位遭到破坏。因此自武帝时开始，各区域学术逐渐以经学为主②，而在具体学术内容方面呈现差异。

一 区域学术特色的融汇

《汉书·儒林传》，"自武帝立五经博士，开弟子员，设科射策，劝以官禄，讫于元始，百有余年，传业者寖盛，支叶蕃滋，一经说至百余万言，大师众至千余人，盖禄利之路然也"③。来自各地的"大师"和"弟子员"的教学主要在位于京师的太学进行，不仅带来学术交流和融汇，也

---

① 《汉书》卷四七《文三王传》，第 2208 页。
② 卢云认为西汉时期学术文化的差异仍然存在，而且是东、南部与中、西北部的差异，不是关东文化与关中文化或中原文化与楚文化的差异，"在学术文化方面，儒学早期主要保存在齐鲁一带，并兼及燕、赵地区；黄老学兴盛于齐、楚、蜀三地；阴阳五行学在燕、齐、吴越最为发达；辞赋之学流行于蜀、楚、齐等地。在这一半月形文化带，学术文化构成的相似性颇为显著。而韩魏周秦一带，法家刑名之学占有较重要的地位，同时也接受来自东方的儒学与黄老学"（参见卢云《汉晋文化地理》，第 483—484 页）。
③ 《汉书》卷八八《儒林传》"赞"，第 3620 页。

使学术分野逐渐与区域剥离开来。

1. 学术分野与区域的剥离

从西汉中期武帝立五经博士，到宣帝时"穀梁子本鲁学，公羊氏乃齐学"①的言论，再到东汉初立十四博士，透露出从西汉中期到东汉学术分野的存在和延续。与汉初不同的是，学术分野与区域开始剥离，特定学术的传承不再限于某一区域。

汉初作为齐学与鲁学分别标志的《论语》，在西汉中后期传播的区域逐渐扩大。"仲尼既没，遂缉而论之，谓之《论语》。汉初，有齐、鲁之说。其齐人传者，二十二篇；鲁人传者，二十篇。齐则昌邑中尉王吉、少府宗畸、御史大夫贡禹、尚书令五鹿充宗、胶东庸生。鲁则常山都尉龚奋、长信少府夏侯胜、韦丞相节侯父子、鲁扶卿、前将军萧望之、安昌侯张禹，并名其学"。在这个谱系中，传承《齐论》的王吉、贡禹为琅邪皋虞人，庸生为胶东人，都属齐地；五鹿充宗为卫人，属河洛；传承《鲁论》的夏侯胜为东平人，韦贤父子为鲁国邹人，扶卿为鲁人，萧望之为东海兰陵人，都属鲁地；张禹为河内轵人，则属于河洛。尤其是张禹，"本授《鲁论》，晚讲《齐论》，后遂合而考之，删其烦惑。除去《齐论·问王》《知道》二篇，从《鲁论》二十篇为定，号《张侯论》，当世重之。周氏、包氏，为之章句，马融又为之训"②。最终《齐论》与《鲁论》融于一体。

《诗》也如此。西汉中后期《齐诗》的传授谱系中除齐人师丹、伏理和皮容等外，还有鲁地东海的萧望之、匡衡、翼奉，河洛颍川的满昌，吴越九江的张邯；《鲁诗》的传授谱系中除鲁人许生、周霸、缪生、王臧、阙门庆忌、韦贤家族和孔安国外，还有梁宋砀郡的鲁赐、沛郡的褚少孙和薛广德、山阳的张长安，齐地琅邪的王扶，河洛陈留的许晏等。直到东汉末年，《诗》学虽然仍有四家，但与地域之间的对应关系不再明显。

这种趋势发展的结果就是不同区域有不同学术在传播，区域学术特色大大地减弱，正如卢云所论，东汉时，豫兖青徐司冀地区"经学获得了显著的发展，特别是从齐鲁经梁沛汝颍至三辅这一狭长地带，经学尤为炽

---

① 《汉书》卷八八《儒林传》，第3618页。
② 《隋书》卷三二《经籍志》，第939页。

盛。西汉时北方各地不同的学术文化构成，被以儒学为主导的学术文化体系所取代"①，而"到了东汉末，北方各地的文化已看不出非常显著的区别，都呈现出深受儒家学说及其伦理观念熏陶的文化面貌，《史记·货殖列传》与《汉书·地理志》'风俗篇'所载的华北众多的文化区域、亚区，至此已基本不复存在，取而代之的是基本统一并颇具新貌的大文化区"②。

2. 学术壁垒的打破与"通儒"的出现

学术交流的频繁使得学子接受不同学问机会的增加，这对以前严格遵循的师法提出挑战。清皮锡瑞《经学历史》称："汉人最重师法。师之所传，弟之所受，一字毋敢出入；背师之说即不用。师法之严如此。"③虽然他的这个观点受到学者的质疑，却透露出西汉中期之后学术壁垒的存在。史载宣帝时"博士缺，众人荐（孟）喜。上闻喜改师法，遂不用喜"④。宣帝因孟喜改变师法而不任用他，可视为师法在当时的影响。

从西汉末年开始，学术人物中出现兼通数种学问的"通人之学"，"西汉末期学者，以刘向、扬雄为最渊博。是为通人之学，与其时博士之学异趣。博士之学，在流于专固繁冗之后，忽有博学通人出，救弊起衰，以济其穷。物极必反，理势然也。……西京之末，惟刘向、扬雄博学多通，与并世诸儒绝异。故后世论及博通之士，即取二人为例"⑤。到东汉，学术壁垒进一步被打破，这体现在两个方面：一是师法的贯通。河内河阳人张玄"少习《颜氏春秋》，兼通数家法"，以至于拜为博士几个月后，"诸生上言玄兼说《严氏》、《〔冥〕氏》，不宜专为《颜氏》博士"⑥。二是今古文的贯通。右扶风漆人李育既"少习《公羊春秋》"，又"颇涉猎古学"⑦；蜀郡成都人张楷"通《严氏春秋》《古文尚书》"⑧；河南开封人郑兴"少

---

① 卢云：《汉晋文化地理》，第490页。
② 卢云：《汉晋文化地理》，第490页。
③ （清）皮锡瑞著，周予同注释：《经学历史》，第46页。
④ 《汉书》卷八八《儒林传》，第3599页。
⑤ 张舜徽：《广校雠略　汉书艺文志通释》，华中师范大学出版社2004年版，第279页。
⑥ 《后汉书》卷七九下《儒林传下·张玄传》，第2581页。
⑦ 《后汉书》卷七九下《儒林传下·李育传》，第2582页。
⑧ 《后汉书》卷三六《张霸传》，第1242页。

学《公羊春秋》，晚善《左氏传》"①，这些学术人物都兼收并蓄古今文。至于经学大家贾逵、服虔、马融和郑玄等，更是出身古文而兼通今文。他们博览群经，经常被冠以"通儒"称号，很难确定属于何家何派：右扶风茂陵人杜林"少好学沈深，家既多书，又外氏张竦父子喜文采，林从竦受学，博洽多闻，时称通儒"②；东莱牟平人刘丕"博学，号为通儒"③；汝南汝阳人周举"姿貌短陋，而博学洽闻，为儒者所宗，故京师为之语曰：'《五经》从横周宣光。'"④ 这就使以学术人物学术倾向判断区域学术特色的做法失去根基，反映区域学术特色的逐渐消退。

二 区域学术特色的变迁

西汉中期之后，随着经学的普及化，区域与区域之间在经学传播中的差异往往难以区分，但在两个方面，区域学术特色会在一定程度上显示出来：一是《汉书·艺文志》所述经学与诸子、诗赋等学术内容传播的差异，"在西汉时，吴越、巴蜀各自具有独特的学术文化构成，经学所占比重较小，东汉时，随着儒家文化的传播，经学在这两地迅速发展，均占据了学术文化的主导地位。……但由于独特的地理环境和历史传统，这两地仍还保持着许多区域文化特征"⑤。二是在特殊条件下个别学派在某个区域的传播。

1. 北州的伏氏学

伏氏学是西汉后期琅邪东武人伏理开创的《齐诗》学派。伏理"以《诗》授成帝，为高密太傅，别自名学"⑥。其子伏黯"以明《齐诗》，改定章句，作《解说》九篇"⑦；其孙伏恭"少传黯学"，并在担任常山太守期间，"敦修学校，教授不辍，由是北州多为伏氏学"⑧。伏恭所任职的常

---

① 《后汉书》卷三六《郑众传》，第1217页。
② 《后汉书》卷二七《杜林传》，第934—935页。
③ 《后汉书》卷七六《循吏传·刘宠传》，第2477页。
④ 《后汉书》卷六一《周举传》，第2023页。
⑤ 卢云：《汉晋文化地理》，第491页。
⑥ 《后汉书》卷二六《伏湛传》，第893页。
⑦ 《后汉书》卷七九下《儒林传下·伏恭传》，第2571页。
⑧ 《后汉书》卷七九下《儒林传下·伏恭传》，第2579页。

山属冀州，而据薛小林研究，冀州和并州、幽州都属"北州"①。"北州多为伏氏学"，即是说冀州和幽、并二州流传的《诗》学以《齐诗》伏氏为主。但囿于资料，具体传播情况难以明确。

2. 吴越的术数与诸子

西汉中期之后，吴越学术人物同样是研习六艺者居多，东汉的 52 位学术人物中，有 31 位②较为明确地研习六艺，似未出现文学家（诗赋）占主导地位的局面，"吴越文化区的人才有一个特点，即经学人才较少而文学人才较多。两汉时，这一带的经学博士只有 19 人，仅占全国总数的 11.5%，而文学家则有 33 人，占全国总数的 17%，高于齐鲁地区在全国的比例（15%）"③。同时，吴越有 7 位④研习术数，约占东汉时期吴越学术人物总数的 13.46%；又有 7 位⑤研习诸子，同样占吴越学术人物总数的 13.46%，术数和诸子可为吴越籍学术人物从事的次要学术。

3. 兖豫的荀氏《易》学

易学史研究专家高怀民按照内容把汉代易学的发展分为儒门易时期和象数易时期两个阶段，前一个阶段是先秦儒家以易为中心的易学的延续，根据《易经》的文字讲义理；后一个阶段则根据卦象的排列与五行、干支、历律等数的配合创造出一种"术"，并用以占验灾异和注经⑥。东汉后期荀爽虽然可归入后者，但他把《易》卦的升降变化归因于乾坤阴阳爻变化，并以此为核心构筑不同于时人的《易》学理论⑦。虞翻称："经之大

---

① 薛小林：《汉代地理观念中的"西州"》，《西域研究》2012 年第 4 期。
② 韩说、刘瑜、陆绩、张遐、程曾、董昆、顾奉、綦毋俊、夏勤、徐稺、包福、澹台恭、召驯、陈修、陈重、雷义、赵晔、郑云、包咸、董春、皋弘、何汤、朱佉、虞成、虞凤、虞光、虞歆、徐淑、唐檀、周荣、魏朗。
③ 曾大兴：《中国历代文学家之地理分布》，第 76 页。
④ 李南、刘瑜、周昕、姚俊、陆绩、唐檀、徐稺。
⑤ 王充、魏朗、董昆、左慈、周纡、程曾、唐檀。
⑥ 高怀民：《两汉易学史》，广西师范大学出版社 2007 年版，第 232—233 页。
⑦ 陈启云认为，荀爽"变易升降"的观念"涵孕了革命求变的态度"，如其所论，"在诠《文言》九四时，荀爽索性明白指出'四者臣位'，也就是说'九四'这有阳刚之德者，虽然是处在'人臣'地位，却不妨进取'九五'天子之位，可以说是不再理会'人君'的尊严了"（参见陈启云《中国古代思想文化的历史论析》，北京大学出版社 2001 年版，第 251 页）。如此，荀氏学更是别树一帜。

者，莫过于《易》。自汉初以来，海内英才，其读《易》者，解之率少。至孝灵之际，颍川荀谞号为知《易》，臣得其注，有愈俗儒。"① "有愈俗儒"即是说有超过一般儒家解《易》之处。荀爽易学在当时影响范围颇广，其侄荀悦称："孝桓帝时，故南郡太守马融著《易解》，颇生异说。及臣悦叔父故司徒爽，著《易传》，据爻象承应阴阳变化之义，以十篇之文解说经意。由是兖、豫之言《易》者，咸传荀氏学。"②

4. 益州的今文经学与术数、诸子

《华阳国志》载："李仁，字德贤，涪人也。益部多贵今文，而不崇章句。仁知其不博，乃游学荆州，从司马德操、宋仲子受古学，以修文自终也。"③ 这段话透露出巴蜀的几个学术倾向，第一，经学的普及。无论"今文"还是"古学"都属于经学，在东汉巴蜀的70位学术人物中，有些学术倾向较为笼统，如广汉人冯信"好学博古"④，但难以推断其研习内容；有的则明确研习经学，如广汉梓潼人景鸾"少随师学经，涉七州之地"⑤。这样的共有33位⑥，占巴蜀学术人物总数的47.14%，说明经学在巴蜀的普及。第二，今文经学的盛行。东汉时期，经学出现今古文之分，今文与谶纬结合，受到朝廷支持而大行其道，反映在区域学术上就是引文中所说"多贵今文"，所以从巴蜀学术人物的经历中，能够辨析出其中研习谶纬的就有10位⑦，而古学的只有2位⑧。此外，诸子和术数在巴蜀有很大影响，各有9位⑨研习，分别占巴蜀学术人物总数的12.86%，术数和诸子也可谓

---

① 《三国志》卷四七《吴书·虞翻传》注引《翻别传》，第1323页。
② 《汉纪》卷二五《成帝纪》，（汉）荀悦、（晋）袁宏著，张烈点校：《两汉纪：〈汉纪〉、〈后汉纪〉》，中华书局2002年版，第438页。
③ 《华阳国志》卷一〇下《先贤士女总赞·梓潼人士》，第172—173页。
④ 《后汉书》卷八一《独行传》，第2670页。
⑤ 《后汉书》卷七九下《儒林传下》，第2572页。
⑥ 杨充、刘宠、杨终、尹默、张霸、张浩、张宁、朱仓、冯绲、张楷、董钧、杜抚、李业、任末、王阜、杨仁、景鸾、董扶、冯允、王涣、杨仲续、段翳、冯颢、韩子方、谯瑛、任安、杨由、折像、杜真、谯玄、李仁、赵温、定生。
⑦ 杨春卿、杨厚、杨统、赵典、郑伯山、周循、景鸾、董扶、任安、翟酺。
⑧ 李仁、林闾。
⑨ 研习术数的有冯允、任文公、任文孙、段恭、翟酺、段翳、任永、周循和杨由；研习诸子的有冯绲、折像、翟酺、冯颢、王涣、王祐、杨厚、张浩和何汶。

巴蜀学术的突出面貌①。

5. 荆州学派的古文经学与诸子学

东汉末年，荆州在刘表的控制下，学术地位急剧上升，在学术载体数量（大批的士子和丰富的图书）、学术景观（仿太学而设置的州学）和学术活动（撰写五经教本等）等方面堪称学术中心②。更重要的是，荆州学派开创新的治学途径，呈现不同于今文经学的风格。《刘镇南碑》称刘表"深悯末学远本离质，乃合诸儒改定五经章句，删划浮辞，芟除烦重，赞之者用力少，而探微知机者多"③，即是删除五经章句中不切要的浮辞，让学习者在较短时间内了解经学大义。这相较于烦琐训诂与荒诞解经而言无疑是一种革新，因此有研究者用"质朴清新的学术风气"来形容其风格④。此外，法家和黄老思想在荆州也得到传承和发展⑤。

---

① 卢云注意到，"西汉文化最基本的地域差异……不在东西，亦不在南北，而出现于东部、南部与中部，西北部之间，一条不甚规则的弧线，将西汉各地文化分成两大类型。具体说来，这条弧线自燕之涿、蓟一带始，沿太行山而南，经赵地、郑地、卫地，东至齐之西境，转而南延，又由吴越、荆楚北境西行与巴蜀北境相连。在这一线以东以南，存在着一个巨大的半月形文化带，其间各类文化现象均具有较多的相似性，有着密切的内在联系"。"在宗教文化方面，燕、齐、楚、蜀半月形地带特别发达。方士文化、谶纬神学与早期道教先后起源并兴盛于燕齐或齐地的滨海地域，吴越、巴蜀、汉中也呈现出相应的发展序列。特别是当后来方士文化与谶纬神学的浪潮衰退之后，其残余形态仍在燕、齐、楚、蜀地区长期存留。……为什么东部地区的文化会与吴越、荆楚乃至偏在西隅的巴蜀存在着如此众多的相似性？为什么西汉时代文化会出现这样一种基本的地域差别"（参见卢云《汉晋文化地理》，第483—484页）。本研究所论吴越与巴蜀除经学为主要学术外，都以术数和诸子作为次要学术内容。

② 唐长孺：《汉末学术中心的南移与荆州学派》，《襄阳师专学报》（哲学社会科学版）1989年第2期。

③ 《全三国文》卷五六《刘镇南碑》，第572页。

④ 夏日新：《融汇与创新：三国时期的"荆州学派"》，《中国社会科学报》2012年9月5日第6版。

⑤ 李传印：《荆州学派的学术文化特色及其影响》，载罗家祥主编《华中国学》（第一卷），华中科技大学出版社2013年版，第247—259页。

第六章

汉代学术的空间传播

文化扩散是文化地理研究内容之一,与文化传播既有联系又有区别[①]。从内容而言,文化扩散属于文化传播,指文化在空间中的传播,侧重文化传播的空间性;文化在同一空间不同代际间的传播是文化传承,它侧重文化传播的时序性。文化地理学更侧重文化扩散。学术作为文化组成因素,一经形成,除了在本区域继续发展外,也会扩散到其他区域。从扩散主体上看,学术人物和学术著作均可以传播学术;从扩散类型上看,既有扩展扩散,如地方官吏的兴学和地方官学的发展,又有迁移扩散,如私家教授中的客授。

第一节 地方官学的发展与学术传播

地方官学指地方官府以行政区划——州、郡、县等为原则,在地方兴办的官方学校。虽然西周时就有"乡学"的记载,但地方官学自汉代正式设立,并形成地方学校体制,对实施道德教化、推动地方教育发展起到积极作用。

一 地方官学的发展

从《汉书》记载来看,汉代地方官学的设立,始于景帝时期。景

[①] 参见周尚意、孔翔、朱竑《文化地理学》,第177页。

帝末年①文翁任蜀郡守后曾兴修学官，为子弟接受教育提供场所，"至武帝时，乃令天下郡国皆立学校官，自文翁为之始云"②。虽然此命令在哪些地方实施尚未可知，却是汉朝系统化设立地方官学的开始。

第二次兴学之举是在汉元帝时，"元帝好儒，能通一经者皆复。数年，以用度不足，更为设员千人，郡国置《五经》百石卒史"③。《汉书补注》引沈钦韩曰："此乡学教官之始。"④尹湾汉墓简牍《东海郡下辖长吏名籍》中的许多属吏曾担任过某郡"太守文学""太守文学卒史"，疑为掌管学校的官职。

第三次是平帝元始三年（3年），"夏，安汉公奏车服制度，吏民养生、送终、嫁娶、奴婢、田宅、器械之品。立官稷及学官。郡国曰学，县、道、邑、侯国曰校，校、学置经师一人。乡曰庠，聚曰序。序、庠置《孝经》师一人"⑤。王莽上奏内容，不仅确定了从郡到县、道、邑、侯国，再从乡到聚各级学校的名称，而且对各级学校教师的类型进行规定。

不仅地方郡国学的设立比较普遍，县学也开始广泛设立起来，如益州蜀郡的重泉、成都，广汉郡的什邡，兖州陈留郡的酸枣，司隶河东郡的皮氏，左冯翊的高陵，扬州丹阳郡的溧阳，会稽的余姚等县，甚至亭，如陈留郡蒲亭都有学官的设立⑥。

二 地方官吏的兴学

汉代地方官吏执掌一方大权，举凡缉捕盗贼、发展经济、提倡文化等

---

① 刘汝霖以为"景帝"是"文帝"之讹，"按文翁之为郡守，《汉书》谓在景帝末。窃疑'景帝'为'文帝'之讹。本传载其立学之后，有'至武帝时'之语。若在景帝之末为郡守，则遣隽士立学校之事，当皆在武帝时，以后之事，不得言'至'矣。《华阳国志》正作'文帝末年'，当是别有所本。而《通典》、《通考》引《汉书》文，亦'文帝'，则《汉书》之讹，当在宋代以后也"（参见刘汝霖《汉晋学术编年》，华东师范大学出版社2010年版，第42页）。按：《汉书》本传载文翁"景帝末，为蜀郡守"（《汉书》卷八九《循吏传·文翁传》，第3265页），《汉书·地理志》亦云"景、武间，文翁为蜀守"（《汉书》卷二八下《地理志下》，第1645页），未及文帝，则"景帝"是否为"文帝"之讹，还需要进一步考证。

② 《汉书》卷八九《循吏传·文翁传》，第3626页。
③ 《汉书》卷八八《儒林传》"序"，第3596页。
④ （清）王先谦撰：《汉书补注》，中华书局1983年版，第1516页。
⑤ 《汉书》卷一二《平帝纪》，第355页。
⑥ 西汉地方官学发展的详情，参见郭海燕《汉代地方官学略论》，《湖北工程学院学报》2013年第2期。本小节据此叙述。

都属于其职责。在官吏中，循吏对教化的提倡令人瞩目。余英时在《汉代循吏与文化传播》一文中提道："与酷吏相比较，循吏显然具有政治和文化两重功能。循吏首先是'吏'，自然也和一般的吏一样，必然遵循汉代的法令以保证地方行政的正常运作。但是循吏的最大特色则在他同时又扮演了大传统'师'的角色。"①

许多官吏研习经学，属于学术人物，在担任地方守令期间能够大力提倡教育。西汉时的典型是文翁，他具备一定的经学素养，治蜀期间选取蜀地有培养潜力的"小吏"到京师长安学习，"蜀地辟陋有蛮夷风，文翁欲诱进之，乃选郡县小吏开敏有材者张叔等十余人亲自饬厉，遣诣京师，受业博士，或学律令"②。进入东汉后，随着学术普及程度的提高，更多的官吏具备较高的学术素养，他们在任期间，大多能够注意发展教育。这样的例子有很多：

（南阳宛人任延任武威太守）河西旧少雨泽，乃为置水官吏，修理沟渠，皆蒙其利。又造立校官，自掾〔史〕子孙，皆令诣学受业，复其徭役。章句既通，悉显拔荣进之。郡遂有儒雅之士③。

（京兆长陵人赵岐）为皮氏长，抑强讨奸，大兴学校④。

（南阳安众人宋均）至二十余，调补（武陵郡）辰阳长。其俗少学者而信巫鬼，均为立学校，禁绝淫祀，人皆安之⑤。

（汝南南顿人应奉）永兴元年（153年），拜武陵太守。到官慰纳，（武陵蛮詹）山等皆悉降散。于是兴学校，举仄陋，政称变俗⑥。

（巴郡阆中人杨仁）拜（广汉）什邡令。宽惠为政，劝课掾史弟子，悉令就学。其有通明经术者，显之右署，或贡之朝，由是义学大兴⑦。

---

① 余英时：《士与中国文化》，上海人民出版社2003年版，第139页。
② 《汉书》卷八九《循吏传·文翁传》，第3625页。
③ 《后汉书》卷七六《循吏传·任延传》，第2463页。
④ 《三辅决录》卷一，《三辅决录 三辅故事 三辅旧事》，第6页。
⑤ 《后汉书》卷四一《宋均传》，第1411页。
⑥ 《后汉书》卷四八《应奉传》，第1608页。
⑦ 《后汉书》卷七九下《儒林传下·杨仁传》，第2574页。

（孔融任北海相）更置城邑，立学校，表显儒术，荐举贤良郑玄、彭璆、邴原等①。

（东平宁阳人刘梁任涿郡北新城长期间）大作讲舍，延聚生徒数百人，朝夕自往劝诫，身执经卷，试策殿最，儒化大行。此邑至后犹称其教焉②。

（鲍昱）子德，修志节，有名称，累官为南阳太守。时岁多荒灾，唯南阳丰穰。吏人爱悦，号为神父。时郡学久废，德乃修起横舍，备俎豆黻冕，行礼奏乐。又尊飨国老，宴会诸儒。百姓观者，莫不劝服。在职九年，征拜大司农，卒于官③。

宋均和应奉把学校视为改善地方风俗的条件，任延对学子"复其徭役""显拔荣进"，杨仁对通明经术的学子"显之右署，或贡之朝"，孔融"表显儒术"，刘梁对学子"试策殿最"④ 以进行督促，他们都不仅设立学校，而且采取相应的督促（排名）和激励（显荣）措施，这比单纯地设立学校视为完成职责的效果更好。有些学者型官吏甚至亲自传授生徒。两汉之际的《齐诗》家伏湛、东汉前期的《尚书》欧阳学家欧阳歙、《齐诗》家伏恭和《尚书》欧阳学家牟长都曾在地方教授。

有些官吏本身虽然看不出学术经历，在担任地方郡守期间，也会提倡教育：

（东莱黄人李忠任丹阳太守）以丹阳越俗不好学，嫁娶礼仪，衰

---

① 《后汉书》卷七〇《孔融传》，第2263页。
② 《后汉书》卷八〇下《文苑传下·刘梁传》，第2639页。
③ 《后汉书》卷二九《鲍永传》，第1023页。
④ 按：《汉书·宣帝纪》载：地节四年（前66年），宣帝"令郡国岁上系囚以掠笞若瘐死者所坐名、县、爵、里，丞相御史课殿最以闻"（《汉书》卷八《宣帝纪》，第253页）。"殿最"，注引师古曰："凡言殿最者：殿，后也，课居后也。最，凡要之首也，课居先也。"可见殿最即排比先后。又，廖伯源指出，"殿最"不是指最后一名和第一名，而是代表一个等次："汉官之考课，分为九等，以第一、第二……第九为称，每一等可有多人，如此则评定殿最较为容易。考课第七、八、九等为下第，是为'殿'；第一、二、三等为上第，又称高第，是为'最'"（参见廖伯源《秦汉史论丛》，中华书局2008年版，第128页）。

于中国,乃为起学校,习礼容,春秋乡饮,选用明经,郡中向慕之①。

(扶风茂陵人秦彭)迁山阳太守。以礼训人,不任刑罚。崇好儒雅,敦明庠序。每春秋飨射,辄修升降揖让之仪。乃为人设四诫,以定六亲长幼之礼。有遵奉教化者,擢为乡三老,常以八月致酒肉以劝勉之。吏有过咎,罢遣而已,不加耻辱。百姓怀爱,莫有欺犯②。

(魏郡内黄人栾巴)四迁桂阳太守。以郡处南垂,不闲典训,为吏人定婚姻丧纪之礼,兴立学〔校〕,以奖进之。虽干吏卑末,皆课令习读,程试殿最,随能升授③。

(河内修武人卫飒)迁桂阳太守,郡与交州接境,颇染其俗,不知礼则。飒下车,修庠序之教,设婚姻之礼。期年间,邦俗从化④。

(京兆杜陵人韩延寿曾任颍川太守和东郡太守)为吏,上礼义,好古教化,所至必聘其贤士,以礼待用,广谋议,纳谏诤;举行丧让财,表孝弟有行;修治学官,春秋乡〔射〕,陈钟鼓管弦,盛升降揖让⑤。

在这些例子中,地方官吏除了兴办学校以推行教化这一共同的特征外,还辅以不同的配套措施,韩延寿举行乡射礼,重现古代礼仪的场景,让百姓在礼仪中得到熏染;李忠举行乡饮礼,选用明经之士;秦彭提拔尊奉教化的百姓担任三老⑥职务;栾巴则对入学生员排比名次(程试殿最),根据其能力大小担任不同的官职。这些措施不仅能够吸引百姓入学,而且为学子提供一定的出路,体现出地方官吏既能完成自己的职责,又能在完成职责过程中推行儒家教化。

---

① 《后汉书》卷二一《李忠传》,第 756 页。
② 《后汉书》卷七六《循吏传·秦彭传》,第 2467 页。
③ 《后汉书》卷五七《栾巴传》,第 1841 页。
④ 《后汉书》卷七六《循吏传·卫飒传》,第 2459 页。
⑤ 《汉书》卷七六《韩延寿传》,第 3211 页。
⑥ 三老为乡官之一,《汉书·高帝纪》云:"举民年五十以上,有修行,能帅众为善,置以为三老,乡一人。"(《汉书》卷一上《高帝纪上》,第 33 页)安作璋、熊铁基以为"三老之制,实为当时一种社会教育制度"(参见安作璋、熊铁基《秦汉官制史稿》,齐鲁书社 2007 年版,第 681 页)。严耕望以为三老在民间极受推重,近乎民意代表(参见严耕望《中国地方行政制度史——秦汉地方行政制度》,上海古籍出版社 2007 年版,第 248 页)。

地方官吏兴办学校，发展教育，在多大程度上推动了本地学术的发展？囿于资料的限制，史籍中大多对此没有明文记载。这里只搜集到两例：一例是杜畿任河东太守期间，"开学宫，亲自执经教授，郡中化之"①。注引《魏略》曰："博士乐详，由畿而升。至今河东特多儒者，则畿之由矣。"其中的"由畿而升"是指杜畿"署详文学祭酒，使教后进，于是河东学业大兴。至黄初中，征拜博士"②。另一例是《齐诗》家伏恭任常山太守期间，"敦修学校，教授不辍，由是北州多为伏氏学"③。这两个例子透露出地方官吏对学术的推动作用。

第二节 私家教授与学术传播

地方官吏通过修建郡国学和亲自教授而促进了地方学术的发展，另外还有许多布衣学者，他们或者不应征召命，隐居教授；或者在未出仕之前、学有所成之后教授。两者之间的区别在于是否踏入仕途。正如瞿同祖所云："'士'这一用语，就其广义来说，包含了已经进入官场的读书人和身为平民的读书人。……但'士'就其狭义来说，则仅指那些专精于读书或者教授而尚未跻身官场的人。在这些人里面既有热心仕途者，也有不热心于此道者。而他们一旦踏上仕途，就不应该再看作是'士'，而应该看作是'官'。"④ 这些士人的教授活动同样促进了学术的传播和发展。

一 西汉的私家教授

西汉时期，私家教授者较少。根据《汉书》《后汉书》等的记载，从事私家教授的不多（表21），其中一些人，如许商等还是为官期间教授，不是纯粹的私人身份。

---

① 《三国志》卷一六《魏书·杜畿传》，第496页。
② 《三国志》卷一六《魏书·杜畿传》注引《魏略》，第507页。
③ 《后汉书》卷七九下《儒林传下·伏恭传》，第2571页。
④ 瞿同祖：《汉代社会结构》，上海人民出版社2007年版，第106页。

表 21　　　　　　　　　　　　西汉私人教授简况

教授者	籍贯	教授地	受业者或人数
安丘望之	京兆长陵	未详	右扶风耿况、王伋等皆师事之，从受《老子》
翟宣	汝南上蔡	长安教授	授诸生满堂
丁宽	梁	为官教授	田王孙、高相
董仲舒	广川	居官教授	褚大、嬴公、段仲、吕步舒等
费直	东莱	未详	琅邪王璜等
伏孺	济南	琅邪东武	武帝时，客授东武，因家焉
伏生	济南	教于齐鲁	张生、欧阳生、晁错等
赣遂	琅邪	为官教授	教授数百人
高相	沛	未详	高康、毋将永等
龚舍	楚	未详	以《鲁诗》教授
龚胜	楚	未详	门人衰经治丧者百数
京房	东郡顿丘	居官教授	殷嘉、姚平、乘弘等
孔光	鲁国	免归教授	未详
鲁伯	琅邪	居官教授	毛莫如、邴丹
满昌	颍川	未详	张邯、皮容、马援，徒众尤盛
孟卿	东海	未详	后仓、疏广、鲁闾丘卿
孟喜	东海	未详	东海白光、沛翟牧
申公	鲁	居家教授	弟子自远方至，受业者千余人
申章	楚	未详	徒众尤盛
疏广	东海兰陵	家居教授	学者自远方至
眭孟	鲁国蕃	未详	弟子百余人
田何	齐	杜陵	王同、周王孙、丁宽、服生、项生等
王吉	琅邪皋虞	未详	未详
王式	东平新桃	居家教授	张长安、唐长宾、褚少孙
王同	琅邪东武	未详	杨何、即墨成、孟但、周霸、衡胡、主父偃等
韦贤	鲁国邹	居家教授	未详
吴章	右扶风平陵	未详	教授尤盛，弟子千余人
五鹿充宗	卫	居官教授	士孙张、邓彭祖、衡咸等
夏侯始昌	鲁	未详	未详
徐生	鲁	未详	公户满意、〔桓〕生、单次、瑕丘萧奋等

续表

教授者	籍贯	教授地	受业者或人数
许商	长安	为官教授	沛唐林、平陵吴章、重泉王吉、齐炔钦
薛方	齐	居家教授	未详
薛广德	沛郡相	未详	以《鲁诗》教授楚国
杨宝	弘农华阴	隐居教授	哀、平之世，隐居教授
杨宣*	广汉什邡	未详	少受学于楚国王子张，天文、图纬于河内郑子侯，师杨翁叔，能畅鸟言，长于灾异，教授弟子以百数
辕固生	齐	未详	诸齐以《诗》显贵，皆固弟子
张恢	河内轵	未详	晁错、宋孟、刘带
张宽*	蜀郡成都	蜀郡成都	太守文翁遣宽诣博士，东受七经，还以教授
张游卿	山阳	未详	王扶、许晏等
左咸	琅邪	未详	徒众尤盛

资料来源：郭海燕：《汉代平民教育研究》，博士学位论文，山东大学，2011年，第65—69页，"表3-1 两《汉书》中所见私学授业情况表"。

说明：带"*"的人物为新增，参见本研究的资料编。

自汉武帝设太学，置博士，西汉官学的教授规模越来越庞大，而由表21可见，从事私家教授的情况相对较少。在40位教授者中，来自齐地的有11位，鲁地的有10位，梁宋的有7位，河洛的有5位，关中的有4位，教授者的籍贯与区域学术发展程度有着密切关联。

二 东汉的私家教授[1]

与西汉相比，私家教授是东汉时期引人注目的社会现象[2]。据郭海燕统计：见于两《汉书》中从事过私人讲学的或者涉及讲学者名字的有163人，其中，《汉书》中记载36人，《后汉书》127人[3]。虽然《后汉书》记载的一些教授者，如杨宝、伏孺等，实际上可归入西汉，这些数字还是透

---

[1] 本节内容经删减之后，曾以《文化地理学视角下的东汉私学论析》为题，刊于《唐都学刊》2023年第1期，谨致谢忱。

[2] 郝建平：《20世纪以来汉代教育研究综述》，《中国史研究动态》2005年第6期；胡海涛：《汉代私学教育及特点》，硕士学位论文，青海师范大学，2012年。

[3] 郭海燕：《汉代平民教育研究》，博士学位论文，山东大学，2011年。

露出东汉与西汉相比,私家教授大量涌现的事实(表22)。

表22　　　　　　　　　　东汉私人教授简况

教授者	籍贯	教授地	教授简况
包咸	会稽	东海	因住东海,立精舍讲授
鲍昱	上党屯留	东平	少传父学,客授于东平
边韶	陈留浚仪	未详	以文章知名,教授数百人
蔡玄	汝南南顿	汝南南顿	学通《五经》,门徒常千人,其著录者万六千人
蔡衍	汝南	汝南	少明经讲授,以礼让化乡里
蔡邕	陈留圉	未详	(阮瑀)少受学于蔡邕。(路粹)少学于蔡邕
曹褒	鲁国薛	未详	教授诸生千余人,庆氏学遂行于世
曹曾	济阴	未详	从(欧阳)歙受《尚书》,门徒三千人
曹祉	济阴	未详	传父业教授
陈寔*	颍川许	未详	(王烈)少师事陈寔,以义行称
陈弇	陈留	未详	以尚书教授,躬自耕种,常有黄雀飞来,随弇翱翔
承宫	琅邪姑幕	琅邪姑幕	经典既明,乃归家教授
		汉中	遭天下丧乱,遂将诸生避地汉中
程曾	豫章南昌	豫章南昌	受业长安,习《严氏春秋》,积十余年,还家讲授。会稽顾奉等数百人常居门下
丁恭	山阳东缗	未详	学义精明,教授常数百人,州郡请召不应
丁鸿	颍川定陵	丹阳陵阳	(丁鸿之父先被封为定陵新安乡侯,后徙封陵阳侯。卒后,丁鸿袭封)还就国,开门教授
		河南洛阳	代成封为少府。门下由是益盛,远方至者数千人
董春*	会稽余姚	会稽余姚	还归,立精舍,远方门徒学者常数百人
董扶	广汉绵竹	广汉绵竹	还家讲授,弟子自远而至
董钧	犍为资中	河南洛阳	为博士……累迁五官中郎将,常教授门生百余人
窦武	右扶风平陵	关中	少以经行著称,常教授于大泽中,不交时事,名显关西
杜抚	犍为武阳	犍为武阳	归乡里教授。沈静乐道,举动必以礼。弟子千余人

续表

教授者	籍贯	教授地	教授简况
段翳	广汉新都	未详	时有就其学者,虽未至,必豫知其姓名
法真	右扶风郿	右扶风郿	弟子自远方至者,陈留范冉等数百人
樊儵	南阳	未详	教授门徒前后三千余人
樊英	南阳鲁阳	南阳	隐于壶山之阳,受业者四方而至
樊志张	汉中南郑		聘士卫衡,字伯梁。南郑人,樊志张弟子也
范升	代郡	未详	习《梁丘易》《老子》,教授后生
冯豹	京兆杜陵	京兆	长好儒学,以《诗》《春秋》教丽山下
伏恭	琅邪东武	常山	迁常山太守。敦修学校,教授不辍
伏湛	琅邪东武	琅邪东武	性孝友,少传父业,教授数百人
伏湛	琅邪东武	平原	更始立,以为平原太守。时仓卒兵起,天下惊扰,而湛独晏然,教授不废
高凤	南阳叶	南阳叶县	后遂为名儒,乃教授于西唐山中
耿弇*	陈留	未详	以《尚书》教授,躬自耕种
公沙穆	北海胶东	东莱	隐居东莱山,学者自远而至
郭躬	颍川阳翟	颍川	少传父业,讲授徒众常数百人
郭太	太原界休	未详	闭门教授,弟子以千数
韩子方	犍为资道	未详	(张)贞受《易》于韩子方
寒朗	鲁国薛	鲁国薛	博通书传,以《尚书》教授
华佗	沛国谯人	未详	广陵吴普、彭城樊阿,皆从佗学
鲑阳鸿	中山	未详	以《孟氏易》教授,有名称
桓典	沛郡龙亢	颍川	以《尚书》教授颍川,门徒数百人
桓荣	沛郡龙亢	江淮	客授江淮间
桓荣	沛郡龙亢	九江	朱普卒,荣奔丧九江,负土成坟,因留教授,徒众数百人
桓荣	沛郡龙亢	未详	莽败,天下乱。荣抱其经书与弟子逃匿山谷,虽常饥困而讲论不辍
桓焉	沛郡龙亢	未详	弟子传业者数百人,黄琼、杨赐最为显贵
桓郁	沛郡龙亢	未详	少以父任为郎。敦厚笃学,传父业,以《尚书》教授,门徒常数百人
皇甫规	安定朝那	安定朝那	托疾免归……以《诗》《易》教授,门徒三百余人

续表

教授者	籍贯	教授地	教授简况
黄豪*	南海	苍梧广信	刺史举茂才，因寓广信，教授生徒
贾逵*	右扶风平陵	京兆长安	以《大夏侯尚书》教授，虽为古学，兼通五家《穀梁》之说
姜肱	彭城广戚	彭城广戚	博通《五经》，兼明星纬，士之远来就学者三千余人
姜岐*	汉阳上邽	汉阳上邽	隐居以畜蜂豕为事，教授者满于天下，营业者三百余人
焦贶	会稽山阴		（郑弘）事博士焦贶
孔季彦	鲁	未详	守其家业，门徒数百人
寇恂	上谷昌平	颍川	为颍川太守，诛讨贼盗，政教施行，郡中无事，修礼乐教授
来艳	南阳新野	未详	少好学下士，开馆养徒，少历显位
郎𫖮	北海安丘	北海安丘	少传父业，兼明经典，隐居海畔，延致学徒常数百人
乐恢	京兆长陵	未详	（卒后）弟子缞绖挽者数百人
李充	陈留	陈留	能习《礼经》，教授常数百人
		弘农	弃官，避世弘农山中教授
李固	汉中南郑	狼泽山	四方有志之士，多慕其风而来学
李生	南阳舞阴	未详	（贾复）少好学，习《尚书》，事舞阴李生
李恂	安定临泾	安定临泾	少习《韩诗》，教授诸生常数百人
李膺	颍川襄城	颍川纶氏	还居纶氏，教授常千人
李育	右扶风漆	未详	常避地教授，门徒数百
李章	河内怀	未详	习《严氏春秋》，经明教授，历州郡吏
李子云	平原	未详	（徐）房与子云养徒各千人
梁竦	安定乌氏	未详	少习《孟习易》，弱冠能教授
令狐溥	敦煌	未详	（氾咸）弱冠从苍梧太守同郡令狐溥受学
廖扶	汝南平舆	未详	习《韩诗》《欧阳尚书》，教授常数百人
刘根	颍川	河南	隐居嵩山中。诸好事者，自远而至，就根学道
刘昆	陈留东昏	南郡江陵	王莽世，教授弟子恒五百余人……（王莽）乃系昆及家属于外黄狱。……建武五年，举孝廉，不行，遂逃，教授于江陵
刘茂	太原晋阳	太原晋阳	能习《礼经》，教授常数百人
		弘农	会王莽篡位，茂弃官，避世弘农山中教授

第六章　汉代学术的空间传播

续表

教授者	籍贯	教授地	教授简况
刘淑	河间乐成	未详	隐居,立精舍讲授,诸生常数百人
刘熙*	北海	苍梧	往来苍梧、南海,客授生徒数百人
		南海	
刘焉	江夏竟陵	颍川	去官居阳城山,精学教授
刘轶	陈留东昏	未详	传（父）昆业,门徒亦盛
刘子奇*	颍川	洛阳	（士燮）少游学京师,事颍川刘子奇,治《左氏春秋》
楼望	陈留雍丘	河南洛阳	教授不倦,世称儒宗,诸生著录九千余人
卢植	涿郡涿	河南缑氏	从涿郡卢植学于缑氏山中,略见书传
		涿郡涿县	学终辞归,阖门教授
鲁恭	右扶风平陵	京兆新丰	郡数以礼请,谢不肯应,母强遣之,恭不得已而西,因留新丰教授
鲁丕	右扶风平陵	京兆	以《鲁诗》《尚书》教授,为当世名儒
		赵国	元和元年（84年）征,再迁,拜赵相。门生就学者常百余人
马融	右扶风茂陵	未详	教养诸生,常有千数
牟融	北海安丘	北海安丘	少博学,以《大夏侯尚书》教授,门徒数百人
牟纡	乐安临济	未详	以隐居教授,门生千人
牟长	乐安临济	河南洛阳	自为博士及在河内,诸生讲学者常有千余人,著录前后万人
		河内	
欧阳歙	乐安千乘	汝南	迁汝南太守。……歙在郡,教授数百人
綦母君*	琅邪东莞	琅邪东莞	（赵昱）就处士东莞綦母君公立精舍,受《公羊传》
屈伯彦*	河南成皋		（郭太）就成皋屈伯彦学,三年业毕,博通坟籍
任安	广汉绵竹	广汉绵竹	学终,还家教授,诸生自远而至
任末	蜀郡繁	河南洛阳	少习《齐诗》,游京师,教授十余年
任棠	汉阳	汉阳	（庞）参为汉阳太守。郡人任棠者,有奇节,隐居教授
史弼	陈留考城	陈留	少笃学,聚徒数百
司马均	东莱	东莱	安贫好学,隐居教授,不应辟命
宋登	京兆长安	未详	少传《欧阳尚书》,教授数千人
宋京	南阳安众	未详	以《大夏侯尚书》教授,至辽东太守

续表

教授者	籍贯	教授地	教授简况
宋均	南阳安众	颍川	以祖母丧去官,客授颍川
宋忠*	南阳章陵	荆州	(尹默)少与李仁俱受学司马徽、宋忠等,博通五经
孙期*	济阴成武	济阴成武	家贫,事母至孝,牧豕于大泽中,以奉养焉。远人从其学者,皆执经垄畔以追之,里落化其仁让
索卢放	东郡	东郡	以《尚书》教授千余人
檀敷	山阳瑕丘	山阳瑕丘	不受乡里施惠。……立精舍教授,远方至者尝数百人
唐檀	豫章南昌	豫章南昌	后还乡里,教授常百余人
洼丹	南阳育阳	未详	常避世教授,专志不仕,徒众数百人
王充	会稽上虞	会稽上虞	归乡里,屏居教授
王阜*	蜀郡	犍为	窃书诵尽,日辞,欲之犍为定生学经……(父)升怜其言,听之定所受《韩诗》
王良	东海兰陵	未详	王莽时,寝病不仕,教授诸生千余人
王望	琅邪	会稽	客授会稽,自议郎迁青州刺史,甚有威名
韦彪	右扶风平陵	右扶风平陵	建武末,举孝廉,除郎中,以病免,复归教授
魏满	南阳	未详	习《京氏易》,教授
魏应	任城	未详	以疾免官,教授山泽中,徒众常数百人。……经明行修,弟子自远方至,著录数千人,肃宗甚重之,数进见
吴祐	陈留长垣	陈留长垣	自免归家,不复仕,躬灌园蔬,以经书教授
夏恭	梁国蒙	未详	讲授门徒常千余人
谢衰	犍为南安		(张钳)师事犍为谢衰
谢该	南阳章陵	未详	为世名儒,门徒数百千人
徐房	北海	未详	与(李)子云养徒各千人
徐子盛	琅邪姑幕	琅邪姑幕	(承宫)乡里徐子盛者,以《春秋经》授诸生数百人
薛汉	淮阳	未详	少传父业,尤善说灾异谶纬,教授常数百人
郇恁*	雁门	未详	隐居教授,东平宪王苍为骠骑,开东阁,延贤士,辟恁,署为祭酒,敬礼焉
荀淑	颍川颍阴	颍川颍阴	去职还乡里。当世名贤李固、李膺等皆师宗之
延笃	南阳犨	南阳犨	以病免归,教授家巷

续表

教授者	籍贯	教授地	教授简况
杨秉	弘农华阴	未详	博通书传,常隐居教授
杨充*	广汉梓潼	广汉梓潼	还以教授州里。常言图纬空说,去事希略,疑非圣,不以为教
杨赐	弘农华阴	未详	退居隐约,教授门徒,不答州郡礼命
杨厚	广汉新都	广汉新都	称病救退。帝许之,赐车马钱帛归家。……修黄、老,教授门生,上名录者三千余人
杨匡	陈留	陈留外黄	初好学,常在外黄大泽教授门徒
杨伦	陈留东昏	陈留	为郡文学掾。……讲授于大泽中,弟子至千余人
杨奇*	弘农华阴	河南缑氏	于河南缑氏界中立精舍,门徒常二百人
杨仁	巴郡阆中	巴郡阆中	建武中,诣师学习《韩诗》,数年归,静居教授
杨震	弘农华阴	未详	教授二十余年,州请召,数称病不就
杨政	京兆	未详	少好学,从代郡范升受《梁丘易》,善说经书。教授数百人
尹珍	牂柯毋敛	牂柯毋敛	学成,还乡里教授,于是南域始有学焉
颍容	陈国长平	荆州	初平中,避乱荆州,聚徒千余人
干吉	琅邪	吴会	先寓居东方,来吴会,立精舍,烧香读道书,制作符水以疗病,吴会人多事之
虞叔雅*	东平	蜀郡	按:广汉雒人折像、广汉郪人冯颢和广汉雒人段恭都曾师事虞叔雅
爰延	陈留外黄	陈留	清苦好学,能通经教授。……县令陇西牛述好士知人,乃礼请延为延掾
袁敞	汝南汝阳	未详	少传《易经》教授,以父任为太子舍人
张霸*	蜀郡成都	河南洛阳	就长水校尉樊鯈受《严氏公羊春秋》,遂博览《五经》。诸生孙林、刘固、段著等慕之,各市宅其傍,以就学焉
张光超*	蜀郡	未详	(冯颢)少师事杨仲桓及蜀郡张光超,后又事东平虞叔雅
张奂	敦煌渊泉	敦煌渊泉	闭门不出,养徒千人
张楷	蜀郡成都	河南洛阳	通《严氏春秋》《古文尚书》,门徒常百人。……车马填街,徒从无所止,黄门及贵戚之家,皆起舍巷次,以候过客往来之利
		弘农	隐居弘农山中,学者随之,所居成市,后华阴山南遂有公超市

续表

教授者	籍贯	教授地	教授简况
张宁*	蜀郡	蜀郡	（朱仓）之蜀，从处士张宁受《春秋》
张酺	汝南细阳	河南洛阳	勤力不息，聚徒以百数
张兴	颍川鄢陵	河南洛阳	显宗数访问经术。既而声称著闻，弟子自远至者，著录且万人，为梁丘家宗
		未详	习《梁丘易》以教授
张玄	河内河阳	弘农	建武初，举明经，补弘农文学，迁陈仓县丞。清净无欲，专心经书，方其讲问，乃不食终日。……诸儒皆伏其多通，著录千余人
		右扶风陈仓	
张驯	济阴定陶	未详	以《大夏侯尚书》教授，辟公府，举高第，拜议郎
赵典	蜀郡成都	未详	笃行隐约，博学经书，弟子自远方至
赵康	南阳	南阳	隐于武当山，清静不仕，以经传教授
折像*	广汉雒	未详	事东平虞叔雅，以道教授门人，朋友自远而至
甄承	北海安丘	未详	尤笃学，未尝视家事，讲授常数百人
甄宇	北海安丘	北海安丘	习《严氏春秋》，教授常数百人。建武中，为州从事
郑兴	河南开封	弘农	去莲勺，后遂不复仕，客授阌乡，三公连辟不肯应
郑玄	北海高密	东莱	家贫，客耕东莱，学徒相随已数百千人
郅恽	汝南西平	江夏	客居江夏教授，郡举孝廉，为上东城门候
		未详	坐事左转芒长，又免归，避地教授，著书八篇
挚恂	京兆	右扶风	以儒术教授，隐于南山，不应征聘，名重关西
钟皓	颍川长社	河南密县	避隐密山，以诗律教授门徒千余人
周磐	汝南安成	汝南安成	后思母，弃官还乡里。……教授门徒常千人
周泽	北海安丘	未详	少习《公羊严氏春秋》，隐居教授，门徒常数百人

资料来源：郭海燕：《汉代平民教育研究》，博士学位论文，山东大学，2011年，第65—69页，"表3-1 两《汉书》中所见私学授业情况表"。

说明：

1. 带"*"的人物系新增，资料来源见本研究的资料编。
2. 表中的教授地，有的不易明确具体郡国，就以区域名称代替。
3. 个别的教授地系据史料的前后文推断而定。

1. 私家教授的原因

东汉与西汉相比,学术群体的一个重大变化是隐居教授人物的增多①。《后汉书》列有《逸民传》,其中的很多逸民具有学术背景,他们"或隐居以求其志,或回避以全其道,或静己以镇其躁,或去危以图其安,或垢俗以动其概,或疵物以激其清"②。隐居的目的不同,"不事王侯,高尚其事"的人生追求则相同。

弘农华阴人杨宝"习《欧阳尚书》。哀、平之世,隐居教授。居摄二年(7年),与两龚、蒋诩俱征,遂逃遁,不知所处"③。杨宝的隐居教授,可能与西汉末年的混乱局势有关,其逃遁则透露出不仕新朝的志向④。京兆长安人挚恂"以儒术教授,隐于南山,不应征聘,名重关西,(马)融从其游学,博通经籍"⑤。挚恂隐居的原因,据《高士传》所言是"慕其先人之高,遂隐于南山之阴"。"先人"是指挚恂的十二世祖挚峻,字伯陵,与司马迁是交好,隐居岍山,后来去世在那里⑥。然而更多的隐居教授者,我们无法确切知道他们隐居的原因。北海安丘人郎𫖮"少传父业,兼明经典,隐居海畔,延致学徒常数百人。昼研精义,夜占象度,勤心锐思,朝夕无倦"⑦。汉阳郡人任棠"有奇节,隐居教授"⑧。他们隐居的原因,或许如《后汉书》所言,是本性使然,"观其甘心畎亩之中,憔悴江海之上,岂必亲鱼鸟乐林草哉,亦云性分所至而已"⑨。

无论原因如何,这些学术型人物隐居在自己的家乡教授,他们的弟子来自四面八方,其中必定有很多所在郡国的士人,这无疑促进本地学术的发展。

---

① 具体可参见王继训《汉代"隐逸"考辨》,《理论学刊》2005年第5期。
② 《后汉书》卷八三《逸民传》"序",第2755页。
③ 《后汉书》卷五四《杨震传》,第1759页。
④ 如后所述,杨氏家族中多人具有隐居教授的经历:杨宝之子杨震、杨震之子杨秉、杨秉子杨赐。从杨宝到杨震,再到杨秉和杨赐,杨氏家族四代都隐居教授过。
⑤ 《后汉书》卷六〇上《马融传》,第1953页。
⑥ 《三辅决录》载:"挚峻字伯陵,京兆长安人也。少治清节,与太史令司马迁交好。峻独退身修德,隐于岍山……高尚不仕,卒于岍。"(《三辅决录》卷一,《三辅决录 三辅故事 三辅旧事》,第8—9页)
⑦ 《后汉书》卷三〇下《郎𫖮传》,第1053页。
⑧ 《后汉书》卷五一《庞参传》,第1689页。
⑨ 《后汉书》卷八三《逸民传》"序",第2755页。

2. 私家教授者的地域来源

无论是从郭海燕的统计,还是从《后汉书》的记载来看,东汉私家教授者主要来自陈留、南阳、北海、右扶风、琅邪、汝南、颍川、广汉、京兆和蜀郡10个郡国,形成四大区域:一是陈留、南阳、汝南、颍川所在的河洛;二是右扶风、京兆和弘农所在的关中;三是北海和琅邪所在的齐地;四是广汉和蜀郡所在的巴蜀。这些区域之所以出现的教授者比较多,跟它们的区域条件有很大的关系。

河洛是成周故地,也是东汉京师所在地,拥有的文化资源非其他区域可比拟。毗邻京师的陈留、南阳、汝南和颍川更是近水楼台,文化发展迅速①。体现在私家教授上,即是来自这里的教授者特别多:陈留有13位(耿弇、李充、杨匡、刘昆、刘轶、杨伦、边韶、史弼、爰延、楼望、吴祐、蔡邕、陈弇),南阳也有13位(樊儵、魏满、延笃、赵康、宋京、宋均、樊英、来艳、高凤、洼丹、谢该、李生、宋忠),颍川有9位(刘根、丁鸿、李膺、张兴、郭躬、荀淑、钟皓、刘子奇、陈寔),汝南有7位(蔡衍、周磐、蔡玄、廖扶、袁敞、张酺、郅恽),总数远远超过其他区域。其中,南阳安众人宋均和宋京来自同一家族,陈留东昏人刘昆和刘轶是父子关系。

东汉时期,关中是仅次于河洛的文化发达区,右扶风、京兆和弘农是私家教授者最集中的3郡,分别有8位(马融、法真、窦武、贾逵、鲁恭、鲁丕、韦彪、李育)、5位(杨政、挚恂、冯豹、宋登、乐恢)和4位(杨秉、杨赐、杨震、杨奇)。弘农的4位都属于杨氏家族,其私家教授最早可追溯到西汉后期的杨宝,杨宝之子震"教授二十余年,州请召,数称病不就"②。杨震之子秉"博通书传,常隐居教授"③。杨秉之子赐"常退居隐约,教授门徒,不答州郡礼命"④。杨震玄孙奇"于河南缑氏界中立精舍,门徒常二百人"⑤。从杨宝到杨奇,杨氏家族五世从事私家教授。

---

① 刘太祥:《河南汉代文化格局及成因》,《周口师范高等专科学校学报》1999年第4期。
② 周天游辑注:《八家后汉书辑注·司马彪〈续汉书〉》卷四《杨震传》,上海古籍出版社1986年版,第425页。
③ 《后汉书》卷五四《杨震传》,第1769页。
④ 《后汉书》卷五四《杨震传》,第1775页。
⑤ 《八家后汉书辑注·谢承〈续后汉书〉》卷四《杨奇传》,第89—90页。

从西汉到东汉，齐地学术一直稳步发展，尤其是北海和琅邪出现的教授者非常多：北海有9位（刘熙、徐房、郎𫖮、牟融、甄承、甄宇、周泽、郑玄、公沙穆），琅邪有7位（王望、干吉、伏恭、伏湛、承宫、徐子盛、綦母君）。此外，乐安也有3位（牟纡、牟长、欧阳歙）。有些教授者来自同一家族，乐安临济人牟长"诸生讲学者常有千余人，著录前后万人"；其子牟纡"又以隐居教授，门生千人"①。琅邪东武人伏湛"少传父业，教授数百人"②；其侄伏恭任常山太守期间"敦修学校，教授不辍"③。北海安丘人甄宇"习《严氏春秋》，教授常数百人"；其孙甄承"尤笃学，未尝视家事，讲授常数百人"④。

巴蜀地处西南，虽然西汉时文化发展缓慢，但经过西汉时蜀郡太守文翁对教育的提倡、司马相如等人的榜样作用，以及东汉时太守第五伦等的德化，巴蜀的文化水平有了极大提高，比起西汉时《汉书·儒林传》的传承谱系中没有巴蜀人身影的情形有天壤之别。巴蜀出现私家教授者最多的是蜀郡，有7位（王阜、张霸、张楷、赵典、任末、张宁、张光超）；其次是广汉，有6位（折像、董扶、任安、段翳、杨厚、杨充）。这两个郡位于巴蜀北部，是较早与中原文化接触的地方。其中，蜀郡的张霸和张楷也是父子。张霸"博览《五经》。诸生孙林、刘固、段著等慕之，各市宅其傍，以就学焉"⑤；张霸子楷"通《严氏春秋》《古文尚书》，门徒常百人"⑥。

3. 私家教授地的分布

曾大兴所言学术人物的动态分布⑦和曾磊所言知识人的活动地域⑧，提醒我们在研究私家教授时，必须关注私家教授地点的分布问题（表23）。

---

① 《后汉书》卷七九上《儒林传上·牟长传》，第2557页。
② 《后汉书》卷二六《伏湛传》，第893页。
③ 《后汉书》卷七九下《儒林传下·伏恭传》，第2571页。
④ 《后汉书》卷七九下《儒林传下·甄宇传》，第2580页。
⑤ 《后汉书》卷三六《张霸传》，第1241页。
⑥ 《后汉书》卷三六《张霸传》，第1242页。
⑦ 曾大兴：《文学地理学概论》，第90页。
⑧ 曾磊：《汉代两都交通沿线区域学术地理研究》，硕士学位论文，北京师范大学，2007年，第17页。也可参见曾磊《门阙、轴线与道路：秦汉政治理想的空间表达》，第166页。

表23　　　　　　　　　　东汉私家教授地统计　　　　　　　　　　单位：人

区域名称	教授地	姓名	小计	合计
河洛	河南	杨奇、卢植、楼望、董钧、牟长、张楷、任末、丁鸿、张兴、张酺、刘根、钟皓、张霸	13	36
	陈留	李充、杨伦、爰延、史弼、杨匡、吴祐	6	
	颍川	宋均、桓典、郭躬、寇恂、李膺、荀淑、刘焉	7	
	汝南	蔡衍、周磐、欧阳歙、蔡玄	4	
	南阳	延笃、高凤、樊英、赵康	4	
	河内	牟长	1	
	东郡	索卢放	1	
关中	弘农	张玄、郑兴、李充、张楷、刘茂	5	17
	右扶风	张玄、法真、韦彪、挚恂	4	
	京兆	鲁丕、鲁恭、贾逵、冯豹	4	
	安定	皇甫规、李恂	2	
	敦煌	张奂	1	
	未确定	窦武	1	
齐地	北海	牟融、甄宇、郎𫖮	3	11
	东莱	郑玄、公沙穆、司马均	3	
	琅邪	伏湛、承宫、徐子盛、萦母君	4	
	平原	伏湛	1	
吴越	会稽	王望、王充、董春	3	9
	南昌	程曾、唐檀	2	
	江淮	桓荣	1	
	九江	桓荣	1	
	吴会	干吉	1	
	丹阳	丁鸿	1	
巴蜀	广汉	董扶、任安、杨厚、杨充	4	8
	犍为	杜抚、王阜	1	
	巴郡	杨仁	2	
	牂柯	尹珍	1	

续表

区域名称	教授地	姓名	小计	合计
荆楚	汉阳	任棠、姜岐	2	6
	汉中	承宫	1	
	江夏	郅恽	1	
	南郡	刘昆	1	
	荆州	颍容	1	
梁宋	济阴	孙期	1	3
	彭城	姜肱	1	
	山阳	檀敷	1	
鲁地	东海	包咸	1	3
	东平	鲍昱	1	
	鲁国	寒朗	1	
赵地	常山	伏恭	1	3
	太原	刘茂	1	
	赵国	鲁丕	1	
粤地	苍梧	刘熙、黄豪	2	3
	南海	刘熙	1	
燕地	涿郡	卢植	1	1

资料来源："表 22　东汉私人教授简况表"。

东汉时期私家教授选择的地点主要集中在河南、陈留、颍川、弘农、京兆等郡国。其中，河南、陈留、颍川属于河洛，弘农、京兆和右扶风属于关中。这两个区域可谓东汉的私家教授的发达区，其次是北海、东莱和琅邪所在的齐地，再次是会稽和南昌所在的吴越，以及广汉和犍为所在的巴蜀。

这些区域与私家教授者籍贯集中的区域并不完全吻合，说明出现私家教授者较多的区域，不一定是私家教授发达的区域，其中的原因可能与游学相关。从西汉到东汉，游学之风越来越盛[①]。一些学子在学有所成之后，或者回归乡里，如豫章南昌人唐檀"少游太学，习《京氏易》《韩诗》

---

① 刘太祥：《汉代游学之风》，《中国史研究》1998 年第 4 期。

《颜氏春秋》，尤好灾异星占。后还乡里，教授常百余人"[1]；或者客授他乡，如北海高密人郑玄"自游学，十余年乃归乡里。家贫，客耕东莱，学徒相随已数百千人"[2]，使得教授地与其籍贯不在同一个区域。如，来自南阳的教授者中只有延笃、高凤和樊英等在南阳教授过，来自北海的9位教授者只有郎𫖮、牟融和甄宇明确地回乡教授过，来自右扶风的8位教授者中只有法真和韦彪在此教授。相反，出现私家教授者较少的郡国，由于吸引了众多私家教授者前来讲授，反而成为发达区域。根据《后汉书》的记载，河南郡只出现了1位教授者郑兴，他没回乡教授，而是"客授"于弘农郡的阌乡，然而却有14位教授者在这里教授，河南可以说是私家教授者选择最多的地点。与此相似的还有弘农郡，来自弘农郡的教授者主要是杨氏家族的4位，然而却有5位教授者选择在这里。

这些区域既包括河洛、关中和齐地这样的传统文化发达区，又有吴越和巴蜀这样的文化发展区。吴越和巴蜀曾经是文化不发达之地，分别位于汉朝的东南和西南方位。它们能够聚集众多私家教授者，透露出文化空间传播范围的开拓。在其他方位，也不断有教授者前去开展教育活动，岭南的如北海人刘熙在苍梧和南海、南海人黄豪在广信，西北的如敦煌渊泉人张奂居家，西南的如牂柯毋敛人尹珍在乡里等。

而在其他的传统文化发达区，如《史记·货殖列传》所说"俗好儒，备于礼"的邹鲁和"其俗犹有先王遗风……重厚多君子"的梁宋，都位于东汉的文化发达区，不仅出现的教授者少，来此教授的也少，鲁地的有包咸在东海、包昱在东平、寒朗在鲁国；梁宋的有孙期在济阴、姜肱在彭城、檀敷在山阳等。这些数字与河洛、关中和齐地都相差甚大，也不如吴越和巴蜀。

4. 私家教授的场所

如此多的私家教授者在不同的区域进行教授，选择怎样的场所成为一个问题。我们知道，汉代地方官学虽然时废时兴，但在其"兴"的时候，往往有着固定的场所。《续汉书·礼仪志上》载："明帝永平二年三月，上

---

[1] 《后汉书》卷八二下《方术传下·唐檀传》，第2729页。
[2] 《后汉书》卷三五《郑玄传》，第1207页。

始帅群臣躬养三老、五更于辟雍。行大射之礼。郡、县、道行乡饮酒于学校，皆祀圣师周公、孔子，牲以犬。"① 郡、县、道既然能在学校行乡饮酒礼，说明地方官学有着相应的教学建筑。因此，宋均任武陵郡辰阳地方长官期间的"为立学校，禁绝淫祀"②和孔融任北海相期间的"更置城邑，立学校"③ 等事例中提道的"立学校"举措，不仅包括兴修建筑，还要延聘经师等。

与此相比，私家教授者选择的场所则随意得多。有在家里教授的，如右扶风茂陵人马融"常坐高堂，施绛纱帐，前授生徒，后列女乐，弟子以次相传，鲜有入其室者"④。也有在田间地头教授的，如济阴成武人孙期"事母至孝，牧豕于大泽中，以奉养焉。远人从其学者，皆执经垄畔以追之"⑤。如果说"高堂"寓意人工建筑，"垄畔"象征自然地理，那么它们就是私家教授者选择最多的两类场所。

人工建筑更多是精舍。精舍或精庐是经师的讲学之所。《后汉书·姜肱传》："后乃就精庐，求见征君。"⑥ 注曰："精庐即精舍也。"又，《后汉书·儒林传》："精庐暂建。"⑦ 注曰："精庐，讲读之舍。"说明精舍或精庐是讲课和学习的场所。东汉时有不少私家教授者搭建精舍以教授的，如河间乐成人刘淑"少学明《五经》，遂隐居，立精舍讲授，诸生常数百人"⑧。此外，山阳瑕丘人檀敷、会稽曲阿人包咸、陈留人李充、弘农华阴人杨震、杨奇，以及会稽余姚人董春，也都搭建精舍以教授。与此类似的还有"息庐"。琅邪姑幕人承宫"乡里徐子盛者，以《春秋经》授诸生数百人，宫过息庐下，乐其业，因就听经，遂请留门下"⑨。徐子盛教授学子的"息庐"，应该是类似精舍或精庐的学舍。

自然地理更多的是深山大泽。教授于深山之中的，如颍川长社人钟皓

---

① 《后汉书》，第3108页。
② 《后汉书》卷四一《宋均传》，第1411页。
③ 《后汉书》卷七〇《孔融传》，第2263页。
④ 《后汉书》卷六〇上《马融传》，第1972页。
⑤ 《后汉书》卷七九上《儒林传上·孙期传》，第2554页。
⑥ 《后汉书》卷五三《姜肱传》，第1749页。
⑦ 《后汉书》卷七九下《儒林传》"论"，第2588页。
⑧ 《后汉书》卷六七《党锢传·刘淑传》，第2190页。
⑨ 《后汉书》卷二七《承宫传》，第944页。

"少以笃行称，公府连辟，为二兄未仕，避隐密山，以诗律教授门徒千余人"①；南阳人赵康"隐于武当山，清静不仕，以经传教授"②。此外，南阳鲁阳人樊英在壶山，南阳叶县人高凤在西唐山，琅邪姑幕人承宫在蒙阴山，颍川人刘根在嵩山，涿郡卢植在缑氏山，京兆人挚恂在南山，江夏竟陵人刘焉在阳城山，北海胶东人公沙穆在莱山，都是一边隐居一边教授。而弘农山则吸引了3位教授者（太原晋阳人刘茂、蜀郡成都人张楷、陈留人李充）在此避世或隐居教授。教授于大泽之中的，如右扶风平陵人窦武、陈留人杨匡、陈留东昏人杨伦和任城人魏应都曾教授于大泽中。选择深山大泽的原因，主要在于这些地方相对闭塞，符合他们"隐居"的愿望。

5. 私家教授的"边缘"与"中心"

中国古代的私家教授，从春秋时期的孔子开始，到战国时期流行一时。诸子百家既是思想大师，也是私家教授者。然而秦朝统一后，以吏为师，禁绝私学，私家教授被迫中断。直到汉朝实行官私并举的教育政策，私学才得到恢复和较快发展，私家教授也再度兴盛。不仅教授者不限于特定的地域施教，学子也来自四面八方，甚至周游千里以求学，使得东汉文化的空间传播范围大大地拓宽了，经师"布之邦域"，学子"不远万里"③，似乎形成处处有教授者执教，时时有学子求教的局面。

然而由于区位条件、经济发展水平、人口密度乃至传统因素的影响不同，东汉各区域的文化发展水平并不同步。那些文化发达的区域，可称之为文化发达区。在一些文化发达区，如《史记·货殖列传》所说的三河和颍川南阳区域、关中、齐地，或者《汉书·地理志》所说的秦地、周地、魏地和齐地，文化发达与私家教授呈现一致的状态，不仅出现了许多私家教授者，也吸引了其他区域的私家教授者，成为私家教授的中心区；而在另一些区域，无论是《史记·货殖列传》说的邹鲁、梁宋，还是《汉书·地理志》说的鲁地和宋地等，私家教授没有完全反映文化发展程度，成为

---

① 《后汉书》卷六二《钟皓传》，第2064页。
② 《后汉书》卷四三《朱晖传》，第1463页。
③ 《后汉书》卷七九下《儒林传》"论"，第2588页。

私家教授的边缘区。相反，在曾经的一些文化边缘区域，如西汉时的巴蜀和吴越，乃至陇西、河西等，到东汉时私家教授从无到有，逐步发展起来，在地理的边缘区形成不等的私家教授中心。文化发达区存在私家教授的"边缘"区，文化边缘区有着私家教授的"中心"区，两者共存互动，或许更能反映东汉私家教授的真实布局。

三 私家教授与学术传播

私家教授的场所虽然简单，但其推动学术传播的作用丝毫不小。汉代私学从办学主体来看，私学有多种形式：有个体，有家庭，还有家族乃至社会力量。由于资料的限制，我们对后三种力量办学的情况难以详究其全貌。相反，《后汉书》《东观汉记校注》和《八家〈后汉书〉辑注》等典籍，则保留了大量私家教授资料，体现出私家教授已是东汉引人注目的社会现象，它不仅是私学的重要组成部分，在普及教育等方面起到积极的作用[1]。

从文化地理学的视角看，东汉私家教授的影响在于推动学术的空间传播，这体现在三个方面。首先，招收弟子没有地域限制。汉代从制度上规定设置地方官学，但地方官学兴废无常，容纳学子的数量有限[2]，限制了其对文化教育的普及。私家教授则不受学子数量的限制。据郭海燕统计：两汉"受业弟子在千人以上者就达30家，其中西汉2家，东汉28家"[3]。史载学生人数最多的是蔡玄，他"学通《五经》，门徒常千人，其著录者万六千人"[4]。这些学子，既有来自教授者本地的，也有外地的。《汉泰山都尉孔宙碑》碑阴刻有弟子门生的籍贯与姓名，籍贯分布于钜鹿、东平、魏郡、东郡、陈留、安平、北海、济南、甘陵、任城、泰山、下邳、汝南、沛国、鲁国、山阳等郡国[5]，相当于今山东中西部、河南东部以及河北南部，而鲁国本籍的只有3位，大多数来自其他地域，说明私家教授的

---

[1] 刘变丽：《两汉的私学教育及影响》，硕士学位论文，南京师范大学，2007年，第34—36页；胡海涛：《汉代私学教育及特点》，硕士学位论文，青海师范大学，2012年，第三章。
[2] 郭海燕：《汉代地方官学略论》，《湖北工程学院学报》2013年第2期。
[3] 郭海燕：《汉代平民教育研究》，博士学位论文，山东大学，2011年，第69页。
[4] 《后汉书》卷七九下《儒林传下·蔡玄传》，第2588页。
[5] 高文：《汉碑集释》，河南大学出版社1997年版，第251—253页。

学子来自四面八方，不受地域的限制。

其次，教授地点没有地域限制。一些教授者选择在本籍教授，如犍为武阳人杜抚"受业于薛汉，定《韩诗章句》。后归乡里教授"①；会稽上虞人王充也是"归乡里，屏居教授"②。两人在学成后都返回家乡教授。也有选择"客授"他乡的，如上党屯留人鲍昱"少传父学，客授于东平"③；南阳安众人宋均"以祖母丧去官，客授颍川"④，两人都没有在自己的乡里教授。还有的在多个地方教授，如沛郡龙亢人桓荣师事九江朱普，朱普去世后，他"奔丧九江，负土成坟，因留教授，徒众数百人。莽败，天下乱。荣抱其经书与弟子逃匿山谷，虽常饥困而讲论不辍，后复客授江淮间"⑤。据此，他在九江、未能确定地域的山谷和江淮都教授过。而光武帝时期，汝南西平人郅恽曾"客居江夏教授"，又因"坐事左转芒长，又免归，避地教授"⑥，注曰："避地谓隐遁也。"虽未知此次教授地，他至少在两个地方教授过。

最后，学子跨地域长时间求学。教授者招收弟子没有地域限制，学子也不远千里，追随名师研习。广汉梓潼人景鸾，"少随师学经，涉七州之地"⑦；广汉雒人段恭，"少周流七十余郡，求师受学"⑧；游学的历程非常广泛。在古代交通条件不很发达的情况下，负笈千里求学必定需要很长的时间。因此可以看到，很多学子往往一出门就是十年甚至更长的时间。南阳人冯良耻于做从事杂役的小吏，"遁至犍为，从杜抚学。妻子求索，踪迹断绝……积十许年，乃还乡里"⑨。会稽山阴人赵晔"到犍为资中，诣杜抚受《韩诗》，究竟其术。积二十年，绝问不还，家为发丧制服"⑩。段恭则"经三十年，凡事冯翊骆异孙，泰山彦之章，渤海纪叔阳，遂明《天

---

① 《后汉书》卷七九下《儒林传下·杜抚传》，第2573页。
② 《后汉书》卷四九《王充传》，第1629页。
③ 《后汉书》卷二九《鲍永传》，第1021页。
④ 《后汉书》卷四一《宋均传》，第1411页。
⑤ 《后汉书》卷三七《桓荣传》，第1249页。
⑥ 《后汉书》卷二九《郅恽传》第1031—1032页。
⑦ 《后汉书》卷七九下《儒林传下·景鸾传》，第2572页。
⑧ 《华阳国志》卷一〇下《先贤士女总赞·广汉士女》，第146页。
⑨ 《后汉书》卷五三《周燮传》，第1743页。
⑩ 《后汉书》卷七九下《儒林传下·赵晔传》，第2575页。

文》二卷"①。据刘太祥统计：从光武帝建国到东汉灭亡，游学者51人，来自全国三十多个郡国，游学者籍贯又进一步扩大，中原的南阳、汝南、颍川，巴蜀和齐鲁仍保持领先地位，而酒泉、会稽、吴郡、岭南等地也出现了一些游学之士②。

大规模的私家教授对于扩大经学的传播空间和范围，促进学术发展，有着很大的推动作用。东汉时期，私学比西汉更加兴盛。《后汉书·儒林传》载："自光武中年以后，干戈稍戢，专事经学，自是其风世笃焉。其服儒衣，称先王，游庠序，聚横塾者，盖布之于邦域矣。若乃经生所处，不远万里之路，精庐暂建，嬴粮动有千百，其著名高义开门受徒者，编牒不下万人，皆专相传祖，莫或讹杂。"③ 许多经学大师从事教授，作为东汉河洛学术发达区的南阳、汝南、陈留和颍川也不例外。南阳叶人高凤"少为书生，家以农亩为业，而专精诵读，昼夜不息……其后遂为名儒，乃教授业于西唐山中"④。按：西唐山，原注曰："山在今唐州湖阳县西北。郦元注《水经》云，即高凤所隐之西唐山也。"唐代唐州湖阳，东汉时属南阳郡，则高凤教授的地点应该在南阳。陈留人杨匡"初好学，常在外黄大泽教授门徒，补蕲长，政有异绩，迁平原令"⑤。按：外黄，时属陈留郡，则杨匡教授地点属陈留外黄。颍川襄城人李膺"以公事免官，还居纶氏，教授常千人。南阳樊陵求为门徒，膺谢不受"⑥。按：纶氏，原注曰："纶氏，县，属颍川郡，故城今阳城县也。"则李膺教授地点是在颍川纶氏。南阳安众人宋均在建武年间"以祖母丧去官，客授颍川……永平元年（58年），迁东海相，在郡五年，坐法免官，客授颍川"⑦，则宋均分别在光武和明帝时教授于颍川。这些学术人物在四郡的教授对于普及经学和发展地方学术无疑具有很大的推动作用。另外，来自其他郡国的学术人物也来到四郡讲授：沛郡龙亢人桓典"字公雅，复传其家业，以《尚书》教授颍

---

① 《华阳国志·先贤士女总赞·广汉士女》，第146页。
② 刘太祥：《汉代游学之风》，《中国史研究》1998年第4期。
③ 《后汉书》卷七九上《儒林传上》"论"，第2588页。
④ 《后汉书》卷八三《逸民传》，第2768—2769页。
⑤ 《后汉书》卷六三《李杜传》，第2094页。
⑥ 《后汉书》卷六七《党锢传·李膺传》，第2191页。
⑦ 《后汉书》卷四一《宋均传》，第1411、1413页。

川，门徒数百人"①。陈雁指出：在东汉时期，私学很兴盛的地区是颍川、汝南及南阳地区；其次是与其相邻的青、徐及关中地区②。如颍川郡，东汉私人传学在规模上超过千人至六千人以内的共 27 人，颍川豪族有 3 人，占总数的九分之一，高于其周边的陈留（1 位）、河内（1 位）、南阳（2位）、汝南（1 位）、陈国（1 位）。东汉私人传学著录规模接近和超过万人规模的共有 4 位，颍川就有 1 位，可见颍川豪族的私人传学规模之大③。再如南阳郡，"东汉时期，南阳私学兴盛，私人教授达 13 人之多，居全国首位"④。

另外，众多生徒聚集在一起，形成规模不等的团体，容易引起当政者的警惕。西汉后期，右扶风平陵人吴章为"当世名儒，教授尤盛，弟子千余人，（王）莽以为恶人党，皆当禁〔锢〕，不得仕宦。门人尽更名他师"⑤。陈留东昏人刘昆于"王莽世，教授弟子恒五百余人。每春秋飨射，常备列典仪，以素木瓠叶为俎豆，桑弧棘矢，以射'菟首'。每有行礼，县宰辄率吏属而观之。王莽以昆多聚徒众，私行大礼，有僭上心，乃系昆及家属于外黄狱"⑥。在两汉之际的动荡局势中，吴章和刘昆教授的弟子分别有"千余人"和"五百余人"，这在当政者看来是不安定的因素，也是潜在的势力集团。他们的被禁锢和入狱，也透露出经学传播的规模。

除了学校教学和私家教授之外，学术著作的传播同样可以提升阅读者的学术学平。史载王充"家贫无书，常游洛阳市肆，阅所卖书，一见辄能诵忆，遂博通众流百家之言"⑦。通过自己的主动阅读，王充成长为学术人物；而他的著作一经流传，又促进阅读者的学术素养，王充"所作《论衡》，中土未有传者，蔡邕入吴始得之，恒秘玩以为谈助。其后王朗为会稽太守，又得其书，及还许下，时人称其才进。或曰，不见异人，当得异

---

① 《后汉书》卷三七《桓荣传》，第 1258 页。
② 陈雁：《东汉魏晋时期颍汝、南阳地区的私学与游学》，《文史哲》2000 年第 1 期。
③ 薛海波：《东汉颍川豪族的官僚化和士族化》，《文史哲》2006 年第 6 期。
④ 崔向东、王金阳：《两汉南阳豪族的官僚化和士族化》，《社会科学辑刊》2010 年第 4 期。
⑤ 《汉书》卷六七《云敞传》，第 2927 页。
⑥ 《后汉书》卷七九上《儒林传上·刘昆传》，第 2550 页。
⑦ 《后汉书》卷四九《王充传》，第 1629 页。

书。问之，果以《论衡》之益，由是遂见传焉"①。蔡邕阅读《论衡》之后，时人称赞"其才进"，说明《论衡》发挥了学术传播作用。此外，

> （会稽山阴人赵晔著有《吴越春秋》和《诗细历神渊》）蔡邕至会稽，读《诗细》而叹息，以为长于《论衡》。邕还京师，传之，学者咸诵习焉②。

> （班固）自永平中始受诏，潜精积思二十余年，至建初中乃成。当世甚重其书，学者莫不讽诵焉③。

可以设想，学者无论诵读赵晔的《诗细历神渊》还是班固的《汉书》，都有助于提高其学术素养。

---

① 《后汉书》卷四九《王充传》注引袁山松《书》，第1629页。
② 《后汉书》卷七九下《儒林传下·赵晔传》，第2575页。
③ 《后汉书》卷四〇上《班彪传上》，第1334页。

第七章

汉代学术区域演进的环境因素

文化地理学中的文化生态就是研究文化与环境的相互影响：环境对文化的影响体现文化中的环境印记、人地关系的观念和生态承载导致的文化转型等，文化对环境的影响则体现在人对环境施加的压力和对环境的改造等。具体而言，文化的起源、发展与扩散等都与环境密切相关。从学术角度看，无论学术区域的演进还是区域学术水平差异，乃至区域学术面貌，都受到环境影响。虽然不同区域学术地位变迁的影响因素不同，但在纷繁的因素背后，我们还是能够寻找到共通点。

第一节 自然因素

人类文化是在一定的环境中生存和发展的，这里说的环境包括自然环境、社会环境和人文环境三个方面。自然环境为人类文化生存和发展提供背景条件。文化地理学家已经证实，在自然环境的构成要素中气候与文化兴衰存在关系，如在中国历史上，凡是思想活跃、文化繁荣或朝代兴旺的时期，往往是气候温暖的时期①。在学术方面，自然因素与区域学术状况密切相关。

一 自然环境与区域学术状况

优越的自然环境是经济社会发展的有利条件，汉代区域学术发展的差异与自然环境特点密切相关。

---

① 周尚意、孔翔、朱竑：《文化地理学》，第107页。

从战国到两汉，学术发达区主要集中在黄河中下游，如西汉时期的学术发达区域齐地、鲁地、梁宋等，和东汉时期的学术发达区域河洛和关中等。这些区域的地貌以平原、河谷和盆地为主，有利于农业生产的发展，开发得较早，是中国古代经济重心所在，学术发展水平较高，出现学术载体的数量也多于燕地、粤地和赵地等。汉代区域经济发展与学术发达区的重叠使我们认识到优越的自然环境是产生众多学术人物和学术发展的前提条件。

前提条件能否转化为充分条件，还要受其他条件的影响。位于长江上游的巴蜀则号称"天府""陆海"，物产富饶，《史记·货殖列传》称巴蜀为"沃野，地饶卮、姜、丹沙、石、铜、铁、竹、木之器"。交通方面，巴蜀通往外界的道路有限，"四塞，栈道千里，无所不通，唯褒斜绾毂其口"①。独特的自然地理使得巴蜀文化在很长时间里保持着民风质朴的特色：巴郡"其民质直好义，土风敦厚，有先民之流。……其失，在于重迟鲁钝。俗素朴，无造次辨丽之气"②；从巴郡分置出的涪陵郡"土地山险水滩，人多戆勇，多獽蜑之民。县邑阿党，斗讼必死。无蚕桑，少文学"③；原属犍为郡的江阳郡"俗好文刻，少儒学，多朴野，盖天性也"④。引文中"质直""素朴""朴野"等词正是巴蜀平原民风的写照。当然，质朴的另一面意味着缺乏学术素养，因此引文中又提道巴蜀"少文学""少儒学"，这将影响学术人物的出现。

自然环境不仅影响区域学术发展水平，还影响区域学术面貌。滨海的地理环境，海市蜃楼的自然幻象，极易诱发古人的想象，宗教、方士文化和谶纬较为发达⑤。同样，巴蜀作为相对独立的自然地理单元，西南和南部巫风浓厚：南广郡（从朱提郡分置，汉代时属犍为）"俗妖巫，惑禁忌，多神祠"⑥；犍为郡僰道县"民失在于征巫，好鬼妖"⑦；牂柯郡"俗好鬼

---

① 《史记》卷一二九《货殖列传》，第 3261—3262 页。
② 《华阳国志》卷一《巴志》，第 3 页。
③ 《华阳国志》卷一《巴志》，第 12 页。
④ 《华阳国志》卷三《蜀志》，第 39 页。
⑤ 参见王克奇《齐地的方士文化与汉代的谶纬之学》，《管子学刊》2004 年第 3 期；卢云《汉晋文化地理》，第 156 页。
⑥ 《华阳国志》卷四《南中志》，第 56 页。
⑦ 《华阳国志》卷三《蜀志》，第 39 页。

巫，多禁忌。（畲）山为田。无蚕桑。颇尚学书，少威棱多懦怯。寡畜产，虽有僮仆，方诸郡为贫"①。因此"对宗教有较强的感受力，来自东方的方士之学、谶纬神学，极易在这里保持、流传，五斗米道更是在这一地区发展、成长起来的"②。此外，汉初的梁国以辞赋见长，尧荣芝认为梁孝王集团荟萃辞赋名家，梁园为这些辞赋家提供了理想的驰墨骋怀园地，梁园作品深受地域文化影响，有着浓郁的北方晋文化和南方楚文化色彩，作品充分体现了晋文化尚贤、尚法、尚功、尚义的特点，以及楚文化"少私寡欲，廉俭守节"的哲学思想。梁园作品也通过对南方楚地大量动植物的描写，体现了浓郁的楚风楚貌③。

二 地形地貌与都城选择

都城是王朝的政治中心，其选择要综合自然环境、军事、经济等条件。自然环境中的地形地貌是参考依据之一，西汉定都关中和东汉定都洛阳即如此。

1. 都城选择的自然环境因素

至晚从战国末年开始，时人已认识到关中自然环境的优越性。燕太子丹担忧秦国蚕食，问其傅鞠武，鞠武在回答中列举了秦地的优势："秦地遍天下，威胁韩、魏、赵氏，北有甘泉、谷口之固，南有泾、渭之沃，擅巴、汉之饶，右陇、蜀之山，左关、殽之险"④。他所说的秦地，与关中基本一致，在自然地理上形成"四塞"状态，北有岐山、嵯峨山、尧山、梁山，崇山峻岭，足以设险守固；南有秦岭，道路险阻，非栈道不能通；西有陇山，隘阻东西；东有黄河为阻⑤。秦汉之际刘敬劝说汉高祖定都关中，主要是从地形地貌而论，"夫秦地被山带河，四塞以为固，卒然有急，百万之众可具。因秦之故，资甚美膏腴之地，此所谓天府。陛下入关而都之，山东虽乱，秦故地可全而有也。夫与人斗，不搤其亢，拊其背，未能

---

① 《华阳国志》卷四《南中志》，第52页。
② 卢云：《汉晋文化地理》，第491页。
③ 尧荣芝：《梁孝王文人集团创作与地域环境的关系》，《中华文化论坛》2011年第6期。
④ 《史记》卷八六《刺客列传》，第2528页。
⑤ 崔向东：《论西汉定都关中及其对汉初社会的影响》，《锦州师范学院学报》（哲学社会科学版）2000年第4期。

全胜。今陛下入关而都，按秦之故，此亦搤天下之亢而拊其背也"①。汉高祖尚在犹豫中，张良进而从经济角度论证关中优势，确认了刘敬的建议，"夫关中左殽函，右陇蜀，沃野千里，南有巴蜀之饶，北有胡苑之利，阻三面而固守，独以一面东制诸侯。诸侯安定，河、渭漕挽天下，西给京师；诸侯有变，顺流而下，足以委输。此所谓金城千里，天府之国。刘敬说是也"。此论一出，"于是上即日驾，西都关中"②。

东汉定都洛阳，同样与其地形地貌有关。张衡《东京赋》："昔先王之经邑也，掩观九隩，靡地不营。土圭测景，不缩不盈。总风雨之所交，然后以建王城。审曲面势，溯洛背河，左伊右瀍。西阻九阿，东门于旋。盟津达其后，太谷通其前。回行道乎伊阙，邪径捷乎轘辕。大室作镇，揭以熊耳。底柱辍流，镡以大伾。"③ 九阿、旋门、轘辕、太室、熊耳等分别是处在东汉洛阳西面、东面、东南、西南等处的山脉。这些山脉山势险峻，有天堑之险、奇绝之势④。

2. 都城的学术优势

都城一旦确定，不仅使政治资源汇聚于此，也使各种资源向都城集中⑤。西汉定都长安，经过几十年的积累，以三辅为中心的关中为学术发展提供极佳的条件：都城中储藏了大量的图书，国家的最高教育机构——

---

① 《汉书》卷四三《刘敬传》，第 2120 页。
② 《汉书》卷四〇《张良传》，第 2032—2033 页。
③ 《全后汉文》卷五三《东京赋》，第 543—544 页。当然，凡事都有两面性，洛阳也有劣势。刘敬劝汉高祖定都关中，高祖"左右大臣皆山东人，多劝上都洛阳：'洛阳东有成皋，西有殽黾，背河乡洛，其固亦足恃。'良曰：'洛阳虽有此固，其中小，不过数百里，田地薄，四面受敌，此非用武之国。'"（《汉书》卷四〇《张良传》，第 2032 页）薛小林从更大视角指出定都洛阳隐隐造成关中与关东的对立，"定都洛阳，造成了关西的衰落、偏痹和边患的浸漫，具有武力优势的关西与掌握政治经济文化优势的关东隐隐形成对立之局"（参见薛小林《争霸西州：匈奴、西羌与两汉的兴衰》，第 219 页）。
④ 方原：《东汉都城选址原因研究》，《西北工业大学学报》（社会科学版）2009 年第 2 期。
⑤ 对此，廖伯源有过论述：西汉都长安，以关中为根本之地，法律制度，皆以关中优先，限制东方诸侯国，徙天下富人豪强、吏二千石于三辅陵县，至末年元帝时乃止，故三辅富人最多。帝室后宫、皇亲国戚、京师官署及其眷属，其需求物资之供给，带动关中之工商经济，西汉关中极为繁荣。及光武都洛阳，关中失其优势，朝廷不复以大量之人力、物资输入关中。且自莽末战乱，更始诸将以为战场，及赤眉寇略破坏，关中长安残破。东汉既都洛阳，不复重视三辅，疏于经营三辅及以西之郡县，且放任羌戎入居其地，故东汉三辅及以西诸郡人口大减（参见廖伯源《秦汉史论丛续编》，中华书局 2018 年版，第 64—65 页）。

太学也设立于此，诸多经学名师也在此任职和教授。东汉定都洛阳，学术资源逐渐转移过去，使其成为政治中心的同时也成为学术中心。概括而言，都城拥有的学术资源体现在以下几个方面：

第一，太学。汉初，囿于主客观条件的限制，如统治阶层的学术素养较低、处理诸侯国的"离心"倾向等，朝廷无暇兴建太学。到西汉中期，汉武帝采纳董仲舒"天人三策"中的建议，在长安设立太学。西汉后期，太学规模得到扩大。两汉之际，由于都城政治形势的不稳定，太学一度零落。东汉建立后，光武帝戎马未歇，即于建武五年（29年）起营太学，此后的顺帝时，不仅都城中有一定秩级的官僚子弟需入太学，很多来自边远地区的士子也涌入太学。太学成为容纳几万名学子的求学之地。

第二，名师。自太学设立后，博士成为专职学官，负责经学的传授和太学子弟的教育。朝廷也采取多种途径，征召名师为博士[①]，西汉时如：

（鲁国邹人韦贤）以《诗》教授，号称邹鲁大儒，征为博士[②]。
（琅邪人贡禹）以明经洁行著闻，征为博士[③]。
（琅邪皋虞人王吉）起家复为益州刺史，病去官，复征为博士谏大夫[④]。
（河内怀人蔡茂）哀平间以儒学显，征试博士[⑤]。

东汉时的例子更多：

（北海安丘人甄宇）建武中，为州从事，征拜博士[⑥]。
（鲁国薛人曹褒精通礼学，在担任陈留圉令时被）免官归郡，为功曹，（章帝时）征拜博士[⑦]。

[①] 按：汉代博士需要通过一定程序的选拔才能担任（参见张汉东《论秦汉博士制度》，载安作璋、熊铁基《秦汉官制史稿》，第436—439页），但也不乏直接由朝廷征召者。
[②]《汉书》卷七三《韦贤传》，第3107页。
[③]《汉书》卷七二《贡禹传》，第3069页。
[④]《汉书》卷七二《王吉传》，第3062页。
[⑤]《后汉书》卷二六《蔡茂传》，第907页。
[⑥]《后汉书》卷七九下《儒林传下·甄宇传》，第2580页。
[⑦]《后汉书》卷三五《曹褒传》，第1202页。

（陈留外黄人爰延）桓帝时征为博士①。

（涿郡涿人卢植师从马融）建宁中，征博士，太尉杨秉等举贤良方正，再迁为侍中②。

除此之外，朝廷还直接征召一些名师到都城任职。如，鲁国东平人夏侯氏自夏侯始昌以《尚书》教授，见重于武帝后，官拜太傅，专讲《尚书》，其族人夏侯胜和夏侯建分别创建今文《尚书》学的大、小夏侯学派；东海兰陵人疏广学明《春秋》，居家教授，弟子中不乏来自远方者。地节三年（前67年），宣帝被确定为皇太子，疏广被选任太子少傅，后来又担任太子太傅，开创了《疏氏春秋》一派。

无论是征为博士，还是征召到朝廷任职，这些经学名师此前大多地方上享有一定的学术声誉。把他们征召到都城，无疑会强化都城的学术优势。郡国虽然设立学校，招收士人。但郡国学校与太学相比，无论规制还是教师的名气总体上不如太学。要想跟随经学名师研习，还是首选太学，"盖其时郡国虽已立学，如文翁之治蜀，修起学馆，招子弟为官童子；宋均之令辰阳，立学校；任延为武威太守，立校官，令掾吏子孙皆诣学受业；李忠为丹阳太守，起学校，习礼容。然经义之专门名家，惟太学为盛，故士无有不游太学者"③。

第三，图书。自西汉中期开始，朝廷注意搜集和整理图书，设有专门的藏书机构。如，西汉时藏书机构有石渠阁、石室、金匮、天禄阁、温室等，东汉时有兰台、石室、东观、仁寿阁等。同时，太常、太史、博士等也都有藏书。东汉"初，光武迁还洛阳，其经牒秘书载之二千余两，自此以后，参倍于前"④。到班固《汉书·艺文志》时，共著录"大凡书，六略三十八种，五百九十六家，万三千二百六十九卷"⑤。数量非常可观。市

---

① 《后汉书》卷四八《爰延传》，第1618页。
② 《后汉书》卷六四《卢植传》，第2113页。
③ （清）赵翼：《陔余丛考》卷一六《两汉时受学者皆赴京师》，商务印书馆1957年版，第296页。
④ 《后汉书》卷七九上《儒林传上》"序"，第2548页。
⑤ 《汉书》卷三〇《艺文志》，第1781页。按：今计614家，多18家；13035篇，少234篇（参见陈国庆编《汉书艺文志注释汇编》，第235页）。

场中的图书交易也很旺盛，都城还有了买卖书籍的市场。西汉时长安有"槐市"："去城七里东为常满仓，仓之北为槐市，列槐树数百行为隧，无墙屋。诸生朔望会且市，各持其郡所出货物，及经传书记，笙磬乐器，相与买卖，雍容揖让，论议槐下"①，可见槐市是一个综合性市场，参与者主要是太学生，交易的物品有太学生从郡国带来的货物、图书和乐器。东汉时洛阳也有书肆，王充"家贫无书，常游洛阳市肆，阅所卖书"②。王充在"市肆"中能够阅读很多书，说明当时存在图书交易情况。

第四，学子。太学不仅是士人研习经学的最高机构，而且设有博士弟子员，为他们学有所成之后提供出路，这对全国士人来说很有诱惑力。赵翼《陔余丛考·两汉时受学者皆赴京师》云："汉时凡受学者皆赴亦师。盖遭秦灭学，天下既无书籍，又少师儒。自武帝乡用儒学，立五经博士，为之置弟子员。宣帝因之，续有增置。于是施、孟、梁丘、京氏之《易》，欧阳、大、小夏侯之《书》，齐、鲁、韩之《诗》，普庆（笔者按：《汉书·儒林传》作'庆普'）、大、小戴之《礼》，严氏、颜氏之《公羊春秋》，瑕丘江公之《穀梁春秋》，皆在太学。成帝末，增弟子至三千人。光武中兴，起太学博士舍。肃宗又诏选高才生受《古文尚书》、《毛诗》、《左氏春秋》，虽不立学官，然皆擢高第。顺帝时更修黉序千八百五十室，梁太后诏大将军至六百石悉遣子弟就学。自是游学增盛，至三万余人，士之向学者，必以京师为归。"③ 经过一段时间的学习后，朝廷会根据博士弟子通经的多少和程度，授予不同的官职。博士弟子如果够聪慧，能在小时候通经，也会破格提拔。顺帝永建四年（129年），尚书令左雄"奏征海内名儒为博士，使公卿子弟为诸生。有志操者，加其俸禄。及汝南谢廉，河南赵建，年始十二，各能通经，雄并奏拜童子郎。于是负书来学，云集京师"④。童子郎，按：《后汉书·臧洪传》：臧洪"年十五，以父功拜童子郎"⑤。注曰："汉法，孝廉试经者拜为郎。洪以年幼才俊，故拜童子郎

---

① 何清谷校注：《三辅黄图校注》，三秦出版社2006年版，第476—477页。
② 《后汉书》卷四九《王充传》，第1629页。
③ 《陔余丛考》卷一六《两汉时受学者皆赴京师》，第295页。
④ 《后汉书》卷六一《左雄传》，第2020—2021页。
⑤ 《后汉书》卷五八《臧洪传》，第1885页。

也。"这无疑又刺激士人前来太学求学的欲望。

可见，无论西汉的长安还是东汉的洛阳，都城中有太学，有名师，有图书，有学子，还有帝王的支持。都城设在哪里，这些学术资源就会逐渐向哪里集中，促使都城迟早成为全国最大的学术中心。

三 地理位置与区域学术发展

汉朝疆域辽阔，北绝大漠，西逾葱岭，东越朝鲜，南至大海。各区域所处的位置不同，与政治中心的距离各异，学术发展水平参差不齐。

1. 毗邻都城的优势

自西汉中期学术中心与政治中心重叠之后，政治中心的学术影响力容易辐射临近区域，带动其学术发展。西汉定都长安，以长安为中心的三辅是关中的学术发达区，陇西六郡等区域较少出现学术人物。东汉时则取得较大发展，安定有9位，弘农有8位，敦煌有8位，北地和陇西各有2位。东汉定都洛阳，临近洛阳的郡国学术人物大幅度增加。尤其是南阳，东汉建立者光武帝出身于此，云台32位功臣中，有13位（邓禹、吴汉、贾复、岑彭、朱祐、马成、陈俊、杜茂、任光、马武、刘隆，以及李通、卓茂）来自南阳，"帝乡"优势与其他有利条件结合在一起，促使南阳成为河洛学术人物最多的郡国①。相邻都城的陈留、汝南、颍川等也占有相当大的地理优势，是时人眼中的"近郡"。顺帝时陈留郡缺职，尚书史敞等推荐胡广，认为"陈留近郡，今太守任缺。广才略深茂，堪能拨烦，愿以参选，纪纲颓俗，使束修守善，有所劝仰"②。"近郡"即指陈留郡在地理上临近洛阳。这为其学术发展提供便利。而关中的陇西六郡，赵地的定襄、云中、五原等郡，燕地的自上谷至辽东区域和巴蜀的西南夷等，由于距离都城和传统学术发达区域较远，具有独特的民风民俗，总体而言学术比较

---

① 东汉南阳学术的发展，与其经济发展、政治优势等有很大关系。鲁西奇指出，"东汉时期的南阳郡并非荆州刺史治所，但却是荆州的核心区，这不仅由于南阳郡所领著籍户口数占了荆州七郡所领著籍户口总数的38%左右，其经济发展与富庶程度远逾荆州其他各郡，还因为其作为'帝乡'而建为'南都'的特殊政治地位，使荆州刺史治所的政治优势黯然无光；更重要的是，南阳郡豪族名士备出，出将入相，在帝国政治体系中居有独特地位"（参见鲁西奇《中国历史的空间结构》，第162—163页）。

② 《后汉书》卷四四《胡广传》，第1508—1509页。

落后。

2. 边缘区域的机遇

两汉在大部分时间里保持稳定，但也有两个时间段较为动荡：两汉之际和东汉末年。在社会动荡时期，一个区域社会状况恶化，另一个区域可能保持相对的安定，成为士人的避难场所。根据《汉书》与《后汉书》的记载，两汉之际和东汉末年的学术人物曾集中流向几个区域：江南、凉州和交州①。

江南。王莽末年，中原的百姓和士人多避乱会稽、吴郡等江南之地，"更始元年，以（任）延为大司马属，拜会稽都尉。时年十九，迎官惊其壮。及到，静泊无为，唯先遣馈礼祠延陵季子。时天下新定，道路未通，避乱江南者皆未还中土，会稽颇称多士"②。这些士人居住于会稽，对当地学术发展无疑是一种促进。类似的情景在东汉末年再次上演。《后汉书》载："兴平（194—195年）中，（刘）繇为杨州牧、振威将军。时袁术据淮南，繇乃移居曲阿。值中国丧乱，士友多南奔，繇携接收养，与同优剧，甚得名称"③。其中有些人定居下来。《晋书》云："范平字子安，吴郡钱塘人也。其先铚侯馥，避王莽之乱适吴，因家焉。"④

凉州。两汉之际的战乱一度给关中带来极大破坏，先是刘玄自立为天子，定都长安，更始元年（23年），赤眉军几十万人入关，"烧长安宫室市里，害更始。民饥饿相食，死者数十万，长安为虚，城中无人行。宗庙园陵皆发掘，唯霸陵、杜陵完"⑤。"时三辅大饥，人相食，城郭皆空，白

---

① 按：岭南地域到底称交州还是交趾，《汉书·地理志》中的记载存在矛盾之处。根据辛德勇的研究，交州属于两汉的州制，交趾属于刺史制，两者性质不同（可参见辛德勇《秦汉政区与边界地理研究》，中华书局2009年版，第137页）。但它们涵盖的地域大致相同。下文在引用史料时，有时称"交州"，有时称"交趾"，都是据原文而书。
② 《后汉书》卷七六《循吏传·任延传》，第2460—2461页。曾磊根据汉代博士数量论证这一点，"西汉对江南地区的开发还十分有限，当地的文化事业和当时的齐鲁、关中地区不可同日而语，在对西汉博士进行的籍贯和活动统计中，会稽郡未见一人次。但在王莽之乱时，会稽竟然可以'颇称多士'，这无疑是短时期内大量士人南迁带来的影响"（参见曾磊《门阙、轴线与道路：秦汉政治理想的空间表达》，第163页）。
③ 《后汉书》卷七六《循吏传·刘宠传》，第2479页。
④ 《晋书》卷九一《儒林传·范平传》，第2346页。
⑤ 《汉书》卷九九下《王莽传下》，第4193页。

骨蔽野，遗人往往聚为营保，各坚守不下"①。与长安相比，凉州之地的局势相对稳定。更始元年（23年），隗嚣有整个凉州之地，其中心在天水郡和陇西郡，地接三辅，三辅百姓首先流向这里，"及更始败，三辅耆老士大夫皆奔归器"，隗嚣本人"素谦恭爱士，倾身引接为布衣交"，能够任用他们，"以前王莽平河大尹长安谷恭为掌野大夫，平陵范逡为师友，赵秉、苏衡、郑兴为祭酒，申屠刚、杜林为持书，杨广、王遵、周宗及平襄人行巡、阿阳人王捷、长陵人王元为大将军，杜陵、金丹之属为宾客。由此名震西州，闻于山东"②，其中有一些属于学术人物，如右扶风安陵人班彪曾前往天水，"更始败，三辅大乱。时隗嚣拥众天水，彪乃避难从之。"③

建武元年（25年）之后，窦融崛起，割据半个凉州，隗嚣只拥有天水、陇西、安定、北地四郡，其余五郡为窦融等所统。"河西民俗质朴，而融等政亦宽和，上下相亲，晏然富殖"④，"时天下扰乱，唯河西独安，而姑臧称为富邑，通货羌胡，市日四合，每居县者，不盈数月辄致丰积"⑤。成为士人避难的良地：

（左冯翊云阳人王隆）王莽时，以父任为郎，后避难河西，为窦融左护军⑥。

（扶风茂陵人孔奋）遭王莽乱，奋与老母幼弟避兵河西⑦。

（扶风茂陵人杜林）王莽败，盗贼起，林与弟成及同郡范逡、孟冀等，将细弱俱客河西⑧。

（河内怀人蔡茂）遇王莽居摄，以病自免，不仕莽朝。会天下扰

---

① 《后汉书》卷一一《刘盆子传》，第484页。按：两汉之际三辅先后有更始、赤眉之破坏，而后者更甚。廖伯源指出，"赤眉之将吏兵卒暴虐无序，更甚于更始之兵将"（参见廖伯源《秦汉史论丛续编》，中华书局2018年版，第53页）。

② 《后汉书》卷一三《隗嚣传》，第521—522页。

③ 《后汉书》卷四〇上《班彪传上》，第1323页。

④ 《后汉书》卷二三《窦融传》，第797页。

⑤ 《后汉书》卷三一《孔奋传》，第1098页。

⑥ 《后汉书》卷八〇上《文苑传上·王隆传》，第2609页。

⑦ 《后汉书》卷三一《孔奋传》，第1098页。

⑧ 《后汉书》卷二七《杜林传》，第935页。

乱，茂素与窦融善，因避难归之①。

众多迁入的士人不仅使得河西成为一时的学术中心，而且推动了河西文化的发展。崔向东就此分析说："随着关东、关中士人的云集，西北河西之地成为地方学术中心，这对带动西北文化发展，促进地方豪族儒化有相当重要的作用。东汉时期，河西的这种学术文化地位一直延续着，此后曹魏、西晋、以及十六国时期，河西学术文化一直处于比较发达的状态，河西地区人才辈出。"②

交州。交州地处汉朝疆域最南端，受战乱影响较小。东汉末年时任交趾太守士燮"体器宽厚，谦虚下士，中国士人往依避难者以百数"③。如：

（沛郡龙亢人桓晔）初平中，天下乱，避地会稽，遂浮海客交阯，越人化其节，至闾里不争讼④。

（北海人刘熙）建安中，荐辟不就。避地交州，往来苍梧、南海，客授生徒数百人⑤。

（汝南南顿人程秉）逮事郑玄，后避乱交州，与刘熙考论大义，遂博通五经⑥。

（沛郡竹邑人薛综）少依族人避地交州，从刘熙学⑦。

（南阳人许慈）建安中，与许靖等俱自交州入蜀⑧。

（陈郡扶乐人袁徽）以儒素称。遭天下乱，避难交州⑨。

---

① 《后汉书》卷二六《蔡茂传》，第907页。
② 崔向东：《汉代豪族地域性研究》，第196页。河西从学术"边缘"区发展到发达，需要经历较长时间，两汉之际士人的迁入可谓第一阶段。此后的两晋十六国时期，又有许多中原大族迁入河西，薛小林认为此时"河西的学术有了质的飞跃，乃至成为隋唐文化的渊源之一"（参见薛小林《争霸西州：匈奴、西羌与两汉的兴衰》，第186页）。
③ 《三国志》卷四九《吴书·士燮传》，第1191页。
④ 《后汉书》卷三七《桓荣传》，第1260页。
⑤ 《粤大记》卷一三《宦迹类·词客珠华》，第354页。
⑥ 《三国志》卷五三《吴书·程秉传》，第1248页。
⑦ 《三国志》卷五三《吴书·薛综传》，第1250页。
⑧ 《三国志》卷四二《蜀书·许慈传》，第1022—1023页。
⑨ 《三国志》卷一一《魏书·袁涣传》，第336页。

（孙策东渡江，汝南平舆人许靖）皆走交州以避其难，靖身坐岸边，先载附从，疏亲悉发，乃从后去，当时见者莫不叹息①。

（会稽余姚人虞翻触怒孙权，孙权）徙翻交州。虽处罪放，而讲学不倦，门徒常数百人②。

当然，避难士人能否推动避难区域学术的发展取决于很多因素，如士人的数量，人数少了自然不行；再如居住的时间，时间太短，士人的影响就有限。上述几个区域中，会稽和荆州的学术都取得较大发展，因前者还有历任太守的教化之功，后者则有刘表的学术支持，而凉州与交趾的学术虽也因士人的涌入和教授而得到发展，但距离学术中心的地位相去甚远。

3. 交通要道的契机

还有一些郡国，在某种外在因素的刺激下，地位凸显，获得发展，为学术人物的出现打下基础。西汉琅邪学术的发达与其所处的地理位置有一定的关系。据王子今的研究，琅邪是秦与西汉时期航海行为的重要出发点③，秦始皇和汉武帝都曾多次巡游至此：

（秦始皇二十八年，前219年）南登琅邪，大乐之，留三月④。

（秦始皇二十九年，前218年）登之罘，刻石……遂之琅邪，道上党入⑤。

（秦始皇三十七年，前210年）还过吴，从江乘渡。并海上，北至琅邪⑥。

（汉武帝元封五年，前106年）北至琅邪，并海，所过礼祠其名山大川⑦。

---

① 《三国志》卷三八《蜀书·许靖传》，第964页。
② 《三国志》卷五七《吴书·虞翻传》，第1321页。
③ 王子今：《东海的"琅邪"和南海的"琅邪"》，《文史哲》2012年第1期。
④ 《史记》卷六《秦始皇本纪》，第244页。
⑤ 《史记》卷六《秦始皇本纪》，第249—250页。
⑥ 《史记》卷六《秦始皇本纪》，第263页。
⑦ 《汉书》卷六《武帝纪》，第196页。

（汉武帝太始三年，前94年）幸琅邪，礼日成山①。

（汉武帝太始四年，前93年）夏四月，幸不其，祠神人于交门宫，若有乡坐拜者。作《交门之歌》②。

除了巡游琅邪外，秦皇、汉武还对琅邪进行一定的建设。秦始皇二十八年（前219年）巡游时，"徙黔首三万户琅邪台下，复十二岁。作琅邪台，立石刻，颂秦德，明得意"③。汉武帝太始四年（前93年）巡游所幸的交门宫，晋灼曰："琅邪县有交门宫，武帝所造。"秦皇汉武巡游琅邪有利于提升琅邪的地位，对琅邪学术发展也是一种促进。从文化的角度看，琅邪地处齐文化与鲁文化的交汇地，既有鲁人的质朴好礼，又有齐人的足智多谋；既重亲亲，又尚尊贤；既重农桑，又重工商；既坚定厚重，又视野开阔④。这些特点都有利于学术人物的产生。这两个因素使得秦与西汉时期琅邪的经学与方术特别发达，秦代三大方士徐市、卢生、安期生都曾活跃于此⑤，到汉武帝时，齐地方术达到兴盛⑥。东汉时期，随着帝王对巡游琅邪次数的减少和海上通道的南移⑦，琅邪的地位逐渐下降，由此影响到学术上的发展⑧。

据上所述，自然环境对学术发展的影响可以概括为，首先，优良的自然环境能够为学术发展提供基础，是学术发展的必要条件，因此不是所有自然环境优良的区域，其学术都会得到发展；其次，地形地貌等因素影响

---

① 《汉书》卷六《武帝纪》，第206页。
② 《汉书》卷六《武帝纪》，第207页。
③ 《史记》卷六《秦始皇本纪》，第244页。
④ 张崇琛：《论琅邪文化》，《兰州大学学报》2004年第3期。
⑤ 张华松：《秦始皇经营琅邪论略》，《济南教育学院学报》1999年第1期。
⑥ 卢云提道，"在汉武帝的提倡与需求下，燕齐滨海地区的方士显得异常活跃，汉武帝时以方术进身、显赫一时的方士很多，前后见于记载的有李少君、宽舒、谬忌、少翁、栾大、公孙卿、丁公、公玉带等。这些方士除李少君、谬忌外，都是齐人"（参见卢云《秦汉时代滨海地区的方士文化》，原载《复旦学报》（社会科学版）1988年第6期，此据唐晓峰、黄义军编《历史地理学读本》，北京大学出版社2006年版，第401—412页）。
⑦ 林剑鸣、于华青、周天游等：《秦汉社会文明》，西北大学出版社1985年版，第257页。
⑧ 按：琅邪，西汉时为郡，有228960户，1079100口，领县51座；东汉为琅邪国，有20840户，570967口，领城13座。从西汉到东汉，琅邪人口减少了近1/2，可以从侧面解释东汉琅邪学术的衰退。

着都城等政治中心的选择，而在中国传统社会，政治中心一般会发展为学术中心；最后，区域位置影响着其学术发展的机遇，无论是毗邻都城等政治中心、战乱之际保持相对安定还是因某种机缘，特定区域会因其所处位置的便利而在学术上获得较快发展。

第二节 社会经济因素

自然因素为学术发展提供了基础，但不能解释相同自然条件下区域学术发展不平衡的问题，这透露出在自然因素之外，还存在其他影响学术发展的因素，如行政决策、人口等社会经济因素。

一 行政决策

中国古代的政治与学术保持密切的关系。《易·观》："观天之神道，而四时不忒，圣人以神道设教，而天下服矣。"表达出意识形态对维护政权的作用。反过来，政治对意识形态有着明显的影响，这是中国传统政治文化的重要特征。在汉代，学术作为意识形态的组成部分，其变动也带有明显的政治烙印。两汉时期，政治因素对学术区域演进的影响体现在朝廷加强中央集权的趋势和徙陵政策方面。

1. 中央集权与诸侯国学术中心的衰落

楚汉战争后期，汉高祖迫于形势的需要，先后分封了七个异姓王。但这皆非他所愿，所以班固说："昔高祖定天下，功臣异姓而王者八国。张耳、吴芮、彭越、黥布、臧荼、卢绾与两韩信，皆徼一时之权变，以诈力成功，咸得裂土，南面称孤。"①"徼一时之权变"，透露出汉高祖分封异姓诸侯王不过是在特定战争形势下，采取的应急措施。既然是应急措施，当然不能视为常态。西汉建国后，汉高祖与异姓王之间的矛盾很快暴露出来。经过一番征战，七个诸侯王中只留下势单力孤的长沙王吴芮。异姓王既灭，汉高祖大封同姓，并与大臣刑白马盟誓，"非刘氏而王者，天下共

---

① 《汉书》卷三四《韩彭英卢传》"赞"，第 1895 页。

击之"。刘氏同姓封国奠定了汉初郡国并行的地方行政格局，汉初诸侯王国几乎是朝廷的缩小版。《汉书·百官公卿表》："诸侯王，高帝初置，金玺盭绶，掌治其国。有太傅辅王，内史治国民，中尉掌武职，丞相统众官，群卿大夫都官如汉朝。"① 诸侯王的政治权力很大，拥有征收赋税、经营煮盐、冶铁和铸钱以及任免官吏等经济和政治权力。王国的封域十分广大，汉初全国疆土共有 57 个郡。其中诸侯王国共领有 42 个郡，占全国总郡数的 73.7%；汉中央直接领地不过 15 个郡，仅占全国总郡数的 26.3%。这种"干弱枝强"的局面，直到吴楚七国之乱时仍无变化②。汉文帝为加强自己的地位，采用贾谊"众建诸侯而少其力"的策略，把一些大的诸侯国分为几个小国，以削弱诸侯王的实力。景帝继位后，皇权与诸侯国的矛盾日益激化，最终导致了"七国之乱"。"七国之乱"平定后，诸侯国的政治地位发生转折性变化。班固云："自吴楚诛后，稍夺诸侯权，左官附益阿党之法设。其后诸侯唯得衣食租税，贫者或乘牛车。"③ 司马迁也称："自吴楚反后，五宗王世，汉为置二千石，去'丞相'曰'相'，银印。诸侯独得食租税，夺之权。其后诸侯贫者或乘牛车也。"④ 又，《汉书·百官公卿表》："景帝中五年令诸侯王不得复治国，天子为置吏，改丞相曰相，省御史大夫、廷尉、少府、宗正、博士官，大夫、谒者、郎诸官长丞皆损其员。武帝改汉内史为京兆尹，中尉为执金吾，郎中令为光禄勋，故王国如故。损其郎中令，秩千石；改太仆曰仆，秩亦千石。成帝绥和元年省内史，更令相治民，如郡太守，中尉如郡都尉。"⑤ 这些资料表明"七国之乱"后，诸侯王国的人事、经济、政治特权都受到打击，从政治上削弱、分化诸侯国的势力成为汉代加强中央集权的第一个举措。

汉朝加强中央集权的另一个举措是严禁结客。汉初距战国未远，战国时的结客之风在汉初仍然延续着。如，梁国的"山东游士"、河间国的"四方道术之人"和淮南国的"宾客方术之士"等，这些人士大多是因诸

---

① 《汉书》卷一九上《百官公卿表上》，第 741 页。
② 孔令广：《试论西汉初士人流向诸侯之原因》，《传承》2008 年第 8 期。
③ 《汉书》卷三八《高五王传》"赞"，第 2002 页。
④ 《史记》卷五九《五宗世家》，第 2104 页。
⑤ 《汉书》卷一九上《百官公卿表上》，第 741 页。

第七章 汉代学术区域演进的环境因素

侯王的个人感召而聚集在一起,在地方上形成一个个的团体。然而在朝廷看来,王侯大臣结客就是潜在的分裂力量。从汉武帝开始,严禁王侯大臣结客。司马迁曾回忆说:"太史公曰:苏建语余曰:吾尝责大将军至尊重,而天下之贤大夫毋称焉,愿将军观古名将所招选择贤者,勉之哉。大将军谢曰:'自魏其、武安之厚宾客,天子常切齿。彼亲附士大夫,招贤绌不肖者,人主之柄也。人臣奉法遵职而已,何与招士。'骠骑亦放此意,其为将如此。"① 东汉时也如此。正如《三国志》载诸葛恪谏孙奋之言称:"自光武以来,诸王有制,惟得自娱于宫内,不得临民,干与政事,其与交通,皆有重禁,遂以全安,各保福祚。"② 触犯这一点,结果就是毁灭性的打击。建武二十八年(52年),"沛太后郭氏薨,因诏郡县捕王侯宾客,坐死者数千人"③,其中的原因还是结交宾客。原注曰:"时更始子鲤因沛献王辅杀刘盆子兄恭,故王侯宾客多坐死。"东汉前期,马援"谓司马吕种曰:'建武之元,名为天下重开。自今以往,海内日当安耳。但忧国家诸子并壮,而旧防未立,若多通宾客,则大狱起矣。卿曹戒慎之。'及郭后薨,有上书者,以为肃等受诛之家,客因事生乱,虑致贯高、任章之变。帝怒,乃下郡县收捕诸王宾客,更相牵引,死者以千数。吕种亦豫其祸,临命叹曰:'马将军诚神人也。'"④ "旧防",原注曰:"诸侯王子不许交通宾客。"实际上马援不是"神人",他只是比较了解帝王的心思和政治局势,预测到诸侯王结交宾客带来的后果,而局势的发展也印证了他的预测。

汉代加强中央集权的趋势对学术区域演进产生很大的影响。在西汉时,一个明显影响是毁灭了汉初的诸侯国学术中心。梁孝王与景帝的关系经历冰火两重天的转折,景帝既曾许诺"千秋万岁后传于王",在平定"七国之乱"中,梁国"杀虏略与汉中分",政治地位空前提高,"得赐天子旌旗,从千乘万骑,出称警,入言跸,拟于天子"。梁孝王本人"入则侍帝同辇,出则同车游猎上林中"。然而,梁孝王刺杀袁盎后,景帝"由

---

① 《史记》卷一一一《卫将军骠骑列传》,第2946页。
② 《三国志》卷五九《吴书·吴主五子传》,第1373页。
③ 《后汉书》卷一下《光武纪下》,第80页。
④ 《后汉书》卷二四《马援传》,第850—851页。

此怨望于梁王",双方关系出现裂痕。再次相见时,"帝益疏王,不与同车辇矣"①,透露着景帝对梁孝王的疏远。梁孝王入朝请求留在长安,服侍窦太后,景帝没有批准。梁孝王回到封地后闷闷不乐,患热病六日后离开人世。梁孝王去逝的直接原因当然是患病,但景帝对他的死也应负一定的责任。徐复观不相信《汉书》中梁孝王病逝的记载,称他死得不明不白,梁国"是当时文学活动之中心,其文学气氛,远非朝廷所能企及。因景帝对梁孝王先是利用,后猜疑,卒至不明不白以死,此一文学活动中心,遂归于消灭"②。梁孝王死亡的真实原因已难还原。徐先生的推测,可备一说③。要之,"七国之乱"后,景帝加强中央集权、削弱诸侯王势力的努力可作为此时诸侯国衰落的大背景。

汉初淮南王国是地方学术中心之一。《史记》和《汉书》都称刘安因谋反而招致灭门之灾,但也有研究者提出不同的观点。徐复观在研究汉代专制对封建的克制过程中指出:"景帝时代,朝廷猜防的重点在诸侯王的领土与职权。至武帝,则诸侯的领土与职权已不成问题;于是猜防的重点特转向到诸王的宾客上面,尤其是转向到有学术意义的宾客上面。而能招致才智及在学术上有所成就之士的诸侯王,其本身必有相当的才智,在学术上也有相当的修养;而其生活行为,也多能奋发向上,可以承受名誉。这更触犯了专制者的大忌。"在这种背景下,所谓淮南王的谋反就是一场阴谋。《史记·平准书》:"淮南、衡山、江都王,谋反迹见,而公卿寻端治之,竟其党与,而坐死者数万人。"④ 徐先生分析说:"由'寻端治之,竟其党与'八字,可知当时的朝廷官吏,顺着专制者阴刻之私,竟不惜成为一个谋杀几万人的大阴谋集团,而其根源则来自淮南宾客的学术活动。几万人的大屠杀,不仅摧毁了此一学术中心,并且也阻吓消灭了知识分子

---

① 《汉书》卷四七《文三王传》,第 2208—2210 页。
② 徐复观:《两汉思想史》(第一卷),第 108 页。
③ 又,葛剑雄也把淮南、梁二国学术的衰落与中央集权的趋势联系起来,称"在西汉初诸侯王国与朝廷对峙的特殊条件下产生的王国文化,先后以睢阳、江都和寿春为中心,在淮南地区发展起来,一度吸引了众多人才,辞赋、黄老、纵横之学冠于全国。但随着中央集权的增强和诸侯国的名存实亡,士人失去了安身立命的基础,这种畸形的繁荣也就不复再现了"(参见葛剑雄《秦汉时期的人口迁移与文化传播》,《历史研究》1992 年第 4 期)。
④ 《史记》卷三〇《平准书》,第 1424 页。

在思想上、生活上一切带一点选择自由的可能性。"①

与徐先生持类似观点的还有钱穆。他说："惟考《史》《汉》所载，淮南王谋反状，似颇觉无实据。其先淮南入召，太尉田蚡告之曰：'方今上无太子，王亲高皇帝孙，一旦公车晏驾，非王尚谁立者。'其后雷被戏剑误中淮南王太子，遂亡之长安，上书自明。汉廷诏即讯太子，因连及王。又有怨家构之丞相公孙宏。宏乃疑淮南有畔逆计，深探其狱。伍被诣吏自告与淮南王谋反踪迹。王自杀。被亦受诛。盖淮南以文学照耀一世，早为武帝所忌。而其时朝廷威信已立，中央集权统一之势已定。诸王国更不如文景时。一有风声摇动，其臣纷纷自投汉廷，谋为免身计。雷被伍被皆文学浮辩士，非有气节。所谓淮南谋反状，半出影响，半出罗织。"钱先生着眼于武帝时朝廷加强中央集权的趋势，分析了告发淮南王谋反的雷被、伍被的气节，认为淮南王谋反一案其实没什么根据，"半出影响，半出罗织"②。

河间献王刘德的死因，《史记》与《汉书》仅言其"卒""薨"，语焉不详，引起后来学者的争议。《史记·五宗世家》："河间献王德……二十六年卒。"裴骃《史记集解》引《汉名臣奏》注解说："杜业奏曰：'河间献王经术通明，积德累行，天下雄俊众儒皆归之。孝武帝时，献王朝，被服造次必于仁义。问以五策，献王辄对无穷。孝武帝艴然难之，谓献王曰：'汤以七十里，文王百里，王其勉之。'王知其意，归即纵酒听乐，因以终。"③根据杜业的奏章可知，河间献王笼络宾客的行为在汉武帝看来是潜在的威胁，因此受到汉武帝的猜疑，纵情于酒乐而终。宋人王益之对此极为感慨："帝语班、马不载，而见《名臣奏》。盖河间王，栗姬子，太子荣同母弟也。荣废而武帝立，固已不能无疑于栗氏子矣。况德贤明如此，而属又称兄，此帝之所以尤不能无忌也。德知其意，归而纵酒，曾未三月而继之以死，盖等死也。当时之事势如此，而史氏不载，幸其轶见于他

---

① 徐复观：《两汉思想史》（第一卷），第107页。
② 钱穆：《秦汉史》，第80—81页。
③ 《史记》卷五九《五宗世家》注引，第2094页。按：《西汉年纪》的文字与此略有不同：元光"五年冬十月，河间王德来朝。德有雅材，以为治道非礼乐不成，因献所集雅乐，对三雍宫，文约指明。帝色然难之，谓王曰：'汤以七十里，文王以百里，王其勉之。'王知其意，归则纵酒听乐"[参见（宋）王益之撰，王根林点校《西汉年纪》，中华书局2018年版，第216页]。

说，故后世得商其情焉。以是推之，史所讳晦因以湮没而不传者，亦何可胜数，岂独此哉！岂独此哉！"① 清人何焯在《义门读书记》中对杜业的说法提出了质疑："王身端行治，宜谥曰'献王'。献王，策谥之辞，褒崇若此。《五宗世家》注中杜业之语。知其无稽。"② 徐复观又对何焯的观点进行了批评，认为："死后赐谥，乃当时之常例。而政治上表里异致，实古今之所同；猜疑者其里，死后褒崇者其表。此在今日犹随处可以举例。何焯小儒，对政治全无了解，其言至鄙笑。"并指出："刘德非以罪死，系以猜嫌忧愤而死。"③ 钱穆也指出："献王之见忌于武帝，盖视淮南尤益甚矣。考景帝子十四人，惟献王与栗太子同母。栗太子废而献王于诸子年最长，又得贤名，武帝之忌献王，有以也。献王即以来朝之年正月薨，其时朝十月，盖归而即卒。杜业之奏，非无据矣。"④ 河间献王因何而死，现在不得而知，但他的行为与当时汉朝加强中央集权的趋势相左，受到猜疑也在情理之中。

在中央集权的大势下，统治者可以允许诸侯王生活上奢侈、行为上放荡，但不能容忍他们修身自好、具有吸引力，修身自好的诸侯人人自危。北海敬王刘睦"少好学，博通书传"，曾经"作《春秋旨义终始论》及赋颂数十篇。又善《史书》，当世以为楷则"。当时"禁网尚阔"，刘睦"性谦恭好士，千里交结"，自然吸引了众多士人，"自名儒宿德，莫不造门，由是声价益广"。明帝登基后，"法宪颇峻，睦乃谢绝宾客，放心音乐。然性好读书，常为爱玩。岁终，遣中大夫奉璧朝贺，召而谓之曰：'朝廷设问寡人，大夫将何辞以对？'使者曰：'大王忠孝慈仁，敬贤乐士。臣虽蝼蚁，敢不以实？'睦曰：'吁，子危我哉！此乃孤幼时进趣之行也。大夫其对以孤袭爵以来，志意衰惰，声色是娱，犬马是好。'使者受命而行"⑤。

刘睦在位 10 年而薨。从《后汉书》的记载来看，他的后代无人从事和支持学术研究。熊铁基在研究汉代政治历史的特点时指出："汉代政治历史的主要特点是'大一统'和'大统一'，不允许分裂，即使出现种种

---

① （宋）王益之撰，王根林点校：《西汉年纪》，中华书局 2018 年版，第 216 页。
② （清）何焯著，崔高维点校：《义门读书记》，中华书局 1987 年版，第 286 页。
③ 徐复观：《两汉思想史》（第一卷），第 110 页。
④ 钱穆：《秦汉史》，第 83 页。
⑤ 《后汉书》卷一四《宗室四王三侯列传》，第 557 页。

的'自治'现象，但'统一'是最基本的。"① 统一就要反对分裂，集权就要反对自治。在汉初特定的政治、经济和社会条件下，朝廷重视诸侯国，给予他们较高的政治地位，希望他们在皇室遇到危难之际，能够提供相应的支持。部分诸侯王也能充分利用这种形势，发展自己的学术爱好，促进了地方学术中心的形成和确立。这些地方学术中心的形成和确立得益于以诸侯王为中心、以各类士人为辅助的团体。这些团体的性质到底是纯粹学术性的，还是诸侯王用以达到其目的工具，今天难以清晰地区分。可以确定的是：西汉时加强中央集权的趋势直接导致了地方学术中心的毁灭，东汉时则扼杀了那些可能成为地方学术中心的诸侯国学术。

2. 徙陵政策对学术发展的影响

汉初，刘敬出使匈奴归来，对汉高祖说："今陛下虽都关中，实少人。北近胡寇，东有六国强族，一日有变，陛下亦未得安枕而卧也。臣愿陛下徙齐诸田，楚昭、屈、景、燕、赵、韩、魏后，及豪杰名家，且实关中。无事，可以备胡；诸侯有变，亦足率以东伐。此强本弱末之术也。"汉高祖接受刘敬"强本弱末"的建议，推行徙陵政策，"乃使刘敬徙所言关中十余万口"②。师古注曰："今高陵、栎阳诸田，华阴、好畤诸景，及三辅诸屈、诸怀尚多，皆此时所徙。"徙陵政策在西汉元帝前一直不间断地推行，"汉兴，立都长安，徙齐诸田，楚昭、屈、景及诸功臣家于长陵。后世世徙吏二千石、高訾富人及豪桀并兼之家于诸陵"③。

　　（武帝元朔二年，前127年）夏，募民徙朔方十万口。又徙郡国豪杰及訾三百万以上于茂陵④。
　　（武帝太始元年，前96年）徙郡国吏民豪桀于茂陵、云陵⑤。
　　（昭帝始元三年，前84年）秋，募民徙云陵，赐钱田宅⑥。

---

① 熊铁基：《汉代学术史论》，第14页。
② 《汉书》卷四三《刘敬传》，第2123页。
③ 《汉书》卷二八下《地理志下》，第1642页。
④ 《汉书》卷六《武帝纪》，第170页。
⑤ 《汉书》卷六《武帝纪》，第205页。按：云陵，疑衍。师古注曰："此当言云阳，而转写者误为陵耳。茂陵帝自所起，而云阳甘泉所居，故总使徙豪桀也。钩弋赵倢伃死，葬云阳，至昭帝即位始尊为皇太后而起云陵。武帝时未有云陵。"
⑥ 《汉书》卷七《昭帝纪》，第221页。

（宣帝本始元年，前73年）募郡国吏民訾百万以上徙平陵①。

（宣帝元康元年，前65年）以杜东原上为初陵，更名杜县为杜陵。徙丞相、将军、列侯、吏二千石、訾百万者杜陵②。

徙陵的对象主要有三类。东汉班固作《两都赋》盛赞洛阳，其中有云："与乎州郡之豪桀，五都之货殖，三选七迁，充奉陵邑，盖以强干弱枝，隆上都而观万国。"③ "三选"，原注曰："三选，选三等之人，谓徙吏二千石及高訾富人及豪桀并兼之家于诸陵，盖以强干弱枝，非独为奉山园也。"即是说徙陵的对象主要有三个标准：地方豪杰、富人和为吏二千石者，但在不同时期的重点有所差别，在汉初，徙陵的对象主要是"六国遗族"，正如杨联陞所揭示的："高帝所徙，重在六国遗族。……武帝时六国遗族多已零落，这迁徙的办法就用来打击新豪族了。"④ 对此，崔向东有不同的见解，认为"从迁徙对象的变化看，汉宣帝本始元年以前，主要是迁徙不在国家权力体系内的社会力量，本始元年以后，迁徙的对象主要是丞相、将军、列侯、吏二千石等官僚"⑤。

徙陵持续的时间，从汉高祖直到元帝。永光四年（前40年），元帝下诏："今所为初陵者，勿置县邑，使天下咸安土乐业，亡有动摇之心。"⑥ 意味着元帝体恤百姓，不再在陵墓旁不再设立县邑⑦。此后的成帝和哀帝

---

① 《汉书》卷八《宣帝纪》，第239页。
② 《汉书》卷八《宣帝纪》，第253页。
③ 《后汉书》卷四〇上《班彪传上》，第1338页。
④ 杨联陞：《东汉的豪族》，商务印书馆2014年版，第3页。
⑤ 崔向东：《汉代豪族地域性研究》，第96页。
⑥ 《汉书》卷九《元帝纪》，第292页。
⑦ 元帝停止徙陵的原因，瞿同祖提出不同的解释，认为是朝廷控制力下降所致，"强制迁徙的政策一直持续到公元前40年，在这一年，元帝颁布诏书，规定不再为他自己设立陵邑。成帝和哀帝也都颁布诏书，停止将百姓迁徙到陵墓附近的做法。元帝之所以停止这样做的原因，并不像诏书表面所说的那样，是他不想扰民，而是因为到这个时期，豪族的势力有了迅猛的增长，而朝廷的影响力则在迅速下降，无力再让他们迁徙。以前的法律再也无法推行下去了"（参见瞿同祖《汉代社会结构》，上海人民出版社2007年版，第201—202页）。许倬云也持此见解，认为"哀帝以后遂无复徙陵。事实上，恐怕都是由于东方的大族不愿迁徙，而他们此时已在中央有发言权，不再像武帝时一样轻易地受人支配了"（参见许倬云《求古编》，新星出版社2006年版，第356页）。葛剑雄则认为原因复杂得多，如：关中土地开发殆尽、关东移民的非生产性人口比例过高、对移民的赏赐成为朝廷巨大负担等（参见葛剑雄《西汉人口地理》，商务印书馆2014年版，第171—173页）。

都下诏勿徙陵：成帝永始元年（前16年），"其罢昌陵，及故陵勿徙吏民，令天下毋有动摇之心"①；哀帝建平元年（前6年）"七月，以渭城西北原上永陵亭部为初陵。勿徙郡国民，使得自安"②。因此，西汉徙陵历经高、惠、文、景、武、昭、宣七帝，上引班固《两都赋》中的"七迁"，原注曰："自元帝已后不迁，故唯七焉。"徙陵人口的数量，现在无法确知。《汉旧仪》载："武、昭、宣三陵，皆三万户。"③ 按每户5人计算，那么这三个陵邑就徙入45万人。刘跃进估计移民后裔有100多万："类似这样的移民，前后徙入人口估计在三十万人。到西汉后期，关中移民后裔已达一百多万人。"④ 葛剑雄估计是121万多，"西汉一代从关东徙入关中人口的累计数近三十万，而至西汉末年，在关中的关东移民后裔已有约一百二十一万六千，几乎占三辅人口的一半"⑤。

徙陵政策的出发点是"强干弱枝"，着眼于政治需要，即加强中央的权力，削弱现实（潜在）的地方势力，防止它们成为作乱的根源。经过长时间推行后，这项政策给三辅社会带来广泛的影响，如引起风俗的变化，使这里"五方杂厝，风俗不纯"⑥。从学术的角度来看，徙陵政策对关中和关东产生的影响截然不同。

对关中而言，迁入的移民及其后裔为学术发展提供深厚的积淀，一方面，许多士人被迁往陵邑，在那里传授经学，促进了关中学术的发展。汉代《易》学的开创者甾川田何，"以齐田徙杜陵，号杜田生"⑦。随着田何被迁往杜陵，《易》学的传授中心随之而去，他的4个弟子，东武王同、洛阳周王孙、梁丁宽和齐服生很可能是在杜陵师事杜田生。施氏《易》的开创者沛郡施雠"为童子，从田王孙受《易》。后雠徙长陵，田王孙为博士，复从卒业"⑧。施雠后来开创的《施氏易》，主要是在关中。另一方面，

---

① 《汉书》卷一〇《成帝纪》，第320页。
② 《汉书》卷一一《哀帝纪》，第340页。
③ （清）孙星衍等辑，周天游点校：《汉官六种》，中华书局1990年版，第102页。
④ 刘跃进：《秦汉文学地理与文人分布》，第55页。
⑤ 葛剑雄：《西汉人口地理》，第186页。
⑥ 《汉书》卷二八下《地理志下》，第1642页。
⑦ 《汉书》卷八八《儒林传》"序"，第3597页。
⑧ 《汉书》卷八八《儒林传·施雠传》，第3598页。

有不少徙陵士人及其后裔致力于学术，成为关中学术人物的重要组成部分。如：

> （右扶风平陵人）朱云字游，鲁人也，徙平陵①。
> （右扶风茂陵人）杜邺字子夏，本魏郡繁阳人也。祖父及父积功劳皆至郡守，武帝时徙茂陵②。
> （右扶风平陵人）平当字子思，祖父以訾百万，自下邑徙平陵③。
> （京兆杜陵人冯衍）其先上党潞人，曾祖父奉世徙杜陵④。
> （右扶风茂陵人耿弇）其先武帝时，以吏二千石自钜鹿徙焉⑤。
> （右扶风平陵人贾逵）九世祖谊，文帝时为梁王太傅。曾祖父光，为常山太守，宣帝时以吏二千石自洛阳徙焉⑥。

此外，广川人董仲舒"年老，以寿终于家。家徙茂陵，子及孙皆以学至大官"⑦。从这几个例子来看，徙往陵邑的三类人中，无论是二千石之吏还是富豪之家，其后裔中有很多成长为学术人物。葛剑雄说："从西汉的大部分士族都是由关东迁入关中后形成和发展起来的这一点，就足以证明移民是关中学术文化发达的主要原因。而关中文化兴盛于西汉后期，也正是移民在定居后获得良好的发展条件的结果。"⑧ 崔向东也说："关东迁豪还具有先天的文化优势，六国贵族后裔等都有着家学传统，他们的子弟受教育的机会非一般人家所能比。'世家则好礼文'指的就是这部分关东迁豪。"⑨ 两段引文表达的意思是一致的：迁往关中的士族为关中学术的发展提供基础。

对关东而言，徙陵政策首先会削弱其学术发展的潜力。徙往陵邑的多

---

① 《汉书》卷六七《朱云传》，第2912页。
② 《汉书》卷八五《杜邺传》，第3473页。
③ 《汉书》卷七一《平当传》，第3048页。
④ 《后汉书》卷二八上《冯衍传》注引《东观记》，第962页。
⑤ 《后汉书》卷一九《耿弇传》，第703页。
⑥ 《后汉书》卷三六《贾逵传》，第1234页。
⑦ 《汉书》卷五六《董仲舒传》，第2525页。
⑧ 葛剑雄：《秦汉时期的人口迁移与文化传播》，《历史研究》1992年第4期。
⑨ 崔向东：《汉代豪族地域性研究》，第103页。

是关东世家大族，迁徙过去之后，他们往往被迫分散居住，社会地位和宗族影响力下降。正如崔向东所指出的那样，"从籍贯看，西汉迁徙的二千石之家，都是原籍关东的世官之家，而不是一般的二千石之家。这些自战国以来延续不断的世官家族，官宦不断，保持较为完好的宗族组织，他们一般都聚族而居，宗族势力强大，成为地方乡里中重要的社会势力。由于这些二千石之家的家族背景和在乡里社会中的影响，他们虽在朝廷为官，但仍然是政府戒备、限制的对象。汉政权迁徙二千石之家，主要目的在于削弱其宗族势力，防止他们在地方坐大"[1]。这些"世官之家"往往是学术传承重要载体，其子弟成为学术人物的条件要优于一般家庭。把他们迁移过去之后，打破他们"聚族而居"的局面，无形中破坏了关东学术发展的基础。其次，朝廷也会把关东的一些知名学术人物直接迁往关中，如：鲁国邹人韦贤昭帝时徙平陵，"初，贤以昭帝时徙平陵，玄成别徙杜陵"[2]；鲁国人孔霸元帝时"徙名数于长安"[3]，注引师古曰："名数，户籍也。"汝南汝阴人何比干"学《尚书》于朝错……徙居平陵"[4]。学术人物被迁徙到关中，对关东学术而言当然是一种损失。

二 人口因素

人口是产生学术人物的基础，包括人口规模、人口结构和人口分布等要素。从学术地理视角看，人口分布和人口规模与区域学术状况有较大关联。

1. 人口分布

葛剑雄在研究西汉人口地理时提道：西汉人口最稠密的地区是关东，关东的人口又集中在今河南、河北、山东三省部分地区的三个区域：伊洛平原及其东的黄河南岸、泰山山脉以西南地区，包括河南、颍川、陈留、东郡、济阴五郡和东平、鲁二国，其中济阴郡的人口密度，以郡国为单位计算是全国最高的；鲁西北平原和胶莱平原的西部，包括高密、甾川二国

---

[1] 崔向东：《汉代豪族地域性研究》，第62页。
[2] 《汉书》卷七三《韦贤传》，第3115页。
[3] 《汉书》卷八一《孔光传》，第3353页。
[4] 《后汉书》卷四三《何敞传》，第1480页。

和北海、齐郡和千乘三郡；太行山东至黄河西北岸之间平原，包括真定、广平、信都、河间四国和钜鹿、清河二郡，以及河内郡、魏郡、中山国、赵国的大部分、常山郡的一部分①。西汉时学术人物最多的是齐、鲁、梁宋和河洛，这四个区都位于关东，是当时人口最稠密的区域（表24）。

表24　　　　　　　　　西汉人口密度最高郡国

序号	郡国	人口密度（人/平方公里）	所属区域
1	济阴	261.95（223.2）	梁宋
2	甾川	247.84（158.7）	齐地
3	颍川	192.06（206.4）	河洛
4	真定	190.60（95）	赵地
5	高密	186.56（151.7）	齐地
6	鲁	165.23（112.5）	鲁地
7	东平	164.50（193.3）	鲁地
8	北海	148.29（75.8）	齐地
9	齐郡	141.15（90.2）	齐地
10	河南	135.07（154.7）	河洛
11	陈留	124.71（138.6）	河洛
12	东郡	123.29（122.9）	河洛
13	千乘	119.80（89.5）	齐地
14	京兆	95.52（79.4）	关中

资料来源：葛剑雄：《西汉人口地理》，商务印书馆2014年版，第38页。

说明：括号内的数字，为梁方仲统计的西汉元始二年（2年）人口密度（参见梁方仲《中国历代户口、田地、田赋统计》，上海人民出版社1980年版，第18—19页，甲表4）。此外，梁氏统计的人口密度高于京兆但未在上表中的郡国尚有：平原（416.6，属齐地），清河（194.5，属赵地），广平国（165.6，属赵地），钜鹿（111.2，属赵地）。

---

① 葛剑雄：《西汉人口地理》，第121页。

而人口密度较低的西北和南部边境（表25），学术发展程度相对较低。

表25　　　　　　　　　　西汉人口密度最低郡国

序号	郡国	人口密度（人/平方公里）	所属区域
1	郁林	0.6 (0.6)	粤地
2	合浦	0.81 (1.4)	粤地
3	牂柯	0.84 (0.8)	巴蜀
4	南海	0.96 (1)	粤地
5	交趾	1.02 (9.6)	粤地
6	敦煌	1.36 (0.3)	关中
7	武陵	1.52 (1.6)	荆楚
8	张掖	1.96 (0.7)	关中
9	日南	2.05 (0.7)	粤地
10	酒泉	2.06 (1.3)	关中
11	豫章	2.12 (2)	吴越
12	朔方	2.34 (1.7)	赵地
13	苍梧	2.60 (2.5)	粤地
14	安定	2.62 (2.2)	关中

资料来源：葛剑雄：《西汉人口地理》，商务印书馆2014年版，第122页。

说明：括号内的数字，为梁方仲统计的西汉元始二年（2年）人口密度（参见梁方仲《中国历代户口、田地、田赋统计》，上海人民出版社1980年版，第18—19页，甲表4）。此外，梁氏统计的人口密度低于安定但未在上表中的郡国尚有：金城（2.5，属关中），武威（0.9，属关中），益州（2.2，属巴蜀），玄菟（2.6，属燕地），零陵（2.3，属荆楚）

通过对比表24和表25可以看出，西汉的学术发达区基本位于人口稠密区，例外的是赵地，除了表24中真定的人口密度排第四位之外，根据梁方仲的统计，清河、广平和钜鹿都是人口密度较高的郡国，然而出现的学术人物少。另外，人口密度较低的郡国，一般位于西北、南方和东南边缘地带，出现的学术人物相应地较少。

东汉时期，黄河中下游仍然是全国人口最稠密的区域①，学术发达的区域河洛和梁宋正好位于此（表26），人口密度最低的主要位于西北、西南和北部边境（表27）。

表26　　　东汉永和五年（140年）人口密度最高郡国

序号	郡国	人口密度（人/平方公里）	所属区域
1	安平	225.9	燕地
2	任城	184.4	鲁地
3	清河	169	赵地
4	东平	146.5	鲁地
5	陈国	140.9	梁宋
6	颍川	129.3	河洛
7	彭城	111.6	梁宋
8	河间	105.6	赵地
9	陈留	96.2	河洛
10	平原	94.6	齐地
11	济阴	93.3	梁宋
12	济北	92.3	齐地
13	齐国	91.1	齐地
14	河南	89.9	河洛

资料来源：梁方仲：《中国历代户口、田地、田赋统计》，上海人民出版社1980年版，第26—27页，甲表8。

表27　　　东汉永和五年（140年）人口密度最低郡国

序号	郡国	人口密度（人/平方公里）	所属区域
1	张掖居延属国	0.1	关中
2	敦煌	0.2	关中
3	北地	0.3	关中
4	武威	0.4	关中
5	安定	0.4	关中

---

① 王育民：《东汉人口考》，《上海师范大学学报》（哲学社会科学版）1988年第3期。

第七章 汉代学术区域演进的环境因素　253

续表

序号	郡国	人口密度（人/平方公里）	所属区域
6	西河	0.4	关中
7	金城	0.5	关中
8	上郡	0.6	关中
9	犍为属国	0.6	巴蜀
10	玄菟	0.6	燕地
11	益州	0.7	巴蜀
12	张掖属国	0.7	关中
13	陇西	0.7	关中
14	定襄	0.9	赵地

资料来源：梁方仲：《中国历代户口、田地、田赋统计》，上海人民出版社1980年版，第26—27页，甲表8。

通过对比表26和表27可以看出，东汉的学术发达区与人口稠密区有一定的重叠，但燕地和赵地出现的学术人物比较少，却有三个郡国人口密度在东汉排名前十，同时期关中的学术较为发达，却有八个郡国人口密度较低，这可能与人口统计数字的截取时间有关，更提醒研究者不能把人口密度高低与学术发达与否对应起来。

2. 人口迁入与学术人物的增加

区域人口的增加除了依赖于自然增长以外，人口迁入是短时间内快速实现人口增长的主要途径。两汉时期，尤其在战乱时，人口迁徙是一种较为常见的现象，但人口迁入能否最终带来学术人物的增加，可能需要很长时间才能得到验证。

公元前316年，秦灭蜀国，置巴郡和蜀郡，迁徙中原贬谪人士于此，

> 周赧王元年（前314年），秦惠王封子通国为蜀侯，以陈壮为相。置巴郡。以张若为蜀国守。戎伯尚强，乃移秦民万家实之①。
>
> 秦惠文、始皇克定六国，辄徙其豪侠于蜀，资我丰土②。

---

① 《华阳国志》卷三《蜀志》，第29页。
② 《华阳国志》卷三《蜀志》，第32—33页。

（韩信对汉高祖云）项羽背约而王君王于南郑，是迁也①。（注引如淳曰："秦法，有罪迁徙之于蜀汉。"）

（永昌郡）孝武时通博南山，度兰沧水、渚溪，置嶲唐、不韦二县。徙南越相吕嘉子孙宗族实之，因名不韦，以彰其先人恶②。

（晋宁郡，本益州也。元鼎初属牂柯、越嶲）司马相如、韩说初开，得牛、马、羊属三十万。汉乃募、徙死罪及奸豪实之③。

引文证实了秦朝曾徙民巴蜀的事实，只不过除了第一条记载外，迁徙的对象大多是"有罪""豪侠""奸豪""死罪"等。徙民使得巴蜀文化与中原文化有了更多的交流，巴蜀风俗逐渐发生变迁。《华阳国志》载："家有盐铜之利，户专山川之材，居给人足，以富相尚。故工商致结驷连骑，豪族服王侯美衣，娶嫁设太牢之厨膳，归女有百两之从车，送葬必高坟瓦椁，祭奠而羊豕夕牲，赠襚兼加，（赗）赙过礼，此其所失。原其由来，染秦化故也。若卓王孙家僮千数，程、郑亦各八百人；而郛公从禽，巷无行人；箫、鼓歌吹，击钟肆悬；富侔公室，豪过田文；汉家食货，以为称首。盖亦地沃土丰，奢侈不期而至也"④。"染秦化"一语道出移民对巴蜀风俗的改变，但是终西汉一朝，巴蜀出现的学术人物并不多。

人口迁入带来学术发展的情况主要体现在两个区域：关中和会稽。关中大规模接纳外来人口始于秦朝。秦始皇统一全国后，于二十六年（前221年）"徙天下豪富于咸阳十二万户"⑤，这次徙民是秦朝规模最大的一次，给关中带来大量人口；三十五年（前212年），又"徙三万家丽邑，五万家云

---

① 《汉书》卷一上《高帝纪上》，第30页。
② 《华阳国志》卷四《南中志》，第55页。
③ 《华阳国志》卷四《南中志》，第53页。
④ 《华阳国志》卷三《蜀志》，第33页。
⑤ 《史记》卷六《秦始皇本纪》，第239页。汉学家卜德对这个数字持怀疑态度，认为"这个数字乘以5为60万人。但即使是如此巨大的数字，也远远不够文中所暗示的总数，因为迁移的贵族之家会随带许多仆从、姬妾和奴隶等人，因此就大大地多于一般农民的五口之家，近代以前的中国人在使用这种计算方法时，想到的就是这种普通农户。所以12万这样高的数字似乎是很武断的"（[英]崔瑞德、鲁惟一编：《剑桥中国秦汉史》，中国社会科学出版社1992年版，第119页）。事实上，现有的史料不足以证明《史记》的这段记载曾遭到窜改，因此本研究还是采用"十二万户"之说。

阳，皆复不事十岁"①。进入西汉后，在徙陵政策下，关东和江淮等地的官僚、富商及其家属等被迁往关中的陵邑②。王子今估计每个陵邑聚居五千户到一万户以保卫和供奉陵园③。葛剑雄根据陵邑的制度和移民的规模估计"迁入陵县的移民累计近三十万，到西汉末年，移民的后裔有一百二十余万，几乎占三辅人口的一半"。大量人口的迁入为关中学术发展提供深层基础，与此相应，"关中学术文化上的优势是到西汉后期才显示出来的"④。

东汉会稽郡学术人物的增加也与人口迁入有关。汉武帝元狩四年（前119年）冬，"有司言关东贫民徙陇西、北地、西河、上郡、会稽凡七十二万五千口，县官衣食振业，用度不足，请收银锡造白金及皮币以足用"⑤。其中提道向包括会稽在内的五个郡移民。王鸣盛就此指出："会稽生齿之繁，当始于此，约增十四万五千口也。"⑥ 顺帝永建四年（129年），东汉

---

① 《史记》卷六《秦始皇本纪》，第256页。这次徙民的来源，学术界存在不同的意见。有的认为来源于关东，如孙伟刚称："始皇三十五年'徙三万家丽邑，五万家云阳'当是迁徙当时关东六国及秦国内部豪族大贾而来，绝非简单的平民。"（孙伟刚：《戏、丽邑与丽山园——兼论秦始皇帝陵丽邑的功能与作用》，《考古与文物》2009年第4期）有的认为是从咸阳迁移过去的，以葛剑雄为代表，他指出："这次迁徙对象以咸阳居民为主。……云阳成为关中通往北部交通线的一个衔接点，加上云阳已经处于陕北高原的边缘，人口稀少，在咸阳人满为患时，云阳就成为理想的疏散安置区。丽邑是秦始皇陵墓所在，将三万户徙于丽邑不仅在于疏散咸阳的人口，还是为了使陵墓附近形成一个壮观的城市。"（葛剑雄：《西汉人口地理》，商务印书馆2014年版，第143—144页）在此后的论著中，他多次强调了这一点（参见葛剑雄《秦汉时期的人口迁移与文化传播》，《中国史研究》1992年第4期；《中国移民史》第二卷《先秦至魏晋南北朝》，福建人民出版社1997年版，第65—66页）。

② 任小波：《徙往陵县的豪族——西汉一代的政治与社会》，载中央民族大学历史系主编《民族史研究》第6辑，民族出版社2005年版，第78—104页。

③ 王子今：《秦汉区域文化研究》，第39页。

④ 葛剑雄：《秦汉时期的人口迁移与文化传播》，《历史研究》1992年第4期。

⑤ 《汉书》卷六《武帝纪》，第178页。也有学者怀疑汉武帝徙民会稽的真实性。如葛剑雄认为："无论从史料角度分析，还是从当时实际情势研究，或从会稽地区人口分布的变化观察，都可以证明汉武帝时根本没有向会稽移民，《武帝纪》中'会稽'二字显系衍文。"（葛剑雄：《西汉人口地理》，商务印书馆2014年版，第219页）本研究以为在没有确凿资料证明未曾徙民会稽外，暂以《汉书》的记载为准。另，辛德勇也力证徙民会稽一事（参见辛德勇《汉武帝徙民会稽史事证释》，《历史研究》2005年第1期）。

⑥ （清）王鸣盛：《十七史商榷》卷九"徙民会稽"，中国书店出版社1987年版，第71页。王鸣盛认为会稽"约增十四万五千口"，应该是取"陇西、北地、西河、上郡、会稽凡七十二万五千口"的平均数，事实上证据不足。

政府将会稽郡分为吴郡与会稽郡，吴郡治所在吴县，另移会稽郡治于山阴。太湖、钱塘江流域由一郡分为二郡，说明到东汉时其人口增加不少，与东汉会稽学术的较快发展正好一致。

第三节 人文因素

影响学术区域演进的因素除了自然和社会方面，还有人文因素，即存在于不同区域的非物质因素。与前两者相比，人文因素难以直接被观察到，但它又在学术区域演进中发挥着重要作用。

一 历史遗风与地方学术氛围

《史记·货殖列传》和《汉书·地理志》在探讨地方风俗的成因时，非常重视历史遗风的作用。历史遗风的形成受到多方面因素的影响，《史记·货殖列传》和《汉书·地理志》都提道历史人物，如后稷等之于关中，太子丹之于燕，赵武灵王之于赵，子路、夏育之于卫。他们留给地方的遗风各不相同。从文化地理学角度看，齐、鲁和梁宋三个区域的历史遗风有利于学术人物的出现。

姜太公治理齐国，除了根据齐国的地理环境发展工商业外，还培养和尊重士人，即"修道术，尊贤智"。这给齐地留下好经术的传统，西汉齐地学术人物在各区域中高居第一位，与这个传统有很大的关系，"故至今其士多好经术，矜功名，舒缓阔达而足智"[1]。

鲁国是周公的封国，虽然周公没有赴任，由其子伯禽即位，但鲁国在文化上认为直接承袭周公，在治国实践中也遵循"尊尊而亲亲"的原则，谨守周礼的传统，因此"其民有圣人之教化"。时移世易，鲁国风俗发生变动，孔子继起矫正时俗。秉承这两大圣人的遗风，鲁国"其民好学，上礼义，重廉耻"[2]。从西汉到东汉，鲁地学术人物经历由盛转衰的历程，但

---

[1]《汉书》卷二八下《地理志下》，第1661页。
[2]《汉书》卷二八下《地理志下》，第1662页。

鲁国一直是鲁地学术人物的主要产地，这不能不说得益于周公和孔子的遗风。

梁宋是尧、舜和汤三大圣人的栖居地，这里的居民深沐圣人教化，"其民犹有先王遗风，重厚多君子"①，正如傅斯年所说："宋也是一个文化极高的国家，且历史的绵远没有一个可以同他比，前边有几百年的殷代，后来又和八百年之周差不多同长久。……大约宋人富于宗教性，心术质直，文化既古且高，民俗却还淳朴，所以学者倍出，思想疏通致远而不流于浮华。墨家以宋为重镇，自是很自然的事情。"② 因此我们看到，从西汉到东汉，除了梁国和楚国学术一时的兴盛之外，梁宋出现的学术著作和学术人物数量相对稳定。

二　个体的作用

1. 官吏的移风易俗

历史遗风的形成源自历史上不同时期的历史人物，而历史遗风是可以变动的，如《史记·货殖列传》中所述鲁地从"俗好儒"转向"好贾趋利"，相对而言不利于学术人物的出现；要想扭转这种习俗，就需要移风易俗，从学术地理的角度讲，就是倡导德化，这离不开地方官吏尤其是太守的治理。非常巧合的是，东汉时期学术人物增长较快的河洛、巴蜀和吴越三个区域，都出现数位移风易俗的郡守。

东汉朝廷对经学的重视，为毗邻政治中心的南阳、汝南、陈留和颍川发展学术提供大的背景。同时，四郡的诸多太守在任期间能够重视教育，提携人才。战国末年，秦灭韩，"徙天下不轨之民于南阳"。据马彪的研究，"不轨之民"中除了罪犯之外，还有很大一部分是商人③。商人增多，使南阳风俗"夸奢，上气力，好商贾渔猎，藏匿难制御"④。这种风气在西汉中期得到扭转。宣帝时郑弘任南阳太守，"著治迹，条教法度，为后所述"⑤；继任者

---

① 《汉书》卷二八下《地理志下》，第1664页。
② 傅斯年：《战国子家叙论　史学方法导论〈史记〉研究》，第34页。
③ 马彪：《秦汉豪族社会研究》，中国书店出版社2002年版，第144页。
④ 《汉书》卷二八下《地理志下》，第1654页。
⑤ 《汉书》卷六六《郑弘传》，第2902页。

召信臣"劝民农桑,去末归本,郡以殷富"①。良好的社会风气和富裕的经济等为南阳学术发展提供深厚的基础,东汉南阳的学术人物,至少有5位(宋均、尹敏、任延、邓禹、卓茂)成长于西汉后期而显名于东汉初。东汉时的南阳是"帝乡",地方官员的任命更为慎重。他们在任期间注意发展教育:明帝时南阳"郡学久废,(太守鲍)德乃修起横舍,备俎豆黻冕,行礼奏乐。又尊飨国老,宴会诸儒"②;桓帝时,太守刘宽"每行县止息亭传,辄引学官祭酒及处士诸生执经对讲。见父老慰以农里之言,少年勉以孝悌之训。人感德兴行,日有所化"③。汝南和陈留二郡的太守也多能如此:

(汝南太守寇恂)素好学,乃修乡校,教生徒,聘能为《左氏春秋》者,亲受学焉④。

(汝南太守欧阳歙)在郡,教授数百人,视事九岁⑤。

(汝南太守王堂)搜才礼士,不苟自专,乃教掾〔史〕曰:"古人劳于求贤,逸于任使,故能化清于上,事缉于下。其宪章朝右,简核才职,委功曹陈蕃。匡政理务,拾遗补阙,任主簿应嗣。庶循名责实,察言观效焉。"自是委诚求当,不复妄有辞教,郡内称治⑥。

(汝南太守何敞)疾文俗吏以苛刻求当时名誉,故在职以宽和为政。立春日,常召督邮还府,分遣儒术大吏案行属县,显孝悌有义行者。及举冤狱,以《春秋》义断之。是以郡中无怨声,百姓化其恩礼⑦。

(陈留太守玉况)性聪敏,为陈留太守,以德行化人,迁司徒⑧。

具有浓厚法家传统的颍川在东汉时学术凸显,与韩延寿和黄霸等循吏

---

① 《汉书》卷二八下《地理志下》,第1654页。
② 《后汉书》卷二九《鲍永传》,第1023页。
③ 《后汉书》卷二五《刘宽传》,第887页。
④ 《后汉书》卷一六《寇恂传》,第624页。
⑤ 《后汉书》卷七九上《儒林传上·欧阳歙传》,第2556页。
⑥ 《后汉书》卷三一《王堂传》,第1105—1106页。
⑦ 《后汉书》卷四三《何敞传》,第1487页。
⑧ 《后汉书》卷二六《侯霸传》,第903页。

侧重教化的治理措施有很大的关系。"韩延寿为太守，先之以敬让；黄霸继之，教化大行，狱或八年亡重罪囚。南阳好商贾，召父富以本业；颍川好争讼分异，黄、韩化以笃厚。"①

巴蜀学术的发展始于景帝时文翁对教育的提倡。"孝文帝末年，以庐江文翁为蜀守。穿湔江口，溉灌繁田千七百顷。是时，世平道治，民物阜康；承秦之后，学校陵夷，俗好文刻。"② 文翁任职期间，"修起学官于成都市中，招下县子弟以为学官弟子，为除更徭，高者以补郡县吏，次为孝弟力田。常选学官僮子，使在便坐受事。每出行县，益从学官诸生明经饬行者与俱，使传教令，出入闺合。县邑吏民见而荣之，数年，争欲为学官弟子，富人至出钱以求之。由是大化，蜀地学于京师者比齐鲁焉。至武帝时，乃令天下郡国皆立学校官，自文翁为之始云"③。当然，文翁治蜀的作用不能夸大。《汉书·地理志》云："景、武间，文翁为蜀守，教民读书法令，未能笃信道德，反以好文刺讥，贵慕权势。"④ 东汉明帝时，第五伦任蜀郡太守，"蜀地肥饶，人吏富实，掾史家赀多至千万，皆鲜车怒马，以财货自达。伦悉简其丰赡者遣还之，更选孤贫志行之人以处曹任，于是争赇抑绝，文职修理"⑤。章帝"建初（76—84年）中，（廉范）迁蜀郡太守，其俗尚文辩，好相持短长，范每厉以淳厚，不受偷薄之说"⑥。安帝时，高瞬曾修建学堂，"始，文翁立文学精舍，讲堂作石室，一作玉室，在城南。永初（107—113年）后，堂遇火，太守陈留高瞬更修立，又增造二石室"⑦。颍川襄城人李膺"出补蜀郡太守，修庠序，设条教，明法令，

---

① 《汉书》卷二八下《地理志下》，第1654页。
② 《华阳国志》卷三《蜀志》，第31页。
③ 《汉书》卷八九《循吏传·文翁传》，第3626页。按：引文中"蜀地学于京师者比齐鲁焉"还另外表述。《三国志·蜀书·秦宓传》载宓言："蜀本无学士，文翁遣相如东受七经，还教吏民，于是蜀学比于齐、鲁。故《地里志》曰：'文翁倡其教，相如为之师。'"（《三国志》卷三八《蜀书·秦宓传》，第973页）又，《华阳国志》云：文翁"遣隽士张叔等十八人东诣博士，受七经，还以教授。学徒麟萃，蜀学比于齐鲁"（《华阳国志》卷三《蜀志》，第31页）。这些说法的意义颇不同。
④ 《汉书》卷二八下《地理志下》，第1645页。
⑤ 《后汉书》卷四一《第五伦传》，第1398页。
⑥ 《后汉书》卷三一《廉范传》，第1103页。
⑦ 《华阳国志》卷三《蜀志》，第34页。

维恩并行。蜀之珍玩，不入私门。益州纪其政化，朝廷举能理剧，转乌桓校尉"①。这些太守大都重视德化，对蜀郡学术风气的形成起了很大的推动作用。

东汉时会稽学术人物的增多也与太守的治理有关。东汉前期，马援的族孙马棱"转会稽太守，治亦有声"②；和帝永元（89—105年）时，张霸任会稽太守期间，"表用郡人处士顾奉、公孙松等……其余有业行者，皆见擢用。郡中争厉志节，习经者以千数，道路但闻诵声"③。张霸"为会稽太守，拨乱兴治。立文学，学徒以千数，风教大行，道路但闻诵声。百姓歌咏之。致达名士顾奉、公孙松、毕海、胡毋官、万虞先、王演、李根，皆至大位。在郡十年，以有道征，拜议郎，迁侍中"④。刘宠在任期间，"简除烦苛，禁察非法，郡中大化"⑤。东汉时，会稽还设有地方官学，为士子研习经学提供便利。黄昌因居近学官而学经，"黄昌，会稽余姚人。本出孤微，居近学官，数见诸生修庠序之礼，因好之，遂就经学"⑥。

2. 榜样的示范效应

日本学者平势隆郎认为文化落后区接受先进文化需要契机——痛感，"'文化'从先进地区传播到落后地区时，并非在所有的落后地区都有期待性的发展。落后地区若没有痛感向先进地区学习的必要性，是绝不会开始学习的。因此，那个先进地区首先必须具备吸引落后地区自发关注及兴趣的优势"⑦。除了痛感，前人获得的利益，包括物质性的和非物质性的，无疑也可视为契机。据史料记载，西汉巴蜀学术人物的出现离不开司马相如的示范效应。《华阳国志》载：蜀郡州治"城北十里有升仙桥，有送客观。司马相如初入长安，题市门曰'不乘赤车驷马，不过汝下'"⑧ 司马相如

---

① 《后汉书》卷六七《党锢传·李膺传》注引谢承《书》，第2191页。
② 《后汉书》卷二四《马援传附族孙棱传》，第863页。
③ 《后汉书》卷三六《张霸传》，第1241页。
④ 《华阳国志》卷一〇上《先贤士女总赞·蜀郡士女》，第133页。
⑤ 《后汉书》卷七六《循吏传·刘宠传》，第2478页。
⑥ 《后汉书》卷七七《酷吏传·黄昌传》，第2496页。
⑦ ［日］平势隆郎：《序》，载［日］增渊龙夫《中国古代的社会与国家》，吕静译，上海古籍出版社2017年版，第1页。
⑧ 《华阳国志》卷三《蜀志》，第33页。

成为巴蜀士人"出川"闯荡的先声,也是第一个获得巨大声誉的人物,为后来士人树立了榜样。《汉书·地理志》云:"及司马相如游宦京师诸侯,以文辞显于世,乡党慕循其迹。后有王褒、严遵、扬雄之徒,文章冠天下。由文翁倡其教,相如为之师。"①

最后,在个体人物的作用中,不能忽略帝王的作用。东汉时期河洛学术人物和学术著作的快速增长,与帝王的学术引导分不开。东汉开国功臣与西汉不同,大多具有一定的学术素养。清赵翼说:"光武诸功臣,大半多习儒术,与光武意气相孚合。盖一时之兴,其君与臣本皆一气所钟,故性情嗜好之相近,有不期然而然者,所谓有是君即有是臣也。"②光武帝本人在王莽时"受《尚书》,略通大义"③。即位后,"未及下车,而先访儒雅,采求阙文,补缀漏逸"④。他"每旦视朝,日仄乃罢。数引公卿、郎、将讲论经理,夜分乃寐"⑤。光武帝崇尚经学的动机虽然有"退功臣而进文吏"之意,但他的行动给大臣带来示范。南阳冠军人贾复"知帝欲偃干戈,修文德,不欲功臣拥众京师,乃与高密侯邓禹并剽甲兵,敦儒学。帝深然之,遂罢左右将军"⑥。注引《东观记》曰:贾"复阖门养威重,授《易经》,起大义。"汉明帝也可谓学术人物,他曾"正坐自讲,诸儒执经问难于前,冠带缙绅之人,圜桥门而观听者盖亿万计","其后,复为功臣子孙、四姓末属别立校舍,搜选高能以受其业,自期门羽林之士,悉令通《孝经》章句,匈奴亦遣子入学"⑦。对大臣而言,帝王重视学术,无疑是一种暗示和引导,促使他们调整自己的行为,以期符合帝王的要求。

三 学术发展的惯性

学术的地域性变化虽然受到外部各种因素的影响,但它一旦发展起来,也具有一定的惯性,甚至能超越朝代更替带来的影响。春秋战国时

---

① 《汉书》卷二八下《地理志下》,第1645页。
② (清)赵翼著,王树民校证:《廿二史札记》,第91页。
③ 《后汉书》卷一《光武纪》,第1页。
④ 《后汉书》卷六九上《儒林传上》"序",第2545页。
⑤ 《后汉书》卷一《光武纪》,第85页。
⑥ 《后汉书》卷一七《贾复传》,第667页。
⑦ 《后汉书》卷七九上《儒林传上》"序",第2545—2546页。

期，诸子蜂起，形成不同的派别，分布在各诸侯国，其中，儒家自"自孔子卒后，七十子之徒散游诸侯，大者为师傅卿相，小者友教士大夫，或隐而不见。故子路居卫，子张居陈，澹台子羽居楚，子夏居西河，子贡终于齐。如田子方、段干木、吴起、禽滑釐之属，皆受业于子夏之伦，为王者师"①。到战国时期，齐与鲁两国的学术逐渐凸显，"天下并争于战国，儒术既黜焉，然齐鲁之间学者犹弗废，至于威、宣之际，孟子、孙卿之列咸遵夫子之业而润色之，以学显于当世"②。此后，随着各国内政外交形势的变化，齐国学术有超越其他诸侯国之势，齐宣王"喜文学游说之士，自如驺衍、淳于髡、田骈、接予、环渊之徒七十六人，皆赐列第，为上大夫，不治而议论。是以齐稷下学士复盛，且数百千人"③。齐地学术的发达为学术人物的涌现提供深厚的基础。邹逸麟说："西汉时代文化发达区域的分布格局，建立在自然与经济的地理基础之上。具体而言，以武帝时代为界，可分为前后两期。在早期，文化发达地区仅局限于关东地区，即齐鲁周宋、河北西部和淮南吴越地区，这与先秦时期特别是战国晚期的文化发达地区基本吻合，显然是与文化渊源的传承有关。"④ 正反映汉初的学术格局。西汉时，关中经过100多年的经营，学术随之发展起来，到西汉后期涌现学术人物。东汉时虽然都城已经迁移，关中也遭到短时的破坏，但关中学术并未出现衰落之势，而是继续发展，东汉时学术著作和学术人物数量在各区域中都居第二位。

学术惯性的另外一个表现是区域学术特色的延续，如邹逸麟所言，"从学术文化的区域构成与区域特色来看，齐鲁一带重经术，儒家文化盛

---

① 《史记》卷一二一《儒林列传》，第3116页。
② 《汉书》卷八八《儒林传》"序"，第3591页。
③ 《史记》卷四六《田敬仲完世家》，第1895页。
④ 邹逸麟主编：《中国历史人文地理》，第432页。按：汉初鲁地与齐地学术发达的原因，刘汝霖曾揭示出两点，"一则邹鲁一带是儒家学派的策源地，东海兰陵又是荀卿的归宿之乡。先贤的流风遗泽，容易引起后人的模仿。近水楼台，自然是先受影响了。二则战国时代的战争，最激烈的地方，是在现在的河南一带，山东南部很少见到兵戈。战国末年，别国人民，都是成千成万的死伤，而齐国却守局外，中立四十余年，邹鲁诸国，受他的荫庇。所以这地方的文化，不受摧残，得以从容发展，根深蒂固，虽有秦代短时间的禁学，影响并不甚大。到了天下太平，自然就会发展出来。所以西汉一代经学大师，多出于齐、鲁一带"（参见刘汝霖《汉晋学术编年》，华东师范大学出版社2010年版，第64—65页）。

行，黄老、纵横之学也相当发达。另外还有方士、谶纬之学。三晋地区自战国以来，法家与纵横家就最为发达，西汉时期这一带存在着尚法的风气，法家人物与主要法家著作基本上都出于三晋。此外，纵横长短之学也必将发达。西汉后期，经学逐渐居于主导地位，淮南与吴越地区以诗赋最为发达，其次是儒学、黄老学、阴阳五行学等。汉初这一地区也出了许多纵横策士，此外，儒学、阴阳五行学也有一定的发展。蜀地比较突出的是，是文学、小学、黄老学等。三辅学术文化主要由东方传入，接受三晋法家与纵横家的学说，而极少接受儒家学说。三辅人士所著书籍中，六艺、诸子、诗赋、术数等都占有一定的比例，齐鲁文化在此广泛传播，黄老、小学、诗赋也有一定发展。此种不同的区域文化特色，既有先秦时代传统因素的影响，又与当时的自然、社会与政治形势息息相关。"[1]

淮南与吴越辞赋的发达已成共识，而《诗经》的传播也可追溯到先秦。战国时期，《诗经》在楚地也流传开来，这已经得到考古发掘的证明：1977年，安徽阜阳双古堆一号汉墓发现一批《诗经》残简，这是我国现存最早的《诗经》古本。1993年，湖北荆门郭店一号楚墓出土804枚竹简，其中与《诗经》有关的有《缁衣》《五行》《性自命出》《六德》《语丛一》《语丛二》6篇。1994年，上海博物馆从香港市场购进大批战国时期楚国竹简，其中有31枚《诗论》，内容都是孔子论《诗》的记录。对于竹简与《诗经》的关系，刘冬颖总结为三种类型：一是郭店楚简《缁衣》《五行》、马王堆帛书《五行》、上博楚简《民之父母》等篇中引《诗》论《诗》及引《诗》为说的内容；二是上博楚简《孔子诗论》、阜阳汉简《诗经》残本这些与《诗经》直接相关的文献；还有一些出土文献讨论的主题与《诗》的解释之间有着内在的联系，如郭店楚简《性自命出》、上博简《胜情论》等。他据此得出结论说："与《诗经》有关的简帛古籍在楚地大量出现，这些儒家《诗》学文献出土于楚国旧地，本身就说明了，从春秋末到战国时期，儒学丰富的文化形态已受到楚人的欢迎，甚至在一定的程度上融入到楚文化之中。"[2] 刘成群也说："郭店楚简与上博楚简都

---

[1] 邹逸麟主编：《中国历史人文地理》，第432—433页。
[2] 刘冬颖：《出土文献与先秦时期的楚地儒家传〈诗〉》，《文学遗产》2009年第2期。

属于战国时代的荆楚遗珍,它们有关《诗》的征引与论述确可证明战国时代楚地对《诗》的接受与认同的程度非同一般。"① 两位先生的结论确认了《诗经》在楚地的广泛流传。到西汉时,我们看到,这种学术传统仍在延续,原属楚地的楚国(刘交、龚舍、龚胜)、东海(发福、匡衡、萧望之、王臧、缪生、徐偃、后仓、翼奉)、九江(陈侠、张邯、谢曼卿)、沛(褚少孙、薛广德)、淮南(贲生)等郡国产生大量《诗经》学人才。

---

① 刘成群:《清华简〈耆夜〉与尊隆文、武、周公——兼论战国楚地之〈诗经〉学》,《东岳论丛》2010 年第 6 期。

结　　语

中国地域广大，各区域发展并不同步，在全国中的地位也不均衡。从统治者的角度讲，必须着眼于政治、经济、军事等不同角度下的重点区域，才能从各方面把握国家的命脉。从区域自身的角度讲，它们在学术、文化等方面的发展有快有慢。因此，在中国历史的不同时期，总有不同视角下的核心区域存在。

一　汉代的核心经济区、政治区和文化区

20世纪30年代，冀朝鼎通过统计和总结中国古代水利事业的发展，提出历史上的"基本经济区"这一重要概念，"中国历史上的每一个时期，有一些地区总是比其他地区受到更多的重视。这种受到特殊重视的地区，是在牺牲其他地区利益的条件下发展起来的，这种地区就是统治者想要建立和维护的所谓'基本经济区'"[①]。"基本经济区"是指这样的区域，"其农业生产条件与运输设施，对于提供贡纳谷物来说，比其他地区要优越得多，以致不管是哪一个集团，只要控制了这一地区，它就有可能征服与统一全中国。这样的一种地区，就是我们所要说的'基本经济区'"[②]。

随着王朝的更替和形势的变动，基本经济区会发生变动。其中，"在汉朝（公元前206—公元220年），最大的（水利工程——笔者）数字出现在陕西与河南两省，前者有18项，后者有19项。其次是直隶，只有5项。这两个分别被称为关中和河内的省所控制的地区的经济重要性是不容怀疑

[①] 冀朝鼎：《中国历史上的基本经济区》，朱诗鳌译，商务印书馆2014年版，第9页。
[②] 冀朝鼎：《中国历史上的基本经济区》，朱诗鳌译，第11页。

的。它们一起构成了汉朝时期的基本经济区"①。由此，西汉的基本经济区是关中，东汉的则是三河。这两个区域在西汉和东汉分别受到统治者的高度重视②。

针对冀朝鼎的基本经济区理念，鲁西奇提出不同意见，认为在中国历史上确实存在着受到历代王朝特别重视、据之即足以控制全国的特殊地区，但这样的地区并不必然就是经济最为发达之区，而是核心区，即指那些"可以提供王朝统治所依靠的兵甲（军兵）、衣食（财赋）、人才（文武官员）以及合法性的地区，即兵甲所出、财赋所聚、人才所萃、正统所寄的地区。显然，这样的地区并不适宜单纯地使用经济区、政治区或文化区之类的概念来界定，我们姑且称之为王朝统治的'核心区'"③，"核心区集中了王朝统治最重要的武力、财富、人才与文化资源，只有控制了这样的地区，才能控制并进而统一全国"④。

不同朝代各有自己重点控制的区域，具体到秦汉时期就是，秦与西汉均据关中而得天下，故其核心区乃在关中地区，东汉的核心区则包括司隶校尉部所统的"三河""三辅"以及南阳、颍川、陈留、梁国、魏郡、赵国、常山、太原、上党诸郡国，大致相当于今陕西中部、河南北部、山西与河北南部的黄河中下游两岸地，而三河又是最基本的核心区⑤。

20世纪80年代，卢云界定了文化重心的含义，认为文化重心应该有两项标准：第一，从文化地理学的角度看，它应指一个文化特别发达的区域，而非指某个文化教育、艺术活动的中心地点（如都市等），尽管两者

---

① 冀朝鼎：《中国历史上的基本经济区》，朱诗鳌译，第44页。
② 关中与河内在秦汉之际和两汉之际的分别给予汉朝的缔造者汉高祖和复兴者光武帝以至关重要的作用。汉初汉高祖大封功臣时，鄂秋秦论萧何功为第一，对他说："夫上与楚相距五岁，失军亡众，跳身遁者数矣，然萧何常从关中遣军补其处。非上所诏令召，而数万众会上乏绝者数矣。夫汉与楚相守荥阳数年，军无见粮。萧何转漕关中，给食不乏。陛下虽数亡山东，萧何常全关中待陛下，此万世功也。"（《汉书》卷三九《萧何传》，第2009页）光武帝在夺取河内后，任命他的亲信寇恂为太守，叮嘱他说："昔高祖留萧何镇关中，吾今委公以河内，坚守转运，给足军粮，率厉士马，防遏它兵，勿令北度而已。"有此根据地，"光武于是复北征燕、代。恂移书属县，讲兵肄射，伐淇园之竹，为矢百余万，养马二千匹，收租四百万斛，转以给军"（《后汉书》卷一六《寇恂传》，第621页）。
③ 鲁西奇：《中国历史的空间结构》，第158页。
④ 鲁西奇：《中国历史的空间结构》，第158页。
⑤ 鲁西奇：《中国历史的空间结构》，第176、179页。

有着密切的联系。第二，从文化发展史的角度看，该区文化代表着那一时代的主要精神与中心内容，并向周围地区逐渐传播，产生影响。

根据这两项标准，结合各区域的书籍、人才、博士和私家教授数量，他认为西汉时期的文化发达区域有四个：一是齐鲁梁宋地区，主要包括济南、齐郡、平原、千乘、北海、甾川、高密、东海、琅邪、楚国、鲁国、梁国、沛郡、颍川、汝南、河南、河内、陈留、东郡、东平、泰山、山阳、济阴、成阳、淮阳等郡国。二是关中平原，主要为京兆与右扶风。三是成都平原，主要为蜀郡一带。四是东南地区，主要为九江郡至会稽郡北部一带[1]。东汉时也有四个：一是豫兖青徐司，东起琅邪、东海，西至河南、南阳，北达河内魏郡，南及淮河；二是三辅地区；三是吴会地区，指吴郡与会稽郡北部的山会平原一带；四是蜀地，指蜀郡、广汉、犍为一带。

据此，西汉的文化重心主要在关东的齐鲁梁宋一带，而政治中心则在关中，这就出现了政治中心与文化重心相分离的局面。东汉时，随着政治中心迁往关东的洛阳与文化重心的西移，这种分离的局面得以改变[2]。

二 汉代学术中心与核心经济区、政治区、文化区的关系

与上述三种理论相比，本研究在总结汉代学术中心、勾勒学术中心的变动轨迹时，有两点不同——划分的依据不同和划分的阶段更细，因此得出的认识与这三种理论有重叠之处，也有相异之处。

冀朝鼎在划定基本经济区时，主要依据各区域水利事业的数量，卢云在概括文化发达区时，依据书籍、人才、博士和私家教授数量四个指标，鲁西奇在探讨核心区时，则依据控制力。本研究主要依据的是学术载体——学术著作和学术人物的数量和人均学术指标。无论哪一种依据，都提供了观察汉代历史的不同视角，丰富了认识汉代历史的多样性。如果说，冀朝鼎的基本经济区理念和鲁西奇的核心与边缘理论都从统治者的角

---

[1] 卢云：《西汉时期的文化区域与文化重心》，载中国地理学会历史地理专业委员会历史地理编委会编《历史地理》第5辑，上海人民出版社1987年版，第152—175页。
[2] 卢云：《东汉时期的文化区域与文化重心》，载中国社会科学院近代研究所近代文化史研究室编《中国文化研究集刊》第4辑，复旦大学出版社1987年版，第155—187页。

度"揭示了中华帝国政治体系下地方控制的一种模式,即并非全面地、均衡地控制全国各个地区或各个部分,而是着意于利用某一或某些具有特别意义或重要性的地区,保持其相对于全国其他地区的优势地位,以实现对全国各地区的控制"[①],那卢云的文化发达区理论和本研究的学术中心理论则根据区域自身的历史传统、风俗习惯、区域位置等因素,揭示了各区域文化(包括学术)发展的不平衡。当然,到底是统治者重视程度的不同,还是区域自身因素的限制,导致它们在全国格局中地位的不均衡,是一个复杂而又相互影响的问题。

具体而言,学术中心与基本经济区有重叠之处,无论西汉还是东汉的基本经济区都存在学术中心,体现经济发展对学术的促进作用。另外,两者也有背离之处,西汉时位于经济区的学术中心,如关中,经过很长时间才形成,而不在基本经济区的学术中心更多。学术中心与文化发达区有重叠之处,无论西汉还是东汉的学术中心都位于文化发达区,但不是所有的文化发达区都形成学术中心,如卢云所言西汉时成都平原和东南地区是文化发达区,但不是学术中心,东汉的鲁地处于文化发达区,也不是学术中心。学术中心与核心区有重叠之处,无论西汉还是东汉的核心区都是学术中心(核心区的一个指标人才所萃正是学术中心的重要指标),但除此以外还存在其他学术中心。因此,汉代学术中心与基本经济区、文化发达区和核心区有着一致的地方,同时也存在不一致的地方。学术中心的变动既有与基本经济区、文化发达区和核心区变动同步的一面,也有不同步的一面,这体现了学术自身的发展脉络和学术对政治等条件的一定偏离。

---

① 鲁西奇:《中国历史的空间结构》,第151页。

资料编

第八章

汉代学术人物简况表

说明：

1. 收录人物的标准

（1）《汉书·儒林传》《后汉书·儒林传》《后汉书·文苑传》等传主及传承谱系中的人物；（2）冠以"通儒""儒宗""大儒""宿儒""名儒""儒生"等称号的人物；（3）能够教授一定数量生徒者；（4）被征为博士且有籍贯者；（5）史籍明言治（通）经者、举明经为官和担任学术职务者；（6）《汉书·艺文志》《后汉艺文志》《隋书·经籍志》等著录有作品与籍贯的收录。

2. 收录人物的简况

收录人物的简况尽量突出其"学术"方面，主要包括求学经历、教授情况、著述篇目、学术倾向等。

3. 未收录的情况

（1）籍贯不明者不收录。如《后汉书·范升传》：范升"与博士梁恭、山阳太守吕羌俱修《梁氏易》"。梁恭为博士，吕羌修《梁氏易》，当属于学术人物，但信息太少，尤其是未提及籍贯，故未收录（另为一表）。（2）史籍中仅言少时习经，后来未见教授生徒，亦未有作品著录或传世者，不收录。如田邑，《后汉书·冯衍传》注引《东观记》曰："邑，冯翊莲芍人也。其先齐诸田，父丰，为王莽著威将军。邑有大节，涉学艺，能善属文。为渔阳太守，未到官，道病，征还为谏议大夫，病卒。"（3）个别人物酌情不录，如《汉书·艺文志》著录有汉高祖"高祖歌诗二篇"，宋王应麟《汉书艺文志考证》云即《大风歌》和《鸿鹄歌》。仅凭这两篇歌诗很难把汉高祖视为学术人物，故未收录。(4) 人物时代不明的不收录，如

《汉书·艺文志》著录有"臣义赋二篇",虽然在其前和其后都有汉代学术人物作品,但不能据此推定"臣义"亦属汉代人物,故未收录。

表 28　　　　　　　　　　　　西汉学术人物简况表

姓名	籍贯	区域	学术简况
落下闳	巴郡	巴蜀	(武帝元封七年……议造《汉历》) 乃选治历邓平及长乐司马可、酒泉候宜君、侍郎尊及与民间治历者,凡二十余人,方士唐都、巴郡落下闳与焉(《汉书》卷二一上《律历志上》,第975页) (陈寿《益部耆旧传》云) 闳,字长公,巴郡阆中人也。明晓天文地理,隐于落亭。武帝时,友人同县谯隆荐闳,待诏太史(《汉魏六朝杂传集》,第1525页)
胥君安	巴郡	巴蜀	《春秋穀梁传》首叙曰:"成帝时,议立《三传》博士,巴郡胥君安独驳《左传》不祖圣人。"……巴郡胥君安,以儒学典雅称于孝成(《华阳国志》卷一○下《先贤士女总赞》,第175—176页)
严象	广汉	巴蜀	(杨宣)门生河南李吉、广汉严象、赵翘等皆作大儒(《华阳国志》卷一○中《先贤士女总赞·广汉士女》,第141页)
赵翘	广汉	巴蜀	(杨宣)门生河南李吉、广汉严象、赵翘等皆作大儒(《华阳国志》卷一○中《先贤士女总赞·广汉士女》,第141页)
杨宣	广汉什邡	巴蜀	字君纬,什邡人也。少受学于楚国王子张,天文图纬于河内郑子侯。师事杨翁叔[①],能畅鸟言,长于灾异,教授弟子以百数。……平帝时,命持节为讲学大夫,与刘歆共校书。居摄中卒(《华阳国志》卷一○中《先贤士女总赞·广汉士女》,第141页)
犍为文学	犍为[②]	巴蜀	按:《经典释文序录疏证·注解传述人》《尔雅》著录有"犍为文学注三卷。"注曰:"一云犍为郡文学卒史臣舍人,汉武帝时待诏。阙中卷。"(《经典释文序录疏证　附经籍旧音二种》,第147页)

---

① 《论衡·实知篇》称"广汉杨翁仲听鸟兽之音" [参见黄晖《论衡校释(附刘盼遂集解)》,中华书局1990年版,第524页],不知二者是否为同一人。

② 窦秀艳提道,"据唐初征引所称看,'犍为'是汉代的郡名,以'犍为文学'、'犍为舍人'及'舍人'名书,是以籍贯、官职代替书名。……我们推断,犍为文学注《尔雅》可能在其为舍人时,地位低,而古人著书又多不称引姓名,所以,后世征引多称'舍人'"(参见窦秀艳《中国雅学史》,齐鲁书社2004年版,第87页)。这里暂以犍为指籍贯。

第八章　汉代学术人物简况表　273

续表

姓名	籍贯	区域	学术简况
王褒	犍为资中	巴蜀	（字子渊）益州刺史王襄欲宣风化于众庶，闻王褒有俊材，请与相见，使褒作《中和》《乐职》《宣布诗》，选好事者令依《鹿鸣》之声习而歌之（《汉书》卷六四下《王褒传》，第2821页） 按：《汉书·艺文志》著录其作"王褒赋十六篇"（《汉书》卷三〇《艺文志》，第1748页）
赵宾	蜀	巴蜀	蜀人赵宾好小数书，后为《易》，饰《易》文，以为"箕子明夷，阴阳气亡箕子；箕子者，万物方荄兹也。"宾持论巧慧，《易》家不能难，皆曰"非古法也"（《汉书》卷八八《儒林传·孟喜传》，第3599页）
司马相如	蜀郡成都	巴蜀	字长卿，蜀郡成都人也。少时好读书，学击剑，名犬子（《汉书》卷五七上《司马相如传上》，第2529页） 按：《汉书·艺文志》著录其作"司马相如赋二十九篇"（《汉书》卷三〇《艺文志》，第1747页）
严君平	蜀郡成都	巴蜀	谷口有郑子真，蜀有严君平，皆修身自保，非其服弗服，非其食弗食。……君平卜筮于成都市……裁日阅数人，得百钱足自养，财闭肆下帘而授《老子》。博览亡不通，依老子、严周之指著书十余万言（《汉书》卷七二《王贡两鲍传》序，第3056页）
扬雄	蜀郡成都	巴蜀	（字子云）少而好学，不为章句，训诂通而已，博览无所不见（《汉书》卷八七上《扬雄传上》，第3514页） 以经莫大于《易》，故则而作《太玄》。传莫大于《论语》，故作《法言》。史莫善于《苍颉》，故作《训纂》。赋莫弘于《离骚》，故反屈原而广之。典莫正于《尔雅》，故作《方言》（《华阳国志》卷一〇上《先贤士女总赞·蜀郡士女》，第130页）
张宽	蜀郡成都	巴蜀	字叔文，成都人也。蜀承秦后，质文刻野，太守文翁遣宽诣博士东受七经，还以教授，于是蜀学比于齐、鲁，巴、汉亦化之。……作《春秋章句》十五万言（《华阳国志》卷一〇上《先贤士女总赞·蜀郡士女》，第131页） 明天文、灾异，始作《春秋章句》，官至侍中、扬州①刺史（《华阳国志》卷三《蜀志》，第31页）

---

① 根据汉代简牍和碑刻可知，传世文献中扬州之"扬"从木作"杨"（参见赵平安《尹湾汉简地名的整理与研究》，载连云港市博物馆、中国文物研究所编《尹湾汉墓简牍综论》，科学出版社1999年版，第148—153页；李解民《尹湾简牍〈东海郡下辖长吏名籍〉所载地名考异》，载《中国典籍与文化》编辑部编《中国典籍与文化论丛》第6辑，中华书局2000年版，第362—380页），但"扬州"写法在传世文献中传承已久，本研究暂从之。

续表

姓名	籍贯	区域	学术简况
何武	蜀郡郫县	巴蜀	（字君公）诣博士受业，治《易》。以射策甲科为郎，与翟方进交志相友（《汉书》卷八六《何武传》，第3481页）
公孙昆邪	北地义渠	关中	（公孙）贺祖父昆邪，景帝时为陇西守，以将军击吴楚有功，封平曲侯，著书十余篇（《汉书》卷六六《公孙贺传》，第2877页） 按：《汉书·艺文志》著录其作"公孙浑邪十五篇"。注曰："平曲侯。"（《汉书》卷三〇《艺文志》，第1734页）
王围	北地郁郅	关中	汉兴，郁郅王围、甘延寿……皆以勇武显闻（《汉书》卷六九《赵充国辛庆忌传》"赞"，第2998页） 按：《汉书·艺文志》著录其作"强弩将军王围射法五卷"（《汉书》卷三〇《艺文志》，第1761页）
杨仆	弘农宜阳	关中	按：以千夫为吏，后拜楼船将军。《汉书·艺文志》载"武帝时，军政杨仆捃摭遗逸，纪奏兵录，犹未能备"（《汉书》卷三〇《艺文志》，第1763页）
杜参	京兆杜陵	关中	按：《汉书·艺文志》著录有"博士弟子杜参赋二篇"（《汉书》卷三〇《艺文志》，第1749页）。注引师古曰："刘向《别录》云'臣向谨与长社尉杜参校中秘书'。刘歆又云：'参，杜陵人，以阳朔元年病死，〔死〕时年二十余。'"
毛延寿	京兆杜陵	关中	画工有杜陵毛延寿，为人形，丑好老少，必得其真〔（晋）葛洪撰，周天游校注：《西京杂记》，第68页〕
阳望	京兆下杜	关中	下杜阳望，亦善画，尤善布色。樊育亦善布色。同日弃市〔（晋）葛洪撰，周天游校注：《西京杂记》，第69页〕
刘白	京兆新丰	关中	安陵陈敞、新丰刘白、龚宽，并工为牛马飞鸟众势，人形好丑，不逮延寿〔（晋）葛洪撰，周天游校注：《西京杂记》，第68—69页〕
龚宽	京兆新丰	关中	安陵陈敞、新丰刘白、龚宽，并工为牛马飞鸟众势，人形好丑，不逮延寿〔（晋）葛洪撰，周天游校注：《西京杂记》，第68—69页〕
单安国	京兆长安	关中	丞相属宝、长安单安国、安陵栢育治《终始》，言黄帝以来三千六百二十九岁，不与（太史令张）寿王合（《汉书》卷二一上《律历志上》，第978页）

第八章　汉代学术人物简况表　275

续表

姓名	籍贯	区域	学术简况
谷永	京兆长安	关中	（字子云）少为长安小史，后博学经书（《汉书》卷八五《谷永传》，第3443页） 于经书，泛为疏达，与杜钦、杜邺略等，不能洽浃如刘向父子及扬雄也。其于天官、《京氏易》最密，故善言灾异，前后所上四十余事，略相反复，专攻上身与后宫而已（《汉书》卷八五《谷永传》，第3473页） 按：《隋书·经籍志》著录其作"汉谏议大夫谷永集二卷"（《隋书》卷三五《经籍志》，第1057页）
国由	京兆长安	关中	（王莽）置师友祭酒及侍中、谏议、六经祭酒各一人，凡九祭酒，秩上卿。琅邪左咸为讲《春秋》、颍川满昌为讲《诗》、长安国由为讲《易》、平阳唐昌为讲《书》、沛郡陈咸为讲《礼》、崔发为讲《乐》祭酒（《汉书》卷九九中《王莽传中》，第4126—4127页）
刘德	京兆长安	关中	（刘交之曾孙，刘辟强之子）字路叔，修黄老术，有智略……地节中，以亲亲行谨厚封为阳城侯（《汉书》卷三六《楚元王传》，第1927页） 按：《汉书·艺文志》著录其作"阳成侯①刘德赋九篇"（《汉书》卷三〇《艺文志》，第1748页）
刘德	京兆长安	关中	（景帝之子，封河间献王）河间献王德以孝景前二年（前155年）立，修学好古，实事求是。从民得善书，必为好写与之，留其真，加金帛赐以招之（《汉书》卷五三《景十三王传》，第2410页） 按：《汉书·艺文志》著录其作"河间献王对上下三雍宫三篇"等（《汉书》卷三〇《艺文志》，第1726页）
刘伋	京兆长安	关中	（刘）向三子皆好学：长子伋，以《易》教授，官至郡守（《汉书》卷三六《楚元王传》，第1966页）
刘辟强	京兆长安	关中	（刘交之孙）辟强字少卿，亦好读《诗》，能属文。武帝时，以宗室子随二千石论议，冠诸宗室。清净少欲，常以书自娱，不肯仕（《汉书》卷三六《楚元王传》，第1926页） 按：《汉书·艺文志》著录其作"宗正刘辟强赋八篇"（《汉书》卷三〇《艺文志》，第1749页）
刘钦	京兆长安	关中	（宣帝之子，封淮阳宪王）宪王壮大，好经书法律，聪达有材，（宣）帝甚爱之（《汉书》卷八〇《宣元六王传》，第3311页） 按：《汉书·艺文志》著录其作"淮阳宪王赋二篇"（《汉书》卷三〇《艺文志》，第1749页）

---

① "阳成"，《汉书》本传作"阳城"（参见《汉书》卷三六《楚元王传》，第1927页）。

续表

姓名	籍贯	区域	学术简况
刘荣	京兆长安	关中	（景帝之子，封临江闵王）以孝景前四年（前153年）为皇太子，四岁废为临江王，三岁，坐侵庙壖地为宫，上征荣。荣行，祖于江陵北门，既上车，轴折车废。江陵父老流涕窃言曰："吾王不反矣！"荣至，诣中尉府对簿。中尉郅都簿责讯王，王恐，自杀，葬蓝田（《汉书》卷五三《景十三王传》，第2412页） 按：《汉书·艺文志》著录其作"临江王及愁思节士歌诗四篇"（《汉书》卷三〇《艺文志》，第1754页）
刘向	京兆长安	关中	（刘交之玄孙，刘德之子）字子政，本名更生。年十二，以父德任为辇郎。……（宣帝时）会初立《穀梁春秋》，征更生受《穀梁》，讲论《五经》于石渠（《汉书》卷三六《楚元王传》，第1928—1929页） （元帝时石显等专权日甚）更生伤之，乃著《疾谗》《擿要》《救危》及《世颂》，凡八篇，依兴古事，悼己及同类也（《汉书》卷三六《楚元王传》，第1948页） （成帝时）上方精于《诗》《书》，观古文，诏向领校中《五经》秘书。向见《尚书·洪范》，箕子为武王陈五行阴阳休咎之应。向乃集合上古以来历春秋六国至秦汉符瑞灾异之记，推迹行事，连传祸福，著其占验，比类相从，各有条目，凡十一篇，号曰《洪范五行传论》，奏之（《汉书》卷三六《楚元王传》，第1950页） 向睹俗弥奢淫，而赵、卫之属起微贱，逾礼制。向以为王教由内及外，自近者始。故采取《诗》《书》所载贤妃贞妇，兴国显家可法则，及孽嬖乱亡者，序次为《列女传》，凡八篇，以戒天子。及采传记行事，著《新序》《说苑》凡五十篇奏之（《汉书》卷三六《楚元王传》，第1957—1958页）
刘歆	京兆长安	关中	（刘向之子）字子骏，少以通《诗》《书》能属文召，见成帝，待诏宦者署，为黄门郎。……歆及向始皆治《易》，宣帝时，诏向受《穀梁春秋》，十余年，大明习（《汉书》卷三六《楚元王传》，第1967页） 按：《隋书·经籍志》著录其作有"汉太中大夫刘歆集五卷"等（《隋书》卷三五《经籍志》，第1057页）
刘隁	京兆长安	关中	按：即汉高祖之曾孙，齐悼惠王之孙，封阳丘侯。《汉书·艺文志》著录其作"阳丘侯刘隁赋十九篇"（《汉书》卷三〇《艺文志》，第1747页）
刘郢客	京兆长安	关中	（刘交之子）高后时，浮丘伯（授《诗》）在长安，元王遣子郢客与申公俱卒业（《汉书》卷三六《楚元王传》，第1922页）

续表

姓名	籍贯	区域	学术简况
徐禹	京兆长安	关中	《太初历》第一，即墨徐万且、长安徐禹治《太初历》亦第一（《汉书》卷二一上《律历志上》，第978页）
许商	京兆长安	关中	大夏侯（《尚书》）有孔、许之学。（许）商善为算，著《五行论历》，四至九卿（《汉书》卷八八《儒林传·周堪传》，第3604页）
刘去	京兆长安	关中	（景帝子广川惠王刘越之孙）师受《易》《论语》《孝经》皆通，好文辞、方技、博弈、倡优（《汉书》卷五三《景十三王传》，第2428页）
刘越	京兆长安	关中	（景帝之子，封广川惠王）广川惠王越以孝景中二年（前148年）立，十三年薨（《汉书》卷五三《景十三王传》，第2427页） 按：《汉书·艺文志》著录其作"广川惠王越赋五篇"（《汉书》卷三〇《艺文志》，第1750页）
刘安	京兆长安	关中	淮南王安为人好书，鼓琴，不喜弋猎狗马驰骋，亦欲以行阴德拊循百姓，流名誉。招致宾客方术之士数千人，作为《内书》二十一篇，《外书》甚众，又有《中篇》八卷，言神仙黄白之术，亦二十余万言。时武帝方好艺文，以安属为诸父，辩博善为文辞，甚尊重之。每为报书及赐，常召司马相如等视草乃遣。初，安入朝，献所作《内篇》，新出，上爱秘之。使为《离骚传》，且受诏，日食时上。又献《颂德》及《长安都国颂》（《汉书》卷四四《淮南王传》，第2145页） 按：《汉书·艺文志》著录其作"淮南王赋八十二篇"（《汉书》卷三〇《艺文志》，第1747页）
安丘望之	京兆长陵	关中	字仲都，京兆长陵人。少持《老子经》，恬净不求进官，号曰安丘丈人。成帝闻，欲见之，望之辞不肯见，为巫医于人间（《后汉书》卷一九《耿弇传》注引嵇康《圣贤高士传》，第703页）
李广	陇西成纪	关中	按：《汉书·艺文志》著录其作"李将军射法三篇"（《汉书》卷三〇《艺文志》，第1761页）
李陵	陇西成纪	关中	（李广之孙）字少卿，少为侍中建章监。善骑射，爱人，谦让下士，甚得名誉（《汉书》卷五四《李广传》，第2450页） 按：《隋书·经籍志》著录其作"汉骑都尉李陵集二卷"（《隋书》卷三五《经籍志》，第1056页）
狄山	天水	关中	按：为博士（曾磊：《两汉博士表》）
栖育	右扶风安陵	关中	丞相属宝、长安单安国、安陵栖育治《终始》，言黄帝以来三千六百二十九岁，不与（太史令张）寿王合（《汉书》卷二一上《律历志上》，第978页）

续表

姓名	籍贯	区域	学术简况
陈敞	右扶风安陵	关中	安陵陈敞、新丰刘白、龚宽,并工为牛马飞鸟众势,人形好丑,不逮延寿[(晋)葛洪撰,周天游校注:《西京杂记》,第68—69页]
徐敖	右扶风虢	关中	(胡)常授虢徐敖。敖为右扶风掾,又传《毛诗》,授王璜、平陵涂恽子真(《汉书》卷八八《儒林传·孔安国传》,第3607页)
张竦	京兆杜陵①	关中	(张敞之孙)王莽时至郡守,封侯,博学文雅过于敞,然政事不及也(《汉书》卷七六《张敞传》,第3226页)
杜邺	右扶风茂陵②	关中	字子夏,本魏郡繁阳人也。祖父及父积功劳皆至郡守,武帝时徙茂陵。邺少孤,其母张敞女。邺壮,从敞子吉学问,得其家书(《汉书》卷八五《杜邺传》,第3473页) 按:《隋书·经籍志》著录"梁有凉州刺史杜邺集二卷"(《隋书》卷三五《经籍志》,第1057页)
李寻	右扶风平陵	关中	(《尚书》家张山拊事小夏侯建)授同县李寻、郑宽中少君、山阳张无故子儒、信都秦恭延君、陈留假仓子骄……寻善说灾异,为骑都尉,自有传(《汉书》卷八八《儒林传·张山拊传》,第3605页)
平晏	右扶风平陵	关中	(平当)子晏以明经历位大司徒,封防乡侯(《汉书》卷七一《平当传》,第3051页)
士孙张	右扶风平陵	关中	(梁丘《易》家五鹿)充宗授平陵士孙张仲方、沛邓彭祖子夏、齐衡咸长宾。张为博士,至扬州牧,光禄大夫给事中,家世传业。彭祖,真定太傅。咸,王莽讲学大夫。由是梁丘有士孙、邓、衡之学(《汉书》卷八八《儒林传·梁丘贺传》,第3601页)
涂恽	右扶风平陵	关中	(徐)敖为右扶风掾,又传《毛诗》,授王璜、平陵涂恽子真(《汉书》卷八八《儒林传·孔安国传》,第3607页)

---

① 张竦之祖张敞由右扶风茂陵迁往京兆杜陵,后未见迁徙,根据著籍标准,张竦著籍京兆杜陵。

② 《汉书·杜邺传》称杜邺"祖父及父积功劳皆至郡守,武帝时徙茂陵"(参见《汉书》卷八五《杜邺传》,第3473页),没有明确是其祖还是其父时迁去的。根据杜邺从小生活于京师的记载,这里把他著籍右扶风茂陵。

续表

姓名	籍贯	区域	学术简况
王嘉	右扶风平陵	关中	字公仲，平陵人也。以明经射策甲科为郎，坐户殿门失阑免（《汉书》卷八六《王嘉传》，第3488页）
吴章	右扶风平陵	关中	（云敞）师事同县吴章。章治《尚书经》为博士。……初，章为当世名儒，教授尤盛，弟子千余人（《汉书》卷六七《云敞传》，第2927页）
云敞	右扶风平陵	关中	字幼〔孺〕，平陵人也。师事同县吴章，章治《尚书经》为博士（《汉书》卷六七《云敞传》，第2927页）
张山拊	右扶风平陵	关中	字长宾，平陵人也。事小夏侯建，为博士。论石渠，至少府。……小夏侯有郑、张、秦、假、李氏之学（《汉书》卷八八《儒林传·张山拊传》，第3605—3606页）
郑宽中	右扶风平陵	关中	（《尚书》家张山拊）授同县李寻、郑宽中少君、山阳张无故子儒、信都秦恭延君、陈留假仓子骄……宽中有俊材，以博士授太子，成帝即位，赐爵关内侯，食邑八百户，迁光禄大夫，领尚书事，甚尊重（《汉书》卷八八《儒林传·张山拊传》，第3605页）
平当	右扶风平陵	关中	字子思，祖父以訾百万，自下邑徙平陵。当少为大行治礼丞，功次补大鸿胪文学，察廉为顺阳长、栒邑令，以明经为博士，公卿荐当论议通明，给事中。每有灾异，当辄傅经术，言得失（《汉书》卷七一《平当传》，第3048页） （欧阳《尚书》家）林尊……授平陵平当、梁陈翁生。当至丞相，自有传。翁生信都太傅，家世传业。由是欧阳有平、陈之学（《汉书》卷八八《儒林传·林尊传》，第3604页）
司马迁	左冯翊夏阳	关中	（字子长）司马迁据《左氏》《国语》，采《世本》《战国策》，述《楚汉春秋》，接其后事，讫于〔天〕汉。其言秦汉，详矣。至于采经摭传，分散数家之事，甚多疏略，或有抵梧。亦其涉猎者广博，贯穿经传，驰骋古今，上下数千载间，斯以勤矣（《汉书》卷六二《司马迁传》"赞"，第2737页） 按：《汉书·艺文志》又著录其作"司马迁赋八篇"（《汉书》卷三〇《艺文志》，第1749页）
司马谈	左冯翊夏阳	关中	太史公学天官于唐都，受《易》于杨何，习道论于黄子。太史公仕于建元、元封之间，愍学者之不达其意而师悖，乃论六家之要指曰……《汉书》卷六二《司马迁传》，第2709页）

续表

姓名	籍贯	区域	学术简况
冯商	左冯翊阳陵①	关中	按：《汉书·艺文志》著录其作"冯商所续《太史公》七篇"（《汉书》卷三〇《艺文志》，第1714页）。注引师古曰："《七略》云商阳陵人，治《易》，事五鹿充宗，后事刘向，能属文，后与孟柳俱待诏，颇序列传，未卒，病死。"
王吉	左冯翊重泉	关中	（大夏侯《尚书》有孔、许之学。许商）号其门人沛唐林子高为德行，平陵吴章伟君为言语，重泉王吉少音为政事（《汉书》卷八八《儒林传·周堪传》，第3604—3605页）
张敞	右扶风茂陵②	关中	（字子高，本河东平阳人也。祖父孺为上谷太守，徙茂陵）汉兴，北平侯张苍及梁太傅贾谊、京兆尹张敞、太中大夫刘公子皆修《春秋左氏传》（《汉书》卷八八《儒林传·房凤传》，第3620页） 按：《隋书·经籍志》著录其作"左冯翊张敞集一卷，录一卷"（《隋书》卷三五《经籍志》，第1056页）
郑子侯	河内	河洛	（广汉什邡人杨宣）少受学于楚国王子张，天文图纬于河内郑子侯（《华阳国志》卷一〇中《先贤士女总赞·广汉士女》，第141页）
假仓	陈留	河洛	（《尚书》家张山拊事小夏侯建）授同县李寻、郑宽中少君、山阳张无故子儒、信都秦恭延君、陈留假仓子骄……仓以谒者论石渠，至胶东相（《汉书》卷八八《儒林传·张山拊传》，第3605页）
许晏	陈留	河洛	（《鲁诗》有张、唐、褚氏之学。张生兄子游卿）门人琅邪王扶为泗水中尉，陈留许晏为博士（《汉书》卷八八《儒林传·王式传》，第3610—3611页）
樊并	陈留尉氏	河洛	（张）霸辞受父，父有弟子尉氏樊并。时太中大夫平当、侍御史周敞劝上存之（古文《尚书》）。后樊并谋反，乃黜其书（《汉书》卷八八《儒林传·孔安国传》，第3607页）

---

① 按：《汉书·张汤传》注引如淳曰："班固《目录》冯商，长安人，成帝时以能属书待诏金马门，受诏续《太史公书》十余篇。"（参见《汉书》卷五九《张汤传》，第2657页）对冯商的籍贯与续《太史公书》的篇数记载不同。

② 《汉书·张敞传》载："张敞字子高，本河东平阳人也。祖父孺为上谷太守，徙茂陵。敞父福事孝武帝，官至光禄大夫。敞后随宣帝徙杜陵。"（参见《汉书》卷七六《张敞传》，第3216页）根据著籍标准，张敞的祖父张孺和父亲张福著籍河东平阳，他本人著籍右扶风茂陵；由于他后来前往京兆杜陵，则其子应著籍京兆杜陵。

续表

姓名	籍贯	区域	学术简况
五鹿充宗	卫①	河洛	汉初，(《论语》) 有齐、鲁之说。其齐人传者二十二篇，鲁人传者二十篇。齐则昌邑中尉王吉、少府宗畸、御史大夫贡禹、尚书令五鹿充宗、胶东庸生（《隋书》卷三二《经籍志》，第 939 页） 《汉书·艺文志》著录其作"五鹿充宗略说三篇"（《汉书》卷三〇《艺文志》，第 1703 页）
赵玄	东郡	河洛	小夏侯（《尚书》）有郑、张、秦、假、李氏之学。（郑）宽中授东郡赵玄，无故授沛唐尊，恭授鲁冯宾。宾为博士，尊王莽太傅，玄哀帝御史大夫，至大官，知名者也（《汉书》卷八八《儒林传·张山拊传》，第 3606 页）
京房	东郡顿丘	河洛	字君明，东郡顿丘人也。治《易》，事梁人焦延寿。……（焦延寿）说长于灾变，分六十四卦，更直日用事，以风雨寒温为候；各有占验。房用之尤精。好钟律，知音声。初元四年以孝廉为郎（《汉书》卷七五《京房传》，第 3160 页）
姚平	河东	河洛	（京）房授东海殷嘉、河东姚平、河南乘弘，皆为郎、博士。由是《易》有京氏之学（《汉书》卷八八《儒林传·京房传》，第 3602 页）
唐昌	河东平阳	河洛	（王莽）置师友祭酒及侍中、谏议、六经祭酒各一人，凡九祭酒，秩上卿。琅邪左咸为讲《春秋》、颍川满昌为讲《诗》、长安国由为讲《易》、平阳唐昌为讲《书》、沛郡陈咸为讲《礼》、崔发为讲《乐》祭酒（《汉书》卷九九中《王莽传中》，第 4126—4127 页）
乘弘	河南	河洛	（京）房授东海殷嘉、河东姚平、河南乘弘，皆为郎、博士。由是《易》有京氏之学（《汉书》卷八八《儒林传·京房传》，第 3602 页）
杜子春	河南	河洛	河南缑氏及杜子春受业于（刘）歆，因以教授（《隋书》卷三二《经籍志》，第 925 页）

---

① 《史记·晋世家》载重耳"过卫，卫文公不礼。去，过五鹿"（参见《史记》卷三九《晋世家》，第 1657 页）。裴骃《史记集解》引贾逵曰："卫地。"杜预曰："今卫县西北有地名五鹿，阳平元城县东亦有五鹿。"又，《风俗通义》载："五鹿氏，五鹿，卫邑也，晋公子重耳，封舅犯于五鹿，支孙氏焉，汉有少府五鹿充宗。"[参见（汉）应劭撰，王利器校注《风俗通义校注》，中华书局 1981 年版，第 533 页] 据此，本研究把五鹿充宗的籍贯定在卫地。

续表

姓名	籍贯	区域	学术简况
缑氏	河南	河洛	河南缑氏及杜子春受业于（刘）歆，因以教授（《隋书》卷三二《经籍志》，第925页） 按：《后汉艺文志》著录其作"礼记要钞十卷"（《后汉艺文志》，第45页）
李吉	河南	河洛	（杨宣）门生河南李吉、广汉严象、赵翘等皆作大儒（《华阳国志》卷一〇中《先贤士女总赞·广汉士女》，第141页）
桑钦	河南	河洛	（徐）敖为右扶风掾，又传《毛诗》，授王璜、平陵涂恽子真。子真河南桑钦君长（《汉书》卷八八《儒林传·孔安国传》，第3607页）
贾嘉	河南洛阳	河洛	鲁周霸、洛阳贾嘉颇能言《尚书》（《汉书》卷八八《儒林传·伏生传》，第3603页）
贾谊	河南洛阳	河洛	年十八，以能诵诗书属文称于郡中。……文帝诏以为博士（《汉书》卷四八《贾谊传》，第2221页） 汉兴，北平侯张苍及梁太傅贾谊、京兆尹张敞、太中大夫刘公子皆修《春秋左氏传》。谊为《左氏传》训故（《汉书》卷八八《儒林传·房凤传》，第3620页） 按：《汉书·艺文志》著录其作"贾谊五十八篇"等作品（《汉书》卷三〇《艺文志》，第1726页）
锜华	河南洛阳	河洛	按：《汉书·艺文志》著录其作"洛阳锜华赋九篇"（《汉书》卷三〇《艺文志》，第1751页）
宋孟	河南洛阳	河洛	（晁错）学申商刑名于轵张恢生所，与洛阳宋孟及刘带同师（《汉书》卷四九《晁错传》，第2276页）
刘带①	河南洛阳	河洛	（晁错）学申商刑名于轵张恢生所，与洛阳宋孟及刘带同师（《汉书》卷四九《晁错传》，第2276页）
虞初	河南洛阳	河洛	按：《汉书·艺文志》著录其作"虞初周说九百四十三篇"（《汉书》卷三〇《艺文志》，第1745页）。注曰："河南人。武帝时以方士侍郎，〔号〕黄车使者。"注引师古曰："《史记》云虞初洛阳人，即张衡《西京赋》'小说九百，本自虞初'者也。"

---

① 刘带，《史记》作"刘礼"，称晁错"与洛阳宋孟及刘礼同师"（参见《史记》卷一〇一《晁错列传》，第2745页）。

续表

姓名	籍贯	区域	学术简况
周王孙	河南洛阳	河洛	汉兴，田何以齐徙杜陵，号杜田生，授东武王同子中、洛阳周王孙、丁宽、齐服生，皆著《易传》数篇（《汉书》卷八八《儒林传》序，第3597页）。注引师古曰："田生授王同、周王孙、丁宽、服生四人，而四人皆著《易传》也。"
陈平	河南阳武	河洛	少时家贫，好读书，治黄帝、老子之术（《汉书》卷四〇《陈平传》，第2038页）
张苍	河南阳武	河洛	好书律历。秦时为御史，主柱下方书（《汉书》卷四二《张苍传》，第2093页） 汉家言律历者本张苍。苍〔凡〕好书，无所不观，无所不通，而尤邃律历（《汉书》卷四二《张苍传》，第2098页） 按：《汉书·艺文志》著录其作"张苍十六篇"（《汉书》卷三〇《艺文志》，第1733页）
食子公	河内	河洛	（河内蔡）谊授同郡食子公与王吉。吉为昌邑〔王〕中尉，自有传。食生为博士。……《韩诗》有王、食、长孙之学（《汉书》卷八八《儒林传·赵子传》，第3614页）
赵子	河内	河洛	赵子，河内人也。事燕韩生，授同郡蔡谊（《汉书》卷八八《儒林传·赵子传》，第3614页）
息夫躬	河内河阳	河洛	字子微，河内河阳人也。少为博士弟子，受《春秋》，通览记书（《汉书》卷四五《息夫躬传》，第2179页） 按：《隋书·经籍志》著录其作"汉光禄大夫息夫躬集一卷"（《隋书》卷三五《经籍志》，第1057页）
蔡义①	河内温	河洛	蔡义，河内温人也。以明经给事大将军莫府……诏求能为《韩诗》者，征（蔡）义待诏，久不进见（《汉书》卷六六《蔡义传》，第2898页）
吕步舒	河内温	河洛	（《公羊春秋》）家胡母生）弟子遂之者，兰陵褚大、东平嬴公、广川段仲、温吕步舒。大至梁相，步舒丞相长史（《汉书》卷八八《儒林传·胡母生传》，第3616页）
张恢	河内轵	河洛	（晁错）学申商刑名于轵张恢生所，与洛阳宋孟及刘带同师（《汉书》卷四九《晁错传》，第2276页）

---

① 蔡义：《汉书·儒林传》作"蔡谊"（参见《汉书》卷八八《儒林传·赵子传》，第3614页）。

续表

姓名	籍贯	区域	学术简况
张禹	河内轵	河洛	字子文，河内轵人也。至禹父徙家（左冯翊）莲〔勺〕。……及禹壮，至长安学，从沛郡施雠受《易》，琅邪王阳、胶东庸生问《论语》，既皆明习，有徒众，举为郡文学（《汉书》卷八一《张禹传》，第3347页） 初，禹为师，以上难数对己问经，为《论语章句》献之。始鲁扶卿及夏侯胜、王阳、萧望之、韦玄成皆说《论语》，篇第或异。禹先事王阳，后从庸生，采获所安，最后出而尊贵。诸儒为之语曰："欲为《论》，念张文。"由是学者多从张氏，余家寖微（《汉书》卷八一《张禹传》，第3347、3352页） 按：《汉书·艺文志》著录其作"鲁安昌侯说二十一篇"（《汉书》卷三〇《艺文志》，第1716页）。注引师古曰："张禹也。"
直不疑	南阳	河洛	学《老子》言。其所临，为官如故，唯恐人之知其为吏迹也（《汉书》卷四六《直不疑传》，第2203页）
桓宽	汝南	河洛	宣帝时，汝南〔桓〕宽次公治《公羊春秋》，举为郎，至庐江太守丞，博通善属文，推衍盐铁之议，增广条目，极其论难，著数万言，亦欲以究治乱，成一家之法焉（《汉书》卷六六《公孙刘田王杨蔡陈郑传》，第2903页）
尹更始	汝南	河洛	汝南尹更始翁君本自事（《穀梁春秋》家蔡）千秋，能说矣……为谏大夫、长乐户将，又受《左氏传》，取其变理合者以为章句（《汉书》卷八八《儒林传·瑕丘江公传》，第3618页）
尹咸	汝南	河洛	（尹更始）传子咸及翟方进、琅邪房凤。咸至大司农，方进丞相，自有传（《汉书》卷八八《儒林传·房凤传》，第3618页） 丞相史尹咸以能治《左氏》，与（刘）歆共校经传（《汉书》卷三六《楚元王传》，第1967页）
何比干	汝南汝阴	河洛	（字少卿）汝南何比干，通律法。元朔中，公孙弘辟为廷尉右平，狱无冤。民号曰"何公"。征和初，去官在家（《三辅决录》卷二，《三辅决录 三辅故事 三辅旧事》，第45页） 字少卿，经明行修，兼通法律。为汝阴县狱吏决曹掾，平活数千人。后为丹阳都尉，狱无冤囚，淮汝号曰"何公"（《后汉书》卷四三《何敞传》注引《何氏家传》，第1480页）

续表

姓名	籍贯	区域	学术简况
翟方进	汝南上蔡	河洛	字子威，汝南上蔡人也。……经博士受《春秋》。积十余年，经学明习，徒众日广，诸儒称之（《汉书》卷八四《翟方进传》，第3411页） 方进虽受《穀梁》，然好《左氏传》、天文星历，其《左氏》则国师刘歆，星历则长安令田终术师也（《汉书》卷八四《翟方进传》，第3421页） 尹更始为谏大夫、长乐户将，又受《左氏传》，取其变理合者以为章句，传子咸及翟方进、琅邪房凤。咸至大司农，方进丞相，自有传（《汉书》卷八八《儒林传·瑕丘江公传》，第3618页）
蔡公	卫	河洛	按：《汉书·艺文志》著录其作"蔡公二篇"（《汉书》卷三〇《艺文志》，第1703页）。注曰："卫人，事周王孙。"
晁错	颍川①	河洛	学申商刑名于轵张恢生所，与洛阳宋孟及刘带同师。以文学为太常掌故（《汉书》卷四九《晁错传》，第2276页） 孝文时，求能治《尚书》者，天下亡有，闻伏生治之，欲召。时伏生年九十余，老不能行，于是诏太常，使掌故朝错往受之（《汉书》卷八八《儒林传·伏生传》，第3603页） 按：《汉书·艺文志》著录其作"晁错三十一篇"（《汉书》卷三〇《艺文志》，1735页）
贾山	颍川	河洛	（贾山）祖父袪，故魏王时博士弟子也。山受学〔袪〕，所言涉猎书记，不能为醇儒。尝给事颍阴侯为骑。孝文时，言治乱之道，借秦为谕，名曰《至言》（《汉书》卷五一《贾山传》，第2327页） 按：《汉书·艺文志》著录其作"贾山八篇"（《汉书》卷三〇《艺文志》，第1726页）
满昌	颍川	河洛	（《齐诗》有翼、匡、师、伏之学，匡衡）授琅邪师丹、伏理斿君、颍川满昌君都。君都为詹事（《汉书》卷八八《儒林传·后苍传》，第3613页）
堂溪惠	颍川	河洛	（《公羊春秋》家贡禹）授颍川堂溪惠，惠授泰山冥都（《汉书》卷八八《儒林传·颜安乐传》，第3617页）

---

① 根据汉代简牍、封泥和碑刻可知，传世文献中颍川、颍阳和颍阴之"颍"都写作"颖"（参见赵平安《尹湾汉简地名的整理与研究》，载连云港市博物馆、中国文物研究所编《尹湾汉墓简牍综论》，科学出版社1999年版，第148—153页；李解民《尹湾简牍〈东海郡下辖长吏名籍〉所载地名考异》，载《中国典籍与文化》编辑部编《中国典籍与文化论丛》第6辑，中华书局2000年版，第362—380页）。但"颍川""颍阳""颍阴"写法在传世文献中传承已久，"颍川"是《汉书·地理志》正文中的郡名（参见《汉书》卷二八上《地理志上》，第1560页），本研究暂从之。

续表

姓名	籍贯	区域	学术简况
张良	颍川城父	河洛	（字子房）尝学礼淮阳，东见仓海君，得力士，为铁椎重百二十斤。……旦日视其书，乃《太公兵法》。良因异之，常习〔读〕诵（《汉书》卷四〇《张良传》，第2023—2024页） 按：《汉书·艺文志》载"汉兴，张良、韩信序次兵法"（《汉书》卷三〇《艺文志》，第1762页）
孙宝	颍川傿陵	河洛	字子严，颍川鄢陵①人也，以明经为郡吏（《汉书》卷七七《孙宝传》，第3257页）
杨王孙	汉中成固②	荆楚	杨王孙者，孝武时人也。学黄老之术，家业千金，厚自奉养生，亡所不致（《汉书》卷六七《杨王孙传》，第2907页）
王子张	楚国	梁宋	（广汉什邡人杨宣）少受学于楚国王子张，天文图纬于河内郑子侯（《华阳国志》卷一〇中《先贤士女总赞·广汉士女》，第141页）
曹羽	楚	梁宋	按：《汉书·艺文志》著录其作"曹羽二篇"（《汉书》卷三〇《艺文志》，第1731页）。注曰："楚人，武帝时说于齐王。"
司马季主	楚	梁宋	夫司马季主者，楚贤大夫，游学长安，通《易经》，术黄帝、老子，博闻远见（《史记》卷一二七《日者列传》，第3221页）
龚舍	楚	梁宋	（字君倩）亦通《五经》，以《鲁诗》教授（《汉书》卷七二《龚舍传》，第3084页） 初，薛广德亦事（《鲁诗》家）王式，以博士论石渠，授龚舍。广德至御史大夫，舍泰山太守，皆有传（《汉书》卷八八《儒林传·王式传》，第3611页）
龚胜	楚	梁宋	（字君宾。薛广德）以《鲁诗》教授楚国，龚胜、舍师事焉（《汉书》卷七一《薛广德传》，第3046页） 欧阳（《尚书》）有平、陈之学。（陈）翁生授琅邪殷崇、楚国龚胜。崇为博士，胜右扶风，自有传（《汉书》卷八八《儒林传·林尊传》，第3604页）

① "鄢陵"，即"傿陵"，两者并见于汉代传世文献。《汉书·地理志》正文载颍川郡辖县时作"傿陵"（参见《汉书》卷二八上《地理志上》，第1560页），本研究从之，除引文外，统一作"傿陵"。

② 杨王孙：《西京杂记》称："杨贵字王孙，京兆人也。"〔（晋）葛洪撰，周天游校注：《西京杂记》，三秦出版社2006年版，第128页〕《华阳国志》则云："成固人。"（《华阳国志》卷一〇下《先贤士女总赞·汉中士女》，第161页）此暂从《华阳国志》。

续表

姓名	籍贯	区域	学术简况
陆贾	楚	梁宋	陆贾，楚人也。以客从高祖定天下，名有口辩，居左右，常使诸侯（《汉书》卷四三《陆贾传》，第2111页） 按：《汉书·艺文志》著录其作有"陆贾二十三篇"等（《汉书》卷三〇《艺文志》，第1726页）
申章昌	楚	梁宋	（《穀梁》家丁）姓至中山太傅，授楚申章昌曼君，为博士，至长沙太傅，徒众尤盛（《汉书》卷八八《儒林传·瑕丘江公传》，第3618页）
朱建	楚	梁宋	为人辩有口，刻廉刚直，行不苟合，义不取容（《汉书》卷四三《朱建传》，第2116页） 按：《汉书·艺文志》著录其作"朱建赋二篇"（《汉书》卷三〇《艺文志》，第1748页）
泠丰	淮阳	梁宋	（《公羊春秋》家颜）安乐授淮阳泠丰次君、淄川任公。公为少府，丰淄川太守。由是颜家有泠、任之学（《汉书》卷八八《儒林传·颜安乐传》，第3617页）
枚乘	淮阳	梁宋	（字叔）游梁，梁客皆善属辞赋，乘尤高（《汉书》卷五一《枚乘传》，第2365页） 按：《汉书·艺文志》著录其作"枚乘赋九篇"（《汉书》卷三〇《艺文志》，第1747页）
枚皋	淮阳	梁宋	（字少孺）司马相如善为文而迟，故所作少而善于皋。皋赋辞中自言为赋不如相如，又言为赋乃俳，见视如倡，自悔类倡也。故其赋有诋娸东方朔，又自诋娸。其文骪骳，曲随其事，皆得其意，颇诙笑，不甚闲靡。凡可读者百二十篇，其尤嫚戏不可读者尚数十篇（《汉书》卷五一《枚乘传》，第2367页） 按：《汉书·艺文志》著录其作"枚皋赋百二十篇"（《汉书》卷三〇《艺文志》，第1748页）
黄霸	淮阳阳夏	梁宋	字次公，淮阳阳夏人也，以豪杰役使徙云陵。霸少学律令，喜为吏，武帝末以待诏入钱赏官，补侍郎谒者，坐同产有罪劾免（《汉书》卷八九《循吏传·黄霸传》，第3627页） 坐公卿大议廷中知长信少府夏侯胜非议诏书大不敬，霸阿从不举劾，皆下廷尉，系狱当死。霸因从胜受《尚书》狱中，再逾冬，积三岁乃出（《汉书》卷八九《循吏传·黄霸传》，第3629页）

续表

姓名	籍贯	区域	学术简况
彭宣	淮阳阳夏	梁宋	字子佩，淮阳阳夏人也。治《易》，事张禹，举为博士，迁东平太傅（《汉书》卷七一《彭宣传》，第3051页） （张）禹授淮阳彭宣、沛戴崇子平。崇为九卿，宣大司空。禹、宣皆有传。……由是施家有张、彭之学（《汉书》卷八八《儒林传·施雠传》，第3598页）
臣寿	淮阳圉	梁宋	按：《汉书·艺文志》著录其作"臣寿周纪七篇"（《汉书》卷三〇《艺文志》，第1745页）。注曰："项国①圉人，宣帝时。"
魏相	济阴定陶	梁宋	字弱翁，济阴定陶人也，徙平陵。少学《易》，为郡卒史，举贤良，以对策高第，为茂陵令（《汉书》卷七四《魏相传》，第3133页） 明《易经》，有师法（《汉书》卷七四《魏相传》，第3137页） 按：《隋书·经籍志》著录其作"梁有汉丞相魏相集二卷，录一卷"（《隋书》卷三五《经籍志》，第1056页）
陈翁生	梁	梁宋	（欧阳《尚书》家）林尊……授平陵平当、梁陈翁生。当至丞相，自有传。翁生信都太傅，家世传业。由是欧阳有平、陈之学（《汉书》卷八八《儒林传·林尊传》，第3604页）
戴德	梁	梁宋	（后）仓说《礼》数万言，号曰《后氏曲台记》，授沛闻人通汉子方、梁戴德延君、戴圣次君、沛庆普孝公。孝公为东平太傅。德号大戴，为信都太傅；圣号小戴，以博士论石渠，至九江太守。由是《礼》有大戴、小戴、庆氏之学（《汉书》卷八八《儒林传·孟卿传》，第3615页）
戴圣	梁	梁宋	（后）仓说《礼》数万言，号曰《后氏曲台记》，授沛闻人通汉子方、梁戴德延君、戴圣次君、沛庆普孝公。孝公为东平太傅。德号大戴，为信都太傅；圣号小戴，以博士论石渠，至九江太守。由是《礼》有大戴、小戴、庆氏之学（《汉书》卷八八《儒林传·孟卿传》，第3615页）
丁宽	梁	梁宋	字子襄，梁人〔也。初〕梁项生从田何受《易》，时宽为项生从者，读《易》精敏，才过项生，遂事何。学成，何谢宽。宽东归，何谓门人曰："《易》以东矣。"宽至洛阳，复从周王孙受古义，号《周氏传》。景帝时，宽为梁孝王将军距吴、楚，号丁将军，作《易说》三万言，训故举大谊而已，今《小章句》是也（《汉书》卷八八《儒林传·丁宽传》，第3597—3598页） 按：《汉书·艺文志》著录其作"丁氏八篇"（《汉书》卷三〇《艺文志》，第1703页）。注曰："名宽，字子襄，梁人也。"

---

① 按：钱大昭：《汉书辨疑》："项国，疑淮阳国之伪。"（参见陈国庆编《汉书艺文志注释汇编》，第161页）核之《汉书·地理志》，圉属淮阳国（参见《汉书》卷二八下《地理志下》，第1636页），此从之。

续表

姓名	籍贯	区域	学术简况
丁姓	梁	梁宋	沛蔡千秋少君、梁周庆幼君、丁姓子孙皆从（《穀梁春秋》家荣）广受。……江博士复死，乃征周庆、丁姓待诏保宫，使卒授十人。……庆、姓皆为博士。姓至中山太傅（《汉书》卷八八《儒林传·瑕丘江公传》，第3617—3618页）
焦延寿	梁	梁宋	字赣。赣贫贱，以好学得幸梁王，王共其资用，令极意学（《汉书》卷七五《京房传》，第3160页）京房受《易》梁人焦延寿。延寿云尝从孟喜问《易》（《汉书》卷八八《儒林传·梁丘贺传》，第3601页）
龙德	梁	梁宋	按：《汉书·艺文志》著录其作"雅琴龙氏九十九篇"（《汉书》卷三〇《艺文志》，第1711页）。注曰："名德，梁人。"注引师古曰："刘向《别录》云亦魏相所奏也。与赵定俱召见待诏，后拜为侍郎。"
项生	梁	梁宋	初，梁项生从田何受《易》，时（丁）宽为项生从者，读《易》精敏，才过项生，遂事何（《汉书》卷八八《儒林传·丁宽传》，第3597页）
萧秉	梁	梁宋	始（《穀梁春秋》家）江博士授胡常，常授梁萧秉君房，王莽时为讲学大夫（《汉书》卷八八《儒林传·房凤传》，第3619页）
杨荣	梁	梁宋	小戴授梁人桥仁季卿、杨荣子孙。仁为大鸿胪，家世传业，荣琅邪太守。由是大戴有徐氏，小戴有桥、杨氏之学（《汉书》卷八八《儒林传·孟卿传》，第3615页）
周庆	梁	梁宋	沛蔡千秋少君、梁周庆幼君、丁姓子孙皆从（《穀梁春秋》家荣）广受。……江博士复死，乃征周庆、丁姓待诏保宫，使卒授十人（《汉书》卷八八《儒林传·瑕丘江公传》，第3617—3618页）
韩安国	梁成安	梁宋	字长孺，梁成安人也，后徙睢阳。尝受《韩子》、杂说邹田生所。事梁孝王，为中大夫（《汉书》卷五二《韩安国传》，第2394页）
田王孙	梁国砀	梁宋	（梁人丁宽授同郡砀田王孙）王孙授施雠、孟喜、梁丘贺。由是《易》有施、孟、梁丘之学（《汉书》卷八八《儒林传·丁宽传》，第3598页）

续表

姓名	籍贯	区域	学术简况
桥仁	梁国睢阳	梁宋	（桥玄七世祖）从同郡戴德学，著《礼记》章句四十九篇，号曰"桥君学"。成帝时为大鸿胪（《后汉书》卷五一《桥玄传》，第1695页）
鲁赐	梁郡砀	梁宋	（申公）弟子为博士十余人……砀鲁赐东海太守（《汉书》卷八八《儒林传·申公传》，第3608页）
蔡千秋	沛	梁宋	沛蔡千秋少君、梁周庆幼君、丁姓子孙皆从（《穀梁春秋》家荣）广受。千秋又事皓星公，为学最笃。宣帝即位，闻卫太子好《穀梁春秋》，以问丞相韦贤、长信少府夏侯胜及侍中乐陵侯史高，皆鲁人也，言穀梁子本鲁学，公羊氏乃齐学也，宜兴《穀梁》。时千秋为郎，召见，与《公羊》家并说，上善《穀梁》说，擢千秋为谏大夫给事中，后有过，左迁平陵令。复求能为《穀梁》者，莫及千秋。上愍其学且绝，乃以千秋为郎中户将，选郎十人从受（《汉书》卷八八《儒林传·瑕丘江公传》，第3618页）
陈咸	沛	梁宋	（王莽）置师友祭酒及侍中、谏议、六经祭酒各一人，凡九祭酒，秩上卿。琅邪左咸为讲《春秋》、颍川满昌为讲《诗》、长安国由为讲《易》、平阳唐昌为讲《书》、沛郡陈咸为讲《礼》、崔发为讲《乐》祭酒（《汉书》卷九九中《王莽传中》，第4126—4127页）
陈参	沛	梁宋	（王莽）受《礼经》，师事沛郡陈参，勤身博学，被服如儒生（《汉书》卷九九上《王莽传上》，第4039页）
褚少孙	沛	梁宋	山阳张长安幼君先事式，后东平唐长宾、沛褚少孙亦来事（《鲁诗》家王）式，问经数篇……由是《鲁诗》有张、唐、褚氏之学（《汉书》卷八八《儒林传·王式传》，第3610页）
戴崇	沛	梁宋	（施氏《易》家张）禹授淮阳彭宣、沛戴崇子平。崇为九卿，宣大司空。禹、宣皆有传（《汉书》卷八八《儒林传·施雠传》，第3598页）
邓彭祖	沛	梁宋	（梁丘《易》家五鹿充宗）授平陵士孙张仲方、沛邓彭祖子夏、齐衡咸长宾。张为博士，至扬州牧，光禄大夫给事中，家世传业。彭祖，真定太傅；咸，王莽讲学大夫。由是梁丘有士孙、邓、衡之学（《汉书》卷八八《儒林传·梁丘贺传》，第3601页）

第八章　汉代学术人物简况表　291

续表

姓名	籍贯	区域	学术简况
高康	沛	梁宋	（高）相授子康及兰陵毋将永。康以明《易》为郎，永至豫章都尉。及王莽居摄，东郡太守翟谊谋举兵诛莽，事未发，康候知东郡有兵，私语门人，门人上书言之。后数月，翟谊兵起，莽召问，对受师高康。莽恶之，以为惑众，斩康。由是《易》有高氏学（《汉书》卷八八《儒林传·高相传》，第3602页）
高相	沛	梁宋	治《易》与费公同时，其学亦亡章句，专说阴阳灾异，自言出于丁将军（《汉书》卷八八《儒林传·高相传》，第3602页）
刘交	沛	梁宋	楚元王交字游，高祖同父少弟也。好书，多材艺。少时尝与鲁穆生、白生、申公俱受《诗》于浮丘伯。……元王好《诗》，诸子皆读《诗》，申公始为《诗》传，号《鲁诗》。元王亦次之《诗》传，号曰《元王诗》（《汉书》卷三六《楚元王传》，第1921—1922页）
刘友	沛	梁宋	按：即汉高祖之子赵幽王。《汉书·艺文志》著录其作"赵幽王赋一篇"（《汉书》卷三〇《艺文志》，第1747页）
庆普	沛	梁宋	（后）仓说《礼》数万言，号曰《后氏曲台记》，授沛闻人通汉子方、梁戴德延君、戴圣次君、沛庆普孝公。孝公为东平太傅。……由是《礼》有大戴、小戴、庆氏之学（《汉书》卷八八《儒林传·孟卿传》，第3615页）
庆咸	沛	梁宋	《礼》有大戴、小戴、庆氏之学……（庆）普授鲁夏侯敬，又传族子咸，为豫章太守（《汉书》卷八八《儒林传·孟卿传》，第3615页）
施雠	沛	梁宋	字长卿，沛人也。沛与砀相近，雠为童子，从田王孙受《易》。后雠徙长陵，田王孙为博士，复从卒业，与孟喜、梁丘贺并为门人。谦让，常称学废，不教授。……诏拜雠为博士。甘露中与《五经》诸儒杂论同异于石渠阁（《汉书》卷八八《儒林传·施雠传》，第3598页）
唐林	沛	梁宋	（大夏侯《尚书》有孔、许之学。许商）号其门人沛唐林子高为德行，平陵吴章伟君为言语，重泉王吉少音为政事，齐炔钦幼卿为文学。王莽时，林、吉为九卿，自表上师冢，大夫博士郎吏为许氏学者，各从门人，会车数百辆，儒者荣之（《汉书》卷八八《儒林传·周堪传》，第3604—3605页）

续表

姓名	籍贯	区域	学术简况
唐尊	沛	梁宋	小夏侯（《尚书》）有郑、张、秦、假、李氏之学。宽中授东郡赵玄，无故授沛唐尊，恭授鲁冯宾。宾为博士，尊王莽太傅，玄哀帝御史大夫，至大官，知名者也（《汉书》卷八八《儒林传·张山拊传》，第3606页）
闻人通汉	沛	梁宋	（后）仓说《礼》数万言，号曰《后氏曲台记》，授沛闻人通汉子方、梁戴德延君、戴圣次君、沛庆普孝公（《汉书》卷八八《儒林传·孟卿传》，第3615页）
翟牧	沛	梁宋	（孟）喜授同郡白光少子、沛翟牧子兄，皆为博士。由是有翟、孟、白之学（《汉书》卷八八《儒林传·孟喜传》，第3599页）
薛广德	沛郡相	梁宋	字长卿，沛郡相人也。以《鲁诗》教授楚国，龚胜、舍师事焉。……为博士，论石渠（《汉书》卷七一《薛广德传》，第3046页）
曹竟	山阳	梁宋	齐栗融客卿、北海禽庆子夏、苏章游卿、山阳曹竟子期皆儒生，去官不仕于莽。莽死，汉更始竟以为丞相，封侯，欲视致贤人，销寇贼（《汉书》卷七二《王贡两鲍传》，第3096页）
张就	山阳	梁宋	（《韩诗》有王、食、长孙之学。栗丰）授山阳张就，（长孙）顺授东海发福，皆至大官，徒众尤盛（《汉书》卷八八《儒林传·赵子传》，第3614页）
张无故	山阳	梁宋	（《尚书》家张山拊事小夏侯建）授同县李寻、郑宽中少君、山阳张无故子儒、信都秦恭延君、陈留假仓子骄。无故善修章句，为广陵太傅，守小夏侯说文（《汉书》卷八八《儒林传·张山拊传》，第3605页）
张游卿	山阳	梁宋	《鲁诗》有张、唐、褚氏之学。张生兄子游卿为谏大夫，以《诗》授元帝（《汉书》卷八八《儒林传·王式传》，第3610页）
张长安	山阳	梁宋	山阳张长安幼君先事（《鲁诗》家王）式……为博士。张生论石渠，至淮阳中尉（《汉书》卷八八《儒林传·王式传》，第3610页）
龚遂	山阳南平阳	梁宋	字少卿，山阳南平阳人也。以明经为官，至昌邑郎中令，事王贺（《汉书》卷八九《循吏传·龚遂传》，第3637页）
陈汤	山阳瑕丘	梁宋	字子公，山阳瑕兵人也。少好书，博达善属文。……为射声校尉（《汉书》卷七〇《陈汤传》，第3007页） 按：《隋书·经籍志》著录其作"梁有汉射声校尉陈汤集二卷"（《隋书》卷三五《经籍志》，第1056页）

续表

姓名	籍贯	区域	学术简况
（大）江公	山阳瑕丘	梁宋	瑕丘江公受《穀梁春秋》及《诗》于鲁申公，传子至孙为博士（《汉书》卷八八《儒林传·瑕丘江公传》，第3610页）
萧奋	山阳瑕丘	梁宋	瑕丘萧奋以《礼》至淮阳太守（《汉书》卷八八《儒林传》，第3614页）
江公	山阳瑕丘	梁宋	汝南尹更始翁君本自事千秋，能说矣，会千秋病死，征（大）江公孙为博士（《汉书》卷八八《儒林传·瑕丘江公传》，第3618页）
白光	东海	鲁地	（东海孟）喜授同郡白光少子、沛翟牧子兄，皆为博士。由是有翟、孟、白之学（《汉书》卷八八《儒林传·孟喜》，第3599页）
发福	东海	鲁地	《韩诗》有王、食、长孙之学。（栗）丰授山阳张就，（长孙）顺授东海发福，皆至大官，徒众尤盛（《汉书》卷八八《儒林传·赵子传》，第3614页）
澓中翁	东海	鲁地	（宣帝）受《诗》于东海澓中翁（《汉书》卷八《宣帝纪》，第237页）
孟卿	东海	鲁地	事萧奋，以授后仓①、鲁闾丘卿（《汉书》卷八八《儒林传·孟卿传》，第3615页） （孟喜）父号孟卿，善为《礼》《春秋》，授后仓、疏广。世所传后氏《礼》《疏氏春秋》，皆出孟卿。孟卿以《礼经》多、《春秋》烦杂，及使喜从田王孙受《易》（《汉书》卷八八《儒林传·孟喜传》，第3599页）
师中	东海	鲁地	按：《汉书·艺文志》著录其作"雅琴师氏八篇"（《汉书》卷三〇《艺文志》，第1711页）。注曰："名中，东海人。"
徐明	东海	鲁地	按：《汉书·艺文志》著录其作"河内太守徐明赋三篇"（《汉书》卷三〇《艺文志》，第1749页）。注曰："字长君，东海人，元、成世历五郡太守，有能名。"
殷嘉	东海	鲁地	（京）房授东海殷嘉、河东姚平、河南乘弘，皆为郎、博士。由是《易》有京氏之学（《汉书》卷八八《儒林传·京房传》，第3602页） 按：《汉书·艺文志》著录其作"京氏段嘉十二篇"（《汉书》卷三〇《艺文志》，第1703页）。注引苏林曰："东海人，为博士。"

---

① 按：仓，《汉书·儒林传》又作"苍"，本研究为行文统一，一律作"仓"，引文时则从原文。

续表

姓名	籍贯	区域	学术简况
申咸	东海	鲁地	哀帝初即位,博士申咸给事中,亦东海人也(《汉书》卷八三《薛宣传》,第3394页)
匡衡	东海承	鲁地	字稚圭,东海承人也。父世农夫,至衡好学,家贫,庸作以供资用,尤精力过绝人。诸儒为之语曰:"无说《诗》,匡鼎来。匡说《诗》,解人颐。"(《汉书》卷八一《匡衡传》,第3331页) 《齐诗》有翼、匡、师、伏之学(《汉书》卷八八《儒林传·后苍传》,第3613页)
褚大	东海兰陵	鲁地	(《公羊春秋》家胡母生)弟子遂之者,兰陵褚大、东平嬴公、广川段仲、温吕步舒。大至梁相,步舒丞相长史(《汉书》卷八八《儒林传·胡母生传》,第3616页)
孟喜	东海兰陵	鲁地	(字长卿)好自称誉,得《易》家候阴阳灾变书,诈言师田生且死时枕喜膝,独传喜,诸儒以此耀之(《汉书》卷八八《儒林传·孟喜传》,第3599页)
缪生	东海兰陵	鲁地	(申公)弟子为博士十余人……兰陵缪生长沙内史(《汉书》卷八八《儒林传·申公传》,第3608页)
疏广	东海兰陵	鲁地	字仲翁,东海兰陵人也。少好学,明《春秋》,家居教授,学者自远方至。征为博士太中大夫(《汉书》卷七一《疏广传》,第3039页) (孟喜)父号孟卿,善为《礼》《春秋》,授后仓、疏广(《汉书》卷八八《儒林传·孟喜传》,第3599页)
王臧	东海兰陵	鲁地	兰陵王臧既从(申公)受《诗》,已通,事景帝为太子少傅,免去(《汉书》卷八八《儒林传·申公传》,第3608页)
毋将永	东海兰陵	鲁地	(高)相授子康及兰陵毋将永。康以明《易》为郎,永至豫章都尉(《汉书》卷八八《儒林传·高相传》,第3602页)
萧望之	东海兰陵	鲁地	字长倩,东海兰陵人也,徙杜陵。家世以田为业,至望之,好学,治《齐诗》,事同县后仓且十年。以令诣太常受业,复事同学博士白奇,又从夏侯胜问《论语》《礼服》。京师诸儒称述焉(《汉书》卷七八《萧望之传》,第3271页)
徐偃	东海兰陵	鲁地	(申公)弟子为博士十余人……徐偃胶西中尉(《汉书》卷八八《儒林传·申公传》,第3608页)

续表

姓名	籍贯	区域	学术简况
马宫	东海戚	鲁地	字游卿，东海戚人也。治《春秋》严氏，以射策甲科为郎，迁楚长史，免官（《汉书》卷八一《马宫传》，第3365页）（《公羊春秋》颜家有泠、任之学，泠）丰授马宫、琅邪左咸。咸为郡守九卿，徒众尤盛。〔宫〕至大司徒，自有传（《汉书》卷八八《儒林传·颜安乐传》，第3617页）
后仓	东海郯①	鲁地	事夏侯始昌。始昌通《五经》，苍亦通《诗》《礼》，为博士，至少府，授翼奉、萧望之、匡衡（《汉书》卷八八《儒林传·后苍传》，第3613页）
于定国	东海郯	鲁地	（字曼倩）少学法于父，父死，后定国亦为狱史、郡决曹，补廷尉史……（宣帝时）定国乃迎师学《春秋》，身执经，北面备弟子礼（《汉书》卷七一《于定国传》，第3042页）
严彭祖	东海下邳	鲁地	字公子，东海下邳人也。与颜安乐俱事眭孟。孟弟子百余人，唯彭祖、安乐为明，质问疑谊，各持所见。孟曰："《春秋》之意，在二子矣！"孟死，彭祖、安乐各颛门教授。由是《公羊春秋》有颜、严之学（《汉书》卷八八《儒林传·严彭祖传》，第3616页）
翼奉	东海下邳	鲁地	字少君，东海下邳人也。治《齐诗》，与萧望之、匡衡同师。三人经术皆明，衡为后进，望之施之政事，而奉惇学不仕，好律历阴阳之占。元帝初即位，诸儒荐之，征待诏宦者署，数言事宴见，天子敬焉（《汉书》卷七五《翼奉传》，第3167页）
莤卿	东平	鲁地	（东平夏侯）胜又事同郡莤卿。莤卿者，（《尚书》家）兒宽门人（《汉书》卷八八《儒林传·夏侯胜传》，第3604页）
唐长宾	东平	鲁地	山阳张长安幼君先事（《鲁诗》家王）式，后东平唐长宾、沛褚少孙亦来事式，问经数篇，式谢曰："闻之于师具是矣，自润色之。"不肯复授。……张生、唐生、褚生皆为博士。张生论石渠，至淮阳中尉。唐生楚太傅。由是《鲁诗》有张、唐、褚氏之学（《汉书》卷八八《儒林传·王式传》，第3610页）

---

① 按：《汉书·萧望之传》：望之"字长倩，东海兰陵人也，徙杜陵。……治《齐诗》，事同县后仓且十年"（《汉书》卷七八《萧望之传》，第3271页）。据此，后仓与萧望之同县，也应该是东海兰陵人。

续表

姓名	籍贯	区域	学术简况
夏侯建	东平	鲁地	字长卿,自师事胜及欧阳高,左右采获,又从《五经》诸儒问与《尚书》相出入者,牵引以次章句,具文饰说(《汉书》卷七五《夏侯胜传》,第3159页)
夏侯胜	东平	鲁地	字长公。初,鲁共王分鲁西宁乡以封子节侯,别属大河,大河后更名东平,故胜为东平人。胜少孤,好学,从始昌受《尚书》及《洪范五行传》,说灾异。后事蕳卿,又从欧阳氏问。为学精孰,所问非一师也。善说礼服。征为博士、光禄大夫(《汉书》卷七五《夏侯胜传》,第3155页)
嬴公	东平	鲁地	(《公羊春秋》家胡母生)弟子遂之者,兰陵褚大、东平嬴公、广川段仲、温吕步舒。大至梁相,步舒丞相长史,唯嬴公守学不失师法,为昭帝谏大夫(《汉书》卷八八《儒林传·胡母生传》,第3616页)
王式	东平新桃	鲁地	字翁思,东平新桃人也。事免中徐公及(鲁)许生。……归家不教授(《汉书》卷八八《儒林传·王式传》,第3610页)
白生	鲁	鲁地	(楚元王)少时尝与鲁穆生、白生、申公俱受《诗》于浮丘伯。……元王既至楚,以穆生、白生、申公为中大夫(《汉书》卷三六《楚元王传》,第1922页)
冯宾	鲁	鲁地	小夏侯(《尚书》)有郑、张、秦、假、李氏之学。宽中授东郡赵玄,无故授沛唐尊,(秦)恭授鲁冯宾。宾为博士,尊王莽太傅,玄哀帝御史大夫,至大官,知名者也(《汉书》卷八八《儒林传·张山拊传》,第3606页)
扶卿	鲁	鲁地	传《鲁论语》者,常山都尉龚奋、长信少府夏侯胜、丞相韦贤、鲁扶卿、前将军萧望之、安昌侯张禹,皆名家(《汉书》卷三〇《艺文志》,第1717页) 始鲁扶卿及夏侯胜、王阳、萧望之、韦玄成皆说《论语》,篇第或异(《汉书》卷八一《张禹传》,第3352页)
高堂生	鲁	鲁地	汉兴,鲁高堂生传《士礼》十七篇,而鲁徐生善为颂。孝文时,徐生以颂为礼官大夫,传子至孙延、襄(《汉书》卷八八《儒林传》,第3614页)
公孙臣	鲁	鲁地	文帝召公孙臣,拜为博士,与诸生申明土德,草改历服色事(《汉书》卷二五上《郊祀志上》,第1211—1212页)

续表

姓名	籍贯	区域	学术简况
皓星公	鲁	鲁地	太子（宣帝）既通（《公羊春秋》），复私问《穀梁》而善之。其后浸微，唯鲁荣广王孙、皓星公二人受焉（《汉书》卷八八《儒林传·瑕丘江公传》，第3617页）
孔安国	鲁国	鲁地	孔氏有古文《尚书》，孔安国以今文字读之，因以起其家逸《书》，得十余篇，盖《尚书》兹多于是矣。遭巫蛊，未立于学官。安国为谏大夫……（申公）弟子为博士十余人，孔安国至临淮太守（《汉书》卷八八《儒林传·孔安国传》，第3607—3608页）
孔骥	鲁国	鲁地	按：为博士（曾磊：《两汉博士表》）
孔臧	鲁	鲁地	按：《汉书·艺文志》著录其作有"太常蓼侯孔臧赋二十篇"等（《汉书》卷三〇《艺文志》，第1747页）
孔忠	鲁国	鲁地	按：为博士（曾磊：《两汉博士表》）
孔武	鲁国	鲁地	按：为博士（曾磊：《两汉博士表》）
孔衍	鲁国	鲁地	按：为博士（曾磊：《两汉博士表》）
闾丘卿	鲁	鲁地	（孟卿）事（《礼》家）萧奋，以授后仓、鲁闾丘卿（《汉书》卷八八《儒林传·孟卿传》，第3615页）
穆生	鲁	鲁地	（楚元王）少时尝与鲁穆生、白生、申公俱受《诗》于浮丘伯。……元王既至楚，以穆生、白生、申公为中大夫（《汉书》卷三六《楚元王传》，第1922页）
荣广	鲁	鲁地	（瑕丘江公）受《穀梁春秋》及《诗》于鲁申公……广尽能传其《诗》《春秋》，高材捷敏，与《公羊》大师眭孟等论，数困之，故好学者颇复受《穀梁》（《汉书》卷八八《儒林传·瑕丘江公传》，第3617页）
申公	鲁	鲁地	少与楚元王交俱事齐人浮丘伯受《诗》。汉兴，高祖过鲁，申公以弟子从师入见于鲁南宫。吕太后时，浮丘伯在长安，楚元王遣子郢与申公俱卒学。元王薨，郢嗣立为楚王，令申公傅太子戊。戊不好学，病申公。及戊立为王，胥靡申公。申公愧之，归鲁退居家教，终身不出门。复谢宾客，独王命召之乃往。弟子自远方至受业者千余人，申公独以《诗经》为训故以教，亡传，疑者则阙弗传（《汉书》卷八八《儒林传·申公传》，第3608页）
韦赏	鲁	鲁地	（韦）玄成及兄子赏以《诗》授哀帝，至大司马车骑将军，自有传。由是《鲁诗》有韦氏学（《汉书》卷八八《儒林传·申公传》，第3609页）

续表

姓名	籍贯	区域	学术简况
韦玄成	鲁	鲁地	韦贤治《诗》……传子玄成，以淮阳中尉论石渠，后亦至丞相。……由是《鲁诗》有韦氏学（《汉书》卷八八《儒林传·申公传》，第3609页）
夏侯都尉	鲁	鲁地	夏侯胜，其先夏侯都尉，从济南张生受《尚书》，以传族子始昌（《汉书》卷八八《儒林传·夏侯胜传》，第3604页）
夏侯敬	鲁	鲁地	《礼》有大戴、小戴、庆氏之学……（庆）普授鲁夏侯敬，又传族子咸，为豫章太守（《汉书》卷八八《儒林传·孟卿传》，第3615页）
夏侯始昌	鲁	鲁地	通《五经》，以《齐诗》《尚书》教授。自董仲舒、韩婴死后，武帝得始昌，甚重之。始昌明于阴阳，先言柏梁台灾日，至期日果灾。时，昌邑王以少子爱，上为选师，始昌为太傅。年老，以寿终（《汉书》卷七五《夏侯始昌传》，第3154页）
徐生	鲁	鲁地	汉兴，鲁高堂生传《士礼》十七篇，而鲁徐生善为颂。孝文时，徐生以颂为礼官大夫，传子至孙延、襄（《汉书》卷八八《儒林传》，第3614页）
徐襄	鲁	鲁地	（徐生）传子至孙延、襄。襄，其资性善为颂，不能通经；延颇能，未善也。襄亦以颂为大夫，至广陵内史（《汉书》卷八八《儒林传》，第3614页）
徐延	鲁	鲁地	（徐生）传子至孙延、襄。襄，其资性善为颂，不能通经；延颇能，未善也。襄亦以颂为大夫，至广陵内史。唯延及徐氏弟子……皆为礼官大夫（《汉书》卷八八《儒林传》，第3614页）
许生	鲁	鲁地	申公卒以《诗》《春秋》授，而瑕丘江公尽能传之，徒众最盛。及鲁许生、免中徐公，皆守学教授（《汉书》卷八八《儒林传·申公传》，第3608—3609页）
制氏	鲁	鲁地	汉兴，乐家有制氏，以雅乐声律世世在大乐官，但能纪其铿锵鼓舞，而不能言其义（《汉书》卷二二《礼乐志》，第1043页）。注引服虔曰："鲁人也，善乐事也。"
周霸	鲁	鲁地	（《易》家王同授）鲁周霸、莒衡胡、临淄主父偃，皆以《易》至大官。要言《易》者本之田何（《汉书》卷八八《儒林传》序，第3597页） （《鲁诗》家）弟子为博士十余人，孔安国至临淮太守，周霸胶西内史（《汉书》卷八八《儒林传·申公传》，第3608页）

续表

姓名	籍贯	区域	学术简况
朱云	鲁	鲁地	字游，鲁人也，徙平陵。少时通轻侠，借客报仇。长八尺余，容貌甚壮，以勇力闻。年四十，乃变节从博士白子友受《易》，又事前将军萧望之受《论语》，皆能传其业（《汉书》卷六七《朱云传》，第2912页）
丙吉	鲁国	鲁地	（字少卿，鲁国人也。治律令，为鲁狱史）本起狱法小吏，后学《诗》《礼》，皆通大义（《汉书》卷七四《丙吉传》，第3145页）
桓公	鲁国	鲁地	鲁恭王坏孔子宅，欲以为官，而得古文于坏壁之中，《逸礼》有三十九篇，《书》十六篇。天汉之后，孔安国献之，遭巫蛊仓卒之难，未及施行。及《春秋》左氏丘明所修，皆古文旧书，多者二十余通，臧于秘府，伏而未发。孝成皇帝闵学残文缺，稍离其真，乃陈发秘臧，校理旧文，得此三事，以考学官所传，经或脱简，传或间编。传问民间，则有鲁国〔桓〕公、赵国贯公、胶东庸生之遗学与此同，抑而未施（《汉书》卷三六《楚元王传》，第1969—1970页）
孔霸	鲁国	鲁地	（孔光之父）治《尚书》，事太傅夏侯胜，昭帝末年为博士，宣帝时为太中大夫，以选授皇太子经，迁詹事、高密相（《汉书》卷八一《孔光传》，第3352页）
孔光	鲁国	鲁地	（孔霸之子，字子夏）经学尤明，年未二十，举为议郎。光禄勋匡衡举光方正，为谏大夫。坐议有不合，左迁虹长，自免归教授。成帝初即位，举为博士，数使录冤狱，行风俗，振赡流民，奉使称旨，由是知名（《汉书》卷八一《孔光传》，第3353页）
孔襄	鲁国	鲁地	（孔）鲋弟子襄为孝惠博士、长沙太傅（《汉书》卷八一《孔光传》，第3352页）
孔延年	鲁国	鲁地	（孔）安国、延年皆以治《尚书》为武帝博士（《汉书》卷八一《孔光传》，第3352页）
眭孟	鲁国蕃	鲁地	字孟，鲁国蕃人也。少时好侠，斗鸡走马，长乃变节，从嬴公受《春秋》。以明经为议郎，至符节令（《汉书》卷七五《眭孟传》，第3153页） （《公羊春秋》家）嬴公守学不失师法，为昭帝谏大夫，授东海孟卿、鲁眭孟。孟为符节令，坐说灾异诛，自有传（《汉书》卷八八《儒林传·胡母生传》，第3616页）

续表

姓名	籍贯	区域	学术简况
孔子建	鲁国鲁	鲁地	（孔僖）曾祖父子建，少游长安，与崔篆友善。及篆仕王莽为建新大尹，尝劝子建仕（《后汉书》卷七九上《儒林传上·孔僖传》，第2560页）
叔孙通	鲁国薛	鲁地	秦时以文学征，待诏博士（《汉书》卷四三《叔孙通传》，第2124页）
颜安乐	鲁国薛	鲁地	字公孙，鲁国薛人，眭孟姊子也。家贫，为学精力，官至齐郡太守丞，后为仇家所杀（《汉书》卷八八《儒林传·颜安乐传》，第3617页）
阙门庆忌	鲁国邹	鲁地	申公亦病免归，数年卒。弟子为博士十余人……邹人阙门庆忌胶东内史，其治官民皆有廉节称（《汉书》卷八八《儒林传·申公传》，第3608页）
田生	鲁国邹	鲁地	（韩安国）尝受《韩子》、杂说邹田生所（《汉书》卷五二《韩安国传》，第2394页）
韦贤	鲁国邹	鲁地	（字长孺）为人质朴少欲，兼通《礼》《尚书》，以《诗》教授，号称邹鲁大儒（《汉书》卷七三《韦贤传》，第3107页）韦贤治《诗》，事大江公及（鲁）许生，又治《礼》，至丞相。……由是《鲁诗》有韦氏学（《汉书》卷八八《儒林传·申公传》，第3609页）
毛亨	鲁	鲁地	郑玄《诗谱》云：鲁人大毛公为《诂训传》于其家，河间献王得而献之，以小毛公为博士（张舜徽：《广校雠略 汉书艺文志通释》引，第204页）
逢汾	北海	齐地	按：为博士（曾磊：《两汉博士表》）
禽庆	北海	齐地	齐栗融客卿、北海禽庆子夏、苏章游卿、山阳曹竟子期皆儒生，去官不仕于（王）莽（《汉书》卷七二《王贡两龚鲍传》，第3096页）
苏章	北海	齐地	齐栗融客卿、北海禽庆子夏、苏章游卿、山阳曹竟子期皆儒生，去官不仕于（王）莽（《汉书》卷七二《王贡两龚鲍传》，第3096页）
隽不疑	勃海	齐地	字曼倩，勃海人也。治《春秋》，为郡文学，进退必以礼（《汉书》卷七一《隽不疑传》，第3035页）

续表

姓名	籍贯	区域	学术简况
赵定	勃海	齐地	按：《汉书·艺文志》著录其作"雅琴赵氏七篇"（《汉书》卷三〇《艺文志》，第 1711 页）。原注曰："名定，勃海人，宣帝时丞相魏相所奏。"
鲍宣	勃海高城	齐地	字子都，渤海高城人也。好学，明经，为县乡啬夫，守束州丞（《汉书》卷七二《鲍宣传》，第 3086 页） （哀帝时）宣既被刑，乃徙之上党（《汉书》卷七二《鲍宣传》，第 3094 页） 欧阳（《尚书》）有平、陈之学。……平当授九江朱普公文、上党鲍宣。普为博士，宣司隶校尉，自有传。徒众尤盛，知名者也（《汉书》卷八八《儒林传·林尊传》，第 3604 页）
衡胡	城阳莒	齐地	鲁周霸、莒衡胡、临淄主父偃，皆以《易》至大官。要言《易》者本之田何（《汉书》卷八八《儒林传》序，第 3597 页）
费直	东莱	齐地	字长翁，东莱人也。治《易》为郎，至单父令。长于卦筮，亡章句，徒以彖象系辞十篇文言解说上下经（《汉书》卷八八《儒林传·费直传》，第 3602 页）
张霸	东莱	齐地	世所传（《尚书》）《百两篇》者，出东莱张霸，分析合二十九篇以为数十，又采《左氏传》《书叙》为作首尾，凡百二篇。篇或数简，文意浅陋。成帝时求其古文者，霸以能为《百两》征，以中书校之，非是（《汉书》卷八八《儒林传·孔安国传》，第 3607 页）
伏生	济南	齐地	伏生，济南人也，故为秦博士。孝文时，求能治《尚书》者，天下亡有，闻伏生治之，欲召。时伏生年九十余，老不能行，于是诏太常，使掌故朝错往受之。秦时禁《书》，伏生壁藏之，其后大兵起，流亡。汉定，伏生求其书，亡数十篇，独得二十九篇，即以教于齐、鲁之间。齐学者由此颇能言尚书，山东大师亡不涉《尚书》以教（《汉书》卷八八《儒林传·伏生传》，第 3603 页）
林尊	济南	齐地	字长宾，济南人也。事欧阳高，为博士，论石渠。后至少府、太子太傅，授平陵平当、梁陈翁生（《汉书》卷八八《儒林传·林尊传》，第 3604 页）
张生	济南	齐地	（《尚书》家）伏生教济南张生及欧阳生。张生为博士，而伏生孙以治《尚书》征，弗能明定（《汉书》卷八八《儒林传·伏生传》，第 3603 页）

续表

姓名	籍贯	区域	学术简况
终军	济南	齐地	字子云，济南人也。少好学，以辩博能属文闻于郡中。年十八，选为博士弟子（《汉书》卷六四下《终军传》，第2814页） 按：《汉书·艺文志》著录其作"终军八篇"（《汉书》卷三〇《艺文志》，第1727页）
伏孺	济南①	齐地	（伏）湛高祖父孺，武帝时，客授东武，因家焉（《后汉书》卷二六《伏湛传》，第893页）
庸谭	胶东	齐地	鲁人孔安国传《古文尚书》授都尉朝，朝授胶东庸谭，为《尚书》古文学，未得立（《后汉书》卷七九上《儒林传上·欧阳歙传》，第2555页）
徐万且	胶东国即墨	齐地	《太初历》第一，即墨徐万且、长安徐禹治《太初历》亦第一（《汉书》卷二一上《律历志上》，第978页）
盖公	胶西	齐地	胶西有盖公，善治黄老言（《汉书》卷三九《曹参传》，第2018页）
邴丹	琅邪	齐地	（施氏《易》家）鲁伯授太山毛莫如少路、琅邪邴丹曼容，著清名（《汉书》卷八八《儒林传·施雠传》，第3598页）
东门云	琅邪	齐地	（《公羊春秋》严氏王）中授同郡公孙文、东门云。云为荆州刺史，文东平太傅，徒众尤盛。云坐为江贼拜辱命，下狱诛（《汉书》卷八八《儒林传·严彭祖传》，第3616页）
公孙文	琅邪	齐地	（《公羊春秋》严氏琅邪王中）授同郡公孙文、东门云。云为荆州刺史，文东平太傅，徒众尤盛（《汉书》卷八八《儒林传·严彭祖传》，第3616页）
贡禹	琅邪	齐地	始贡禹事（《公羊春秋》家）嬴公，成于眭孟，至御史大夫，疏广事孟卿，至太子太傅，皆自有传（《汉书》卷八八《儒林传·颜安乐传》，第3617页）
筦路	琅邪	齐地	疏广事孟卿，……授琅邪筦路，路为御史中丞……故（《公羊春秋》）颜氏复有筦、冥之学（《汉书》卷八八《儒林传·颜安乐传》，第3617页）

---

① 按：伏氏家族系伏孺时由济南迁至琅邪，根据著籍标准，伏孺应著籍济南，但他的学术活动（教授）则是在琅邪东武。

续表

姓名	籍贯	区域	学术简况
纪逡	琅邪	齐地	自成帝至王莽时，清名之士，琅邪又有纪逡王思，齐则薛方子容，太原则郇越臣仲、郇相稚宾，沛郡则唐林子高、唐尊伯高，皆以明经饬行显名于世（《汉书》卷七二《王贡两龚鲍传》，第3095页）
鲁伯	琅邪	齐地	（施氏《易》家施雠）授张禹、琅邪鲁伯。伯为会稽太守，禹至丞相（《汉书》卷八八《儒林传·施雠传》，第3598页）
皮容	琅邪	齐地	《齐诗》有翼、匡、师、伏之学。（匡衡授满昌君都）满昌授九江张邯、琅邪皮容，皆至大官，徒众尤盛（《汉书》卷八八《儒林传·后苍传》，第3613页）
王扶	琅邪	齐地	《鲁诗》有张、唐、褚氏之学。张生兄子游卿为谏大夫，以《诗》授元帝。其门人琅邪王扶为泗水中尉（《汉书》卷八八《儒林传·王式传》，第3610页）
王璜	琅邪	齐地	（徐）敖为右扶风掾，又传《毛诗》，授王璜、平陵涂恽子真（《汉书》卷八八《儒林传·孔安国传》，第3607页）琅邪王璜平中能传之（费直《易》）。璜又传古文《尚书》（《汉书》卷八八《儒林传·费直传》，第3602页）
王中	琅邪	齐地	（《公羊春秋》家严彭祖）授琅邪王中，为元帝少府，家世传业（《汉书》卷八八《儒林传·严彭祖传》，第3616页）
徐良	琅邪	齐地	大戴授琅邪徐良斿卿，为博士、州牧、郡守，家世传业（《汉书》卷八八《儒林传·孟卿传》，第3615页）
殷崇	琅邪	齐地	欧阳（《尚书》）有平、陈之学。（陈）翁生授琅邪殷崇、楚国龚胜。崇为博士，胜右扶风，自有传（《汉书》卷八八《儒林传·林尊传》，第3604页）
诸葛丰	琅邪	齐地	诸葛丰字少季，琅邪人也。以明经为郡文学，名特立刚直（《汉书》卷七七《诸葛丰传》，第3248页）
左咸	琅邪	齐地	（《公羊春秋》颜家有泠、任之学，泠）丰授马宫、琅邪左咸。咸为郡守九卿，徒众尤盛（《汉书》卷八八《儒林传·颜安乐传》，第3617页）
房凤	琅邪不其	齐地	字子元，不其人也。以射策乙科为太史掌故。太常举方正，为县令都尉，失官。大司马票骑将军王根奏除补长史，荐凤明经通达，擢为光禄大夫，迁五官中郎将。……由是《穀梁春秋》有尹、胡、申章、房氏之学（《汉书》卷八八《儒林传·房凤传》，第3619—3620页）

续表

姓名	籍贯	区域	学术简况
王仲	琅邪不其	齐地	（王景）八世祖仲，本琅邪不其人。好道术，明天文（《后汉书》卷七六《循吏传·王景传》，第2464页）
伏理	琅邪东武	齐地	（《齐诗》有翼、匡、师、伏之学，匡衡）授琅邪师丹、伏理斿君、颍川满昌君都。君都为詹事，理高密太傅，家世传业（《汉书》卷八八《儒林传·后苍传》，第3613页） （伏湛）父理，为当世名儒，以《诗》授成帝，为高密太傅，别自名学（《后汉书》卷二六《伏湛传》，第893页）
师丹	琅邪东武	齐地	字仲公，琅邪东武人也。治《诗》，事匡衡。举孝廉为郎。元帝末，为博士，免（《汉书》卷八六《师丹传》，第3503页）
王同	琅邪东武	齐地	（田何）授东武王同子中、洛阳周王孙、丁宽、齐服生，皆著《易传》数篇（《汉书》卷八八《儒林传》序，第3597页）
王吉	琅邪皋虞	齐地	（字子阳）始吉少时学问，居长安。……兼通《五经》，能为驺氏《春秋》，以《诗》《论语》教授，好梁丘贺说《易》（《汉书》卷七二《王吉传》，第3066页） （《韩诗》家蔡）谊授同郡食子公与王吉（《汉书》卷八八《儒林传·赵子传》，第3614页）
王骏	琅邪皋虞	齐地	宣帝选高材郎十人从（梁丘《易》家梁丘）临讲，（王）吉乃使其子郎中骏上疏从临受《易》。临代五鹿充宗君孟为少府，骏御史大夫，自有传（《汉书》卷八八《儒林传·梁丘贺传》，第3601页） 按：《汉书·艺文志》著录其作"鲁王骏说二十篇"（《汉书》卷三〇《艺文志》，第1716页）。注引师古曰："王吉子。"
梁丘贺	琅邪诸	齐地	字长翁，琅邪诸人也。以能心计，为武骑。从太中大夫京房受《易》，房出为齐郡太守，更事田王孙（《汉书》卷八八《儒林传·梁丘贺传》，第3600页）
梁丘临	琅邪诸	齐地	（梁丘贺）传子临，亦入说，为黄门郎。甘露中，奉使问诸儒于石渠。临学精孰，专行京房法（《汉书》卷八八《儒林传·梁丘贺传》，第3600页）
宋邑	临淄	齐地	问臣（淳于）意曰："吏民尝有事学意方，及毕尽得意方不？何县里人？"对曰："临菑①人宋邑。邑学，臣意教以五诊，岁余。"（《史记》卷一〇五《扁鹊仓公列传》，第2816页）

---

① "临菑"，即临淄、临甾，三者并见于汉代传世文献。《汉书·地理志》正文载齐郡辖县时作"临淄"（参见《汉书》卷二八上《地理志上》，第1583页），本研究从之，除引文外，统一作"临淄"。

第八章　汉代学术人物简况表　305

续表

姓名	籍贯	区域	学术简况
唐安	临淄	齐地	（问臣意曰……对曰）临菑召里唐安来学，臣（淳于）意教以五诊上下经脉，奇咳，四时应阴阳重，未成，除为齐王侍医（《史记》卷一〇五《扁鹊仓公列传》，第2817页）
严安	临淄	齐地	按：《汉书·艺文志》著录其作"庄安一篇"（《汉书》卷三〇《艺文志》，第1739页）
阳庆	临淄	齐地	（淳于意）少而喜医方术。高后八年（前180年），更受师同郡元里公乘阳庆（《史记》卷一〇五《扁鹊仓公列传》，第2794页）
高嘉	平原般	齐地	（高诩）曾祖父嘉，以《鲁诗》授元帝，仕至上谷太守（《后汉书》卷七九下《儒林传下·高诩传》，第2569页）
高容	平原般	齐地	（高诩）父容，少传（高）嘉学，哀平间为光禄大夫（《后汉书》卷七九下《儒林传下·高诩传》，第2569页）
东方朔	平原厌次	齐地	（字曼倩）朔之文辞，此二篇（《客难》《非有先生论》）最善。其余《封泰山》《责和氏璧》及《皇太子生禖》《屏风》《殿上柏柱》《平乐观赋猎》，八言、七言上下，《从公孙弘借车》，凡〔刘〕向所录朔书具是矣。世所传他事皆非也（《汉书》卷六五《东方朔传》，第2873页） 按：《隋书·经籍志》著录其作"汉太中大夫东方朔集二卷"（《隋书》卷三五《经籍志》，第1056页）
待诏臣饶	齐	齐地	按：《汉书·艺文志》著录其作"待诏臣饶心术二十五篇"（《汉书》卷三〇《艺文志》，第1744页）。注引师古曰："刘向《别录》云饶齐人也，不知其姓，武帝时待诏，作书名曰《心术》也。"
服光	齐	齐地	（田何）授东武王同子中、洛阳周王孙、丁宽、齐服生，皆著《易传》数篇（《汉书》卷八八《儒林传》序，第3597页） 按：《汉书·艺文志》著录其作"服氏二篇"（《汉书》卷三〇《艺文志》，第1703页）。注引师古曰："刘向《别录》云，服氏，齐人，号服光。"
浮丘伯	齐	齐地	（申公）少与楚元王交俱事齐人浮丘伯受《诗》。汉兴，高祖过鲁，申公以弟子从师入见于鲁南宫（《汉书》卷八八《儒林传·申公传》，第3608页）
甘忠可	齐	齐地	初，成帝时，齐人甘忠可诈造《天官历》《包元太平经》十二卷，以言"汉家逢天地之大终，当更受命于天，天帝使真人赤精子，下教我此道"（《汉书》卷七五《李寻传》，第3192页）

续表

姓名	籍贯	区域	学术简况
赣遂	齐	齐地	（朱博任琅邪太守）门下掾赣遂耆老大儒，教授数百人，拜起舒迟（《汉书》卷八三《朱博传》，第3400页）
衡咸	齐	齐地	（梁丘《易》家五鹿）充宗授平陵士孙张仲方、沛邓彭祖子夏、齐衡咸长宾。张为博士，至扬州牧，光禄大夫给事中，家世传业。彭祖，真定太傅。咸，王莽讲学大夫。由是梁丘有士孙、邓、衡之学（《汉书》卷八八《儒林传·梁丘贺传》，第3601页）
胡母生	齐	齐地	字子都，齐人也。治《公羊春秋》，为景帝博士。与董仲舒同业，仲舒著书称其德。年老，归教于齐，齐之言《春秋》者宗事之，公孙弘亦颇受焉（《汉书》卷八八《儒林传·胡母生传》，第3615—3616页）
即墨成	齐	齐地	（《易》家王同授）齐即墨成，至城阳相（《汉书》卷八八《儒林传》序，第3597页）
栗融	齐	齐地	齐栗融客卿、北海禽庆子夏、苏章游卿、山阳曹竟子期皆儒生，去官不仕于莽（《汉书》卷七二《王贡两龚鲍传》，第3096页）
刘敬	齐	齐地	按：《汉书·艺文志》著录其作"刘敬三篇"（《汉书》卷三〇《艺文志》，第1726页）
炔钦	齐	齐地	（大夏侯《尚书》有孔、许之学。许商）号其门人沛唐林子高为德行，平陵吴章伟君为言语，重泉王吉少音为政事，齐炔钦幼卿为文学（《汉书》卷八八《儒林传·周堪传》，第3604—3605页）
田何	齐	齐地	汉兴，田何以齐徙杜陵，号杜田生……要言《易》者本之田何（《汉书》卷八八《儒林传》序，第3597页）
薛方	齐	齐地	（字子容）居家以经教授，喜属文，著诗赋数十篇（《汉书》卷七二《王贡两龚鲍传》，第3096页）
羊胜	齐	齐地	（梁孝王）招延四方豪桀，自山东游士莫不至：齐人羊胜、公孙诡、邹阳之属（《汉书》卷四七《文三王传》，第2208页） 按：《西京杂记》载其作有《屏风赋》[（晋）葛洪撰，周天游校注：《西京杂记》，第190页]
辕固生	齐	齐地	（汉兴，言《诗》，于齐则辕固生）辕固，齐人也。以治《诗》孝景时为博士，与黄生争论于上前。……武帝初即位，复以贤良征。诸儒多嫉毁曰固老，罢归之。时，固已九十余矣。公孙弘亦征，仄目而事固。固曰："公孙子，务正学以言，无曲学以阿世！"诸齐以《诗》显贵，皆固之弟子也（《汉书》卷八八《儒林传·辕固传》，第3612页）

续表

姓名	籍贯	区域	学术简况
周堪	齐	齐地	字少卿，齐人也。与孔霸俱事大夏侯胜。霸为博士。堪译官令，论于石渠，经为最高，后为太子少傅，而孔霸以太中大夫授太子（《汉书》卷八八《儒林传·周堪传》，第3604页）
邹阳	齐	齐地	汉兴，诸侯王皆自治民聘贤。吴王濞招致四方游士，阳与吴严忌、枚乘等俱仕吴，皆以文辩著名（《汉书》卷五一《邹阳传》，第2338页） 按：《汉书·艺文志》著录其作"邹阳七篇"（《汉书》卷三〇《艺文志》，第1739页）
主父偃	齐国临淄	齐地	学长短从横术，晚乃学《易》《春秋》、百家之言。游齐诸子间，诸儒生相与排摈，不〔容〕于齐。家贫，假贷无所得，北游燕、赵、中山，皆莫能厚，客甚困（《汉书》卷六四上《主父偃传》，第2798页）
兒宽	千乘	齐地	治《尚书》，事欧阳生。以郡国选诣博士，受业孔安国。贫无资用，尝为弟子都养。时行赁作，带经而锄，休息辄读诵，其精如此（《汉书》卷五八《兒宽传》，第2628页） 后太史令司马迁等言："历纪坏废，汉兴未改正朔，宜可正。"上乃诏宽与迁等共定汉《太初历》（《汉书》卷五八《兒宽传》，第2633页） 有俊材，初见武帝，语经学。上曰："吾始以《尚书》为朴学，弗好，及闻宽说，可观。"乃从宽问一篇。欧阳、大小夏侯氏学皆出于宽（《汉书》卷八八《儒林传·欧阳生传》，第3603页）
欧阳地余	千乘	齐地	（欧阳高之孙）以太子中庶子授太子，后为博士，论石渠。元帝即位，地余侍中，贵幸，至少府（《汉书》卷八八《儒林传·欧阳生传》，第3603页）
欧阳高	千乘	齐地	（字子阳。宽）授欧阳生子，世世相传，至曾孙高子阳，为博士（《汉书》卷八八《儒林传·欧阳生传》，第3603页）
欧阳生	千乘	齐地	字和伯，千乘人也。事伏生，授兒宽……《尚书》世有欧阳氏学（《汉书》卷八八《儒林传·欧阳生传》，第3603—3604页）
欧阳政	千乘	齐地	（欧阳地余）少子政为王莽讲学大夫（《汉书》卷八八《儒林传·欧阳生传》，第3603—3604页）
公孙诡	齐	齐地	多奇邪计，初见（梁孝王）日，王赐千金，官至中尉，号曰公孙将军（《汉书》卷四七《文王三传》，第2208页） 按：《西京杂记》载其作《文鹿赋》〔（晋）葛洪撰，周天游校注：《西京杂记》卷四，第178页〕

续表

姓名	籍贯	区域	学术简况
栗丰	泰山	齐地	（《韩诗》有王、食、长孙之学。食子公）为博士，授泰山栗丰（《汉书》卷八八《儒林传·赵子传》，第3614页）
毛莫如	泰山	齐地	（施氏《易》家）鲁伯授太山毛莫如少路、琅邪邴丹曼容，著清名。莫如至常山太守。此其知名者也（《汉书》卷八八《儒林传·施雠传》，第3598页）
冥都	泰山	齐地	（《公羊春秋》家贡禹）授颍川堂溪惠，惠授泰山冥都，都为丞相史。都与（筦）路又事颜安乐，故颜氏复有筦、冥之学（《汉书》卷八八《儒林传·颜安乐传》，第3617页）
公孙光	甾川	齐地	臣（淳于）意闻菑川唐里公孙光善为古传方，臣意即往谒之。得见事之，受方化阴阳及传语法，臣意悉受书之（《史记》卷一〇五《扁鹊仓公列传》，第2815页）
任公	甾川	齐地	（《公羊春秋》家颜）安乐授淮阳泠丰次君、淄川任公。公为少府，丰淄川太守。由是颜家有泠、任之学（《汉书》卷八八《儒林传·颜安乐传》，第3617页）
杨何	甾川	齐地	（《易》家王同）授淄川杨何，字叔元，元光中征为太中大夫（《汉书》卷八八《儒林传》序，第3597页）
长孙顺	甾川	齐地	（《韩诗》有王、食、长孙之学，王吉）授淄川长孙顺……顺为博士……由是《韩诗》有王、食、长孙之学（《汉书》卷八八《儒林传·赵子传》，第3614页）
公孙弘	甾川薛	齐地	少时为狱吏，有罪，免。家贫，牧豕海上。年四十余，乃学《春秋》杂说。武帝初即位，招贤良文学士，是时弘年六十，以贤良征为博士（《汉书》卷五八《公孙弘传》，第2613页）按：《汉书·艺文志》著录其作"公孙弘十篇"（《汉书》卷三〇《艺文志》，第1727页）
贲生	淮南	吴越	（韩）婴推诗人之意，而作《内》《外传》数万言……淮南贲生受之（《汉书》卷八八《儒林传·韩婴传》，第3613页）
盛吉	会稽山阴	吴越	（虞预《会稽典录》云）盛吉少为郡干佐，学明《春秋》。王莽诛，更始署新太守刘君代前太守，许君不肯去郡，刘君因攻杀之，郡中扰乱（《汉魏六朝杂传集》，第1961页）
严助	会稽吴	吴越	严助，会稽吴人，严夫子子也，或言族家子也。郡举贤良，对策百余人，武帝善助对，由是独擢助为中大夫（《汉书》卷六四上《严助传》，第2775页）按：《汉书·艺文志》著录其作"严助赋三十五篇"（《汉书》卷三〇《艺文志》，第1749页）

第八章　汉代学术人物简况表　309

续表

姓名	籍贯	区域	学术简况
朱买臣	会稽吴	吴越	字翁子，吴人也。家贫，好读书，不治产业，常艾薪樵，卖以给食，担束薪，行且诵书。……会邑子严助贵幸，荐买臣，召见，说《春秋》，言《楚词》，帝甚说之，拜买臣为中大夫，与严助俱侍中（《汉书》卷六四上《朱买臣传》，第2791页） 按：《汉书·艺文志》著录其作"朱买臣赋三篇"（《汉书》卷三〇《艺文志》，第1749页）
陈侠	九江	吴越	（徐）敖授九江陈侠，为王莽讲学大夫。由是言《毛诗》者，本之徐敖（《汉书》卷八八《儒林传·毛公传》，第3614页）
谢曼卿	九江	吴越	初，九江谢曼卿善《毛诗》，乃为其训（《后汉书》卷七九下《儒林传下·卫宏传》，第2575页）
严望	九江	吴越	（朱云）教授，择诸生，然后为弟子。九江严望及望兄子元，字仲，能传云学，皆为博士。望至泰山太守（《汉书》卷六七《朱云传》，第2916页）
严元	九江	吴越	（严望之侄。朱云）教授，择诸生，然后为弟子。九江严望及望兄子元，字仲，能传云学，皆为博士（《汉书》卷六七《朱云传》，第2916页）
张邯	九江	吴越	《齐诗》有翼、匡、师、伏之学。（匡衡授满昌君都）满昌授九江张邯、琅邪皮容，皆至大官，徒众尤盛（《汉书》卷八八《儒林传·后苍传》，第3613页）
朱普	九江	吴越	欧阳（《尚书》）有平、陈之学。……平当授九江朱普公文、上党鲍宣。普为博士，宣司隶校尉，自有传。徒众尤盛，知名者也（《汉书》卷八八《儒林传·林尊传》，第3604页）
梅福	九江寿春	吴越	少学长安，明《尚书》《穀梁春秋》，为郡文学，补南昌尉（《汉书》卷六七《梅福传》，第2917页）
召信臣	九江寿春	吴越	（字翁卿）以明经甲科为郎，出补穀阳长（《汉书》卷八九《循吏传·召信臣传》，第3641页）
韩信	临淮淮阴	吴越	按：封淮阴侯，《汉书·艺文志》著录其作"韩信三篇"，又云"汉兴，张良、韩信序次兵法"（《汉书》卷三〇《艺文志》，第1757、1762页）
许子威	庐江	吴越	王莽天凤中，（光武帝）乃之长安，受《尚书》，略通大义（《后汉书》卷一上《光武纪上》，第1页）。注引《东观记》曰："受《尚书》于中大夫庐江许子威。"
文翁	庐江舒	吴越	少好学，通《春秋》，以郡县吏察举（《汉书》卷八九《循吏传·文翁传》，第3625页）

续表

姓名	籍贯	区域	学术简况
严忌	吴	吴越	吴王濞招致四方游士，（邹）阳与吴严忌、枚乘等俱仕吴，皆以文辩著名（《汉书》卷五一《邹阳传》，第2338页） 按：《汉书·艺文志》著录其作"庄夫子赋二十四篇"（《汉书》卷三〇《艺文志》，第1747页）。注曰："名忌，吴人。"
被公	九江	吴越	宣帝时修武帝故事，讲论六艺群书，博尽奇异之好，征能为《楚辞》九江被公，召见诵读，益召高材刘向、张子侨、华龙、柳褒等侍诏金马门（《汉书》卷六四下《王褒传》，第2821页）
韩商	燕	燕地	后其（韩婴）孙商为博士（《汉书》卷八八《儒林传·韩婴传》，第3613页）
韩婴	燕	燕地	孝文时为博士，景帝时至常山太傅。婴推诗人之意，而作《内》《外传》数万言，其语颇与齐、鲁间殊，然归一也。……韩生亦以《易》授人，推《易》意而为之传。燕、赵间好《诗》，故其《易》微，唯韩氏自传之（《汉书》卷八八《儒林传·韩婴传》，第3613页）
徐乐	燕无终	燕地	是时（汉武帝），徐乐、严安亦俱上书言世务。书奏，上召见三人，谓曰："公皆安在？何相见之晚也！"乃拜偃、乐、安皆为郎中（《汉书》卷六四上《主父偃传》，第2802页） 按：《汉书·艺文志》著录其作"徐乐一篇"（《汉书》卷三〇《艺文志》，第1739页）
崔发	涿郡	燕地	（王莽）置师友祭酒及侍中、谏议、《六经》祭酒各一人，凡九祭酒，秩上卿。琅邪左咸为讲《春秋》、颍川满昌为讲《诗》、长安国由为讲《易》、平阳唐昌为讲《书》、沛郡陈咸为讲《礼》、崔发为讲《乐》祭酒（《汉书》卷九九中《王莽传中》，第4126—4127页）
韩生	涿郡	燕地	孝宣时，涿郡韩生其（韩婴）后也，以《易》征，待诏殿中，曰："所受《易》即先太傅所传也。尝受《韩诗》，不如韩氏《易》深，太傅故专传之。"（《汉书》卷八八《儒林传·韩婴传》，第3613—3614页）
蒯通	涿郡范阳	燕地	论战国时说士权变，亦自序其说，凡八十一首，号曰《隽永》（《汉书》卷四五《蒯通传》，第2167页） 按：《汉书·艺文志》著录其作"蒯子五篇"（《汉书》卷三〇《艺文志》，第1739页）。注曰："名通。"
王尊	涿郡高阳	燕地	（字子赣）事师郡文学官，治《尚书》《论语》，略通大义（《汉书》卷七六《王尊传》，第3227页）

续表

姓名	籍贯	区域	学术简况
陈钦	苍梧	粤地	（陈元）父钦，习《左氏春秋》，事黎阳贾护，与刘歆同时而别自名家。王莽从钦受《左氏》学，以钦为猒难将军（《后汉书》卷三六《陈元传》，第1229—1230页）
王禹	常山	赵地	至成帝时，谒者常山王禹世受〔河〕间乐，能说其义（《汉书》卷二二《礼乐志》，第1071页） 按：《汉书·艺文志》著录其作"王禹记二十四篇"（《汉书》卷三〇《艺文志》，第1711页）
赵绾	代郡	赵地	代赵绾亦尝受《诗》申公，为御史大夫（《汉书》卷八八《儒林传·申公传》，第3608页）
董仲舒	广川	赵地	广川人也。少治《春秋》，孝景时为博士。下帷讲诵，弟子传以久次相授业，或莫见其面（《汉书》卷五六《董仲舒传》，第2495页） 仲舒所著，皆明经术之意，及上疏条教，凡百二十三篇。而说《春秋》事得失，《闻举》《玉杯》《蕃露》《清明》《竹林》之属，复数十篇，十余万言，皆传于后世（《汉书》卷五六《董仲舒传》，第2525—2526页）
段仲	广川	赵地	（《公羊春秋》家胡母生）弟子遂之者，兰陵褚大、东平嬴公、广川段仲、温吕步舒。大至梁相，步舒丞相长史（《汉书》卷八八《儒林传·胡母生传》，第3616页）
孟但	广川	赵地	（《易》家王同授）广川孟但，为太子门大夫（《汉书》卷八八《儒林传》序，第3597页）
蔡癸	邯郸	赵地	（宣帝时）蔡癸以好农使劝郡国，至大官（《汉书》卷二四上《食货志上》，第1141页） 按：《汉书·艺文志》著录其作"蔡癸一篇"（《汉书》卷三〇《艺文志》，第1743页）。注引师古曰："刘向《别录》云邯郸人。"
侯芭	钜鹿	赵地	（扬）雄以病免，复召为大夫。家素贫，耆酒，人希至其门。时有好事者载酒肴从游学，而钜鹿侯芭常从雄居，受其《太玄》、《法言》焉（《汉书》卷八七下《扬雄传下》，第3585页）
路温舒	钜鹿	赵地	（字长君）父为里监门。使温舒牧羊，温舒取泽中蒲，截以为牒，编用写书。稍习善，求为狱小吏，因学律令，转为狱史，县中疑事皆问焉。……受《春秋》，通大义（《汉书》卷五一《路温舒传》，第2367—2368页）
胡常	清河	赵地	（《尚书》家）庸生授清河胡常少子，以明《穀梁春秋》为博士、部刺史，又传《左氏》（《汉书》卷八八《儒林传·孔安国传》，第3607页）

续表

姓名	籍贯	区域	学术简况
张禹	清河	赵地	（贾）谊为《左氏传》训故，授赵人贯公，为河间献王博士，子长卿为荡阴令，授清河张禹长子（《汉书》卷八八《儒林传》，第3620页）
冯参	上党潞	赵地	（冯奉世之子）字叔平，学通《尚书》（《汉书》卷七九《冯奉世传》，第3306页）
冯奉世	上党潞	赵地	（字子明）武帝末，奉世以良家子选为郎。昭帝时，以功次补武安长。失官，年三十余矣，乃学《春秋》涉大义，读兵法明习，前将军韩增奏以为军司空令（《汉书》卷七九《冯奉世传》，第3293—3294页）
冯立	上党潞	赵地	（冯奉世之子）字圣卿，通《春秋》。以父任为郎，稍迁诸曹（《汉书》卷七九《冯奉世传》，第3305页）
冯逡	上党潞	赵地	（冯奉世之子）字子产，通《易》，太常察孝廉为郎，补谒者（《汉书》卷七九《冯奉世传》，第3305页）
冯野王	上党潞	赵地	（冯奉世之子）字君卿，受业博士，通《诗》（《汉书》卷七九《冯野王传》，第3302页）
郇相	太原	赵地	自成帝至王莽时，清名之士，琅邪又有纪逡王思，齐则薛方子容，太原则郇越臣仲、郇相稚宾，沛郡则唐林子高、唐尊伯高，皆以明经饬行显名于世（《汉书》卷七二《王贡两龚鲍传》，第3095页）
郇越	太原	赵地	自成帝至王莽时，清名之士，琅邪又有纪逡王思，齐则薛方子容，太原则郇越臣仲、郇相稚宾，沛郡则唐林子高、唐尊伯高，皆以明经饬行显名于世（《汉书》卷七二《王贡两龚鲍传》，第3095页）
盖宽饶	魏郡	赵地	字次公，魏郡人也。明经为郡文学，以孝廉为郎（《汉书》卷七七《盖宽饶传》，第3243页） 司隶校尉盖宽饶本受《易》于孟喜，见涿韩生说《易》而好之，即更从受焉（《汉书》卷八八《儒林传·韩婴传》，第3614页）
贾护	魏郡黎阳	赵地	（《春秋左氏传》家胡常）授黎阳贾护季君，哀帝时待诏为郎，授苍梧陈钦子佚，以《左氏》授王莽，至将军。而刘歆从尹咸及翟方进受。由是言《左氏》者本之贾护、刘歆（《汉书》卷八八《儒林传》，第3620页）
秦恭	信都	赵地	（《尚书》家张山拊事小夏侯建）授同县李寻、郑宽中少君、山阳张无故子儒、信都秦恭延君、陈留假仓子骄……恭增师法至百万言，为城阳内史（《汉书》卷八八《儒林传·张山拊传》，第3605页）

续表

姓名	籍贯	区域	学术简况
班伯	雁门楼烦①	赵地	少受《诗》于师丹。……时上方乡学,郑宽中、张禹朝夕入说《尚书》《论语》于金华殿中,诏伯受焉。既通大义,又讲异同于许商(《汉书》卷一〇〇上《叙传上》,第4198页) (《齐诗》有翼、匡、师、伏之学,匡)衡授琅邪师丹、伏理斿君、颍川满昌君都(《汉书》卷八八《儒林传·后苍传》,第3613页)
贯长卿	赵	赵地	毛公……授同国贯长卿。长卿授解延年(《汉书》卷八八《儒林传·毛公传》,第3614页) (贾)谊为《左氏传》训故,授赵人贯公,为河间献王博士,子长卿为荡阴令,授清河张禹长子(《汉书》卷八八《儒林传》,第3620页)
聊苍	赵	赵地	按:《汉书·艺文志》著录其作"待诏金马聊苍三篇"(《汉书》卷三〇《艺文志》,第1739页)。注曰:"赵人,武帝时。"
毛公②	赵	赵地	治《诗》,为河间献王博士,授同国贯长卿(《汉书》卷八八《儒林传·毛公传》,第3614页)
吾丘寿王	赵	赵地	字子赣,赵人也。年少,以善格五召待诏。诏使从中大夫董仲舒受《春秋》,高才通明(《汉书》卷六四上《吾丘寿王传》,第2794页) 按:《汉书·艺文志》著录其作"吾丘寿王六篇""吾丘寿王赋十五篇"(《汉书》卷三〇《艺文志》,第1727、1747页)
贯公	赵国	赵地	(贾)谊为《左氏传》训故,授赵人贯公,为河间献王博士(《汉书》卷八八《儒林传》,第3620页)
田叔	赵陉城	赵地	其先,齐田氏也。叔好剑,学黄老术于乐巨公。为人廉直,喜任侠(《汉书》卷三七《田叔传》,第1981页)

表29　　　　　　　　西汉籍贯未明学术人物简况表

姓名	学术简况
〔桓〕生	(《礼》家徐)延及徐氏弟子公户满意、〔桓〕生、单次皆为礼官大夫(《汉书》卷八八《儒林传》,第3614页)

---

① 按:班伯之父班况由楼烦迁往昌陵,"昌陵后罢,大臣名家皆占数于长安"(《汉书》卷一〇〇上《叙传上》,第4198页)。根据著籍标准,班伯亦应著籍雁门楼烦。

② 按:毛公:《汉书》未著其名,《后汉书·儒林传》始称为"毛苌"(参见《后汉书》卷七九下《儒林传下》,第2579页),即小毛公。

续表

姓名	学术简况
白奇	（萧望之）以令诣太常受业，复事同学博士白奇（《汉书》卷七八《萧望之传》，第3271页）
白子友	（朱云）年四十，乃变节从博士白子友受《易》（《汉书》卷六七《朱云传》，第2912页）
车忠	按：《汉书·艺文志》著录其作"黄门倡车忠等歌诗十五篇"（《汉书》卷三〇《艺文志》，第1754页）
臣说	按：师古曰："说者，其人名。"《汉书·艺文志》著录其作有"臣说三篇""臣说赋九篇"（《汉书》卷三〇《艺文志》，第1741、1749页）
单次	（《礼》家徐）延及徐氏弟子公户满意、〔桓〕生、单次皆为礼官大夫（《汉书》卷八八《儒林传》，第3614页）
董安国	按：汉代内史，《汉书·艺文志》著录其作"董安国十六篇"（《汉书》卷三〇《艺文志》，第1743页）
都尉朝	（鲁人孔安国传古文《尚书》）授都尉朝（《汉书》卷八八《儒林传上》，第3607页）
氾胜之	按：成帝时奏议郎，《汉书·艺文志》著录其作"氾胜之十八篇"（《汉书》卷三〇《艺文志》，第1743页）
耿寿昌	按：《汉书·艺文志》著录有《耿昌月行帛图》二百三十二卷（参见《汉书》卷三〇《艺文志》，第1766页），张舜徽称："本名耿寿昌，而书题耿昌者，王先谦谓昌盖其字，是也。"（参见张舜徽《广校雠略 汉书艺文志通释》，第396页）
公户满意	（《礼》家徐）延及徐氏弟子公户满意、〔桓〕生、单次皆为礼官大夫（《汉书》卷八八《儒林传》，第3614页）
华龙	宣帝时修武帝故事，讲论六艺群书，博尽奇异之好，征能为《楚辞》九江被公，召见诵读，益召高材刘向、张子侨、华龙、柳褒等侍诏金马门（《汉书》卷六四下《王褒传》，第2821页） 按：《汉书·艺文志》著录其作"汉中都尉丞华龙赋二篇"（《汉书》卷三〇《艺文志》，第1752页）
解延年	（《毛诗》家）毛公……授同国贯长卿。长卿授解延年。延年为阿武令，授徐敖（《汉书》卷八八《儒林传·毛公传》，第3614页）
京房	房者，淄川杨何弟子也（《卷书》卷八八《儒林传·京房传》，第3600页）。注引师古曰："自别一京房，非焦延寿弟子为课吏法者。或书字误耳，不当为京房。"
李步昌	按：《汉书·艺文志》著录其作有"钩盾冗从李步昌八篇""李步昌赋二篇"（《汉书》卷三〇《艺文志》，第1727、1751页）

续表

姓名	学术简况
李思	按：《汉书·艺文志》著录其作"李思孝景皇帝颂十五篇"（《汉书》卷三〇《艺文志》，第1750页）
李长	按：成帝时将作大匠，《汉书·艺文志》著录其作"元尚一篇"（《汉书》卷三〇《艺文志》，第1720页）
李左车	按：《汉书·艺文志》著录其作"广武君一篇"（《汉书》卷三〇《艺文志》，第1757页）
刘公子	汉兴，北平侯张苍及梁太傅贾谊、京兆尹张敞、太中大夫刘公子皆修《春秋左氏传》（《汉书》卷八八《儒林传》，第3620页）
路恭	按：《汉书·艺文志》著录其作"左冯翊史路恭赋八篇"（《汉书》卷三〇《艺文志》，第1752页）
吕嘉	按：《汉书·艺文志》著录其作"黄门书者王广吕嘉赋五篇"（《汉书》卷三〇《艺文志》，第1752页）
牟卿	（大夏侯《尚书》家周）堪授牟卿及长安许商长伯。牟卿为博士（《汉书》卷八八《儒林传·周堪传》，第3604页）
任良	后上（元帝）令房上弟子晓知考功课吏事者，欲试用之。房上中郎任良、姚平，"愿以为刺史，试考功法，臣得通籍殿中，为奏事，以防壅塞。"（《汉书》卷七五《京房传》，第3163页） 按：《汉书·艺文志》著录其作"任良易旗七十一卷"（《汉书》卷三〇《艺文志》，第1771页）
史游	按：元帝时黄门令，《汉书·艺文志》著录其作"急就一篇"（《汉书》卷三〇《艺文志》，第1720页）
王广	按：《汉书·艺文志》著录其作"黄门书者王广吕嘉赋五篇"（《汉书》卷三〇《艺文志》，第1752页）
王商	按：《汉书·艺文志》著录其作"黄门书者假史王商赋十三篇"（《汉书》卷三〇《艺文志》，第1751页）
王生	王生者，善为黄老言，处士（《汉书》卷五〇《张释之传》，第2312页）
夏宽	（申公）弟子为博士十余人……夏宽城阳内史（《汉书》卷八八《儒林传·申公传》，第3608页）
徐公	申公卒以《诗》《春秋》授……及鲁许生、免中徐公，皆守学教授（《汉书》卷八八《儒林传·申公传》，第3608页）
延年	按：《汉书·艺文志》著录其作"东暆令延年赋七篇"（《汉书》卷三〇《艺文志》，第1751页）

续表

姓名	学术简况
婴齐	按：《汉书·艺文志》著录其作"郎中婴齐十二篇"，注引师古曰："刘向云：'故待诏，不知其姓，数从游观，名能为文。'"又著录有"郎中婴齐赋十篇"（《汉书》卷三〇《艺文志》，第1731、1749页）
张丰	按：张子乔之子。《汉书·艺文志》著录其作"车郎张丰赋三篇"（《汉书》卷三〇《艺文志》，第1750页）
张欧	孝文时以治刑名言事太子。然（张）欧虽治刑名家，其人长者。景帝时尊重，常为九卿。至武帝元朔四年（前125年），韩安国免，诏拜欧为御史大夫（《史记》卷一百三《万石张叔列传》，第2773页）
张子乔	宣帝时修武帝故事，讲论六艺群书，博尽奇异之好，征能为《楚辞》九江被公，召见诵读，益召高材刘向、张子侨、华龙、柳褒等侍诏金马门（《汉书》卷六四下《王褒传》，第2821页） 按：《汉书·艺文志》著录其作"光禄大夫张子乔赋三篇"（《汉书》卷三〇《艺文志》，第1748页）
长孙氏	《汉书·艺文志》著录有"孝经一篇"（《汉书》卷三〇《艺文志》，第1718页）。注曰："十八章。长孙氏、江氏、后氏、翼氏四家。"
周长孺	按：《汉书·艺文志》著录其作"平阳公主舍人周长孺赋二篇"（《汉书》卷三〇《艺文志》，第1751页）
朱宇	按：《汉书·艺文志》著录其作"骠骑将军朱宇赋三篇"[①]（《汉书》卷三〇《艺文志》，第1750页）
龚奋[②]	汉初，（《论语》）有齐、鲁之说。其齐人传者，二十二篇；鲁人传者，二十篇。……鲁则常山都尉龚奋、长信少府夏侯胜、韦丞相节侯父子、鲁扶卿、前将军萧望之、安昌侯张禹，并名其学（《隋书》卷三二《经籍志》，第939页）
李息[③]	按：《汉书·艺文志》著录其作"给事黄门侍郎李息赋九篇"（《汉书》卷三〇《艺文志》，第1749页）

[①] 按：师古曰："刘向《别录》云'骠骑将军史朱宇'，《志》以字在骠骑府，故总言骠骑将军。"张舜徽则以为是脱一"史"字，"此由唐以上人传钞至此条，偶夺一史字。颜氏读误本书而曲为之说，失之"（参见张舜徽《广校雠略 汉书艺文志通释》，第360页）。

[②] 清崔适：《论语足征记》"序"云龚奋为鲁人，"汉宣帝时自齐人王吉传《齐论》，鲁人龚奋传《鲁论》，西京之末，始出《古论》"（转引自张岱年主编《孔子百科辞典》，上海辞书出版社2010年版，第228页），未知所据。

[③] 钱大昭：《汉书辨疑》认为"《卫霍传》之李息，别是一人，非作赋者"（参见陈国庆编《汉书艺文志注释汇编》，第172页）。如此，则作赋的李息籍贯未能明确。

续表

姓名	学术简况
宋畸	汉兴，（《论语》）有齐、鲁之说。传齐论者，昌邑中尉王吉、少府宋畸、御史大夫贡禹、尚书令五鹿充宗、胶东庸生，唯王阳名家（《汉书》卷三〇《艺文志》，第1717页）。
义倩①	室家问（韦）贤当为后者，贤恚恨不肯言。于是贤门下生博士义倩等与宗家计议（《汉书》卷七三《韦贤传》，第3108页）。注引师古曰："博士姓义名倩也。宗家，贤之同族也。"

资料来源：

1. （汉）司马迁：《史记》，中华书局1959年版。

2. （汉）班固：《汉书》，中华书局1962年版。

3. （南朝宋）范晔撰，（唐）李贤等注：《后汉书》，中华书局1965年版。

4. （唐）魏徵、令狐德棻：《隋书》，中华书局1973年版。

5. （唐）陆德明撰，吴承仕疏证，张力伟点校：《经典释文序录疏证　附经籍旧音二种》，中华书局2008年版。

6. 张舜徽：《广校雠略　汉书艺文志通释》，华中师范大学出版社2004年版。

7. （汉）赵岐等撰，（清）张澍辑，陈晓捷注：《三辅决录　三辅故事　三辅旧事》，三秦出版社2006年版。

8. （晋）常璩撰，严茜子点校：《华阳国志》，齐鲁书社2010年版。

9. （清）姚振宗：《后汉艺文志》，载王承略、刘心明主编《二十五史艺文经籍志考补萃编》（第七册），清华大学出版社2011年版。

10. 熊明辑校：《汉魏六朝杂传集》，中华书局2017年版。

11. 曾磊：《两汉博士表》，载雷依群、徐卫民主编《秦汉研究》第2辑，三秦出版社2007年版，第357—378页。

表30　　　　　　　　　　东汉学术人物简况表

姓名	籍贯	区域	学术简况
周舒	巴郡	巴蜀	（杨序）弟子雒昭约节宰、绵竹寇懂文仪、蜀郡何苌幼正、侯祈升伯、巴郡周舒叔布及任安、董扶等，皆征聘辟举，驰名当世（《华阳国志》卷一〇中《先贤士女总赞·广汉士女》，第142页）

---

① 张汉东以为义倩是鲁国邹人，未知何据（参见张汉东《论秦汉博士制度》，载安作璋、熊铁基《秦汉官制史稿》，第409—492页）。

续表

姓名	籍贯	区域	学术简况
冯绲	巴郡宕渠	巴蜀	字鸿卿，巴郡宕渠人也，少学《春秋》《司马兵法》（《后汉书》卷三八《冯绲传》，第1280页） 字皇卿，幽州君之元子也。少耽学问，习父业，治《春秋》严、《韩诗》仓氏，兼律大杜（《隶释》卷七《车骑将军冯绲碑》，《隶释 隶续》，第86页）
冯允	巴郡宕渠	巴蜀	（冯绲之弟）允清白有孝行，能理《尚书》，善推步之术（《后汉书》卷三八《冯绲传》，第1284页）
谯玄	巴郡阆中	巴蜀	字君黄，巴郡阆中人也。少好学，能说《易》《春秋》。……时兵戈累年，莫能修尚学业，玄独训诸子勤习经书。建武十一年卒（《后汉书》卷八一《独行传》，第2666页）
谯瑛	巴郡阆中	巴蜀	（谯玄之子）瑛善说《易》，以授显宗，为北宫卫士令（《后汉书》卷八一《独行传》，第2668页）
任文公	巴郡阆中	巴蜀	少修父①（任文孙）术，州辟从事（《后汉书》卷八二上《方术传上·任文公传》，第2707页）
任文孙	巴郡阆中	巴蜀	（任文公）父文孙，明晓天官风角秘要（《后汉书》卷八二上《方术传上·任文公传》，第2707页）
杨仁	巴郡阆中	巴蜀	字文义，巴郡阆中人也。建武中，诣师学习《韩诗》，数年归，静居教授（《后汉书》卷七九下《儒林传下·杨仁传》，第2574页）
李胜	广汉	巴蜀	（广汉李尤）同郡李胜，亦有文才，为东观郎，著赋、诔、颂、论数十篇（《后汉书》卷八〇上《文苑传上·李胜传》，第2616页）
郑伯山	广汉	巴蜀	（广汉杨统）从犍为周循学习先法，又就同郡郑伯山受《河洛书》及天文推步之术（《后汉书》卷三〇上《杨厚传》，第1047页）
折像	广汉洛	巴蜀	（字伯式）通《京氏易》，好黄老言（《后汉书》卷八二上《方术传上·折像传》，第2720页） 事东平虞叔雅，以道教授门人，朋友自远而至（《华阳国志》卷一〇中《先贤士女总赞·广汉士女》，第147页）

---

① 按：《华阳国志》云："文学，司空掾任文公"，注曰："文孙弟也。"（参见《华阳国志》卷一二《〔益梁〕宁三州先汉以来士女目录》，第208页）

续表

姓名	籍贯	区域	学术简况
段恭	广汉雒	巴蜀	字节英，雒人也。少周流七十余郡，求师受学，经三十年，凡事冯翊骆异孙，泰山彦之章，渤海纪叔阳，遂明《天文》二卷（《华阳国志》卷一〇中《先贤士女总赞·广汉士女》，第146页）
郭玉	广汉雒	巴蜀	少师事（程）高，学方诊六微之技，阴阳隐侧之术。和帝时，为太医丞，多有效应（《后汉书》卷八二下《方术传下·郭玉传》，第2735页） 按：《后汉艺文志》著录其作"经方颂说"（《后汉艺文志》，第275页）
李尤	广汉雒	巴蜀	字伯仁，广汉雒人也。少以文章显。和帝时，侍中贾逵荐尤有相如、杨雄①之风，召诣东观，受诏作赋，拜兰台令史。稍迁，安帝时为谏议大夫，受诏与谒者仆射刘珍等俱撰《汉记》。……所著诗、赋、铭、诔、颂、《七叹》、《哀典》凡二十八篇（《后汉书》卷八〇上《文苑传上·李尤传》，第2616页）
翟酺	广汉雒	巴蜀	字子超，广汉雒人也。四世传《诗》。酺好《老子》，尤善图纬、天文、历算。……著《援神》《钩命解诂》十二篇（《后汉书》卷四八《翟酺传》，第1602页）
昭约	广汉雒	巴蜀	（杨序）弟子雒昭约节宰、绵竹寇懂文仪、蜀郡何苌幼正、侯祈升伯、巴郡周舒叔布及任安、董扶等，皆征聘辟举，驰名当世（《华阳国志》卷一〇中《先贤士女总赞·广汉士女》，第142页）
董扶	广汉绵竹	巴蜀	字茂安，广汉绵竹人也。少游太学，与乡人任安齐名，俱事同郡杨厚，学图谶。还家讲授，弟子自远而至（《后汉书》卷八二下《方术传下·董扶传》，第2734页） （陈寿《益部耆旧传》云）董扶，字茂安。少从师学，兼通数经，善《欧阳尚书》，又事聘士杨厚，究极图谶。遂至京师，游览太学，还家讲授，子弟自远而至（《汉魏六朝杂传集》，第1566页）
杜真	广汉绵竹	巴蜀	字孟宗，广汉绵竹人也。少有孝行，习《易》《春秋》，诵百万言，兄事同郡翟酺（《后汉书》卷四八《翟酺传》注引《益部耆旧传》，第1605页） （陈寿《益部耆旧传》云）杜真孟宗，周览求师，经历齐鲁，资用将乏，磨镜自给（《汉魏六朝杂传集》，第1561页）

---

① 杨雄，即扬雄，二者并见于汉代传世文献。《汉书》本传作"扬雄"（参见《汉书》卷八七上《扬雄传上》，第3513页），本研究从之，除引文外，统一作"扬雄"。

续表

姓名	籍贯	区域	学术简况
刘宠	广汉绵竹	巴蜀	字世信，绵竹人也。出身孤微。以明《公羊春秋》，上计阙下（《华阳国志》卷一〇中《先贤士女总赞·广汉士女》，第145页）
任安	广汉绵竹	巴蜀	字定祖，广汉绵竹人也。少游太学，受《孟氏易》，兼通数经。又从同郡杨厚学图谶，究极其术。时人称曰："欲知仲桓问任安。"又曰："居今行古任定祖。"学终，还家教授，诸生自远而至（《后汉书》卷七九上《儒林传上·任安传》，第2551页）
寇懂	广汉绵竹	巴蜀	（杨序）弟子雒昭约节宰、绵竹寇懂文仪、蜀郡何袞幼正、侯祈升伯、巴郡周舒叔布及任安、董扶等，皆征聘辟举，驰名当世（《华阳国志》卷一〇中《先贤士女总赞·广汉士女》，第142页）
冯颢	广汉郪	巴蜀	字叔宰，郪人也。少师事杨仲桓（按：杨厚字仲桓）及蜀郡张光超，后又事东平虞叔雅。……隐居，作《易章句》及《刺奢说》。修黄老，恬然终日（《华阳国志》卷一〇中《先贤士女总赞中·广汉士女》，第143页）
冯信	广汉郪	巴蜀	字季诚，郪人也。郡三察孝廉，州举茂才，公府十辟，公车再征，不诣。公孙述时，託目青盲（《华阳国志》卷一〇中《先贤士女总赞·广汉士女》，第145页） 是时犍为任永〔及〕（李）业同郡冯信，并好学博古。公孙述连征命，待以高位，皆托青盲以避世难（《后汉书》卷八一《独行传》，第2670页）
王涣	广汉郪	巴蜀	字稚子，广汉郪人也。父顺，安定太守。涣少好侠，尚气力，数通剽轻少年。晚而改节，敦儒学，习《尚书》，读律令，略举大义（《后汉书》卷七六《循吏传·王涣传》，第2468页） 孝和帝在时，洛阳令王君，本自益州广汉蜀人，少行〔宦〕学，通《五经》论。明知法令，历代衣冠（《后汉书》卷七六《循吏传·王涣传》注引《古乐府歌》，第2469页）
王商	广汉郪	巴蜀	字文表，广汉人也。博学多闻（《华阳国志》卷一〇中《先贤士女总赞·广汉士女》，第145页） 益部自建武后，蜀郡郑伯邑、太尉赵彦信及汉中陈申伯、祝元灵、广汉王文表皆以博学洽闻，作《巴蜀耆旧传》（《华阳国志》卷一一《后贤志》，第184页）

续表

姓名	籍贯	区域	学术简况
王祐	广汉郪	巴蜀	字平仲，郪人也。少与雒高士张浮齐名，不应州郡之命。……年四十二卒。弟犾志其遗言，撰《王子》五篇（《华阳国志》卷一〇中《先贤士女总赞·广汉士女》，第142页）
王犾	广汉郪	巴蜀	按：王祐弟。《后汉艺文志》著录其作"王子五篇"（《后汉艺文志》，第214页）
朱仓	广汉什邡	巴蜀	字云卿，什邡人也。受学于蜀郡张宁。……著《河洛解》（《华阳国志》卷一〇中《先贤士女总赞·广汉士女》，第147页）（陈寿《益部耆旧传》云）朱仓，字云卿。之蜀，从处士张宁受《春秋》。籴小豆十斛，屑之为粮，闭户精诵（《汉魏六朝杂传集》，第1560页）
段翳	广汉新都	巴蜀	字元章，广汉新都人也。习《易经》，明风角。时有就其学者，虽未至，必豫知其姓名（《后汉书》卷八二上《方术传上·段翳传》，第2719页）
杨厚	广汉新都	巴蜀	（杨统之子，字仲桓）少学（杨）统业，精力思述……修黄老，教授门生，上名录者三千余人（《后汉书》卷三〇上《杨厚传》，第1048—1050页）
杨统	广汉新都	巴蜀	（字仲通）从犍为周循学习先法，又就同郡郑伯山受《河洛书》及天文推步之术。……作《家法章句》及《内谶》二卷解说，位至光禄大夫，为国三老（《后汉书》卷三〇上《杨厚传》，第1047页）
杨序	广汉新都	巴蜀	字仲桓，统仲子也，道业侔父。……授门徒三千人（《华阳国志》卷一〇中《先贤士女总赞·广汉士女》，第142页）
杨春卿	广汉新都①	巴蜀	（杨厚）祖父春卿，善图谶学，为公孙述将。汉兵平蜀，春卿自杀（《后汉书》卷三〇上《杨厚传》，第1047页）
景鸾	广汉梓潼	巴蜀	字汉伯，广汉梓潼人也。少随师学经，涉七州之地。能理《齐诗》《施氏易》，兼受《河洛图纬》，作《易说》及《诗解》，文句兼取《河》《洛》，以类相从，名为《交集》。又撰《礼内外记》，号曰《礼略》。又抄风角杂书，列其占验，作《兴道》一篇。及作《月令章句》。凡所著述五十余万言（《后汉书》卷七九下《儒林传下·景鸾传》，第2572页）
李业	广汉梓潼	巴蜀	字巨游，广汉梓潼人也。少有志操，介特。习《鲁诗》，师博士许晃。元始中，举明经，除为郎（《后汉书》卷八一《独行传》，第2668页）

---

① 按：杨春卿之祖杨仲续由河东迁往广汉新都，根据著籍标准，杨春卿著籍广汉新都，其祖著籍河东。

续表

姓名	籍贯	区域	学术简况
杨充	广汉梓潼	巴蜀	字盛国,梓潼人也。少好学,求师遂业。受古学扶风马季长、吕叔公,南阳朱明叔,颍川白仲职,精究七经。其朋友则颍川荀慈明、李元礼,京兆罗叔景,汉阳孙子夏,山阳王叔茂,皆海内名士。还以教授州里(《华阳国志》卷一〇下《先贤士女总赞·梓潼人士》,第171页)
周循	犍为	巴蜀	(杨统)从犍为周循学习先法,又就同郡郑伯山受《河洛书》及天文推步之术(《后汉书》卷三〇上《杨厚传》,第1047页)
韩子方	犍为僰道	巴蜀	(张)贞受《易》于韩子方(《华阳国志》卷一〇中《先贤士女总赞·犍为士女》,第158页)
任永	犍为僰道	巴蜀	字君业,僰道人也。长历数。王莽时,诈青盲;公孙述时,累征不诣(《华阳国志》卷一〇中《先贤士女总赞·犍为士女》,第154页) 是时犍为任永〔及〕(李)业同郡冯信,并好学博古。公孙述连征命,待以高位,皆诈青盲以避世难(《后汉书》卷八一《独行传》,第2670页)
谢衷	犍为南安	巴蜀	(张钳)师事犍为谢衷(《华阳国志》卷一〇中《先贤士女总赞·犍为士女》,第148页)
杜抚	犍为武阳	巴蜀	字叔和,犍为武阳人也。少有高才。受业于薛汉,定《韩诗章句》。后归乡里教授。沉静乐道,举动必以礼。弟子千余人……其所作《诗题约义通》,学者传之,曰《杜君法》云(《后汉书》卷七九下《儒林传下·杜抚传》,第2573页)
张纲	犍为武阳	巴蜀	字文纪。少明经学。虽为公子,而厉布衣之节。举孝廉不就,司徒辟高第为〔侍〕御史(《后汉书》卷五六《张晧传》,第1816页) 按:《后汉艺文志》著录其作《广陵太守张纲集》(《后汉艺文志》,第320页)
张浩	犍为武阳	巴蜀	字叔明,治《律》《春秋》,游学京师,与广汉镡粲、汉中李郃、蜀郡张霸共结为友善。……顺帝初立,拜浩司空,年八十三卒(《三国志》卷四五《蜀书·张翼传》注引《益部耆旧传》,第1073页)
董钧	犍为资中	巴蜀	字文伯,犍为资中人也。习《庆氏礼》。事大鸿胪王临。……博通古今,数言政事。永平初,为博士。时草创五郊祭祀,及宗庙礼乐,威仪章服,辄令钧参议,多见从用,当世称为通儒。累迁五官中郎将,常教授门生百余人(《后汉书》卷七九下《儒林传下·董钧传》,第2576页)

续表

姓名	籍贯	区域	学术简况
定生	犍为	巴蜀	(蜀郡人王阜)欲之犍为定生学经……(其父)升怜其言,听之定所受《韩诗》(《东观汉记校注》卷一三《传八·王阜》,第512页)
张光超	蜀郡	巴蜀	(广汉郪人冯颢)少师事杨仲桓及蜀郡张光超,反又事东平虞叔雅(《华阳国志》卷一〇中《先贤士女总赞中·广汉士女》,第143页)
何袠	蜀郡	巴蜀	(杨序)弟子雒昭约节宰、绵竹寇懂文仪、蜀郡何袠幼正、侯祈升伯、巴郡周舒叔布及任安、董扶等,皆征聘辟举,驰名当世(《华阳国志》卷一〇中《先贤士女总赞·广汉士女》,第142页) 按:蜀郡杨珪与罗衡皆何袠弟子(《华阳国志》卷一二《〔益梁〕宁三州先汉以来士女目录》,第206页)
王阜	蜀郡	巴蜀	字世公,蜀郡人。少好经学,年十一,辞父母,欲出精庐。以尚少,不见听。……后岁余,白父升曰:"令我出学仕宦,倪至到今,毋乘跛马车。"升怜其言,听之定所受《韩诗》,年七十为食侍谋,童子传授业,声闻乡里(《东观汉记校注》卷一三《传八·王阜》,第512页)
张宁	蜀郡	巴蜀	(朱仓)从处士张宁受《春秋》(《汉魏六朝杂传集》,第1560页)
赵宁	蜀郡	巴蜀	陈留高眹亦播文教。太尉赵公初为九卿,适子宁还蜀,眹命为文学,撰《乡俗记》(《华阳国志》卷三《蜀志》,第34页) 按:《后汉艺文志》著录其作"蜀郡乡俗记"(《后汉艺文志》,第196页)
罗衍	蜀郡成都	巴蜀	字伯纪,成都人也。为述郎,说述尚书解文卿、郑文伯,使谏述降汉,为子孙福。解、郑从之。述怒,闭二子于薄室六年,二子守志不回,遂幽死。衍〔卒〕察孝廉,征博士(《华阳国志》卷一〇上《先贤士女总赞·蜀郡士女》,第137页)
杨珪	蜀郡成都	巴蜀	笃爱,博士杨珪,字仲桓,成都人,何袠弟子。公府辟士罗衡,字仲伯,郫人,亦袠弟子也(《华阳国志》卷一二《〔益梁〕宁三州先汉以来士女目录》,第206页)
杨由	蜀郡成都	巴蜀	字哀侯,蜀郡成都人也。少习《易》,并七政、元气、风云占候。为郡文学掾。……著书十余篇,名曰《其平》(《后汉书》卷八二上《方术传上·杨由传》,第2716页)

续表

姓名	籍贯	区域	学术简况
杨终	蜀郡成都	巴蜀	字子山，蜀郡成都人也。年十三，为郡小吏，太守奇其才，遣诣京师受业，习《春秋》，显宗时，征诣兰台，拜校书郎（《后汉书》卷四八《杨终传》，第1597页） 著《春秋外传》十二篇，改定章句十五万言（《后汉书》卷四八《杨终传》，第1601页）
张霸	蜀郡成都	巴蜀	字伯饶，蜀郡成都人也。年数岁而知孝让，虽出入饮食，自然合礼，乡人号为"张曾子"。七岁通《春秋》……后就长水校尉樊〔鯈〕受《严氏公羊春秋》，遂博览《五经》。诸生孙林、刘固、段著等慕之，各市宅其傍，以就学焉。……初，霸以樊〔鯈〕删《严氏春秋》犹多繁辞，乃减定为二十万言，更名《张氏学》（《后汉书》卷三六《张霸传》，第1241—1242页）
张楷	蜀郡成都	巴蜀	（张霸之中子）字公超，通《严氏春秋》《古文尚书》，门徒常百人。……隐居弘农山中，学者随之，所居成市，后华阴山南遂有公超市。……坐系廷尉诏狱，积二年，恒讽诵经籍，作《尚书注》（《后汉书》卷三六《张霸传》，第1242—1243页）
赵典	蜀郡成都	巴蜀	字仲经，蜀郡成都人也。父戒，为太尉，桓帝立，以定策封厨亭侯。典少笃行隐约，博学经书，弟子自远方至（《后汉书》卷二七《赵典传》，第947页）。注引谢承《书》曰："典学孔子《七经》《河图》《洛书》，内外艺术，靡不贯综，受业者百有余人。"
赵戒	蜀郡成都	巴蜀	字志伯，蜀郡成都人也。戒博学明经讲授，举孝廉，累迁荆州刺史（《后汉书》卷六三《李固传》注引谢承《书》，第2086页）
赵谦	蜀郡成都	巴蜀	（字彦信）益部自建武后，蜀郡郑伯邑、太尉赵彦信及汉中陈申伯、祝元灵、广汉王文表皆以博学洽闻，作《巴蜀耆旧传》（《华阳国志》卷一一《后贤志》，第184页）
任末	蜀郡繁	巴蜀	字叔本，蜀郡繁人也。少习《齐诗》，游京师，教授十余年（《后汉书》卷七九下《儒林传下·任末传》，第2572页）
林闾	蜀郡临邛	巴蜀	字公孺，临邛人也。善古学。古者，天子有轺车之使，自汉兴以来，刘向之徒但闻其官，不详其职。惟闾与严君平知之，曰："此使考八方之风雅，通九州之异同，主海内之音韵，使人主居高堂知天下风俗也。"扬雄闻而师之，因此作《方言》。闾隐遁，世莫闻也（《华阳国志》卷一〇上《先贤士女总赞·蜀郡士女》，第130页）

续表

姓名	籍贯	区域	学术简况
郑廑	蜀郡临邛	巴蜀	（字伯邑）益部自建武后，蜀郡郑伯邑、太尉赵彦信及汉中陈申伯、祝元灵、广汉王文表皆以博学洽闻，作《巴蜀耆旧传》（《华阳国志》卷一一《后贤志》，第184页） 述作，汉中太守郑廑，字伯邑。临邛人也。作《耆旧传》（《华阳国志》卷一二《〔益梁〕宁三州先汉以来士女目录》，第207页）
何汶	蜀郡郫	巴蜀	（何英）孙汶，字景由，亦深学。初征，上日食盗贼起，有效。为谒者；京师旱，请雨，即澍。迁犍为属国。著《世务论》三十篇，卒（《华阳国志》卷一〇上《先贤士女总赞·蜀郡士女》，第133页）
何英	蜀郡郫	巴蜀	字叔俊，郫人也。杨由，字哀侯，成都人也。二子学通经、纬。英著《汉德春秋》十五卷（《华阳国志》卷一〇上《先贤士女总赞·蜀郡士女》，第133页）
尹贡	夜郎	巴蜀	平夷傅宝、夜郎尹贡亦有名德，历尚书郎、长安令、巴郡太守，贡至彭城相，号南州人士（《华阳国志》卷四《南中志》，第52页） 按：《后汉艺文志》著录其作"蜀本纪"（《后汉艺文志》，第195页）
尹珍	牂柯毋敛	巴蜀	自以生于荒裔，不知礼义，乃从汝南许慎、应奉受经书图纬。学成，还乡里教授，于是南域始有学焉（《后汉书》卷八六《南蛮西南夷传》，第2845页）
李助	梓潼[①]涪	巴蜀	字翁君，涪人也。通名方，校医术，作《经方颂说》，名齐郭玉（《华阳国志》卷一〇下《先贤士女总赞·梓潼人士》，第172页）
尹默	梓潼涪	巴蜀	字思潜，涪人也。少与李仁俱受学司马徽、宋忠等，博通五经。专精《左氏春秋》，自刘歆"条例"、郑众、贾逵父子、陈元方、服虔注说，略皆诵述，希复案本。以《左传》授后主（《华阳国志》卷一〇下《先贤士女总赞·梓潼人士》，第173页）
李仁	梓潼涪	巴蜀	字德贤，涪人也。益部多贵今文，而不崇章句。仁知其不博，乃游学荆州，从司马德操、宋仲子受古学，以修文自终也（《华阳国志》卷一〇下《先贤士女总赞·梓潼人士》，第172—173页）
赵温	蜀郡成都	巴蜀	按：赵谦之弟，字子柔。《姚振宗〈后汉艺文志〉订补》著录其作"赵温易义"（李秋丹：《姚振宗〈后汉艺文志〉订补》，第27页）

① 梓潼，原为广汉郡属县，建安二十二年（217年）分广汉置梓潼郡。

续表

姓名	籍贯	区域	学术简况
梁景	安定	关中	汉元嘉元年（151年），梁景为尚书令，少习《韩诗》，为世通儒（沈约：《南齐禅林寺尼净秀行状》，《弘明集　广弘明集》，第279页）
梁宽	安定	关中	（酒泉烈女庞娥亲为父报仇）故黄门侍郎安定梁宽追述娥亲，为其作传（《三国志》卷一八《魏志·庞淯传附母娥传》注引皇甫谧《列女传》，第549页） 按：《后汉艺文志》著录其作"庞娥传"（《后汉艺文志》，第180页）
皇甫规	安定朝那	关中	（字威明）托疾免归，州郡承（梁）冀旨，几陷死者再三。遂以《诗》《易》教授，门徒三百余人，积十四年（《后汉书》卷六五《皇甫规传》，第2132页）
李恂	安定临泾	关中	字叔英，安定临泾人也。少习《韩诗》，教授诸生常百人。……迁武威太守。后坐事免，步归乡里，潜居山泽，结草为庐，独与诸生织席自给（《后汉书》卷五一《李恂传》，第1683—1684页）
王符	安定临泾	关中	字节信，安定临泾人也。少好学，有志操，与马融、窦章、张衡、崔瑗等友善。……独耿介不同于俗，以此遂不得升进。志意蕴愤，乃隐居著书三十余篇，以讥当时失得，不欲章显其名，故号曰《潜夫论》（《后汉书》卷四九《王符传》，第1630页）
梁扈	安定乌氏	关中	（梁松之子）后以恭怀皇后从兄，永元中，擢为黄门侍郎，历位卿、校尉。温恭谦让，亦敦《诗》《书》（《后汉书》卷三四《梁松传》，第1170页）
梁商	安定乌氏	关中	（梁竦之孙，字伯夏）少持《韩诗》，兼读众书传记，天资聪敏，昭达万情（《东观汉记校注》卷一五《传九·梁商》，第613页）
梁松	安定乌氏	关中	字伯孙，少为郎，尚光武女舞阴长公主，再迁虎贲中郎将。博通经书，明习故事，与诸儒修明堂、辟雍、郊祀、封禅礼仪，常与论议，宠幸莫比（《后汉书》卷三四《梁松传》，第1170页）
梁竦	安定乌氏	关中	（梁松之弟）字叔敬，少习《孟氏易》，弱冠能教授……感悼子胥、屈原以非辜沈身，乃作《悼骚赋》，系玄石而沈之。显宗后诏听还本郡。竦闭门自养，以经籍为娱，著书数篇，名曰《七序》（《后汉书》卷三四《梁松传》，第1171页）
傅幹	北地灵州	关中	按：字彦林，傅燮之子，官至扶风太守。《后汉艺文志》著录其作"扶风太守傅幹集"（《后汉艺文志》，第352页）

续表

姓名	籍贯	区域	学术简况
傅燮	北地灵州	关中	字南容，北地灵州人也。……少师事太尉刘宽（《后汉书》卷五八《傅燮传》，第1873页） （刘宽）少学欧阳《尚书》、京氏《易》，尤明《韩诗外传》（《后汉书》卷二五《刘宽传》注引谢承《书》，第886页）
侯瑾	敦煌	关中	（字子瑜）少孤贫，依宗人居。性笃学，恒佣作为资，暮还辄燃柴以读书。常以礼自牧，独处一房，如对严宾焉。州郡累召，公车有道征，并称疾不到。作《矫世论》以讥切当时，而徙入山中，覃思著述。以莫知于世，故作《应宾难》以自寄。又案《汉记》撰中兴以后行事，为《皇德传》三十篇，行于世。余所作杂文数十篇，多亡失（《后汉书》卷八〇下《文苑传下·侯瑾传》，第2649页）
氾瑞	敦煌	关中	字孔明，蜀郡太守吉之第二子也。高才通经史，举孝廉，擢拜为尚书，后迁左丞相，出洛阳城，京都贵人送者千余乘（《敦煌地理文书汇辑校注》，第121页）
氾孚	敦煌	关中	字仲夏，蜀郡太守吉之孙。……下帷潜思，不闚门庭，或年百，日吟咏古文，欣然犹嘆，精黄老术。苍梧太守令狐溥与太常张鱼韦曰："仲夏居高笃学，有梁鸿周党之伦"。其见重如此（《敦煌地理文书汇辑校注》，第121页）
氾咸	敦煌	关中	（字宣合）弱冠从苍梧太守同郡令狐溥受学，明通经纬，行不苟合（《敦煌地理文书汇辑校注》，第122页）
令狐溥	敦煌	关中	（敦煌氾咸）弱冠从苍梧太守同郡令狐溥受学（《敦煌地理文书汇辑校注》，第122页）
盖勋	敦煌广至	关中	（字元固）是时王国众十余万，三辅震动，勋自请发兵万人，分屯三辅。每有密事，帝〔手〕诏问勋。勋虽身在外，甚见信重，乃著《琴诗》十二章奏之，帝善焉，数加赏赐（《后汉纪校注》卷二五《灵帝纪》，第716页）
张奂	敦煌渊泉	关中	字然明，敦煌〔渊〕泉人也。父惇，为汉阳太守。奂少游三辅，师事太尉朱宠，学《欧阳尚书》。初，《牟氏章句》浮辞繁多，有四十五万余言，奂减为九万言。后辟大将军梁冀府，乃上书桓帝，奏其《章句》，诏下东观，以疾去官，复举贤良，对策第一，擢拜议郎（《后汉书》卷六五《张奂传》，第2138页） 时禁锢者多不能守静，或死或徙。奂闭门不出，养徒千人，著《尚书记难》三十余万言（《后汉书》卷六五《张奂传》，第2142页）

续表

姓名	籍贯	区域	学术简况
张芝	敦煌渊泉	关中	王愔《文志》曰："芝少持高操，以名臣子勤学，文为儒宗，武为将表。太尉辟，公车有道征，皆不至，号张有道。尤好草书，学崔、杜之法，家之衣帛，必书而后练。临池学书，水为之黑。下笔则为楷则，号匆匆不暇草书，为世所宝，寸纸不遗，韦仲将谓之'草圣'也。"（《后汉书》卷六五《张奂传》注引，第2144页） 按：字伯英，张奂子。《后汉艺文志》著录其作"笔心论五卷"（《后汉艺文志》，第292页）
田君	关中	关中	先高祖时以吏二千石自齐临菑徙关中……乃始游学，治《韩诗》、《孝经》（《隶续》卷二〇《斥彰长田君断碑》，《隶释 隶续》，第443页）
辛缮	弘农①	关中	字公文。少治《春秋》《诗》《易》，隐居弘农华阴，子弟受业者六百余人（《三辅决录》卷一，《三辅决录 三辅故事 三辅旧事》，第23页） 辛缮字公文，治《春秋》、谶纬，隐居华阴，光武征不至者，有大鸟高五尺，鸡首燕颔虺颈鱼尾，五色备举而多青，栖缮槐树，旬时不去（《三辅决录》卷一，《三辅决录 三辅故事 三辅旧事》，第23页）
刘宽	弘农华阴	关中	（字文饶）少学欧阳《尚书》、京氏《易》、尤明《韩诗外传》。星官、风角、算历，皆究极师法，称为通儒。未尝与人争势利之事（《后汉书》卷二五《刘宽传》注引谢承《书》，第886—887页）
杨宝	弘农华阴	关中	（杨震之父）习欧阳《尚书》。哀、平之世，隐居教授。居摄二年（7年），与两龚、蒋诩俱征，遂遁逃，不知所处。建武中，公车特征，老病不到，卒于家（《后汉书》卷五四《杨震传》，第1759页）
杨彪	弘农华阴	关中	（杨震之曾孙，杨赐之子）字文先，少传家学。初举孝廉，州举茂才，辟公府，皆不应。熹平中，以博习旧闻，公车征拜议郎（《后汉书》卷五四《杨震传》，第1786页）。注引"华峤《书》曰：'与马日磾、卢植、蔡邕等著作东观。'"
杨秉	弘农华阴	关中	（杨震之子）字叔节，少传父业，兼明《京氏易》，博通书传，常隐居教授。……桓帝即位，以明《尚书》征入劝讲，拜太中大夫、左中郎将，迁侍中、尚书（《后汉书》卷五四《杨震传》，第1769页）

---

① 按：《三辅决录》未注明其籍贯。司马朝军抄录《通经表》称其为"弘农人"（参见其所著《〈经解入门〉整理与研究》，武汉大学出版社2017年版，第298页），暂从之。

续表

姓名	籍贯	区域	学术简况
杨赐	弘农华阴	关中	（杨震之孙，杨秉之子）字伯献。少传家学，笃志博闻。常退居隐约，教授门徒，不答州郡礼命。……建宁初，灵帝当受学，诏太傅、三公选通《尚书》桓君章句宿有重名者，三公举赐，乃侍讲于华光殿中（《后汉书》卷五四《杨震传》，第1775—1776页）
杨修	弘农华阴	关中	（杨震之玄孙，杨彪之子）字德祖，好学，有俊才，为丞相曹操主簿，用事曹氏。……修所著赋、颂、碑、赞、诗、哀辞、表、记、书凡十五篇（《后汉书》卷五四《杨震传》，第1789—1790页）。 按：《隋书·经籍志》著录其作"后汉丞相主簿杨修集一卷"（《隋书》卷三五《经籍志》，第1058页）。注曰："梁二卷，录一卷。"
杨震	弘农华阴	关中	（字伯起）少好学，受《欧阳尚书》于太常桓郁，明经博览，无不穷究。诸儒为之语曰："关西孔子杨伯起。"常客居于湖，不答州郡礼命数十年（《后汉书》卷五四《杨震传》，第1759页）。注引《续汉〔书〕》曰："教授二十余年，州请召，数称病不就。少孤贫，独与母居，假地种殖，以给供养，诸生尝有助种蓝者，震辄拔，更以距其后，乡里称孝。"
第五元先	京兆	关中	（郑玄）造太学受业，师事京兆第五元先，始通《京氏易》《公羊春秋》《三统历》《九章算术》（《后汉书》卷三五《郑玄传》，第1207页）
樊光	京兆	关中	按：《经典释文序录疏证·注解传人》《尔雅》载"樊光《注》六卷。"注曰："京兆人，后汉中散大夫。"（《经典释文序录疏证 附经籍旧音二种》，第147页）
高恢	京兆	关中	（字伯通）初，（梁）鸿友人京兆高恢，少好《老子》，隐于华阴山中（《后汉书》卷八三《逸民传》，第2768页）
祁圣元	京兆	关中	（杨政）治《梁丘易》，与京兆祁圣元同好，俱名善说经书。京师号曰："说经砼砼杨子行，论难幡幡祁圣元。"（《东观汉记校注》卷一八《传十三·杨政》，第825页）
杨政	京兆	关中	字子行，京兆人也。少好学，从代郡范升受《梁丘易》，善说经书。京师为之语曰："说经铿铿杨子行。"教授数百人（《后汉书》卷七九上《儒林传上·杨政传》，第2551—2552页）
挚恂	京兆	关中	初，京兆挚恂以儒术教授，隐于南山，不应征聘，名重关西（《后汉书》卷六〇上《马融传》，第1953页）。注引"《三辅决录注》曰：'恂字季直，好学善属文，隐于南山之阴。'"

续表

姓名	籍贯	区域	学术简况
苏顺	京兆霸陵	关中	字孝山，京兆霸陵人也。和安间以才学见称。好养生术，隐处求道。晚乃仕，拜郎中，卒于官。所著赋、论、谏、哀辞、杂文，凡十六篇（《后汉书》卷八〇上《文苑传上·苏顺传》，第2617页） 按：《隋书·经籍志》著录其作"郎中苏顺集二卷，录二卷"（《隋书》卷三五《经籍志》，第1057页）
杜笃	京兆杜陵	关中	字季雅，京兆杜陵人也。高祖延年，宣帝时为御史大夫。笃少博学，不修小节，不为乡人所礼。……以关中表里山河，先帝旧京，不宜改营洛邑，乃上奏《论都赋》（《后汉书》卷八〇上《文苑传上·杜笃传》，第2595页） 所著赋、诔、吊、书、赞、《七言》、《女诫》及杂文，凡十八篇。又著《明世论》十五篇（《后汉书》卷八〇上《文苑传上·杜笃传》，第2609页）
杜度	京兆杜陵	关中	按：度字伯度，御史大夫杜延年之曾孙，章帝时为齐相，善章草。《后汉艺文志》著录其作"章草书"（《后汉艺文志》，第290页）
冯豹	京兆杜陵	关中	（冯衍之子）字仲文，年十二，母为父所出。后母恶之，尝因豹夜寐，欲行毒害，豹逃走得免。敬事愈谨，而母疾之益深，时人称其孝。长好儒学，以《诗》《春秋》教丽山下（《后汉书》卷二八下《冯衍传》，第1004页）
冯衍	京兆杜陵	关中	字敬通，京兆杜陵人也。祖野王，元帝时为大鸿胪。衍幼有奇才，年九岁，能诵《诗》。至二十而博通群书。王莽时，诸公多荐举之者，衍辞不肯仕（《后汉书》卷二八上《冯衍传》，第962页） 所著赋、诔、铭、说、《问交》《德诰》《慎情》、书记说、自序、官录说、策五十篇（《后汉书》卷二八下《冯衍传》，第1003页） 按：《隋书·经籍志》著录其作"后汉司隶从事冯衍集五卷"（《隋书》卷三五《经籍志》，第1057页）
廉范	京兆杜陵	关中	字叔度，京兆杜陵人，赵将廉颇之后。汉兴，以廉氏豪宗，自苦陉徙焉。……诣京师受业，事博士薛汉（《后汉书》卷三一《廉范传》，第1101页）
玉况	京兆杜陵	关中	字文伯，京兆杜陵人也。代为三辅名族，该总《五经》，志节高亮，为陈留太守（《后汉书》卷三三《虞延传》注引谢承《书》，第1152页）
朱宠	京兆杜陵	关中	字仲威，京兆人也。笃行好学，从桓荣受《尚书》，位至太尉（《后汉书》卷三七《桓荣传》注引《邓骘传》，第1256页）

第八章　汉代学术人物简况表　331

续表

姓名	籍贯	区域	学术简况
韦著	京兆杜陵①	关中	少修节操，持《京氏易》《韩诗》，博通术艺（《后汉书》卷五三《徐稺传》注引谢承《书》，第1747页）
刘龚	京兆长安	关中	字孟公，长安人，善论议，扶风马援、班彪并起重之（《后汉书》卷三〇上《苏竟传》，第1047页）。注引"《三辅决录注》曰：'唯有孟公论可观者。'班叔皮与京兆丞郭季通书曰：'刘孟公臧器于身，用心笃固，实瑚琏之器，宗庙之宝也。'"
宋登	京兆长安	关中	字叔阳，京兆长安人也。父由，为太尉。登少传《欧阳尚书》，教授数千人。为汝阴令，政为明能，号称"神父"。迁赵相，入为尚书仆射。顺帝以登明识礼乐，使持节临太学，奏定典律，转拜侍中（《后汉书》卷七九上《儒林传上·宋登传》，第2557页）
孙晨	京兆长安	关中	字元公。家贫不仕，居社城中，织箕为业。明《诗》《书》，为郡功曹（《三辅决录》卷一，《三辅决录　三辅故事　三辅旧事》，第22页）
赵牧	京兆长安	关中	字仲师，长安人。少知名，以公正称。修《春秋》，事乐恢。恢以直谏死，牧为陈冤得申（《后汉书》卷五〇《孝明八王传·彭城靖王恭传》注引《决录注》，第1671页）
第五伦子	京兆长陵	关中	（第五）伦甚崇其（谢夷吾）道德，转署主簿，使子从受《春秋》，夷吾待之如师弟子之礼。时或游戏，不肯读书，便白伦行罚，遂成其业（《后汉书》卷八二上《方术传上·谢夷吾传》引谢承《书》，第2713页）
乐恢	京兆长陵	关中	（字伯奇）长好经学，事博士焦永。永为河东太守，恢随之官，闭庐精诵，不交人物……笃志为名儒（《后汉书》卷四三《乐恢传》，第1477页）
赵岐	京兆长陵	关中	（字邠卿。赵岐逃难期间，北海孙嵩）藏岐复壁中数年，岐作《厄屯歌》二十三章。……多所述作，著《孟子章句》《三辅决录》传于时（《后汉书》卷六四《赵岐传》，第2122—2124页）是时纲维不摄，阉竖专权。岐拟前代连珠之书四十章上之，留中不出（《三辅决录》卷一，《三辅决录　三辅故事　三辅旧事》，第6页）

---

① 韦著虽然是韦彪族孙，其著籍不同于韦彪。《后汉书·韦彪传》："初，彪独徙扶风，故义（韦义，韦著伯父——笔者）犹为京兆杜陵人焉。"（参见《后汉书》卷二六《韦彪传》，第920页）这意味着韦氏一族分居右扶风和京兆两地，因此不能认为同族的就居于同郡/国。

续表

姓名	籍贯	区域	学术简况
秦嘉	陇西	关中	按：字士会，桓帝时，仕郡举上计掾，后除黄门侍郎。《后汉艺文志》著录其作"上计掾秦嘉集"（《后汉艺文志》，第329页）
徐淑	陇西	关中	按：陇西人，黄门郎秦嘉妻。《汉书艺文志》著录其作"黄门郎秦嘉妻徐淑集一卷"（《后汉艺文志》，第353页）
吕叔公	右扶风	关中	（杨充）受古学扶风马季长、吕叔公，南阳朱明叔，颍川白仲职，精究七经（《华阳国志》卷一〇下《先贤士女总赞·梓潼人士》，第171页）
士孙瑞	右扶风	关中	字君荣①，扶风人，世为学门。瑞少传家业，博达无所不通，仕历显位（《三国志》卷六《魏书·董卓传》注引《三辅决录注》，第186页） 按：《旧唐书·经籍志》著录其作"士孙瑞集二卷"（《旧唐书》卷四七《经籍志》，第2055页）
班彪	右扶风安陵	关中	字叔皮，扶风安陵人也。……既疾嚣言，又伤时方限，乃著《王命论》（《后汉书》卷四〇上《班彪传上》，第1323—1324页） 彪既才高而好述作，遂专心史籍之间。武帝时，司马迁著《史记》，自太初以后，阙而不录，后好事者颇或缀集时事，然多鄙俗，不足以踵继其书。彪乃继采前史遗事，傍贯异闻，作后传数十篇，因斟酌前史而讥正得失。……所著赋、论、书、记、奏事合九篇（《后汉书》卷四〇上《班彪传上》，第1329页） 按：《隋书·经籍志》著录其作"后汉徐令班彪集二卷"（《隋书》卷三五《经籍志》，第1057页）。注曰："梁五卷。"
班固	右扶风安陵	关中	（班彪之子，字孟坚）年九岁，能属文诵诗赋，及长，遂博贯载籍，九流百家之言，无不穷究。所学无常师，不为章句，举大义而已（《后汉书》卷四〇上《班彪传上》，第1330页） 以为汉绍尧运，以建帝业，至于六世，史臣乃追述功德，私作本纪，编于百王之末，厕于秦、项之列，太初以后，阙而不录，故探撰前记，缀集所闻，以为《汉书》。起元高祖，终于孝平王莽之诛，十有二世，二百三十年，综其行事，傍贯《五经》，上下洽通，为《春秋》考纪、表、志、传凡百篇。固自永平中始受诏，潜精积思二十余年，至建初中乃成。当世甚重其书，学者莫不讽诵焉（《后汉书》卷四〇上《班彪传上》，第1334页）

---

① 按：《后汉书·王允传》载其字为"君策"（参见《后汉书》卷六六《王允传》，第2178页）。

续表

姓名	籍贯	区域	学术简况
班昭	右扶风安陵	关中	（班彪之女）字惠班，一名姬。博学高才。世叔早卒，有节行法度。兄固著汉书，其八表及《天文志》未及竟而卒，和帝诏昭就东观藏书阁踵而成之。……作《女诫》七篇，有助内训（《后汉书》卷八四《列女传》，第2784—2786页） 所著赋、颂、铭、诔、问、注、哀辞、书、论、上疏、遗令，凡十六篇。子妇丁氏为撰集之，又作《大家赞》焉（《后汉书》卷八四《列女传》，第2792页） 按：《隋书·经籍志》著录其作"梁有班昭集三卷，亡"（《隋书》卷三五《经籍志》，第1057页）
曹众①	右扶风茂陵	关中	时三辅多士，扶风曹众伯师亦有才学，著诔、书、论四篇（《后汉书》卷八〇上《文苑传上·苏顺传》，第2617页）
杜林	右扶风茂陵	关中	字伯山，扶风茂陵人也。父邺，成、哀间为凉州刺史。林少好学沈深，家既多书，又外氏张竦父子喜文采，林从竦受学，博洽多闻，时称通儒（《后汉书》卷二七《杜林传》，第934—935页）
傅毅	右扶风茂陵	关中	字武仲，扶风茂陵人也。少傅学。永平中，于平陵习章句，因作《迪志诗》曰……（《后汉书》卷八〇上《文苑传上·傅毅传》，第2610页） 建初中，肃宗博召文学之士，以毅为兰台令史，拜郎中，与班固、贾逵共典校书。毅追美孝明皇帝功德最盛，而庙颂未立，乃依《清庙》作《显宗颂》十篇奏之，由是文雅显于朝廷。……毅早卒，著诗、赋、诔、颂、祝文、《七激》、连珠凡二十八篇（《后汉书》卷八〇上《文苑传上·傅毅传》，第2613页）
矫慎	右扶风茂陵	关中	字仲彦，扶风茂陵人也。少好黄、老，隐遁山谷，因穴为室，仰慕松、乔导引之术。与马融、苏章乡里并时，融以才博显名，章以廉直称，然皆推先于慎（《后汉书》卷八三《逸民传》，第2771页）
马廖	右扶风茂陵	关中	（马援之子，字敬平）少习《易经》，清约沈静。援击武溪无功，卒于师，廖不得嗣爵（《后汉书》卷二四《马援传附子廖传》注引《东观记》，第853页）

---

① 《后汉书·文苑传》仅言曹众为右扶风人，注引《三辅决录注》曰：曹"众与乡里苏孺文、窦伯向、马季长并游宦，唯众不遇，以寿终于家"（《后汉书》卷八〇上《文苑传上·苏顺传》，第2617页）。按：马融字季长，右扶风茂陵人，据此知曹众为右扶风茂陵人。

续表

姓名	籍贯	区域	学术简况
马日䃅	右扶风茂陵	关中	字翁叔，马融之族子。少传融业，以才学进。与杨彪、卢植、蔡邕等典校中书，历位九卿，遂登台辅（《后汉书》卷七〇《孔融传》注引《三辅决录》，第2265页） 按：《后汉艺文志》著录其作"群书古文"（《后汉艺文志》，第106页）
马融	右扶风茂陵	关中	（马严之子，字季长）著《三传异同说》。注《孝经》《论语》《诗》《易》《三礼》《尚书》《列女传》《老子》《淮南子》《离骚》，所著赋、颂、碑、诔、书、记、表、奏、七言、琴歌、对策、遗令，凡二十一篇（《后汉书》卷六〇上《马融传》，第1972页）
马续	右扶风茂陵	关中	（马严之子）字季则，七岁能通《论语》，十三明《尚书》，十六治《诗》，博观群籍，善《九章算术》（《后汉书》卷二四《马援传》，第862页）
马严	右扶风茂陵	关中	（马援兄之子）字威卿。父余，王莽时为扬州牧。严少孤，而好击剑，习骑射。后乃白援，从平原杨太伯讲学，专心坟典，能通《春秋左氏》，因览百家群言，遂交结英贤，京师大人咸器异之（《后汉书》卷二四《马援传》，第858页）
马援	右扶风茂陵	关中	（字文渊）年十二而孤，少有大志，诸兄奇之。尝受《齐诗》，意不能守章句，乃辞（马）况，欲就边郡田牧（《后汉书》卷二四《马援传》，第827页）。注引《东观记》曰："《受齐》诗，师事颍川满昌。" 按：《后汉艺文志》著录其作有"请铸五铢钱奏议"等（《后汉艺文志》，第145页）
秦彭	右扶风茂陵	关中	（字伯平。任山阳太守期间）兴起稻田数千顷，每于农月，亲度顷亩，分别肥墝，差为三品，各立文簿，藏之乡县。于是奸吏跼蹐，无所容诈。彭乃上言，宜令天下齐同其制。诏书以其所立条式，班令三府，并下州郡（《后汉书》卷七六《循吏传·秦彭传》，第2467页） 按：《后汉艺文志》著录其作"度田条式"（《后汉艺文志》，第230页）
马芝	右扶风茂陵	关中	按：马融之女，有才义。《后汉艺文志》著录其作"申情赋一篇"（《后汉艺文志》，第353页）

续表

姓名	籍贯	区域	学术简况
马皇后	右扶风茂陵	关中	（伏波将军马援之小女）能诵《易》，好读《春秋》《楚辞》，尤善《周官》《董仲舒书》。……自撰《显宗起居注》（《后汉书》卷一〇上《皇后纪上》，第 409—410 页）
法真	右扶风郿	关中	字高卿，扶风郿人，南郡太守雄之子也。好学而无常家，博通内外图典，为关西大儒。弟子自远方至者，陈留范冉等数百人（《后汉书》卷八三《逸民传》，第 2774 页）
井丹	右扶风郿	关中	字大春，扶风郿人也。少受业太学，通《五经》，善谈论，故京师为之语曰："《五经》纷纶井大春。"（《后汉书》卷八三《逸民传》，第 2764 页）
班超	右扶风平陵	关中	字仲升，扶风平陵人，徐令彪之少子也。为人有大志，不修细节。然内孝谨，居家常执勤苦，不耻劳辱。有口辩，而涉猎书传（《后汉书》卷四七《班超传》，第 1571 页）。注引《东观记》曰："超持《公羊春秋》，多所窥览。"
曹喜	右扶风平陵	关中	按：字仲则，曾任郎中，号曰工篆。《后汉艺文志》著录其作"笔论一卷"（《后汉艺文志》，第 292 页）
窦武	右扶风平陵	关中	字游平，扶风平陵人，安丰戴侯融之玄孙也。父奉，定襄太守。武少以经行著称，常教授于大泽中，不交时事，名显关西（《后汉书》卷六九《窦武传》，第 2239 页）
窦章	右扶风平陵	关中	字伯向。少好学，有文章，与马融、崔瑗同好，更相推荐（《后汉书》卷二三《窦融传》，第 821 页） 按：《隋书·经籍志》著录其作"大鸿胪窦章集二卷"（《隋书》卷三五《经籍志》，第 1057 页）
耿况	右扶风平陵	关中	（耿弇）父况，字侠游，以明经为郎，与王莽从弟伋共学《老子》于安丘先生，后为朔调连率（《后汉书》卷一九《耿弇传》，第 703 页）
耿弇	右扶风平陵	关中	（字伯昭）少好学，习父业（《后汉书》卷一九《耿弇传》，第 703 页）。注引袁山松《书》曰："少学《诗》、《礼》，明锐有权谋。"
何敞	右扶风平陵	关中	（字文高）通经传，能为天官（《后汉书》卷四三《何敞传》，第 1480 页）

续表

姓名	籍贯	区域	学术简况
贾逵	右扶风平陵	关中	（贾徽之子，字景伯）悉传父（贾徽）业，弱冠能诵《左氏传》及《五经》本文，以《大夏侯尚书》①教授，虽为古学，兼通五家《穀梁》之说。……尤明《左氏传》《国语》，为之《解诂》五十一篇（《后汉书》卷三六《贾逵传》，第1235页） 数为帝言《古文尚书》与经传《尔雅》诂训相应，诏令撰《欧阳》、《大》《小夏侯尚书》《古文》同异。逵集为三卷，帝善之。复令撰《齐》《鲁》《韩》《诗》与《毛氏》异同。并作《周官解故》（《后汉书》卷三六《贾逵传》，第1239页）
孔奋	右扶风平陵	关中	字君鱼，扶风茂陵人也。曾祖霸，元帝时为侍中。奋少从刘歆受《春秋左氏传》，歆称之，谓门人曰："吾已从君鱼受道矣。"（《后汉书》卷三一《孔奋传》，第1098页）
孔嘉	右扶风平陵	关中	（孔）奋晚有子嘉，官至城门校尉，作《左氏说》云……（《后汉书》卷三一《孔奋传》，第1099页）
孔奇	右扶风平陵	关中	（孔奋）弟奇，游学洛阳。奋以奇经明当仕，上病去官，守约乡闾，卒于家。奇博通经典，作《春秋左氏删》（《后汉书》卷三一《孔奋传》，第1099页）
梁鸿	右扶风平陵	关中	（字伯鸾）受业太学，家贫而尚节介，博览无不通，而不为章句（《后汉书》卷八三《逸民传》，第2765页） 按：《隋书·经籍志》著录其作"后汉处士梁鸿集二卷"（《隋书》卷三五《经籍志》，第1057页）
鲁丕	右扶风平陵	关中	字叔陵，性沈深好学，孳孳不倦，遂杜绝交游，不答候问之礼。士友常以此短之，而丕欣然自得。遂兼通《五经》，以《鲁诗》《尚书》教授，为当世名儒（《后汉书》卷二五《鲁恭传》，第883页）
苏竟	右扶风平陵	关中	字伯况，扶风平陵人也。平帝世，竟以明《易》为博士讲《书》祭酒。善图纬，能通百家之言。王莽时，〔与〕刘歆等共典校书，拜代郡中尉（《后汉书》卷三〇上《苏竟传》，第1041页） 潜乐道术，作《记诲篇》及文章传于世（《后汉书》卷三〇上《苏竟传》，第1047页）

---

① 《大夏侯尚书》，《东观汉记》言贾逵"以《大小夏侯尚书》教授"（参见《东观汉记校注》卷一五《传十·贾逵》，第628页）。

第八章　汉代学术人物简况表　337

续表

姓名	籍贯	区域	学术简况
韦彪	右扶风平陵①	关中	（字孟达，扶风平陵人也。高祖贤，宣帝时为丞相）好学洽闻，雅称儒宗。建武末，举孝廉，除郎中，以病免，复归教授。安贫乐道，恬于进趣，三辅诸儒莫不慕仰之（《后汉书》卷二六《韦彪传》，第917页） 著书十二篇，号曰《韦卿子》。……初，彪独徙扶风（《后汉书》卷二六《韦彪传》，第920页）
朱勃	右扶风平陵②	关中	字叔阳，年十二能诵《诗》《书》。常候（马）援兄况。勃衣方领，能矩步（《后汉书》卷二四《马援传》，第850页）。注引《续汉书》曰："勃能说《韩诗》。" 按：《隋书·经籍志》著录其作"云阳令朱勃集二卷"（《隋书》卷三五《经籍志》，第1057页）
鲁恭	右扶风平陵③	关中	（字仲康）十五，与母及丕俱居太学，习《鲁诗》，闭户讲诵，绝人闲事，兄弟俱为诸儒所称，学士争归之。……肃宗集诸儒于白虎观，恭特以经明得召，与其议（《后汉书》卷二五《鲁恭传》，第873—874页）
贾徽	右扶风平陵④	关中	（贾逵）父徽，从刘歆受《左氏春秋》，兼习《国语》《周官》，又受《古文尚书》于涂恽，学《毛诗》于谢曼卿，作《左氏条例》二十一篇（《后汉书》卷三六《贾逵传》，第1234页）
李育	右扶风漆	关中	字元春，扶风漆人也。少习《公羊春秋》。沉思专精，博览书传，知名太学，深为同郡班固所重。固奏记荐育于骠骑将军东平王苍，由是京师贵戚争往交之。州郡请召，育到，辄辞病去。常避地教授，门徒数百。颇涉猎古学。尝读《左氏传》，虽乐文采，然谓不得圣人深意，以为前世陈元、范升之徒更相非折，而多引图谶，不据理体，于是作《难左氏义》四十一事。……（建初）四年（79年），诏与诸儒论《五经》于白虎观，育以《公羊》义难贾逵，往返皆有理证，最为通儒（《后汉书》卷七九下《儒林传下·李育传》，第2582页）

① 《后汉书·韦彪传》载，"初，彪独徙扶风，故（族子）义犹为京兆杜陵人焉"（参见《后汉书》卷二六《韦彪传》，第920页）。据此推测，韦氏家族在韦彪之前的某个世代由鲁国邹迁到京兆杜陵。由于未确定是哪个世代，这里按本传的记载著籍右扶风平陵。

② 《后汉书·马援传》注引"《东观记》曰：'章帝下诏曰：告平陵令、丞：县人故云阳令朱勃，建武中以伏波将军爵土不传，上书陈状，不顾罪戾，怀旌善之志，有烈士之风。'"（参见《后汉书》卷二四《马援传》，第850页）

③ 《后汉书》本传载：鲁恭"其先出于鲁〔顷〕公，为楚所灭，迁于下邑，因氏焉。世吏二千石，哀平间，自鲁而徙"（《后汉书》卷二五《鲁恭传》，第873页）。由于未确定鲁恭先人由鲁迁往右扶风平陵的世系，这里把鲁恭著籍右扶风平陵。

④ 贾徽之祖贾光，宣帝时以吏二千石由河南洛阳迁往右扶风平陵，根据著籍标准，贾徽著籍右扶风平陵。

续表

姓名	籍贯	区域	学术简况
徐幹	右扶风平陵	关中	按：《姚振宗〈后汉艺文志〉订补》引《书断》云：徐幹，字伯张，扶风平陵人，官至班超军司马，善章草书（李秋丹：《姚振宗〈后汉艺文志〉订补》，第 107 页）
骆异孙	左冯翊	关中	（广汉雒人段恭）凡事冯翊骆异孙，泰山彦之章，渤海纪叔阳，遂明《天文》二卷（《华阳国志》卷一〇中《先贤士女总赞·广汉士女》，第 146 页）
王汉	左冯翊万年	关中	光和二年（179 年），万年公乘王汉上《月食注》。自章和元年到今年凡九十三岁，合百九十六食；与官历河平元年月错，以己巳为元（《续汉书·律历志中》，《后汉书》，第 3042 页）按：《后汉艺文志》著录其作"月食注"（《后汉艺文志》，第 260 页）
王隆	左冯翊云阳	关中	字文山，冯翊云阳人也。王莽时，以父任为郎，后避难河西，为窦融左护军。建武中，为新汲令。能文章，所著诗、赋、铭、书凡二十六篇（《后汉书》卷八〇上《文苑传上·王隆传》，第 2609 页）按：《隋书·经籍志》著录其作"汉官解诂三篇"（《隋书》卷三三《经籍志》，第 967 页）。注曰："汉新汲令王隆撰，胡广注。"
陈弇	陈留	河洛	陈留陈弇，字叔明，亦受《欧阳尚书》于司徒丁鸿，仕为蕲长（《后汉书》卷七九上《儒林传上·欧阳歙传》，第 2556 页）。注引"《续汉书》曰：'弇以尚书教授，躬自耕种，常有黄雀飞来，随弇翱翔。'"
范丹	陈留	河洛	（《陈留耆旧传》云）范丹学通三经，常自赁灌园（《汉魏六朝杂传集》，第 262 页）
李充	陈留	河洛	字大逊，陈留人也。……立精舍讲授。……延平中，诏公卿、中二千石各举隐士大儒，务取高行，以劝后进，特征充为博士（《后汉书》卷八一《独行传》，第 2684—2685 页）
路粹	陈留	河洛	字文蔚，少学于蔡邕。初平中，随车驾至三辅。建安初，以高才与京兆严像擢拜尚书郎（《三国志》卷二一《魏书·王粲传》注引《典略》，第 603 页）按：《后汉艺文志》著录其作"魏国郎中令路粹集二卷　录一卷"（《后汉艺文志》，第 343 页）

续表

姓名	籍贯	区域	学术简况
阮谌	陈留	河洛	吏部尚书张昭等奏议曰："……厥后有梁正者，集前代图记更加详议，题三礼图曰：'陈留阮士信受《礼》学于颍川綦册君，取其说为图三卷，多不按《礼》文而引汉事，与郑君之文违错。'正删为三卷，其阮士信即谌也。"（《宋史》卷四三一《儒林传》，第12795页） 按：《后汉艺文志》著录其作"三礼图九卷"（《后汉艺文志》，第47页）
阮瑀	陈留	河洛	（字元瑜）少受学于蔡邕。建安中都护曹洪欲使掌书记，瑀终不为屈。……著文赋数十篇（《三国志》卷二一《魏书·王粲传》，第600—601页） 按：《后汉艺文志》著录其作"丞相仓曹属阮瑀集数十篇"（《后汉艺文志》，第343页）
王孙骨	陈留	河洛	（《陈留耆旧传》云）王孙骨治三《礼》，为博士（《汉魏六朝杂传集》，第267页）
杨匡	陈留	河洛	（杜）乔故掾陈留杨匡……初好学，常在外黄大泽教授门徒。补蕲长，政有异绩，迁平原令（《后汉书》卷六三《杜乔传》，第2094页）
刘昆	陈留东昏	河洛	字桓公，陈留东昏人，梁孝王之胤也。少习容礼。平帝时，受《施氏易》于沛人戴宾。能弹雅琴，知清角之操。王莽世，教授弟子恒五百余人。……建武五年（29年），举孝廉，不行，遂逃，教授于江陵（《后汉书》卷七九上《儒林传上·刘昆传》，第2549—2550页）
刘轶	陈留东昏	河洛	（刘昆）子轶，字君文，传昆业，门徒亦盛。永平中，为太子中庶子（《后汉书》卷七九上《儒林传上·刘昆传》，第2550页）
杨伦	陈留东昏	河洛	字仲理，陈留东昏人也。少为诸生，师事司徒丁鸿，习《古文尚书》。为郡文学掾。更历数将，志乖于时，以不能人间事，遂去职，不复应州郡命。讲授于大泽中，弟子至千余人。……前后三征，皆以直谏不合。既归，闭门讲授，自绝人事（《后汉书》卷七九上《儒林传上·杨伦传》，第2564—2565页）
张迁	陈留己吾	河洛	字公方，陈留己吾人也。……治《京氏易》，聪丽权略，艺于从畋（《全后汉文》卷一百五《汉故榖城长荡阴令张君表颂》，第1056页）

续表

姓名	籍贯	区域	学术简况
边让	陈留浚仪	河洛	字文礼,陈留浚仪人也。少辩博,能属文。作《章华赋》,虽多淫丽之辞,而终之以正,亦如相如之讽也(《后汉书》卷八〇下《文苑传下·边让传》,第2640页)
边韶	陈留浚仪	河洛	字孝先,陈留浚仪人也。以文章知名,教授数百人。……著诗、颂、碑、铭、书、策凡十五篇(《后汉书》卷八〇上《文苑传上·边韶传》,第2623—2624页)
仇览	陈留考城	河洛	字季智,一名香,陈留考城人也。少为书生淳默,乡里无知者(《后汉书》卷七六《循吏传·仇览传》,第2479页)(《海内先贤行状》云)学通五经,选为亭长(《汉魏六朝杂传集》,第1861页)
史弼	陈留考城	河洛	字公谦,陈留考城人也。父敞,顺帝时以佞辩至尚书、郡守。弼少笃学,聚徒数百(《后汉书》卷六四《史弼传》,第2108页)
范冉	陈留外黄	河洛	字史云,陈留外黄人也。少为县小吏,年十八,奉檄迎督邮,冉耻之,乃遁去。到南阳,受业于樊英(按:樊英习《京氏易》等)。又游三辅,就马融通经,历年乃还(《后汉书》卷八一《独行传》,第2688页)
申屠蟠	陈留外黄	河洛	字子龙,陈留外黄人也。……郡召为主簿,不行。遂隐居精学,博贯《五经》,兼明图纬(《后汉书》卷五三《申屠蟠传》,第1750—1751页) 隐居学,治京氏《易》《严氏春秋》《小戴礼》。三业先通,因博贯五经,兼明图纬,学无常师(《高士传》卷下《申屠蟠》,第38页)
爰延	陈留外黄	河洛	字季平,陈留外黄人也。清苦好学,能通经教授。……帝以延儒生,常特宴见(《后汉书》卷四八《爰延传》,第1618页)
张升	陈留尉氏	河洛	字彦真,陈留尉氏人,富平侯放之孙也。升少好学,多关览,而任情不羁。……著赋、诔、颂、碑、书,凡六十篇(《后汉书》卷八〇下《文苑传下·张升传》,第2627—2628页)
楼望	陈留雍丘	河洛	字次子,陈留雍丘人也。少习《严氏春秋》。……教授不倦,世称儒宗,诸生著录九千余人。年八十,永元十二年(100年),卒于官,门生会葬者数千人,儒家以为荣(《后汉书》卷七九下《儒林传下·楼望传》,第2580—2581页) (江敞《陈留志》云)字次子,雍丘人也。少受《春秋》于少府丁云然,以节操称。建武二十八年(52年),赵孝王闻其名,遣大夫赍玉帛聘望为师,望不受(《汉魏六朝杂传集》,第2040页)

续表

姓名	籍贯	区域	学术简况
蔡朗	陈留圉	河洛	（字仲明）公族分迁，氏家于圉……既讨三五之术，又采《二南》之业，以《鲁诗》教授，生徒云集，莫不自远并至（《全后汉文》卷七五《琅邪王傅蔡朗碑》，第759页）
蔡文姬	陈留圉	河洛	陈留董祀妻者，蔡邕之女也，名琰，字文姬。博学有才辩，又妙于音律（《后汉书》卷八四《列女传》，第2800页） 按：《隋书·经籍志》著录其作"后汉董祀妻蔡文姬集一卷"（《隋书》卷三五《经籍志》，第1059页）
蔡邕	陈留圉	河洛	（字伯喈，陈留圉人）撰集汉事，未见录以继后史。适作《灵纪》及十意，又补诸列传四十二篇，因李傕之乱，湮没多不存。所著诗、赋、碑、诔、铭、赞、连珠、箴、吊、论议、《独断》、《劝学》、《释诲》、《叙乐》、《女训》、《篆势》、祝文、章表、书记，凡百四篇，传于世（《后汉书》卷六〇下《蔡邕传》，第2007页）
蔡质	陈留圉	河洛	（陈留圉人蔡邕之叔）字子文，著《汉职仪》（《后汉书》卷六〇下《蔡邕传》注，第2002页） 按：《隋书·经籍志》著录其作"汉官典职仪式选用二卷"（《隋书》卷三三《经籍志》，第968页）。注曰："汉卫尉蔡质撰。"
潘勖	陈留中牟	河洛	字元茂，初名芝，改名勖，后避讳。或曰勖献帝时为尚书郎，迁右丞。诏以勖前在二千石曹，才敏兼通，明习旧事，敕并领本职，数加特赐。二十年，迁东海相。未发，留拜尚书左丞（《三国志》卷二一《魏书·卫觊传》注引《文章志》，第613页） 按：《后汉艺文志》著录其作"尚书右丞潘勖集二卷 录一卷"（《后汉艺文志》，第345页）
索卢放	东郡	河洛	字君阳，东郡人也。以《尚书》教授千余人（《后汉书》卷八一《独行传》，第2674页）
张恭祖	东郡	河洛	（郑玄）从东郡张恭祖受《周官》《礼记》《左氏春秋》《韩诗》《古文尚书》（《后汉书》卷三五《郑玄传》，第1207页）
赵畅	东郡燕	河洛	（东郡燕人赵咨之父）畅，为博士（《后汉书》卷三九《赵咨传》，第1313页）
赵咨	东郡燕	河洛	字文楚，东郡燕人也。……延熹元年（158年），大司农陈奇举咨至孝有道，仍迁博士（《后汉书》卷三九《赵咨传》，第1313页）

续表

姓名	籍贯	区域	学术简况
杨仲续	河东	河洛	（杨统）曾祖父仲续举河东方正，拜祁令，甚有德惠，人为立祠。乐益部风俗，因留家新都，代修儒学，以《夏侯尚书相传》（《后汉书》卷三〇上《杨厚传》注引《益部耆旧传》，第1047页）
乐详	河东	河洛	建安中，河东人乐详条《左氏》疑滞数十事以问，该皆为通解之，名为《谢氏释》，行于世（《后汉书》卷七九下《儒林传下·谢该传》，第2584页）。注引《魏略》："详字文载，少好学，闻谢该善《左氏传》，乃从南阳步涉诣许，从该何〔疑〕难诸要。今《左氏〔乐氏〕问》七十二事，详所撰也。"
王乔	河东	河洛	王乔者，河东人也。显宗世，为叶令。乔有神术，每月朔望，常自县诣台朝（《后汉书》卷八二上《方术传上·王乔传》，第2712页） 按：《后汉艺文志》著录其作有"养性治身经三卷"等（《后汉艺文志》，第223页）
屈伯彦	河南成皋	河洛	（郭太）就成皋屈伯彦学，三年业毕，博通坟籍（《后汉书》卷六八《郭太传》，第2225页）
孙堪	河南缑氏	河洛	字子稚，河南缑氏人也。明经学，有志操，清白贞正，爱士大夫，然一毫未尝取于人，以节介气勇自行。王莽末，兵革并起（《后汉书》卷七九下《儒林传下·周泽传》，第2578页）
郑安世	河南开封	河洛	（郑众之子）安世，亦传家业，为长乐、未央厩令（《后汉书》卷三六《郑兴传》，第1226页）
郑兴	河南开封	河洛	字少赣，河南开封人也。少学《公羊春秋》。晚善《左氏传》，遂积精深思，通达其旨，同学者皆师之。天凤中，将门人从刘歆讲正大义，歆美兴才，使撰条例、章句、传诂，及校《三统历》（《后汉书》卷三六《郑众传》，第1217页） 兴好古学，尤明《左氏》《周官》，长于历数，自杜林、桓谭、卫宏之属，莫不斟酌焉。世言《左氏》者多祖于兴，而贾逵自传其父业，故有郑、贾之学。兴去莲勺后，遂不复仕，客授闿乡（《后汉书》卷三六《郑众传》，第1223页）
郑众	河南开封	河洛	（郑兴之子）字仲师。年十二，从父受《左氏春秋》，精力于学，明《三统历》，作《春秋难记条例》，兼通《易》《诗》，知名于世。……其后受诏作《春秋删》十九篇（《后汉书》卷三六《郑众传》，第1224—1226页）

续表

姓名	籍贯	区域	学术简况
刘复	河南洛阳	河洛	（刘伯升之孙，北海靖王刘兴之子）初，临邑侯复好学，能文章。永平中，每有讲学事，辄令复典掌焉。与班固、贾逵共述汉史，傅毅等皆宗事之（《后汉书》卷一四《宗室四王三侯传》，第558页） 按：《后汉艺文志》著录其作"汉德颂"（《后汉艺文志》，第301页）
刘宏	河南洛阳	河洛	（即汉灵帝）初，帝好学，自造《皇羲篇》五十章，因引诸生能为文赋者（《后汉书》卷六〇下《蔡邕传》，第1991页）
刘睦	河南洛阳	河洛	（刘伯升之孙，北海靖王刘兴之子）少好学，博通书传，光武爱之，数被延纳。显宗之在东宫，尤见幸待，入侍讽诵，出则执辔。……睦能属文，作《春秋旨义》《终始论》及赋颂数十篇。又善《史书》，当世以为楷则（《后汉书》卷一四《宗室四王三侯传》，第556—557页）
刘骑骏	河南洛阳	河洛	（刘复之子）永宁中，邓太后召（刘）毅及骑骏入东观，与谒者仆射刘珍著中兴以下名臣列士传。骑骏又自造赋、颂、书、论凡四篇（《后汉书》卷一四《宗室四王三侯列传》，第558页） 永初中，谒者仆射刘珍、校书郎刘骑骏等著作东观，撰集《汉记》，因定汉家礼仪（《后汉书》卷五九《张衡传》，第1940页） 按：《隋书·经籍志》著录其作"后汉校书郎刘骑骏集一卷"（《隋书》卷三五《经籍志》，第1057页）。注曰："梁二卷，录一卷。"
刘羡	河南洛阳	河洛	（明帝之子，封陈敬王）博涉经书，有威严，与诸儒讲论于白虎殿。……及（章）帝崩，遗诏徙封为陈王，食淮阳郡，其年就国（《后汉书》卷五〇《孝明八王传》，第1667—1668页）
刘毅	河南洛阳	河洛	北海敬王（刘睦）子也。初封平望侯，永元中，坐事夺爵。毅少有文辩称，元初元年（114年），上《汉德论》并《宪论》十二篇（《后汉书》卷八〇上《文苑传上·刘毅传》，第2616页）
刘炟	河南洛阳	河洛	按：即汉章帝，《后汉艺文志》著录其作有"歌诗四章""灵台十二门诗""鼙舞辞五篇"（《后汉艺文志》，第52页）

续表

姓名	籍贯	区域	学术简况
刘宠	河南洛阳	河洛	（明帝之玄孙，封陈愍王）善弩射，十发十中，中皆同处。中平中，黄巾贼起，郡县皆弃城走，宠有强弩数千张，出军都亭。国人素闻王善射，不敢反叛，故陈独得完，百姓归之者众十余万人（《后汉书》卷五〇《孝明八王传》，第1669页）。注引"华峤《书》曰：'宠射，其秘法以天覆地载，参连为奇。又有三微、三小。三微为经，三小为纬，经纬相将，万胜之方，然要在机牙。'" 按：《后汉艺文志》著录其作"弩射秘法"（《后汉艺文志》，第229页）
侯霸	河南密	河洛	字君房，河南密人也。……笃志好学，师事九江太守房元，治《穀梁春秋》，为元都讲（《后汉书》卷二六《侯霸传》，第901页）。注引"《东观记》曰'从钟宁君受《律》'也"
孟郁	河南偃师	河洛	字敬达，治《尚书》经，博览众文（《隶释》卷一《济阴太守孟郁修尧庙碑》，《隶释 隶续》，第11页）
服虔	河南荥阳	河洛	字子慎，初名重，又名祇，后改为虔，河南荥阳人也。少以清苦建志，入太学受业。有雅才，善著文论，作《春秋左氏传解》，行之至今。又以《左传》驳何休之所驳汉事六十条。举孝廉，稍迁，中平末，拜九江太守。免，遭乱行客，病卒。所著赋、碑、诔、书记、《连珠》《九愤》，凡十余篇（《后汉书》卷七九下《儒林传下·服虔传》，第2583页）
向长	河内朝歌	河洛	字子平，河内朝歌人也。隐居不仕，性尚中和，好通《老》《易》（《后汉书》卷八三《逸民传》，第2758页）
张玄	河内河阳	河洛	字君夏，河内河阳人也。少习《颜氏春秋》，兼通数家法。建武初，举明经，补弘农文学，迁陈仓县丞。清净无欲，专心经书，方其讲问，乃不食终日。及有难者，辄为张数家之说，令择从所安。诸儒皆伏其多通，著录千余人。……后玄去官，举孝廉，除为郎。会《颜氏》博士缺，玄试策第一，拜为博士。居数月，诸生上言玄兼说《严氏》《〔冥〕氏》，不宜专为《颜氏》博士（《后汉书》卷七九下《儒林传下·张玄传》，第2581页）
蔡茂	河内怀	河洛	字子礼，河内怀人也。哀平间以儒学显，征试博士，对策陈灾异，以高等擢拜议郎，迁侍中。遇王莽居摄，以病自免，不仕莽朝（《后汉书》卷二六《蔡茂传》，第907页）

续表

姓名	籍贯	区域	学术简况
李章	河内怀	河洛	字第公，河内怀人也。五世二千石。章习《严氏春秋》，经明教授，历州郡吏（《后汉书》卷七七《酷吏传》，第2492页）
杜乔	河内林虑	河洛	字叔荣，河内林虑人也（《后汉书》卷六三《杜乔传》，第2091页）。注引《续汉书》曰："累祖吏二千石。乔少好学，治《韩诗》《京氏易》《欧阳尚书》，以孝称。虽二千石子，常步担求师。"
司马朗	河内温	河洛	（字伯达）钟繇、王粲著论云："非圣人不能致太平。"朗以为"伊、颜之徒虽非圣人，使得数世相承，太平可致"（《三国志》卷一五《魏书·司马朗传》，第468页）。注引"《魏书》曰：文帝善朗论，命秘书录其文。" 按：《后汉艺文志》著录其作"司马朗论"（《后汉艺文志》，第239页）
王奂	河内武德	河洛	字子昌，河内武德人。明《五经》，负笈追业，常赁灌园，耻交势利。为考城令，迁汉阳太守，征拜议郎，卒（《后汉书》卷八一《独行传》注引谢承《书》，第2689页）
卫飒	河内修武	河洛	字子产，河内修武人也。家贫好学问，随师无粮，常佣以自给（《后汉书》卷七六《循吏传·卫飒传》，第2458页） 按：《隋书·经籍志》著录其作"史要十卷"（《隋书》卷三五《经籍志》，第961页）。注曰："汉桂阳太守卫飒撰。约《史记》要言，以类相从。"
冯良	南阳	河洛	南阳冯良少作县吏，耻在厮役，因坏车杀马，毁裂衣冠。主挞之。从（《韩诗》家）杜抚学。妻子见车有死马，谓为盗贼所害（《东观汉记校注》卷一七《传十二·冯良》，第747页）
韩歆	南阳	河洛	（字翁君，南阳人，以从攻伐有功，封扶阳侯）建武二年（26年），光武征（范升）诣怀宫，拜议郎，迁博士。……时尚书令韩歆上疏，欲为《费氏易》《左氏春秋》立博士，诏下其议（《后汉书》卷三六《范升传》，第1227—1228页）
刘嘉	南阳	河洛	（字孝孙，光武族兄）少孤，性仁厚，南顿君养视如子，后与伯升俱学长安，习《尚书》《春秋》（《后汉书》卷一四《宗室四王三侯传》，第567页）

续表

姓名	籍贯	区域	学术简况
魏满	南阳	河洛	南阳魏满字叔牙，亦习《京氏易》，教授。永平中，至弘农太守（《后汉书》卷七九上《儒林传上·戴凭传》，第 2554 页）
尹勤	南阳	河洛	尹勤治《韩诗》，事薛汉。身牧豕，事亲至孝，无有交游，门生荆棘（《东观汉记校注》卷一六《传十一·尹勤》，第 724 页）
张机	南阳	河洛	按：字仲景，《后汉艺文志》著录其作有"伤寒卒病论十六卷"等（《后汉艺文志》，第 275 页）
赵康	南阳	河洛	时（南阳人朱穆）同郡赵康叔盛者，隐于武当山，清静不仕，以经传教授。穆时年五十，乃奉书称弟子（《后汉书》卷四三《朱晖传》，第 1463 页）
朱明叔	南阳	河洛	（杨充）受古学扶风马季长、吕叔公，南阳朱明叔，颍川白仲职，精究七经（《华阳国志》卷一〇下《先贤士女总赞·梓潼人士》，第 171 页）
许慈	南阳	河洛	字仁笃，南阳人也。师事刘熙，善郑氏学，治《易》《尚书》《三礼》《毛诗》《论语》。建安中，与许靖等俱自交州入蜀（《三国志》卷四二《蜀书·许慈传》，第 1022—1023 页）
刘弘	南阳安众	河洛	字禹孙①，年十五，治《欧阳尚书》，布衣徒行，讲诵孜孜（《东观汉记校注》卷七《传二·刘弘》，第 230 页）
宋京	南阳安众	河洛	（宋意之父京）以《大夏侯尚书》教授，至辽东太守（《后汉书》卷四一《宋均传》，第 1414 页）
宋均	南阳安众	河洛	字叔庠，南阳安众人也。父伯，建武初为五官中郎将。均以父任为郎，时年十五，好经书，每休沐日，辄受业博士，通《诗》《礼》，善论难（《后汉书》卷四一《宋均传》，第 1411 页）
宋意	南阳安众	河洛	（宋均族子）少传父（宋京）业，显宗时举孝廉，以召对合旨，擢拜阿阳侯相（《后汉书》卷四一《宋均传》，第 1411 页）

---

① 《两汉三国学案》称"刘弘字子高"，未知何据（参见清唐晏著，吴东民点校《两汉三国学案》，中华书局 1986 年版，第 142 页）。

续表

姓名	籍贯	区域	学术简况
宗资	南阳安众	河洛	字叔都,南阳安众人也。家代为汉将相名臣。祖父均,自有传。资少在京师,学《孟氏易》《欧阳尚书》。举孝廉,拜议郎,补御史中丞、汝南太守(《后汉书》卷六七《党锢传》序注引谢承《书》,第2186页)
刘苍	南阳蔡阳	河洛	(光武帝子之,封东平宪王)薨,诏告中傅,封上苍自建武以来章奏及所作书、记、赋、颂、七言、别字、歌诗,并集览焉(《后汉书》卷四二《光武十王传》,第1441页)
刘辅	南阳蔡阳	河洛	(光武帝之子,封沛献王)矜严有法度,好经书,善说《京氏易》《孝经》《论语》传及图谶,作《五经论》,时号之曰《沛王通论》(《后汉书》卷四二《光武十王传》,第1427页)
刘京	南阳蔡阳	河洛	(光武帝之子,封琅邪孝王)性恭孝,好经学,显宗尤爱幸,赏赐恩宠殊异,莫与为比。永平二年(59年),以太山之盖、南武阳、华,东莱之昌阳、卢乡、东牟六县益琅邪。五年,乃就国(《后汉书》卷四二《光武十王传》,第1451页) 按:《后汉艺文志》著录其作"颂德诗赋"(《后汉艺文志》,第302页)
刘珍	南阳蔡阳	河洛	字秋孙,一名宝,南阳蔡阳人也。少好学。永初中,为谒者仆射。邓太后诏使与校书刘騊駼、马融及《五经》博士,校定东观《五观》、诸子传记、百家艺术,整齐脱误,是正文字。永宁元年(120年),太后又诏珍与騊駼作建武已来名臣传,迁侍中、越骑校尉。延光四年(125年),拜宗正。明年,转卫尉,卒官。著诔、颂、连珠凡七篇。又撰《释名》三十篇,以辩万物之称号云(《后汉书》卷八〇上《文苑传上·刘珍传》,第2617页)
刘庄	南阳蔡阳	河洛	(即汉明帝)帝生而丰下,十岁能通《春秋》,光武奇之。建武十五年封东海公,十七年进爵为王,十九年立为皇太子。师事博士桓荣,学通《尚书》(《后汉书》卷二《明帝纪》,第95页) (明)帝自制《五家要说章句》,令(桓)郁校定于宣明殿(《后汉书》卷三七《桓荣传》,第1255页)。注引"《东观记》曰:上谓郁曰:'卿经及先师,致复文雅。'其冬,上亲于辟雍,自讲所制《五行章句》已复令郁说一篇。"

续表

姓名	籍贯	区域	学术简况
延笃	南阳犨	河洛	字叔坚，南阳犨人也。少从颍川唐溪典受《左氏传》，旬日能讽之，典深敬焉。又从马融受业，博通经传及百家之言，能著文章，有名京师（《后汉书》卷六四《延笃传》，第 2103 页） 论解经传，多所驳正，后儒服虔等以为折中。所著诗、论、铭、书、应讯、表、教令，凡二十篇云（《后汉书》卷六四《延笃传》，第 2108 页）
尹敏	南阳堵阳	河洛	字幼季，南阳堵阳人也。少为诸生。初习《欧阳尚书》，后受《古文》，兼善《毛诗》《穀梁》《左氏春秋》。建武二年（26年），上疏陈《洪范》消灾之术。……帝以敏博通经记，令校图谶，使蠲去崔发所为王莽著录次比（《后汉书》卷七九上《儒林传上·尹敏传》，第 2558 页）
贾复	南阳冠军	河洛	字君文，南阳冠军人也。少好学，习《尚书》。事舞阴李生，李生奇之。……知（光武）帝欲偃干戈，修文德，不欲功臣拥众京师，乃与高密侯邓禹并剽甲兵，敦儒学（《后汉书》卷一七《贾复传》，第 664、667 页）。注引"《东观记》曰：'复阖门养威重，授《易经》，起大义。'"
樊安	南阳湖阳	河洛	字子仲，南阳湖阳人也。……治《韩诗》《论语》《孝经》，兼通记传古今异义，甘贫乐约，意不回贰（《隶释》卷六《中常侍樊安碑》，《隶释　隶续》，第 78 页）
樊瑞	南阳湖阳	河洛	（樊宏族之曾孙樊准之父）瑞，好黄老言，清静少欲（《后汉书》卷三二《樊宏传》，第 1125 页）
樊鯈	南阳湖阳	河洛	字长鱼，谨约有父（樊宏）风。事后母至孝，及母卒，哀思过礼，毁病不自支，世祖常遣中黄门朝暮送饘粥。服阕，就侍中丁恭受《公羊严氏春秋》（《后汉书》卷三二《樊宏传》，第 1122 页） 初，鯈删定《公羊严氏春秋》章句，世号"樊侯学"，教授门徒前后三千余人（《后汉书》卷三二《樊宏传》，第 1125 页）
樊英	南阳鲁阳	河洛	字季齐，南阳鲁阳人也。少受业三辅，习《京氏易》，兼明《五经》。又善风角、星算，《河》《洛》七纬，推步灾异。隐于壶山之阳，受业者四方而至。州郡前后礼请，不应；公卿举贤良方正、有道，皆不行（《后汉书》卷八二上《方术传上·樊英传》，第 2721 页） 初，英著《易章句》，世名樊氏学，以图纬教授。颍川陈寔少从英学（《后汉书》卷八二上《方术传上·樊英传》，第 2724 页）

续表

姓名	籍贯	区域	学术简况
郭丹	南阳穰	河洛	字少卿,南阳穰县人也。……从师长安,买符入函谷关,乃慨然叹曰:"丹不乘使者车,终不出关。"既至京师,常为都讲,诸儒咸敬重之。……更始败(《后汉书》卷二七《郭丹传》,第940页)
孔乔	南阳宛	河洛	字子松,宛人也,学《古文尚书》《春秋左氏传》。常幽居修志,锐意典籍,至乃历年身不出门,乡里莫得瞻见。公车征不行,卒于家(《后汉书》卷八二上《方术传上·樊英传》注引谢承《书》,第2722页)
任隗	南阳宛	河洛	(南阳宛人任光之子)字仲和,少好黄老,清静寡欲,所得奉秩,常以赈恤宗族,收养孤寡(《后汉书》卷二一《任光传》,第753页)
任延	南阳宛	河洛	字长孙,南阳宛人也。年十二,为诸生,学于长安,明《诗》《易》《春秋》,显名太学,学中号为"任圣童"。值仓卒,避兵之陇西(《后汉书》卷七六《循吏传·任延传》,第2460页)
张堪	南阳宛	河洛	字君游,年六岁,受业长安,治《梁丘易》,才美而高,京师号曰"圣童"(《东观汉记校注》卷一四《传九》,第586页)
朱穆	南阳宛	河洛	少有英才,学明《五经》。性矜严疾恶,不交非类(《后汉书》卷四三《朱晖传》引谢承《书》,第1462页) 按:《隋书·经籍志》著录其作"益州刺史朱穆集二卷,录一卷"(《隋书》卷三五《经籍志》,第1058页)
李生	南阳舞阴	河洛	(贾复)少好学,习《尚书》。事舞阴李生,李生奇之(《后汉书》卷一七《贾复传》,第664页)
张衡	南阳西鄂	河洛	字平子,南阳西鄂人也。世为著姓。祖父堪,蜀郡太守。衡少善属文,游于三辅,因入京师,观太学,遂通五经,贯六艺。……善机巧,尤致思于天文、阴阳、历算。常耽好《玄经》(《后汉书》卷五九《张衡传》,第1897页) 著《周官训诂》,崔瑗以为不能有异于诸儒也。又欲继孔子《易》说《彖》《象》残缺者,竟不能就。所著诗、赋、铭、七言、《灵宪》《应间》《七辩》《巡诰》《悬图》凡三十二篇(《后汉书》卷五九《张衡传》,第1939—1940页)
何颙	南阳襄乡	河洛	字伯求,南阳襄乡人也。少游学洛阳。颙虽后进,而郭林宗、贾伟节等与之相好,显名太学(《后汉书》卷六七《党锢传·何颙传》,第2217页)

续表

姓名	籍贯	区域	学术简况
邓×	南阳新野	河洛	（邓训之子）闻妻耿氏有节操，痛邓氏诛废，子忠早卒，乃养河南尹豹之嗣为闳后。耿氏教之书学，遂以通博称。永寿中，与伏无忌、延笃著书东观，官至屯骑校尉（《后汉书》卷一六《邓禹传》，第618页）
邓甫德	南阳新野	河洛	（邓弘之子）甫德更召征为开封令。学传父业。丧母，遂不仕（《后汉书》卷一六《邓禹传》，第618页）
邓弘	南阳新野	河洛	（邓禹之孙）弘少治《欧阳尚书》，授帝禁中，诸儒多归附之（《后汉书》卷一六《邓禹传》，第615页）
邓禹	南阳新野	河洛	字仲华，南阳新野人也。年十三，能诵《诗》，受业长安（《后汉书》卷一六《邓禹传》，第599页）
樊晔	南阳新野	河洛	（字仲华）政严猛，好申韩法（《后汉书》卷七七《酷吏传》，第2491页）
来歙	南阳新野	河洛	字君叔，南阳新野人也。父仲。歙有大志慷慨，治《春秋左氏》（《东观汉记校注》卷九《传四·来歙》，第287页）
阴长生	南阳新野	河洛	《神仙传》：阴长生者，新野人也，汉皇后之亲属。……著书九篇（《后汉艺文志》引，第379页）
邓绥	南阳新野	河洛	（和熹邓皇后，太傅邓禹之孙）六岁能《史书》，十二通《诗》《论语》。诸兄每读经传，辄下意难问。志在典籍，不问居家之事（《后汉书》卷一〇上《皇后纪上》，第418页）
高凤	南阳叶	河洛	字文通，南阳叶人也。少为书生，家以农亩为业，而专精诵读，昼夜不息。妻尝之田，曝麦于庭，令凤护鸡。时天暴雨，而凤持竿诵经，不觉潦水流麦。妻还怪问，凤方悟之。其后遂为名儒，乃教授于西唐山中（《后汉书》卷八三《逸民传》，第2769页）
洼丹	南阳育阳	河洛	字子玉，南阳育阳人也。世传《孟氏易》。王莽时，常避世教授，专志不仕，徒众数百人。建武初，为博士，稍迁，十一年，为大鸿胪。作《易通论》七篇，世号《洼君通》。丹学义研深，《易》家宗之，称为大儒（《后汉书》卷七九上《儒林传上·洼丹传》，第2551页）

续表

姓名	籍贯	区域	学术简况
卓茂	南阳宛	河洛	字子康，南阳宛人也。父祖皆至郡守。茂，元帝时学于长安，事博士江生，习《诗》《礼》及历算，究极师法，称为通儒。……建武四年（28年），薨（《后汉书》卷二五《卓茂传》，第869页）
宋忠	南阳章陵	河洛	按：《隋书·经籍志》著录其作"梁有汉荆州五业从事宋忠注周易十卷"（《隋书》卷三二《经籍志》，第909页）
谢该	南阳章陵	河洛	字文仪，南阳章陵人也。善明《春秋左氏》，为世名儒，门徒数百千人。建安中，河东人乐详条《左氏》疑滞数十事以问，该皆为通解之，名为《谢氏释》，行于世（《后汉书》卷七九下《儒林传下·谢该传》，第2584页）
彭汪	汝南	河洛	汝南彭汪（字仲博）记先师奇说旧注（《经典释文序录疏证 附经籍旧音二种》，第108页） 按：《后汉艺文志》著录其作"春秋左氏传记"（《后汉艺文志》，第63页）
唐羌	汝南	河洛	字伯游，辟公府，补临武长。……著《唐子》三十余篇（《后汉书》卷四《和帝纪》注引谢承《书》，第194—195页）
应场	汝南	河洛	（字德达）文帝为五官将，及平原侯植皆好文学。（王）粲与北海徐幹字伟长、广陵陈琳字孔璋、陈留阮瑀字元瑜、汝南应场字德琏、东平刘桢字公幹并见友善（《三国志》卷二一《魏书·王粲传》，第599页） 按：《后汉艺文志》著录其作"弈势一篇"（《后汉艺文志》，第294页）
周磐	汝南安成	河洛	字坚伯，汝南安成人，征士燮之宗也。祖父业，建武初为天水太守。磐少游京师，学《古文尚书》《洪范五行》《左氏传》，好礼有行，非典谟不言，诸儒宗之。居贫养母，俭薄不充。尝诵《诗》至《汝坟》之卒章，慨然而叹，乃解韦带，就孝廉之举。和帝初，拜谒者，除任城长，迁阳夏、重合令，频历三城，皆有惠政。后思母，弃官还乡里。及母殁，哀至几于毁灭，服终，遂庐于冢侧。教授门徒常千人（《后汉书》卷三九《周磐传》，第1310—1311页）
周燮	汝南安城	河洛	字彦祖，汝南安城人，决曹掾燕之后也。……十岁就学，能通《诗》《论》；及长，专精《礼》《易》。不读非圣之书，不修贺问之好（《后汉书》卷五三《周燮传》，第1741—1742页）

续表

姓名	籍贯	区域	学术简况
蔡玄	汝南南顿	河洛	字叔陵，汝南南顿人也。学通《五经》，门徒常千人，其著录者万六千人。征辟并不就（《后汉书》卷七九下《儒林传下·蔡玄传》，第2588页）
程秉	汝南南顿	河洛	字德枢，汝南南顿人也。逮事郑玄，后避乱交州，与刘熙考论大义，遂博通五经（《三国志》卷五三《吴书·程秉传》，第1248页） 少明《周易》《诗》《书》。逮事郑玄，深得其奥。后避乱交州，与刘熙考论大义，遂博通《五经》。士燮命为长史。孙权闻其名儒，以礼征辟，拜太子太傅，后卒于官。所著《周易摘》《尚书驳》《论语弼》，凡二万言（《粤大记》卷一三《宦迹类·词客珠华》，第356页）
应奉	汝南南顿	河洛	少聪明，自为童儿及长，凡所经履，莫不暗记。读书五行并下。……著《汉书后序》，多所述载（《后汉书》卷四八《应奉传》，第1607页）。注引袁山松《书》曰："奉又删《史记》《汉书》及《汉记》三百六十余年，自汉兴至其时，凡十七卷，名曰《汉事》。" 及党事起，奉乃慨然以疾自退。追愍屈原，因以自伤，著《感骚》三十篇，数万言（《后汉书》卷四八《应奉传》，第1609页）
应劭	汝南南顿	河洛	（应奉之子）字仲远。少笃学，博览多闻（《后汉书》卷四八《应奉传》，第1609页） 劭凡为驳议三十篇，皆此类也。又删定律令为《汉仪》，建安元年乃奏之（《后汉书》卷四八《应奉传》，第1612页） 缀集所闻，著《汉官礼仪故事》，凡朝廷制度，百官典式，多劭所立。初，父奉为司隶时，并下诸官府郡国，各上前人像赞，劭乃连缀其名，录为《状人纪》。又论当时行事，著《中汉辑序》。撰《风俗通》，以辩物类名号，释时俗嫌疑。文虽不典，后世服其洽闻。凡所著述百三十六篇。又集解《汉书》，皆传于时（《后汉书》卷四八《应奉传》，第1614页）
戴凭	汝南平舆	河洛	字次仲，汝南平舆人也。习《京氏易》。年十六，郡举明经，征试博士，拜郎中。……正旦朝贺，百僚毕会，帝令群臣能说经者更相难诘，义有不通，辄夺其席以益通者，凭遂重坐五十余席。故京师为之语曰："解经不穷戴侍中。"（《后汉书》卷七九上《儒林传上·戴凭传》，第2553页）

第八章　汉代学术人物简况表　353

续表

姓名	籍贯	区域	学术简况
廖扶	汝南平舆	河洛	字文起，汝南平舆人也。习《韩诗》《欧阳尚书》，教授常数百人。……专精经典，尤明天文、谶纬，风角、推步之术（《后汉书》卷八二上《方术传上·廖扶传》，第2719页）
许峻	汝南平舆	河洛	（许曼）祖父峻，字季山，善卜占之术，多有显验，时人方之前世京房。自云少尝笃病，三年不愈，乃谒太山请命，行遇道士张巨君，授以方术。所著《易林》，至今行于世（《后汉书》卷八二下《方术传下·许曼传》，第2731页）
许曼	汝南平舆	河洛	（许）曼少传峻学（《后汉书》卷八二下《方术传下·许曼传》，第2731页）
许劭	汝南平舆	河洛	字子将，汝南平舆人也。少峻名节，好人伦，多所赏识。若樊子昭、和阳士者，并显名于世（《后汉书》卷六八《许劭传》，第2234页） 按：《后汉艺文志》著录其作"月旦评"（《后汉书艺文志》，第244页）
李巡	汝南汝阳	河洛	按：《后汉艺文志》著录其作"尔雅注三卷"（《后汉艺文志》，第95页）
袁安	汝南汝阳	河洛	（字邵公）少传（袁）良学（《后汉书》卷四五《袁安传》，第1517页）
袁敞	汝南汝阳	河洛	（袁安之子）字叔平，少传《易经》教授，以父任为太子舍人（《后汉书》卷四五《袁安传》，第1524页）
袁京	汝南汝阳	河洛	（袁安之子）字仲誉。习《孟氏易》，作《难记》三十万言。初拜郎中，稍迁侍中，出为蜀郡太守（《后汉书》卷四五《袁安传》，第1522页）
袁良	汝南汝阳	河洛	（袁安之祖）习《孟氏易》，平帝时举明经，为太子舍人；建武初，至成武令（《后汉书》卷四五《袁安传》，第1517页）
袁彭	汝南汝阳	河洛	（袁安之孙）字伯楚。少传父（袁京）业，历广汉、南阳太守（《后汉书》卷四五《袁安传》，第1522页）
袁汤	汝南汝阳	河洛	（袁安之孙，袁彭之弟）字仲河，少传家学，诸儒称其节，多历显位（《后汉书》卷四五《袁安传》，第1517页）

续表

姓名	籍贯	区域	学术简况
钟兴	汝南汝阳	河洛	字次文，汝南汝阳人也。少从少府丁恭受《严氏春秋》。恭荐兴学行高明，光武召见，问以经义，应对甚明。帝善之，拜郎中，稍迁左中郎将。诏令定《春秋》章句，去其复重，以授皇太子（《后汉书》卷七九下《儒林传下·钟兴传》，第2579页）
周防	汝南汝阳	河洛	字伟公，汝南汝阳人也。父扬，少孤微，常修逆旅，以供过客，而不受其报。年十六，仕郡小吏。世祖巡狩汝南，召掾史试经，防尤能诵读，拜为守丞。防以未冠，谒去。师事徐州刺史盖豫，受《古文尚书》。经明，举孝廉，拜郎中。撰《尚书杂记》三十二篇，四十万言（《后汉书》卷七九上《儒林传上·周防传》，第2559—2560页）
周举	汝南汝阳	河洛	字宣光，汝南汝阳人，陈留太守防之子。防在《儒林传》。举姿貌短陋，而博学洽闻，为儒者所宗，故京师为之语曰："《五经》从横周宣光。"（《后汉书》卷六一《周举传》，第2023页）
郭宪	汝南宋	河洛	（周斐《汝南先贤传》云）郭宪，字子横。学贯秘奥，师事东海王仲子（王良）。王莽为大司马，权贵倾朝。莽召仲子，欲令为儿讲（《汉魏六朝杂传集》，第725页）光武即位，求天下有道之人，乃征宪拜博士（《后汉书》卷八二上《方术传上·郭宪传》，第2709页）
李咸	汝南西平	河洛	字元卓，汝南西平人。孤特自立。家贫母老，常躬耕稼以奉养。学《鲁诗》《春秋公羊传》《三礼》。三府并辟（《后汉书》卷四四《胡广传》注引谢承《书》，第1511页）
郅恽	汝南西平	河洛	字君章，汝南西平人也。年十二失母，居丧过礼。及长，理《韩诗》《严氏春秋》明天文历数（《后汉书》卷二九《郅恽传》，第1023页）客居江夏教授，郡举孝廉，为上东城门侯。……后坐事左转芒长，又免归，避地教授，著书八篇（《后汉书》卷二九《郅恽传》，第1031—1032页）
张充	汝南细阳	河洛	（汝南细阳人张酺）少从祖父充受《尚书》，能传其业（《后汉书》卷四五《张酺传》，第1528页）。注引"《东观记》曰：'充与光武同门学，光武即位，求问充，充已死。'"

续表

姓名	籍贯	区域	学术简况
张酺	汝南细阳	河洛	字孟侯，汝南细阳人，赵王张敖之后也。敖子寿，封细阳之池阳乡，后废，因家焉。酺少从祖父充受《尚书》，能传其业。又事太常桓荣，勤力不息，聚徒数百（《后汉书》卷四五《张酺传》，第1528页）
蔡衍	汝南项	河洛	字孟喜，汝南项人也。少明经讲授，以礼让化乡里（《后汉书》卷六七《党锢传·蔡衍传》，第2208页）
高获	汝南新息	河洛	字敬公，汝南新息人也。为人尼首方面。少游学京师，与光武有旧。师事司徒欧阳歙（《后汉书》卷八二上《方术传上·高获传》，第2711页）
许慎	汝南召陵	河洛	字叔重，汝南召陵人也。性淳笃，少博学经籍，马融常推敬之，时人为之语曰："《五经》无双许叔重。"……初，慎以《五经》传说臧否不同，于是撰为《五经异义》，又作《说文解字》十四篇，皆传于世（《后汉书》卷七九下《儒林传下·许慎传》，第2588页）
綦册君	颍川	河洛	陈留阮士信受《礼》学于颍川綦毋君①，取其说为图三卷（《宋史》卷四三一《儒林传》，第12795页）
白仲职	颍川	河洛	（杨充）受古学扶风马季长、吕叔公，南阳朱明叔，颍川白仲职，精究七经（《华阳国志》卷一〇下《先贤士女总赞·梓潼人士》，第171页）
繁钦	颍川	河洛	字休伯，以文才机辩，少得名于汝、颍。钦既长于书记，又善为诗赋（《三国志》卷二一《王粲传》注引《典略》，第603页） 按：《隋书·经籍志》著录其作"后汉丞相主簿繁钦集十卷（《隋书》卷三五《经籍志》，第1058页）
邯郸淳	颍川	河洛	一名竺，字子叔。博学有才章，又善《苍》、《雅》、虫、篆、许氏字指。初平时，从三辅客荆州。……及黄初初，以淳为博士给事中（《三国志》卷二一《魏书·王粲传》注引《魏略》，第603页） 按：《隋书·经籍志》著录其作"笑林三卷"（《隋书》卷三四《经籍志》，第1011页）。注曰："后汉给事中邯郸淳撰。"

① 校勘记云："綦册君，《玉海》卷三九《建隆三礼图条》引《会要》作'綦毋君'，《四库全书总目提要》卷二二《三礼图集注条》作'綦母君'。按'綦毋'、'綦母'同，郑樵《通志·氏族略》复姓有'綦毋'，疑此有误。"（参见《宋史》卷四三一《儒林传》，第12825页）

续表

姓名	籍贯	区域	学术简况
韩融	颍川	河洛	字符长，颍川人。博学不为章句，皆究通其义，屡征聘，皆不起。晚乃拜大鸿胪、太仆卿（《后汉纪校注》卷二五《灵帝纪》，第710页）
李修	颍川	河洛	（樊儵删定《公羊严氏春秋》章句，世号"樊侯学"）弟子颍川李修、九江夏勤，皆为三公（《后汉书》卷三二《樊宏传》，第1125页）
刘子奇	颍川	河洛	（士燮）少游学京师，事颍川刘子奇，治《左氏春秋》（《三国志》卷四九《吴书·士燮传》，第1191页）
唐溪典	颍川	河洛	（延笃）少从颍川唐溪典受《左氏传》，旬日能讽之，典深敬焉（《后汉书》卷六四《延笃传》，第2103页）。注引《先贤行状》曰："典字季度，为西鄂长。"
荀季卿	颍川	河洛	（会稽余姚人董昆）少游学，师事颍川荀季卿。……县长潘松署功曹史。刺史卢孟行部，垂念冤结，松以孟明察于法令，转署昆为狱史。孟到，昆断正刑法，甚得其平。孟问昆："本学律令，所师为谁？"昆对："事荀季卿。"孟曰："史与刺史同师。"（《汉魏六朝杂传集》，第1966页）
丁鸿	颍川定陵	河洛	（字孝公）年十三，从桓荣受《欧阳尚书》。三年而明章句，善论难，为都讲，遂笃志精锐，布衣荷担，不远千里。……肃宗诏鸿与广平王羡及诸儒楼望、成封、桓郁、贾逵等，论定《五经》同异于北宫白虎观，使五官中郎将魏应主承制问难，侍中淳于恭奏上，帝亲称制临决。鸿以才高，论难最明，诸儒称之，帝数嗟美焉。时人叹曰："殿中无双丁孝公。"数受赏赐，擢徙校书，遂代成封为少府。门下由是益盛，远方至者数千人（《后汉书》卷三七《丁鸿传》，第1263—1264页）
冯异	颍川父城	河洛	字公孙，颍川父城人也。好读书，通《左氏春秋》《孙子兵法》（《后汉书》卷一七《冯异传》，第639页）
李膺	颍川襄城	河洛	（字元礼）以公事免官，还居纶氏，教授常千人（《后汉书》卷六七《党锢传·李膺传》，第2191页）
陈纪	颍川许	河洛	（颍川许人陈寔之子）字元方，亦以至德称。兄弟孝养，闺门雍和，后进之士皆推慕其风。及遭党锢，发愤著书数万言，号曰《陈子》（《后汉书》卷六二《陈寔传》，第2067页）

续表

姓名	籍贯	区域	学术简况
陈寔	颍川许	河洛	字仲弓，颍川许人也。出于单微。自为儿童，虽在戏弄，为等类所归。少作县吏，常给事厮役，后为都亭佐。而有志好学，坐立诵读。县令邓邵试与语，奇之，听受业太学（《后汉书》卷六二《陈寔传》，第2065页） 按：《后汉艺文志》著录其作"异闻记"（《后汉艺文志》，第245页）
张魴	颍川傿陵	河洛	（颍川傿陵人张兴之子）传兴业，位至张掖属国都尉（《后汉书》卷七九上《儒林传上·张兴传》，第2553页）
张兴	颍川傿陵	河洛	字君上，颍川鄢陵人也。习《梁丘易》以教授。建武中，举孝廉为郎，谢病去，复归聚徒。后辟司徒冯勤府，勤举为教廉，稍迁博士。永平初，迁侍中祭酒。十年，拜太子少傅。显宗数访问经术。既而声称著闻，弟子自远至者，著录且万人，为梁丘家宗（《后汉书》卷七九上《儒林传上·张兴传》，第2553页）
唐扶	颍川鄢	河洛	字正南，颍川鄢人也。……少有歧嶷，耽道好古，敦《书》咏《诗》，综纬《河》《洛》，底究群典（《全后汉文》卷一百四《汉成阳令唐扶颂》，第1051页）
郭躬	颍川阳翟	河洛	字仲孙，颍川阳翟人也。家世衣冠。……少传父（郭弘）业，讲授徒众常数百人（《后汉书》卷四六《郭躬传》，第1543页）
郭弘	颍川阳翟	河洛	（郭躬之父）习《小杜律》。太守寇恂以弘为决曹掾，断狱至三十年，用法平。诸为弘所决者，退无怨情，郡内比之东海于公（《后汉书》卷四六《郭躬传》，第1543页）
刘陶	颍川颍阴	河洛	（字子奇，一名伟，颍川颍阴人，济北贞王勃之后）明《尚书》《春秋》，为之训诂。推三家《尚书》及古文，是正文字七百余事，名曰《中文尚书》。……著书数十万言，又作《七曜论》《匡老子》《反韩非》《复孟轲》，及上书言当世便事、条教、赋、奏、书、记、辩疑，凡百余篇（《后汉书》卷五七《刘陶传》，第1849—1851页）
荀爽	颍川颍阴	河洛	（字慈明，一名谞。幼而好学，年十二，能通《春秋》《论语》）遭党锢，隐于海上，又南遁汉滨，积十余年，以著述为事，遂称为硕儒。……著《礼》《易传》《诗传》《尚书正经》《春秋条例》，又集汉事成败可为鉴戒者，谓之《汉语》。又作《公羊问》及《辩谶》，并它所论叙，题为《新书》。凡百余篇，今多所亡缺（《后汉书》卷六二《荀爽传》，第2056—2057页）

续表

姓名	籍贯	区域	学术简况
荀悦	颍川颍阴	河洛	字仲豫，俭之子也。俭早卒。悦年十二，能说《春秋》。家贫无书，每之人间，所见篇牍，一览多能诵记。性沉静，美姿容，尤好著述（《后汉书》卷六二《荀爽传》，第 2058 页） 时政移曹氏，天子恭己而已。悦志在献替，而谋无所用，乃作《申鉴》五篇。……帝好典籍，常以班固《汉书》文繁难省，乃令悦依《左氏传》体以为《汉纪》三十篇，诏尚书给笔札。……又著《崇德》《正论》及诸论数十篇（《后汉书》卷六二《荀爽传》，第 2062—2063 页）
杜密	颍川长社	河洛	字周甫，颍川阳城人也。为人沈质，少有厉俗志（《后汉书》卷六七《党锢传·杜密》，第 2197 页） （周斐《汝南先贤传》云）郭亮幼童之年，则有尚义之心。年十四，始欲出学，闻颍川杜周甫精赜于长社，亮造门而师学焉。朝受其业，夕已精讲，动声则宫商清畅，推义则寻理释结，周甫奇而伟之（《汉魏六朝杂传集》，第 749 页）
钟皓	颍川长社	河洛	字季明，颍川长社人也。为郡著姓，世善刑律。皓少以笃行称，公府连辟，为二兄未仕，避隐密山，以诗律教授门徒千余人（《后汉书》卷六二《荀爽传》，第 2064 页）
樊准	南阳湖阳	河洛	（字幼陵）少励志行，修儒术。（《后汉书》卷三二《樊宏传》，第 1125 页） （安帝时）樊准拜尚书令，沈深博雅，明习汉家故事。周密畏慎（《东观汉记校注》卷一二《传七·樊准》，第 465 页）
刘德昇	颍川	河洛	按：《姚振宗〈后汉艺文志〉订补》著录其作"行书""璎珞篆"（李秋丹：《姚振宗〈后汉艺文志〉订补》，第 108 页）
刘根	颍川	河洛	隐居嵩山中。诸好事者自远而至，就根学道（《后汉书》卷八二下《方术传下·刘根传》，第 2746 页）
司马徽	颍川阳翟	河洛	字德操，颍川阳翟人。有人伦鉴识，居荆州（《世说新语校笺》卷上《言语第九》引《司马徽别传》，第 36 页） （梓潼涪人君默）少与李仁俱受学司马徽、宋忠等，博通五经（《华阳国志》卷一〇下《先贤士女总赞·梓潼人士》，第 173 页）
刘常	桂阳	荆楚	（汝南袁著）学生桂阳刘常，当世名儒，素善于著，（梁）冀召补令史以辱之（《后汉书》卷三四《梁统传》，第 1184 页）

第八章 汉代学术人物简况表 359

续表

姓名	籍贯	区域	学术简况
胡绍	桂阳耒阳	荆楚	(张方《楚国先贤传》云)耒阳胡绍，字伯蕃。年十八，为郡门下幹，迎太守许荆，荆……令其从学，学八年，遂为九真、零陵二郡太守(《汉魏六朝杂传集》，第1776页)
任棠	汉阳	荆楚	(庞)参为汉阳太守。郡人任棠者，有奇节，隐居教授(《后汉书》卷五一《庞参传》，第1689页)
姜岐	汉阳上邽	荆楚	(字子平)少失父，独以母兄居。治《书》《易》《春秋》……其母死，丧礼毕，尽让平水田与兄岑，遂隐居。以畜蜂豕为事，教授者满于天下，营业者三百余人(《三辅决录》卷一，《三辅决录 三辅故事 三辅旧事》，第17—18页)
赵壹	汉阳西县	荆楚	字元叔，汉阳西县人也。体貌魁梧，身长九尺，美须豪眉，望之甚伟。而恃才倨傲，为乡党所摈，乃作《解摈》。……又作《刺世疾邪赋》，以舒其怨愤(《后汉书》卷八〇下《文苑传下·赵壹传》，第2628—2630页) 著赋、颂、箴、诔、书、论及杂文十六篇(《后汉书》卷八〇下《文苑传下·赵壹传》，第2635页)
陈术	汉中	荆楚	汉中陈术，字申伯，亦博学多闻，著《释问》七篇、《益部耆旧传》及《志》，位历三郡太守(《三国志》卷四二《蜀书·李譔传》附，第1027页)
樊志张	汉中南郑	荆楚	樊志张者，汉中南郑人也。博学多通，隐身不仕(《后汉书》卷八二下《方术传下·樊志张传》，第2732页) 聘士卫衡，字伯梁。南郑人。樊志张弟子也(《华阳国志》卷一二《〔益梁〕宁三州先汉以来士女目录》，第217页)
李法	汉中南郑	荆楚	字伯度，汉中南郑人也。博通群书，性刚而有节。和帝永元九年(97年)，应贤良方正对策，除博士，迁侍中、光禄大夫(《后汉书》卷四八《李法传》，第1601页)
李固	汉中南郑	荆楚	(字子坚)少好学，常步行寻师，不远千里。遂究览坟籍，结交英贤。四方有志之士，多慕其风而来学(《后汉书》卷六三《李固传》，第2073页)。注引谢承《书》曰："固改易姓名，杖策驱驴，负笈追师三辅，学《五经》，积十余年。博览古今，明于风角、星算、《河图》、谶纬，仰察俯占，穷神知变。每到太学，密入公府，定省父母，不令同业诸生知是郃子。" 固所著章、表、奏、议、教令、对策、记、铭凡十一篇。弟子赵承等悲叹不已，乃共论固言迹，以为《德行》一篇(《后汉书》卷六三《李固传》，第2089页) (《李固别传》云)固隐于狼泽山，以六经教授，汉中太守遣五官遂就举孝廉，不就(《汉魏六朝杂传集》，第159页) 按：《隋书·经籍志》著录其作"后汉司空李固集十二卷"(《隋书》卷三五《经籍志》，第1057页)。注曰："梁十卷。"

续表

姓名	籍贯	区域	学术简况
李颉	汉中南郑	荆楚	(李固之祖)以儒学称,官至博士(《后汉书》卷八二上《方术传上·李郃传》,第2717页)
李郃	汉中南郑	荆楚	(李固之父,字孟节)袭父业,游太学,通《五经》。善《河》《洛》风星,外质朴,人莫之识(《后汉书》卷八二上《方术传上·李郃传》,第2717页)
祝龟	汉中南郑	荆楚	字元灵,南郑人也。年十五,远学汝、颍及太学,博通荡达,能属文。……撰《汉中耆旧传》。以著述终(《华阳国志》卷一〇下《先贤士女总赞·汉中士女》,第166页)
黄香	江夏安陆	荆楚	(字文强)博学经典,究精道术,能文章。……所著赋、笺、奏、书、令凡五篇(《后汉书》卷八〇上《文苑传上·黄香传》,第2614—2615页)
黄琼	江夏安陆	荆楚	(黄香之子,字世英。桓荣)弟子传业者数百人,黄琼、杨赐最为显贵(《后汉书》卷三七《桓荣传》,第1257页)
刘焉	江夏竟陵	荆楚	字君郎,江夏竟陵人也,鲁恭王后也。肃宗时,徙竟陵。焉少任州郡,以宗室拜郎中。去官居阳城山,精学教授(《后汉书》卷七五《刘焉传》,第2431页)
周不疑	零陵	荆楚	字元直,零陵人。《先贤传》称不疑幼有异才,聪明敏达,……挚虞《文章志》曰:不疑死时年十七,著《文论》四首(《三国志》卷六《魏书·刘表传》注,第216页) 按:《后汉艺文志》著录其作"处士周不疑集四篇"(《后汉艺文志》,第341页)
胡广	南郡华容	荆楚	(字伯始)有雅才,学究《五经》,古今术艺皆毕览之(《后汉书》卷四四《胡广传》注引谢承《书》,第1505页) 初,杨雄依《虞箴》作《十二州二十五官箴》,其九箴亡阙,后涿郡崔骃及子瑗又临邑侯刘騊駼增补十六篇,广复继作四篇,文甚典美。乃悉撰次首目,为之解释,名曰《百官箴》,凡四十八篇。其余所著诗、赋、铭、颂、箴、吊及诸解诂,凡二十二篇(《后汉书》卷四四《胡广传》,第1511页)
胡硕	南郡华容	荆楚	(字季睿)总角入学,治《孟氏易》《欧阳尚书》《韩诗》,博综古文,周览篇籍(《全后汉文》卷七五《陈留太守胡硕碑》,第763页)

续表

姓名	籍贯	区域	学术简况
王延寿	南郡宜城	荆楚	（王逸）子延寿，字文考，有俊才。少游鲁国，作《灵光殿赋》。后蔡邕亦造此赋，未成，及见延寿所为，甚奇之，遂辍翰而已。曾有异梦，意恶之，乃作《梦赋》以自厉（《后汉书》卷八〇上《文苑传上·王逸传》，第2618页） 按：《隋书·经籍志》著录其作"王延寿集三卷"（《隋书》卷三五《经籍志》，第1058页）
王逸	南郡宜城	荆楚	字叔师，南郡宜城人也。元初中，举上计吏，为校书郎。顺帝时，为侍中。著《楚辞章句》行于世。其赋、诔、书、论及杂文凡二十一篇。又作《汉诗》百二十三篇（《后汉书》卷八〇上《文苑传上·王逸传》，第2618页）
张汉植	陈国	梁宋	陈国张汉植，到南阳从京兆尹延叔坚读《左氏传》（《风俗通义校注》卷九《怪神》，第409页）
虞诩	陈国武平	梁宋	字升卿，陈国武平人也。……年十二，能通《尚书》（《后汉书》卷五八《虞诩传》，第1865页）
颍容	陈国长平	梁宋	字子严，陈国长平人也。博学多通，善《春秋左氏》，师傅太尉杨赐。郡举孝廉，州辟，公车征，皆不就。初平中，避乱荆州，聚徒千余人。刘表以为武陵太守，不肯起。著《春秋左氏条例》五万余言，建安中卒（《后汉书》卷七九下《儒林传下·颍容传》，第2584页）
郃巡	陈郡	梁宋	陈郡郃巡学传（樊）英业，官至侍中（《后汉书》卷八二上《方术传上·樊英传》，第2724页）
袁涣	陈郡扶乐	梁宋	字曜卿，陈郡扶乐人也。父滂，为汉司徒。当时诸公子多越法度，而涣清静，举动必以礼。郡命为功曹，郡中奸吏皆自引去。后辟公府，举高第，迁侍御史。除谯令，不就（《三国志》卷一一《魏书·袁涣传》，第333页） 按：《后汉艺文志》著录其作"魏国郎中令行御使大夫袁涣集五卷 录一卷"（《后汉艺文志》，第344页）
薛汉	淮阳	梁宋	字公子，淮阳人也。世习《韩诗》，父子以章句著名。汉少传父业，尤善说灾异谶纬，教授常数百人。建武初，为博士，受诏校定图谶。当世言《诗》者，推汉为长（《后汉书》卷七九下《儒林传下·薛汉传》，第2573页）

续表

姓名	籍贯	区域	学术简况
曹曾	济阴	梁宋	济阴曹曾字伯山,从(欧阳)歙受《尚书》,门徒三千人,位至谏议大夫(《后汉书》卷七九上《儒林传上·曹曾传》,第2556页)
曹祉	济阴	梁宋	(曹曾)子祉,河南尹,传父业教授(《后汉书》卷七九上《儒林传上·曹曾传》,第2556页)
孙期	济阴成武	梁宋	字仲彧,济阴成武人也。少为诸生,习《京氏易》《古文尚书》。家贫,事母至孝,牧豕于大泽中,以奉养焉。远人从其学者,皆执经垄畔以追之,里落化其仁让(《后汉书》卷七九上《儒林传上·孙期传》,第2554页)
马江	济阴乘氏	梁宋	字元海者,济阴乘氏人……长有令称,通《韩诗》经,赞业圣典,左书右琴(《隶释》卷八《郎中马江碑》,《隶释 隶续》,第95页)
张驯	济阴定陶	梁宋	字子儁,济阴定陶人也。少游太学,能诵《春秋左氏传》。以《大夏侯尚书》教授。辟公府,举高第,拜议郎。与蔡邕共奏定《六经》文字(《后汉书》卷七九上《儒林传上·张驯传》,第2558页)
祝睦	济阴己氏	梁宋	(字元德)昔祖仕汤,汤治于梁,洮颛自朔,冢于济阴。君龀髫入学,修《韩诗》《严氏春秋》,七典并立,□综百家(《隶释》卷七《山阳太守祝睦后碑》,《隶释 隶续》,第83—84页)
夏恭	梁国蒙	梁宋	字敬公,梁国蒙人也。习《韩诗》《孟氏易》,讲授门徒常千余人。王莽末,盗贼从横,攻没郡县,恭以恩信为众所附,拥兵固守,独安全。……著赋、颂、诗、《励学》凡二十篇(《后汉书》卷八〇上《文苑传上·夏恭传》,第2610页)
夏牙	梁国蒙	梁宋	(夏恭之子)少习家业,著赋、颂、赞、诔凡四十篇(《后汉书》卷八〇上《文苑传上·夏恭传》,第2610页)
宗诚	梁国蒙	梁宋	(宗绀之孙,宗整之弟。熹平)四年(175年),绀孙诚上书言:"受绀法术,当复改,今年十二月当食,而官历以后年正月。"到期如言,拜诚为舍人。丙申,诏书听行诚法(《续汉书·律历志中》,《后汉书》,第3040—3041页) 按:《后汉艺文志》著录其作"月食术"(《后汉艺文志》,第259页)

续表

姓名	籍贯	区域	学术简况
宗绀	梁国蒙	梁宋	《太初历》推月食多失。《四分》因《太初》法，以河平癸巳为元，施行五年。永元元年（89年），天以七月后闰食，术以八月。其二年正月十二日，蒙公乘宗绀上书言："今月十六日月当食，而历以二月。"至期如绀言。太史令巡上绀有益官用，除待诏。甲辰，诏书以绀法署。施行五十六岁（《续汉书·律历志中》，《后汉书》，第3040页） 按：《后汉艺文志》著录其作"月食术"（《后汉艺文志》，第259页）
宗整	梁国蒙	梁宋	（宗绀之孙，宗诚之兄）熹平中，故治历郎梁国宗整上《九道术》，诏书下太史，以参旧术，相应（《续汉书·律历志中》，《后汉书》，第3030页） 按：《后汉艺文志》著录其作"九道术"（《后汉艺文志》，第259页）
葛龚	梁国宁陵	梁宋	字元甫，梁国宁陵人也。和帝时，以善文记知名。……著文、赋、碑、诔、书记凡十二篇（《后汉书》卷八〇上《文苑传上·葛龚传》，第2617—2618页） 按：《隋书·经籍志》著录其作"后汉黄门郎葛龚集六卷"（《隋书》卷三五《经籍志》，第1057页）。注曰："梁五卷，一本七卷。"
施延	沛	梁宋	字君子，蕲县人也。少为诸生，明于《五经》，星官风角，靡有不综（《后汉书》卷四六《陈宠传附子忠传》注引谢承《书》，第1558页）
丁仪	沛国	梁宋	（字正礼）自颍川邯郸淳、繁钦、陈留路粹、沛国丁仪、丁廙、弘农杨修、河内荀纬等，亦有文采，而不在此七人之例（《三国志》卷二一《魏书·王粲传》，第602页） 按：《后汉艺文志》著录其作"尚书丁仪集二卷 录一卷"（《后汉艺文志》，第351页）
丁廙	沛国	梁宋	（字敬礼）自颍川邯郸淳、繁钦、陈留路粹、沛国丁仪、丁廙、弘农杨修、河内荀纬等，亦有文采，而不在此七人之例（《三国志》卷二一《魏书·王粲传》，第602页） 按：《后汉艺文志》著录其作"黄门郎丁廙集二卷 录一卷"（《后汉艺文志》，第351页）
史岑	沛国	梁宋	王莽末，沛国史岑子孝亦以文章显，莽以为谒者，著颂、诔、《复神》《说疾》凡四篇（《后汉书》卷八〇上《文苑传上·王隆传》，第2610页）。注曰："岑，一字孝山，著《出师颂》。"

续表

姓名	籍贯	区域	学术简况
赵孝	沛国	梁宋	（邓太后临朝，儒学陵替，樊准上疏称：明帝）多征名儒，以充礼官，如沛国赵孝、琅邪承宫等，或安车结驷，告归乡里（《后汉书》卷三二《樊宏传》，第1125页）
张陵	沛国	梁宋	汉末，沛国张陵学道于蜀鹤鸣山，造作道书，自称"太清玄元"，以惑百姓（《华阳国志》卷二《汉中志》，第17页）按：《后汉艺文志》著录其作"张陵道书"（《后汉艺文志》，第378页）
华佗	沛国谯	梁宋	字元化，沛国谯人也，一名旉。游学徐土，兼通数经。晓养性之术（《后汉书》卷八二下《方术传下·华佗传》，第2736页）
桓谭	沛国相	梁宋	字君山，沛国相人也。父成帝时为太乐令。谭以父任为郎，因好音律，善鼓琴。博学多通，遍习《五经》，皆诂训大义，不为章句。能文章，尤好古学，数从刘歆、杨雄辩析疑异（《后汉书》卷二八上《桓谭传》第955页）初，谭著书言当世行事二十九篇，号曰《新论》，上书献之，世祖善焉。《琴道》一篇未成，肃宗使班固续成。所著赋、诔、书、奏，凡二十六篇（《后汉书》卷二八上《桓谭传》第961页）
陈宣	沛国萧	梁宋	陈宣子兴，沛国萧人也。刚猛性毅，博学，明《鲁诗》。遭王莽篡位，隐处不仕。光武即位，征拜谏议大夫（《续汉书·五行志三》注引谢承《书》，《后汉书》，第3307页）
陈宠	沛国洨	梁宋	（字昭公，沛国洨人）明习家业，少为州郡吏，辟司徒鲍昱府。……宠为（鲍）昱撰《辞讼比》七卷，决事科条，皆以事类相从（《后汉书》卷四六《陈宠传》，第1548—1549页）
陈忠	沛国洨	梁宋	（陈宠之子，字伯始）初，父宠在廷尉，上除汉法溢于《甫刑》者，未施行，及宠免后遂寝。而苛法稍繁，人不堪之。忠略依宠意，奏上二十三条，为《决事比》，以省请谳之敝（《后汉书》卷四六《陈宠传》，第1555—1556页）常侍江京、李闰等皆为列侯，共秉权任。帝又爱信阿母王圣，封为野王君。忠内怀惧懑而未敢陈谏，乃作《搢绅先生论》以讽，文多故不载（《后汉书》卷四六《陈宠传》，第1558页）

续表

姓名	籍贯	区域	学术简况
李昺	沛国鄴	梁宋	字子然，鄴人也，笃行好学，不羡荣禄。习《鲁诗》《京氏易》。室家相待如宾。州郡前后礼请不应。举茂才，除召陵令，不到官。公车征不行，卒（《后汉书》卷八二上《方术传上·樊英传》注引谢承《书》，第2722页）
徐防	沛国铚	梁宋	字谒卿，沛国铚人也。……少习父（徐宪）祖（徐宣）业，永平中，举孝廉，除为郎（《后汉书》卷四四《徐防传》，第1500页）
徐宪	沛国铚	梁宋	（徐防父）宪，亦传（徐）宣业（《后汉书》卷四四《徐防传》，第1500页）
徐宣	沛国铚	梁宋	（徐防之祖）为讲学大夫，以《易》教授王莽（《后汉书》卷四四《徐防传》，第1500页）
桓彬	沛郡龙亢	梁宋	（桓郁之曾孙，桓麟之子，字彦林）少与蔡邕齐名……所著《七说》及书凡三篇，蔡邕等共论序其志，金以为彬有过人者四：凤智早成，岐嶷也；学优文丽，至通也；仕不苟禄，绝高也；辞隆从窊，洁操也。乃共树碑而颂焉（《后汉书》卷三七《桓荣传》，第1261页）
桓典	沛郡龙亢	梁宋	（桓郁之曾孙）字公雅，复传其家业，以《尚书》教授颍川，门徒数百人（《后汉书》卷三七《桓荣传》，第1258页）
桓麟	沛郡龙亢	梁宋	（桓郁之孙）字元凤，早有才惠。……所著碑、诔、赞、说、书凡二十一篇（《后汉书》卷三七《桓荣传》，第1260页）。注曰："案挚虞《文章志》，麟文见在者十八篇，有碑九首，诔七首，《七说》一首，《沛相郭府君书》一首。"
桓鸾	沛郡龙亢	梁宋	（桓郁之孙，字始春）鸾贞亮之性，著乎幼冲。学览《六经》，莫不贯综。推财孤寡，分赈友朋（《后汉书》卷三七《桓荣传》注引《东观记》，第1259页）
桓荣	沛郡龙亢	梁宋	字春卿，沛郡龙亢人也。少学长安，习《欧阳尚书》，事博士九江朱普。贫窭无资，常客佣以自给，精力不倦，十五年不窥家园。至王莽篡位乃归。会朱普卒，荣奔丧九江，负土成坟，因留教授，徒众数百人。莽败，天下乱。荣抱其经书与弟子逃匿山谷，虽常饥困而讲论不辍，后复客授江淮间（《后汉书》卷三七《桓荣传》，第1249页） 初，荣受朱普学章句四十万言，浮辞繁长，多过其实。及荣入授显宗，减为二十三万言。郁复删省定成十二万言。由是有《桓君大小太常章句》（《后汉书》卷三七《桓荣传》，第1256页）

续表

姓名	籍贯	区域	学术简况
桓焉	沛郡龙亢	梁宋	（桓郁之子，字叔元）能世传其家学。……弟子传业者数百人（《后汉书》卷三七《桓荣传》，第 1257 页）
桓郁	沛郡龙亢	梁宋	（桓荣之子）字仲恩，少以父任为郎。敦厚笃学，传父业，以《尚书》教授，门徒常数百人（《后汉书》卷三七《桓荣传》，第 1254 页）
樊阿	彭城	梁宋	广陵吴普、彭城樊阿，皆从（华）佗学。……阿善针术（《后汉书》卷八二下《方术传下·华佗传》，第 2739—2740 页）
刘恺	彭城	梁宋	（欧阳《尚书》家丁鸿）数受赏赐，擢徙校书，遂代成封为少府。门下由是益盛，远方至者数千人。彭城刘恺、北海巴茂、九江朱伥皆至公卿（《后汉书》卷三七《丁鸿传》，第 1264 页）
姜肱	彭城广戚	梁宋	字伯淮，彭城广戚人也。家世名族。……博通《五经》，兼明星纬，士之远来就学者三千余人（《后汉书》卷五三《姜肱传》，第 1749 页）
张匡①	山阳	梁宋	字文通。亦习《韩诗》，作章句。后举有道，博士征，不就。卒于家（《后汉书》卷七九下《儒林传下·赵晔传》，第 2575 页）
鲁峻	山阳昌邑	梁宋	字仲严，山阳昌邑人……治《鲁诗》，兼通《颜氏春秋》，博览群书（《隶释》卷九《司隶校尉鲁峻碑》，《隶释 隶续》，第 100 页）
丁恭	山阳东缗	梁宋	字子然，山阳东缗人也。习《公羊严氏春秋》。恭学义精明，教授常数百人，州郡请召不应。建武初，为谏议大夫、博士，封关内侯。十一年，迁少府。诸生自远方至者，著录数千人，当世称为大儒。太常楼望、侍中承宫、长水校尉樊〔儵〕等皆受业于恭（《后汉书》卷七九下《儒林传下·丁恭传》，第 2578 页）
侯成	山阳防东	梁宋	（字伯盛）治《春秋经》，博综书传，以典籍教授。滋滋履真，安贫乐道，忽于时荣（《隶释》卷八《金乡长侯成碑》，《隶释 隶续》，第 92 页）

---

① 张匡：《两汉三国学案》云"张匡字文通，南阳人"［参见（清）唐晏著，吴东民点校《两汉三国学案》，第 292 页］，未知何据，今从《后汉书》。

续表

姓名	籍贯	区域	学术简况
刘表	山阳高平	梁宋	按：字景升，鲁恭王之后，曾任荆州刺史、荆州牧。《后汉艺文志》著录其作"周易章句九卷 录一卷"（《后汉艺文志》，第 10 页）
王粲	山阳高平	梁宋	（字仲宣）曾祖父龚，祖父畅，皆为汉三公。……博物多识，问无不对。时旧仪废弛，兴造制度，粲恒典之（《三国志》卷二一《魏志·王粲传》，第 597—598 页） 按：《隋书·经籍志》著录其作有"汉末英雄记八卷"等（《隋书》卷三三《经籍志》，第 960 页）
郗虑	山阳高平	梁宋	字鸿豫，山阳高平人也。少受学于郑玄（《后汉书》卷九《献帝纪》注引《续汉书》，第 385 页）
仲长统	山阳高平	梁宋	字公理，山阳高平人也。少好学，博涉书记，赡于文辞。年二十余，游学青、徐、并、冀之间（《后汉书》卷四九《仲长统传》，第 1643—1644 页） 每论说古今及时俗行事，恒发愤叹息。因著论名曰《昌言》，凡三十四篇，十余万言（《后汉书》卷四九《仲长统传》，第 1646 页）
单扬	山阳湖陆	梁宋	字武宣，山阳湖陆人也。以孤特清苦自立，善明天官、算术（《后汉书》卷八二下《方术传下·单扬传》，第 2733 页）
度尚	山阳湖陆	梁宋	字博平，山阳湖陆人也。家贫，不修学行，不为乡里所推举（《后汉书》卷三八《度尚传》，第 1284 页）。注引《续汉书》曰："尚少丧父，事母至孝，通《京氏易》《古文尚书》。为吏清洁，有文武才略。"
檀敷	山阳瑕丘	梁宋	字文有，山阳瑕丘人也。少为诸生，家贫而志清，不受乡里施惠。举孝廉，连辟公府，皆不就。立精舍教授，远方至者常数百人。桓帝时，博士征，不就（《后汉书》卷六七《党锢传·檀敷传》，第 2215 页）
卫宏	东海	鲁地	字敬仲，东海人也。少与河南郑兴俱好古学。初，九江谢曼卿善《毛诗》，乃为其训。宏从曼卿受学，因作《毛诗序》，善得《风雅》之旨，于今传于世。后从大司空杜林更受《古文尚书》，为作《训旨》。……作《汉旧仪》四篇，以载西京杂事；又著赋、颂、诔七首，皆传于世（《后汉书》卷七九下《儒林传下·卫宏传》，第 2575—2576 页）

续表

姓名	籍贯	区域	学术简况
王良	东海兰陵	鲁地	字仲子,东海兰陵人也。少好学,习《小夏侯尚书》。王莽时,寝病不仕,教授诸生千余人(《后汉书》卷二七《王良传》,第932页)
萧周	东海兰陵	鲁地	按:为博士(曾磊:《两汉博士表》)
徐宣	东海临沂	鲁地	徐宣故县狱吏,能通《易经》。遂共推宣为丞相(《后汉书》卷一一《刘盆子传》,第481页)
刘虞	东海郯	鲁地	字伯安,东海郯人也(《后汉书》卷七三《刘虞传》,第2353页)。注引谢承《书》曰:"通《五经》,东海恭〔王〕之后。"
刘桢	东平	鲁地	(字公幹)始文帝为五官将,及平原侯(曹)植皆好文学。粲与北海徐幹字伟长、广陵陈琳字孔璋、陈留阮瑀字元瑜、汝南应玚字德琏、东平刘桢字公幹并见友善。……玚、桢各被太祖辟,为丞相掾属。玚转为平原侯庶子,后为五官将文学。桢以不敬被刑,刑竟署吏。咸著文赋数十篇(《三国志》卷二一《魏书·王粲传》,第599—601页)
虞叔雅	东平	鲁地	东平虞叔雅学绝高当世,遂游于蜀,(段)恭以朋友礼待之(《华阳国志》卷一〇中《先贤士女总赞·广汉士女》,第147页) 按:广汉雒人折像、广汉郪人冯颢曾师事虞叔雅
刘梁	东平宁阳	鲁地	字曼山,一名岑,东平宁阳人也。梁宗室子孙,而少孤贫,卖书于市以自资。常疾世多利交,以邪曲相党,乃著《破群论》。时之览者,以为:"仲尼作《春秋》,乱臣知惧。今此论之作,俗士岂不愧心!"其文不存。……又著《辩和同之论》(《后汉书》卷八〇下《文苑传下·刘梁传》,第2635页)
魏应	东平任城	鲁地	字君伯,任城人也。少好学。建武初,诣博士受业,习《鲁诗》。……以疾免官,教授山泽中,徒众常数百人。永平初,为博士……经明行修,弟子自远方至,著录数千人(《后汉书》卷七九下《儒林传下·魏应传》,第2571页)
郑均	东平任城	鲁地	字仲虞,东平任城人也。少好黄老书(《后汉书》卷二七《郑均传》,第945页) 治《尚书》,好黄老,澹泊无欲,清静自守,不慕游宦(《东观汉记校注》卷一四《传九》,第544页)

续表

姓名	籍贯	区域	学术简况
何休	东平任城樊	鲁地	字邵公，任城樊人也。父豹，少府。休为人质朴讷口，而雅有心思，精研《六经》，世儒无及者。……（陈）蕃败，休坐废锢，乃作《春秋公羊解诂》，覃思不窥门，十有七年。又注训《孝经》《论语》、风角七分，皆经纬典谟，不与守文同说。又以《春秋》驳汉事六百余条，妙得《公羊》本意。休善历算，与其师博士羊弼，追述李育意以难二传，作《公羊墨守》《左氏膏肓》《穀梁废疾》（《后汉书》卷七九下《儒林传下·何休传》，第2582—2583页）
孔龢	鲁国	鲁地	修《春秋》严氏。经通高第，事亲至孝（《全后汉文》卷九九《孔庙置百石卒史孔龢碑》，第996页）
孔仁	鲁国	鲁地	按：为博士（曾磊：《两汉博士表》）
孔志	鲁国	鲁地	按：为博士（曾磊：《两汉博士表》）
孔衍	鲁国	鲁地	按：为博士（曾磊：《两汉博士表》）
孔宙	鲁国	鲁地	字季将，孔子十九世之孙也。天资醇嘏，齐圣达道。少习家训，治《严氏春秋》（《隶释》卷七《泰山都尉孔宙碑》，《隶释 隶续》，第81页）
孔融	鲁国	鲁地	（字文举，鲁国人，孔子二十世孙）所著诗、颂、碑文、论议、六言、策文、表、檄、教令、书记凡二十五篇（《后汉书》卷七〇《孔融传》，第2279页）
孔季彦	鲁国鲁	鲁地	（孔僖之子）长彦好章句学，季彦守其家业，门徒数百人（《后汉书》卷七九上《儒林传上·孔僖传》，第2563页）
孔僖	鲁国鲁	鲁地	字仲和，鲁国鲁人也。自安国以下，世传《古文尚书》《毛诗》。……游太学，习《春秋》（《后汉书》卷七九上《儒林传上·孔僖传》，第2560页）
孔昱	鲁国鲁	鲁地	字元世，鲁国鲁人也。七世祖霸……昱少习家学，大将军梁冀辟，不应（《后汉书》卷六七《党锢传·孔昱传》，第2213页）。"家学"，注曰："家学《尚书》。"
孔长彦	鲁国鲁	鲁地	（孔僖之子）长彦好章句学，季彦守其家业，门徒数百人（《后汉书》卷七九上《儒林传上·孔僖传》，第2563页）

续表

姓名	籍贯	区域	学术简况
曹褒	鲁国薛	鲁地	字叔通，鲁国薛人也。……少笃志，有大度，结发传充业，博雅疏通，尤好礼事。常感朝廷制度未备，慕叔孙通为汉礼仪，昼夜研精，沉吟专思，寝则怀抱笔札，行则诵习文书，当其念至，忘所之适（《后汉书》卷三五《曹褒传》，第1201—1202页） 博物识古，为儒者宗。十四年，卒官。作《通义》十二篇，演经杂论百二十篇，又传《礼记》四十九篇，教授诸生千余人，庆氏学遂行于世（《后汉书》卷三五《曹褒传》，第1205页）
曹充	鲁国薛	鲁地	（曹褒之父）持《庆氏礼》，建武中为博士，从巡狩岱宗，定封禅礼，还，受诏议立七郊、三雍、大射、养老礼仪。……作章句辩难，于是遂有庆氏学（《后汉书》卷三五《曹褒传》，第1201页）
寒朗	鲁国薛	鲁地	字伯奇，鲁国薛人也。生三日，遭天下乱，弃之荆刺；数日兵解，母往视，犹尚气息，遂收养之。及长，好经学，博通书传，以《尚书》教授（《后汉书》卷四一《寒朗传》，第1417页）
巴茂	北海	齐地	（欧阳《尚书》家丁鸿）数受赏赐，擢徙校书，遂代封为少府。门下由是益盛，远方至者数千人。彭城刘恺、北海巴茂、九江朱伥皆至公卿（《后汉书》卷三七《丁鸿传》，第1264页）
临硕	北海	齐地	（孔融为北海相）更置城邑，立学校，表显儒术，荐举贤良郑玄、彭璆、邴原等。郡人甄子然、临孝存知名早卒，融恨不及之，乃命配食县社（《后汉书》卷七〇《孔融传》，第2263页）按：临硕字孝存。临，亦作林。郑玄作"《答临孝存周礼难》"（《后汉书》卷三五《郑玄传》，第1212页），则临硕曾作《周礼难》，《后汉艺文志》著录其作"周礼难"（《后汉艺文志》，第37页）
刘熙	北海	齐地	字成国，交州人，先北海人也。博览多识，名重一时。荐辟不就，避地交州，人谓之征士。往来苍梧、南海，客授生徒数百人。乃即名物以释义，惟揆事源，致意精微，作《释名》二十七篇，自为之序。又著《谥法》三卷。皆行于世（《百越先贤志校注》卷三《刘熙》，第59页）
夏承	北海	齐地	字仲充，东莱府君之孙，大尉掾之中子，右中郎将弟也。君锺其美，受性渊懿，含和履仁，治《诗》《尚书》，兼览群艺，靡不寻畅（《隶释》卷八《淳于长夏承碑》，《隶释 隶续》，第94页）

第八章 汉代学术人物简况表 371

续表

姓名	籍贯	区域	学术简况
徐房	北海	齐地	初,(北海都昌人逄)萌与同郡徐房、平原李子云、王君公相友善,并晓阴阳,怀德秽行。房与子云养徒各千人(《后汉书》卷八三《逸民传》,第2760页)
赵祐	北海	齐地	(灵帝)时宦者济阴丁肃、下邳徐衍、南阳郭耽、汝阳李巡、北海赵祐等五人称为清忠,皆在里巷,不争威权。……赵祐博学多览,著作校书,诸儒称之(《后汉书》卷七八《宦者传》,第2533页)
郎𫖮	北海安丘	齐地	字雅光,北海安丘人也。……少传父(郎宗)业,兼明经典,隐居海畔,延致学徒常数百人。昼研精义,夜占象度,勤心锐思,朝夕无倦(《后汉书》卷三〇下《郎𫖮传》,第1053页)
郎宗	北海安丘	齐地	(郎𫖮之父)宗,字仲绥,学《京氏易》,善风角、星算、六日七分,能望气占候吉凶,常卖卜自奉(《后汉书》卷三〇下《郎𫖮传》,第1053页)
牟融	北海安丘	齐地	字子优,北海安丘人也。少博学,以《大夏侯尚书》教授,门徒数百人,名称州里(《后汉书》卷二六《牟融传》,第915页)
甄承	北海安丘	齐地	(甄宇)传业子普,普传子承。承尤笃学,未尝视家事,讲授常数百人。诸儒以承三世传业,莫不归服之。建初中,举孝廉,卒于梁相。子孙传学不绝(《后汉书》卷七九下《儒林传下·甄宇传》,第2580页)
甄普	北海安丘	齐地	(甄宇)传业子普,普传子承(《后汉书》卷七九下《儒林传下·甄宇传》,第2580页)
甄宇	北海安丘	齐地	字长文,北海安丘人也。清静少欲。习《严氏春秋》,教授常数百人。建武中,为州从事,征拜博士(《后汉书》卷七九下《儒林传下·甄宇传》,第2580页)
周泽	北海安丘	齐地	字稺都,北海安丘人也。少习《公羊严氏春秋》,隐居教授,门徒常数百人(《后汉书》卷七九下《儒林传下·周泽传》,第2578页)
淳于恭	北海淳于	齐地	字孟孙,北海淳于人也。善说《老子》,清静不慕荣名。建武中,郡举孝廉,司空辟,皆不应,客隐琅邪黔陬山,遂数十年(《后汉书》卷三九《淳于恭传》,第1301页)
逄萌	北海都昌	齐地	字子康,北海都昌人也。家贫,给事县为亭长。时尉行过亭,萌候迎拜谒,既而掷楯曰:"大丈夫安能为人役哉!"遂去之长安学,通《春秋经》(《后汉书》卷八三《逸民传》,第2759页)

续表

姓名	籍贯	区域	学术简况
郑玄	北海高密	齐地	字康成，北海高密人也。……造太学受业，师事京兆第五元先，始通《京氏易》《公羊春秋》《三统历》《九章算术》。又从东郡张恭祖受《周官》《礼记》《左氏春秋》《韩诗》《古文尚书》。以山东无足问者，乃西入关，因涿郡卢植，事扶风马融。……玄自游学，十余年乃归乡里。家贫，客耕东莱，学徒相随已数百千人（《后汉书》卷三五《郑玄传》，第1207页）凡玄所注《周易》《尚书》《毛诗》《仪礼》《礼记》《论语》《孝经》《尚书大传》《中候》《乾象历》，又著《天文七政论》《鲁礼禘祫义》《六艺论》《毛诗谱》《驳许慎五经异义》《答临孝存周礼难》，凡百余万言（《后汉书》卷三五《郑玄传》，第1212页）
公沙穆	北海胶东	齐地	字文乂，北海胶东人也。家贫贱。自为儿童不好戏弄，长习《韩诗》《公羊春秋》，尤锐思《河》《洛》推步之术。……后遂隐居东莱山，学者自远而至（《后汉书》卷八二下《方术传下·公沙穆传》，第2730页）
滕抚	北海剧	齐地	字叔辅，北海剧人也。初仕州郡，稍迁为涿令，有文武才用。太守以其能，委任郡职，兼领六县。风政修明，流爱于人，在事七年，道不拾遗（《后汉书》卷三八《滕抚传》，第1279页）按：《后汉艺文志》著录其作"慎子注十卷"（《后汉艺文志》，第225页）
徐幹	北海剧	齐地	按：字伟长，曾任司空军谋祭酒掾属、五官将文学。《后汉艺文志》著录其作"中论二十余篇"（《后汉艺文志》，第219页）
王修	北海营陵	齐地	字叔治，北海营陵人也。……年二十，游学南阳，止张奉舍。奉举家得疾病，无相视者，修亲隐恤之，病愈乃去。初平中，北海孔融召以为主簿，守高密令（《三国志》卷一一《魏书·王修传》，第345页）按：《后汉艺文志》著录其作"魏国奉常王修集二卷"（《后汉艺文志》，第345页）
郭凤	勃海	齐地	博士勃海郭凤亦好图谶，善说灾异，吉凶占应。先自知死期，豫令弟子市棺敛具，至其日而终（《后汉书》卷八二上《方术传上·谢夷吾传》，第2715页）
高承	勃海修	齐地	按：为博士（曾磊：《两汉博士表》）
苑康	勃海重合	齐地	字仲真，勃海重合人也。少受业太学，与郭林宗亲善（《后汉书》卷六七《党锢传·苑康传》，第2214页）
鲍永	勃海高城①	齐地	字君长，上党屯留人也。父宣，哀帝时任司隶校尉，为王莽所杀。永少有志操，习欧阳《尚书》（《后汉书》卷二九《鲍永传》，第1017页）

---

① 按：鲍永父宣，哀帝时由勃海高城迁往上党，根据著籍标准，鲍永著籍勃海高城，鲍永子昱著籍上党屯留。

第八章　汉代学术人物简况表　373

续表

姓名	籍贯	区域	学术简况
纪叔阳	勃海	齐地	（广汉雒人段恭）凡事冯翊骆异孙，泰山彦之章，渤海纪叔阳，遂明《天文》二卷（《华阳国志》卷一〇中《先贤士女总赞·广汉士女》，第146页）
司马均	东莱	齐地	（贾）逵荐东莱司马均、陈国汝郁，（和）帝即征之，并蒙优礼。均字少宾，安贫好学，隐居教授，不应辟命（《后汉书》卷三六《贾逵传》，第1240页）
刘宠	东莱牟平	齐地	字祖荣，东莱牟平人，齐悼惠王之后也。悼惠王子孝王将闾，将闾少子封牟平侯，子孙家焉。……宠少受父业，以明经举孝廉，除东平陵令（《后汉书》卷七六《循吏传·刘宠传》，第2477页）
刘丕	东莱牟平	齐地	（刘宠）父丕，博学，号为通儒（《后汉书》卷七六《循吏传·刘宠传》，第2477页）
戴宏	济北	齐地	（字元襄）济北戴宏父为县丞，宏年十六，从在丞舍。（吴）祐每行园，常闻讽诵之音，奇而厚之，亦与为友，卒成儒宗，知名东夏（《后汉书》卷六四《吴祐传》，第2101页）按：《后汉艺文志》著录其作"解疑论"（《后汉艺文志》，第71页）
徐巡	济南	齐地	济南徐巡师事（卫）宏，后从（杜）林受学，亦以儒显，由是古学大兴。光武以为议郎（《后汉书》卷七九下《儒林传下·卫宏传》，第2575—2576页）
干吉①	琅邪	齐地	初，顺帝时，琅邪宫崇诣阙，上其师干吉于曲阳泉水上所得神书百七十卷，皆缥白素朱介青首朱目，号《太平清领书》。其言以阴阳五行为家，而多巫觋杂语（《后汉书》卷三〇下《襄楷传》，第1084页）。注引"《江表传》：'时有道士琅邪干吉，先寓居东方，来吴会，立精舍，烧香读道书，制作符水以疗病，吴会人多事之。孙策尝于郡城楼上请会宾客，吉乃盛服趋度门下。诸将宾客三分之二下楼拜之，掌客者禁呵不能止。策即令收之。'"
徐业	琅邪	齐地	右扶风琅邪徐业，亦大儒也，闻（张）玄诸生，试引见之，与语，大惊曰："今日相遭，真解蒙矣！"遂请上堂，难问极日（《后汉书》卷七九下《儒林传下·张玄传》，第2581页）

---

① 《后汉书·襄楷传》载桓帝时襄楷上书，称"臣前上琅邪宫崇受干吉神书，不合明听"（《后汉书》卷三〇下《襄楷传》，第1080页）。"干吉"，校勘记云："按：汲本、殿本'干吉'之'干'皆作'于'。"

续表

姓名	籍贯	区域	学术简况
赵昱	琅邪	齐地	（字元达）年十三，母尝病，经涉三月。昱惨戚消瘠，至目不交睫，握粟出卜，祈祷泣血，乡党称其孝。就处士东莞綦母君〔公立精舍〕，受《公羊传》，兼该群业。至历年潜志，不窥园圃，亲疏希见其面（《八家后汉书辑注·谢承〈后汉书〉》卷四《陶谦传》，第146页）
綦母君	琅邪东莞	齐地	（赵昱）就处士东莞綦母君公立精舍，受《公羊传》（《八家后汉书辑注·谢承〈后汉书〉》卷四《陶谦传》，第146页）
伏黯	琅邪东武	齐地	（伏湛之弟）字稚文，以明《齐诗》，改定章句，作《解说》九篇，位至光禄勋，无子，以恭为后（《后汉书》卷七九下《儒林传下·伏恭传》，第2571页）
伏晨	琅邪东武	齐地	（伏湛之曾孙）谦敬博爱，好学尤笃，以女孙为顺帝贵人，奉朝请，位特进。……初，自伏生已后，世传经学，清静无竞，故东州号为"伏不斗"云（《后汉书》卷二六《伏湛传》，第897—898页）
伏恭	琅邪东武	齐地	（伏湛兄之子，字叔齐）性孝，事所继母甚谨，少传（伏）黯学，以任为郎。建武四年（28年），除剧令。……初，父黯章句繁多，恭乃省减浮辞，定为二十万言（《后汉书》卷七九下《儒林传下·伏恭传》，第2571页）
伏无忌	琅邪东武	齐地	（伏湛之玄孙，伏晨之子）传家学，博物多识，顺帝时，为侍中屯骑校尉。永和元年（136年），诏无忌与议郎黄景校定中书《五经》、诸子百家、艺术。元嘉中，桓帝复诏无忌与黄景、崔寔等共撰《汉记》。又自采集古今，删著要事，号曰《伏侯注》（《后汉书》卷二六《伏无忌传》，第898页）
伏湛	琅邪东武	齐地	字惠公，琅邪东武人也。……性孝友，少传父（伏理字君游，受《诗》于匡衡，由是《齐诗》有匡伏之学）业，教授数百人。成帝时，以父任为博士弟子。……更始立，以为平原太守。时仓卒兵起，天下惊扰，而湛独晏然，教授不废（建武十三年卒）。（《后汉书》卷二六《伏湛传》，第893页）
承宫	琅邪姑幕	齐地	字少子，琅邪姑幕人也。少孤，年八岁为人牧豕。乡里徐子盛者，以《春秋经》授诸生数百人，宫过息庐下，乐其业，因就听经，遂请留门下，为诸生拾薪。执苦数年，勤学不倦。经典既明，乃归家教授。遭天下丧乱，遂将诸生避地汉中，后与妻子之蒙阴山（《后汉书》卷二七《承宫传》，第944页）
徐子盛	琅邪姑幕	齐地	（承宫）乡里徐子盛者，以《春秋经》授诸生数百人（《后汉书》卷二七《承宫传》，第944页）

续表

姓名	籍贯	区域	学术简况
牟纡	乐安临济	齐地	（牟长）子纡，又以隐居教授，门生千人。肃宗闻而征之，欲以为博士，道物故（《后汉书》卷七九上《儒林传上·牟长传》，第2557页）
牟长	乐安临济	齐地	字君高，乐安临济人也。……少习《欧阳尚书》，不仕王莽世。建武二年（26年），大司空（宋）弘特辟，拜博士，稍迁河内太守，坐垦田不实免。长自为博士及在河内，诸生讲学者常有千余人，著录前后万人。著《尚书章句》，皆本之欧阳氏，俗号为《牟氏章句》（《后汉书》卷七九上《儒林传上·牟长传》，第2557页）
欧阳歙	乐安千乘	齐地	字正思，乐安千乘人也。自欧阳生传《伏生尚书》，至歙八世，皆为博士。……歙在郡，教授数百人（《后汉书》卷七九上《儒林传上·欧阳歙传》，第2555—2556页）
杨太伯	平原	齐地	（马严）从平原杨太伯讲学，专心坟典（《后汉书》卷二四《马援传》，第858页）
李子云	平原	齐地	初，（北海都昌人逄）萌与同郡徐房、平原李子云、王君公相友善，并晓阴阳，怀德秽行。房与子云养徒各千人（《后汉书》卷八三《逸民传》，第2760页）
王君公	平原	齐地	初，（北海都昌人逄）萌与同郡徐房、平原李子云、王君公相友善，并晓阴阳，怀德秽行。房与子云养徒各千人，君公遭乱独不去，侩牛自隐。时人谓之论曰："避世墙东王君公。"（《后汉书》卷八三《逸民传》，第2760页） （嵇康《圣贤高士传赞》云）君公明《易》，为郎。数言事不用，乃自污与官婢通，免归。诈狂侩牛，口无二价（《汉魏六朝杂传集》，第611页）
高诩	平原般	齐地	字季回，平原般人也。……以父任为郎中，世传《鲁诗》。以信行清操知名。王莽篡位，父子称盲，逃，不仕莽世。光武即位，大司空宋弘荐诩，征为郎，除符离长。去官，后征为博士（《后汉书》卷七九下《儒林传下·高诩传》，第2569页）
祢衡	平原般	齐地	按：字正平。《后汉艺文志》著录其作"处士祢衡集二卷录一卷"（《后汉艺文志》，第339页）
襄楷	平原隰阴	齐地	字公矩，平原隰阴人也。好学博古，善天文阴阳之术（《后汉书》卷三〇下《襄楷传》，第1075页） 中平中，与荀爽、郑玄俱以博士征，不至，卒于家（《后汉书》卷三〇下《襄楷传》，第1085页）

续表

姓名	籍贯	区域	学术简况
吴良	齐国临淄	齐地	字大仪，齐国临淄人也。……骠骑将军东平王苍闻而辟之，署为西曹。苍甚相敬受，上疏荐良曰："窃见臣府西曹掾齐国吴良，资质敦固，公方廉恪，躬俭安贫，白首一节；又治《尚书》，学通师法，经任博士，行中表仪。宜备宿卫，以辅圣政。"（《后汉书》卷二七《吴良传》，第942—943页）
徐从事	青州	齐地	后蜀彭晓序曰：魏伯阳撰《参同契》，密示青州徐从事，徐乃隐名而注之（《后汉艺文志》引，第383页）
彦之章	泰山	齐地	（广汉雒人段恭）凡事冯翊骆异孙，泰山彦之章，勃海纪叔阳，遂明《天文》二卷（《华阳国志》卷一〇中《先贤士女总赞·广汉士女》，第146页）
田君	泰山东平阳	齐地	先出自帝舜之苗裔，自完适齐，因以为氏……周秦之际，家于东平阳。君总角修《韩诗》《京氏易》，究洞神变，穷奥极微，为五官掾、功曹、州从事，辟太尉，（《隶释》卷二〇一《田君碑》，《隶释 隶续》，第221页）
刘洪	泰山蒙阴	齐地	字元卓，泰山蒙阴人也。鲁王之宗室也。延熹中，以校尉应太史征，拜郎中，以父忧去官。后为上计掾，拜郎中，检东观著作《律历记》，迁谒者，谷城门候，会稽东部都尉。征还，未至，领山阳太守，卒官。洪善算，当世无偶，作《七曜术》。及在东观，与蔡邕共述《律历记》，考验天官。及造《乾象术》，十余年，考验日月，与象相应，皆传于世（《续汉书·律历志中》注引袁山松《书》，《后汉书》，第3043页）
刘恭	泰山式	齐地	初，赤眉过式，掠（刘）盆子及二兄恭、茂，皆在军中。恭少习《尚书》，略通大义（《后汉书》卷一一《刘盆子传》，第480页）
巫光	甾川	齐地	按：《后汉艺文志》著录其作"养性经"（《后汉艺文志》，第223页）
伏俨	琅邪	齐地	《姚振宗〈后汉艺文志〉订补》著录其作"汉书纠谬一卷"（李秋丹：《姚振宗〈后汉艺文志〉订补》，第85页）
李南	丹阳①句容	吴越	字孝山，丹阳句容人也。少笃学，明于风角（《后汉书》卷八二上《方术传上·李南传》，第2716页）

---

① 根据汉代简牍和封泥可知，丹阳在汉代作"丹杨"（参见赵平安《尹湾汉简地名的整理与研究》，载连云港市博物馆、中国文物研究所编《尹湾汉墓简牍综论》，科学出版社1999年版，第148—153页；李解民《尹湾简牍〈东海郡下辖长吏名籍〉所载地名考异》，载《中国典籍与文化》编辑部编《中国典籍与文化论丛》第6辑，中华书局2000年版，第362—380页），但"丹阳"写法在传世文献中传承已久，本研究暂从之。

续表

姓名	籍贯	区域	学术简况
陈琳	广陵	吴越	字孔璋，广陵人，避难冀州，袁绍使典文章。绍败，归太祖（《后汉书》卷七四上《袁绍传》注引《魏志》，第2399页） 按：《隋书·经籍志》著录其作"后汉丞相军谋掾陈琳集三卷"（《隋书》卷三五《经籍志》，第1058页）。注曰："梁十卷，录一卷。"
刘瑜	广陵	吴越	字季节，广陵人也。高祖父广陵靖王。父辩，清河太守。瑜少好经学，尤善图谶、天文、历算之术（《后汉书》卷五七《刘瑜传》，第1854页）
吴普	广陵	吴越	广陵吴普、彭城樊阿，皆从佗学。普依准佗疗，多所全济（《后汉书》卷八二下《方术传下·华佗传》，第2739页）
张纮	广陵	吴越	字子纲，广陵人。游学京都，还本郡，举茂才，公府辟，皆不就，避难江东（《三国志》卷五三《吴书·张纮传》，第1243页） 著诗赋铭诔十余篇（《三国志》卷五三《吴书·张纮传》，第1246页） 按：《后汉艺文志》著录其作"讨虏长史张纮集十余篇"（《后汉艺文志》，第342页）
赵炳	广陵东阳	吴越	字公阿，东阳人，能为越方（《后汉书》卷八二下《方术下·徐登传》，第2747页） 按：《后汉艺文志》著录其作"越方"（《后汉艺文志》，第296页）
徐淑	广陵海西	吴越	字伯进，广陵海西人也。宽裕博雅，好学乐道。随父慎在京师，钻《孟氏易》《春秋》《公羊》《礼记》《周官》。善诵《太公六韬》，交接英雄，常有壮志（《后汉书》卷六一《左雄传》，第2020页）
澹台恭	会稽	吴越	（薛汉）弟子犍为杜抚、会稽澹台敬伯、钜鹿韩伯高最知名（《后汉书》卷七九下《儒林传下·薛汉传》，第2573页）
董春	会稽	吴越	少好学，师事侍中祭酒王君仲，受《古文尚书》。后诣京房授《易》，究极圣旨，条列科义。〔后还归〕，立精舍，远方门徒学者常数百人。诸生每升讲堂，鸣鼓三通，横经捧手，请问者百人，〔追随上堂难问者百余人〕（《八家后汉书辑注·谢承〈后汉书〉》卷五《董春传》，第221页）

续表

姓名	籍贯	区域	学术简况
顾奉	会稽	吴越	会稽顾奉等数百人常居（程曾）门下（《后汉书》卷七九下《儒林传下·程曾传》，第2581页）
吴君高	会稽	吴越	案东番邹伯奇、临淮袁太伯、袁文术、会稽吴君高、周长生之辈，位虽不至公卿，诚能知之囊橐，文雅之英雄也。观伯奇之《元思》，太伯之《易章句》，文术之《咸铭》，君高之《越纽录》，长生之《洞历》，刘子政、扬子云不能过也（《论衡校释》卷二九《案书篇》，第1173—1174页）
周昕	会稽	吴越	（虞预《会稽典录》云）昕，字大明。少游京师。师事太傅陈蕃，博览群书，明于风角，善推灾异（《汉魏六朝杂传集》，第1993页）
周长生	会稽	吴越	（名术，字元遂）案东番邹伯奇、临淮袁太伯、袁文术、会稽吴君高、周长生之辈，位虽不至公卿，诚能知之囊橐，文雅之英雄也。观伯奇之《元思》，太伯之《易章句》，文术之《咸铭》，君高之《越纽录》，长生之《洞历》，刘子政、扬子云不能过也（《论衡校释》卷二九《案书篇》，第1173—1174页） 长生之才，非徒锐于牒牍也，作《洞历》十篇，上自黄帝，下至汉朝，锋芒毛发之事，莫不纪载，与太史公《表》《纪》相似类也。上通下达，故曰《洞历》（《论衡校释》卷一三《超奇篇》，第613—614页）
邹邠	会稽	吴越	案东番邹伯奇①、临淮袁太伯、袁文术、会稽吴君高、周长生之辈，位虽不至公卿，诚能知之囊橐，文雅之英雄也。观伯奇之《元思》，太伯之《易章句》，文术之《咸铭》，君高之《越纽录》，长生之《洞历》，刘子政、扬子云不能过也（《论衡校释》卷二九《案书篇》，第1173—1174页）
郑云	会稽句章	吴越	（虞预《会稽典录》云）字仲兴，学《韩诗》《公羊春秋》，为主簿，后以刘隽事狱死（《汉魏六朝杂传集》，第1963页）
包福	会稽曲阿	吴越	（包咸）子福，拜郎中，亦以《论语》入授和帝（《后汉书》卷七九下《儒林传下·包咸传》，第2570页）
包咸	会稽曲阿	吴越	字子良，会稽曲阿人也。少为诸生，受业长安，师事博士右师细君，习《鲁诗》《论语》。王莽末，去归乡里，于东海界为赤眉贼所得，遂见拘执。十余日，咸晨夜诵经自若，贼异而遣之。因住东海，立精舍讲授（《后汉书》卷七九下《儒林传下·包咸传》，第2570页）

---

① 清姚振宗云："考两汉《地理》、《郡国志》，无东番县，东番疑即会稽东部。然则伯奇即伯岐，名邠，会稽东部人，今台州郡县地也。"（参见《后汉艺文志》，第208页）

第八章 汉代学术人物简况表 | 379

续表

姓名	籍贯	区域	学术简况
韩说	会稽山阴	吴越	字叔儒，会稽山阴人也。博通《五经》，尤善图纬之学（《后汉书》卷八二下《方术传下·韩说传》，第2733页）
贺纯	会稽山阴	吴越	字仲真，会稽山阴人。少为诸生，博极群艺。十辟公府，三举贤良方正，五征博士，四公车征，皆不就（《后汉书》卷六三《李固传》注引谢承《书》，第2082页）
焦贶	会稽山阴	吴越	郑弘字巨君，会稽山阴人也。曾祖自齐徙山阴。事博士焦贶。门徒数百人，当举明经（《后汉纪校注》卷一二《章帝纪》，第346页） （会稽山阴人郑弘）师同郡河东太守焦贶（《后汉书》卷三三《郑弘传》，第1155页）
赵晔	会稽山阴	吴越	字长君，会稽山阴人也。少尝为县吏，奉檄迎督邮，晔耻于厮役，遂弃车马去。到犍为资中，诣杜抚受《韩诗》，究竟其术。积二十年。……著《吴越春秋》《诗细历神渊》。蔡邕至会稽，读《诗细》而叹息，以为长于《论衡》。邕还京师，传之，学者咸诵习焉（《后汉书》卷七九下《儒林传下·赵晔传》，第2575页）
綦毋俊	会稽上虞	吴越	少治《左氏春秋》，永初中举孝廉（《百越先贤志校注》卷二《綦毋俊》，第54—55页）
王充	会稽上虞	吴越	字仲任，会稽上虞人也，其先自魏郡元城徙焉。充少孤，乡里称孝。后到京师，受业太学，师事扶风班彪。好博览而不守章句。家贫无书，常游洛阳市肆，阅所卖书，一见辄能诵忆，遂博通众流百家之言。后归乡里，屏居教授。……好论说，始若诡异，终有理实。以为俗儒守文，多失其真，乃闭门潜思，绝庆吊之礼，户牖墙壁各置刀笔。著《论衡》八十五篇，二十余万言。……年渐七十，志力衰耗，乃造《养性书》十六篇，裁节嗜欲，颐神自守（《后汉书》卷四九《王充传》，第1629—1630页）
魏朗	会稽上虞	吴越	字少英，会稽上虞人也。少为县吏。兄为乡人所杀，朗白日操刃报仇于县中，遂亡命到陈国。从博士郤仲信学《春秋图纬》，又诣太学受《五经》，京师长者李膺之徒争从之。……著书数篇，号《魏子》云（《后汉书》卷六七《党锢传·魏朗传》，第2200—2201页）
魏伯阳	会稽上虞	吴越	后蜀彭晓序曰：魏伯阳，会稽上虞人。修真潜默，养志虚无，博瞻文词，通诸纬候。乃约《周易》，撰《参同契》三篇，复作《补塞遗脱》一篇，所述多寓言借事隐显异文。桓帝时传授同郡淳于叔通，遂行于世（《后汉艺文志》引，第382页）

续表

姓名	籍贯	区域	学术简况
陈修	会稽乌伤	吴越	（虞预《会稽典录》云）陈修，字奉迁，乌伤人。少为郡干，受《韩诗》《穀梁春秋》（《汉魏六朝杂传集》，第1974页）
董昆	会稽余姚	吴越	（虞预《会稽典录》云）字文通，余姚人也。少游学，师事颍川荀季卿，受《春秋》，治律令，明达法理，又才能拨烦（《汉魏六朝杂传集》，第1966页）
虞成	会稽余姚	吴越	（虞翻云）臣高祖父故零陵太守光，少治孟氏《易》，曾祖父故平舆令成，缵述其业，至臣祖父凤为之最密。臣亡考故日南太守歆，受本于凤，最有旧书，世传其业，至臣五世（《三国志》卷五七《吴书·虞翻传》注引《翻别传》，第1322页）
虞凤	会稽余姚	吴越	（虞翻云）臣高祖父故零陵太守光，少治孟氏《易》，曾祖父故平舆令成，缵述其业，至臣祖父凤为之最密。臣亡考故日南太守歆，受本于凤，最有旧书，世传其业，至臣五世（《三国志》卷五七《吴书·虞翻传》注引《翻别传》，第1322页）
虞光	会稽余姚	吴越	（虞翻云）臣高祖父故零陵太守光，少治孟氏《易》，曾祖父故平舆令成，缵述其业，至臣祖父凤为之最密。臣亡考故日南太守歆，受本于凤，最有旧书，世传其业，至臣五世（《三国志》卷五七《吴书·虞翻传》注引《翻别传》，第1322页）
虞歆	会稽余姚	吴越	（虞翻云）臣高祖父故零陵太守光，少治孟氏《易》，曾祖父故平舆令成，缵述其业，至臣祖父凤为之最密。臣亡考故日南太守歆，受本于凤，最有旧书，世传其业，至臣五世（《三国志》卷五七《吴书·虞翻传》注引《翻别传》，第1322页）
夏勤	九江	吴越	（樊鯈）弟子颍川李修、九江夏勤，皆为三公。勤字伯宗，为京、宛二县令，零陵太守，所在有理能称（《后汉书》卷三二《樊宏传》，第1125页）
朱伥	九江	吴越	（欧阳《尚书》家丁鸿）数受赏赐，擢徙校书，遂代成封为少府。门下由是益盛，远方至者数千人。彭城刘恺、北海巴茂、九江朱伥皆至公卿。元和三年（86年），徙封马亭乡侯（《后汉书》卷三七《丁鸿传》，第1264页）
召驯	九江寿春	吴越	字伯春，九江寿春人也。曾祖信臣，元帝时为少府。……少习《韩诗》，博通书传，以志义闻，乡里号之曰"德行恂恂召伯春"（《后汉书》卷七九下《儒林传下·召驯传》，第2573页）

续表

姓名	籍贯	区域	学术简况
袁太伯	临淮	吴越	案东番邹伯奇、临淮袁太伯、袁文术、会稽吴君高、周长生之辈，位虽不至公卿，诚能知之囊橐，文雅之英雄也。观伯奇之《元思》，太伯之《易章句》，文术之《咸铭》，君高之《越纽录》，长生之《洞历》，刘子政、扬子云不能过也（《论衡校释》卷二九《案书篇》，第1173—1174页）
袁文术	临淮	吴越	案东番邹伯奇、临淮袁太伯、袁文术、会稽吴君高、周长生之辈，位虽不至公卿，诚能知之囊橐，文雅之英雄也。观伯奇之《元思》，太伯之《易章句》，文术之《咸铭》，君高之《越纽录》，长生之《洞历》，刘子政、扬子云不能过也（《论衡校释》卷二九《案书篇》，第1173—1174页）
严佛调	临淮	吴越	佛调或作浮调，临淮人，官都尉。灵帝末出家，通译佛经，与安世高、安玄齐名（《全后汉文》卷一〇六《严佛调》，第1074页）
左慈	庐江	吴越	字元放，庐江人也。少有神道（《后汉书》卷八二下《方术传下·左慈传》，第2747页） 按：《后汉艺文志》著录其作"助相规诫一卷"（《后汉艺文志》，第296页）
周荣	庐江舒	吴越	字平孙，庐江舒人也。肃宗时，举明经，辟司徒袁安府（《后汉书》卷四五《周荣传》，第1536页）
皋弘	吴郡	吴越	《欧阳》博士缺，（光武）帝欲用（桓）荣。荣叩头让曰："臣经术浅薄，不如同门生郎中彭闳、扬州从事皋弘。"（《后汉书》卷三七《桓荣传》，第1250页）注引谢承《书》曰："皋弘字奉卿，吴郡人也。家代为冠族。少有英才，与桓荣相善。子徽，至司徒长史"也
沈友	吴郡	吴越	字子正，吴郡人。年十一，华歆行风俗，见而异之，因呼曰："沈郎，可登车语乎？"友逡巡却曰："君子讲好，会宴以礼，今仁义陵迟，圣道渐坏，先生衔命，将以神补先王之教，整齐风俗，而轻脱威仪，犹负薪救火，无乃更崇其炽乎！"歆惭曰："自桓、灵以来，虽多英彦，未有幼童若此者。"弱冠博学，多所贯综，善属文辞。兼好武事，注《孙子兵法》。又辩于口，每所至，众人皆默然，莫与为对，咸言其笔之妙，舌之妙，刀之妙，三者皆过绝于人（《三国志》卷四七《吴书·吴主传》注引《吴录》，第1117页）
姚俊	吴郡钱塘	吴越	字翁仲，钱塘人。少为郡佐，负笈至太学，受业，明经术灾异，为交趾太守。汉末，弃官入增城山中学道（《百越先贤志校注》卷四《姚俊》，第87页）

续表

姓名	籍贯	区域	学术简况
高彪	吴郡无锡	吴越	字义方，吴郡无锡人也。家本单寒，至彪为诸生，游太学。有雅才而讷于言。……后郡举孝廉，试经第一，除郎中，校书东观，数奏赋、颂、奇文，因事讽谏，灵帝异之（《后汉书》卷八〇下《文苑传下·高彪传》，第2649—2650页）按：《隋书·经籍志》著录其作"梁有外黄令高彪集二卷，录一卷"（《隋书》卷三五《经籍志》，第1057页）
陆绩	吴郡吴	吴越	（字公纪）容貌雄壮，博学多识，星历算数无不该览。……虽有军事，著述不废，作《浑天图》，注《易》释《玄》，皆传于世（《三国志》卷五七《吴书·陆绩传》，第1328—1329页）
周纡	下邳①徐	吴越	字文通，下邳徐人也。为人刻削少恩，好韩非之术。少为廷尉史（《后汉书》卷七七《酷吏传》，第2493页）
程曾	豫章南昌	吴越	字秀升，豫章南昌人也。受业长安，习《严氏春秋》，积十余年，还家讲授。会稽顾奉等数百人常居门下。著书百余篇，皆《五经》通难，又作《孟子章句》（《后汉书》卷七九下《儒林传下·程曾传》，第2581页）
何汤	豫章南昌	吴越	字仲弓，豫章南昌人也。（桓）荣门徒常四百余人，汤为高第，以才明知名（《后汉书》卷三七《桓荣传》注引谢承《书》，第1250页）
唐檀	豫章南昌	吴越	字子产，豫章南昌人也。少游太学，习《京氏易》《韩诗》《颜氏春秋》，尤好灾异星占。后还乡里，教授常百余人。……著书二十八篇，名为《唐子》（《后汉书》卷八二下《方术传下·唐檀传》，第2729页）
徐稺	豫章南昌	吴越	字孺子，豫章南昌人也（《后汉书》卷五三《徐稺传》，第1746页）。注引谢承《书》曰："稺少为诸生，学《严氏春秋》《京氏易》《欧阳尚书》，兼综风角、星官、算历、《河图》《七纬》、推步、变易，异行矫时俗，闾里服其德化。"
雷义	豫章鄱阳	吴越	（豫章宜春人陈重）少与同郡雷义为友，俱学《鲁诗》《颜氏春秋》（《后汉书》卷八一《陈重传》，第2686页）
陈重	豫章宜春	吴越	字景公，豫章宜春人也。少与同郡雷义为友，俱学《鲁诗》《颜氏春秋》（《后汉书》卷八一《陈重传》，第2686页）
张遐	豫章余干	吴越	按：字子远，《后汉艺文志》著录其作有"五经通义"等（《后汉艺文志》，第94页）

---

① 西汉临淮郡，明帝永平十五年（72年）更为下邳国。

续表

姓名	籍贯	区域	学术简况
郦炎	范阳	燕地	字文胜，范阳人，郦食其之后也。炎有文才，解音律，言论给捷，多服其能理（《后汉书》卷八〇下《文苑传下·郦炎传》，第2647页） 按：《隋书·经籍志》著录其作"郦炎集二卷，录二卷"（《隋书》卷三五《经籍志》，第1058页）
王景	乐浪诌邯	燕地	字仲通，乐浪诌邯人也。……少学《易》，遂广窥众书，又好天文术数之事（《后汉书》卷七六《循吏传·王景传》，第2464页） 初，景以为《六经》所载，皆有卜筮，作事举止，质于蓍龟，而众书错糅，吉凶相反，乃参纪众家数术文书，冢宅禁忌，堪舆日相之属，适于事用者，集为《大衍玄基》云（《后汉书》卷七六《循吏传·王景传》，第2466页）
阳球	渔阳泉州	燕地	字方正，渔阳泉州人也。家世大姓冠盖。球能击剑，习弓马。性严厉，好申、韩之学（《后汉书》卷七七《酷吏传》，第2498页）
崔烈	涿郡安平	燕地	（崔寔之从兄）烈有文才，所著诗、书、教、颂等凡四篇（《后汉书》卷五二《崔骃传》，第1732页）
崔琦	涿郡安平	燕地	字子玮，涿郡安平人，济北相（崔）瑗之宗也。少游学京师，以文章博通称。……作《外戚箴》（《后汉书》卷八〇上《文苑传上·崔琦传》，第2619页） 所著赋、颂、铭、诔、箴、吊、论、《九咨》《七言》，凡十五篇（《后汉书》卷八〇上《文苑传上·崔琦传》，第2623页）
崔寔	涿郡安平	燕地	（崔骃之孙，崔瑗之子）字子真，一名台，字元始。少沉静，好典籍。父卒，隐居墓侧。服竟，三公并辟，皆不就。桓帝初，诏公卿郡国举至孝独行之士。寔以郡举，征诣公车，病不对策，除为郎。明于政体，吏才有余，论当世便事数十条，名曰《政论》（《后汉书》卷五二《崔骃传》，第1725页） 所著碑、论、箴、铭、答、七言、祠、文、表、记、书凡十五篇（《后汉书》卷五二《崔骃传》，第1731页）
崔骃	涿郡安平	燕地	（字亭伯）年十三能通《诗》《易》《春秋》，博学有伟才，尽通古今训诂百家之言，善属文。少游太学，与班固、傅毅同时齐名。常以典籍为业，未遑仕进之事。时人或讥其太玄静，将以后名失实。骃拟杨雄《解嘲》，作《达旨》以答焉（《后汉书》卷五二《崔骃传》，第1708—1709页） 所著诗、赋、铭、颂、书、记、表、《七依》《婚礼结言》《达旨》《酒警》合二十一篇（《后汉书》卷五二《崔骃传》，第1722页）

续表

姓名	籍贯	区域	学术简况
崔瑗	涿郡安平	燕地	（崔骃之中子）字子玉，早孤，锐志好学，尽能传其父业。年十八，至京师，从侍中贾逵质正大义，逵善待之，瑗因留游学，遂明天官、历数、《京房易传》、六日七分。诸儒宗之。……瑗高于文辞，尤善为书、记、箴、铭，所著赋、碑、铭、箴、颂、《七苏》《南阳文学官志》《叹辞》《移社文》《悔祈》《草书势》、七言，凡五十七篇。其《南阳文学官志》称于后世，诸能为文者皆自以弗及（《后汉书》卷五二《崔骃传》，第1722、1724页）
崔篆	涿郡安平	燕地	（崔骃之祖，王莽时为郡文学，以明经征诣公车）客居荥阳，闭门潜思，著《周易林》六十四篇，用决吉凶，多所占验。临终作赋以自悼，名曰《慰志》（《后汉书》卷五二《崔骃传》，第1705页）
高诱	涿郡涿	燕地	按：《后汉艺文志》著录其作有"淮南子注二十一卷""淮南鸿烈音二卷"等（《后汉艺文志》，第234—235页）
卢植	涿郡涿	燕地	字子幹，涿郡涿人也。身长八尺二寸，音声如钟。少与郑玄俱事马融，能通古今学，好研精而不守章句。融外戚豪家，多列女倡歌舞于前。植侍讲积年，未尝转眄，融以是敬之。学终辞归，阖门教授（《后汉书》卷六四《卢植传》，第2113页） 作《尚书章句》《三礼解诂》。……复征拜议郎，与谏议大夫马日磾、议郎蔡邕、杨彪、韩说等并在东观，校中书《五经》记传，补续《汉记》（《后汉书》卷六四《卢植传》，第2116—2117页）
陈元	苍梧广信	粤地	少传父（陈钦）业，为之训诂，锐精覃思，至不与乡里通。以父任为郎。建武初，元与桓谭、杜林、郑兴俱为学者所宗（《后汉书》卷三六《陈元传》，第1230页）
士燮	苍梧广信	粤地	字威彦，苍梧广信人也。其先本鲁国汶阳人，至王莽之乱，避地交州。六世至燮父赐，桓帝时为日南太守。燮少游学京师，事颍川刘子奇，治《左氏春秋》。察孝廉，补尚书郎，公事免官。父赐丧阕后，举茂才，除巫令，迁交阯太守。……耽玩《春秋》，为之注解（《三国志》卷四九《吴书·士燮传》，第1191页）
徐征	苍梧荔浦	粤地	（陆胤《广州先贤传》云）字君求，苍梧荔浦人。少有方直之行，不挠之节。颇览书传，尤明律令。延熹五年（162年），征为中部督邮（《汉魏六朝杂传集》，第791页）

续表

姓名	籍贯	区域	学术简况
李进	高兴①	粤地	字子贤，高兴人。世农家，进独明悟，诵通经传（《百越先贤志校注》卷二《李进》，第56页）
姚文式	合浦	粤地	雅好诵读，博通今古。建安中，举茂才，仕为交州治中（《百越先贤志校注》卷四《姚文式》，第94页）
张重	合浦	粤地	字仲笃，合浦人。笃学善言，为岭表望士。刺史推擇，为日南郡从事（《百越先贤志校注》卷二《张重》，第46页）
黄豪	南海	粤地	字子微，南海人。年十六，能通《论语》《毛诗》（《百越先贤志校注》卷四《黄豪》，第89—90页）
杨孚	南海	粤地	字孝元，南海人，章帝朝举贤良，对策上第，拜议郎，和帝即位……复著《临海水土记》，世服孚高识，不徒博雅（《百越先贤志校注》卷二《杨孚》，第45—46页）
董正	南海番禺	粤地	字伯和，番禺人。少有令姿，耽意术籍。年十五，通《毛诗》《三礼》《春秋》，以学行知名（《百越先贤志校注》卷三《董正》，第73—74页）
养奋	郁林	粤地	字叔高，郁林人。博通坟籍，以布衣举方正（《百越先贤志校注》卷二《养奋》，第47页）
范升	代郡	赵地	字辩卿，代郡人也。少孤，依外家居。九岁通《论语》《孝经》，及长，习《梁丘易》《老子》，教授后生（《后汉书》卷三六《范升传》，第1226页）
刘淑	河间乐成	赵地	字仲承，河闲乐成人也。祖父称，司隶校尉。淑少学明《五经》，遂隐居，立精舍讲授，诸生常数百人（《后汉书》卷六七《党锢传·刘淑传》，第2190页）
张超	河间鄚	赵地	字子并，河闲鄚人也，留侯良之后也。有文才。灵帝时，从车骑将军朱俊征黄巾，为别部司马。著赋、颂、碑文、荐、檄、笺、书、谒文、嘲，凡十九篇。超又善于草书，妙绝时人，世共传之（《后汉书》卷八〇下《文苑传下·高彪传》，第2652页）

---

① 按：《百越先贤志》载"李进，字子贤，高兴人。世农家，进独明悟"［参见（明）欧大任撰，刘汉东校注，孙顺霞、孔繁士合校《百越先贤志校注》卷二《李进》，广西人民出版社1992年版，第56页］。汉代并无"高兴郡"或"高兴县"，高兴郡（郡治广化，在今广东阳西东北）乃三国时吴所置，《晋书·地理志》"高兴郡"下注曰："吴置。统县五，户一千二百。"（参见《晋书》卷一五《地理志下》，第467页）

续表

姓名	籍贯	区域	学术简况
韩伯高	钜鹿	赵地	（薛汉）弟子犍为杜抚、会稽澹台敬伯、钜鹿韩伯高最知名（《后汉书》卷七九下《儒林传下·薛汉传》，第2573页）
苏统	钜鹿	赵地	（四分历）行之未期，章帝复发圣思，考之经谶，使左中郎将贾逵问治历者卫承、李崇、太尉属梁鲔、司徒〔掾〕严勖、太子舍人徐震、钜鹿公乘苏统及诉、梵等十人（《续汉书·律历志中》，《后汉书》，第3027页） 按：《后汉艺文志》著录其作"九道术"（《后汉艺文志》，第258页）
吴伉	清河甘陵	赵地	小黄门甘陵吴伉，善为风角，博达有奉公称。知不得用，常托病还寺舍，从容养志（《后汉书》卷七八《宦者传》，第2533页）
甘始	清河甘陵	赵地	按：《后汉艺文志》著录其作"容成阴道十卷"（《后汉艺文志》，第385页）
鲍昱	上党屯留	赵地	（鲍永之子）昱字文泉。少传父学，客授于东平（《后汉书》卷二九《鲍永传》，第1021页）
周党	太原广武	赵地	（字伯况）少孤，为宗人所养，而遇之不以理，及长，又不还其财。党诣乡县讼，主乃归之。既而散与宗族，悉免遣奴婢，遂至长安游学。……隐居黾池，著书上下篇而终（《后汉书》卷八三《逸民传》，第2761—2762页） 按：《后汉艺文志》著录其作"周党书上下篇"（《后汉艺文志》，第235页）
郭太	太原介休	赵地	（字林宗）就成皋屈伯彦学，三年业毕，博通坟籍。善谈论，美音制。乃游于洛阳。……及党事起，知名之士多被其害，唯林宗及汝南袁闳得免焉。闭门教授，弟子以千数（《后汉书》卷六八《郭太传》，第2225—2226页） （《郭林宗别传》云）林宗家贫，初欲游学，无资，就姊夫贷五千钱，乃远至成皋，从师受业（《汉魏六朝杂传集》，第80页）
刘茂	太原晋阳	赵地	字子卫，太原晋阳人也。少孤，独侍母居。家贫，以筋力致养，孝行著于乡里。及长，能习《礼经》，教授常数百人。哀帝时，察孝廉，再迁五原属国候，遭母忧去官。服竟后为沮阳令。会王莽篡位，茂弃官，避世弘农山中教授（《后汉书》卷八一《独行传》，第2671页）

续表

姓名	籍贯	区域	学术简况
王允	太原祁	赵地	（字子师。东汉末典策文章散乱）王允所收而西者，裁七十余乘，道路艰远，复弃其半矣（《后汉书》卷七九上《儒林传上》"序"，第2548页） 按：《后汉艺文志》著录其作"条上兰台石室图书"（《后汉艺文志》，第202页）
李封	魏郡	赵地	建武中，郑兴、陈元传《春秋左氏》学。时尚书令韩歆上疏，欲为《左氏》立博士，范升与歆争之未决，陈元上书讼《左氏》，遂以魏郡李封为《左氏》博士。后群儒蔽固者数廷争之（《后汉书》卷七九下《儒林传下·谢该传》，第2587页）
许淑	魏郡	赵地	太中大夫许淑（字惠卿，魏郡人）……并注解《左氏传》（《经典释文序录疏证 附经籍旧音二种》，第108—109页）
张禹	赵国襄国	赵地	字伯达，赵国襄国人也。……禹性笃厚节俭（《后汉书》卷四四《张禹传》，第1497页）。注引《东观记》曰："禹好学，习《欧阳尚书》，事太常桓荣，恶衣食。"
鲑阳鸿	中山	赵地	时中山鲑阳鸿字孟孙，亦以《孟氏易》教授，有名称，永平中为少府（《后汉书》卷七九上《儒林传上·洼丹传》，第2551页）
刘祐	中山安国	赵地	字伯祖，中山安国人也（《后汉书》卷六七《党锢传·刘祐传》，第2199页）。注引谢承《书》曰："祐，宗室胤绪，代有名位。少修操行，学《严氏春秋》《小戴礼》《古文尚书》，仕郡为主簿。"
李梵	清河	赵地	至元和二年（85年），太初失天益远，日、月宿度相觉浸多，而候者皆知冬至之日日在斗二十一度，未至牵牛五度，而以为牵牛中星，（从）〔后〕天四分日之三，晦朔弦望差天一日，宿差五度。章帝知其谬错，以问史官，虽知不合，而不能易，故召治历编䜣、李梵等综校其状（《续汉书·律历志中》，《后汉书》，第3026页） 按：《后汉艺文志》著录其与编䜣等作"四分历三卷"，与苏统作"九道术"（《后汉艺文志》，第253、258页）

表 31　　　　　　　　　东汉籍贯未明学术人物简况表

姓名	学术简况
曹寿	按：始末未详，《后汉艺文志》著录其作"急就篇解一卷"（《后汉艺文志》，第 100 页）
曹朔	按：始末未详，《后汉艺文志》著录其作"汉颂四篇"（《后汉艺文志》，第 304 页）
陈晃	按：始末未详，《后汉艺文志》著录其作"废历"（《后汉艺文志》，第 255 页）
陈嚣	字君期，明《韩诗》，时语曰："关东说《诗》陈君期。"（《东观汉记校注》卷一九《传十四·陈嚣》，第 884 页）
宣诵	按：始末未详，《后汉艺文志》著录其作"废历"（《后汉艺文志》，第 255 页）
丁鲂	广汉属国故都尉丁君讳鲂，字叔河……耽乐术艺，文雅少畴，治《易》《韩诗》，垂意《春秋》，兼究秘□（《隶释》卷一七《广汉属国都尉丁鲂碑》，《隶释　隶续》，第 173 页）
杜晖	字慈明，体质弘亮，敦仁好道，治《易梁丘》《春秋公羊氏》，综览百家，无所不甄（《全后汉文》卷一百五《绥民校尉熊君碑》，第 1062 页）
段肃	按：始末未详，《后汉艺文志》著录其作"春秋穀梁传注十四卷"（《后汉艺文志》，第 73 页）
樊敏①	字升达。……总角好学，治《春秋严氏经》，贯究道度，无文不睹（《全后汉文》卷一百五《巴郡太守樊敏碑》，第 1059 页）
冯光	按：始末未详，《后汉艺文志》著录其作"废历"（《后汉艺文志》，第 255 页）
冯恂	按：始末未详，《后汉艺文志》著录其作"九道术""月食术"（《后汉艺文志》，第 259 页）
伏万寿②	按：始末未详，《后汉艺文志》著录其作"周易集林十二卷"（《后汉艺文志》，第 270 页）

---

① 谢凌以为是蜀郡芦山县人（参见谢凌《〈东汉巴郡太守樊敏碑〉考》，《四川文物》2000 年第 1 期）。

② 清姚振宗以为是伏恭之子伏寿，"按《经义考》载此书于崔篆之前，以为两汉间人。范书《儒林·伏恭传》伏恭子寿，官至东郡太守，疑即伏万寿。其书大抵集费直、焦赣、京房诸家林占之说以为书，或专集京氏一家之语。故《隋志》以为京房撰，《七录》以为伏万寿撰也"（参见《后汉艺文志》，第 270 页）。

第八章　汉代学术人物简况表　389

续表

姓名	学术简况
涪翁	按：始末未详，《后汉艺文志》著录其作有"针经""诊脉法"（《后汉艺文志》，第274—275页）
盖豫	（周防）师事徐州刺史盖豫，受《古文尚书》（《后汉书》卷七九上《儒林传上·周防传》，第2560页）
郭令卿	按：《后汉艺文志》著录其作"汉律章句"（《后汉艺文志》，第166页）
郭旻	（字巨公）治小杜律（《隶释》卷二四《丹阳太守郭旻碑》，《隶释　隶续》，第256页）
郭氏	按：《后汉艺文志》著录其作"汉武洞冥记一卷"（《后汉艺文志》，第242页）
郭训	按：里籍不详，《后汉艺文志》著录其作"杂字指一卷""古文奇字二卷"（《后汉艺文志》，第106—107页）
韩宗	（张纮）入太学，事博士韩宗，治京氏《易》、欧阳《尚书》（《三国志》卷五三《吴书·张纮传》注引《吴书》，第1243页）
侯苞①	按：《后汉艺文志》著录其作"韩诗翼要十卷"（《后汉艺文志》，第25页）
侯讽	永平中，神雀群集，孝明诏上《神雀颂》。百官颂上，文皆比瓦石，唯班固、贾逵、傅毅、杨终、侯讽五颂金玉，明帝览焉（《论衡校释》卷二〇《佚文篇》，第864页） 按：《后汉艺文志》著录其与班固、贾逵、傅毅、杨终"永平神雀颂五篇"（《后汉艺文志》，第354—366页）
霍融	按：《后汉艺文志》著录其作"漏刻经一卷"（《后汉艺文志》，第262页）
贾鲂	按：《隋书·经籍志》著录其作"后汉郎中贾鲂作滂喜篇"（《隋书》卷三二《经籍志》，第942页）。《后汉艺文志》又著录有"滂喜一篇""三仓三卷""字属一卷"（《后汉艺文志》，第99、108页）
金子严	（郑兴）从博士金子严为《左氏春秋》（《后汉书》卷三六《郑兴传》注引《东观记》，第1217页）

---

①　清姚振宗引王谟辑本《叙录》，以为《隋书·经籍志》所载注《法言》之侯苞为侯芭之误。按：《汉书·扬雄传》云："钜鹿侯芭常从雄居，受其《太玄》、《法言》焉。"（参见《汉书》卷八七下《扬雄传下》，第3585页）据此，王说可从。但从史籍记载中看不出侯芭有从事《诗》的研习经历，所以对于《韩诗翼要》的作者侯苞，本研究暂定另有其人，姚振宗亦著录为"侯苞"，未径改为"侯芭"（参见《后汉艺文志》，第25页）。

续表

姓名	学术简况
景君	信而好古，非法不言，治《欧阳尚书》，传祖父河南尹、父步兵校尉业，门徒上录三千余人（《隶释》卷六《郯令景君阙铭》，《隶释 隶续》，第 70 页）
孔耽	少治《礼经》，遭元二辄轲（《隶释》卷五《梁相孔耽神祠碑》，《隶释 隶续》，第 59 页）
孔氏	按：傅石甫之妻。《后汉艺文志》著录其作"傅石甫妻孔氏集一卷"（《后汉艺文志》，第 354 页）
乐人	按：清姚振宗引崔豹《古今注·音乐篇》云："明帝为太子，乐人作歌诗四章，以赞太子之德。其一曰《日重光》，其二曰《月重轮》，其三曰《星重晖》，其四曰《海重润》。"（《后汉艺文志》，第 53 页）
廉品	按：《后汉艺文志》著录其作"议郎廉品集二卷"（《后汉艺文志》，第 337 页）
梁恭	建武二年（26 年），光武征诣（范升）怀宫，拜议郎，迁博士，（范升）上疏让曰："臣与博士梁恭、山阳太守吕羌俱修《梁丘易》。二臣年并著艾，经学深明，而臣不以时退，与恭并立，深知羌学，又不能达，惭负二老，无颜于世。诵而不行，知而不言，不可开口以为人师，愿推博士以避恭、羌。"（《后汉书》卷三六《范升传》，第 1227 页）
聊某	按：《后汉艺文志》著录其作"聊氏万姓谱"，又引《通志·氏族略》云"有颍川太守聊某著《万姓谱》"（《后汉艺文志》，第 201 页）
刘艾	按：献帝时人，《后汉艺文志》著录其作"汉灵献二帝纪六卷"（《后汉艺文志》，第 129 页）
刘褒	按：《后汉艺文志》著录其作有"云汉图""北风图"（《后汉艺文志》，第 283 页）
刘固	按：《后汉艺文志》著录其作"月食术"（《后汉艺文志》，第 259 页）
刘叡	汉末刘表为荆州牧，命武陵太守刘叡集天文众占，名《荆州占》。其杂星之体，有瑞星，有妖星，有客星，有流星，有瑞气，有妖气，有日月傍气，皆略其名状，举其占验，次之于此云（《晋书》卷一二《天文志中》，第 322 页） 按：《后汉艺文志》著录其作有"荆州占二十卷""武陵太守刘意集甘、石、巫等之占，今存一卷"（《后汉艺文志》，第 252—253 页）
闾丘葵	字仲洁，治小夏侯《尚书》（《两汉三国学案》，第 162 页）
吕羌	建武二年（26 年），光武征诣（范升）怀宫，拜议郎，迁博士，（范升）上疏让曰："臣与博士梁恭、山阳太守吕羌俱修《梁丘易》。二臣年并著艾，经学深明，而臣不以时退，与恭并立，深知羌学，又不能达。"（《后汉书》卷三六《范升传》，第 1227 页）

续表

姓名	学术简况
马第伯	按：生平未详，《后汉艺文志》著录其作"封禅仪记"（《后汉艺文志》，第155页）
彭闳	《欧阳》博士缺，（光武）帝欲用（桓）荣。荣叩头让曰："臣经术浅薄，不如同门生郎中彭闳、扬州从事皋弘。"（《后汉书》卷三七《桓荣传》，第1250页）
濮阳闿	（张纮）又于外黄从濮阳闿受《韩诗》及《礼记》《左氏春秋》（《三国志》卷五三《吴书·张纮传》注引《吴书》，第1243页）
郤仲信	（魏朗）从博士郤仲信学《春秋图纬》（《后汉书》卷六七《党锢传·魏朗传》，第2201页）
圈称	按：《后汉艺文志》载其著有"陈留耆旧传二卷""陈留风俗传三卷"（《后汉艺文志》，第176、195页）
史岑①	按：《后汉艺文志》著录其作"和熹邓后颂"（《后汉艺文志》，第303页）
叔孙宣	按：《后汉艺文志》著录其作"汉律章句"（《后汉艺文志》，第166页）
王玢	按：始末未详，《后汉艺文志》著录其作"春秋左氏达义"（《后汉艺文志》，第65页）
王谌	字子嗣，博学，有才辩（《三辅决录》卷二，《三辅决录 三辅故事 三辅旧事》，第35页）
王育	按：始末未详，《后汉艺文志》著录其作"史籀篇解说九篇"（《后汉艺文志》，第100页）
韦氏②	按：《后汉艺文志》著录其作"三辅旧事一卷"（《后汉艺文志》，第148页）
卫汛	按：好医术，师张仲景。《后汉艺文志》著录其作有"四逆三部厥经一部""妇人胎藏经一卷""小儿颅囟经方一卷"（《后汉艺文志》，第277页）
武梁	故从事武掾，掾讳梁，字绥宗。掾体德忠孝，岐嶷有异，治《韩诗经》，阙传讲，兼通河洛诸子传记，广学甄彻，穷览典〔阙〕靡不〔阙〕览（《隶释》卷六《从事武梁碑》，《隶释 隶续》，第74页）
武荣	字含和，治《鲁诗》经韦君章句，阙帻传讲，《孝经》《论语》《汉书》《史记》《左氏》《国语》，广学甄彻，靡不贯综。久游大学，□然高厉（《隶释》卷一二《执金吾丞武荣碑》，《隶释 隶续》，第139页）

---

① 此史岑与两汉之际的沛国史岑非同一人，清姚振宗认为是安帝时的史官（参见《后汉艺文志》，第304页）。

② 清姚振宗以为可能是扶风平陵人韦著（参见《后汉艺文志》，第148—149页）。

续表

姓名	学术简况
郗萌	汉末，郎中郗萌，集图纬谶杂占为五十篇，谓之《春秋灾异》（《隋书》卷三二《经籍志》，第941页） 按：《后汉艺文志》著录其作"秦灾异一卷"（《后汉艺文志》，第274页）
想余	按：《后汉艺文志》著录其作"注老子二卷"（《后汉艺文志》，第222页）
熊□①	（字子□）治《欧阳尚书》，六日七分（《全后汉文》卷一百五《绥民校尉熊君碑》，第1061页）
严䜣	（字少通）治《严氏春秋》冯君章句（《隶释》卷二四《祝长严䜣碑》，《隶释　隶续》，《隶释　隶续》，第254页）
殷夔	按：《后汉艺文志》著录其作"漏刻法"，又疑其为桓帝时辽东人殷馗（《后汉艺文志》，第263页）
尹宙	（字周南）体温良恭俭之德，笃亲于九族，恂恂于乡党，交朋会友，贞贤是与。治《公羊春秋经》，博通书传（《全后汉文》卷一百三《豫州从事尹宙碑》，第1038页）
张满	按：《后汉艺文志》著录其作"周易林七卷"（《后汉艺文志》，第270页）
赵爽	按：《后汉艺文志》著录其作"周髀注一卷"（《后汉艺文志》，第245页）
郑固	字伯坚，蓍君元子也。含中和之淑质，履上仁〔阙三字〕，孝友著乎闺门，至行立乎乡党。初受业于欧阳，遂穷究于典藉，膺游、夏之文学，襄冉、季之政事（《全后汉文》卷九九《郎中郑固碑》，第999页）
周季贞	班固姊之子也，善属文。丧妇，作《问神》，其姊曹大家难之（《三辅决录》卷一，《三辅决录　三辅故事　三辅旧事》，第26页）
周氏	按：名字、籍贯俱佚。《后汉艺文志》著录其作"论语章句"（《后汉艺文志》，第81页）
编䜣	至元和二年（85年），太初失天益远，日、月宿度相觉浸多，而候者皆知冬至之日日在斗二十一度，未至牵牛五度，而以为牵牛中星，（从）〔后〕天四分日之三，晦朔弦望差天一日，宿差五度。章帝知其谬错，以问史官，虽知不合，而不能易，故召治历编䜣、李梵等综校其状（《续汉书·律历志中》，《后汉书》，第3026页） 按：《后汉艺文志》载其与李梵等著有"四分历三卷"（《后汉艺文志》，第253页）

---

① 有研究者认为是零陵郡人［参见江田祥、何超《〈汉绥民校尉熊君碑〉所见汉末政局与荆南社会变动》，《西华师范大学学报》（哲学社会科学版）2014年第4期］。

姓名	学术简况
蔡景君	按：《姚振宗〈后汉艺文志〉订补》著录其作"易注"（李秋丹：《姚振宗〈后汉艺文志〉订补》，第25页）
冯君	按：《后汉艺文志》著录其作"严氏春秋章句"。又引《经义考》曰："冯君章句见于汉碑，灼热可据，乃班固《儒林传》未之载。"（《后汉艺文志》，第69页）
涪翁	初，有老父不知何出，常渔钓于涪水，因号涪翁。乞食人间，见有疾者，时下针石，辄应时而效，乃著《针经》《诊脉法》传于世（《后汉书》卷八二下《方术传下·郭玉传》，第2735页）
甘容	按：《姚振宗〈后汉艺文志〉订补》著录其作"易下邳傅甘氏义一卷"（李秋丹：《姚振宗〈后汉艺文志〉订补》，第28页）
甘容讼	按：《姚振宗〈后汉艺文志〉订补》著录其作"甘容讼易笺"（李秋丹：《姚振宗〈后汉艺文志〉订补》，第28页）
郭宪	按：《姚振宗〈后汉艺文志〉订补》著录其作"东方朔传"（李秋丹：《姚振宗〈后汉艺文志〉订补》，第98页）
刘广世	按：《姚振宗〈后汉艺文志〉订补》著录其作"七兴"（李秋丹：《姚振宗〈后汉艺文志〉订补》，第140页）
刘玄	按：字伯康，明帝时官至中大夫，《姚振宗〈后汉艺文志〉订补》著录其作"簧赋"（李秋丹：《姚振宗〈后汉艺文志〉订补》，第140页）
麻达	按：清姚振宗云："麻达不知何时人，拟在西汉。"（《后汉艺文志》，第86页）
牟子[1]	牟子既修经传诸子，书无大小，靡不好之。虽不乐兵法，然犹读焉。虽读神仙不死之书，抑而不信，以为虚诞。是时灵帝崩后，天下扰乱，独交州差安。北方异人咸来在焉，多为神仙辟谷长生之术。时人多有学者，牟子常以五经难之，道家术士莫敢对焉，比之于孟轲距杨朱、墨翟（《弘明集》卷一《牟子理惑论》，《弘明集 广弘明集》，第1页）
杨孚[2]	按：《后汉艺文志》著录其作"董卓别传"（《后汉艺文志》，第179页）

---

[1] 《隋书·经籍志》著录有《牟子》两卷，题汉太尉牟融撰。《旧唐书》和《新唐书》把它列入《艺文志》，但《牟子》与《弘明集》中的《理惑论》是不是同一作品，尚未可知（参见罗辉映《牟子〈理惑论〉略析》，《法音》1984年第2期）。《理惑论》中的"牟子"是否即汉太尉牟融，也未可知。清姚振宗引临海洪熙煊校刊序云："按《后汉书·牟融传》，融代赵熹为太尉，建初四年薨。是书自序云'灵帝崩后，天下扰乱'，则相距已百余年。《牟子》非融作明矣。"（参见《后汉艺文志》，第224页）

[2] 此杨孚与南海人杨孚是否为同一人，尚存疑问。清姚振宗引清侯康《补后汉书艺文志》云："孚当是撰传之人，孚又有《交州异物志》一书。据黄佐《广州先贤传》、欧大任《百越先贤志》，则孚在章和时，无由撰《董卓传》。然未知所本，今仍题孚名，而不敢必为即撰《异物志》之人，或异人同姓名也"（参见《后汉艺文志》，第179页）。

续表

姓名	学术简况
朱阳	按：《姚振宗〈后汉艺文志〉订补》著录其作"九江寿春记"（李秋丹：《姚振宗〈后汉艺文志〉订补》，第99页）

资料来源：

1. （晋）陈寿撰，陈乃乾校点：《三国志》，中华书局1959年版。

2. （南朝宋）范晔撰，（唐）李贤等注：《后汉书》，中华书局1965年版。

3. （唐）魏徵、令狐德棻：《隋书》，中华书局1973年版。

4. （后晋）刘昫等：《旧唐书》，中华书局1975年版。

5. （汉）应劭撰，王利器校注：《风俗通义校注》，中华书局1981年版。

6. （唐）陆德明撰，吴承仕疏证，张力伟点校：《经典释文序录疏证 附经籍旧音二种》，中华书局2008年版。

7. 周天游辑注：《八家后汉书辑注》，上海古籍出版社1986年版。

8. （宋）洪适：《隶释 隶续》，中华书局1986年版。

9. （清）唐晏著，吴东民点校：《两汉三国学案》，中华书局1986年版。

10. （东晋）袁宏撰，周天游校注：《后汉纪校注》，天津古籍出版社1987年版。

11. 《敦煌氾氏人物传》，载郑炳林《敦煌地理文书汇辑校注》，甘肃教育出版社1989年版，第120—126页。

12. 黄晖：《论衡校释（附刘盼遂集解）》，中华书局1990年版。

13. （南朝梁）僧祐、（唐）道宣：《弘明集 广弘明集》，上海古籍出版社1991年版。

14. （明）欧大任撰，刘汉东校注，孙顺霞、孔繁士合校：《百越先贤志校注》，广西人民出版社1992年版。

15. （汉）刘向撰，刘晓东校点：《列女传》；（晋）皇甫谧撰，刘晓东校点：《高士传》，辽宁教育出版社1998年版。

16. （清）严可均辑，许振生审订：《全后汉文》，商务印书馆1999年版。

17. （汉）赵岐等撰，（清）张澍辑，陈晓捷注：《三辅决录 三辅故事 三辅旧事》，三秦出版社2006年版。

18. 曾磊：《两汉博士表》，载雷依群、徐卫民主编《秦汉研究》第2辑，三秦出版社2007年版，第357—378页。

19. （东汉）刘珍等撰，吴树平校注：《东观汉记校注》，中华书局2008年版。

20. （晋）常璩撰，严茜子点校：《华阳国志》，齐鲁书社2010年版。

21. （清）姚振宗：《后汉艺文志》，载王承略、刘心明主编《二十五史艺文经籍志考补萃编》（第七册），清华大学出版社2011年版。

22. 李秋丹：《姚振宗〈后汉艺文志〉订补》，硕士学位论文，山东大学，2016年。

23. 熊明辑校：《汉魏六朝杂传集》，中华书局2017年版。

24. 徐震堮：《世说新语校笺》，中华书局1984年版。

第九章

汉代学术著作简目表

说明：

1. 收录标准：（1）《汉书·艺文志》《后汉艺文志》著录的作品，且能明确其区域归属。（2）有些作品的作者虽非一人之作，但能够明确作者的，如《汉书·艺文志》载《尚书》有"大、小夏侯章句各二十九卷"，为东平夏侯胜、夏侯建二人所作，这种情况分别收录。

2. 未收录的情况：（1）集体之作，无法明确具体作者的。如《后汉艺文志》载有"乐人　歌诗四章"，清姚振宗引崔豹《古今注·音乐篇》云："明帝为太子，乐人作歌诗四章，以赞太子之德。其一曰《日重光》，其二曰《月重轮》，其三曰《星重晖》，其四曰《海重润》。"（参见《后汉艺文志》，第53页）但"乐人"是某个具体之人还是统称，难以断定，故未收录。（2）作者籍贯无考的未收录，如《急就篇解》一卷，作者曹寿，生平、籍贯无考，未录。

表32　　　　　　　　　西汉学术著作简目表

名称及篇幅	作者	籍贯	所属区域
王褒赋十六篇	王褒	犍为资中	巴蜀
司马相如赋二十九篇	司马相如	蜀郡成都	巴蜀
训纂一篇	扬雄	蜀郡成都	巴蜀
扬雄所序三十八篇	扬雄	蜀郡成都	巴蜀
扬雄赋十二篇	扬雄	蜀郡成都	巴蜀
凡将一篇	司马相如	蜀郡成都	巴蜀
扬雄仓颉训纂一篇	扬雄	蜀郡成都	巴蜀

续表

名称及篇幅	作者	籍贯	所属区域
荆轲论五篇①（其一）	司马相如	蜀郡成都	巴蜀
别字十三篇	扬雄	蜀郡成都	巴蜀
公孙浑邪十五篇	公孙昆邪	北地义渠	关中
强弩将军王围射法	王围	北地郁郅	关中
淮阳宪王赋二篇	刘钦	京兆长安	关中
博士弟子杜参赋二篇	杜参	京兆杜陵	关中
刘向赋三十三篇	刘向	京兆长安	关中
刘向说老子四篇	刘向	京兆长安	关中
宗正刘辟强赋八篇	刘辟强	京兆长安	关中
阳城侯刘德赋九篇	刘德	京兆长安	关中
刘向五行传记十一卷	刘向	京兆长安	关中
刘向所序六十七篇	刘向	京兆长安	关中
待诏冯商赋九篇	冯商	左冯翊阳陵	关中
许商五行传记一篇	许商	京兆长安	关中
李将军射法三篇	李广	陇西成纪	关中
司马迁赋八篇	司马迁	左冯翊夏阳	关中
太史公百三十篇	司马迁	左冯翊夏阳	关中
冯商所续太史公七篇	冯商	左冯翊阳陵	关中
河间周制十八篇②	刘德	京兆长安	关中
河间献王对上下雍宫三篇	刘德	京兆长安	关中
广川惠王越赋五篇	刘越	京兆长安	关中
淮南内二十一篇	刘安	京兆长安	关中
淮南王三十三篇	刘安	京兆长安	关中
淮南王赋八十二篇	刘安	京兆长安	关中
阳丘侯刘隁赋十九篇	刘隁	京兆长安	关中
临江王及愁思节士歌诗四篇	刘荣	京兆长安	关中
许商算术二十六卷	许商	京兆长安	关中

---

① 按：是书为集体之作。原注曰："轲为燕刺秦王，不成而死，司马相如等论之。"（参见《汉书》卷三〇《艺文志》，第 1741 页）

② 原注曰："似河间献王所述也。"（参见《汉书》卷三〇《艺文志》，第 1725 页）

第九章　汉代学术著作简目表

续表

名称及篇幅	作者	籍贯	所属区域
孟氏京房十一篇	京房	东郡顿丘	河洛
灾异孟氏京房六十六篇	京房	东郡顿丘	河洛
洛阳锜华赋九篇	锜华	河南洛阳	河洛
贾谊五十八篇	贾谊	河南洛阳	河洛
易传周氏二篇	周王孙	河南洛阳	河洛
贾谊赋七篇	贾谊	河南洛阳	河洛
虞初周说九百四十三篇	虞初	河南洛阳	河洛
张苍十六篇	张苍	河南阳武	河洛
安昌侯说一篇	张禹	河内轵	河洛
鲁安昌侯说二十一篇	张禹	河内轵	河洛
桓宽盐铁论六十篇	桓宽	汝南	河洛
臣寿周纪七篇	寿周	汝南项	河洛
蔡公二篇	蔡公	卫	河洛
贾山八篇	贾山	颍川	河洛
晁错三十一篇	晁错	颍川	河洛
五鹿充宗略说三篇	五鹿充宗	卫	河洛
于长天下忠臣九篇	于长	河南平阴	河洛
曹羽二篇	曹羽	楚	梁宋
朱建赋二篇	朱建	楚	梁宋
陆贾二十三篇	陆贾	楚	梁宋
陆贾赋三篇	陆贾	楚	梁宋
平原君七篇	朱建	楚	梁宋
楚汉春秋	陆贾	楚	梁宋
丁氏八篇	丁宽	梁	梁宋
雅琴龙氏九十九篇	龙德	梁	梁宋
枚皋赋百二十篇	枚皋	淮阳	梁宋
枚乘赋九篇	枚乘	淮阳	梁宋
章句施、孟、梁丘氏各二篇	施雠	沛	梁宋
江氏说一篇	江公	山阳瑕丘	梁宋
赵幽王赋一篇	刘友	沛	梁宋
易经十二篇，施、孟、梁丘三家	施雠	沛	梁宋

续表

名称及篇幅	作者	籍贯	所属区域
礼古经五十六卷,经十七卷。后氏、戴氏	戴德	梁	梁宋
礼古经五十六卷,经十七卷。后氏、戴氏	戴圣	梁	梁宋
几赋	韩安国	梁成安	梁宋
孝经一篇。十八章。长孙氏、江氏、后氏、翼氏四家	江公	山阳瑕丘	梁宋
京氏段嘉十二篇	殷嘉①	东海	鲁地
河内太守徐明赋三篇	徐明	东海	鲁地
雅琴师氏八篇	师中	东海	鲁地
萧望之赋四篇	萧望之	东海兰陵	鲁地
章句施、孟、梁丘氏各二篇	孟喜	东海兰陵	鲁地
曲台后仓九篇	后仓	东海郯	鲁地
后氏说一篇	后仓	东海郯	鲁地
齐后氏故二十卷	后仓②	东海郯	鲁地
翼氏说一篇	翼奉	东海下邳	鲁地
鲁夏侯说二十一篇	夏侯胜	东平	鲁地
大、小夏侯章句各二十九卷	夏侯胜	东平	鲁地
大、小夏侯章句各二十九卷	夏侯建	东平	鲁地
大、小夏侯解故二十九篇	夏侯胜	东平	鲁地
大、小夏侯解故二十九篇	夏侯建	东平	鲁地
太常蓼侯孔臧赋二十篇	孔臧	鲁	鲁地
鲁故二十五卷	申公	鲁	鲁地
太常蓼侯孔臧十篇	孔臧	鲁	鲁地
眭弘赋一篇	眭孟	鲁国蕃	鲁地
公羊颜氏记	颜安乐	鲁国薛	鲁地
易经十二篇,施、孟、梁丘三家	孟喜	东海兰陵	鲁地

---

① "殷嘉",即"段嘉"。周寿昌《汉书注校补》:"见《儒林传》。按《传》云,房授东海殷嘉,是殷非段,或以字近而讹。而云京房授嘉,则是房弟子,非房所从受学者也。颜注误。"(参见陈国庆编《汉书艺文志注释汇编》引,第15页)

② 朱一新于《汉书管见》中说道:"所谓《后氏故》者,盖其徒所推说也。"(参见陈国庆编《汉书艺文志注释汇编》引,第35页)

第九章　汉代学术著作简目表

续表

名称及篇幅	作者	籍贯	所属区域
经二十九卷。大、小夏侯二家。欧阳经三十二卷	夏侯胜	东平	鲁地
经二十九卷。大、小夏侯二家。欧阳经三十二卷	夏侯建	东平	鲁地
诗经二十八卷，鲁、齐、韩三家	申公	鲁	鲁地
毛诗故训传三十卷	毛亨	鲁	鲁地
礼古经五十六卷，经十七卷。后氏、戴氏	后仓	东海郯	鲁地
孝经一篇。十八章。长孙氏、江氏、后氏、翼氏四家	翼奉	东海下邳	鲁地
博士臣贤对一篇	韦贤	鲁国邹	鲁地
孝经一篇。十八章。长孙氏、江氏、后氏、翼氏四家	后仓	东海郯	鲁地
传四十一篇	伏生	济南	齐地
终军八篇	终军	济南	齐地
王氏二篇	王同	琅邪东武	齐地
鲁王骏说二十篇	王骏	琅邪皋虞	齐地
齐说二十九篇	王吉	琅邪皋虞	齐地
章句施、孟、梁丘氏各二篇	梁丘贺	琅邪诸	齐地
庄安一篇	严安	临淄	齐地
主父偃二十八篇	主父偃	临淄	齐地
东方朔二十篇	东方朔	平原厌次	齐地
服氏二篇	服光	齐	齐地
刘敬三篇	刘敬	齐	齐地
邹阳七篇	邹阳	齐	齐地
待诏臣饶心术二十五篇	待诏臣饶	齐	齐地
兒宽赋二篇	兒宽	千乘	齐地
兒宽九篇	兒宽	千乘	齐地
欧阳章句三十一卷	欧阳高	千乘	齐地
杨氏二篇	杨何	淄川	齐地
公孙弘十篇	公孙弘	淄川薛	齐地
易经十二篇，施、孟、梁丘三家	梁丘贺	琅邪诸	齐地

续表

名称及篇幅	作者	籍贯	所属区域
经二十九卷。大、小夏侯二家。欧阳经三十二卷	欧阳生	千乘	齐地
诗经二十八卷，鲁、齐、韩三家	辕固生	齐	齐地
文鹿赋	公孙诡	齐	齐地
屏风赋	羊胜	齐	齐地
雅琴赵氏七篇	赵定	勃海	齐地
老子徐氏说六篇	徐氏	临淮	吴越
韩信三篇	韩信	临淮淮阴	吴越
朱买臣赋三篇	朱买臣	会稽吴	吴越
严助赋三十五篇	严助	会稽吴	吴越
庄助四篇	严助	会稽吴	吴越
庄夫子赋二十四篇	庄忌	吴	吴越
韩氏二篇	韩婴	燕	燕地
韩内传四卷	韩婴	燕	燕地
韩外传六卷	韩婴	燕	燕地
韩故三十六卷	韩婴	燕	燕地
徐乐一篇	徐乐	燕无终	燕地
蒯子五篇	蒯通	涿郡范阳	燕地
诗经二十八卷，鲁、齐、韩三家	韩婴	燕	燕地
王禹记二十四篇	王禹	常山	赵地
董仲舒百二十三篇	董仲舒	广川	赵地
公羊董仲舒治狱十六篇	董仲舒	广川	赵地
蔡癸一篇	蔡癸	邯郸	赵地
吾丘寿王赋十五篇	吾丘寿王	赵	赵地
吾丘寿王六篇	吾丘寿王	赵	赵地
待诏金马聊苍三篇	聊苍	赵	赵地

资料来源：

1. （汉）班固：《汉书》，中华书局 1962 年版。
2. 陈国庆编：《汉书艺文志注释汇编》，中华书局 1983 年版。
3. 张舜徽：《广校雠略　汉书艺文志通释》，华中师范大学出版社 2004 年版。

表 33　　　　　　　　　　东汉学术著作简目表

名称及篇幅	作者	籍贯	所属区域
东观郎李胜集数十篇	李胜	广汉	巴蜀
经方颂说	李助	广汉涪	巴蜀
天文书二卷	段恭	广汉洛	巴蜀
经方颂说	郭玉	广汉洛	巴蜀
援神钩命解诂十二篇	翟酺	广汉洛	巴蜀
政事论七篇	李尤	广汉洛	巴蜀
乐安相李尤集二十八篇	李尤	广汉洛	巴蜀
易章句	冯颢	广汉郪	巴蜀
巴蜀耆旧传	王商	广汉郪	巴蜀
刺奢说	冯灏	广汉郪	巴蜀
王子五篇	王获	广汉郪	巴蜀
河洛解	朱仓	广汉什邡	巴蜀
侍中杨厚集二卷	杨厚	广汉新都	巴蜀
秘记家法章句	杨统	广汉新都	巴蜀
内谶二卷解说	杨统	广汉新都	巴蜀
易说	景鸾	广汉梓潼	巴蜀
诗解文句	景鸾	广汉梓潼	巴蜀
月令章句	景鸾	广汉梓潼	巴蜀
礼略	景鸾	广汉梓潼	巴蜀
兴道一篇	景鸾	广汉梓潼	巴蜀
河洛交集	景鸾	广汉梓潼	巴蜀
韩诗章句	杜抚	犍为武阳	巴蜀
诗题约义通	杜抚	犍为武阳	巴蜀
广陵太守张纲集	张纲	犍为武阳	巴蜀
蜀郡乡俗记	赵宁	蜀郡	巴蜀
古文尚书注	张楷	蜀郡成都	巴蜀
巴蜀耆旧传	赵谦	蜀郡成都	巴蜀
兵云图	杨由	蜀郡成都	巴蜀
其平书十余篇	杨由	蜀郡成都	巴蜀
封禅书	杨终	蜀郡成都	巴蜀

续表

名称及篇幅	作者	籍贯	所属区域
减定严氏春秋章句	张霸	蜀郡成都	巴蜀
删太史公书	杨终	蜀郡成都	巴蜀
春秋外传十二篇	杨终	蜀郡成都	巴蜀
哀牢传	杨终	蜀郡成都	巴蜀
嘉瑞颂十五章	杨终	蜀郡成都	巴蜀
巴蜀耆旧传	郑廑	蜀郡临邛	巴蜀
蜀本纪	郑廑	蜀郡临邛	巴蜀
蜀本纪	尹贡	夜郎	巴蜀
世务论三十篇	何汶	蜀郡郫	巴蜀
汉德春秋十五卷	何英	蜀郡郫	巴蜀
赵温易义	赵温	蜀郡成都	巴蜀
周易占	张晧	犍为武阳	巴蜀
雷电之意赋	杨终	蜀郡成都	巴蜀
戒马廖书、狱中上书自讼	杨终	蜀郡成都	巴蜀
生民诗	杨终	蜀郡成都	巴蜀
晨风诗	杨终	蜀郡成都	巴蜀
永平神雀颂五篇（其一）	杨终	蜀郡成都	巴蜀
汉记①	李尤	广汉雒	巴蜀
上计掾秦嘉集	秦嘉	陇西	关中
扶风太守傅幹集	傅幹	北地灵州	关中
庞娥传	梁宽	安定	关中
司农卿皇甫规集二十七篇	皇甫规	安定朝那	关中
山川屯田图百余卷	李恂	安定临泾	关中
潜夫论十卷	王符	安定临泾	关中
七序	梁竦	安定乌氏	关中
悼骚一篇	梁竦	安定乌氏	关中
汉皇德传三十卷	侯瑾	敦煌	关中
笔心论五卷	张芝	敦煌	关中

---

① 按：是书为集体之作。《后汉书·文苑传》载：李尤在"安帝时为谏议大夫，受诏与谒者仆射刘珍等俱撰《汉记》"（参见《后汉书》卷八〇上《文苑传上·李尤传》，第2616页）。

续表

名称及篇幅	作者	籍贯	所属区域
公车征士侯瑾集数十篇	侯瑾	敦煌	关中
琴诗十二章	盖勋	敦煌广至	关中
减定牟氏章句	张奂	敦煌酒泉	关中
尚书记难	张奂	敦煌酒泉	关中
太常卿张奂集二十四篇	张奂	敦煌渊泉	关中
严君平像	杨修	弘农华阴	关中
西京图	杨修	弘农华阴	关中
吴季札像	杨修	弘农华阴	关中
丞相主簿杨修集十五篇	杨修	弘农华阴	关中
尔雅注六卷	樊光	京兆	关中
郎中苏顺集十六篇	苏顺	京兆霸陵	关中
车骑从事杜笃集十八篇	杜笃	京兆杜陵	关中
司徒从事冯衍集五十篇	冯衍	京兆杜陵	关中
女诫	杜笃	京兆杜陵	关中
明世论十五篇	杜笃	京兆杜陵	关中
章草书	杜度	京兆杜陵	关中
三辅决录七卷	赵岐	京兆长安	关中
太常赵岐集	赵岐	京兆长陵	关中
寿藏画赞	赵岐	京兆长陵	关中
孟子章句十四卷	赵岐	京兆长陵	关中
御寇论四十章	赵岐	京兆长陵	关中
黄门郎秦嘉妻徐淑集一卷	徐淑	陇西	关中
处士曹众集四卷	曹众	右扶风	关中
尚书令士孙瑞集二卷	士孙瑞	右扶风	关中
笔论一卷	曹喜	右扶风平陵	关中
曹大家集十六篇	班昭	右扶风安陵	关中
幽通赋注一卷	班昭	右扶风安陵	关中
大将军护军司马班固集四十一篇	班固	右扶风安陵	关中
前史得失略论	班彪	右扶风安陵	关中
列女传注	班昭	右扶风安陵	关中
白虎议奏百余篇	班固	右扶风安陵	关中

续表

名称及篇幅	作者	籍贯	所属区域
续仓颉篇十三章	班固	右扶风安陵	关中
别录	班彪	右扶风安陵	关中
续史记后传六十五篇	班彪	右扶风安陵	关中
汉书百篇	班固	右扶风安陵	关中
女诫一卷	班昭	右扶风安陵	关中
弈旨一篇	班固	右扶风安陵	关中
离骚经章句一卷	班固	右扶风安陵	关中
典引篇一卷	班固	右扶风安陵	关中
徐令班彪集九篇	班彪	右扶风安陵	关中
南郡太守马融集二十一篇	马融	右扶风茂陵	关中
车骑司马傅毅集二十八篇	傅毅	右扶风茂陵	关中
申情赋一篇	马芝	右扶风茂陵	关中
周易传十卷	马融	右扶风茂陵	关中
古文尚书传十一卷	马融	右扶风茂陵	关中
毛诗传十卷	马融	右扶风茂陵	关中
周官传十二卷	马融	右扶风茂陵	关中
丧服经传一卷	马融	右扶风茂陵	关中
礼记传四十九篇	马融	右扶风茂陵	关中
春秋左氏传义诂三十一卷	孔奇	右扶风茂陵	关中
春秋左氏说	孔嘉	右扶风茂陵	关中
建武注记	马严	右扶风茂陵	关中
马将军故事	马援	右扶风茂陵	关中
汉律章句	马融	右扶风茂陵	关中
列女传注	马融	右扶风茂陵	关中
老子注	马融	右扶风茂陵	关中
淮南子注	马融	右扶风茂陵	关中
铜马相法	马援	右扶风茂陵	关中

续表

名称及篇幅	作者	籍贯	所属区域
显宗颂十篇	傅毅	右扶风茂陵	关中
春秋三传异同说	马融	右扶风茂陵	关中
古文孝经传一卷	马融	右扶风茂陵	关中
古文论语注	马融	右扶风茂陵	关中
仓颉训纂一篇	杜林[1]	右扶风茂陵	关中
仓颉故一篇	杜林	右扶风茂陵	关中
群书古文	马日䃅	右扶风茂陵	关中
请铸五铢钱奏议	马援	右扶风茂陵	关中
离骚传一卷	马融	右扶风茂陵	关中
处士梁鸿集二卷	梁鸿	右扶风平陵	关中
侍中贾逵集九篇	贾逵	右扶风平陵	关中
大鸿胪窦章集二卷	窦章	右扶风平陵	关中
古文尚书训	贾逵	右扶风平陵	关中
尚书古文同异	贾逵	右扶风平陵	关中
毛诗传	贾逵	右扶风平陵	关中
诗异同	贾逵	右扶风平陵	关中
毛诗杂义难十卷	贾逵	右扶风平陵	关中
周礼解诂	贾逵	右扶风平陵	关中
春秋左氏长经二十卷	贾逵	右扶风平陵	关中
春秋左氏传解诂三十卷	贾逵	右扶风平陵	关中
春秋左氏大义三十事	贾逵	右扶风平陵	关中
春秋左氏长义四十事	贾逵	右扶风平陵	关中
春秋释训一卷	贾逵	右扶风平陵	关中
春秋左氏经传朱墨列一卷	贾逵	右扶风平陵	关中
逸民传	梁鸿	右扶风平陵	关中
度田条式	秦彭	右扶风茂陵	关中
离骚经章句一卷	贾逵	右扶风平陵	关中
侍中苏竟集	苏竟	右扶风平陵	关中

[1] 按：杜林的作品在《汉书·艺文志》和《后汉艺文志》同样著录，鉴于其传见于《后汉书》，本研究把其著作列在东汉时期。

续表

名称及篇幅	作者	籍贯	所属区域
云阳令朱勃集二卷	朱勃	右扶风平陵	关中
春秋三家经本训诂十二卷	贾逵	右扶风平陵	关中
修理仓颉旧史	贾逵	右扶风平陵	关中
摘谶	贾逵	右扶风平陵	关中
春秋外传国语解诂二十一卷	贾逵	右扶风平陵	关中
西域风土记	班超	右扶风平陵	关中
西域风土记	班勇	右扶风平陵	关中
韦卿子	韦彪	右扶风平陵	关中
梁鸿书十余篇	梁鸿	右扶风平陵	关中
难左氏义四十一事	李育	右扶风漆	关中
月食注	王汉	左冯翊万年	关中
汉官篇	王隆	左冯翊云阳	关中
新汲令王隆集二十六篇	王隆	左冯翊云阳	关中
春秋左氏条例二十一卷	贾徽	右扶风平陵	关中
显宗起居注	马皇后	右扶风茂陵	关中
关辅古语	杨震	弘农华阴	关中
尚书中候马氏注一卷	马融	右扶风茂陵	关中
贾逵易义	贾逵	右扶风平陵	关中
周易班氏义	班固①	右扶风安陵	关中
周礼班氏义一卷	班固	右扶风安陵	关中
仪礼班氏义一卷	班固	右扶风安陵	关中
鲁恭易义	鲁恭	右扶风平陵	关中
仪礼注	马融	右扶风茂陵	关中
武溪深	马援	右扶风茂陵	关中
论语注	贾逵	右扶风平陵	关中
羽猎赋	王符	安定临泾	关中
永平神雀颂五篇②（其一）	贾逵	右扶风平陵	关中

① 另有史籍记载班固撰有《汉武故事》，对此，李秋丹认为，"姚振宗《隋书经籍志考证》对此书有详细考证，然亦未有确论"（参见李秋丹《姚振宗〈后汉艺文志〉订补》，第88页）。

② 据《论衡》所载，《永平神雀颂五篇》是班固、贾逵、傅毅、杨终和侯讽每人一篇，本研究亦分别著录。

第九章　汉代学术著作简目表　407

续表

名称及篇幅	作者	籍贯	所属区域
永平神雀颂五篇（其一）	班固	右扶风安陵	关中
永平神雀颂五篇（其一）	傅毅	右扶风茂陵	关中
连珠集①	班固	右扶风安陵	关中
连珠集	贾逵	右扶风平陵	关中
连珠集	傅毅	右扶风茂陵	关中
三礼图三卷	阮谌	陈留	河洛
丞相仓曹属阮瑀集数十篇	阮瑀	陈留	河洛
魏国郎中令路粹集二卷录一卷	路粹	陈留	河洛
陈相边韶集十五篇	边韶	陈留浚义	河洛
九江太守边让集	边让	陈留浚义	河洛
外黄令张升集六十篇	张升	陈留尉氏	河洛
月令章句十二卷	蔡邕	陈留圉	河洛
琴操二卷	蔡邕	陈留圉	河洛
胡笳引一十八章	蔡文姬	陈留	河洛
蔡邕撰集汉事	蔡邕	陈留圉	河洛
奏汉记十意	蔡邕	陈留圉	河洛
独断二卷	蔡邕	陈留圉	河洛
天文志	蔡邕	陈留圉	河洛
律历志②	蔡邕	陈留圉	河洛
本草七卷	蔡邕	陈留圉	河洛
讲学图	蔡邕	陈留圉	河洛
篆势	蔡邕	陈留圉	河洛
左中郎将蔡邕集百四篇	蔡邕	陈留圉	河洛
蔡文姬集一卷	蔡文姬	陈留圉	河洛
典引篇注一卷	蔡邕	陈留圉	河洛
圣皇篇一卷	蔡邕	陈留圉	河洛

① 据清姚振宗所云，《连珠集》为班固、贾逵和傅毅的合集（参见《后汉艺文志》，第354页），本研究亦分别著录。

② 按：《续汉书·律历下》："光和元年中，议郎蔡邕、郎中刘洪补续《律历志》，邕能著文，清浊钟律，洪能为筹，述叙三光。"（《后汉书》，第3082页）据此，《律历志》为二人合作。本研究亦分别著录。

续表

名称及篇幅	作者	籍贯	所属区域
劝学篇一卷	蔡邕	陈留圉	河洛
汉书音义	蔡邕	陈留圉	河洛
汉官典职仪式选用二卷	蔡质	陈留圉	河洛
汉仪	蔡质	陈留圉	河洛
朝会志	蔡邕	陈留圉	河洛
车服志	蔡邕	陈留圉	河洛
礼志	蔡邕	陈留圉	河洛
乐志	蔡邕	陈留圉	河洛
郊祀志	蔡邕	陈留圉	河洛
女训一篇	蔡邕	陈留圉	河洛
赤泉侯画赞	蔡邕	陈留圉	河洛
小列女图	蔡邕	陈留圉	河洛
隶势	蔡邕	陈留圉	河洛
尚书右丞潘勖集二卷录一卷	潘勖	陈留中牟	河洛
解鸟语经一卷	王乔	河东	河洛
养性治身经三卷	王乔	河东	河洛
鸟情占一卷	王乔	河东	河洛
礼记要钞十卷	緱氏	河南	河洛
周官注	杜子春	河南	河洛
周易注	郑众	河南开封	河洛
毛诗传	郑众	河南开封	河洛
周礼解诂	郑兴	河南开封	河洛
周礼解诂	郑众	河南开封	河洛
春秋左氏条例训诂	郑兴	河南开封	河洛
春秋左氏章句训诂	郑兴	河南开封	河洛
春秋左氏条例章句九卷	郑众	河南开封	河洛
春秋左氏难记	郑众	河南开封	河洛
春秋删十九篇	郑众	河南开封	河洛
春秋左氏长义十九条	郑众	河南开封	河洛
孝经注一卷	郑众	河南开封	河洛
论语传	郑众	河南开封	河洛

续表

名称及篇幅	作者	籍贯	所属区域
春秋外传国语章句	郑众	河南开封	河洛
婚礼谒文	郑众	河南开封	河洛
五家要说章句①	刘庄	南阳蔡阳	河洛
春秋左氏传解谊三十一卷	服虔	河南荥阳	河洛
春秋成长说九卷	服虔	河南荥阳	河洛
春秋塞难三卷	服虔	河南荥阳	河洛
春秋左氏音隐一卷	服虔	河南荥阳	河洛
春秋左氏膏肓释痾十卷	服虔	河南荥阳	河洛
春秋汉议驳二卷	服虔	河南荥阳	河洛
通俗文一卷	服虔	河南荥阳	河洛
汉书音训一卷	服虔	河南荥阳	河洛
九江太守服虔集十余篇	服虔	河南荥阳	河洛
李固德行一篇	赵承	河内	河洛
司马朗论	司马朗	河内温	河洛
史要十卷	卫飒	河内修武	河洛
金匮玉函经八卷	张仲景	南阳	河洛
疗妇人方二卷	张仲景	南阳	河洛
五藏论一卷	张仲景	南阳	河洛
疗黄经一卷	张仲景	南阳	河洛
伤寒卒病论十六卷	张仲景	南阳	河洛
张仲景方十五卷	张仲景	南阳	河洛
评病要方一卷	张仲景	南阳	河洛
口齿论一卷	张仲景	南阳	河洛
脉经一卷	张仲景	南阳	河洛
校书郎刘騊駼集四篇	刘騊駼	南阳	河洛
皇羲篇五十章	刘宏	河南洛阳	河洛

① 华峤《后汉书》和《东观汉记》作《五行章句》。《后汉书·桓郁传》：明“帝自制《五家要说章句》，令郁校定于宣明殿”，李贤注释说：“华峤《书》曰‘帝自制《五行章句》’，此言‘五家’，即谓五行之家也。宣明殿在德阳殿后。《东观记》曰：‘上谓郁曰：卿经及先师，致复文雅。’其冬，上亲于辟雍，自讲所制《五行章句》已复令郁说一篇。”（参见《后汉书》卷三七《桓郁传》，第1255页）

续表

名称及篇幅	作者	籍贯	所属区域
乐四品	刘庄	南阳蔡阳	河洛
登歌	刘庄	南阳蔡阳	河洛
歌诗四章	刘炟	河南洛阳	河洛
灵台十二门诗	刘炟	河南洛阳	河洛
鼙舞辞五篇	刘炟	河南洛阳	河洛
云台十二门新诗	刘宏	河南洛阳	河洛
草书尺牍十首	刘睦	河南洛阳	河洛
卫尉刘珍集七篇	刘珍	南阳蔡阳	河洛
释名三十篇	刘珍	南阳蔡阳	河洛
史记音义	延笃	南阳犨	河洛
诏令校定图谶	尹敏	南阳堵阳	河洛
删定严氏春秋章句	樊儵	南阳湖阳	河洛
诏定五经章句谶记说①	樊儵	南阳湖阳	河洛
易章句	樊英	南阳鲁阳	河洛
石壁文三卷	樊英	南阳鲁阳	河洛
益州刺史朱穆集二十篇	朱穆	南阳宛	河洛
周官训诂	张衡	南阳西鄂	河洛
地形图一卷	张衡	南阳西鄂	河洛
浑天仪一卷	张衡	南阳西鄂	河洛
灵宪一卷	张衡	南阳西鄂	河洛
条上司马迁班固不合十余事	张衡	南阳西鄂	河洛
玄图一卷	张衡	南阳西鄂	河洛
太玄经注	张衡	南阳西鄂	河洛
候风地动仪	张衡	南阳西鄂	河洛
算罔论	张衡	南阳西鄂	河洛
黄帝飞鸟历一卷	张衡	南阳西鄂	河洛
河间相张衡集三十二篇	张衡	南阳西鄂	河洛
阴长生书九篇	阴长生	南阳新野	河洛

---

① 是书作者除樊儵外,尚有其他公卿参与,"永平元年,拜长水校尉,与公卿杂定郊祠礼仪,以谶记正五经异说"(参见《后汉书》卷三二《樊宏传》,第 1122 页)。

第九章 汉代学术著作简目表　411

续表

名称及篇幅	作者	籍贯	所属区域
修三皇经一卷	阴长生	南阳新野	河洛
修真君五精论一卷	阴长生	南阳新野	河洛
注金丹决一卷	阴长生	南阳新野	河洛
注金碧五相类参同契三卷	阴长生	南阳新野	河洛
易通论	洼丹	南阳育阳	河洛
周易注十卷	宋忠	南阳章陵	河洛
左氏传释	谢该	南阳章陵	河洛
春秋左氏章句后定	宋忠	南阳章陵	河洛
易纬注	宋忠	南阳章陵	河洛
乐纬注	宋忠	南阳章陵	河洛
春秋纬注	宋忠	南阳章陵	河洛
孝经纬注	宋忠	南阳章陵	河洛
世本四卷	宋忠	南阳章陵	河洛
世本别录一卷	宋忠	南阳章陵	河洛
太玄经注九卷	宋忠	南阳章陵	河洛
法言注十三卷	宋忠	南阳章陵	河洛
七曜论	刘陶	颍川颍阴	河洛
春秋左氏传注	延笃	南阳犨	河洛
战国策论一卷	延笃	南阳犨	河洛
京兆尹延笃集二十篇	延笃	南阳犨	河洛
弈势一篇	应玚	汝南	河洛
魏太子文学应玚集数十篇	应玚	汝南	河洛
春秋左氏传记	彭汪	汝南	河洛
定严氏春秋章句	钟兴	汝南河阳	河洛
状人纪	应劭	汝南南顿	河洛
中汉辑序	应劭	汝南南顿	河洛
汉朝驳三十卷	应劭	汝南南顿	河洛
汉官仪十卷	应劭	汝南南顿	河洛
汝南君讳议二卷	应劭	汝南南顿	河洛
汉议二百五十篇	应劭	汝南南顿	河洛
驳议三十篇	应劭	汝南南顿	河洛

续表

名称及篇幅	作者	籍贯	所属区域
十三州记	应劭	汝南南顿	河洛
地理风俗记	应劭	汝南南顿	河洛
洞序九卷录一卷	应奉	汝南南顿	河洛
后序十二卷	应奉	汝南南顿	河洛
泰山太守应劭集四卷	应劭	汝南南顿	河洛
汉书集解音义二十四卷	应劭	汝南南顿	河洛
汉事十七卷	应奉	汝南南顿	河洛
尚书旧事	应劭	汝南南顿	河洛
汉官注五卷	应劭	汝南南顿	河洛
礼义故事①	应劭	汝南南顿	河洛
风俗通义三十一卷录一卷	应劭	汝南南顿	河洛
建武以来灾异	应劭	汝南南顿	河洛
感骚三十篇	应奉	汝南南顿	河洛
易新林十卷	许峻	汝南平舆	河洛
易要诀三卷	许峻	汝南平舆	河洛
月旦评	许劭	汝南平舆	河洛
易灾条二卷	许峻	汝南平舆	河洛
易杂占七卷	许峻	汝南平舆	河洛
易难记	袁京	汝南汝阳	河洛
尚书杂记三十二篇	周防	汝南汝阳	河洛
陈留耆旧传	袁汤	汝南汝阳	河洛
尔雅注三卷	李巡	汝南汝阳	河洛
郅恽书八篇	郅恽	汝南西平	河洛
孝经孔氏古文说一篇	许慎	汝南召陵	河洛
五经异义十卷	许慎	汝南召陵	河洛
说文解字十五卷	许慎	汝南召陵	河洛
史记注	许慎	汝南召陵	河洛
淮南鸿烈间诂二十一卷	许慎	汝南召陵	河洛

---

① 原文如此。《后汉书》本传作"《汉官礼仪故事》"(参见《后汉书》卷四八《应劭传》,第1614页)。

第九章　汉代学术著作简目表　413

续表

名称及篇幅	作者	籍贯	所属区域
异闻记	陈寔	颍川	河洛
丞相主簿繁钦集十卷录一郡	繁钦	颍川	河洛
中文尚书	刘陶	颍川颍阴	河洛
陈子数十篇	陈纪	颍川许	河洛
周易传十一卷	荀爽	颍川颍阴	河洛
尚书正经	荀爽	颍川颍阴	河洛
诗传	荀爽	颍川颍阴	河洛
礼传	荀爽	颍川颍阴	河洛
汉语	荀爽	颍川颍阴	河洛
申鉴五篇	荀悦	颍川颍阴	河洛
女诫一篇	荀爽	颍川颍阴	河洛
司空荀爽集三卷录一卷	荀爽	颍川颍阴	河洛
谏议大夫刘陶集百余篇	刘陶	颍川颍阴	河洛
春秋训诂	刘陶	颍川颍阴	河洛
春秋条例	刘陶	颍川颍阴	河洛
唐子三十余篇	唐羌	汝南	河洛
春秋条例	延笃	颍川颍阴	河洛
春秋条例	荀爽	颍川颍阴	河洛
公羊问	荀爽	颍川颍阴	河洛
辨谶	荀爽	颍川颍阴	河洛
汉纪三十卷	荀悦	颍川颍阴	河洛
复孟子	刘陶	颍川颍阴	河洛
新书百余篇	荀爽	颍川颍阴	河洛
崇德正论及诸论数十篇	荀悦	颍川颍阴	河洛
匡老子	刘陶	颍川颍阴	河洛
反韩非	刘陶	颍川颍阴	河洛
五经通论	刘辅	南阳蔡阳	河洛
汉德颂	刘复	河南洛阳	河洛
南北郊冠冕车服制度	刘苍	南阳蔡阳	河洛
光武庙登歌一章	刘苍	南阳蔡阳	河洛
光武受命中兴颂	刘苍	南阳蔡阳	河洛

续表

名称及篇幅	作者	籍贯	所属区域
东平宪王集五卷	刘苍	南阳蔡阳	河洛
别字	刘苍	南阳蔡阳	河洛
春秋旨义终始论	刘睦	河南洛阳	河洛
汉德论并宪论十二篇	刘毅	河南洛阳	河洛
北海敬王集数十篇	刘睦	河南洛阳	河洛
颂德诗赋	刘京	南阳蔡阳	河洛
弩射秘法	刘宠	河南洛阳	河洛
长乐宫注	邓绥	南阳新野	河洛
延笃易义	延笃	南阳犨	河洛
服虔易注	服虔	河南荥阳	河洛
春秋左传许氏注一卷	许慎	汝南召陵	河洛
三统历（校）	郑兴	河南开封	河洛
行书	刘德昇	颍川	河洛
璎珞篆	刘德昇	颍川	河洛
光武皇帝本纪①	刘庄	南阳蔡阳	河洛
注荀悦汉纪三十卷②	应劭	汝南南顿	河洛
东观汉记一百四十三卷③	刘珍	南阳蔡阳	河洛
上计赵壹集十六篇	赵壹	汉阳西县	荆楚
汉中耆旧传	祝龟	汉中南郑	荆楚
司空李固集十一篇	李固	汉中南郑	荆楚
魏郡太守黄香集五篇	黄香	江夏安陆	荆楚
汉官解诂三卷	胡广	南郡华容	荆楚
百官箴四十八篇	胡广	南郡华容	荆楚
汉书解诂	胡广	南郡华容	荆楚

---

① 清姚振宗云："按《班固传》：固与陈宗、尹敏、孟异共成《世祖本纪》，此明帝御撰，合以东平王《中兴颂》，或别为一编。"（参见《后汉艺文志》，第127页）

② 清姚振宗以为出自后人，"仲远旧又集解《汉书》，疑后人移而为是书之注，又杂取他家音义传益之，故曰应劭等"，"又按劭既为《汉书》作音义，荀《纪》与《汉书》无多异文，又何事更为之注？劭必不尔也。此出后人无疑（参见《后汉艺文志》，第128—129页）。

③ 是书为集体之作，参与者众多，仅《后汉书》就记载有李尤、伏无忌、黄景、崔寔、刘騊駼、蔡邕、卢植、韩说等（参见《后汉艺文志》所引《史通·正史篇》语，第124—125页）。

第九章 汉代学术著作简目表 415

续表

名称及篇幅	作者	籍贯	所属区域
汉制度	胡广	南郡华容	荆楚
太傅胡广集二十二篇	胡广	南郡华容	荆楚
广陵郡图经	王逸	南郡宜城	荆楚
正部论八卷	王逸	南郡宜城	荆楚
楚辞章句别本十七卷	王逸	南郡宜城	荆楚
楚辞章句十六卷	王逸	南郡宜城	荆楚
汉诗百二十篇	王逸	南郡宜城	荆楚
侍中王逸集二十一篇	王逸	南郡宜城	荆楚
处士王延寿集三卷	王延寿	南郡宜城	荆楚
处士周不疑集四篇	周不疑	零陵	荆楚
周官解诂	胡广	南郡华容	荆楚
汉末英雄记十卷	王粲	山阳高平	梁宋
春秋左氏条例十卷	颖容	陈国长平	梁宋
魏郎中令行御史大夫袁涣集五卷录一卷	袁涣	陈郡扶乐	梁宋
韩诗章句	薛汉	淮阳	梁宋
泰山都尉夏恭集二十卷	夏恭	梁国蒙	梁宋
举孝廉夏牙集四十篇	夏牙	梁国蒙	梁宋
九道术	宗整	梁国蒙	梁宋
月食术	宗诚	梁国蒙	梁宋
月食术	宗绀	梁国蒙	梁宋
黄门郎葛龚集二十篇	葛龚	梁国宁陵	梁宋
尚书丁仪集二卷录一卷	丁仪	沛国	梁宋
王莽中谒者史岑集二卷	史岑	沛国	梁宋
黄门侍郎丁廙集二卷录一卷	丁廙	沛国	梁宋
张陵道书	张陵	沛国	梁宋
华佗方十卷	华佗	沛国谯	梁宋
枕中灸刺经一卷	华佗	沛国谯	梁宋
五禽诀一卷	华佗	沛国谯	梁宋
观形察色并三部脉经一卷	华佗	沛国谯	梁宋
内事五卷	华佗	沛国谯	梁宋
华氏中藏经一卷	华佗	沛国谯	梁宋

续表

名称及篇幅	作者	籍贯	所属区域
乐元起二卷	桓谭	沛国相	梁宋
琴操二卷	桓谭	沛国相	梁宋
新论二十九篇	桓谭	沛国相	梁宋
六安郡丞桓谭集二十六篇	桓谭	沛国相	梁宋
司徒辞讼比七卷	陈宠	沛国洨	梁宋
摺绅先生论	陈忠	沛国洨	梁宋
桓君大太常章句	桓荣	沛郡龙亢	梁宋
桓君小太常章句	桓郁	沛郡龙亢	梁宋
司徒掾桓麟集二十一篇	桓麟	沛郡龙亢	梁宋
尚书郎桓彬集三篇	桓彬	沛郡龙亢	梁宋
周易章句九卷录一卷	刘表	山阳高平	梁宋
尚书问二卷	王粲	山阳高平	梁宋
丧服后定一卷	刘表	山阳高平	梁宋
荆州文学官志	王粲	山阳高平	梁宋
山阳先贤传	仲长统	山阳高平	梁宋
昌言三十四篇	仲长统	山阳高平	梁宋
荆州占二卷	刘表	山阳高平	梁宋
算术	王粲	山阳高平	梁宋
五经章句后定	刘表	山阳高平	梁宋
去伐论集三卷	王粲	山阳高平	梁宋
书数十篇	王粲	山阳高平	梁宋
魏国侍中王粲集六十篇	王粲	山阳高平	梁宋
野鹰来曲	刘表	山阳高平	梁宋
太初历法三卷	桓谭	沛国相	梁宋
西王母传	桓麟[①]	沛郡龙亢	梁宋
古文尚书训旨	卫宏	东海	鲁地
毛诗序	卫宏	东海	鲁地
周礼解诂	卫宏	东海	鲁地

---

① "麟",李秋丹作"驎"。清姚振宗云:"'驎'与'麟'通。"(分别参见李秋丹《姚振宗〈后汉艺文志〉订补》,第98页;(清)姚振宗《后汉艺文志》,第324页)

第九章　汉代学术著作简目表　417

续表

名称及篇幅	作者	籍贯	所属区域
汉旧仪四篇	卫宏	东海	鲁地
汉中兴仪一卷	卫宏	东海	鲁地
诏定古文官书一卷	卫宏	东海	鲁地
毛诗义问十卷	刘桢	东平	鲁地
魏太子文学刘桢集数十篇	刘桢	东平	鲁地
野王令刘梁集二卷录一卷	刘梁	东平宁阳	鲁地
冠礼约制	何休	东平任城	鲁地
六日七分注	何休	东平任城	鲁地
公羊墨守　左氏膏肓　穀梁废疾	何休	东平任城	鲁地
孝经注	何休	东平任城	鲁地
论语注	何休	东平任城	鲁地
风角注	何休	东平任城	鲁地
春秋公羊解诂十一卷	何休	东平任城	鲁地
春秋公羊传条例一卷	何休	东平任城	鲁地
春秋公羊文谥一卷	何休	东平任城	鲁地
春秋汉议十三卷	何休	东平任城	鲁地
春秋议十卷	何休	东平任城	鲁地
春秋杂议难五卷	孔融	鲁国	鲁地
少府孔融集二十五篇	孔融	鲁国	鲁地
庆氏礼章句四十九篇	曹充	鲁国薛	鲁地
庆氏礼辨难	曹充	鲁国薛	鲁地
通义十二篇	曹褒	鲁国薛	鲁地
演经杂论一百二十篇	曹褒	鲁国薛	鲁地
封禅礼	曹充	鲁国薛	鲁地
七庙三雍大射养老礼仪	曹充	鲁国薛	鲁地
汉礼一百五十篇并章句	曹褒	鲁国薛	鲁地
毛诗传	卫宏	东海	鲁地
公羊音训	何休	东平任城	鲁地
周礼难	临硕	北海	齐地
谥法注一卷	刘熙	北海	齐地
列女传八卷	刘熙	北海	齐地

续表

名称及篇幅	作者	籍贯	所属区域
中论二十余篇	徐幹	北海剧	齐地
议郎卫宏集七首	卫宏	北海	齐地
魏太子文学徐幹集数十篇	徐幹	北海	齐地
孝经注	刘熙	北海	齐地
释名二十七篇	刘熙	北海	齐地
孟子注七卷	刘熙	北海	齐地
牟子	牟融	北海安丘	齐地
周易注十二卷	郑玄	北海高密	齐地
古文尚书注九卷	郑玄	北海高密	齐地
尚书大传注三卷	郑玄	北海高密	齐地
毛诗笺二十卷①	郑玄	北海高密	齐地
毛诗谱一卷	郑玄	北海高密	齐地
周官礼注十二卷	郑玄	北海高密	齐地
答临孝存周礼难	郑玄	北海高密	齐地
仪礼注十七卷	郑玄	北海高密	齐地
丧服经传注一卷	郑玄	北海高密	齐地
丧服变除注一卷	郑玄	北海高密	齐地
丧服谱注一卷	郑玄	北海高密	齐地
礼记注二十卷	郑玄	北海高密	齐地
三礼目录一卷	郑玄	北海高密	齐地
三礼图三卷	郑玄	北海高密	齐地
礼议二十卷	郑玄	北海高密	齐地
鲁礼禘祫志	郑玄	北海高密	齐地
汉律章句	郑玄	北海高密	齐地
乾象历注	郑玄	北海高密	齐地
九宫行棋经注三卷	郑玄	北海高密	齐地
汉宫香方注	郑玄	北海高密	齐地
大司农郑玄集二卷录一卷	郑玄	北海高密	齐地

---

① 马小方整理《后汉艺文志》作"郑玄 作毛诗笺二十卷",今据《后汉书·郑玄传》,删去"作"字。

续表

名称及篇幅	作者	籍贯	所属区域
春秋左氏分野一卷	郑玄	北海高密	齐地
春秋十二公名一卷	郑玄	北海高密	齐地
发墨守 箴膏肓 起废疾	郑玄	北海高密	齐地
驳何氏汉议二卷	郑玄	北海高密	齐地
驳何氏汉议序一卷	郑玄	北海高密	齐地
孝经注一卷	郑玄	北海高密	齐地
论语注十卷	郑玄	北海高密	齐地
古文论语注十卷	郑玄	北海高密	齐地
论语篇目弟子注一卷	郑玄	北海高密	齐地
论语释义注十卷	郑玄	北海高密	齐地
驳许慎五经异议①十卷	郑玄	北海高密	齐地
六艺论一卷	郑玄	北海高密	齐地
洛书注	郑玄	北海高密	齐地
易纬注九卷	郑玄	北海高密	齐地
尚书纬注六卷	郑玄	北海高密	齐地
诗纬注三卷	郑玄	北海高密	齐地
礼纬注一卷	郑玄	北海高密	齐地
礼记默房注二卷	郑玄	北海高密	齐地
乐纬注	郑玄	北海高密	齐地
春秋纬注	郑玄	北海高密	齐地
孝经纬注	郑玄	北海高密	齐地
尚书中候注八卷	郑玄	北海高密	齐地
孟子注七卷	郑玄	北海高密	齐地
日月交会图注一卷	郑玄	北海高密	齐地
天文志	郑玄	北海高密	齐地
天文七政论	郑玄	北海高密	齐地
九宫经注三卷	郑玄	北海高密	齐地
九旗飞变一卷	郑玄	北海高密	齐地

① "议",疑为"义"。《后汉书》本传云郑玄"又著……《驳许慎五经异义》、《答临孝存周礼难》,凡百余万言"(参见《后汉书》卷三五《郑玄传》,第1212页)。

续表

名称及篇幅	作者	籍贯	所属区域
慎子注十卷	滕抚	北海剧	齐地
魏国奉常王修集二卷	王修	北海营陵	齐地
解疑论	戴宏	济北	齐地
古文尚书说	徐巡	济南	齐地
改定齐诗章句	伏黯	琅邪东武	齐地
齐诗解说九篇	伏黯	琅邪东武	齐地
减定齐诗章句	伏恭	琅邪东武	齐地
古今注八卷	伏无忌	琅邪东武	齐地
尚书章句	牟长	乐安临济	齐地
处士祢衡集二卷录一卷	祢衡	平原般	齐地
八元术	刘洪	泰山蒙阴	齐地
阴阳历	刘洪	泰山蒙阴	齐地
九京算经	刘洪	泰山蒙阴	齐地
乾象历五卷	刘洪	泰山蒙阴	齐地
七曜术	刘洪	泰山蒙阴	齐地
迟疾历	刘洪	泰山蒙阴	齐地
律历志	刘洪	泰山蒙阴	齐地
养性经	巫光	甾川	齐地
注周易参同契三卷	徐从事	青州	齐地
太平清领书一百七十卷	干吉	琅邪	齐地
尚书音	郑玄	北海高密	齐地
毛诗音	郑玄	北海高密	齐地
三礼音	郑玄	北海高密	齐地
春秋左传郑氏义一卷	郑玄	北海高密	齐地
左传音	郑玄	北海高密	齐地
汉书纠谬一卷	伏俨	琅邪	齐地
征士郎颛集一卷	郎颛	北海安丘	齐地
易章句	袁太伯	临淮	吴越
临淮袁文术箴铭	袁文术	临淮	吴越
讨房长史张纮集十余篇	张纮	广陵	吴越
丞相军谋掾陈琳集数十篇	陈琳	广陵	吴越

续表

名称及篇幅	作者	籍贯	所属区域
洞历十篇	周树	会稽	吴越
玄思	邹邠	会稽	吴越
检论	邹邠	会稽	吴越
论语章句	包咸	会稽曲阿	吴越
诗细	赵晔	会稽山阴	吴越
韩诗谱二卷	赵晔	会稽山阴	吴越
历神渊一卷	赵晔	会稽山阴	吴越
韩诗章句	张匡	会稽山阴	吴越
江夏太守韩说集	韩说	会稽山阴	吴越
吴越春秋十二卷	赵晔	会稽山阴	吴越
养性书十六篇	王充	会稽上虞	吴越
政务书	王充	会稽上虞	吴越
周易五相类一卷	魏伯阳	会稽上虞	吴越
大丹记一卷	魏伯阳	会稽上虞	吴越
内经一卷	魏伯阳	会稽上虞	吴越
龙虎丹决一卷	魏伯阳	会稽上虞	吴越
百章集一卷	魏伯阳	会稽上虞	吴越
蓬莱山东西竈还丹歌一卷	魏伯阳	会稽上虞	吴越
魏子三卷	魏朗	会稽上虞	吴越
论衡八十五篇	王充	会稽上虞	吴越
讥俗书十二篇	王充	会稽上虞	吴越
周易参同契二卷	魏伯阳	会稽上虞	吴越
七返丹砂决一卷	魏伯阳	会稽上虞	吴越
大丹九转歌诀一卷	魏伯阳	会稽上虞	吴越
火鉴周天图一卷	魏伯阳	会稽上虞	吴越
感应决一卷	魏伯阳	会稽上虞	吴越
注太上金碧经一卷①	魏伯阳	会稽上虞	吴越

---

① 清姚振宗云："按以上魏伯阳书十部（指《大丹记》《内经》《龙虎丹决》《百章集》《蓬莱山东西竈还丹歌》《七返丹砂决》《大丹九转歌诀》《火鉴周天图》《感应决》《注太上金碧经》——笔者），其真伪及重复互见，皆不可考。"（参见《后汉艺文志》，第384页）

续表

名称及篇幅	作者	籍贯	所属区域
毛诗训	谢曼卿	九江	吴越
助相规诫一卷	左慈	庐江	吴越
越方	赵炳	闽中	吴越
越纽录	吴君高	会稽	吴越
孙子兵法注二卷	沈友	吴郡	吴越
外黄令高彪集二卷录一卷	高彪	吴郡无锡	吴越
周易述十三卷录一卷	陆绩	吴郡吴	吴越
周易日月变例	陆绩	吴郡吴	吴越
注京房易传三卷	陆绩	吴郡吴	吴越
积算杂占条例一卷	陆绩	吴郡吴	吴越
太玄经注十卷	陆绩	吴郡吴	吴越
浑天图一卷	陆绩	吴郡吴	吴越
五经通难百余篇	程曾	豫章南昌	吴越
孟子章句	程曾	豫章南昌	吴越
唐子二十八篇	唐檀	豫章南昌	吴越
吴越春秋外纪	张遐	豫章余汗	吴越
五经通义	张遐	豫章余汗	吴越
沙弥十慧经一卷	严佛调	临淮	吴越
菩萨内习六波罗蜜经一卷（译）	严佛调	临淮	吴越
周易王氏义一卷	王充	会稽上虞	吴越
果赋	王充	会稽上虞	吴越
韩诗赵氏学一卷	赵晔	会稽山阴	吴越
悟道真诠三卷	魏伯阳	会稽上虞	吴越
蚕织法	王景	乐浪诌邯	燕地
大衍玄基	王景	乐浪诌邯	燕地
金人论	王景	乐浪诌邯	燕地
孝廉郦炎集二卷录一卷	郦炎	范阳	燕地
郦篇	郦炎	范阳	燕地
州篇	郦炎	范阳	燕地
南阳文学官志	崔瑗	涿郡安平	燕地
婚礼结言	崔骃	涿郡安平	燕地

第九章　汉代学术著作简目表　423

续表

名称及篇幅	作者	籍贯	所属区域
政论六卷	崔寔	涿郡安平	燕地
篆书势	崔瑗	涿郡安平	燕地
四巡颂	崔骃	涿郡安平	燕地
王莽建新大尹崔篆集一卷	崔篆	涿郡安平	燕地
长岑长崔骃集二十一篇	崔骃	涿郡安平	燕地
济北相崔瑗集五十七篇	崔瑗	涿郡安平	燕地
五原太守崔寔集十五篇	崔寔	涿郡安平	燕地
飞龙篇一卷	崔瑗	涿郡安平	燕地
太玄经注	崔瑗	涿郡安平	燕地
四民月令	崔寔	涿郡安平	燕地
周易林六十四篇	崔篆	涿郡安平	燕地
草书势	崔瑗	涿郡安平	燕地
征士崔琦集十五篇	崔琦	涿郡安平	燕地
太尉崔烈集四篇	崔烈	涿郡安平	燕地
尚书章句	卢植	涿郡涿	燕地
尚书卢植集六篇	卢植	涿郡涿	燕地
礼记解诂二十卷	卢植	涿郡涿	燕地
礼记注	高诱	涿郡涿	燕地
冀州风土记	卢植	涿郡涿	燕地
吕氏春秋注二十六卷	高诱	涿郡涿	燕地
淮南鸿烈音二卷	高诱	涿郡涿	燕地
孝经解	高诱	涿郡涿	燕地
战国策注三十三卷	高诱	涿郡涿	燕地
孟子章句	高诱	涿郡涿	燕地
淮南子注二十一卷	高诱	涿郡涿	燕地
高诱易义	高诱	涿郡涿	燕地
淮南万毕术注	高诱	涿郡涿	燕地
仪礼解诂	卢植	涿郡涿	燕地
周官解诂	卢植	涿郡涿	燕地
春秋左氏训诂	陈元	苍梧广信	粤地
春秋左氏同异	陈元	苍梧广信	粤地

续表

名称及篇幅	作者	籍贯	所属区域
司徒掾陈元集一卷	陈元	苍梧广信	粤地
南裔异物志一卷	杨孚	南海	粤地
交州异物志一卷	杨孚	南海	粤地
临海水土记	杨孚	南海	粤地
司徒都目八卷	鲍昱	上党屯留	赵地
春秋左氏传注	许淑	魏郡	赵地
别部司马张超集十九篇	张超	河间鄚	赵地
容成阴道十卷	甘始	清河甘陵	赵地
条上左氏及太史公违戾四十五事	范升	代	赵地
太玄经注	侯芭	钜鹿	赵地
法言注六卷	侯芭①	钜鹿	赵地
九道术	苏统	钜鹿	赵地
周党书上下篇	周党	太原广武	赵地
郭林宗著书一卷	郭太	太原介休	赵地
条上兰台石室图书	王允	太原祁	赵地

资料来源：

1. （唐）陆德明撰，吴承仕疏证，张力伟点校：《经典释文序录疏证 附经籍旧音二种》，中华书局2008年版。

2. （清）姚振宗：《后汉艺文志》，载王承略、刘心明主编《二十五史艺文经籍志考补萃编》（第七册），清华大学出版社2011年版。

3. 李秋丹：《姚振宗〈后汉艺文志〉订补》，硕士学位论文，山东大学，2016年。

---

① "芭"，《隋书·经籍志》作"苞"，清姚振宗引王谟辑本《叙录》云："《法言注》实侯芭撰，而《七录》作侯苞，《选》注又以芭为巴。苞与芭形声相近，非别为一人，即杨雄弟子，钜鹿人也。"（参见《后汉艺文志》，第25页）

附 录

说明：本附录收录两篇论文，是笔者在搜集和整理汉代学术人物简况过程中，以易学和《诗经》学人才分布及其变动为例考察汉代学术中心区域性变动形成的结果，其结论可与本研究对比参看。收入本研究时做了格式上的调整。

附录一 汉代易学人才的分布及其变动

《汉书·艺文志》把《易》作为群经之首，透露出《易》在汉代社会中的广泛影响。目前学术界关于汉代易学的研究成果，多侧重于易学思想（象数、义理、卦气等）的阐释和具体思想家的易学思想[1]。本文从学术地理的角度，分析汉代易学人才的分布情况，探讨从西汉到东汉易学人才分布的变动，总结影响易学人才分布的因素，以考察汉代易学的传授中心及其变动。

一 西汉易学人才的分布

秦朝焚书坑儒，《易》作为筮卜之书未受到禁毁，《汉书·儒林传》云："及秦禁学，《易》为筮卜之书，独不禁，故传受者不绝也"[2]，自孔

---

[1] 相关成果较多，不具罗列，可参见刘大钧《20世纪的易学研究及其重要特色》，《周易研究》2010年第1期；宋锡同《建国六十年来大陆易学研究回顾与展望》，《现代哲学》2011年第4期。从学术地理角度来研究汉代易学的，仅见张巍《西汉地方〈易〉学中心考》，《五邑大学学报》（社会科学版）2007年第2期。

[2] （汉）班固：《汉书》卷八八《儒林传》"序"，中华书局1962年版，第3597页。

子到汉初有着相对明确的传授系统，六传至菑川田何。到西汉末年，《汉书》和《后汉书》记载的明确研习易学的士人扩大到其他区域，分布在三十多个郡国。

《汉书·地理志》在介绍了西汉郡国的基本情况后，根据刘向的"地分"和朱赣的"风俗"，把西汉分为十三个分野区。这种划分存在可议之处，较明显的例子是宋地和卫地。宋国曾经是大国，所以单独分野；卫地虽然很小，卫国却是西周封国中最后被灭绝的，也单独分野。但它基本涵盖了西汉的行政区域，可以对照汉代郡县确定其大致范围[1]。传统上巴蜀是一个相对独立的区域，本文把它单列。如此，西汉可划分为十四个区域，其易学人才的分布如下所列：

齐地：琅邪8人（梁丘贺、梁丘临、王吉、王骏、鲁伯、邴丹、王璜、王同），齐4人（衡咸、服生、即墨成、主父偃），菑川2人（田何、杨何），莒1人（衡胡），太山1人（毛莫如），东莱1人（费直），凡17人。

宋地：沛7人（邓彭祖、施雠、戴崇、翟牧、高相、高康、徐宣），梁4人（焦延寿、田王孙、丁宽、项生），济阴1人（魏相），凡12人。

鲁地：东海4人（孟喜、白光、殷嘉、毋将永），鲁2人（周霸、朱云），凡6人。

秦地：阳陵1人（冯商），长安1人（谷永），平陵2人（士孙张、苏竟），夏阳1人（司马谈），凡5人。

楚地：楚3人（刘向、刘伋、刘歆），淮阳1人（彭宣），凡4人。

卫地：魏郡1人（盖宽饶），东郡1人（京房），卫1人（蔡公），凡3人。

魏地：河内1人（张禹），河南1人（乘弘），河东1人（姚平），凡3人。

燕地：燕1人（韩婴），涿郡1人（韩生），凡2人。

巴蜀：蜀2人（赵宾、何武），凡2人。

赵地：广川1人（孟旦），上党1人（冯逡），凡2人。

---

[1] 参见雷虹霁《秦汉历史地理与文化分区研究：以〈史记〉〈汉书〉〈方言〉为中心》，中央民族大学出版社2007年版，第129页。

周地：洛阳1人（周王孙），凡1人。

未知：京房①、白子友、五鹿充宗，凡3人。

以上共计60人，除籍贯未明的3人，还有57人，分布在十四个区域中的十二个中，说明西汉易学人才分布的广泛性。在这十二个区域中，齐地和宋地最多，分别有17人和12人；鲁地、秦地和楚地次之，人数在4—6人间；最后是卫地、燕地、魏地、巴蜀、赵地和周地，人数在1—3人间。

无论《史记·儒林列传》还是《汉书·儒林传》，两者所叙述的易学传授系统都是单线的，而且都把汉初《易》的传承者指向齐地的田何，齐地可谓是汉代易学的发源地。田何之后，齐地产生汉代易学的两大派别：琅邪诸人梁丘贺开创的梁丘《易》和东莱人费直开创的费氏《易》。易学发源地和两大流派以及传承不绝的易学家，奠定了齐地在西汉易学史上的首要地位。齐地17人中，有8人分布在琅邪。仅次于齐地的宋地有12人，其中7人分布在梁和沛两郡（国）。梁能在西汉易学史上占有一席之地主要归功于丁宽、田王孙和焦延寿三人的传承之功，易学从孔子到田何的单线传承，再到施、孟、梁丘三家的形成，丁宽和田王孙起到承上启下的作用；焦延寿的师承来历不明②，但他的弟子京房在元帝时因言灾异而受宠，随着京房《易》被立于学官，焦延寿也名列史册。沛也是汉代易学两派的发源地：施雠的《易》和高相的高氏《易》，但与梁丘《易》、费氏《易》和京氏《易》相比，这两派的传承者较少，尤其是高氏，东汉几乎不见。

鲁地是儒家的根据地，但在易学人才方面被齐地超越，仅有6人，其中的朱云"徙平陵……年四十，乃变节从博士白子友受《易》"③。研习《易》的地点是秦地，如果排除他，鲁地只剩5人，其中4人出自东海郡。秦地的儒学在春秋战国时期并不发达，一直到战国后期，荀子西游时还提

---

① 此京房师事杨何，为太中大夫，非从焦延寿受《易》之东郡京房。
② 《汉书》卷六七《朱云传》，第2912页。
③ 《汉书·儒林传》提到了两种说法：一是他自称师事孟喜，这种说法虽然得到他的弟子京房的支持，但孟喜的弟子不同意，"延寿云尝从孟喜问《易》，会喜死，（京）房以为延寿《易》即孟氏学，翟牧、白生不肯，皆曰非也"；二是刘向推测他师承隐士，"至成帝时，刘向校书，考《易》说，以为诸易家说皆祖田何、杨叔〔元〕、丁将军，大谊略同，唯京氏为异，党焦延寿独得隐士之说，托之孟氏，不相与同"（参见《汉书》卷八八《儒林传·梁丘贺传》，第3601页）。

道秦国的缺点是"殆无儒"。随着西汉定都关中和徙陵等因素的影响，秦地学术也有了长足进步。然而从"殆无儒"到学术发展的显现不是一蹴而就的，所以秦地5人除司马谈生活在西汉中期外，其他4人都活跃在西汉后期。楚地易学人才主要出自楚元王家族，楚元王本习《诗》，曾撰《元王诗》，其后世的学术则发生转变，四世孙刘向开始习《易》，刘向长子刘伋以《易》教授，三子刘歆起初也习《易》。

卫地、燕地、魏地、吴地、巴蜀、赵地和周地的易学人才中，卫地的京房是京氏《易》的开创者，自西汉后期到东汉，京氏《易》影响最大。燕地的韩婴开创了韩氏《易》，但西汉时此派传承范围很窄，"唯韩氏自传之"①，东汉则未见传承者。其他五地都是偶有易学人才出现。

二 东汉易学人才的分布

东汉易学人才较为集中的区域不同于西汉，一方面，一些易学发达的区域在东汉呈现衰落的趋势；另一方面，一些新的区域出现数量众多的易学家，透露出从西汉到东汉易学人才分布的变动。

根据《后汉书》《三国志》《全后汉文》《华阳国志》《八家后汉书辑注》《东观汉记校注》和《隶释 隶续》等史料的记载，东汉明确研习易学的士人有85人，分布在近三十个郡国中，如下所列：

秦地：京兆5人（杨政、祁圣元、第五元先、韦著、挚恂），扶风2人（马融、马廖），安定2人（梁竦、皇甫规），北地1人（傅燮），弘农3人（杨秉、杨赐、刘宽），凡13人。

韩地：南阳9人（张堪、洼丹、宗资、魏满、樊英、韩歆、任延、贾复、宋忠），颍川2人（荀爽、荀悦②），凡11人。

---

① 西汉传承韩氏《易》者，见于记载的主要有两人：一是韩婴的后人韩生。他在宣帝时"以《易》征，待诏殿中"（《汉书》卷八八《儒林传·韩婴传》，第3613页）。二是司隶校尉盖宽饶，他原本跟随孟喜学《易》，后来从韩生受《易》。据：《汉书·盖宽饶传》：宣帝时，盖宽饶不满宣帝"用刑法，信任中尚书宦官"的做法，"引《韩氏易传》言：五帝官天下，三王家天下，家以传子，官以传贤，若四时之运，功成者去，不得其人则不居其位"（《汉书》卷七七《盖宽饶传》，第3247页）。其中提道的《韩氏易传》，应该是盖宽饶所受之韩氏《易》。

② 《汉书·地理志》云："韩分晋得南阳郡及颍川之父城、定陵、襄城、颍阳、颍阴……"（《汉书》卷二八下《地理志下》，第1651页）。荀爽、荀悦皆颍川颍阴人，所以划到韩地。

魏地：陈留5人（刘昆、刘轶、范冉、张迁、申屠蟠），颍川2人（张兴、张鲂①），河内2人（杜乔、向长），河南1人（郑众），凡10人。

宋地：沛5人（戴宾、李昺、刘辅、徐宪、徐防），山阳2人（度尚、刘表），梁1人（夏恭），济阴1人（孙期），凡9人。

楚地：汝南9人（袁安、袁京、袁敞、袁彭、袁汤、戴凭、许峻、许曼、周燮），凡9人。

巴蜀：广汉6人（景鸾、任安、冯颢、折像、段翳、杜真），巴2人（谯玄、谯瑛），蜀1人（杨由），凡9人。

吴地：会稽5人（虞光、虞成、虞凤、虞歆、董春），豫章2人（徐稺、唐檀），广陵1人（徐淑），凡8人。

燕地：涿郡3人（崔瑗、崔篆、崔骃），代1人（范升），乐浪1人（王景），凡5人。

齐地：北海3人（郎宗、郎𫖮、郑玄），凡3人。

赵地：中山1人（觟阳鸿），上党1人（冯逡），凡2人。

鲁地：临淮1人（袁太伯），凡1人。

粤地：苍梧1人（陈元），凡1人。

未知者：杜晖、吕羌、丁鲂、胡硕，凡4人。

以上共计85人，除籍贯未明的4人，其他84人分布在十二个区域。秦、韩、魏最多，人才数在10—13人之间；宋地、楚地、巴蜀和吴地次之，在8—9人之间；燕地、齐地等又次之，多在5人以内。

秦地易学保持着西汉后期的发展态势，一跃成为易学人才最多的区域。如果再把秦地细分的话，安定（2人）、北地（1人）属于陇西六郡，秦地的核心区关中仅有10人，韩地易学的发展引人注目，其中，南阳在西汉时无人习《易》，东汉则猛增至9人。魏地的易学人才主要来自陈留和颍川二郡，贡献了10人中的7人。

宋地虽然比西汉少了3人，但下降幅度不大，这与沛持续产出易学人才有关，无论西汉还是东汉，沛一直是宋地易学人才的集中地，比例分别

---

① 《汉书·地理志》云："颍川之舞阳、郾、许、傿陵，河南之开封、中牟、阳武、酸枣、卷，皆魏分也"（《汉书》卷二八下《地理志下》，第1646—1647页）。张兴、张鲂皆颍川傿陵人，故划到魏地。

占 7/12 和 5/9。相反，梁的衰落则很明显，西汉有 4 人习《易》，东汉则没有。楚地从西汉的 4 人增加到东汉的 9 人，主要是汝南袁氏家族世代有人研习易学的结果，有 5 人出自这一家族。巴蜀易学在西汉默默无闻，东汉则有多人因治《易》而名列《儒林列传》或其他传记，其籍贯以广汉为主，有 6 人，占了一半；巴郡和蜀郡仍保持低迷状态。吴地易学人才的上升与虞翻家族世代传承孟氏《易》密不可分，这一家族贡献了 8 人中的 5 人。

齐、鲁两地易学人才的凋零最为显著，齐地从 17 人下降到 3 人，且都来自北海郡，鲁地则从 6 人降到 1 人，西汉时曾盛产易学人才的齐地琅邪和鲁地东海竟无一人。燕地能有 5 名易学人才，主要是涿郡崔氏家族中有人习《易》。赵、粤两地无论西汉还是东汉，易学向不发达。

三 汉代易学人才分布的变动

通过前两部分的对比能够看出，从西汉到东汉，易学人才的分布出现较大的变动。从空间的角度看，主要有两个方面：一是区域内部易学人才的分布并不平衡。人才多的区域，都有一两个郡（国）的优势比较明显。西汉时，齐地之琅邪（占 8/17），宋地之沛（占 7/12），鲁地之东海（占 4/6）。东汉时，秦地之京兆（占 5/13），韩地之南阳（占 9/11），魏地之陈留（占 5/10），宋地之沛（占 5/9），楚地之汝南（占 9/9），巴蜀之广汉（占 6/9），吴地之会稽（占 5/8）。易学人才分布的这个局面透露出区域内部人才分布的不平衡。同时，从西汉到东汉，除宋地的沛之外，很难有郡（国）能保持易学人才的连续性，反映了区域内部易学人才分布的变动。二是区域之间的人才分布更加均衡。西汉齐地和宋地合计 29 人，占总数的 48.3%；鲁、秦、楚合计 15 人，占总数的 25%，反映出西汉易学人才主要分布在齐、宋两地。东汉人才最多的秦、韩、魏三地合计 34 人，占总数的 40%，占总人数的比重有所下降；而宋、楚、巴蜀、吴四地共计 35 人，占总数的 41.2%，与第一梯队持平，说明易学人才较多的区域在增加。

从时间的角度看，各区域易学人才的数量有增有减。明显增加的，如韩地，从无到 11 人；秦地，从 5 人到 13 人；魏地，从 3 人到 10 人；巴蜀，从2人到9人；吴地，从无到8人。明显减少的，如齐地，从17人减至3人；鲁地，从6人减至1人。还有有变动不大的，如周地，西汉1人，东汉没有；粤地，西汉没有，东汉1人；赵地，西汉2人，东汉1人；宋地，西汉12人，东汉9人。当然，周、粤、赵三地变动持平意味着无论西汉还是东汉，极少有士人研习《易》，宋地则终汉代不乏易学人才。

从社会的角度看，易学的人才分布出现家族化的趋势。西汉后期，已有家族世代传《易》的情况，如琅邪王吉、王骏父子都习梁丘《易》，五鹿充宗的弟子平陵士孙张也习梁丘《易》，且"家世传业"。但这样的例子不多见，东汉时的易学世家则多了起来。魏地汝南的袁氏家族，累世传承孟氏《易》，从袁安的祖父袁良开始，到其子袁京、袁敞，再到其孙袁彭、袁汤，孟氏《易》成为袁氏的家族之学。燕地涿郡的崔氏家族虽然不是专门传承易学的，但有多名成员涉猎，崔篆"客居荥阳，闭门潜思，著《周易林》六十四篇"，崔篆之孙崔骃"年十三能通《诗》《易》《春秋》，尽通古今训诂百家之言"；崔骃之子崔瑗"锐志好学，尽能传其父（崔骃）业。……明天官、历数、《京房易传》、六日七分"[1]。吴地会稽的虞氏家族五世传孟氏《易》，虞翻曾说过，"臣高祖父故零陵太守光，少治孟氏《易》，曾祖父故平舆令成，缵述其业，至臣祖父凤为之最密。臣亡考故日南太守歆，受本于凤，最有旧书，世传其业，至臣五世"[2]。正是这些经学世家不断有成员习《易》，为区域易学人才数量的增长提供了保证。

四　汉代易学人才分布变动的影响因素

易学人才分布的变动受到许多因素的制约，政治、交通、经济、人口、风俗等，都会或多或少产生影响，某个因素在不同区域发挥的作用有大有小，需要具体分析。

首先，辖地和人口的增减与易学人才的增减没有必然的联系。有的郡（国）人口和领土减少，易学人才也相应减少，如齐地的琅邪，西汉为郡，

---

[1] 分别见（南朝宋）范晔《后汉书》卷五二《崔骃传》，中华书局1965年版，第1705、1708、1722页。

[2] （晋）陈寿撰，陈乃乾校点：《三国志》卷五七《吴书·虞翻传》注引《翻别传》，中华书局1959年版，第1322页。

领县五十一，人口一百多万；东汉为国，领县十三，人口五十七万多，辖地和人口减少，易学人才也减少。但也有相反的情况，如吴地的会稽郡，西汉领县二十六，人口一百多万；东汉领县十四，人口四十八万多，辖地和人口减少，易学人才反而增加。还有巴蜀的广汉郡，西汉领县十三，人口六十六万多；东汉领县十一，人口五十万多，变动都不大，然而人才增长迅猛。这些情况表明：辖地和人口的增减没有与易学人才的增减保持正比例或反比例的关系。

其次，政治与易学人才分布的变动有明显的关系，这从以下两点可以看出。一是徙陵政策。汉高祖接受刘敬"强本弱末"的建议，推行徙陵政策，许多士人被迁往秦地的关中，刘跃进估计，"类似这样的移民，前后徙入人口估计在三十万人。到西汉后期，关中移民后裔已达一百多万人"[1]。移民及其后裔对关中易学的传播和发展起到一定的推动作用，如齐地的田何后来迁徙到秦地并传授易学，司马谈即是他的弟子之一。二是都城的选择。都城是国家的政治中心，很多时候也是经济中心和文化中心。定都何地对于所在地和周边的经济、文化发展具有极大的促进作用。秦国虽为宗周故地，然而自商鞅变法后尚法而不重儒学，因此在学术上落后于齐、鲁、楚等国。西汉定都长安后，经过近百年的积累，关中学术有了极大的发展，不仅当时的最高学府——太学设在长安，许多经学大师也生活在三辅，成为众多士子的游学之地。东汉定都洛阳，使其成为政治中心的同时也使得洛阳成为士人的游学之地。京师具有如此大的吸引力，其中的原因，在于各种学术资源多集中于都城，这点早为赵翼所察觉，"遭秦灭学，天下既无书籍，又少师儒。自武帝向用儒学，立五经博士，为之置弟子员。……士之向学者，必以京师为归。……其时郡国虽已立学……然经义之专门名家，惟太学为盛，故士无有不游太学者"[2]。

再次，经学世家的兴起与易学人才的增加密切相关。东汉与西汉相比，不仅经学的普及化程度更高，而且逐步出现了独具特色的经学世家。这些世家有专门传承易学的，如楚地汝南的袁氏家族、吴地会稽的虞氏

---

[1] 刘跃进：《秦汉文学地理与文人分布》，中国社会科学出版社2012年版，第55页。
[2] （清）赵翼：《陔余丛考》卷一六《两汉时受学者皆赴京师》，商务印书馆1957年版，第295—296页。

家族、魏地陈留的刘氏家族等；也有子弟兼习易学的，如秦地弘农的杨氏家族，主要以欧阳《尚书》传家，但家族中的杨秉和杨赐都兼习易学。经学世家的兴起展现区域学术的发展，为易学人才的增加提供了可能性。

最后，学术惯性会对易学人才的分布产生影响。区域性学术状况虽然受到外部因素的影响，但它一旦形成与发展起来，具有一定的惯性。春秋战国时期，诸子并起，形成不同的派别，分布在各诸侯国。到战国后期，随着各国内政外交形势的变化，齐国学术有超越其他诸侯国之势，所以严耕望在研究战国学术地理时指出，"至战国末年，齐国儒学已不在鲁地之下矣"[1]。齐地学术的发达为易学人才的涌现提供深厚的基础。同样，关中经过西汉一百多年的经营，学术随之发展起来，到西汉后期涌现易学人才，东汉时虽然都城已经迁移，但关中易学并未出现衰落之势，继续发展，直至超越其他区域。

五 易学人才分布与易学传授中心

汉代跨越公元前后各200余年，学术中心不是固定的。人才数量的多少可以衡量区域学术发达与否，人才分布的变动是考察学术中心变动的外在标识。从易学人才分布的视角看，西汉易学传授中心首推齐、宋两地，其次是鲁、秦、楚三地；东汉首推秦、韩、魏三地，再次是宋、楚、巴蜀和吴四地。

当然，由于某种机缘，一个区域可能短时间内集中大量易学人才，使该地成为易学的传授中心，如西汉中期的淮南和东汉后期的荆州。

淮南是汉初的地方学术中心之一，在易学方面也是如此。《汉书·艺文志》著录有"《淮南道训》二篇"。注曰："淮南王安聘明《易》者九人，号九师说。"王应麟云："淮南王聘善为《易》者九人，从之采获，故中书著曰'淮南九师'。文中子谓'九师兴而《易》道微'。"[2] 由此推论，当时淮南聚集了一批对《易》有研究的士人。东汉末年，天下大乱，刘表

---

[1] 严耕望：《严耕望史学论文选集》，中华书局2006年版，第33页。
[2] （宋）王应麟著，张三夕、杨毅点校：《汉制考　汉艺文志考证》，第124页。

主政的荆州相对安定，成为众多士人的避难之地，"关西、兖、豫学士归者盖有千数，表安慰赈赡，皆得资全。遂起立学校，博求儒术，綦母闿、宋忠等撰立《五经》章句，谓之后定。爱民养士，从容自保"①。既谓五经，易学当然在列。《隋书·经籍志》著录有"周易五卷"，注曰："汉荆州牧刘表章句。"又曰"梁有汉荆州五业从事宋忠注《周易》十卷，亡。"② 据此，刘表和宋忠都曾在易学上下过一番功夫。

淮南在西汉时属于吴地，荆州在东汉时属楚地，因此，西汉易学的传授中心应考虑吴地，而荆州易学无疑会强化楚地在东汉后期的易学传授中心地位。

（原题《汉代易学人才的分布及其变动》，刊于《江汉论坛》2013年第10期）

附录二　汉代《诗经》学人才的分布及其变动

汉代是经学的"昌明时代"和"极盛时代"③，汉代人对五经的引用、训诂和传授等，很早受到后世关注，是注疏之学的重要内容。五经之中，《诗经》最早立于学官④，注疏也是古人研究汉代《诗经》学的主要范畴。进入20世纪，研究视角趋向多元，涵盖经学、文学、史学和文献学等，成果蔚为大观⑤；70年代之后，随着与《诗经》相关出土文献的公布，研究视角中又增加了简牍学⑥。

文化地理学是人文地理学的分支学科，以文化区为核心概念，形成五个研究主题——文化生态学、文化源地、文化扩散、文化区和文化景观⑦，

---

① 《后汉书》卷五二《崔骃传》，第2421页。
② （唐）魏徵、令狐德棻：《隋书》，中华书局1973年版，第909页。
③ （清）皮锡瑞著，周予同注释：《经学历史》，中华书局2004年版，第40、65页。
④ （宋）王应麟撰，栾保群、田松青校点：《困学纪闻》，上海古籍出版社2015年版，第198页。
⑤ 刘立志：《汉代〈诗经〉学研究述评》，《南都学坛》2003年第4期。
⑥ 陈民镇：《简牍〈诗〉类文献的发现与研究》，载刘跃进主编《古代文学前沿与评论》第7辑，社会科学文献出版社2022年版，第33—71页。
⑦ 周尚意：《文化地理学研究方法及学科影响》，《中国科学院院刊》2011年第4期。

张伟然进而提出将文化水平和文化面貌作为中国历史文化地理研究的两个核心问题①。鉴于尚未见到从这个视角探讨汉代《诗经》学的研究成果，笔者拟结合文化地理学相关理论，对汉代《诗经》学人才的地理分布做些探讨，并触及当代叙事语境下的东汉史研究问题。

一 西汉《诗经》学人才的籍贯与地理分布

根据《汉书》和《后汉书》等资料记载，西汉研习《诗经》的士人有71位，除解延年和夏宽的籍贯未知、免中徐公的籍贯无法确定所属郡国外，其他士人的籍贯如附表1所示：

附表1　　　　　　西汉《诗经》学人才籍贯　　　　　单位：人

郡国	姓名	人数	郡国	姓名	人数
鲁	穆生、白生、荣广、申公、夏侯始昌、许生、韦玄成、孔安国、周霸、韦赏、丙吉、韦贤、阙门庆忌、毛亨[a]	14	东海	发福、匡衡、萧望之、王臧、缪生、徐偃、后仓、翼奉、澓中翁	9
琅邪	皮容、王扶、王璜、师丹、伏理、王吉	6	山阳	张长安、张就、张游卿、江公	4
京兆	刘郢客、刘辟强、刘歆	3	九江	陈侠、张邯、谢曼卿	3
沛	褚少孙、薛广德、刘交	3	河内	赵子、食子公、蔡谊	3
右扶风	徐敖、涂恽	2	齐	浮丘伯、辕固生	2
楚	龚舍、龚胜	2	赵	毛公、贯长卿	2
燕	韩婴、韩生	2	东平	唐长宾、王式	2
平原	高嘉、高容	2	颍川	满昌	1
雁门[b]	班伯	1	陈留	许晏	1
淮南	贲生	1	甾川	长孙顺	1
梁郡	鲁赐	1	代	赵绾	1
泰山	栗丰	1	上党	冯野王	1

---

① 张伟然：《中国历史文化地理研究的核心问题》，《江汉论坛》2005年第1期。

续表

郡国	姓名	人数	郡国	姓名	人数
未知	徐公、解延年、夏宽	3			
合计				71	

资料来源:(汉)班固:《汉书》,中华书局1962年版;(南朝宋)范晔撰,(唐)李贤等注:《后汉书》,中华书局1965年版;张舜徽:《广校雠略　汉书艺文志通释》,华中师范大学出版社2004年版。

说明:a. 张舜徽引郑玄《诗谱》云:"鲁人大毛公为《诂训传》于其家,河间献王得而献之,以小毛公为博士。"(张舜徽:《广校雠略　汉书艺文志通释》,华中师范大学出版社2004年版,第204页) b. 班伯之父班况由雁门楼烦迁至京兆昌陵,"昌陵后罢,大臣名家皆占数于长安"(班固:《汉书》卷一〇〇上《叙传上》,中华书局1962年版,第4198页)。根据著籍惯例,"籍贯应限于三代以内,三代以上为祖籍"(梅新林:《中国古代文学地理形态与演变》,复旦大学出版社2006年版,第44页)。班伯亦应著籍雁门楼烦。

《汉书·地理志》载西汉后期有103个郡国①,由表1可见,有24个郡国出现《诗经》学人才,但郡国间的数量差别很大,鲁最多,有14人;东海和琅邪次之,数量在6—9人之间;山阳、京兆和九江等郡国的在3—4人之间。

与郡国相比,刺史部是范围更大的区划单位②。武帝元封五年(前106年)在郡国之上设刺史部,除近畿七郡外,把郡国分为十三部③,每部设刺史,定为常制。征和四年(前89年)又设司隶校尉,掌察京师百官与近畿七郡。下面以《中国行政区划通史·秦汉卷》所载刺史部分察郡国为准④,列出西汉《诗经》学人才的地理分布状况(附表2):

附表2　　　　西汉《诗经》学人才的地理分布　　　　单位:人

部	徐州	兖州	司隶	豫州	青州	扬州	并州	幽州	冀州
人数	31	8	8	5	5	4	3	2	2

资料来源:表1　西汉《诗经》学人才籍贯简表。

---

① (汉)班固:《汉书》卷二八下《地理志下》,中华书局1962年版,第1640页。
② 另外还有州,但汉代有九州、十二州和十三州等说法,比较而言,刺史部相对稳定(参见辛德勇《两汉州制新考》,收入其所著《秦汉政区与边界地理研究》,中华书局2009年版,第93—178页)。
③ 《汉书》卷六《武帝纪》,第197页。
④ 周振鹤、李晓杰、张莉:《中国行政区划通史·秦汉卷》,复旦大学出版社2017年版,第113—114页。

由附表2可见，徐州的《诗经》学人才最多，占西汉总数的43.66%；部内的鲁、楚、东海、泗水、广陵、临淮和琅邪郡等郡国中，鲁、东海和琅邪又占徐州总数的93.55%。兖州、司隶、豫州和青州等大致相当，其他各刺史部相对较少。需要指出的是，幽州和冀州虽然各有2人，但汉初幽州的燕是《韩诗》发源地，冀州的河间国立《毛诗》为博士，是《毛诗》的主要传承地[①]。

二 东汉《诗经》学人才的籍贯与地理分布

根据《后汉书》《三国志》《东观汉记》等的记载，东汉时研习《诗经》的士人较西汉有所增加，共有92人。除了籍贯未明的6人，其他的籍贯如附表3所示：

附表3　　　　　　　东汉《诗经》学人才籍贯　　　　　　单位：人

郡国	姓名	人数	郡国	姓名	人数
南阳	尹勤、冯良、宋均、尹敏、樊安、任延、邓禹、卓茂、许慈、邓绥	10	右扶风	马援、马续、马融、鲁恭、鲁丕、贾徽、耿弇、贾逵、朱勃	9
会稽	澹台恭、郑云、包咸、赵晔、陈修	5	汝南	周燮、廖扶、郅恽、李咸、程秉	5
安定	梁景、皇甫规、李恂、梁商、梁扈	5	京兆	韦著、冯衍、冯豹、廉范、孙晨	5
琅邪	伏湛、伏黯、伏恭、伏无忌	4	广汉	翟酺、景鸾、李业	3
豫章	唐檀、雷义、陈重	3	北海	夏承、郑玄、公沙穆	3
东平	魏应、田君	2	济阴	马江、祝睦	2
沛	陈宣、李昺	2	蜀郡	王阜、任末	2
山阳	张匡、鲁峻	2	巴郡	冯绲、杨仁	2
颍川	荀爽、钟皓	2	南海	黄豪、董正	2
陈留	蔡朗	1	弘农	刘宽、辛缮	2
东海	卫宏	1	钜鹿	韩伯高	1
东郡	张恭祖	1	河南	郑众	1
关中	田君	1	北地	傅燮	1

---

① 《汉书》卷八八《儒林传》，第3613—3614页。

续表

郡国	姓名	人数	郡国	姓名	人数
犍为	杜抚	1	平原	高诩	1
鲁	孔僖	1	九江	召驯	1
南郡	胡硕	1	梁	夏恭	1
河内	杜乔	1	淮阳	薛汉	1
涿郡	崔骃	1	未知	武梁、武荣、丁鲲、陈嚣、濮阳闿、侯苞	6
				合计	92

资料来源：（南朝宋）范晔撰，（唐）李贤等注：《后汉书》，中华书局1965年版；（晋）陈寿撰，陈乃乾校点：《三国志》，中华书局1959年版；（唐）魏徵、令狐德棻：《隋书》，中华书局1973年版；（宋）洪适：《隶释　隶续》，中华书局1986年版；周树人辑：《会稽典录》卷上，《丛书集成续编》第二二九册，新文丰出版公司1989年版；（梁）僧祐、（唐）道宣：《弘明集　广弘明集》，上海古籍出版社1991年版；（明）欧大任撰，刘汉东校注，孙顺霞、孔繁士合校：《百越先贤志校注》，广西人民出版社1992年版；（清）严可均辑，许振生审订：《全后汉文》，商务印书馆1999年版；（汉）赵岐等撰，（清）张澍辑，陈晓捷注：《三辅决录　三辅故事　三辅旧事》，三秦出版社2006年版；（东汉）刘珍等撰，吴树平校注：《东观汉记校注》，中华书局2008年版；熊明辑校：《汉魏六朝杂传集》，中华书局2017年版。

《续汉书·郡国五》载东汉顺帝时有105个郡国[1]，由表3可见，其中35个郡国有《诗经》学人才出现。按照数量多寡，这些郡国可分成三类。第一类是南阳和右扶风，在9—10人之间；第二类是会稽、汝南和京兆等，5人；第三类是济阴、东平和蜀郡等，2人。同时，从西汉后期到东汉，刺史名称、权力、治所等有变动，如省朔方部入并州部、改交趾部为交州部等，但其监察范围大致稳定[2]。东汉《诗经》学人才的地理分布如附表4所示：

附表4　　　　　东汉《诗经》学人才的地理分布　　　　　单位：人

部	司隶	荆州	扬州	豫州	兖州	益州	徐州	凉州	青州	冀州	幽州	并州
人数	19	11	11	10	9	8	6	5	4	1	1	1

资料来源：表3　东汉《诗经》学人才籍贯简表。

[1] （南朝宋）范晔撰，（唐）李贤等注：《后汉书》，中华书局1965年版，第3533页。
[2] 周振鹤、李晓杰、张莉：《中国行政区划通史·秦汉卷》，第602—603页。

由附表4可见，司隶取代徐州，成为东汉《诗经》学人才最多的部；其次是荆州、扬州、豫州和兖州，数量相差不大；徐州、青州和凉州又次之，冀州、幽州和并州最少，各有1人。

三 汉代《诗经》学人才地理分布的变动

从西汉到东汉，刘家王朝实现中兴，但东汉在很多方面已经发生巨变，"在某种程度上，甚至可以说这两个均以'汉'为名的朝代之间的'异质'断裂并不少于'同质'延续"[1]。这种"异质"也体现在学术方面，其中之一就是人才地理分布的变化。具体到《诗经》学，其主要变化有以下几点：

第一，空间范围扩大。西汉除了朔方、交趾、凉州、荆州和益州，其他9个刺史部和司隶的24个郡国出现《诗经》学人才。东汉时，《诗经》学人才的范围覆盖12个刺史部和司隶的35个郡国，无论是刺史部还是郡国的数量都多于西汉，反映东汉各地学术水平的普遍提高。特别是西汉时没有出现人才的荆州和益州，在东汉时分别有11人和8人，意味着二者学术的发达。"窥一斑而知全豹。"《诗经》学人才有了较大增长，其他人才也如此[2]。

第二，聚集区域变更。西汉时，《诗经》学人才较多的徐州、兖州、豫州和青州都位于黄河下游，自然地理环境相似，四部占西汉总数的69.01%；四部中人才最多的鲁、东海、琅邪、山阳、沛和东平更是连成一片，可谓西汉《诗经》学人才聚集区域。司隶位于西北，其西面的凉州、西南面的益州、南面的荆州和北面的朔方都没有相关人才；扬州位于东南，其西面的荆州和西南面的交州同样没有，二者相对"孤立"，却预示着此后的发展潜力。东汉时，人才聚集区域发生变更。首先是徐州、兖州、豫州和青州人才总数降至29人，占东汉总数的31.52%，比重较西汉时下降很大。其次是司隶和扬州分别从8人和4人增至19人和11人，前者超越徐州，成为东汉数量最多的刺史部；后者则位居第三，说明东汉人

---

[1] 薛小林：《争霸西州：匈奴、西羌与两汉的兴衰》，社会科学文献出版社2020年版，第205页。

[2] 杨更兴：《两汉巴蜀经学略论》，《青岛大学师范学院学报》2006年第2期。

才聚集区域的数量增多，相互间的差距缩小。再次是西汉时没有出现人才的荆州和益州分别有11人和8人，荆州还一举超过徐州、兖州、豫州和青州等，位居第二，二者同样属于人才聚集区域。

第三，刺史部内分化。汉代刺史部分察郡国的数量有多有少，分察多的如幽州，在两汉都分察10个以上郡国；少的如豫州，分察四五个。在人才数量较多的刺史部内，郡国之间学术发展并不平衡，持续分化。徐州的鲁在西汉有14人，占其总数的45.16%；东汉时琅邪取代鲁的地位，占总数的66.67%；兖州的山阳在西汉时占50%，东汉时则没有。东汉时荆州的南阳有10人，占其总数的90.91%；司隶的右扶风、扬州的会稽和豫州的汝南等郡国的占比都在50%左右，提供了所在刺史部的主要人才。其他郡国，如徐州的泗水、广陵和临淮等一直没有，益州除了蜀郡、巴郡和广汉外文化较为落后，益州郡在章帝时才由太守王阜"始兴文学，渐迁其俗"①，牂柯郡迟至桓帝时才"始有学焉"②。因此，刺史部内总有一个郡国的人才数量超过其他郡国，但没有一个郡国能够在两汉保持人才产出的连续性。

20世纪60年代，美国区域规划专家弗里德曼提出"核心—边缘"理论以解释区际和城乡之间非均衡发展的过程③。"核心—边缘"理论也可以用来描述汉代《诗经》学人才地理分布的不平衡。具体而言，从全国范围看，西汉时的黄河下游和关中，东汉时的关中、河洛、东南地区和成都平原，可谓《诗经》学核心区，其他的是边缘区；从刺史部看，汉初的徐州、兖州、豫州、青州和西汉后期的司隶可谓核心区，东汉时司隶、荆州、扬州、豫州、兖州和益州是核心区，其他刺史部是边缘区；从郡国看，西汉时鲁、东海和琅邪是徐州的核心区，山阳是兖州的核心区；东汉时南阳是荆州的核心区，右扶风和京兆是司隶的核心区，会稽是扬州的核心区，汝南是豫州的核心区，巴郡、蜀郡和广汉是益州的核心区，其他郡国是边缘区。《诗经》学人才的地理分布有着不同尺度的核心区和边缘区之别。

---

① （晋）常璩撰，严茜子点校：《华阳国志》，齐鲁书社2010年版，第46页。
② 《后汉书》卷八六《西南夷传》，第2845页。
③ 汪宇明：《核心—边缘理论在区域旅游规划中的运用》，《经济地理》2002年第3期。

四　汉代《诗经》学人才地理分布变动的环境因素

纵观两汉《诗经》学人才地理分布的变动可见，有的刺史部由盛而衰，也有的从无到有再到兴盛，但没有一个能长盛不衰。在盛衰转变中有哪些因素发挥着作用呢？文化地理学五个主题中的文化生态是研究文化与环境的相互关系，环境包括自然环境和社会环境。自然环境在短时期内变动较小，对文化的影响不易显现。汉代《诗经》学人才分布变动的环境因素需要从社会环境中寻找。

首先，良好的历史遗风是人才涌现的基础因素。《史记·货殖列传》和《汉书·地理志》在记载地方风俗的成因时，非常重视历史遗风的作用。从学术角度看，齐地、鲁地和宋地的历史遗风有利于学术人物的出现。春秋时姜太公治齐，除根据齐国的地理环境发展工商业外还尊重士人，"修道术，尊贤智"，给齐国留下好经术的传统，使得齐地"至今其土多好经术"①。春秋时的鲁国是儒家的大本营，长期浸润在周公和孔子的遗风中，形成好学的传统②。战国时儒家影响扩大，主要分布在鲁国及周边诸侯国，"孔门弟子绝大多数为鲁籍，其次为东西毗邻之齐与卫，西南毗邻之宋陈亦较多，他国甚少"③。《诗经》是五经之一，也是儒家经典。儒家在这片区域的传播为西汉时徐州、兖州、豫州和青州《诗经》学人才的出现奠定深厚根基。宋地是史籍记载中尧、舜和汤三大圣人的栖居地，其居民深沐圣人教化，"有先王遗风，重厚多君子"④，有利于学术人物的出现，正如傅斯年所说，"大约宋人富于宗教性，心术质直，文化既古且高，民俗却还淳朴，所以学者倍出"⑤。西汉时齐地的齐国、琅邪、平原、甾川和泰山，鲁地的鲁国和东海，宋地的沛、梁、楚、山阳和东平等郡国，都出现数量不等的《诗经》学人才，其中的鲁、东海、琅邪和山阳更是位居前四，不能不说得益于良好的历史遗风。反过来，历史遗风的改变可能导

---

① 《汉书》卷二八下《地理志下》，第1661页。
② 《汉书》卷二八下《地理志下》，第1662页。
③ 严耕望：《严耕望史学论文选集》，中华书局2006年版，第32页。
④ 《汉书》卷二八下《地理志下》，第1664页。
⑤ 傅斯年：《战国子家叙论　史学方法导论〈史记〉研究》，上海古籍出版社2012年版，第34页。

致人才的减少，如鲁地，随着时代的变化，周公与孔子早已逝去，他们的教诲也逐渐消退，鲁地风俗发生深刻的变化，《史记·货殖列传》称其"好贾趋利，甚于周人"①。

其次，都城的学术资源是人才涌现的便利条件。都城是王朝的政治中心，其选择要考虑自然环境、军事、经济等条件。都城一旦确定，不仅使政治资源汇聚于此②，也使各种学术资源——图书、经师和太学等向都城集中，从而为学术发展提供便利条件。先秦时秦国崇尚法家，轻礼义③，儒家难以立足，以致"殆无儒"④。西汉定都长安，政治中心的确立为秦地学术发展提供良机。从"殆无儒"到学术发达不是一蹴而就的，所以秦地（京兆、右扶风和河内）《诗经》学人才主要活跃在西汉后期；到东汉时，秦地及其毗邻郡国，包括属于司隶的京兆、右扶风和弘农，属于凉州的安定和属于并州的北地都出现数量不等人才。东汉定都洛阳，学术资源逐渐转移过去，带动洛阳及周边郡国，包括荆州的南阳、豫州的汝南和颍川等成为《诗经》学人才聚集区域。另外，在社会动荡之际，都城容易受到战乱冲击，而那些远离政治中心的区域反而获得发展契机。王莽末年，中原百姓和士人多避乱江南，"会稽颇称多士"⑤，寓居会稽的士人对当地学术发展无疑是一种促进。建武元年（25年）之后，窦融崛起于西北，割据半个凉州，保持稳定，吸引了众多士人，左冯翊云阳人王隆、右扶风茂陵人孔奋和杜林、河内怀人蔡茂等都曾避难于此，使得河西成为一时的学术中心，推动了河西文化的发展⑥。

最后，经师的传授活动是人才涌现的直接因素。学术有载体才能流传，学术载体有人和物之分⑦。从"人"的角度看，学术人物的传授会极大地传播学术，促进传授地学术的发展。西汉时，徐州、兖州、豫州和青

---

① 《史记》卷一二九《货殖列传》，第3266页。
② 廖伯源：《秦汉史论丛续编》，中华书局2018年版，第64—65页。
③ 梁中效：《从〈诗经·秦风〉看秦人的西部文化风貌》，《咸阳师范学院学报》2012年第1期。
④ 王先谦撰，沈啸寰、王星贤点校：《荀子集解》，中华书局1988年版，第304页。
⑤ 《后汉书》卷七六《循吏传·任延传》，第2460—2461页。
⑥ 崔向东：《汉代豪族地域性研究》，中华书局2012年版，第196页。
⑦ 熊铁基：《汉代学术史论》，高等教育出版社2013年版，第15页。

州《诗经》学人才出现较多就得益于浮丘伯、申公和辕固生的传授活动。浮丘伯师承荀子,可谓汉代《诗经》最早的传授者,徐州刺史部鲁的穆生、白生和申公,豫州刺史部沛的刘交,司隶京兆的刘郢客等,都是其弟子。申公是《鲁诗》的开创者,从楚国退隐后,"归鲁退居家教,终身不出门",培养了一大批弟子,"自远方至受业者千余人"①,徐州刺史部鲁的孔安国、许生、周霸和阙门庆忌,东海的缪生、王臧和徐偃,豫州刺史部沛的鲁赐,兖州刺史部山阳的江公等,都是其弟子。辕固生师承不明,是《齐诗》的开创者,"齐言《诗》皆本辕固生也"②,曾传授给鲁人夏侯始昌,并带动齐地《诗经》的传播,"诸齐以《诗》显贵,皆固之弟子也"③。

以上着眼于长时段理论,从持续时间角度对社会环境中的三个因素进行分析。据此,历史遗风属于长时段,都城选择属于中时段,经师传授属于短时段。当然,汉代《诗经》学人才地理分布的变动还可以考虑其他影响因素,如文化中心转移的滞后性、循吏的文化传播和人口密度等。

五 结语

20世纪80年代初,研究者呼吁要加强东汉史研究④,这既是对研究成果与西汉相比较为薄弱的衡量,也是对东汉史"特殊性"的思考。在秦汉、汉代、汉朝、两汉等叙事语境下,东汉与西汉的差别容易被忽略。事实上,如上文所提及,两者之间的"异质"断裂并不少于"同质"延续。

就汉代《诗经》学而言,东汉与西汉相比的一个变化是学术世家的增多,如表1和表3所示,西汉主要有鲁国韦氏家族,东汉则有琅邪伏氏家族、安定梁氏家族、右扶风马氏家族和广汉翟氏家族("四世传《诗》"⑤)等。另一个显著变化是《诗经》人才分布的变动。西汉初年,受制于政治形势和经济条件等,朝廷学术事业尚未大规模开展⑥,《诗经》

---

① 《汉书》卷八八《儒林传·申公传》,第3608页。
② 《史记》卷一二一《儒林列传》,第3124页。
③ 《汉书》卷八八《儒林传·辕固传》,第3612页。
④ 赵国华:《东汉史研究需要补偏救弊》,《史学月刊》2011年第5期。
⑤ 《后汉书》卷四八《翟酺传》,第1602页。
⑥ 《汉书》卷八八《儒林传》"序",第3592页。

学人才更多出现于战国后期以来的学术发达区，如鲁、东海、琅邪、山阳等郡国，徐州、兖州、豫州、青州等刺史部是学术中心。西汉后期，在学术资源向都城长安集中和徙陵政策等因素的推动下，三辅的《诗经》学人才有了显著增加，司隶成为新的中心。东汉时，《诗经》学人才分布范围扩大，刺史部之间的差距相对缩小，存在多个《诗经》学中心：右扶风和京兆、南阳、会稽、汝南等郡国都出现较多人才，司隶、荆州、扬州、豫州和益州等刺史部可称为中心。相反，由于山阳、东平、鲁、东海和琅邪构成的"Z"形地带人才数量减少，徐州和青州等刺史部失去中心地位。汉代《诗经》学人才的地理分布呈现动态变化特征。

（原题《汉代〈诗经〉学人才的地理分布及其变动》，刊于《咸阳师范学院学报》2023 年第 3 期）

参考文献

一 基本文献

（东汉）刘珍等撰，吴树平校注：《东观汉记校注》，中华书局 2008 年版。

（东晋）袁宏撰，周天游校注：《后汉纪校注》，天津古籍出版社 1987 年版。

（汉）班固：《汉书》，中华书局 1962 年版。

（汉）刘向撰，刘晓东校点：《列女传》；（晋）皇甫谧撰，刘晓东校点：《高士传》，辽宁教育出版社 1998 年版。

（汉）司马迁：《史记》，中华书局 1959 年版。

（汉）应劭撰，王利器校注：《风俗通义校注》，中华书局 1981 年版。

（汉）赵岐等撰，（清）张澍辑，陈晓捷注：《三辅决录 三辅故事 三辅旧事》，三秦出版社 2006 年版。

（后晋）刘昫等：《旧唐书》，中华书局 1975 年版。

（晋）常璩撰，严茜子点校：《华阳国志》，齐鲁书社 2010 年版。

（晋）陈寿撰，陈乃乾校点：《三国志》，中华书局 1959 年版。

（晋）葛洪撰，周天游校注：《西京杂记》，三秦出版社 2006 年版。

（梁）僧祐、（唐）道宣：《弘明集 广弘明集》，上海古籍出版社 1991 年版。

（明）郭棐撰，黄国声、邓贵忠点校：《粤大记》，中山大学出版社 1998 年版。

（明）欧大任撰，刘汉东校注，孙顺霞、孔繁士合校：《百越先贤志校注》，广西人民出版社 1992 年版。

（南朝宋）范晔撰，（唐）李贤等注：《后汉书》，中华书局 1965 年版。

（清）皮锡瑞著，周予同注释：《经学历史》，中华书局 2004 年版。
（清）孙星衍等辑，周天游点校：《汉官六种》，中华书局 1990 年版。
（清）唐晏著，吴东民点校：《两汉三国学案》，中华书局 1986 年版。
（清）王鸣盛：《十七史商榷》，中国书店出版社 1987 年版。
（清）王先谦撰，沈啸寰、王星贤点校：《荀子集解》，中华书局 1988 年版。
（清）王先谦撰：《汉书补注》，中华书局 1983 年版。
（清）严可均辑，许振生审订：《全后汉文》，商务印书馆 1999 年版。
（清）严可均辑，马志伟审订：《全三国文》，商务印书馆 1999 年版。
（清）姚振宗撰，马小方整理：《后汉艺文志》，载王承略、刘心明主编《二十五史艺文经籍志考补萃编》（第七卷），清华大学出版社 2011 年版。
（清）赵翼著，王树民校证：《廿二史札记校证》，中华书局 1984 年版。
（宋）洪适：《隶释 隶续》，中华书局 1986 年版。
（宋）司马光编著，（元）胡三省音注：《资治通鉴》，中华书局 1956 年版。
（宋）王益之撰，王根林点校：《西汉年纪》，中华书局 2018 年版。
（宋）王应麟著，张三夕、杨毅点校：《汉制考 汉艺文志考证》，中华书局 2011 年版。
（宋）徐天麟：《东汉会要》，上海古籍出版社 2006 年版。
（宋）徐天麟：《西汉会要》，上海人民出版社 1977 年版。
（唐）陆德明撰，吴承仕疏证，张力伟点校：《经典释文序录疏证 附经籍旧音二种》，中华书局 2008 年版。
（唐）魏徵、令狐德棻：《隋书》，中华书局 1973 年版。
陈国庆编：《汉书艺文志注释汇编》，中华书局 1983 年版。
何清谷校注：《三辅黄图校注》，三秦出版社 2006 年版。
黄晖：《论衡校释（附刘盼遂集解）》，中华书局 1990 年版。
刘文典撰，冯逸、乔华点校：《淮南鸿烈集解》，中华书局 1989 年版。
熊明辑校：《汉魏六朝杂传集》，中华书局 2017 年版。
郑炳林：《敦煌地理文书汇辑校注》，甘肃教育出版社 1989 年版。
中国社会科学院历史研究所、中国敦煌吐鲁番学会敦煌古文献编辑委员会、英国国家图书馆、伦敦大学亚非学院合编：《英藏敦煌文献（汉文佛经以外部分）》第 3 卷，四川人民出版社 1990 年版。

周树人辑:《会稽典录》卷上,《丛书集成续编》第二二九册,新文丰出版公司1989年影印版。

周天游辑注:《八家后汉书辑注》,上海古籍出版社1986年版。

二 著述

安作璋、熊铁基:《秦汉官制史稿》,齐鲁书社2007年版。

白军鹏:《敦煌汉简校释》,上海古籍出版社2018年版。

崔向东:《汉代豪族地域性研究》,中华书局2012年版。

高怀民:《两汉易学史》,广西师范大学出版社2007年版。

葛剑雄:《西汉人口地理》,商务印书馆2014年版。

韩茂莉:《中国历史地理十五讲》,北京大学出版社2015年版。

侯外庐主编:《中国思想史纲》(上),中国青年出版社1980年版。

黄觉弘:《左传学早期流变研究》,中国社会科学出版社2010年版。

黄留珠:《秦汉仕进制度》,西北大学出版社1985年版。

冀朝鼎:《中国历史上的基本经济区》,朱诗鳌译,商务印书馆2014年版。

雷虹霁:《秦汉历史地理与文化分区研究:以〈史记〉〈汉书〉〈方言〉为中心》,中央民族大学出版社2007年版。

李零:《简帛古书与学术源流》,生活·读书·新知三联书店2004年版。

李晓杰:《东汉政区地理》,山东教育出版社1999年版。

李孝聪:《中国区域历史地理》,北京大学出版社2004年版。

李学勤:《简帛佚籍与学术史》,江西教育出版社2001年版。

连云港市博物馆、中国文物研究所编:《尹湾汉墓简牍综论》,科学出版社1999年版。

廖伯源:《秦汉史论丛》,中华书局2008年版。

廖伯源:《秦汉史论丛续编》,中华书局2018年版。

刘汝霖:《汉晋学术编年》,华东师范大学出版社2010年版。

刘跃进:《秦汉文学地理与文人分布》,中国社会科学出版社2012年版。

卢云:《汉晋文化地理》,陕西人民教育出版社1991年版。

鲁西奇:《中国历史的空间结构》,广西师范大学出版社2014年版。

吕思勉:《秦汉史》,上海古籍出版社2005年版。

梅新林：《中国古代文学地理形态与演变》，复旦大学出版社2006年版。

钱穆：《秦汉史》，生活·读书·新知三联书店2004年版。

苏秉琦：《战国秦汉考古》，上海古籍出版社2014年版。

唐晓峰：《文化地理学释义：大学讲课录》，学苑出版社2012年版。

田余庆：《东晋门阀政治》，北京大学出版社1996年版。

王恩涌等编著：《文化地理学》，江苏教育出版社1995年版。

王明珂：《华夏边缘：历史记忆与族群认同》，浙江人民出版社2013年版。

王子今：《秦汉区域文化研究》，四川人民出版社1998年版。

邬文玲等：《当代中国简帛学研究》，中国社会科学出版社2011年版。

辛德勇：《建元与改元：西汉新莽年号研究》，中华书局2013年版。

辛德勇：《秦汉政区与边界地理研究》，中华书局2009年版。

熊铁基：《汉代学术史论》，高等教育出版社2013年版。

徐复观：《两汉思想史》，华东师范大学出版社2001年版。

徐复观：《徐复观论经学史二种》，世纪出版集团、上海书店出版社2002年版。

薛小林：《争霸西州：匈奴、西羌与两汉的兴衰》，社会科学文献出版社2020年版。

严耕望：《严耕望史学论文选集》，中华书局2006年版。

曾大兴：《文学地理学概论》，商务印书馆2017年版。

曾大兴：《中国历代文学家之地理分布》，商务印书馆2013年版。

曾磊：《门阙、轴线与道路：秦汉政治理想的空间表达》，广西师范大学出版社2020年版。

张舜徽：《广校雠略　汉书艺文志通释》，华中师范大学出版社2004年版。

张晓虹：《文化区域的分异与整合：陕西历史地理文化研究》，上海书店出版社2004年版。

赵鼎新：《东周战争与儒法国家的诞生》，夏江旗译，北京联合出版公司2020年版。

周振鹤：《西汉政区地理》，人民出版社1987年版。

周振鹤主著：《中国历史文化区域研究》，复旦大学出版社1997年版。

朱君毅：《中国历代人物之地理的分析》，中华书局1932年版。

[澳]张磊夫：《洛阳大火：公元23—220年的后汉史》，邹秋筠译，北京大学出版社2023年版。

[法]阿·德芒戎：《人文地理学问题》，葛以德译，商务印书馆1993年版。

[日]东晋次：《东汉时代的政治与社会》，付晨晨、薛梦潇、刘莹译，上海古籍出版社2023年版。

三　论文

曹道衡：《关中地区与汉代文学》，《文学遗产》2002年第1期。

陈雁：《东汉魏晋时期颍汝、南阳地区的私学与游学》，《文史哲》2000年第1期。

崔向东：《论汉代西南地域的豪族大姓》，《西南民族大学学报》（人文社会科学版）2012年第12期。

崔向东：《论西汉定都关中及其对汉初社会的影响》，《锦州师范学院学报》（哲学社会科学版）2000年第4期。

崔向东、王金阳：《两汉南阳豪族的官僚化和士族化》，《社会科学辑刊》2010年第4期。

邓骏捷：《西汉楚元王家族学术文化传统探论》，《烟台大学学报》（哲学社会科学版）2011年第1期。

丁文江：《历史人物与地理的关系》，原载《努力周报》第43、44期（1923年3月11日、18日），载洪晓斌编《丁文江学术文化随笔》，中国青年出版社2000年版。

丁毅华：《秦汉时期各区域文化间的碰撞与交融》，载丁毅华《丁毅华史学论文自选集》，湖北人民出版社2002年版。

董楚平：《汉代的吴越文化》，《杭州师范学院学报》（人文社会科学版）2001年第1期。

方原：《东汉都城选址原因研究》，《西北工业大学学报》（社会科学版）2009年第2期。

高敏：《从东汉时期入仕者与知名人士出生地的分布状况看东汉江南经济的发展》，《郑州大学学报》（哲学社会科学版）2003年第3期。

葛剑雄：《历史人才分布研究中值得注意的三个问题》，载缪进鸿、郑云山主编《中国东南地区人才问题国际研讨会论文集——中国东南地区人才的历史、现状、未来与振兴对策（1992 年 11 月 3 日至 6 日，杭州—湖州）》，浙江大学出版社 1993 年版。

葛剑雄：《秦汉时期的人口迁移与文化传播》，《历史研究》1992 年第 4 期。

韩养民：《中国风俗文化与地域视野》，《历史研究》1991 年第 5 期。

胡宝国：《汉代政治文化中心的转移》，载胡宝国《汉唐间史学的发展》，商务印书馆 2003 年版。

胡宝国：《汉魏之际的汝颍名士》，《文史知识》2010 年第 11 期。

赖华明：《秦汉移民与巴蜀文化的变迁》，《西南民族学院学报》（哲学社会科学版）2002 年第 11 期。

蓝勇：《对中国历史文化地理研究的思考》，《学术研究》2002 年第 1 期。

雷虹霁：《汉文化形成时期的多样性与区域性特点——以汉代历史文献为中心的考察》，《南都学坛》2009 年第 4 期。

雷虹霁：《秦汉文化区域与区域文化研究综论》，《民族艺术》2002 年第 2 期。

冷鹏飞：《"东南有天子气"释——秦汉区域社会文化史研究》，《学术研究》1997 年第 1 期。

黎小龙：《两汉时期西南人才地理特征探析》，《西南师范大学学报》（哲学社会科学版）1995 年第 2 期。

李传军：《秦汉时期的地域官脉及其成因——从"关西出将，关东出相"谈起》，《青岛大学师范学院学报》2006 年第 1 期。

李解民：《尹湾简牍〈东海郡下辖长吏名籍〉所载地名考异》，载《中国典籍与文化》编辑部编《中国典籍与文化论丛》第 6 辑，中华书局 2000 年版。

李绪柏：《两汉时期的巴蜀文化与岭南文化》，《学术研究》1997 年第 3 期。

李智君：《边塞环境与河陇汉代学术地理格局》，载王日根、张侃、王蕾主编《厦大史学》第 3 辑，厦门大学出版社 2010 年版。

梁启超：《近代学风之地理的分布》，《清华学报》1924 年第 1 期。

刘成群：《清华简〈耆夜〉与尊隆文、武、周公——兼论战国楚地之〈诗经〉学》，《东岳论丛》2010 年第 6 期。

刘冬颖：《出土文献与先秦时期的楚地儒家传〈诗〉》，《文学遗产》2009

年第 2 期。

刘良群：《论汉代江西经济的发展》，《江西社会科学》1994 年第 3 期。

刘太祥：《汉代游学之风》，《中国史研究》1998 年第 4 期。

刘太祥：《河南汉代的文化格局及成因》，《周口师范高等专科学校学报》1999 年第 4 期。

刘晓满：《河南两汉文化区域变迁原因探讨》，《南都学坛》2006 年第 1 期。

刘玉堂、陈绍辉：《刘表与汉末荆州学术文化》，《江汉论坛》2001 年第 4 期。

刘跃进、刘燕梅：《秦汉区域文化的划分及其意义》，《淮阴师范学院学报》（哲学社会科学版）2006 年第 4 期。

卢云：《东汉时期的文化区域与文化重心》，载中国社会科学院近代研究所近代文化史研究室编《中国文化研究集刊》第 4 辑，复旦大学出版社 1987 年版。

卢云：《秦汉时代滨海地区的方士文化》，《复旦学报》（社会科学版）1988 年第 6 期。

卢云：《区域控制与历史发展——论秦汉时期的政治中心、文化重心及其相互关系》，《福建论坛》（文史哲版）1987 年第 4 期。

卢云：《西汉时期的文化区域与文化重心》，载中国地理学会历史地理专业委员会《历史地理》编委会编《历史地理》第 5 辑，上海人民出版社 1987 年版。

莫金山：《论汉文化的传播与广西区域文化》，《学术论坛》1994 年第 3 期。

钱俊希、朱竑：《新文化地理学的理论统一性与话题多样性》，《地理研究》2015 年第 3 期。

曲英杰：《近年来中国古代区域文化研究概览》，《中国史研究动态》1989 年第 3 期。

任继愈：《中国古代哲学发展的地区性》，载中华书局编辑部编《中华学术论文集》，中华书局 1981 年版。

史建群：《战国秦汉世风的区域性特征》，《中国史研究》1996 年第 2 期。

孙家洲：《论汉代的"区域"概念》，《北京社会科学》1999 年第 2 期。

孙少华：《秦汉河西走廊上的文化学术交流及其文学影响》，《齐鲁学刊》

2009 年第 5 期。

孙筱：《秦汉时期人口分布与人口迁移》，《中国人口科学》1992 年第 4 期。

唐长孺：《汉末学术中心的南移与荆州学派》，《襄阳师专学报》（哲学社会科学版）1989 年第 2 期。

唐会霞：《两汉时期关中地区私学考察》，《教育学术月刊》2012 年第 12 期。

田兆元：《秦汉时期东南学术文化的演变与地域文化传统》，《中文自学指导》2005 年第 4 期。

田兆元：《秦汉时期太湖与东南地区学术发展趋向研究》，《荆州师范学院学报》（社会科学版）2003 年第 1 期。

王永平：《东汉时期江南士人群体的兴起》，《江苏社会科学》1997 年第 2 期。

王永平：《两汉时期江南士人行迹述略》，《中国史研究》1997 年第 4 期。

王育民：《东汉人口考》，《上海师范大学学报》（哲学社会科学版）1988 年第 3 期。

王志民：《独具特色的地域文化——齐文化》，《文史知识》1989 年第 3 期。

王子今：《两汉时期"梁宋"地区的商路》，《河南科技大学学报》（社会科学版）2004 年第 4 期。

王子今：《秦汉区域地理学的"大关中"概念》，《人文杂志》2003 年第 1 期。

王子今：《秦汉时期陈夏地区的区域文化特色》，《许昌师专学报》1999 年第 1 期。

吴从祥：《东汉时期经学在吴越的传播及其影响》，《湖州师范学院学报》2011 年第 3 期。

吴小平：《汉晋南朝时期福建政治、经济中心区域的变迁》，《中国社会经济史研究》2000 年第 2 期。

夏增民：《历史学术地理刍议——以 20 世纪 80 年代以来的历史学术地理研究为例》，《华中科技大学学报》（社会科学版）2006 年第 6 期。

夏增民：《秦汉墨学发微》，《华中科技大学学报》（社会科学版）2001 年第 1 期。

辛德勇：《汉武帝徙民会稽史事证释》，《历史研究》2005 年第 1 期。

徐新牧、李凤强：《先秦至汉三次全国性学术中心的形成及对国家政治之影响》，《社会科学论坛》1994 年第 6 期。

许怀林：《论汉代豫章郡的历史地位》，《江西师范大学学报》（哲学社会科学版）1994 年第 3 期。

薛海波：《东汉颍川豪族的官僚化和士族化》，《文史哲》2006 年第 6 期。

薛小林：《汉代地理观念中的"西州"》，《西域研究》2012 年第 4 期。

阎步克：《秦政、汉政与文吏、儒生》，《历史研究》1986 年第 3 期。

杨更兴：《两汉巴蜀经学略论》，《青岛大学师范学院学报》2006 年第 2 期。

杨立新：《秦汉荆湘地区的学术文化》，《江汉论坛》1990 年第 5 期。

杨远：《西汉人物的地理分布》，《中国史研究动态》1987 年第 8 期。

叶文宪：《试论吴越地区的汉文化》，《东南文化》1989 年增刊。

叶文宪：《再论吴越地区的汉文化》，《苏州科技学院学报》（社会科学版）2008 年第 2 期。

叶新伟：《徐州汉文化地理初探》，《徐州教育学院学报》（哲学社会科学版）1991 年第 1 期。

易小平：《两汉宗室文人籍贯考辨——基于目前三种籍贯推断方式的讨论》，《北京社会科学》2016 年第 4 期。

喻曦：《西汉陵邑人物的地域分布初探》，《中国历史地理论丛》2011 年第 2 期。

袁祖亮：《秦汉时期的颍川郡》，《许昌师专学报》1989 年第 2 期。

张崇琛：《汉代琅邪地区的学术氛围与诸葛亮思想的形成》，《中国典籍与文化》1995 年第 1 期。

张汉东：《西汉齐地民风略论》，《管子学刊》1990 年第 2 期。

张荣芳：《两汉时期苍梧郡文化述论》，载张荣芳《秦汉史论集（外三篇）》，中山大学出版社 1995 年版。

张巍：《西汉地方〈易〉学中心考》，《五邑大学学报》（社会科学版）2007 年第 2 期。

张伟然：《历史文化地理研究中的"软"与"硬"》，《云南大学学报》（社会科学版）2018 年第 1 期。

张伟然：《中国历史文化地理研究的核心问题》，《江汉论坛》2005 年第

1期。

周尚意:《文化地理学研究方法及学科影响》,《中国科学院院刊》2011年第4期。

朱仙林:《〈陈留耆旧传〉辑补》,《古籍整理研究学刊》2011年第1期。

朱智武:《先秦墨学的区域性特色述论》,《中国历史地理论丛》2004年第3期。

四 学位论文

郭海燕:《汉代平民教育研究》,博士学位论文,山东大学,2011年。

侯二朋:《东汉人物地域分布研究》,硕士学位论文,兰州大学,2006年。

李俊:《两汉时期中原人物的地理分布》,硕士学位论文,郑州大学,2009年。

李秋丹:《姚振宗〈后汉艺文志〉订补》,硕士学位论文,山东大学,2016年。

李叶亚:《荆州学派研究》,硕士学位论文,华中科技大学,2009年。

秦佳:《两汉交州官吏及相关人物研究》,硕士学位论文,郑州大学,2007年。

王朝阳:《战国秦汉时期梁宋地区经济发展与环境条件研究》,硕士学位论文,河南大学,2005年。

熊崧策:《汉晋敦煌士人学术研究》,硕士学位论文,兰州大学,2009年。

尧荣芝:《两汉文学地域性研究》,博士学位论文,四川师范大学,2012年。

袁延胜:《东汉人口问题研究》,博士学位论文,郑州大学,2003年。

曾磊:《汉代两都交通沿线区域学术地理研究》,硕士学位论文,北京师范大学,2007年。

后　　记

这本小书是在我的博士后出站报告基础上扩充和修订而成。

2014年，在经过两年的在职学习后，我完成在山东大学历史学博士后流动站出站报告的撰写工作，其中有自己的梦想，更凝聚了诸多师友的支持。当时的"后记"中写道：

> 学习的机会来之不易，有愧的是，由于自己承担有科研项目和教学任务，还要参与地方文史工作，因此，来济南次数虽然不少，但每次都行色匆匆，难以驻足于校园小憩片刻。与马老师的谈话时间也不是很长，但她治学的严谨和对学生的关心还是给我留下深刻的印象，我觉得自己学习了不少知识。回到单位后，我把这些知识贯穿在自己的研究工作和研究报告的修改中，朦胧中又经历一次学术上的规范和升华。在此，对马老师道一声诚挚的谢谢。
>
> 选择这样一个题目，缘于2005年华中师范大学刘韶军教授的建议。那一年，我跟随刘老师攻读博士学位，在谈及选题时，刘老师提议研究汉代学术中心的转移问题。惜乎鲁钝，当时我未能透视其中的深意。如今，在秦汉史领域莽撞了几年后，似乎又回到了当年的题目。在此，也要对刘老师道一声谢谢。
>
> 在站期间，滨州学院科研处、历史系和黄河三角洲文化研究所的诸位领导、同事多有关怀和帮助，在此也感谢他们的支持。
>
> 2014年4月

华中师范大学的赵国华教授一直关心我的学习和工作状况，这种关心始于 1995 年我到华中师范大学读书，令我非常感动；在站期间每到济南，都得到陈新岗、杜庆余、王爱清、姜华、李一鸣等的帮携，而当时在校的王玉喜、马德青、王越和陈树淑等更是多次代为奔波，处理相关事宜。

出站之后，我沿着已定的研究方向继续思考，通过更广泛的阅读来修订出站报告。与那时相比，本书最明显的变化体现在篇幅上，具体的修订体现在增补内容与资料、调整研究内容和深度探析问题等方面，这也提醒自己，出站报告在完成"出站"使命后，还提供可研究的持续性，为自己以后几年的研究奠定轮廓，不至于冥思苦想其他题目，因此更加怀念在站期间的学习和马老师的指导。

毫无疑问，在汉代传世文献已为学界熟知的情况下，运用出土文献成为推动汉代历史研究的持续动力。出土文献的意义不仅在于补充、佐证和考订传世文献，还有其独立的生命力，但出土文献的释读、缀合和编联等离不开传世文献提供的整体图景。这是本书立意所在。本书责编胡安然耐心且细心，感谢她为本书所做的努力。

李沈阳
2022 年 7 月